Förster

Anwaltskript Erbrecht

Anwaltskript
Erbrecht

von

Dr. Lutz Förster
Rechtsanwalt, Brühl

4. Auflage 2012

zerb verlag

Hinweis:
Die Berechnungs- und Formulierungsbeispiele in diesem Buch wurden mit Sorgfalt und nach bestem Wissen erstellt, sie stellen jedoch lediglich Anregungen für die Lösung typischer Fallgestaltungen dar. Autor und Verlag übernehmen keine Haftung für die Richtigkeit und Vollständigkeit der in dem Buch enthaltenen Ausführungen.

Die Deutsche Bibliothek – CIP Einheitsaufnahme

Förster
Anwaltskript Erbrecht
4. Auflage 2012
zerb verlag, Bonn

ISBN 978-3-941586-47-5

zerb verlag GmbH
Wachsbleiche 7
53111 Bonn

2012 by zerb verlag

Satz: Cicero Computer GmbH, Bonn
Druck: Druckhaus Nomos, Sinzheim

Vorwort

Der Aufbau des Buches ist überwiegend beibehalten worden. Der Teil 2: „Praxis" wurde jedoch an den Anfang gestellt.

Inhaltlich ist das Buch vollständig überarbeitet und wurde der aktuellen Gesetzes- und Rechtsprechungslage angepasst. Mehrere in Kraft getretene Gesetze mussten eingearbeitet werden:

Das Gleichstellungsgesetz zur Neuregelung des Erbrechts der vor dem 1.7.1949 geborenen nichtehelichen Kinder ist am 15.4.2011 veröffentlicht worden und trat rückwirkend in Kraft zum 29.5.2009.

Am 1.9.2009 ist das Gesetz über das Verfahren in Familiensachen und in Angelegenheiten der freiwilligen Gerichtsbarkeit (FGG-Reformgesetz – FGG-RG) in Kraft getreten. Dieses Gesetz hat unter anderem auch Auswirkungen auf das Erbscheinsverfahren.

Weiterhin ist das Gesetz zur Änderung des Erb- und Verjährungsrechts, mit wesentlichen Änderungen im Pflichtteilsrecht, zum 1.1.2010 in Kraft getreten.

Das Gesetz zur Reform des Erbschaftsteuer- und Bewertungsrechts ist am 1.1.2009 in Kraft getreten und nochmals verändert worden durch das so genannte Wachstumsbeschleunigungsgesetz mit Wirkung zum 1.1.2010.

Rechtsprechung, Literatur und Gesetzgebung sind bis zum 31.1.2012 berücksichtigt.

Ich möchte allen, die an der Erstellung dieses Buches mitgewirkt haben, für ihre tatkräftige Unterstützung danken.

Besonders bedanken möchte ich mich bei meiner Ehefrau und Kanzleimanagerin, Christina Förster, den MitarbeiterInnen meiner Kanzlei, Frau Heike van Doorn, Frau Monika Fohrn und Herrn Dennis Fast sowie Tante Lilo und Onkel Reinhard.

Brühl, im Februar 2012
Lutz Förster

Inhaltsübersicht

Inhaltsverzeichnis

Musterverzeichnis

Literaturverzeichnis

Aufsätze:

Baumann, Die Pflichtteilsbeschränkung „in guter Absicht", ZEV 1996, 121

Coeppicus, Behandlungsabbruch, mutmaßlicher Wille und Betreuungsrecht, NJW 1998, 3381

Damrau, Das Behindertentestament mit Vermächtnislösung, ZEV 1998, 1

Damrau/Wehringer, Übersicht zum Mindeststiftungsvermögen nach dem Recht der Bundesländer, ZEV 1998, 178, 179

Dethloff, Die eingetragene Lebenspartnerschaft, NJW 2001, 2598, 2602

Dodegge, Das Betreuungsrechtsänderungsgesetz, NJW 1998, 3073

Ebenroth/Frank, Zur Reform des Anspruchs eines nichtehelichen Kindes auf vorzeitigen Erbausgleich nach §§ 1934 d, 1934 e BGB, ZEV 1996, 167

Edenfeld, Der deutsche Erbschein nach ausländischem Erblasser, ZEV 2000, 482

Eisele, Die Erbschaftsteuer-Richtlinien und Hinweise 2011, NWB vom 30.1.2012, S. 373

Eule, IPR in der täglichen Erbrechtspraxis, ErbR 2011, 295

Förster, Behindertentestament – Verwirklichung der Testierfreiheit oder Verfügung zu Lasten der Allgemeinheit?, FF 1999, 169

ders., Behindertentestament, Gemeinsam leben 2000, 86

Frank, Die eingetragene Lebenspartnerschaft unter Beteiligung von Ausländern, MittBayNot 2001, 35, 38

Fritz, Thomas, Gesetz zur weiteren Stärkung des bürgerschaftlichen Engagements – steuerliche Änderungen für gemeinnützige Körperschaften und deren Förderer, BB 2007, 2546

ders., Regierungsentwurf eines Gesetzes zur weiteren Stärkung des bürgerschaftlichen Engagements, BB 2007, 690

Gaier, Bedeutung der Grundrechte für das Erbrecht, ZEV 2006, 2, 5

Gebel, Steuerliche Wertermittlung beim Erwerb durch Vermächtnis und aufgrund Pflichtteil, ZEV 1999, 85

Geck, Welche Gestaltungsmöglichkeiten ergeben sich hinsichtlich der Beendigung der Zugewinngemeinschaft aus der neuen Rechtsprechung des BFH?, ZEV 2006, 62

Geck/Messner, ZEV 2010, 569, 570

Graf, Möglichkeiten der Haftungsbeschränkung für Nachlassverbindlichkeiten, ZEV 2000, 125 ff.

Jülicher, Ungelöste Probleme im Labyrinth des § 14 Erbschaftsteuergesetz, ZEV 1997, 275

ders., Vertragliche Rückfallklauseln, Widerrufsvorbehalte, Auflösende Bedingungen und Weiterleitungsklauseln in Schenkungsverträgen, ZEV 1998, 201

Jünemann, Rechtsstellung und Bindung des überlebenden Ehegatten bei vereinbarter Wiederverheiratungsklausel im gemeinschaftlichen Testament, ZEV 2000, 81

Keim, Die Reform des Erb- und Verjährungsrechts und ihre Auswirkungen auf die Gestaltungspraxis, ZEV 2008, 161

Keller, Die Heilung eines formnichtigen Erbteilskaufvertrages oder ähnlichen Vertrages im Sinne von § 2385 Abs. 1 BGB, ZEV 1995, 427

ders., Fortführung eines in ungeteilter Erbengemeinschaft betriebenen Handelsgeschäfts durch Erbteilserwerber, ZEV 1999, 174

ders., Die Anwachsung unter Miterben, insbesondere in der Gestaltungspraxis, ZEV 2002, 439

Klank, Die Eintragungsfähigkeit des Testamentsvollstreckervermerks im Handelsregister, ZEV 1998, 325

Kleensang, Endlich Sicherheit für das Behindertentestament!, ZErb 2011, 121

Klingelhöffer, Das Testament des geschiedenen, unterhaltspflichtigen Ehegatten – Praktische Überlegungen zu § 1586b BGB, ZEV 1999, 13

ders., Testamentsvollstreckung und Pflichtteilsrecht, ZEV 2000, 261

Kornexl, Geld-, Immobilien- und Hausratvermächtnisse: Risiken für den Verteilungsplan des Erblassers und gestalterische Vorsorge; Teil 1: allgemeine Gefahrenquellen, ZEV 2002, 142

ders., Geld-, Immobilien- und Hausratvermächtnisse: Risiken für den Verteilungsplan des Erblassers und gestalterische Vorsorge; Teil 2: spezifische Gefahrenquellen, ZEV 2002, 173

Krug, Die dingliche Surrogation bei der Miterbengemeinschaft, ZEV 1999, 381 ff.

ders., Die gesetzliche Neuregelung des Erbrechts der vor dem 01.07.1949 geborenen nichtehelichen Kinder, ZEV 2011, 397

Kuhn/Trappe, Der Anspruch auf ein notarielles Nachlassverzeichnis gemäß § 2314 Abs. 1 Satz 3 BGB, ZEV 2011, 347

Lange, Das Patientenverfügungsgesetz – Überblick und kritische Würdigung, ZEV 2009, 537

Langenfeld, Grundstücksüberlassungen – Eine Zwischenbilanz anläßlich der Beschlüsse des Bundesverfassungsgerichts vom 22.06.1995, ZEV 1995, 348

ders., Wandlungen der Vermögensnachfolge – Zur Aufgabe der Vertragsgestaltung in Praxis und Ausbildung, NJW 1996, 2601

Langenfeld/Langenfeld, Die Vorsorgevollmacht in der notariellen Praxis, ZEV 1996, 339

Leipolt, Die neue Lebenspartnerschaft aus erbrechtlicher Sicht, ZEV 2001, 218

de Leve, Aufwendungen des Vorerben – Erstattungspflicht des Nacherben?, ZEV 2005, 16

ders., Die Ausschlagung nach § 2306 BGB – Was hat sich geändert und was ist zu beachten?, ZEV 2010, 184

Lieber/Steffens, Vorweggenommene Erbfolge von Gesellschaftsanteilen unter Vorbehalt von Versorgungsleistungen, ZEV 2000, 132

Mannek, Die wesentlichen Änderungen durch die Erbschaftsteuer-Richtlinien 2011 im Überblick, ZEV 2012, 6

Mauer/Krämer, Braucht eine Kanzlei Ziele?, AnwBl 1998, 113

Mayer, Jörg, Das Behinderten-Testament als empfehlenswerte Gestaltung?, DNotZ 1994, 351

ders., Die Auswirkungen der Erbrechtsreform auf die Kautelarpraxis, ZEV 2010, 2

ders., Der superbefreite Vorerbe? – Möglichkeiten und Grenzen der Befreiung des Vorerben, ZEV 2000, 1

ders., Die Bestimmung des Erben durch Dritte, ZEV 1995, 247

ders., Nachträgliche Änderung von erbrechtlichen Anrechnungs- und Ausgleichungsbestimmungen, ZEV 1996, 441

ders., Sicherungsprobleme beim Erbteilskauf, ZEV 1997, 105

ders., Neues zum Berliner Testament, ZEV 1997, 325, 327

ders., Wertermittlung des Pflichtteilsanspruches – Von gemeinen, inneren und anderen Werten, ZEV 1994, 331

ders., Der Fortbestand letztwilliger Verfügungen bei Scheitern von Ehe, Verlöbnis und Partnerschaft, ZEV 1997, 280.

Meincke, Freibeträge und Steuersätze im neuen Erbschaftsteuerrecht, ZEV 1997, 52

ders., Abfindungsleistungen aus erbschaftsteuerlicher Sicht, ZEV 2000, 214

Moench, Das „Steuergeschenk mit Haken und Ösen" in neuem Zuschnitt, ZEV 1997, 268

Muscheler, Die geplanten Änderungen im Erbrecht, Verjährungsrecht und Nachlassverfahrensrecht, ZEV 2008, 105

ders., Erbunwürdigkeitsgründe und Erbunwürdigkeitsklage, ZEV 2009, 101

ders., Grundlagen der Erbunwürdigkeit, ZEV 2009, 58

Musielak, Zur Vererblichkeit des Anwartschaftsrecht eines Nacherben, ZEV 1995, 5

Nietzer/Stadie, Die Familienstiftung & Co KG – eine Alternative für die Nachfolgeregelung bei Familienunternehmen, NJW 2000, 3457

Pahlke, Der Erbschaftsteuerbeschluss des BVerfG, NWB F. 10 vom 5.3.2007, 1575

Papenmeier, Pflichtteilsergänzung bei der Lebensversicherung, ZErb 2011, 154, 156

Petersen, Die Beweislast bei der Ausgleichspflicht unter Miterben nach § 2057a BGB, ZEV 2000, 432, 433

Piltz, Die neue Erbschaftsbesteuerung des unternehmerischen Vermögens, ZEV 1997, 61

ders., Steuerliche Haftung des Testamentsvollstreckers, ZEV 2001, 262

Rauscher, Die erbrechtliche Stellung nicht in einer Ehe geborener Kinder nach Erbrechtsgleichstellungsgesetz und Kindschaftsrechtsreformgesetz, ZEV 1998, 42

Rawert/Katschinski, Stiftungserrichtung und Pflichtteilsergänzung, ZEV 1996, 161

Reimann, Zur Festsetzung der Testamentsvollstreckervergütung, ZEV 1995, 57

ders., Ratschläge zum Umgang mit dem Familienheim, ZEV 2010, 174

Rossak, Folgen des verfassungswidrigen Ausschlusses Mehrfachbehinderter von jeglicher Testiermöglichkeit, ZEV 1997, 254

Roth, Das Datum der Testamentserrichtung, ZEV 1997, 94

Sachs, Noch einmal: Die Ausschlagung nach § 2306 BGB – Was hat sich geändert und was ist zu beachten?, ZEV 2010, 556

Sarres, Auskunftspflichten zwischen Miterben bei gesetzlicher oder gewillkürter Erbfolge, ZEV 1996, 300

Schiemann, Die Renaissance des Erbrechts, ZEV 1995, 197

Schindler, Zuwendungsarten bei der Ausgleichung unter Miterben nach § 2050 BGB, ZEV 2006, 389.

Schmidt, Das Handelsrechtsreformgesetz, NJW 1998, 2161

Schmidt/Schwind, Vermögensübergabe gegen Versorgungsleistungen nach dem JStG 2008, NWB F. 3 vom 17.12.2007, 14887.

Schotten, Die Erstreckung der Wirkung eines Zuwendungsverzichts auf die Abkömmlinge des Verzichtenden, ZEV 1997, 1

Schubert, Anmerkung zu BGH vom 21.3.1990, JR 1991, 106

Streck, Fragen des richtigen Zeitpunkts – der richtigen Zahl; Steuerfragen; Anregungen, AnwBl 1998, 439

ders., Die Vergütungsvereinbarung für die außergerichtliche anwaltliche Beratung – Von der Kunst des Abrechnens, AnwBl 2006, 149, 151, 153

Strohner/Hoffmann, So sieht sie aus – die neue Erbschaftsteuer, AnwBl 1997, 69

Sturmann, Überblick über das Jahressteuergesetz 1997, NJW 1997, 681

Tiling, Die Vergütung des Testamentsvollstreckers, ZEV 1998, 331

Turner, Die Stiftung – ein selbständig und individuell gestaltbarer Wunscherbe, ZEV 1995, 206

Uhlenbruck, Die Altersvorsorgevollmacht als Alternative zum Patiententestament und zur Betreuungsverfügung, NJW 1996, 1583

van Bühren, Neue Bedingungen für die Rechtsschutz-Versicherung (ARB 94), Beilage zu AnwBl 3/1995, 3

van de Loo, Die letztwillige Verfügung von Eltern behinderter Kinder, NJW 1990, 2852

von Dickhuth-Harrach, Erbrecht und Erbrechtsgestaltung eingetragener Lebenspartner, FamRZ 2001, 1660, 1661

Vorwerk, Geldzuwendung durch erbrechtliche Auflage, ZEV 1998, 297

Walter, Vorsorgevollmacht und Überwachungsbetreuung, ZEV 2000, 353

ders., Die Lebenspartnerschaft in der notariellen Praxis, MittBayNot 2001, 23

Watrin/Kappenberg, Internationale Besteuerung von Vermögensnachfolgen, ZEV 2011, 105

Wehrberger, Haftpflichtrisiken aus dem Bereich der erbrechtlichen Beratung, AnwBl 1998, 338

ders., Zusammenrechnung mehrerer Erwerbe nach § 14 Erbschaftsteuergesetz in der Fassung des Jahressteuergesetzes 1997, ZEV 1997, 185

Wetterling/Neubauer/Neubauer, Psychiatrische Gesichtspunkte, ZEV 1995, 46, 50

Wöffing, Steuerliche Hinweise zur Grundstücksübertragung im Wege der vorweggenommenen Erbfolge, NJW 1997, 302

Wöffing/Breitenöder, Änderungen im Erbschaft- und Schenkungsteuerrecht durch das Jahressteuergesetz 1997, NJW 1997, 686

Zimmermann, Das Erbscheinsverfahren und seine Ausgestaltung, ZEV 1995, 275

Zipfel, Eckpunkte zum Referentenentwurf zur Erbschaftsteuerreform 2008, BB 2007, 2651

Kommentare:

Bamberger/Roth, Kommentar zum Bürgerlichen Gesetzbuch, Band 3: §§ 1297–2385, 2. Auflage 2008

Bumiller/Harders, Freiwillige Gerichtsbarkeit, 10. Auflage 2011

Chemnitz/Johnigk, Rechtsberatungsgesetz, Kommentar, 11. Auflage 2003

Damrau, Praxiskommentar Erbrecht, 2. Auflage 2011

Daragan/Halaczinsky/Riedel, Praxiskommentar Erbschaftsteuergesetz und Bewertungsgesetz, 1. Auflage 2010

Demharter, Grundbuchordnung, 27. Auflage 2010

Erman/Westermann, BGB, 12. Auflage 2008

Gerold/Schmidt/Madert/Müller-Rabe/Mayer/Burhoff, Rechtsanwaltsvergütungsgesetz, 19. Auflage 2010

Hartmann, Kostengesetze, 41. Auflage 2011

Jürgens, Betreuungsrecht, 4. überarbeitete Auflage 2010

Kleine-Cosack, BRAO, 6. Auflage 2009

Münchener Kommentar zum Bürgerlichen Gesetzbuch, Band 9: Erbrecht, 5. Auflage 2010

NomosKommentar BGB, Band 5: Erbrecht, Gesamt-Hrsg. Dauner-Lieb/Heidel/Ring, Band-Hrsg. Kroiß/Ann/Mayer, 3. Auflage 2010

Palandt, Bürgerliches Gesetzbuch, Kommentar, 71. Auflage 2012

Reichsgerichtskommentar BRB-RGRK, Das Bürgerliche Gesetzbuch mit besonderer Berücksichtigung der Rechtsprechung des Reichsgerichts und des Bundesgerichtshofes, 12. Auflage 1975–1999

Rennen/Caliebe, Rechtsberatungsgesetz, 3. Auflage 2001

Rössler/Troll, Bewertungsgesetz Kommentar, Stand 31.1.2011

Schneider/Wolf, AnwaltKommentar RVG, 5. Auflage 2010

Soergel/Siebert, Bürgerliches Gesetzbuch mit Einführungsgesetz und Nebengesetz, Band 21: Erbrecht 1 – §§ 1922–2063 BGB, 13. Auflage 2002

Soergel/Harder/Wegmann, Band 22: Erbrecht 2 – §§ 2064–2273 BGB, §§ 1–35 BeurkG, 13. Auflage, 2003; Band 23: Erbrecht 3 – §§ 2274–2385 BGB, 13. Auflage 2003

Staudinger, Kommentar zum Bürgerlichen Gesetzbuch, Fünftes Buch: Erbrecht, Bearbeitung 2003–2011

Troll/Gebel/Jülicher, Erbschaftsteuer- und Schenkungsteuergesetz, 42. Ergänzungslieferung Juli 2011

Lehrbücher, Handbücher, Dissertationen:

Bengel/Reimann, Handbuch der Testamentsvollstreckung, 4. Auflage 2010

Berger, Die Erstattung der Beerdigungskosten, Diss. Köln 1968

Bonefeld/Kroiß/Lange, Die Erbrechtsreform, 2009

Brieske, Die anwaltliche Honorarvereinbarung, 1997

Brox/Walker, Erbrecht, 24. Auflage 2010

Esch/Baumann/Schulze zur Wiesche, Handbuch der Vermögensnachfolge, 7. Auflage 2009

Halaczinsky, Die Erbschaft- und Schenkungsteuererklärung, 2. Auflage 2010

Heinz-Grimm, Testamente zu Gunsten von Menschen mit geistiger Behinderung, 3. Auflage 1997

Hüttemann, Gemeinnützigkeits- und Spendenrecht, 2008

Kerscher/Krug, Das erbrechtliche Mandat, 4. Auflage 2007

Krug/Rudolf/Kroiß/Bittler, Anwaltformulare Erbrecht, 4. Auflage 2010

Kerscher/Riedel/Lenz, Pflichtteilsrecht in der anwaltlichen Praxis, 3. Auflage 2002

Kipp/Coing, Erbrecht, 14. Auflage 1990

Lange/Kuchinke, Lehrbuch des Erbrechts, 5. Auflage 2001

Littig/Mayer, Sozialhilferegreß gegenüber Erben und Beschenkten, DVEV-Schriftenreihe Band 4, 1999

Madert, Der Gegenstandswert in Bürgerlichen Rechtsangelegenheiten, 5. Auflage 2008

ders., Die Honorarvereinbarung des Rechtsanwalts, 2. Auflage 2002

Mayer/Bonefeld, Testamentsvollstreckung, 3. Auflage 2010

Mayer, Jörg, Der Übergabevertrag, 2. Auflage 2001

Medicus, Bürgerliches Recht, 22. Auflage 2009

Möhring, Vermögensverwaltung in Vormundschafts- und Nachlaßsachen, 7. Auflage 1992

Nieder/Kössinger, Handbuch der Testamentsgestaltung, 4. Auflage 2011

Rohlfing, Erbrecht, 2. Auflage 1999

Rudolf, Handbuch Testamentsauslegung und -anfechtung, 2000

Rudolf/Bittler/Roth, Vorsorgevollmacht, Betreuungsverfügung, Patientenverfügung, 3. Auflage 2011

Scherer, Münchener Anwaltshandbuch Erbrecht, 3. Auflage 2010

Schiffer, Die Stiftung in der Beraterpraxis, 2. Auflage 2009

Schmidt, Karsten, Handelsrecht, 5. Auflage 1999

Seifart/v. Campenhausen, Handbuch des Stiftungsrechts, 3. Auflage 2009

Süß, Erbrecht in Europa, 2. Auflage 2008

Tanck/Krug, Anwaltformulare Testamente, 4. Auflage 2010

Unger/Wolf, Erfolgreiches Anwaltsmarketing, 1993

Wachenhausen, Das neue Erbschaft- und Schenkungsteuerrecht in der Beratungspraxis, 1997

Weinläder, Unternehmensnachfolge, 1998

Widmann, Der Bestattungsvertrag, 4. Auflage 2003

Winkler, Der Testamentsvollstrecker, 18. Auflage 2007

§ 1 Mandantengespräch, Vergütung, Nachsorge

A. Mandantengespräch

Der Anwalt sollte sich bereits im Vorfeld darauf einrichten, im ersten Mandatsgespräch möglichst viele Informationen bezüglich des Sachverhaltes zu erhalten. Hierfür ist eine gute Führung des **Mandatsgespräches** durch den Anwalt erforderlich.

Bei dem ersten Gespräch mit dem Mandanten ist es Aufgabe des Rechtsanwalts, das Vertrauen und die Bereitschaft des Gegenübers, vorbehaltlos über seine Situation Mitteilung zu machen, zu wecken. Nur wenn der Mandant ohne Zurückhaltung wichtiger Informationen den vom Anwalt zu bearbeitenden Sachverhalt, z.b. die vollständige familiäre Situation, umfassend schildert, kann dieser eine gute und haftungsfreie Arbeit erbringen.

Der Mandant sollte in diesem Gespräch Vertrauen zu dem Anwalt durch dessen Interesse an seiner persönlichen Situation fassen. Der Anwalt hat jedoch innere Distanz zum Mandanten zu wahren, um vorurteilsfrei Lösungen entwickeln zu können und Gefahren und Risiken des jeweiligen Entwurfes zu erkennen. Durch „aktives Zuhören" kann der Anwalt die Bereitschaft des Mandanten zum vollständigen Erzählen unterstützen. Eventuell im Gespräch gestellte rechtliche Fragen, die nicht direkt beantwortet werden können, müssen notiert und später nach Überprüfung beantwortet werden.

Am Ende des ersten Gespräches sollte der Inhalt nochmals vom Anwalt zusammengefasst werden, um sicherzustellen, dass alle wesentlichen Informationen korrekt aufgenommen wurden.

In der Praxis des Autors hat sich das nachstehend abgedruckte Stammdatenblatt zur ersten Informationsaufnahme bewährt. Wie alle Muster in diesem Buch sollte auch dieses Stammdatenblatt nicht kritiklos übernommen werden. Dem Leser fallen vielleicht noch sinnvolle Ergänzungen ein, die in dieses Stammdatenblatt aufgenommen werden können.

I. Muster: Stammdatenblatt

1. Erbfolge nach dem Erstversterbenden:

Längerlebender Ehegatte: Kind/Kinder:

Erbquoten:

Vor-/Nacherbfolge:

Ersatzerbfolge:

Pflichtteilsansprüche:

Vermächtnis:

Auflage:

Ausgleichspflichtige Vorempfänge

2. Erbfolge nach dem Längerlebenden

Erbquoten:

Vor- und Nacherbfolge:

Ersatzerbfolge:

Auflage:

Ausgleichspflichtige Vorempfänge:

3. Einseitige Verfügungen und Bestimmungen:

Testamentsvollstreckung:

Betreuer:

Vormund:

Vermögensübersicht:
Gegenstandswert:
Bankverbindung:
RSV-Name: Schaden.-Nr:
Versicherungsnehmer: Vers-Nr.:

3   Es ist wichtig, dem Mandanten zu verdeutlichen, dass er selbst die Entscheidungen bzgl. der Ziele des Mandats zu treffen hat, nicht der Anwalt. Dieser hat
lediglich dem Mandanten die Konsequenzen für dessen Handlung oder Unterlassung aufzuzeigen.

4   Bei **Erbauseinandersetzungen** beispielsweise geht es den Mandanten häufig
nicht nur um die Erstreitung materieller Werte, sondern auch um die Aufarbei-
tung von vermeintlich bereits in der Kindheit durch die Eltern erlittenen Zurück-
setzungen gegenüber den anderen Geschwistern oder anderen nahestehenden
Personen. Hier kann es für den Anwalt zu Beginn des Mandats schwer sein, dem
Mandanten eine gütliche Einigung näherzubringen, obwohl die Verfolgung seiner
rechtlichen Interessen ohne Blick auf eine außergerichtliche Einigung ihm wirtschaftlich möglicherweise nicht zum Vorteil gereicht.

Nach Ablauf einer gewissen Zeit des Streitens, vielleicht mehrere Monate oder
sogar Jahre, verlieren die Parteien in der Regel die Lust daran und sind eher
bereit, eine gütliche Einigung zu erreichen. Dies ist sicherlich leichter möglich,
wenn noch keine Klage eingelegt worden ist. Ein streitiges Urteil kann die Familie
auf Jahre hinaus trennen.

Hier soll nicht der Eindruck entstehen, dass der Mandant unbedingt zu einer
gütlichen Einigung mit der Gegenseite überredet werden soll, sondern der An-

walt muss dem Mandanten auch die Konsequenzen eines Rechtsstreits vor Augen führen können. Hat der Mandant kein Interesse an einem persönlichen Kontakt mit der Gegenseite nach dem Streit, wird auch die Bereitschaft für eine einvernehmliche Einigung gering sein. Wenn sich der Mandant jedoch mit der Gegenseite auch nach Beendigung des Streites wieder auf einer einvernehmlichen Ebene begegnen möchte, ist in der Regel eher eine Bereitschaft zu einer Einigung vorhanden. Hier gilt es für den Anwalt, bereits im Vorfeld der Informationsbeschaffung die persönliche Situation zwischen dem Mandanten und der Gegenseite zu ergründen. Dies hat für den weiteren Verlauf der Auseinandersetzung eine grundlegende Bedeutung.

Im nachfolgenden Abschnitt soll die Tätigkeit des Anwalts im streitigen Bereich nicht ausführlicher beleuchtet werden, da dies bereits in dem Werk von *Kerscher/ Krug*, Das erbrechtliche Mandat, ausführlich dargestellt wird.

Vielmehr beschäftigt sich das vorliegende Werk näher damit, wie sich der Anwalt in der für ihn häufig fremden Materie des Entwurfes einer letztwilligen Verfügung von Todes wegen verhalten sollte. Darüber hinaus werden Übertragungsverträge im Rahmen der vorweggenommenen Erbfolge näher untersucht.

Zunächst ist festzuhalten, dass es dem Mandanten leichter fällt, eine **Verfügung** **von Todes wegen** zu errichten, wenn er weiß, diese Verfügung jederzeit ändern zu können. Diesbezüglich ist bei dem Entwurf eines gemeinschaftlichen Testamentes zu beachten, eine wechselbezügliche Verfügung nicht grundsätzlich zu integrieren, um dem Mandanten die Verfügungsbefugnis zu erhalten. Zu diesem Zweck kann auch ein Änderungsvorbehalt für den länger lebenden Ehegatten verfügt werden. In Erbverträgen oder in gemeinschaftlichen Testamenten sollte bei jüngeren Verfügenden in der Regel davon Abstand genommen werden, diese durch vertragsmäßige Bindungen oder wechselbezügliche Verfügungen dauerhaft zu binden, da die Entwicklung des Lebens diesbezüglich nicht vorhersehbar ist.

Nachstehendes Diagramm soll dem Leser in Kurzform dazu dienen, ihn durch ein Mandantengespräch bezüglich des Entwurfes einer Verfügung von Todes wegen zu führen:

II. Muster: Führer durch ein erbrechtliches Beratungsgespräch mit Entwurf einer Verfügung von Todes wegen

6

	Was?	Zuständig		Termin Bis wann?	Hinweise	Erledigt von	Erledigt am
		Wer?	Mit wem?				
1.	Totenschein	Arzt		unverzüglich	Telefon-Nummer Hausarzt		
2.	Meldung des Totenfalles; Vorlage der Familiendokumente	Angehörige	Standesamt	auf den Todestag folgender Werktag	Telefon-Nummer/Anschrift, Versicherungs-Nr. gesetzl. RV, Versicherungs-Nr. KV		
3.	Ablieferung des Testaments beim Amtsgericht	Angehörige		unverzüglich	Hinterlegungsschein und dessen Nummer		
4.	Organisation der Bestattung	Angehörige	Pfarramt Bestatter (Vorsorgevertrag)	unverzüglich	- Trauerkleidung - Beerdigungsinstitut - Art der Bestattung - Aufgabe von Todesanzeigen - Nachricht an Kirchengemeinde - Danksagung		
5.	Privatwirtschaftliche Meldepflichten Versicherungen (LV/ Unfall/KV/Berufsgenossenschaft/RV) Arbeitgeber Vermieter	Angehörige		24 Stunden nach Todesfall	- Sterbeurkunde - Versicherungspolice - Beitragsquittung		
6.	Sonstige sinnvolle Meldungen: Banken, Steuerberater, Rechtsanwalt, Kreditinstitute, Bausparkassen, Energieversorgungsunternehmen	von Erben (-gemeinschaft) Beauftragter		unverzüglich			
7.	Testamentseröffnung	Amtsgericht / Nachlassgericht			Sterbeurkunde / Testament		
8.	Erbschein	Amtsgericht / Nachlassgericht			Sterbeurkunde / Testament		
9.	Ermittlung des Nachlasses	Angehörige	Steuerberater	unverzüglich	Akten des Erblassers		
10.	Anzeige beim Finanzamt	Erben mit Steuerberater	örtlich zuständiges Finanzamt	3 Monate ab Erlangung der Kenntnis vom Erbfall	Formblatt Erbschaftsteuererklärung		

7 Wie Sie diesem Diagramm entnehmen können, werden im ersten Gespräch bereits die **Steuerfreibeträge** angesprochen. Häufig wird es für den Mandanten bereits aus steuerlichen Gründen sinnvoll sein, eine Verfügung von Todes wegen zu errichten und damit von der gesetzlichen Erbfolge und den hieraus resultierenden Steuerwerten abzuweichen. Die in § 12 Steuerrecht abgedruckte Tabelle (siehe § 12 Rn 23) der neuen Steuerfreibeträge und Steuerklassen sollte im ersten Mandantengespräch zur Hand sein, damit der Rechtsanwalt auf die aktuellen Werte zurückgreifen kann.

Werden dem Leser vom Mandanten frühere Verfügungen von Todes wegen zur „kurzen Durchsicht" vorgelegt, ist Vorsicht geboten.

Zum einen wird die Prüfung der ihm vorgelegten Verfügungen nicht mehr im Rahmen der Erstberatung zu leisten sein, wie an späterer Stelle noch erläutert wird. Zum anderen bietet es für den Anwalt ein Haftungsrisiko, während des Gespräches mit dem Mandanten mehrere Verfügungen von Todes wegen oder Verträge zu prüfen und aufgrund dessen eine verbindliche Auskunft zu erteilen. Hier sollte der Anwalt über allgemeine Informationen im ersten Gespräch nicht hinausgehen und sich die Verfügungen zur genauen Prüfung in der Kanzlei belassen.

Damit der Leser im ersten Gespräch auch an möglichst viele zu erfragende Informationen denkt, wird nachfolgend ein erprobtes Muster einer ersten Informationsaufnahme wiedergegeben.

III. Muster: Aufnahmebogen Gemeinschaftliches Testament/Erbvertrag

8

Erblasser 1:	Erblasser 2:
Vorname, Nachname:	Vorname, Nachname:
Anschrift:	Anschrift:
Geburtstag, -ort:	Geburtstag, -ort:
Abstammung Ehemann:	
Abstammung Ehefrau:	
Staatsangehörigkeit:	
Auslandsvermögen:	
Erste Ehe für Ehemann:	
Erste Ehe für Ehefrau:	
Güterstand:	
Eheschließung, Ort, Datum:	
Kinder:	
Vorname, Name	Geburtsdatum:
Anschrift:	
Vorname, Name	Geburtsdatum:
Anschrift:	
Vorname, Name	Geburtsdatum:
Anschrift:	
Vorname, Name	Geburtsdatum:
Anschrift:	
Weitere Kinder des Ehemannes:	
Weitere Kinder der Ehefrau:	
Bindung durch Erbvertrag oder gemeinschaftliches Testament	
Verfügungen:	

Erbfolge nach dem Erstversterbenden:
Überlebender Ehegatte:
1. Kind: 2. Kind:
3. Kind: 4. Kind:
Ersatzerbschaft:
Nacherbfolge:
Vermächtnis:
Auflage:
Erbfolge nach dem Längerlebenden:
Erbquoten:
Pflichtteilsansprüche:
Wiederverheiratung:
Einseitige Verfügungen und Bestimmungen:
Testamentsvollstreckung bei beiden Erbfällen:
Tod des Erstversterbenden:
Schlusserbfall:
Ersatztestamentsvollstrecker:
Vergütung/Aufwendungsersatz für Testamentsvollstrecker:
Betreuer/Vormund:
Verwandschaftsverhältnis:
Gegenstandswert:

9   Der Anwalt hat im ersten Gespräch zu ermitteln, ob die Mandanten, wenn es sich
     um ein Ehepaar handelt, im gesetzlichen Güterstand der **Zugewinngemeinschaft**
     leben oder einen **Ehevertrag** geschlossen haben, in dem ein anderer **Güterstand**
     vereinbart wurde. Gerade bei älteren Mandanten wird nicht sofort die Erinnerung
     vorhanden sein, ob in der Vergangenheit bereits ein Ehevertrag abgeschlossen
     wurde. Häufig haben Eltern ihren Kindern zur Hochzeit ein Grundstück ge-
     schenkt und die Kinder haben bei dem gleichzeitigen Notartermin der Grund-
     stücksübertragung einen vom gesetzlichen Güterstand abweichenden Güterstand
     vereinbart. Der Anwalt kann nur ganz sicher bei der Klärung des Güterstandes
     gehen, der wiederum Auswirkung auf die Berechnung der gesetzlichen Erbquo-
     ten für Ehegatten und Kinder hat, wenn er sich sämtliche nach der Eheschließung
     getroffenen notariellen Urkunden vorlegen läßt. Er sollte hierauf und auf die
     Vorlage von Grundbuchauszügen sowie etwaigen Handelsregisterauszügen be-
     stehen.

10   Wer ein **nichteheliches Paar** oder Lebenspartner i.S.d. § 1 LPartG bei dem Ent-
     wurf einer Verfügung von Todes wegen berät, kann das vorstehende Muster
     gleichwohl verwenden. Lediglich der Bereich der Eheschließung ist außen vorzu-
     lassen, bzw. durch das Datum der Begründung der Lebenspartnerschaft zu erset-
     zen.

Beachte   11
Nichteheliche Paare können nur Erbverträge errichten – oder jeder für sich
allein ein Testament. **Gleichgeschlechtliche Paare** i.S.d. LPartG können Erbverträge und gemeinschaftliche Testamente nach § 10 Abs. 4 LPartG errichten.

Hierbei gilt es für den Bereich der **neuen Bundesländer** die Vorschrift des   12
Art. 234 § 4 Abs. 1 EGBGB zu beachten. Danach gilt folgendes:

Haben die Ehegatten am Tag des Wirksamwerdens des Beitritts im gesetzlichen   13
Güterstand der Eigentums- und Vermögensgemeinschaft des Familiengesetzbu-
ches der Deutschen Demokratischen Republik gelebt, so gelten, soweit die Ehegatten nichts anderes vereinbart haben, von diesem Zeitpunkt an die Vorschriften
über den gesetzlichen Güterstand der **Zugewinngemeinschaft.**

Die Fortgeltung des alten Güterstandes der **DDR** wurde von ca. 1.200 Ehepaaren   14
gewählt. Der Anwalt, der einen in diesem Bereich stattfindenden Fall bearbeitet,
sollte vorsorglich nach der Geltendmachung dieser Option fragen.[1]

Befindet sich ein Hof im Nachlass, ist die **HöfeO**, siehe hierzu § 14 Hoferbfolge,   15
zu beachten.

Ist Teil des Nachlasses ein **Gesellschaftsanteil** an einer, so ist der Grundsatz   16
„Gesellschaftsrecht geht vor Erbrecht" nach Art. 2 Abs. 1 EGHGB zu beachten.
Für die Vererblichkeit des Anteils eines persönlich haftenden Gesellschafters ist
Voraussetzung, dass der Gesellschaftsvertrag eine Nachfolge in die Gesellschaft
ermöglicht (**Nachfolgeklausel**). Grundsätzlich endete die Gesellschaft durch den
Tod des persönlich haftenden Gesellschafters, wenn eine solche Klausel im Ge-
sellschaftsvertrag fehlte, § 727 Abs. 1 BGB. Das Handelsrechtsreformgesetz vom
22.6.1998 (BGBl I, 1474) hat die §§ 131 Nr. 4 und 161 Abs. 2 HGB dahingehend
geändert, dass der Tod des persönlich haftenden Gesellschafters einer OHG oder
KG nicht mehr zur Auflösung der Gesellschaft führt (siehe § 15 Rn 49).

Der Anwalt sollte im Beratungsgespräch bei Vorhandensein eines Personengesell-   17
schaftsanteils im Nachlass darauf bestehen, Einsicht in den Gesellschaftsvertrag
zu nehmen, um ihn mit der erbrechtlichen Verfügung abzustimmen.

Bereits im ersten Mandantengespräch sollte der Anwalt auch die Frage seines
Honorars ansprechen. Für den Mandanten entsteht dadurch Gebührenklarheit.
Ausführlicher mit diesem Thema beschäftigt sich § 1 Rn 20 in diesem Buch.

IV. Fristen

Die speziellen Fristen des Erbrechts, befinden sich zum Teil recht versteckt   18
im Gesetz.[2] Die im Erbrecht zu behandelnden Fristen sind im wesentlichen

---

1 Vgl. dazu Kerscher/Krug/*Brammen*, Das erbrechtliche Mandat, § 34 Rn 33.
2 *Gottwald*, ZEV 2006, 293.

Ausschluss- und Verjährungsfristen. Sie haben unterschiedliche materiell-rechtliche Folgen:[3]
- während bei **Ausschlussfristen** der Ablauf zum Erlöschen der Rechte (z.b. Gestaltungsrechte, absolute Rechte) führt,
- hat der Ablauf der **Verjährungsfrist** zur Folge, dass der Schuldner berechtigt ist, die Leistung zu verweigern, § 214 Abs. 1 BGB; es wird lediglich die Durchsetzung des Anspruchs verhindert. Da aber die Einrede der Verjährung dauerhaft anspruchshemmend wirkt, ist im Ergebnis die gleiche Rechtsfolge eingetreten wie bei einem Rechtsverlust; vorausgesetzt stets, dass die Einrede der Verjährung auch erhoben wird.

19   *Gottwald* gibt eine gute Übersicht der allgemeinen Fristen im Erbrecht:[4]

Handlung	Vorschrift	Dauer	Beginn
Annahme der Erbschaft	§§ 1943, 1944 BGB	6 Wochen bzw. 6 Monate	Kenntnis vom Anfall der Erbschaft und Berufungsgrund; nicht vor Verkündung
Ausschlagung der Erbschaft	§ 1944 BGB	6 Wochen bzw. 6 Monate	Kenntnis vom Anfall der Erbschaft und Berufungsgrund; nicht vor Verkündung
Ausschlagung der Pflichtteilsberechtigten	§ 2306 Abs. 1 Hs. 2 BGB	6 Wochen bzw. 6 Monate	Kenntnis vom Anfall der Erbschaft und Berufungsgrund; nicht vor Verkündung; zusätzlich: Kenntnis der Beschränkungen und Beschwerungen
Verschweigungseinrede	§ 1974 BGB	5 Jahre	Erfall bzw. Feststellung der Todeszeit (§§ 9, 39 VerschG)

---

3 *Gottwald*, ZEV 2006, 293.
4 *Gottwald*, ZEV 2006, 297. Zu den Rechtsbehelfsfristen im Erbrecht siehe *Gottwald*, ZEV 2007, 22, noch mit FGG-Vorschriften, ab 1.9.2009 Inkrafttreten des FamFG, vgl. §§ 58–75 FamFG.

Handlung	Vorschrift	Dauer	Beginn
Beendigung Aufgebotsverfahren	§ 2015 BGB	1 Jahr	Annahme der Erbschaft
Ausübung des Vorkaufsrechts des/der Miterben	§ 2034 BGB	2 Monate	Zugang der Mitteilung über den Abschluss des Kaufvertrags bzw. Beurkundung, wenn Miterbe bei dieser anwesend war
Unwirksamkeit der Nacherbschaft	§ 2109 BGB	30 Jahre	Erbfall
Bedingt angeordnetes Vermächtnis	§ 2162 BGB	30 Jahre	Erbfall
Ausschluss der Auseinandersetzung der Erbengemeinschaft	§ 2044 Abs. 2 BGB	30 Jahre	Erbfall
Dauervollstreckung	§ 2210 BGB	30 Jahre	Erbfall
Gültigkeit von Nottestamenten	§ 2252 BGB	3 Monate	Errichtung des Nottestaments
Schenkungen beim Pflichtteilsergänzungsanspruch	§ 2325 BGB	10 Jahre Beachte: Abschmelzklausel in Abs. 3 S. 1	Leistung des verschenkten Gegenstandes und Erbfall; Ausnahme: bei Schenkung an den Ehegatten des Erblassers beginnt die Frist nicht vor Auflösung der Ehe
Ausschluss der Anfechtung von Annahme und Ausschlagung	§ 1954 Abs. 4 BGB	30 Jahre	Annahme oder Ausschlagung der Erbschaft

B. Mandatsvergütung

Wenn Sie fällige **Gebühren** nicht sofort geltend machen, betätigen Sie sich als 20
Kreditgeber gegenüber Ihrem Mandanten, seiner Rechtsschutzversicherung oder

erstattungspflichtigen Dritten. Sie gewähren praktisch ein Darlehen in Höhe Ihrer fälligen Gebühren, zinslos und ungesichert.[5]

I. Gesetzliche Gebühren

21 Nach fast 47 Jahren wurde die BRAGO zum 1.7.2004 durch das Rechtsanwalts-Vergütungsgesetz (RVG) ersetzt, das eine erhebliche Änderung des bisherigen Gebührenrechts bewirkt hat. Besprechungs- und Beweis-Aufnahmegebühr sind ersatzlos weggefallen. Bei der außergerichtlichen Vertretung gibt es nur noch eine Geschäftsgebühr mit einem Rahmen von 0,5–2,5. Diese wird nicht mehr voll, sondern höchstens mit einem Gebührensatz von 0,75 auf die die Prozessgebühr ablösende Verfahrensgebühr angerechnet. Im erstinstanzlichen Gerichtsverfahren wird es nur noch eine Verfahrensgebühr von 1,3 und eine Terminsgebühr von 1,2 geben. Prozess-, Verhandlungs-, Beweis- und Erörterungsgebühr sind Geschichte.[6] Zum 1.7.2006 sind die bisherigen Gebühren der Nr. 2100–2103 VV RVG ersatzlos entfallen. Gleichzeitig rückten sämtliche sonstige Vorschriften aus Teil 2 VV RVG um eine 100-er Stelle auf so dass alle Nummern in Teil 2 VV RVG neu vergeben wurden.

22 Lediglich im Rahmen der Beratungshilfe verblieben die **Beratungsgebühren** (Nr. 2601, 2602 VV RVG a.F.), wobei sich diese Gebühren dann aber nicht mehr in den Nr. 2600 ff. VV RVG finden, sondern in den Nr. 2500 ff. VV RVG.[7] Die Erstberatungsgebühr ist in § 34 Abs. 1 RVG für den Fall geregelt, dass der Auftraggeber Verbraucher ist. Die Gebührenkappung wurde auf 250 EUR und für ein erstes Beratungsgespräch auf 190 EUR festgesetzt. Bei Nichtverbrauchern darf der Anwalt den vollen Gebührenrahmen abrechnen, gemäß der Nr. 2100 ff. VV RVG.

23 Die **Geschäftsgebühr** ist in Nr. 2300 VV RVG behalten worden (vgl. bisher § 118 BRAGO), Besprechungs- und Beweisaufnahmegebühr sind entfallen. Der Gebührenrahmen für die außergerichtliche Tätigkeit bewegt sich von 0,5 bis 2,5. Aufgrund eines Kompromisses mit der Versicherungswirtschaft ist jedoch eine Begrenzung auf 1,3 in sofern eingeführt worden, als eine höhere Gebühr nur gefordert werden kann, wenn die Tätigkeit umfangreich oder schwierig war.[8] Bei Rahmengebühren bestimmt der Rechtsanwalt die Gebühr im Einzelfall unter Berücksichtigung aller Umstände, vor allem des Umfangs und der Schwierigkeit der anwaltlichen Tätigkeit, der Bedeutung der Angelegenheit sowie der Einkommens- und Vermögensverhältnisse des Auftraggebers, nach billigem Ermessen, § 14 Abs. 1 S. 1 RVG. Ein besonderes Haftungsrisiko des Rechtsanwalts kann bei der Bemessung herangezogen werden, § 14 Abs. 1 S. 2 RVG. Richten sich die zu

---

5 *Madert*, AnwBl 1998, 436, 437.
6 *Ruby/Klinger*, ZEV 2004, 181.
7 *Schneider*, ZAP 2006, Fach 24, 981.
8 NK-RVG/*Onderka*, VV 2300 Rn 6 m.w.N.

erhebenden Gebühren nach dem Gegenstandswert, hat der Rechtsanwalt vor
Übernahme des Auftrags hierauf hinzuweisen, § 49b Abs. 5 BRAO.

Das vorliegende Werk möchte sich überwiegend mit der Abrechnung **außerge-**   24
richtlicher Angelegenheiten im Erbrecht beschäftigen, da hier ein lukrativer
Markt der Zukunft für die Anwaltschaft liegt. An dieser Stelle tritt der Anwalt
überwiegend in Konkurrenz zu anderen Berufsgruppen, nämlich Notaren, Steuerberatern, Wirtschaftsprüfern, und weniger zur Advokatur.

Als **Gegenstandswert** für den Entwurf eines Testamentes oder Erbvertrages   25
dient der Wert des gesamten Vermögens nach Abzug von Verbindlichkeiten, mit
Ausnahme von Vermächtnissen und Auflagen.[9]
Hiernach sind abzuziehen öffentliche Lasten und andere Belastungen, die den
Wert als solchen mindern, z.b. Dienstbarkeiten, bei Eheverträgen und Verfügun-
gen von Todes wegen die Schulden, nicht aber Vermächtnisse und Auflagen,
bei Verkauf von Vermögen, z.b. Erbschaften, Anteil einer OHG oder KG die
Schulden.[10]

Es ist zu bedenken, die anwaltliche Tätigkeit von der **Erhebung eines Vorschus-**   26
ses nach § 9 RVG abhängig zu machen. Der Zeitpunkt der **Vorschusserhebung**
wird vom jeweiligen Mandanten und der Erfahrung des Anwalts abhängen. *Ma-*
dert vertritt die Ansicht, dass der Vorschuss den Gesamtbetrag der entstandenen,
aber wegen § 16 BRAGO jetzt § 8 RVG möglicherweise noch nicht fälligen, und
der voraussichtlich entstehenden Gebühren und Auslagen umfassen soll.[11]

Dies mag für streitige Erbrechtsfälle zum Teil Geltung haben. Im außergerichtlichen Bereich, insbesondere bei dem Entwurf von letztwilligen Verfügungen von
Todes wegen oder von Verträgen im Rahmen der vorweggenommenen Erbfolge,
hat es sich als praktikabel erwiesen, ein Drittel der zu erwartenden Honorarfor-
derung zu Beginn der Tätigkeit, ein weiteres Drittel nach Absendung des ersten
Entwurfes sowie das letzte Drittel nach Abschluss der gesamten Tätigkeit zu
erheben. Der Mandant, der einen Anwalt in Erbrechtsangelegenheiten für seinen
sog. „letzten Willen" aufsucht, wird sich häufig schwer tun, sofort die gesamte
Gebühr zu entrichten, bevor er etwas in der Hand hat, das ihm die Arbeit des
Anwalts widerspiegelt.

Die anwaltliche Einschätzung, der Zahlungswillig- und -fähigkeit seines Mandan-   27
ten, sollte die Höhe der Vorschussforderung bestimmen. Die hälftige Regelung,
der **Vorschuss** wird zu Beginn des Mandats in Höhe der Hälfte der zu entrichten-
den Gebühr erhoben und die andere Hälfte nach Abschluss des Mandats, kann
auch ausgeübt werden.

---

9 *Madert,* Der Gegenstandswert in Bürgerlichen Rechtsangelegenheiten, 1999, Rn 624.
10 *Madert,* Rn 626.
11 *Madert,* AnwBl 1998, 436, 437.

28 Anwälte neigen dazu, bei ständigen Mandatskontakten, z.B. gewerblichen Mandanten, erst nach Beendigung des Mandates vollständig abzurechnen. Hier besteht jedoch die Gefahr des wirtschaftlichen Bankrottes des Mandanten und des Verlustes des Honorars für den Anwalt. Dem kann mit der Vorschuss-Lösung entgegengewirkt werden.

Madert erklärt, dass ein Anwalt, der das ihm angetragene Mandat bis zum Abschluss bearbeitet, dann bei der Erstellung der Kostenrechnung erstmals anfängt, über Gebühren nachzudenken, auf keinen „grünen Zweig" kommt. Der Inhaber der Anwaltsfirma müsse festlegen, welche Mandate angenommen bzw. abgelehnt werden, bei welchen Mandanten eine Honorarvereinbarung nötig ist und welche Vorschüsse verlangt werden.[12]

29 Vielfach wird der im Erbrecht tätige Anwalt einen Mandanten vor sich haben, der davon überzeugt ist, dass seine **Rechtsschutzversicherung**, die er vor längerer Zeit mit der Zusicherung des Agenten abgeschlossen hat, es sei alles versichert, auch erbrechtliche Beratung und Vertretung umfasst. Hierzu ist jedoch zu beachten, dass Rechtsschutzversicherungen zwar nach § 2k der **Allgemeinen Bedingungen für die Rechtsschutzversicherung** (ARB 94)[13] eine Beratung, in der Regel eine **Erstberatung** im Familien- und Erbrecht bezahlen, eine Vertretung jedoch nicht.

Mit § 2k ARB 94[14] umfasst der Versicherungsschutz je nach Vereinbarung den Beratungsrechtsschutz im Familien-, Lebenspartnerschafts- und Erbrecht für Rat oder Auskunft eines in Deutschland zugelassenen Rechtsanwaltes in familien-, lebenspartnerschafts- und erbrechtlichen Angelegenheiten, wenn diese nicht mit einer anderen gebührenpflichtigen Tätigkeit des Rechtsanwaltes zusammenhängen.[15]

Der Beratungsrechtsschutz im Familien- und Erbrecht ist zwar in den ARB 94[16] beibehalten worden, allerdings mit der immer wieder kritisierten und unverständlichen Klausel, dass der Beratungsrechtsschutz entfällt, wenn sich unmittelbar an die Beratung eine anwaltliche Tätigkeit anschließt. Dadurch ist der Beratungsrechtsschutz praktisch wertlos, da nur in den wenigsten Fällen eine anwaltliche Beratung ausreicht.[17]

Bei einigen Rechtschutzversicherungen ist die strikte Verweigerungshaltung inzwischen jedoch aufgeweicht worden und es wird mehr als der reine Beratungsrechtsschutz angeboten. Bei diesen Rechtsschutzversicherungen kann der Anwalt über die Beratung hinaus auch außergerichtlich und zum Teil sogar gerichtlich

---

12 *Madert*, AnwBl 1998, 436 ff, 439.
13 Jetzt: ARB 2010.
14 Jetzt: ARB 2010.
15 Abdruck der ARB 94 in Beilage zu AnwBl 3/1995, 9 ff.
16 Jetzt: ARB 2010, mit Lebenspartnerschaftsrecht.
17 *Van Bühren*, Beilage zu AnwBl 3/1995, S. 3, 5.

tätig werden und gegenüber dem Versicherer Gebühren von regelmäßig bis zu ca. 500 EUR je Rechtschutzfall abrechnen.[18] Bei zwei Rechtschutzversicherern reicht der Kostenschutz sogar bis 2.500 EUR bei nur außergerichtlicher Tätigkeit (Gothaer und AXA).[19] Obwohl inzwischen einige Rechtschutzversicherungen mehr anbieten, als die reine Erstberatung,[20] sind die Gebühren für eine außergerichtliche Tätigkeit des Rechtsanwalts doch häufig begrenzt auf einen Betrag i.H.v. 500 EUR. Es ist für den Rechtsanwalt angezeigt, die jeweiligen Versicherungsbedingungen zu überprüfen.[21]

Der Rechtsanwalt wird also in vielen Fällen nicht umhin kommen, mit dem Mandanten eine Gebührenvereinbarung abzuschließen.[22]

II. Honorarvereinbarung

Die Honorarrechnung sollte niemals die blinde Folge eines Gebührentatbestandes sein. Über das richtige Honorar, über den richtigen Zeitpunkt der Inrechnungstellung und über die richtige Zahl sollte der Anwalt nachdenken.[23] 30

Anstelle der anfallenden Gebühren der Nr. 2101–2103 VV RVG ordnet ab dem 1.7.2006 der neue § 34 Abs. 1 RVG an, dass der Anwalt auf eine Gebührenvereinbarung hinwirken soll. Für einen mündlichen oder schriftlichen Rat oder eine Auskunft (Beratung, die nicht mit einer anderen gebührenpflichtigen Tätigkeit zusammenhängt, für die Ausarbeitung eines schriftlichen Gutachtens und für die Tätigkeit als Mediator soll der Rechtsanwalt auf eine Gebührenvereinbarung hinwirken, soweit in Teil 2 Abschnitt 1 des Vergütungsverzeichnisses keine Gebühren bestimmt sind, § 34 Abs. 1 S. 1 RVG. Wenn keine Vereinbarung getroffen worden ist, erhält der Rechtsanwalt Gebühren nach den Vorschriften des bürgerlichen Rechts, § 34 Abs. 1 S. 2 RVG. Für eine Beratung erhält der Anwalt dann die angemessene Vergütung nach § 612 BGB und für eine Gutachtertätigkeit, die üblicherweise als Werkvertrag angesehen wird, eine angemessene Vergütung nach § 632 BGB.[24] *Rick* weist darauf hin, dass der Anwalt folgendes zu beachten hat: Wird er für einen Verbraucher i.S.d. § 13 BGB tätig, so kann er nach BGB höchstens einen Betrag i.H.v. 250 EUR verlangen, § 34 Abs. 1 S. 3 RVG. Höhere Beträge sind nicht möglich. Im Falle einer Erstberatung ist der Betrag sogar auf 190 EUR beschränkt, gemäß dieser Vorschrift. Hinzu kommen lediglich Auslagen und Umsatzsteuer sowie eine eventuelle Einigungs-, Erledigungs- oder Aussöhnungsgebühr.

---

18 *Ruby/Klinger*, ZEV 2004, 319, 321.
19 *Ruby/Klinger*, ZEV 2004, 320.
20 Siehe hierzu eine Tabelle aus dem Jahre 2004 von *Ruby/Klinger*, ZEV 2004, 321.
21 Krug/Rudolf/Kroiß/Bittler/*Bittler*, AnwF Erbrecht, § 17 Rn 13.
22 *Van Bühren*, Beilage zu AnwBl 3/1995, S. 3, 5.
23 *Streck*, AnwBl 1998, 439.
24 NK-RVG/*Rick*, § 34 Rn 73 ff., 4. Auflage 2009; NK-RVG/*Teubel/Winkler*, § 34 Rn 68 ff.

31   Der im Erbrecht tätige Anwalt muss sich bei der Frage, ob er nach den **gesetzlichen Gebühren** abrechnet oder mit dem Mandanten eine **Honorarvereinbarung** abschließt, bewusst sein, welches Honorar im jeweils konkreten Fall verdient werden muss, damit noch ein Gewinn erzielt werden kann. Hierfür ist erforderlich, dass sich der Anwalt bereits vor dem Mandat mit der Höhe seines **Stundenhonorars** beschäftigt hat. Das heute im Markt für anwaltliche Rechtsberatung Vergütungen realisiert werden, die bei ca. 30 EUR pro Stunde anfangen und bei 500 und mehr EUR enden, ist in starkem Maße abhängig von der strategischen Ausrichtung der Kanzlei.[25]

Für eine Akzeptanz durch den Mandanten ist es besser, ein höheres Stundenhonorar zu vereinbaren, demgegenüber eine geringere Stundenanzahl in Rechnung zu stellen.

Es ist sicher richtig, dass der Mandant regelmäßig lieber eine glatte Honorarsumme zahlt, als einen sich aus vielen kleinen Beträgen zusammensetzenden ungeraden Endbetrag. Der Leser sollte prüfen, welcher Mandant diese Art der Abrechnung begrüßt und welcher Mandant lieber eine detaillierte Aufstellung als Abrechnung erhält.

Wenn das Mandat zu unvorhergesehenen Besonderheiten führt, kann eine Korrektur des Pauschalhonorars vorgeschlagen werden. Grundsätzlich sollte es jedoch bei dem vereinbarten Pauschalhonorar bleiben. Die Besonderheiten müssen gravierend sein. Denn regelmäßig geht der Mandant davon aus, dass gerade das Pauschalhonorar auch Besonderheiten abdeckt.[26]

32   Die Beratung des Mandanten hinsichtlich des Entwurfes einer Verfügung von Todes wegen oder eines Vertrages im Wege der vorweggenommenen Erbfolge ist ohne steuerliche Beratung nicht in vollständiger Weise denkbar. Eine Überprüfung der Steuerklassen und Steuerfreibeträge der potentiellen Erben oder Übertragungsempfänger muss vorgenommen werden. Über diese Beratung kann ggf. eine separate Rechnung für die Steuerberatung gestellt werden, die dann vom Mandanten bei seiner Einkommensteuer berücksichtigt werden kann, wenn er Unternehmer ist.[27]

Die Gebührenvereinbarung bedarf der Textform, § 3a Abs. 1 RVG. Wird eine oberhalb der gesetzlichen Vergütung liegende Vereinbarung getroffen, muss sie schriftlich fixiert sein, die Erklärung vom Auftraggeber eigenhändig unterzeichnet werden.

Die Vergütungsvereinbarung darf nicht in einer Vollmachtsurkunde enthalten sein. Umgekehrt darf die Vollmacht nicht in einer Vergütungsvereinbarung enthalten sein, § 3a Abs. 1 S. 2 RVG.

---

25 *Krämer*, AnwBl 2006, 154, 155 m.w.N.
26 *Streck*, AnwBl 2006, 150, 151.
27 Vgl. hierzu § 12 Steuerrecht – in diesem Buch.

Nach § 3a Abs. 1 S. 2 RVG muss eine Vergütungsvereinbarung als solche bezeichnet sein, es sei denn, die Vergütungsvereinbarung ist vom Auftraggeber verfasst. Bei der mehrfachen Verwendung von Vergütungsvereinbarungen sind die Vorschriften der §§ 305 ff. BGB i.V.m. dem AGB-Gesetz zu beachten. Der Anwalt sollte sich daher insbesondere vor überraschenden und mehrdeutigen Klauseln hüten. Die Vereinbarungen sollten bestimmt genug sein und dem Transparenzgebot des § 307 Abs. 1 S. 2 BGB Genüge tun. Unangemessene Benachteiligungen des Auftraggebers sind zu vermeiden.[28] Hinsichtlich der Übergangsfälle gilt § 60 Abs. 1 RVG:

– Hat der Anwalt den Beratungs- oder Gutachtenauftrag vor dem 1.7.2006 erhalten, bleibt es bei der Anwendung der Nr. 2100 ff. VV RVG alte Fassung, es sei denn, hier ist bereits eine Gebühren- oder Vergütungsvereinbarung getroffen worden.
– Ist der Auftrag nach dem 30.6.2006 erteilt worden, sind die Nummern 2100 ff. RVG alte Fassung nicht mehr anwendbar. Es gilt dann § 34 Abs. 1 RVG i.V.m. den Vorschriften des BGB, wenn keine Gebühren- oder Vergütungsvereinbarung getroffen worden ist.

Praxistipp   33
Eine Vergütungsvereinbarung kann regelmäßig Auslegungsschwierigkeiten, welche Vergütung zu zahlen ist, vermeiden. Bereits bei Mandatsbeginn ist über die vom Rechtsanwalt zu erbringende Leistung und über die vom Mandanten zu erbringende Leistung zu sprechen.[29]

C. Nachsorge

Nachdem die auftragsgemäße Tätigkeit beendet und die Vergütungsforderung   34
ausgeglichen wurde, ist in der Regel für den Anwalt die Angelegenheit abgeschlossen. Bei erbrechtlichen Fällen kann es jedoch immer wieder eine Situation geben, in der ein Mandant auch nach Beendigung der Angelegenheit anwaltliche Hilfe benötigt. Beispielsweise ist der überlebende Ehegatte dahingehend zu unterstützen, dass das an ihn gesandte Formular des Nachlassgerichtes bezüglich der Erteilung des Erbscheins ordnungsgemäß ausgefüllt wird. Vielfach wird es auch ausreichen, dem Mandanten telefonisch den einen oder anderen Hinweis zu geben, der diesem den nächsten Schritt in der schwierigen persönlichen Situation der Bearbeitung des Erbfalls ermöglicht. Diese Nachsorge besteht in der Regel nach dem Tod des Erblassers, für den der Anwalt eine Verfügung von Todes wegen entworfen hatte. Insbesondere bei dem Entwurf von gemeinschaftlichen Testamenten oder Erbverträgen in der Situation des überlebenden Ehegatten wird der Anwalt mit Abwicklungsfragen konsultiert (vgl. § 19 Rn 1).

---

28 *Schneider*, Die Vergütungsvereinbarung, Rn 661 ff.
29 *Brieske*, AnwBl 2006, 176.

§ 2 Erbfolge

A. Einführung

Der Gesetzgeber regelt in den §§ 1922–1941 BGB die **gesetzliche Erbfolge**. Dies bedeutet die Regelung im Gesetz, wer und zu welchen Quoten Erbe wird nach einem Verstorbenen (Erblasser), der keine letztwillige Verfügung von Todes wegen, ein Testament oder einen Erbvertrag hinterlassen hat.

Viele Menschen meinen, keine Verfügung treffen zu müssen, da im Gesetz bereits alles geregelt sei. Damit Sie als Rechtsanwalt Ihrem Mandanten verdeutlichen können, warum die Errichtung einer Verfügung von Todes wegen fast immer notwendig ist, um das von ihm angestrebte erbrechtliche Ergebnis auch tatsächlich zu erreichen, müssen Sie ihm erläutern können, wie die Erbfolge aussieht, wenn er keine Verfügung von Todes wegen hinterlässt.

Die Kenntnis der gesetzlichen Erbfolge ist auch bei der gewillkürten Erbfolge notwendig. Wenn der Erblasser nur über einen Bruchteil des Vermögens **letztwillig** verfügt hat, § 2088 BGB, tritt über den verbleibenden Bruchteil die gesetzliche Erbfolge ein. Die Auslegungsregeln der §§ 2066 S. 2 und 2067, 2069 BGB verweisen auf die gesetzliche Erbfolge. Auch die Berechnung des Pflichtteilsanspruchs, § 2303 Abs. 1 BGB, ist abhängig von der Berechnung der gesetzlichen Erbquote.

Der Mandant neigt dazu, im ersten Termin bei dem Anwalt eine ungeordnete Menge von Informationen zu liefern, die der Anwalt zu ordnen hat. Die vorrangige Aufgabe des Anwalts im ersten Gespräch ist die Klärung der gesetzlichen **Erbfolge**. Damit dies schnell und richtig erfolgen kann, sollen nachstehend anhand der gesetzlichen Formulierungen Fälle gebildet werden, die mithilfe eines gezeichneten Stammbaumes aufgearbeitet und zu Lösungen geführt werden.

Sie können sich zunächst den Fall anschauen, selbst eine Lösung erarbeiten und erst im Anschluss daran mit der Lösung vergleichen.

B. Rechtliche Grundlagen

Das Erbrecht ist ein verfassungsrechtlich garantiertes Grundrecht gem. Art. 14 Abs. 1 des Grundgesetzes. Inhalt und Schranken regeln die Gesetze.

Die Erbfolge beruht entweder auf dem Gesetz (gesetzliche Erbfolge) oder auf dem Willen des Erblassers (**gewillkürte Erbfolge**). Der Mensch kann also über sein Vermögen auch für die Zeit nach seinem Tode verfügen, indem er durch Testament oder Erbvertrag einen oder mehrere Erben bestimmt. Die gesetzliche Erbfolge tritt ein, wenn der Erblasser keinen Erben berufen hat.

5 Nach dem Grundsatz der Universalsukzession (Gesamtrechtsnachfolge) geht mit dem Tode einer Person (**Erbfall**) deren Vermögen (**Erbschaft**) als Ganzes auf eine oder mehrere andere Personen (**Erben**) über, § 1922 Abs. 1 BGB.

6 Erbe kann jede natürliche oder juristische Person sein. Erbe kann jedoch nur werden, wer zur Zeit des Erbfalls lebt, § 1923 Abs. 1 BGB. Eine juristische Person muss, um rechtsfähig zu sein, im Zeitpunkt des Erbfalles die Rechtsfähigkeit erlangt haben. Nach § 1923 Abs. 2 BGB gilt aber für das bereits gezeugte Kind (sog. **Nasciturus**) eine Ausnahme. Wenn es nach dem Erbfall lebend geboren wird, behandelt das Gesetz es so, wie wenn es vorher geboren wäre, § 1923 Abs. 2 BGB.

7 Nach dem Bürgerlichen Gesetzbuch regelt sich die Erbfolge der Blutsverwandten nach Verwandtschaftsgraden, den sog. **Erbordnungen**. Ein Verwandter einer vorhergehenden Ordnung schließt die Verwandten aller nachfolgenden Ordnungen von der Erbfolge aus, § 1930 BGB.

Der überlebende Ehegatte erbt neben Blutsverwandten als gesetzlicher Erbe, § 1931 BGB.

Zwei Personen gleichen Geschlechts begründen eine **Lebenspartnerschaft**, wenn sie gegenseitig persönlich und bei gleichzeitiger Anwesenheit erklären, miteinander eine Partnerschaft auf Lebenszeit führen zu wollen, § 1 Abs. 1 S. 1 LPartG.[1]

Der überlebende Lebenspartner des Erblassers erbt neben Blutsverwandten als gesetzlicher Erbe, § 10 Abs. 1, 2 LPartG.[2]

8 Ein **Adoptivkind** erbt grundsätzlich wie ein eheliches Kind, §§ 1754, 1755 BGB.

Grundsätzlich kann ein Ehepaar, ein Kind nur gemeinschaftlich annehmen, § 1741 Abs. 2 S. 2 BGB. Wer nicht verheiratet ist, kann ein Kind nur allein annehmen, § 1741 Abs. 2 S. 1 BGB. Das Lebenspartnerschaftsgesetz macht hiervon keine Ausnahme und lässt eine gemeinsame Adoption durch eingetragene Lebenspartner nicht zu. Möglich ist, gem. § 1742 Abs. 1 BGB nur die Annahme eines Kindes durch einen Lebenspartner allein. Auch ist die einem neuen Ehepartner mögliche Stiefkind-Adoption dem Lebenspartner verwehrt.[3]

9 Bei der **Volljährigenadoption sind** einige Besonderheiten zu beachten, so z.B. das Erbrecht nach den leiblichen Eltern sowie nach Adoptivvater bzw. Adoptivmutter. Die Volljährigenadoption wird auf Antrag des Annehmenden und des Anzunehmenden vom Familiengericht nach § 1768 Abs. 1 S. 1 BGB ausgespro-

---

1 Ab 1.8.2001; BGBl I v. 22.2.2001, 266.
2 Ab 1.8.2001, a.a.O.
3 *Dethloff*, NJW 2001, 2598, 2602.

chen. Die Wirkungen der Annahme erstrecken sich jedoch nicht auf die Verwandten des Annehmenden, § 1770 Abs. 1 BGB.

> **Beachte** 10
> Annehmender und Angenommener sind gegenseitig erbberechtigt. Das Erbrecht des Angenommenen zu seinen leiblichen Verwandten erlischt nicht.

Die Rechte und Pflichten aus dem Verwandtschaftsverhältnis des Angenommenen und seiner Abkömmlinge zu ihren Verwandten werden durch die Annahme nicht berührt, soweit das Gesetz nichts anderes vorschreibt, § 1770 Abs. 2 BGB. 11

Zu berücksichtigen ist, dass die Anforderungen an die Entstehung eines Eltern-Kind-Verhältnisses i.S.d. § 1767 Abs. 1 BGB bei der Erwachsenen-Adoption nicht dieselben sind, wie bei der Minderjährigen-Adoption. Das Eltern-Kind-Verhältnis unter Erwachsenen wird wesentlich durch die auf Dauer angelegte Bereitschaft zu gegenseitigem Beistand geprägt, wie ihn sich leibliche Eltern und Kinder typischerweise leisten.[4]

Das Familiengericht kann beim Ausspruch der Annahme eines Volljährigen auf Antrag des Annehmenden und des Anzunehmenden bestimmen, dass sich die Wirkung der Annahme nach den Vorschriften über die Annahme eines Minderjährigen oder eines verwandten Minderjährigen richten (§§ 1754–1756 BGB) unter den in § 1772 Abs. 1a–d BGB genannten Voraussetzungen. Das Verfahren in Adoptionssachen ist geregelt in den §§ 186–199 FamFG. Hier kann das wechselseitige Erbrecht bei der Volljährigenadoption ausgeschlossen werden. Trotz gesetzlich bestimmter Verwandtschaft kann der Fall auftreten, dass kein gesetzliches Erbrecht besteht, §§ 1925 Abs. 4 i.V.m. 1756 BGB. Für den Fall, dass der Minderjährige von jemandem als Kind angenommen wird, mit dem er im zweiten oder dritten Grad verwandt ist (z.B. Onkel, Tante, Geschwister, Großeltern), soll er nicht vollständig aus seiner Familie herausgerissen werden, zu der er durch Abstammung gehört. Vielmehr erlischt hier lediglich das Verwandtschaftsverhältnis zu den leiblichen Eltern, jedoch nicht zu den übrigen Familienmitgliedern.

> **Beachte** 12
> Es erlischt das Verwandtschaftsverhältnis des Kindes und seiner Abkömmlinge zu den Eltern des Kindes und damit der gesetzliche Erbanspruch, § 1756 Abs. 1 BGB.

Nimmt der Ehegatte das eheliche Kind seines Ehegatten an, dessen frühere Ehe durch Tod aufgelöst ist, so erlischt das Verwandtschaftsverhältnis und damit der gesetzliche Erbanspruch nicht im Verhältnis zu den Verwandten des verstorbenen Elternteils, § 1756 Abs. 2 BGB, wenn dieser die elterliche Sorge hatte. 13

Ein Lebenspartner kann seit dem 1.1.2005 das Kind des anderen adoptieren, § 9 Abs. 7 LPartG. Es gelten dann § 1743 S. 1, § 1751 Abs. 2, Abs. 4 S. 2, § 1754

---

4 BayObLG, RNotZ 2003, 50.

Abs. 1, Abs. 3, § 1755 Abs. 2, § 1756 Abs. 2, § 1757 Abs. 2 S.1, § 1772 Abs. 1 S. 1c BGB entsprechend.

14 Falls weder Verwandte, ein Lebenspartner noch ein Ehegatte des Erblassers vorhanden sind, ist der **Fiskus** gesetzlicher Erbe, § 1936 BGB.[5]

Zum besseren Verständnis wird nachstehend eine Erklärung der in den Stammbäumen verwendeten Zeichen aufgestellt.

15 Erst das korrekte Zeichnen der **Stammbäume** als Handwerkszeug des Erbrechtlers ermöglicht es, die Erbquoten und damit etwaige Pflichtteilsansprüche richtig festzulegen.

In den folgenden Stammbäumen werden diese Symbole verwendet:

Erblasser = E: ✕

männliche Person: ◯   => männlicher Erblasser: ⊗

weibliche Person: ☐   => weiblicher Erblasser: ⊠

vorverstorben: ╱

vorverstorbene
männliche Person: ⊘

vorverstorbene
weibliche Person: ◲

verheiratet: ◯☐

nichteheliche
Lebensgemeinschaften: ◯☐

Auf den nachstehenden Seiten wird das Erbrecht der Verwandten aufgeschlüsselt nach den Erbordnungen in Form von Stammbäumen dargestellt. Der Stammbaum dient dazu, kurz und prägnant einen Fall wiederzugeben.

Sie können die Lösung unter dem Fall abdecken, zunächst selbst eine Lösung erarbeiten und diese dann mit der tatsächlichen Lösung vergleichen.

---

5 BFH NWB EN-Nr. 679/2006.

C. Erbrecht der Verwandten (§§ 1924 bis 1930 BGB)

I. Gesetzliche Erbfolge anhand von Musterfällen

Gesetzliche Erben der ersten Ordnung sind die **Abkömmlinge** des Erblassers,   16
§ 1924 Abs. 1 BGB. Ein zur Zeit des Erbfalls lebender Abkömmling schließt die durch ihn mit dem Erblasser verwandten Abkömmlinge von der Erbfolge aus, § 1924 Abs. 2 BGB. An die Stelle eines zur Zeit des Erbfalls nicht mehr lebenden Abkömmlings treten die durch ihn mit dem Erblasser verwandten Abkömmlinge (Erbfolge nach Stämmen), § 1924 Abs. 3 BGB.

Kinder erben zu gleichen Teilen, § 1924 Abs. 4 BGB.

Fall 1   17
Die Erblasserin E ist verstorben. Der Ehemann sowie die Tochter A sind bereits vorverstorben. A hat die zwei Kinder D und F. Weiter hinterlässt E eine nicht verheiratete Tochter B sowie einen verheirateten Sohn C, der einen Sohn G hat.

Dieser Fall wird nachstehend in Form eines Stammbaumes dargestellt:

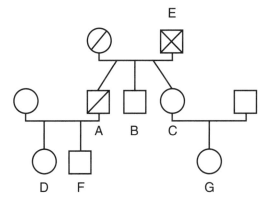

Lösung zu Fall 1   18
Gesetzliche Erben: B und C zu je ⅓
                            D und F zu je ⅙.
                            G wird gem. § 1924 Abs. 2 durch C von der
                            Erbfolge ausgeschlossen.

Gesetzliche Erben der zweiten Ordnung sind die **Eltern** des Erblassers und   19
deren Abkömmlinge, § 1925 Abs. 1 BGB.

Leben zur Zeit des Erbfalls beide Eltern, so erben sie zu gleichen Teilen; sie schließen die Geschwister des Erblassers und deren Nachkommen von der Erbfolge aus, § 1925 Abs. 2 BGB.

Lebt zur Zeit des Erbfalls der Vater oder die Mutter nicht mehr, so treten an die Stelle des Verstorbenen dessen Abkömmlinge nach den für die Beerbung in der ersten Ordnung geltenden Vorschriften. Sind Abkömmlinge nicht vorhanden, so erbt der überlebende Teil allein, § 1925 Abs. 3 BGB.

Die nachstehenden Fälle dienen zur Verdeutlichung des Gesetzestextes. Wie bereits unter Rn 16–19 sollten Sie zunächst anhand des Stammbaumes selbstständig die Erbquoten bestimmen. Danach können Sie Ihr Ergebnis mit der Lösung vergleichen.

20   **Fall 2**
Die E verstirbt und hinterlässt ihre Eltern A und B sowie die Schwester C und den Bruder D.

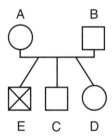

21   **Lösung zu Fall 2**
Gesetzliche Erben: Die Eltern der E, A und B, zu je ½, § 1925 Abs. 2.
C und D sind durch A und B ausgeschlossen.

22   **Fall 3**
Die E verstirbt. Bei ihrem Tode hinterlässt sie die Mutter C sowie den Bruder G. Ihre Schwester F ist vorverstorben wie der Vater B. Vater B war jedoch mit der A in zweiter Ehe verheiratet und hat die Tochter D gezeugt.

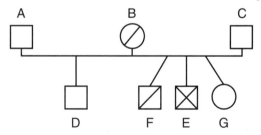

Vater der E, der B und die Schwester der E, die F, sind vorverstorben.

Lösung zu Fall 3   23

Gesetzliche Erben: Mutter des E, die C, zu ½.
                       D und G, als Abkömmlinge des vorverstorbenen B,
                       zu je ¼, § 1925 Abs. 3 S. 1 BGB.

Fall 4   24

Die E ist verstorben. Sie hinterlässt ihren Vater A sowie den Bruder C. Ihre
Mutter B ist bereits vorverstorben, ebenso der Bruder D, der verheiratet war
und seine beiden Töchter F und G hinterlässt.

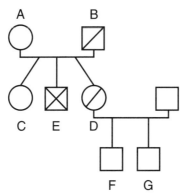

Mutter der E, die B sowie Bruder der E, der D, sind vorverstorben.

Lösung zu Fall 4   25

Gesetzliche Erben: Vater der E, der A, zu ½.
                       Anstatt der Mutter B erben die beiden Stämme C
                       und D, also C ¼.
                       Das ¼ des D geht auf F und G über, also je ⅛, vgl.
                       § 1924 Abs. 3 i.V.m. § 1925 Abs. 3 S. 1 BGB.

Fall 5   26

Die E verstirbt. Sie hinterlässt ihre Mutter B sowie die Geschwister D und F.
Vater A ist bereits vorverstorben. Mutter B hat zum zweiten Mal geheiratet,
den C. Mit diesem hat sie zwei Kinder, den Sohn H sowie die bereits vorverstorbene Tochter G, gezeugt.

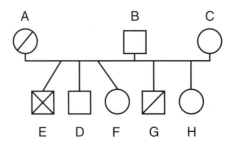

E   D   F   G   H

Vater der E, der A, sowie Halbschwester G sind vorverstorben.

27   **Lösung zu Fall 5**
Gesetzliche Erben: Mutter B zu ¹/₂.
                        Geschwister D und F über A zu je ¹/₄, § 1925 Abs. 3
                        S. 1 BGB.
                        H ist kein Abkömmling des vorverstorbenen A und
                        erhält daher nichts.

28   **Fall 6**
Der E verstirbt. Bei seinem Tode lebt noch als gesetzlicher Erbe sein Vater B
sowie die Großeltern mütterlicherseits C und D. Mutter A ist bereits vorverstorben.

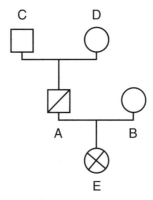

E

Mutter A des E ist vorverstorben.

29   **Lösung zu Fall 6**
Vater B ist alleiniger gesetzlicher Erbe. Die Großeltern des E, C und D, sind
Erben dritter Ordnung, § 1926 Abs. 1 BGB. Sie sind durch Erben zweiter
Ordnung, § 1925 Abs. 1 BGB, den B, von der Erbfolge ausgeschlossen,
§ 1930 i.V.m. § 1925 Abs. 3 S. 2 BGB.

Fall 7   30

Der E ist verstorben. Seine Eltern A und B sind bereits vorverstorben. Mutter B hatte noch einmal geheiratet, den inzwischen auch vorverstorbenen C. Im Erbfall lebt noch Bruder D sowie die von B und C gezeugten Halbgeschwister von E, Halbbruder F, Halbschwester G und Halbschwester H.

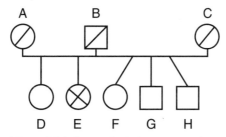

Die Eltern A und B und Stiefvater C sind vorverstorben.

Lösung zu Fall 7

	Die Hälfte des A erbt dessen Kind D.
	Die Hälfte der B erben deren Kinder D, F, G und H.
Gesetzliche Erben:	D erbt $^5/_8$ ($^1/_2$ = $^4/_8$ über A, $^1/_8$ über B)
	F, G und H erben je $^1/_8$ (über B).

Fall 8   31

Die E ist verstorben. Ihre Eltern A und B sind bereits vorverstorben, genau wie die Schwester H und der Bruder J. Mutter B hatte noch einmal geheiratet und eine Tochter K und einen Sohn L gezeugt. Die Großeltern väterlicherseits C und D sowie mütterlicherseits F und G leben im Erbfall.

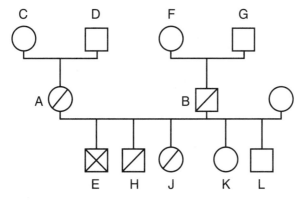

32 **Lösung zu Fall 8**

Die Eltern der E, A und B sowie die Geschwister H und J sind vorverstorben.

Gesetzliche Erben: Die Halbgeschwister der E, K und L zu je $^1\!/_2$.

K und L schließen als gesetzliche Erben zweiter Ordnung die Großeltern der E, C, D, F und G als gesetzliche Erben dritter Ordnung von der Erbfolge aus, § 1930 BGB, § 1925 Abs. 3 S. 1 BGB.

33 **Anmerkung zu Fall 8**

Fall 8 ist ein Beispiel dafür, dass die Errichtung einer Verfügung von Todes wegen auch für junge Menschen wichtig sein kann. Hier war die E unverheiratet und kinderlos, die bereits vorverstorbene Mutter B hatte in zweiter Ehe die Kinder K und L. Häufig werden die Kinder aus unterschiedlichen Ehen mit einem gemeinsamen Elternteil kein inniges Verhältnis haben. Gleichwohl schließen K und L als Erben der zweiten Ordnung die Großeltern der E, C und D sowie F und G, von der gesetzlichen Erbfolge aus. Es ist anzunehmen, dass die E ein engeres Verhältnis zu ihren Großeltern hatte als zu ihren Halbgeschwistern K und L. Aufgabe des Anwalts wäre es hier gewesen, der E zur Errichtung einer Verfügung von Todes wegen zu raten, um das gesetzliche Erbrecht der K und des L auszuschließen. Pflichtteilsansprüche bestehen nicht.

34 **Beachte**

Adoptieren z.B. Großeltern ihr Enkelkind, so verliert es im Verhältnis zu seinen Halb-Geschwistern die Stellung eines Erben zweiter Ordnung und umgekehrt (§§ 1925 Abs. 4, 1756 BGB).

35 **Gesetzliche Erben der dritten Ordnung** sind die **Großeltern** des Erblassers und deren Abkömmlinge (§ 1926 Abs. 1 BGB).

Leben zur Zeit des Erbfalls die Großeltern, so erben sie allein und zu gleichen Teilen (§ 1926 Abs. 2 BGB).

Lebt zur Zeit des Erbfalls von einem Großelternpaar der Großvater oder die Großmutter nicht mehr, so treten an die Stelle des Verstorbenen dessen Abkömmlinge. Sind Abkömmlinge nicht vorhanden, so fällt der Anteil des Verstorbenen dem anderen Teile des Großelternpaars und, wenn dieser nicht mehr lebt, dessen Abkömmlingen zu, § 1926 Abs. 3 BGB.

Lebt zur Zeit des Erbfalls ein Großelternpaar nicht mehr und sind Abkömmlinge der Verstorbenen nicht vorhanden, so erben die anderen Großeltern oder ihre Abkömmlinge allein (§ 1926 Abs. 4 BGB).

Soweit Abkömmlinge an die Stelle ihrer Eltern oder ihrer Voreltern treten, finden die für die Beerbung in der ersten Ordnung geltenden Vorschriften Anwendung, § 1926 Abs. 5 i.V.m. § 1924 BGB.

Fall 9   36
Die E verstirbt. Ihre Eltern A und B sind bereits vorverstorben sowie der
Großvater F väterlicherseits. Die Großmutter G väterlicherseits sowie die
Großeltern mütterlicherseits C und D leben im Erbfall.

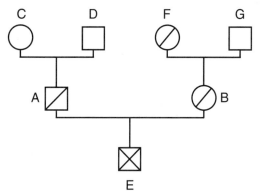

Eltern der E, A und B, sowie Großvater F sind vorverstorben.

Lösung zu Fall 9   37

Gesetzliche Erben: C und D zu je ¼.
                            G erhält ½ (vgl. § 1926 Abs. 3 S. 2 BGB).

Anmerkung zu Fall 9   38
Hier ist darauf hinzuweisen, dass die Großelternpaare zu C und D sowie F
und G als Stamm für sich zu sehen sind.[6]
Gem. § 1926 Abs. 3 S. 2 BGB wandert das ¼ von F insgesamt auf G, so dass
diese ½ nach dem Tode von F erhält. Ein häufiger Fehler ist, die drei lebenden
Großelternteile zu ⅓ in der Erbquote zu bestimmen.

Fall 10   39
Die E verstirbt. Ihre Eltern A und B sind vorverstorben. Die Großmutter
väterlicherseits D sowie der Großvater mütterlicherseits G sind ebenfalls vorverstorben. Großvater C und Großmutter F leben im Erbfall. Die Tante
väterlicherseits K ist vorverstorben, die Tante J väterlicherseits lebt im Erbfall.
Die Tanten mütterlicherseits L und M leben im Erbfall. Der vorverstorbene
Großvater mütterlicherseits G war in zweiter Ehe mit der H verheiratet. Mit
dieser zeugte er den vorverstorbenen Sohn N sowie die Tochter O.

---

6 Vgl. Palandt/*Weidlich*, § 1926 Rn 2.

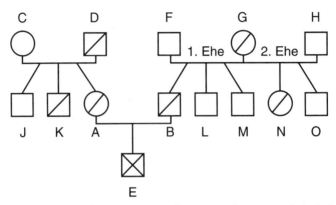

Eltern A und B, Großmutter D, Großvater G, Tante K und Onkel N der E sind vorverstorben.

Lösung zu Fall 10

Gesetzliche Erben: C und F zu je ¼. J zu ¼ (über D).
L, M und O zu je ¹/₁₂ (über G), vgl. § 1926 Abs. 3 S. 1 BGB.

40   **Fall 11**
Der E ist verstorben. Seine Eltern A und B sind vorverstorben, ebenso die Großeltern väterlicherseits D und F. D war in zweiter E mit der ebenfalls vorverstorben C verheiratet und zeugte mit dieser die Tochter K und den Sohn J. Die Großmutter mütterlicherseits G ist vorverstorben. Der Großvater mütterlicherseits H und die Tante mütterlicherseits L leben im Erbfall.

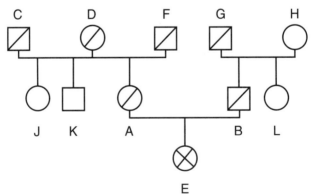

Eltern A und B, Großeltern D, F und G des E sind vorverstorben.

Lösung zu Fall 11   41

Gesetzliche Erben: Großvater H erbt $\frac{1}{4}$
Onkel L erbt $\frac{1}{4}$ (über G)
Onkel J erbt $\frac{1}{4}$ (über D)
Tante K erbt $\frac{1}{4}$ (über D) vgl. § 1926 Abs. 3 S. 1
BGB.

In diesem Werk soll das gesetzliche Erbrecht mit Musterfällen nur bis zur dritten   42
Ordnung dargestellt werden. Das BGB kennt darüber hinaus noch gesetzliche
Erben der vierten, der fünften und **fernerer Ordnungen**. Über die dritte Erbord-
nung hinausgehende Erbfolgen kommen in der Praxis jedoch höchst selten vor.

Sollten Sie in Ihrer Praxis einem Fall begegnen, bei dem Erben der vierten Ordnung oder einer ferneren Ordnung vorkommen, beachten Sie die §§ 1928–1930
BGB.

Gesetzliche Erben der vierten Ordnung sind nach § 1928 Abs. 1 BGB die Ur-   43
großeltern des Erblassers und deren Abkömmlinge.

Leben zur Zeit des Erbfalls Urgroßeltern, so erben sie allein; mehrere erben zu
gleichen Teilen, ohne Unterschied, ob sie derselben Linie oder verschiedenen
Linien angehören, § 1928 Abs. 2 BGB. Bei der vierten Ordnung gestaltet der
Gesetzgeber die gesetzliche Erbfolge anders als bei den Erben der ersten bis
dritten Ordnung. Anstatt eines vorverstorbenen Urgroßelternteils erben nicht
automatisch dessen Abkömmlinge, sondern die Erbquoten der lebenden Urgroßelternteile erhöhen sich anteilig. Lebt nur noch ein Urgroßelternteil, wird dieser
Alleinerbe. Leben im Erbfall drei Urgroßelternteile, erbt jeder $\frac{1}{3}$, vgl. im Unterschied dazu § 1926 Abs. 3 BGB.

Leben zur Zeit des Erbfalls Urgroßeltern nicht mehr, so erbt von ihren Abkömmlingen derjenige, der mit dem Erblasser dem Grade nach am nächsten verwandt
ist; mehrere gleich nahe Verwandte erben zu gleichen Teilen, § 1928 Abs. 3 BGB.

Auf **gesetzliche Erben der fünften Ordnung** und „fernerer" Ordnungen sind   44
nach § 1929 Abs. 2 BGB die Vorschriften des § 1928 Abs. 2, 3 BGB entsprechend
anwendbar.

II. Checkliste: Gesetzliche Erbfolge

– War der Erblasser verheiratet?   45
– War der Erblasser mehrfach verheiratet?
– Hinterlässt der Erblasser nichteheliche Kinder?
– Sind eheliche Kinder vorhanden?
– Hat der Erblasser jemanden adoptiert?
– In welchem Güterstand hat der Erblasser gelebt?

– Welche gesetzlichen Erben des Erblassers leben?
– Können die gesetzlichen Erben ihre Erbfolge durch Personenstandsurkunden nachweisen?

D. Erbrecht des Ehegatten

I. Grundlagen

46   Der Ehegatte ist kein Verwandter des Erblassers. Er erbt gem. §§ 1931 ff. BGB neben den Verwandten des Erblassers.

47   **Fall 12**
Die Eheleute A und B lassen sich im Jahre 1999 scheiden. Im Jahre 2001 verstirbt die B. Kurz darauf wendet sich der A an Rechtsanwalt Findig mit der Bitte, seine etwaigen erbrechtlichen Ansprüche nach der verstorbenen B gegenüber der Erbengemeinschaft geltend zu machen.

48   Voraussetzung für das Erbrecht des Ehegatten ist jedoch, dass er beim Erbfall mit dem Erblasser verheiratet war und dieser weder die **Scheidung** beantragt noch ihr zugestimmt hat, § 1933 BGB.

Damit dem Ehegatten ein Erbrecht zusteht, muss die Ehe im Zeitpunkt des Todes des Erblassers bestanden haben. Sie hat nicht zu diesem Zeitpunkt bestanden, wenn sie bereits vor dem Erbfall rechtskräftig geschieden worden ist.

49   **Lösung zu Fall 12**
Der A hat hier kein Erbrecht nach der B. Der A könnte hier auch nicht aufgrund einer letztwilligen Verfügung von Todes wegen, die vor der Ehescheidung errichtet worden war, erben.
Eine letztwillige Verfügung, durch die der Erblasser seinen Ehegatten bedacht hat, ist unwirksam, wenn die Ehe vor dem Tode des Erblassers aufgelöst worden ist, § 2077 Abs. 1 S. 1 BGB. Der Auflösung der Ehe steht es gleich, wenn zur Zeit des Todes des Erblassers die Voraussetzungen für die Scheidung der Ehe gegeben waren und der Erblasser die Scheidung beantragt oder ihr zugestimmt hatte, § 2077 Abs. 1 S. 2 BGB.
Im Rahmen der §§ 2077, 1933 BGB sind die Voraussetzungen für die Scheidung einer Ehe nach Maßgabe der §§ 1565 ff. BGB bezogen auf den Zeitpunkt des Erbfalls zu prüfen. Die Darlegungs- und Beweislast für die Voraussetzungen des § 1565 Abs. 1 S. 2 BGB trägt der die Scheidung begehrende Ehegatte. Nichts anderes gilt bei der Anwendung von §§ 2077, 1933 BGB. Wer die Unwirksamkeit der letztwilligen Verfügung geltend macht, die den geschiedenen Ehegatten als Erben benennt, muss insbesondere beweisen, dass im Zeitpunkt des Erbfalls keine Versöhnungsbereitschaft der Ehegatten bestand.[7]

---

7   BGH ZEV 1995, 150, 151 m.w.N.

Die h.M. verlangt für den Ausschluss des Ehegattenerbrechts, dass das Scheidungsbegehren rechtshängig, der Scheidungsantrag also zugestellt sein muss.[8]

Zu berücksichtigen ist die häufig übersehene Vorschrift des § 1586b BGB. Hiernach geht mit dem Tod des Verpflichteten die **Unterhaltspflicht** auf den Erben als Nachlassverbindlichkeit über. Die Unterhaltspflicht der Erben gegenüber dem geschiedenen Ehegatten ist jedoch auf den fiktiven Pflichtteil beschränkt, § 1586b Abs. 1 S. 3 BGB.[9]   **50**

In die Berechnung der Haftungsgrenze des § 1586b Abs. 1 S. 3 BGB sind fiktive Pflichtteilsergänzungsansprüche des Unterhaltsberechtigten gegen den Erben einzubeziehen.[10]   **51**

Unterhaltsvereinbarungen zwischen dem geschiedenen Ehegatten und dem Erblasser, welche den gesetzlichen Unterhaltsanspruch lediglich ausgestalten, sog. unselbstständige Unterhaltsvereinbarungen, sind gem. § 1586b BGB vererblich.[11]

Der überlebende Ehegatte des Erblassers erbt neben Verwandten der ersten Ordnung ¼, § 1931 Abs. 1 S. 1 BGB. Neben Verwandten zweiter Ordnung oder neben Großeltern fällt dem überlebenden Ehegatten die Hälfte des Nachlasses zu, § 1931 Abs. 1 S. 1 BGB.   **52**

Zu beachten ist S. 2 des § 1931 Abs. 1 BGB: Treffen mit Großeltern Abkömmlinge von Großeltern zusammen, so erhält der überlebende Ehegatte auch von der anderen Hälfte den Anteil, der nach § 1926 BGB den Abkömmlingen zufallen würde. Dies kann zum alleinigen Erbrecht des Ehegatten führen, wenn er im gesetzlichen Güterstand der Zugewinngemeinschaft lebte, siehe hierzu Fall 16 (siehe Rn 66).

Dem Ehegatten gebühren neben Verwandten der zweiten Ordnung oder neben Großeltern außer seinem Erbteil die zum ehelichen Haushalt gehörenden Gegenstände, soweit sie nicht Zubehör eines Grundstücks sind, und die Hochzeitsgeschenke als sog. **Voraus**, § 1932 Abs. 1 S. 1 BGB. Dies gilt auch für den Lebenspartner, § 10 Abs. 1 S. 2–4 LPartG.[12]   **53**

Neben Verwandten der ersten Ordnung erhält der überlebende Ehegatte diese Gegenstände, soweit er sie zur Führung eines angemessenen Haushalts benötigt, § 1932 Abs. 1 S. 2 BGB.   **54**

Unter den Begriff der Haushaltsgegenstände fallen alle Dinge, die die Aufrechterhaltung des bisherigen Hausstands ermöglichen, §§ 1361a, 1369 BGB.[13] Entschei-

---

8 BGHZ 111, 329 m.w.N.; *Brox/Walker*, Erbrecht, Rn 66.
9 Vgl. hierzu *Klingelhöffer*, ZEV 1999, 13 ff. m.w.N.
10 BGH NJW 2001, 828, 830.
11 OLG Koblenz RNotZ 2003, 52.
12 Ab dem 1.8.2001 aufgrund LPartG.
13 NK-BGB/*Kroiß*, § 1932 Rn 6.

dendes Kriterium ist die Funktion der Gegenstände, d.h. sie müssen nach der Verkehrssitte zum gemeinsamen Lebensbereich gehören, ohne Rücksicht darauf, ob sie nur von einem Ehegatten benutzt werden.[14]

55 Die Erbquote des überlebenden Ehegatten hängt grundsätzlich davon ab, wann der Erbfall eingetreten ist und in welchem **Güterstand** die Eheleute gelebt haben.

Bei der Beratung des überlebenden Ehegatten ist also zwingend zu ermitteln, wann der Erblasser verstorben ist und ob die Eheleute einen Ehevertrag geschlossen haben. Der jeweilige Güterstand hat Auswirkung auf die Erbquote. Die Unterlassung dieser Ermittlung kann einen Haftungsfall für den Anwalt bedingen, da die Erbquoten und daraus resultierend die Pflichtteilsansprüche nicht korrekt berechnet werden können.

56 Lebten die Ehegatten im gesetzlichen Güterstand der **Zugewinngemeinschaft**, erhöht sich der Erbteil des überlebenden Ehegatten um $^1/_4$, § 1371 Abs. 1 BGB. Der Zugewinn wird im Todesfall um die Erhöhung der Ehegattenerbquote um ein Viertel vorgenommen, gleichgültig ob ein Zugewinn erzielt worden ist oder nicht.

57 Die Ehegatten können in folgenden Güterständen gelebt haben:
– Zugewinngemeinschaft
– Gütertrennung
– Modifizierte Zugewinngemeinschaft
– Gütergemeinschaft.

58 **Gütertrennung** und **Gütergemeinschaft** können nur alternativ gegeben sein, wenn sie von den Ehepartnern in einem notariellen Ehevertrag vereinbart worden sind. Ist ein solcher Vertrag nicht vereinbart worden, gilt für dieses Ehepaar der gesetzliche Güterstand der Zugewinngemeinschaft.

Dieser kann in einem Ehevertrag modifiziert werden, insbesondere hinsichtlich der Einschränkung der Verfügungsmacht über Vermögen im ganzen, § 1365 Abs. 1 BGB sowie bzgl. der Zugewinnausgleichsforderungen, §§ 1371 ff. BGB.

Im gesetzlichen Güterstand der Zugewinngemeinschaft erbt der überlebende Ehegatte neben den nächsten Verwandten. Nur für den Fall, dass weder Abkömmlinge, Eltern, Geschwister und deren Kinder noch Großeltern vorhanden sind, erhält der überlebende Ehegatte den gesamten Nachlass allein.

59 **Beachte**
Wichtiges Beratungsargument zur Errichtung eines Testamentes bei kinderlosen Ehegatten, da diese häufig der Ansicht sind, gegenseitig ein alleiniges gesetzliches Erbrecht zu besitzen.

---

14 MüKo-BGB/*Leipolt*, § 1933 Rn 9.

II. Musterfälle

Fall 13 (vertraglicher Güterstand oder Erbfall vor dem 1.4.1953) 60
Der E ist verstorben. Er hinterlässt seine Ehefrau A sowie den Sohn B. Der
Sohn C ist bereits vorverstorben und hinterlässt seine Ehefrau D sowie die
Töchter G und H und den Sohn F.

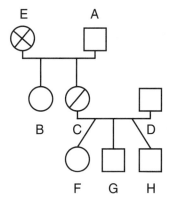

Der Sohn des E, der C, ist vorverstorben.

Lösung zu Fall 13 61
Gesetzliche Erben: A erbt $^1/_4$ = $^2/_8$.
B erbt $^3/_8$.
F, G und H erben je $^1/_8$ (über C).

Fall 14 (vertraglicher Güterstand oder Erbfall vor dem 1.4.1953) 62
Die E ist verstorben. Sie hinterlässt ihren Ehemann A sowie die Mutter B. Der
Vater C und dessen zweite Ehefrau D sind bereits vorverstorben. C hat mit
D die Tochter F und die Söhne G und H gezeugt.

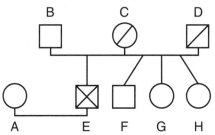

Vater C sowie die zweite Ehefrau D sind vorverstorben.

63 **Lösung zu Fall 14**

Gesetzliche Erben: A erbt $^1/_2$
                         B erbt $^1/_4$.
                         F, G und H erben zu je $^1/_{12}$ (über C).

64 **Fall 15 (vertraglicher Güterstand oder Erbfall vor dem 1.4.1953)**
Die E ist verstorben. Sie hinterlässt ihren Ehemann A. Die Eltern B und
C sind vorverstorben sowie auch der Großvater mütterlicherseits G. Die
Großmutter mütterlicherseits H und die Großeltern väterlicherseits D und E
leben im Erbfall.

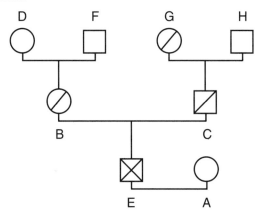

Eltern B und C sowie Großvater G der E sind vorverstorben.

65 **Lösung zu Fall 15**

Gesetzliche Erben: A erbt $^1/_2$ = $^4/_8$.
                         D und F erben je $^1/_8$.
                         H erbt $^2/_8$, § 1926 Abs. 3 S. 2 BGB.

Anmerkung zu Fall 15
Hier liegt die rechtliche Besonderheit vor, dass die Großeltern unterschiedlicher Stämme nicht zu gleichen Teilen erben, sondern der $^1/_8$-Anteil des vorverstorbenen G auf seine Ehefrau H übergeht, so dass beide Stämme zu gleichen
Teilen erben, aber H allein $^2/_8$.

66 **Fall 16 (vertraglicher Güterstand oder Erbfall vor dem 1.4.1953)**
Die E verstirbt und hinterlässt ihren Ehemann A. Die Eltern B und C sowie
die Großeltern väterlicherseits G und H und die Großmutter mütterlicherseits
F sind vorverstorben. Es leben beim Erbfall der Großvater mütterlicherseits
D, Tante K und Onkel J mütterlicherseits sowie die Tanten L, M und N
väterlicherseits.

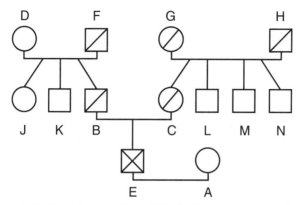

Eltern B und C, Großeltern F, G und H der E sind vorverstorben.

Lösung zu Fall 16   67

Gesetzliche Erben   A erbt $^7/_8$ ($^1/_2$ nach § 1931 Abs. 1 S. 1 BGB, je $^1/_8$
                           statt F, G und H nach § 1931 Abs. 1 S. 2 BGB).
                           D erbt $^1/_8$.
                           J, K, L, M und N erben nichts.

Anmerkung zu Fall 16   68
Der Gesetzgeber privilegiert hier das gesetzliche Erbrecht des Ehegatten A
gegenüber den entfernteren leiblichen Verwandten der E, nämlich Onkel und
Tanten J, K, L, M und N.

Fall 17 (vertraglicher Güterstand oder Erbfall vor dem 1.4.1953)   69
Die E ist verstorben und hinterlässt ihren Ehemann Z. Die Eltern A und B, die
Großeltern väterlicherseits C und D sowie die Großeltern mütterlicherseits F
und G sind vorverstorben. Beim Erbfall leben die Tanten väterlicherseits H
und J sowie die Tante mütterlicherseits K.

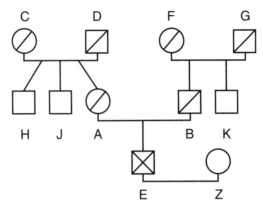

Eltern A und B sowie Großeltern C, D, F und G der E sind vorverstorben.

70   **Lösung zu Fall 17**

Gesetzliche Erben: Alleiniger Erbe ist Z.
                                  H, J und K erben nichts, § 1931 Abs. 1 S. 2
                                  BGB.

71   **Anmerkung zu Fall 17**
Hier liegt einer der seltenen Fälle vor, in denen der Ehegatte neben leiblichen
Verwandten des Erblassers alleiniger Erbe ist.

72   **Fall 18 (Zugewinngemeinschaft)**
Die E verstirbt und hinterlässt ihren Ehemann A sowie die gemeinsame Tochter B und die gemeinsamen Söhne C und D. Der gemeinsame Sohn F ist bereits vorverstorben und hinterlässt seine Ehefrau G sowie die Töchter H und J.

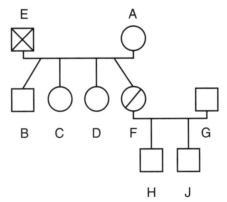

Sohn F der E ist vorverstorben.

Lösung zu Fall 18 73

Gesetzliche Erben: A erbt $1/2$ ($1/4 + 1/4$ gem. §§ 1931 Abs. 1 S. 1, 1371 Abs. 1 BGB).
B, C und D erben je $1/8$.
H und J erben je $1/16$ (über F).

Fall 19 (Zugewinngemeinschaft) 74

Der E verstirbt und hinterlässt seine Ehefrau D sowie seine Mutter A. Vater B sowie dessen zweite Ehefrau C sind vorverstorben. Aus der Ehe B und C ist der gemeinsame Sohn F bereits vorverstorben. Der aus dieser Ehe hervorgegangene Sohn G lebt im Erbfall des E.

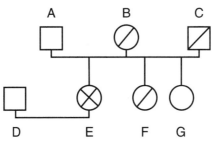

Vater B sowie Halbbruder F des E sind vorverstorben.

Lösung zu Fall 19 75

Gesetzliche Erben: D erbt $3/4$ ($1/2 + 1/4$, §§ 1931 Abs. 1 S. 1 BGB, 1371 Abs. 1 BGB).
A erbt $1/8$.
G erbt $1/8$ (über B).

Fall 20 (Zugewinngemeinschaft) 76

Der E verstirbt und hinterlässt seine Ehefrau A. Die Eltern B und C sind vorverstorben. Die Großeltern väterlicherseits D und F sowie die Großeltern mütterlicherseits G und H und die Tante mütterlicherseits J leben im Erbfall.

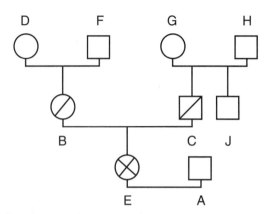

Eltern B und C des E sind vorverstorben.

77   **Lösung zu Fall 20**

Gesetzliche Erben: A erbt ³/₄ (§§ 1931 Abs. 1 S. 1, 1371 Abs. 1 BGB).
                           D, F, G und H erben je ¹/₁₆.
                           J geht leer aus, § 1926 Abs. 2 BGB.

78   **Fall 21 (Zugewinngemeinschaft)**
Die E verstirbt und hinterlässt ihren Ehemann A. Die Eltern B und L sind
vorverstorben. Die Großeltern mütterlicherseits C und D sowie die Großmutter väterlicherseits G sind vorverstorben. Im Erbfall leben der Großvater
väterlicherseits F, die Tanten väterlicherseits M und N sowie die Onkel J und
K und die Tante H mütterlicherseits.

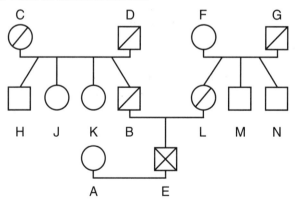

Eltern B und L sowie Großeltern C, D und G sind vorverstorben.

Lösung zu Fall 21   79

Gesetzliche Erben: A ist alleiniger gesetzlicher Erbe: $1/2 = 4/8$ nach
§ 1931 Abs. 1 S. 1 BGB.
$3/8$ über C, D und G nach § 1931 Abs. 1 S. 2 BGB.
$1/4$ nach § 1371 Abs. 1 BGB – mehr als $8/8$.
Großvater F sowie H, J, K, M und N erben nichts.

Anmerkung zu Fall 21   80
Der A ist hier alleiniger gesetzlicher Erbe, obwohl der Großvater F mütterlicherseits noch lebt. Die Zugewinnausgleichsquote gem. § 1371 Abs. 1 BGB
von $1/4$ hebt die Erbquote von A über $1/1$. Hier wird der Grundrechtssatz des
Art. 6 Abs. 1 Grundgesetz verwirklicht.[15]

Zur Berechnung des Zugewinns sind das Anfangsvermögen und das Endvermö-   81
gen zu ermitteln. Das **Anfangsvermögen** ist das Vermögen, das nach Abzug der
Verbindlichkeiten zu Beginn des gesetzlichen Güterstandes vorhanden war,
§ 1374 Abs. 1 BGB. Da der Abzug von Verbindlichkeiten nicht zu einem Nega-
tivwert führen kann, ist das Anfangsvermögen mit mindestens 0 EUR anzusetzen. Der Zugewinn ist in einem solchen Fall auch dann identisch mit dem Endvermögen, wenn während der Ehe zuerworbenes Vermögen zunächst zur Schulden-
tilgung verwendet wurde.[16] Diese Regelung galt bis zum 31.8.2009. § 1374 Abs. 1
Hs. 2 BGB ist durch Gesetz vom 6.7.2009 (BGBl I 2009, 1696) mit Wirkung vom
1.9.2009 gestrichen worden. Ab diesem Zeitpunkt sind Verbindlichkeiten auch
über die Höhe des Anfangsvermögens hinaus abzuziehen. Diese Regelung findet
ihren Ausdruck in § 1374 Abs. 3 BGB. Die Neuregelung ist auch bei der Ermittlung der nicht steuerbaren fiktiven Ausgleichsforderung zu berücksichtigen.[17]
Beachte die Übergangsvorschrift in Artikel 229 § 20 EGBGB. Dem Anfangsvermögen hinzuzurechnen sind nach Abzug der Verbindlichkeiten Zuerwerbe eines
Ehegatten, die auf einem Erwerb von Todes wegen oder auf einem Erwerb im
Wege vorweggenommener Erbfolge, auf einer Schenkung oder einer Ausstattung
beruhen, § 1374 Abs. 2 BGB. Die für solche Zuerwerbe durch lebzeitiges Rechtsgeschäft gewählte Vertragsform ist dabei nicht entscheidend.[18]

Das **Endvermögen** ist das Vermögen, das nach Abzug aller Verbindlichkeiten   82
bei Beendigung des Güterstandes vorhanden ist, § 1375 Abs. 1 BGB. Verbindlichkeiten sind über die Höhe des Vermögens hinaus abzuziehen. Die konkrete
Berechnung des Zugewinnausgleichs ist geregelt in den § 1371 ff. BGB. Hierbei

---

15 Weitere denkbare Konstellationen in: NK-BGB/*Kroiß*, § 1931 Rn 11.
16 *Troll/Gebel/Jülicher*, § 5 Rn 27.
17 FinMin Schl-H vom 19.2.2010, DStR 2010, 491.
18 BGH BB 1978, 526.

wird der erbrechtliche Zugewinnausgleich, § 1371 Abs. 1 BGB sowie der güter-rechtliche Zugewinnausgleich der §§ 1372 ff. BGB unterschieden.[19]

83 **Beachte**
Der Zugewinnausgleich von Todes wegen ist erbschaftsteuerfrei, § 5 Abs. 1 des Erbschaftsteuer- und Schenkungsteuergesetzes (ErbStG).

84 Die richtige Wahl des Güterstandes kann also im gegebenen Fall erhebliche Erbschaftsteuerbeträge vermeiden.[20]

III. Gütertrennung

85 Wenn die Eheleute in einem notariellen Vertrag die Gütertrennung vereinbart haben, ist der gesetzliche Erbteil des überlebenden Ehegatten i.d.R. kleiner als im Falle des gesetzlichen Güterstandes der Zugewinngemeinschaft. Für Erbfälle ab dem 1.7.1970 gilt gem. § 1931 Abs. 4 BGB i.V.m. § 1931 Abs. 1 S. 1 BGB, dass der überlebende Ehegatte neben einem Kind die Hälfte, neben zwei Kindern ein Drittel, neben drei und mehr Kindern ein Viertel erbt. Neben Verwandten der zweiten Ordnung oder neben Großeltern erbt der überlebende Ehegatte die Hälfte, § 1931 Abs. 1 BGB.

Beachte
Der überlebende Ehegatte, der mit dem Erblasser in Gütertrennung lebte, erbt zumindest ein Viertel des Nachlasses, unabhängig davon, wie viele Kinder vorhanden sind, vgl. § 1931 Abs. 1 S. 1 BGB.

86 **Fall 22 (Gütertrennung und Erbfall nach dem 30.6.1970)**
Der E verstirbt und hinterlässt seine Ehefrau A sowie Sohn B und Tochter C.

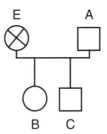

---

19 Mehr zur Unterscheidung der Berechnungsarten mit Musterbeispielen *Rohlfing*, § 2 Rn 97 ff.; zur rechnerischen Ermittlung der erbschaftsteuerfreien Zugewinnausgleichs-forderung: *Ebeling*, ZEV 2006, 19.
20 *Troll/Gebel/Jülicher*, § 5 Rn 70 mit zahlreichen weiteren Literaturhinweisen.

Lösung zu Fall 22   87
Gesetzliche Erben: A, B und C je ¹/₃ nach § 1931 Abs. 4 BGB.

Fall 23 (Gütertrennung und Erbfall nach dem 30.6.1970)   88
Der E verstirbt und hinterlässt seine Ehefrau A, die Söhne B, C und F sowie
die Tochter D.

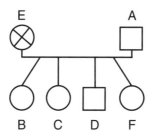

Lösung zu Fall 23   89
Gesetzliche Erben: A erbt ¹/₄ nach § 1931 Abs. 1 S. 1 BGB.
                            B, C, D und F erben je ³/₁₆ gem. § 1924 Abs. 4
                            BGB.

Der Güterstand der Gütertrennung kann durch ausdrückliche Vereinbarung,   90
durch Ausschluss oder Aufhebung des gesetzlichen Güterstandes, durch Ausschluss des Zugewinns sowie durch Aufhebung der Gütergemeinschaft ehever-
traglich herbeigeführt werden, § 1414 BGB. Bis zum 31.8.2009 führte auch der
Ausschluss des Versorgungsausgleichs zum Eintritt in die Gütertrennung.[21] Der
Verzicht auf den Versorgungsausgleich kann auch bei anderen Güterständen bei
deren sonstiger ausdrücklicher Geltung vereinbart werden.[22] I.d.R. beginnt die
Gütertrennung mit Vereinbarung der Ehegatten in einem Ehevertrag. Die Güterrechtswahl bedarf der notariellen Beurkundung, § 1410 BGB.

Beachte   91
Bei der Aufhebung des gesetzlichen Güterstandes sowie bei Ausschluss des
Zugewinnausgleichs ist die Vereinbarung aufzunehmen, welcher Güterstand
künftig gelten soll, damit nicht gem. § 1414 BGB ungewünscht Gütertrennung
eintritt.[23]

Bei der Gütertrennung gelten die Veräußerungsverbote der § 1365, 1369 BGB   92
nicht. Da der Ehegatte am Vermögenszuwachs, den der jeweils andere Ehegatte
während der Ehezeit erzielt, nicht beteiligt wird, erscheint die Güterrechtswahl

---

21 § 1414 S. 2 BGB geändert m.W.v. 1.9.2009 durch Art. 3 VAStrRefG vom 3.4.2009 (BGBl I
    S. 700).
22 BGH FamRZ, 1996, 536.
23 MüKo-BGB/*Kanzleiter*, § 1414 Rn 6.

der Gütertrennung ideal für Unternehmer-Ehepaare. Schenkungen, freiwillige Ausgleichszahlungen oder die Vererbung von Vermögen eines Ehegatten an den anderen unterliegen jedoch der Erbschaft- bzw. Schenkungsteuer.[24] Die Steuervergünstigungen des § 5 Abs. 1 ErbStG sind mangels Vorliegen eines Zugewinnausgleiches nicht anwendbar.

IV. Zugewinngemeinschaft

1. Gesetzlicher Güterstand der Zugewinngemeinschaft

93   Der gesetzliche Güterstand der Zugewinngemeinschaft ist grundsätzlich ein Güterstand der Gütertrennung, § 1363 Abs. 2 S. 1 BGB. Von dem vertraglichen Güterstand der Gütertrennung unterscheidet sich der gesetzliche Güterstand im Wesentlichen in zwei Bereichen:
  – gem. § 1365 BGB kann der Ehegatte nur mit Einwilligung des anderen Ehegatten über sein Vermögen im Ganzen verfügen;
  – wird der Güterstand, entweder durch Tod, § 1371 BGB oder andere Weise (Scheidung, Aufhebung, Nichtigerklärung der Ehe, Vereinbarung von Gütertrennung oder Gütergemeinschaft gem. § 1372 BGB) beendigt, ist der Zugewinn jedes Ehegatten auszugleichen, § 1363 Abs. 2 S. 2 BGB.

Darüber hinaus kann ein Ehegatte über ihm gehörende Gegenstände des ehelichen Haushalts nur verfügen, wenn der andere Ehegatte einwilligt, § 1369 Abs. 1 BGB.

2. Modifikationsmöglichkeiten des gesetzlichen Güterstands der Zugewinngemeinschaft

94   Die beiden Beschränkungen hinsichtlich einer Verfügung über das Vermögen im Ganzen oder bezüglich des Zugewinnausgleiches können durch Ehevertrag geändert, ganz oder teilweise abbedungen werden.[25] Im gewerblichen oder freiberuflichen Bereich werden häufig Argumente für eine Vereinbarung der Gütertrennung angeführt, obwohl diese im Rahmen einer individuellen Vertragsgestaltung aufgenommen werden können. Bei einer derart modifizierten Zugewinngemeinschaft kann auch das Betriebsvermögen vom Zugewinnausgleich ausgeschlossen werden.[26] Bei Regelungen gem. § 1365 BGB kann auch ein Verzicht hinsichtlich bestimmter Gegenstände gemäß der vom BGH vertretenen Einzeltheorie vereinbart werden.[27] Hiernach kann grundsätzlich auch die Verfügung über einzelne Vermögensgegenstände unter die Beschränkung des § 1365

---

24   BFH DB 1994, 865.
25   *Rohlfing*, § 2 Rn 117 ff.
26   BGH NJW 1997, 2239 ff.
27   Palandt/*Brudermüller*, § 1365 Rn 1, 4.

BGB fallen, wenn die Einzelgegenstände das ganze oder nahezu das ganze Vermögen ausmachen.

Nachfolgend einige Möglichkeiten, die Zugewinngemeinschaft zu modifizieren   95
und damit auf den individuellen Fall anzupassen:
– ein Zugewinnausgleich wird nur gewährt, wenn die Ehe durch Tod geschieden
  wird;
– ein Zugewinnausgleich wird nur gewährt, wenn die Ehe durch Scheidung
  endet;
– ein Zugewinnausgleich findet nicht statt, wenn die Ehe aus anderen Gründen
  als durch Tod oder Scheidung endet, z.b. wegen fehlender Ehemündigkeit,
  § 1303 BGB, wegen Doppelehe § 1306 BGB, bei mangelnder Kenntnis darüber
  das der Vorgang eine Eheschließung darstellt § 1314 Abs. 2 Nr. 2 BGB;
– die Beteiligungsquoten weichen vom Gesetz ab, z.b. wenn die Differenz
  des Zugewinns der Ehegatten nicht hälftig, sondern nur zu einem Viertel
  ausgeglichen werden soll;
– statt des Geld- und Wertanspruchs werden Sachleistungsansprüche begründet;
– bestimmte Vermögenswerte oder Vermögensgruppen, z.b. Betriebsvermögen,
  bestimmtes Immobilienvermögen, werden vom Zugewinnausgleich ausgeschlossen;
– bei der Berechnung des Zugewinns werden abweichende Stichtage berücksichtigt, z.b. wird nicht das Heiratsdatum, sondern ein eventuell späteres
  Datum herangezogen;
– bei Änderung des Güterstandes von Gütertrennung in die Zugewinngemeinschaft werden abweichende Stichtage gesetzt, z.b. nicht der Tag der Güter-
  standsänderung, sondern das Heiratsdatum;
– abweichende Bewertungsmaßstäbe z.b. andere Bewertung von Anfangs- oder
  Endvermögen, abweichende Bewertung von bestimmten Vermögensgegen-
  ständen, vornehmlich Buchwert im Vergleich zum Zeitwert und ähnliche Pa-
  rameter.

3. Muster: Vereinbarung einer modifizierten Zugewinngemeinschaft

Präambel   96

Der zukünftige Ehemann ist Vorstandsmitglied der Bankgesellschaft First AG, die zukünftige
Ehefrau ist Teamassistentin im gleichen Institut. Beide sind deutsche Staatsangehörige und
weder verheiratet, noch haben sie Kinder. Die zukünftigen Ehegatten schließen nachfolgenden
Ehevertrag

§ 1 Modifizierte Zugewinngemeinschaft

Für den Fall, dass unser Güterstand auf andere Weise als durch den Tod eines von uns beendet
wird, insbesondere im Fall der Scheidung der Ehe, schließen wir den Ausgleich des Zugewinns
vollständig aus. Im Übrigen bleibt es beim gesetzlichen Güterstand, insbesondere auch beim

Zugewinnausgleich im Todesfall. Auf etwa bisher entstandene Ansprüche auf Ausgleich des Zugewinns verzichten wir hiermit gegenseitig.

§ 2 Versorgungsausgleich

- Wir schließen den Versorgungsausgleich im Falle einer Scheidung unserer Ehe aus. Der Notar hat uns über die Bedeutung des Ausschlusses des Versorgungsausgleichs belehrt, insbesondere darüber, dass ein Ausgleich der in der Ehezeit erworbenen Anwartschaften oder Aussichten auf eine Versorgung wegen Alters oder verminderter Erwerbsfähigkeit, gleich aus welchem Grunde nach Scheidung unserer Ehe nicht stattfindet. Er hat uns auf die Folgen für die soziale Sicherung im Scheidungsfall hingewiesen.
  Wir sind beide berufstätig und verfügen bereits heute über eine ausreichende Vorsorge für das Alter.
- Wir wurden darauf hingewiesen, dass die Vereinbarung über den Ausschluss des Versorgungsausgleichs unwirksam wird, wenn einer von uns innerhalb eines Jahres Antrag auf Scheidung der Ehe stellt.
- Wir erklären ausdrücklich, dass es unabhängig vom vereinbarten Ausschluss des Versorgungsausgleichs für den ehelichen Güterstand beim gesetzlichen Güterstand der Zugewinngemeinschaft bleiben soll.[28]

97   Mit der Vereinbarung einer modifizierten Zugewinngemeinschaft lassen sich die Vorteile des Güterstandes der Gütertrennung und der Zugewinngemeinschaft vereinen. Es kann vereinbart werden, dass für den Fall der Ehescheidung der Zugewinnausgleich ausgeschlossen oder beschränkt wird. Falls der Güterstand durch Tod eines Ehegatten beendet wird, bleibt es dagegen bei der Zugewinngemeinschaft mit ihren Steuervorteilen, § 5 ErbStG. Vgl. hierzu auch § 12 Steuerrecht – in diesem Buch.

V. Gütergemeinschaft

98   In einem notariellen Vertrag können die Ehegatten statt des gesetzlichen Güterstandes der Zugewinngemeinschaft auch die sog. **Gütergemeinschaft** vereinbaren. Bezeichnend für die Gütergemeinschaft ist, dass das wesentliche Vermögen beider Ehegatten als sog. Gesamtgut zum gemeinschaftlichen Vermögen beider Ehegatten wird.

Bei der Gütergemeinschaft sind nachfolgende fünf Vermögensmassen zu unterscheiden:
- das gemeinschaftliche Vermögen beider Eheleute (**Gesamtgut**), § 1416 BGB
- das **Sondergut** des Ehemannes, § 1417 BGB
- das Sondergut der Ehefrau, § 1417 BGB
- das **Vorbehaltsgut** des Ehemanns, § 1418 BGB
- das Vorbehaltsgut der Ehefrau, § 1418 BGB.

---

28 *Brambring* in: Beck'sches Formularbuch, V.10 V.15.

Die Gütergemeinschaft spielt in der Praxis kaum noch eine Rolle. Der überle- 99
bende Ehegatte erbt neben Abkömmlingen ein Viertel, neben Eltern, Geschwistern, Geschwisterkindern und Großeltern die Hälfte, § 1931 Abs. 1 S. 1 BGB.

Die Gütergemeinschaft endet:
- durch Auflösung der Ehe (Tod eines Ehegatten, Scheidung der Ehe)
- bei Aufhebung durch Ehevertrag
- wenn auf Klage eines Ehegatten durch rechtskräftiges Urteil auf Aufhebung
  der Gütergemeinschaft erkannt wird.

Beachte 100
Die Eheleute können auch die sog. **fortgesetzte Gütergemeinschaft** vereinbaren. Hierbei wird die Gütergemeinschaft beim Tode eines Ehegatten nicht
aufgelöst, sondern zwischen dem überlebenden Ehegatten und den ehelichen
Kindern fortgeführt, § 1483 Abs. 1 S. 1 BGB.

Das Gesamtgut wird beim Tode des erstversterbenden Ehegatten nicht vererbt. 101

Der Anteil des verstorbenen Ehegatten am Gesamtgut gehört nicht zum Nachlass; i. Ü. wird der Ehegatte nach den allgemeinen Vorschriften beerbt, § 1483
Abs. 1 S. 3 BGB. Die fortgesetzte Gütergemeinschaft muss bei Eheverträgen, die
nach dem 30.6.1958 geschlossen wurden, ausdrücklich im Ehevertrag vereinbart
werden und es muss mindestens ein gemeinschaftlicher Abkömmling beim Tode
des erstversterbenden Ehegatten vorhanden sein. Die Gütergemeinschaft kann
nicht mit Abkömmlingen des verstorbenen Ehegatten fortgesetzt werden, die
nicht gemeinschaftliche Abkömmlinge sind. Das Erbrecht nicht gemeinschaftlicher Abkömmlinge bestimmt sich in der Form, als wäre die fortgesetzte Gütergemeinschaft nicht eingetreten. Der Nachlass ist hierbei das Vorbehaltsgut, das
Sondergut und $^1/_2$-Anteil des verstorbenen Ehegatten am Gesamtgut.

Damit kennt die fortgesetzte Gütergemeinschaft im Gegensatz zur Gütergemein- 102
schaft lediglich vier Vermögensmassen:
- das **Gesamtgut**, § 1485 BGB
- das **Vorbehaltsgut** des überlebenden Ehegatten, § 1486 BGB
- das **Sondergut** des überlebenden Ehegatten, § 1486 BGB
- die Vermögen der anteilsberechtigten Abkömmlinge.

Die Ehegatten können die Fortsetzung der Gütergemeinschaft ausschließen: 103
- durch Ehevertrag
- durch gemeinschaftliches Testament
- durch Erbvertrag.

Die Fortsetzung der Gütergemeinschaft kann von einem Ehegatten durch letzt- 104
willige Verfügung ausgeschlossen werden, wenn er berechtigt ist, dem anderen
Ehegatten den Pflichtteil zu entziehen oder auf Aufhebung der Gütergemeinschaft zu klagen, § 1509 S. 1 BGB, oder wenn alle gemeinschaftlichen Abkömmlinge mit Zustimmung des anderen Ehegatten von der Gütergemeinschaft ausgeschlossen werden, §§ 1511, 1516 BGB.

Der überlebende Ehegatte kann die Fortsetzung der Gütergemeinschaft ablehnen, § 1484 Abs. 1 BGB. Hierauf finden die Vorschriften über die Ausschlagung einer Erbschaft entsprechende Anwendung, vgl. § 1484 Abs. 2 BGB.

105 Ferner ist die fortgesetzte Gütergemeinschaft beendet:
- mit dem Tode des überlebenden Ehegatten, § 1494 BGB
- mit der Wiederverheiratung oder Begründung einer Lebenspartnerschaft des überlebenden Ehegatten, § 1493 Abs. 1 BGB
- mit dem Wegfall aller Abkömmlinge durch Tod oder Verzicht, §§ 1490, 1491 BGB
- durch einseitige Erklärung des überlebenden Ehegatten gegenüber dem für den Nachlass des verstorbenen Ehegatten zuständigen Gericht; diese Erklärung muss öffentlich beglaubigt werden, § 1492 Abs 1 BGB
- durch Aufhebungsvertrag zwischen dem überlebenden Ehegatten und den anteilsberechtigten Abkömmlingen, § 1492 Abs. 2 S. 1 BGB. Dieser Vertrag bedarf der notariellen Beurkundung, § 1492 Abs. 2 S. 2 BGB
- durch Urteil nach Aufhebungsklage eines Abkömmlings, § 1495 BGB.

106 Bei der Gütergemeinschaft wird der Aspekt der Haftung, welcher Eheleute dazu bewegt, den Güterstand der Gütertrennung zu vereinbaren, in das Gegenteil umgekehrt. Es besteht eine weitgehende Haftung für die Schulden beider Ehegatten, wobei die Haftungsmasse sich auf das Gesamtgut beschränkt. Die Haftung erstreckt sich gleichermaßen auf die Schulden bei Beginn der Gütergemeinschaft, ohne Einschränkung, wie auf die während der Gütergemeinschaft entstehenden gesetzlichen Verbindlichkeiten. Diese Haftung gilt auch für die Verbindlichkeiten aufgrund des von einem Ehegatten alleine vorgenommenen Rechtsgeschäfts, soweit dieses Rechtsgeschäft nach den Vorschriften für die Verwaltung des Gesamtgutes wirksam ist, §§ 1422 ff. BGB.

Darüber hinaus liegt ein erbschaftsteuerfreier Erwerb des Zugewinns nicht vor. Zum Abschluss einer Gütergemeinschaft kann nachvollziehbar nicht mehr geraten werden.

Damit der Überblick hinsichtlich der unterschiedlichen Güterstände, die nur alternativ bestehen können, und der daraus resultierenden Erbquoten für den überlebenden Ehegatten nicht verloren geht, werden in nachstehender Übersicht noch einmal die Unterschiede verdeutlicht.

VI. Übersicht: Gesetzliche Erbfolge in den Güterständen

	Ehegatte	Ehegatte	107
Eintritt des Erbfalls	neben Abkömmlingen	neben Erben der zweiten Ordnung und neben Großeltern	
I. Erbfall in der Zeit vom 1.1.1900 bis zum 31.3.1953	**Verwaltung u. Nutznießung des Ehemanns am erbrachten Gut seiner Ehefrau** $1/4$ (§ 1931 Abs. 1 BGB)	$1/2$ (§ 1931 Abs. 1 BGB)	
II. Erbfall in der Zeit vom 1.4.1953 bis zum 30.6.1958	**Gütertrennung** (zwar gesetzloser Zustand, aber durch die Rechtsprechung, insbesondere des BGH, herausgebildet) $1/4$ (§ 1931 Abs. 1 BGB)	$1/2$ (§ 1931 Abs. 1 BGB)	
III. Erbfall in der Zeit vom 1.7.1958 bis zum 30.6.1970	a) **Zugewinngemeinschaft** $1/4$ + $1/4$ (§§ 1931 Abs. 1, 1371 Abs. 1 BGB)	$1/2 + 1/4$ (§§ 1931 Abs. 1, 1371 Abs. 1 BGB)	
	b) **Gütertrennung** $1/4$ (§ 1931 Abs. 1 BGB)	$1/2$ (§ 1931 Abs. 1 BGB)	
	c) **Gütergemeinschaft** $1/4$ (§ 1931 Abs. 1 BGB)	$1/2$ (§ 1931 Abs. 1 BGB)	
IV. Erbfall seit dem 1.7.1970	a) **Zugewinngemeinschaft** $1/4$ + $1/4$ (§§ 1931 Abs. 1, 1371 Abs. 1 BGB)	$1/2 + 1/4$ (§§ 1931 Abs. 1, 1371 Abs. 1 BGB)	
	b) **Gütertrennung** Ehegatte erbt zu gleichen Anteilen wie jedes Kind, erhält aber mind. $1/4$ (§ 1931 Abs. 4 BGB)	$1/2$ (§ 1931 Abs. 1 BGB)	
	c) **Gütergemeinschaft** $1/4$ (§ 1931 Abs. 1 BGB)	$1/2$ (§ 1931 Abs. 1 BGB)	

VII. Eigentums- und Vermögensgemeinschaft in den neuen Bundesländern

Wenn Eheleute in den neuen Bundesländern bis zum 3.10.1990 im gesetzlichen 108 Güterstand der früheren DDR, der Eigentums- und Vermögensgemeinschaft gelebt haben, gilt für sie von diesem Zeitpunkt an der gesetzliche Güterstand der Zugewinngemeinschaft, mit allen dort erläuterten erbrechtlichen Konsequenzen.

> **Beachte** 109
> Jeder Ehegatte hatte innerhalb von zwei Jahren, mithin bis zum 3.10.1992, die Möglichkeit, einseitig gegenüber dem Kreisgericht zu erklären, dass er für seine Ehe bei dem bisherigen DDR-Güterstand bleiben wollte. Dann leben die Eheleute, wenn ein Ehevertrag nichts anderes bestimmt, weiter im Güter-

stand der Eigentums- und Vermögensgemeinschaft. Dieser Güterstand sieht eine Erhöhung des gesetzlichen Erbteils im Erbfall um $1/4$ nicht vor.[29]

VIII. Checkliste: Erbrecht des Ehegatten

110 – In welchem Güterstand lebte der Ehegatte?
– Wurde ein Erbvertrag abgeschlossen?
– Prüfung des Ehevertrages
– Wann ist der Erbfall eingetreten?
– Wo ist der Erblasser verstorben?
– Wo hatte der Erblasser seinen ständigen Aufenthalt?
– Neben welchen Verwandten erbt der Ehegatte?
– Wurde der gesetzliche Güterstand durch Vereinbarung abgeändert?

E. Erbrecht des Lebenspartners

I. Gesetzliche Erbfolge

111 Das gesetzliche Erbrecht des eingetragenen Lebenspartners[30] ist dem des Ehegatten nachgebildet. Gem. § 1 Abs. 1 LPartG begründen zwei Personen gleichen Geschlechts eine Lebenspartnerschaft, wenn sie gegenseitig persönlich und bei gleichzeitiger Anwesenheit erklären, miteinander eine Partnerschaft auf Lebenszeit führen zu wollen (Lebenspartnerinnen oder Lebenspartner). Die Erklärungen können nicht unter einer Bedingung oder Zeitbestimmung abgegeben werden § 1 Abs. 1 S. 2 LPartG. Sie werden wirksam, wenn sie vor der zuständigen Behörde erfolgen, § 1 Abs. 2 LPartG.

Die gesetzliche Erbquote des Lebenspartners hängt davon ab, neben welcher Erbordnung er erbt und in welchem Güterstand er mit dem Erblasser gelebt hat, § 10 Abs. 1 LPartG.

112 Die Lebenspartner leben im Güterstand der Zugewinngemeinschaft, wenn sie nicht durch Lebenspartnerschaftsvertrag, § 7, etwas anderes vereinbaren, § 6 S. 1 LPartG. Dies hat zur Folge die Erhöhung der gesetzlichen Erbquote um $1/4$, wie beim Ehegatten, § 6 S. 2 LPartG i.V.m. § 1371 Abs. 1 BGB.

Lebenspartner können, wie Ehegatten, abweichende Güterstände analog einer Gütertrennung oder Gütergemeinschaft vereinbaren, § 7 S. 2 LPartG i.V.m. §§ 1409 bis 1563 BGB. Hierbei handelt es sich um die Güterstände der Vermögenstrennung oder der Vermögensgemeinschaft.

---

29 Kerscher/Krug/*Kerscher*, Das erbrechtliche Mandat, § 1 Rn 14 Fn 9.
30 Vgl. § 10 LPartG.

Ausschlussgründe für das Erbrecht des überlebenden Lebenspartners sind gere- 113
gelt in § 10 Abs. 3 LPartG. Hierbei handelt es sich um:
- **Nr. 1**, das Erbrecht ist ausgeschlossen, wenn die Voraussetzung für die Aufhebung der Lebenspartnerschaft nach § 15 Abs. 2 Nr. 1 oder 2 gegeben waren
  und der Erblasser die Aufhebung beantragt oder ihr zugestimmt hatte oder
- **Nr. 2**, wenn der Erblasser einen Antrag nach § 15 Abs. 2 Nr. 3 gestellt hatte
  und dieser Antrag begründet war.

II. Gewillkürte Erbfolge

Lebenspartner können ein gemeinschaftliches Testament errichten gem. § 10 114
Abs. 4 S. 1 LPartG. Das gemeinschaftliche Testament kann privatrechtlich oder
notariell errichtet werden. Bindungswirkungen entstehen gem. der wechselbezüglichen Verfügungen. In dieser Verfügung von Todes wegen können die Lebenspartner Erbeinsetzungen, Vermächtnisse oder Auflagen vornehmen. Darüber
hinaus können Lebenspartner einen Erbvertrag in notarieller Beurkundung errichten.

III. Pflichtteilsrecht

Dem Lebenspartner steht ein Pflichtteilsanspruch zu, wie einem Ehegatten, § 10 115
Abs. 6 LPartG. Haben die Lebenspartner den Güterstand der Vermögenstrennung vereinbart, gibt es im Gegensatz zum Güterstand der Gütertrennung und
der Regelung in § 1931 Abs. 4 keine Schlechterstellung des überlebenden Lebenspartners hinsichtlich etwaiger Abkömmlinge.[31]

Bei der Gestaltung von Lebenspartnerschaftsverträgen sollten Regelungen zur 116
Vereinbarung zum Vermögensrecht einschließlich Verfügungsbeschränkungen
getroffen werden sowie Vereinbarungen zu einem schuldrechtlichen Versorgungsausgleich, unterhaltsrechtlicher Fragen und erbrechtlichen Regelungen.[32]

IV. Rechtsfolgen der Partnerschaft – Aufhebung

§ 16 S. 2 LPartG verweist auch auf § 1586b BGB. Hiernach geht der nachpartner- 117
schaftliche Unterhalt als Verbindlichkeit auf die Erben des Unterhaltsschuldners
über.[33]

---

31 Zur Problematik der zusätzlichen Eheschließung, siehe *Leipolt*, ZEV 2001, 218, 221.
32 *Walter*, MittBayNot 2001, 23, 34 m.w.N.
33 Mehr hierzu Tanck/Krug/*Tanck*, AnwF Testamente, § 11 Rn 70 ff.

V. Lebenspartnerschaft unter Beteiligung von Ausländern

118 Für die allgemeinen und güterrechtlichen Wirkungen der Lebenspartnerschaft wird gem. Art. 17b Abs. 1 S. 1 EGBGB an die Sachvorschriften des Register führenden Staates angeknüpft. Der für die allgemeinen Ehewirkungen geltende Art. 14 EGBGB bzw. der für die güterrechtlichen Beziehungen einschlägige Art. 15 EGBGB bzw. vorrangige Staatsverträge sind demnach nicht anwendbar.[34]

VI. Steuertipp

119 Zunächst hatte der Gesetzgeber bisher im Rahmen des Erbschaftsteuergesetzes die Ungleichbehandlung zwischen Lebenspartner und Ehegatten nicht aufgehoben. Der Lebenspartner wurde in der schlechtesten Steuerklasse 3 mit einem allgemeinen Freibetrag i.H.v. 5.200 EUR sowie einem Freibetrag für Hausrat i.H.v. 10.300 EUR im Gegensatz zum Ehegatten einer Besteuerung wie ein Nichtverwandter unterworfen. Das Finanzgericht Köln hatte mit Urt. v. 29.6.2005 entschieden, dass eingetragene Lebenspartnerschaften dem Ehegatten erbschaftsteuerrechtlich nicht gleichzustellen sind.[35] Das bayerische Staatsministerium der Finanzen hatte in einem Erlass die erbschaftsteuerlichen Folgen des Lebenspartnerschaftsgesetzes zusammengestellt.[36] Die Reform des Erbschaftsteuer- und Bewertungsrechts gewährt dem Lebenspartner immerhin einen deutlich höheren Freibetrag (siehe § 12 Rn 23) in Höhe von 500.000 EUR. Es blieb jedoch zunächst bei der Eingruppierung in die ungünstige Steuerklasse III. Das Bundesverfassungsgericht erklärte die Ungleichbehandlung von Ehe und eingetragener Lebenspartnerschaft im Erbschaftsteuergesetz in der bis zum 31.12.2008 geltenden Fassung mit Art. 3 Abs. 1 Grundgesetz für unvereinbar.[37]

Der Gesetzgeber nahm daraufhin im Jahressteuergesetz 2010 Änderungen vor. Mit Wirkung ab dem 14.12.2010 wird der eingetragene Lebenspartner gem. § 15 Abs. 1 Nr. 1 ErbStG in die Steuerklasse I eingruppiert. Gem. § 16 Abs. 1 Nr. 1 ErbStG steht ihm mit Wirkung ab dem 14.12.2010 ein Freibetrag in Höhe von 500.000 EUR zu.

Soweit Steuerbescheide für Erwerbe von Lebenspartnern noch nicht bestandskräftig sind, ist § 37 Abs. 5 Nr. 1 bis 5 ErbStG relevant. Nach dieser Regelung können Freibeträge z.B. auf Erwerbe, für die die Steuern nach dem 31.12.2001 und vor dem 1.1.2009 entstanden sind, mit der Maßgabe der Anwendung des § 16 Abs. 1 Nr. 1 ErbStG angewendet werden, dass an die Stelle des Betrages von 500.000 EUR ein Betrag von 307.000 EUR tritt.

---

34 *Frank*, MittBayNot 2001, 35, 38.
35 FG Köln, 29.6.2005, 9 K 1041/03 n.rkr., Az. BFH: 2 R 43/05.
36 Bayer. Staatsministerium der Finanzen, Erl. v. 15.7.2005, 34-S 3800–029–22782/05, ZEV 2005, 477, 478.
37 BVerfG, Beschl. v. 21.7.2010, 1 BvR 611/07 und 2464/07, ZEV 2010, 482.

§ 15 Abs. 1 ErbStG gilt für Erwerbe, für die die Steuer nach dem 31.7.2001 entstanden ist, § 37 Abs. 5 Nr. 1 ErbStG.

F. Erbrecht des nichtehelichen Kindes

Das Erbrecht des **nichtehelichen Kindes** ist vom Rechtsanwalt mit besonderer   **120** Vorsicht zu betrachten. Sollte ein männlicher Mandant ein nichteheliches Kind haben, hat der Anwalt auf die Möglichkeit eines vorzeitigen Pflichtteilsverzichts- vertrages oder eines entsprechenden Testamentes, in dem der Pflichtteilsanspruch des nichtehelichen Kindes berücksichtigt wird, hinzuweisen.

Entscheidend ist auch hier der Zeitpunkt des Erbfalls, der Todeszeitpunkt des Erblassers, für das jeweils anzuwendende Recht.

Das Inkrafttreten des Gesetzes über die rechtliche Stellung der nichtehelichen Kinder zum 1.7.1970 ist zu beachten. Vor Inkrafttreten dieses Gesetzes bestand nur zwischen der Mutter und dem Kind wechselseitig ein gesetzliches Erbrecht, nicht jedoch zwischen dem Vater und dem Kind.

Für das wechselseitige Erbrecht zwischen dem Vater und seinem nichtehelichen Kind müssen nach bisherigem Recht als Voraussetzung gegeben sein:
– Der Erbfall muss nach dem 30.6.1970 eingetreten sein.
– Das nichteheliche Kind muss nach dem 30.6.1949 geboren worden sein.[38]
– Der Vater muss die Vaterschaft anerkannt haben oder diese muss rechtskräftig festgestellt worden sein. Zu beachten ist, dass letzteres auch nach dem Tode des Vaters auf Antrag des Kindes, nach dem Tode des Kindes auf Antrag der Mutter vom Familiengericht vorgenommen werden kann.

Das nichteheliche Kind ist gesetzlicher Erbe erster Ordnung gem. § 1924 Abs. 1 BGB. Insofern gelten die o.g. Bestimmungen für die gesetzlichen Erben erster Ordnung auch hier.

---

38 Der europäische Gerichtshof für Menschenrechte (EGMR) hat in seiner Entscheidung vom 28.5.2009 (3545/04, ZEV 2009, 510, NJW RR 2009, 1603) auf die Individualbe- schwerde eines nichtehelichen Kindes hin entschieden, dass dessen Ausschluss von der gesetzlichen Erbfolge nach seinem Vater einen Verstoß gegen Art. 14 i.V.m. Art. 8 der EMRK und damit eine unzulässige Diskriminierung des Beschwerdeführers darstelle. Die Motive des deutschen Gesetzgebers, wonach gem. Art. 12 Abs. 2 § 10 Abs. 2 S. 1 NEhelG Kinder, die vor dem 1.7.1949 geboren sind, von dem gesetzlichen Erbrecht nach dem Vater ausgeschlossen sind, seien nicht mehr zeitgemäß. Die rechtliche Stellung nichtehelicher Kinder entspreche heute dem rechtlichen Status ehelicher Kinder.

I. Erbfälle vor dem 1.4.1998

121   Es ist wichtig festzustellen, dass das nichteheliche Kind nicht Erbe des Vaters
bzw. von väterlichen Verwandten wird, wenn eheliche Kinder und/oder ein Ehegatte Erbe wird. Vielmehr tritt dann an die Stelle des gesetzlichen Erbteils ein sog.
Erbersatzanspruch nach § 1934a BGB. Dies hat zur Folge, dass das nichteheliche
Kind nicht Mitglied der Erbengemeinschaft neben der Ehefrau und/oder ehelichen Kindern des Erblassers wird, sondern ihm ein Anspruch auf Erbersatz der
Erbquote in Geld zusteht.

122   Eine weitere Möglichkeit, für das nichteheliche Kind nach seinem Vater einen
Geldanspruch durchzusetzen, bietet die Vorschrift des § 1934d Abs. 1 BGB.
Hiernach kann ein nichteheliches Kind, welches das 21., aber noch nicht das 27.
Lebensjahr vollendet hat, von seinem Vater einen **vorzeitigen Erbausgleich** in
Geld verlangen. Gem. Abs. 2 dieser Vorschrift beläuft sich der Ausgleichsbetrag
auf das Dreifache des Unterhalts, den der Vater dem Kinde im Durchschnitt der
letzten fünf Jahre, in denen es voll unterhaltsbedürftig war, jährlich zu leisten
hatte.

Der vorzeitige Erbausgleich nach §§ 1934d, 1934e BGB ist ein einseitiges Abfin-
dungsverlangen des nichtehelichen Kindes gegenüber dem nichtehelichen Vater,
durch welches über das potentielle Erb- und Pflichtteilsrecht gegen eine Abfindungszahlung verfügt wird.[39]

Das Kind kann mit seinem Vater eine Vereinbarung über den vorzeitigen Erbausgleich treffen oder ihn gerichtlich durchsetzen. Eine solche Vereinbarung bedarf
der notariellen Beurkundung, § 1934d Abs. 4 BGB.

Der Ausgleichsanspruch verjährt in drei Jahren ab dem 27. Lebensjahr des nichtehelichen Kindes, § 1934d Abs. 3 BGB.

Mit Abschluss des vorzeitigen Erbausgleichs entfallen alle Erbansprüche zwischen dem nichtehelichen Kind und dem Vater. Es entfallen wechselseitig alle
Erb- und Pflichtteilsrechte, § 1934e BGB.

Ist der vorzeitige Erbausgleich bereits vor dem 1.4.1998 abgeschlossen worden,
ist das Erbrecht des nichtehelichen Kindes auch für die Zukunft ausgeschlossen.

Einem nichtehelichen Kind entsteht kein ersatzfähiger Schaden dadurch, dass
sein Vater sich im Zeitpunkt des Außerkrafttretens des § 1934d BGB (1.4.1998)
mit seiner Verpflichtung zur Mitwirkung am Abschluss eines notariellen Vertrages über den vorzeitigen Erbausgleich in Verzug befindet.[40]

---

39 Zu weiteren Voraussetzungen des vorzeitigen Erbausgleiches vergleiche *Ebenroth/Frank*,
    ZEV 1996, 167 ff. m.w.N.
40 OLG München v. 30.12.1998, NJW-RR 2000, 80.

II. Erbfälle ab dem 1.4.1998

Der Erbersatzanspruch sowie der vorzeitige Erbausgleich des nichtehelichen Kindes entfallen für Erbfälle ab dem 1.4.1998. An diesem Tage tritt das Gesetz zur erbrechtlichen Gleichstellung nichtehelicher Kinder (**Erbrechtsgleichstellungsgesetz** – ErbGleichG) in Kraft.[41] Aufgrund dieses Gesetzes werden die §§ 1934a–1934e, 2338a BGB gestrichen. Der Erbersatzanspruch des nichtehelichen Kindes ist somit für Erbfälle ab dem 1.4.1998 außer Kraft getreten.

123

Für nichteheliche Kinder, die vor dem 1.7.1949 geboren sind, bleibt es jedoch dabei, dass keinerlei erbrechtliche Ansprüche zwischen ihnen und der väterlichen Familie bestehen. Entscheidend ist hierbei jedoch, wo der Vater des nichtehelichen Kindes vor dem 3.10.1990 seinen gewöhnlichen Aufenthalt hatte. Hatte er ihn in der Bundesrepublik Deutschland, gilt oben Gesagtes. Hatte er seinen gewöhnlichen Aufenthalt vor dem 3.10.1990 in der ehemaligen DDR, so gilt gem. Art. 12 § 10 NEhelG, der nicht der Übergangsregelung des Art. 235 § 1 Abs. 2 des Einführungsgesetzes zum Bürgerlichen Gesetzbuch (EGBGB) unterliegt, das Zivilgesetzbuch (ZGB) der DDR.

Diese Zäsur ist durch das Bundesverfassungsgericht für zulässig erklärt worden.[42]

> **Beuchte**
>
> Auch ein nichteheliches Kind, das vor dem 1.7.1949 geboren wurde, hat ein volles Erbrecht wie ein eheliches Kind, wenn der nichteheliche Vater vor dem 3.10.1990 seinen Aufenthalt in der DDR hatte.
>
> Das entscheidende Kriterium für das gesetzliche Erbrecht des vor dem 1.7.1949 geborenen nichtehelichen Kindes ist der gewöhnliche Aufenthalt des Vaters vor dem 3.10.1990.[43]

124

Durch Art. 2 Nr. 1 ErbGleichG wurde Art. 227 EGBGB eingefügt, wonach die bis zum 1.4.1998 geltenden Vorschriften über das Erbrecht des nichtehelichen Kindes weiter anzuwenden sind, wenn vor diesem Zeitpunkt
– der Erblasser gestorben ist oder
– über den Erbausgleich eine wirksame Vereinbarung getroffen oder
– der Erbausgleich durch rechtskräftiges Urteil zuerkannt worden ist.

125

Die Ausgleichspflicht der Erben untereinander bzw. Anrechnungspflicht auf einen Pflichtteil von Zuwendungen vor dem Erbfall gem. §§ 2050 Abs. 1, 2051 Abs. 1 und 2315 BGB bleiben gem. Art. 227 Abs. 2 EGBGB bestehen.

126

---

41 BGBl I 1997, S. 2968.
42 BVerfGE 44, 1.
43 *Rauscher*, ZEV 1998, 41, 44.

III. Erbfälle nach dem 28.5.2009

127 Am 24.2.2011 hat der Bundestag das „Zweite Gesetz zur erbrechtlichen Gleichstellung nichtehelicher Kinder" (BT-Drs. 17/3305) in zweiter und dritter Lesung
verabschiedet.

Als Reaktion auf das Urteil des europäischen Gerichtshofs für Menschenrechte
unterscheidet es danach, ob der Erbfall nach Verkündung des Urteils eingetreten
ist – also seit dem 29.5.2009 – (dann Wegfall der Grenze 1.7.1949) oder davor
(dann nach wie vor Weitergeltung der Grenze 1.7.1949).

Der Bundesrat hat dem Gesetz am 18.3.2011 zugestimmt. Es ist im Bundesgesetz-
blatt am 15.4.2011 verkündet worden.[44] Das Gesetz ist rückwirkend zum
29.5.2009 in Kraft getreten.

Wurden zwischen dem 29.5.2009 und der Verkündung des Reformgesetzes am
15.4.2011 Erbscheine erteilt, die deshalb unrichtig sind, weil das rückwirkend
eingeführte Erbrecht nicht berücksichtigt wurde, so sind diese Erbscheine nicht
von Amts wegen, sondern nur auf Antrag einzuziehen.[45]

128 Es erscheint zweifelhaft, ob das Gesetz einer erneuten Überprüfung durch den
EGMR Stand halten würde, da der Erbfall in dem vom EGMR entschiedenen Fall
vor dem 28.5.2009 eingetreten war.[46] Nach Auffassung des Bundesgerichtshofes
verstößt es nicht gegen Art. 6 Abs. 5 i.V.m. Art. 3 Abs. 1 GG, dass Art. 12 § 10
Abs. 2 NEhelG a.F. durch das zweite Gesetz zur erbrechtlichen Gleichstellung
nichtehelicher Kinder, zur Änderung der Zivilprozessordnung und der AO vom
12.4.2011 (BGBl I 2011, 615) erst mit Wirkung zum 29.5.2009 aufgehoben worden ist.[47] Ein vor dem 1.7.1949 geborenes nichteheliches Kind und seine Abkömmlinge sind in bis zum 28.5.2009 eingetretenen Erbfällen weiterhin vom
Erbrecht nach dem Vater und dessen Verwandten ausgeschlossen.[48] Aufgrund
der Reform wird ein nichteheliches Kind zum gesetzlichen Erben seines Vaters,
auch wenn es vor 1949 geboren wurde. Falls der Vater seine Erben durch Verfügung von Todes wegen bestimmt und das nichteheliche Kind unberücksichtigt
lässt, steht ihm ein Pflichtteilsanspruch zu.

Entscheidend hierfür ist nach neuem Recht, dass der Erbfall nach dem 28.5.2009
eintritt. Lag der Erbfall früher, bleibt es wegen des verfassungsrechtlich veranker-
ten Rückwirkungsverbotes grundsätzlich bei der alten Rechtslage. Wird der Staat
jedoch selbst Erbe mangels weiterer Verwandter oder aufgrund Ausschlagung
der Erben soll er den Wert des von ihm ererbten Vermögens an das nichteheliche
Kind auszahlen.

---

44 BGBl I 2011, 615.
45 *Krug*, ZEV 2011, 397, 401.
46 Anm. *Krug* zu OLG Köln, Beschl. v. 11.10.2010, ZEV 2011, 129, 132.
47 BGH ZEV 2012, 32.
48 BGH ZEV 2012, 32.

IV. Checkliste: Erbrecht des nichtehelichen Kindes

– Wann ist der Erbfall eingetreten?   129
– Wann ist das nichteheliche Kind geboren?
– Wo hatte der Vater des nichtehelichen Kindes seinen gewöhnlichen Aufenthalt vor dem 3.10.1990?
– Haben Vater und nichteheliches Kind bereits vor dem 1.4.1998 einen vorzeitigen Erbausgleich vereinbart?

G. Zusammenfassung

Bei diesem ersten Stadium der erbrechtlichen Beratung kann für den Mandanten   130
unmittelbar geklärt werden, ob die Errichtung einer Verfügung von Todes wegen
für ihn ratsam ist oder nicht. Sollte der Mandant nach der Beratung zu der
Schlussfolgerung kommen, dass die gesetzliche Erbfolge nicht seine Wünsche
widerspiegelt, wird er in der Regel eine Verfügung von Todes wegen von Ihnen
entwerfen lassen. Sollte es der Mandant bei der Erstberatung belassen, ist diese
nach dem Gegenstandswert des Nachlasses abzurechnen, so dass häufig eine
Beratungsgebühr gem. Nr. 2300 RVG-VV zu erheben ist. Diese Gebühr unterliegt
der Kappungsgrenze auf 190 EUR, wenn der Auftraggeber Verbraucher ist und
die Tätigkeit sich auf ein erstes Beratungsgespräch beschränkt, § 34 Abs. 1 S. 3
RVG.

Beachte   131
Mit Wirkung zum 1.7.2006 entfallen die bis dahin im Vergütungsverzeichnis
des RVG enthaltenen Vorschriften zur außergerichtlichen Beratung und Begutachtung, 2100–2103 RVG-VV. Für diese Tätigkeiten existieren keine staatlichen Tarife mehr. Vielmehr sind die Kriterien der Abrechnung in der ab dem
1.7.2006 geltenden Fassung des § 34 RVG geregelt. Der Rechtsanwalt soll nun
auf eine Gebührenvereinbarung hinwirken. Wird eine solche Vereinbarung
nicht getroffen, erhält der Rechtsanwalt Gebühren nach den Vorschriften des
bürgerlichen Rechts. Handelt es sich um ein Verbraucher-Mandat unterliegt
sein Honorar der Kappungsgrenze von 250 EUR, unabhängig vom Umfang
der anwaltlichen Tätigkeit, bzw. für ein erstes Beratungsgespräch höchstens
190 EUR. Der Abschluss einer Gebührenvereinbarung ist also in den meisten
Fällen bereits der Erzielung der eigenen Kosten geschuldet.[49]

---

49 Zur Kunst des Abrechnens siehe *Streck*, AnwBl 2006, 149, 151, 153.

§ 3 Rechtliche Stellung des Erben

A. Annahme und Ausschlagung der Erbschaft; Fürsorge des Nachlassgerichts (§§ 1942 bis 1966 BGB)

I. Einführung

Angesichts der in den Medien verbreiteten Berichte über einer Billion EUR, die innerhalb der nächsten zehn Jahre von einer auf die nächste Generation übertragen werden, hoffen viele Menschen, zu den Begünstigten zu gehören. 1

Gleichwohl kann sich jemand einer Erbschaft gegenübersehen, die er aus materiellen Erwägungen besser nicht annehmen sollte. Zunächst ist eine Erbschaft, ohne den Bestand des Nachlasses konkret zu kennen, wie ein Geschenk, bei dem man nicht weiß, ob es Geld einbringt oder Geld kostet.

Zur Verdeutlichung dient nachstehender Fall.

Fall 24 2

Ein seit Monaten vermisster Mann T wird nahezu unkenntlich verwest aus der Mosel geborgen. Die Bergung wird von der Wasserschutzpolizei übernommen. Da der Tote noch einen fälschungssicheren Personalausweis bei sich trägt, der sich auch als wasserfest erweist, kann die Polizei Name und Adresse feststellen. Hierdurch wird ein Bruder des Toten ermittelt. Obwohl der Bruder B seit Jahren keinen Kontakt zu dem Toten pflegte, fühlt er sich aus moralischen Gesichtspunkten verpflichtet, die Beerdigung auszurichten und für die durch die Bergung entstandenen Kosten in Vorlage zu treten. B geht davon aus, dass die ihm bekannten Kinder des T, K1 und K2, die ihm entstandenen Kosten als gesetzliche Erben des T erstatten werden. In seinem Anspruchschreiben an K1 und K2 verweist B auf § 1968 BGB. K1 und K2 weigern sich mit dem Hinweis auf die zerrütteten Verhältnisse zu ihrem Vater T, die entstandenen Kosten zu übernehmen. Überdies haben sie die Erbschaft ausgeschlagen. B ist der Auffassung, dass K1 und K2 als leibliche Kinder des T gleichwohl die entstandenen Kosten zu tragen haben.

II. Rechtliche Grundlagen

1. Ausschlagung der Erbschaft

Nach § 1943 BGB kann der Erbe die Erbschaft nicht mehr ausschlagen, wenn er sie angenommen hat oder wenn die für die **Ausschlagung** vorgeschriebene Frist verstrichen ist; mit Ablauf der Frist gilt die Erbschaft als angenommen. Der Erbschaftsanfall an den berufenen Erben führt gem. § 1942 Abs. 1 BGB zunächst 3 nur zu einem vorläufigen Erwerb, da er durch Ausschlagung rückgängig gemacht werden kann.[1]

Die Ausschlagungsfrist beträgt gem. § 1944 Abs. 1 BGB sechs Wochen und beginnt gem. Abs. 2 S. 1 mit dem Zeitpunkt, in welchem der Erbe von dem Anfall und dem Grunde der Berufung Kenntnis erlangt.

4 Ist der Erbe durch Verfügung von Todes wegen berufen, beginnt die Frist nach § 1944 Abs. 2 S. 2 BGB (a.F.) nicht vor der Verkündung der Verfügung. Ab diesem Zeitpunkt läuft die **Ausschlagungsfrist** unabhängig davon, ob der Erbe im Eröffnungstermin anwesend ist.[2] Es soll auch keine Rolle spielen, dass die offizielle Benachrichtigung durch das Nachlassgericht regelmäßig später als die Verkündung der letztwilligen Verfügung erfolgt. Dem ist jedoch entgegen zu halten, dass die bloße Eröffnung dem vorläufigen Erben noch keine ausreichend gesicherte Kenntnisnahme vom Anfall der Erbschaft und Grund der Berufung ermöglicht.[3]

§ 1944 Abs. 2 S. 2 BGB stellt nun auf die Bekanntgabe der Verfügung von Todes wegen durch das Nachlassgericht ab. Entscheidend ist also die Bekanntgabe der letztwilligen Verfügung und nicht die tatsächliche Kenntnis des Erben. Diese Vorschrift wurde im Rahmen der FGG-Reform mit Wirkung zum 1.9.2009 neu gefasst und den Regelungen über die Testamentseröffnung angepasst.

Nach § 348 FamFG (vormals § 2260 BGB) steht es dem Nachlassgericht nun frei, zwischen einem Verkündungstermin und der schriftlichen Bekanntgabe zu wählen.[4]

Bei Minderjährigkeit des Erben gelten dieselben Fristen, jedoch bezogen auf die Kenntnis seiner gesetzlichen Vertreter. Ist der Erbe zum Zeitpunkt des Erbfalls noch nicht geboren, beginnt die Ausschlagungsfrist erst mit seiner Geburt.

Hatte der Erblasser seinen Wohnsitz nur im Ausland oder hielt sich der Erbe bei Beginn der Frist im Ausland auf, beträgt die Ausschlagungsfrist gem. Abs. 3 der Vorschrift sechs Monate.

5 **Praxistipp**
Die Ausschlagungsfrist wird gemäß der §§ 187 Abs. 1, 188, 193 BGB berechnet. Der Fristablauf kann gemäß der Vorschriften §§ 206 und 210 BGB gehemmt sein.

6 Für die **Erklärung der Erbausschlagung** ist eine bestimmte Form vorgeschrieben. Sie hat gegenüber dem Nachlassgericht zu erfolgen; die Erklärung ist zur Niederschrift des Nachlassgerichts oder in öffentlich beglaubigter Form abzugeben, § 1945 Abs. 1 BGB. Die Erbausschlagung kann auch durch einen Bevoll-

---

1 NK-BGB/*Ivo*, § 1943 Rn 1.
2 MüKo-BGB/*Leipold*, § 1944 Rn 15; Soergel/*Stein*, § 1944 Rn 14.
3 Damrau/*Masloff*, § 1944 Rn 9.
4 Ebenda.

mächtigten gem. § 1945 Abs. 3 BGB erklärt werden. Hierbei ist die vorgeschriebene Form der Vollmacht, die öffentliche Beglaubigung, zu beachten, § 129 BGB.

Annahme oder Ausschlagung der Erbschaft können nur für die Erbschaft als   7
Ganzes erklärt werden, § 1950 BGB. Dieser Grundsatz der **Gesamtrechtsnachfolge (Universalsukzession)** findet nur im Rahmen der Hoferbfolge seine Durchbrechung. Der Hoferbe kann den Hofanfall ausschlagen, ohne zugleich die Erbfolge in den hoffreien Nachlass auszuschlagen (§ 11 HöfeO, § 19 Höfeordnung Rheinland-Pfalz, Art. 9 Abs. 3 des Württembergischen Gesetzes über das Anerbenrecht, § 13 des Badischen Hofgütergesetzes und § 9 des Bremischen Höfegesetzes).

Es ist herrschende Auffassung, dass der Hoferbe auch umgekehrt den Hof annehmen und die übrige Erbschaft ausschlagen kann. Die Ausschlagung lediglich des Hofanfalls ist gegenüber dem Landwirtschaftsgericht zu erklären. Hier ist also einmal nicht das sonst zuständige Nachlassgericht in Anspruch zu nehmen.

Die **Wirkung der Erbausschlagung** richtet sich nach § 1953 BGB. Im Falle der   8
Ausschlagung gilt der Anfall an den Ausschlagenden als nicht erfolgt. Die Erbschaft fällt demjenigen an, der berufen sein würde, wenn der Ausschlagende zur Zeit des Erbfalls nicht gelebt hätte; der Anfall gilt als mit dem Erbfall erfolgt.

Annahme und Ausschlagung können nicht unter einer Bedingung oder einer Zeitbestimmung erfolgen, § 1947 BGB. Es ist also rechtlich unwirksam, zugunsten einer bestimmten Person auszuschlagen, damit diese statt des Ausschlagenden zur Erbfolge gelangt. Wenn die Ausschlagung zugunsten eines Dritten Motiv des Ausschlagenden ist, wäre dies unbeachtlich. Ist die Ausschlagung jedoch als Bedingung zu verstehen, ist sie gem. § 1947 BGB unwirksam. Wird die Ausschlagung für den Fall erklärt, dass bestimmte Ansprüche gegen den Nachlass geltend gemacht werden oder eine Einigung mit Nachlassgläubigern nicht erzielt werden kann, ist dies unzulässig, wie auch die Ausschlagung für den Fall der Überschuldung des Nachlasses.[5]

Beachte   9
Sollte der Erbe noch nicht voll geschäftsfähig sein, müssen seine gesetzlichen Vertreter die Erbschaft für ihn ausschlagen. Hierzu benötigen sie grundsätzlich die Genehmigung des Familiengerichts, §§ 1643 Abs. 1 und 2, 1822 Nr. 2 BGB.
Eine Ausnahme besteht hiervon, wenn der vertretene, noch nicht voll geschäftsfähige Erbe erst durch die Ausschlagung seines gesetzlichen Vertreters zum Erben berufen wird.[6]
Die Erbausschlagung durch den gesetzlichen Vertreter minderjähriger Kinder bedurfte nach dem Recht der DDR keiner gerichtlichen Genehmigung. Eine

---

5 Soergel/*Stein*, § 1947 Rn 1; Staudinger/*Otte* § 1947 Rn 2.
6 Niedersächsisches FG, Beschl. v. 8.9.2004 – 3V 359/04, ZEV 2005, 131.

Erbausschlagung ist nach § 403 Abs. 2 ZGB/DDR auch dann formwirksam zugegangen, wenn dem staatlichen Notariat lediglich die von einem bundesdeutschen Amtsgericht beglaubigte Kopie der von einem bundesdeutschen Notar beglaubigten Ausschlagungserklärung zugegangen ist.[7]

10 **Lösung zu Fall 24**
Da K1 und K2 die Erbschaft nach T rechtskräftig ausgeschlagen haben, gilt der Anfall an sie als nicht erfolgt, § 1953 Abs. 1 BGB. K1 und K2 sind somit nicht Erben nach T geworden. Weitere gesetzliche Erben außer B sind hier nicht bekannt. B hat die Erbschaft nicht ausgeschlagen und erbt nun als alleiniger gesetzlicher Erbe gem. § 1953 Abs. 2 BGB. Nach dem Grundsatz der Universalsukzession erbt B nicht nur Vermögen, sondern auch Pflichten und Verbindlichkeiten des Nachlasses. Hier war leider kein Vermögen vorhanden, so dass B lediglich die Beerdigungskosten und die Bergungskosten zu übernehmen hat, ohne dass dem ein entsprechender Vermögenswert gegenüber steht.

11 **Anmerkung zu Fall 24**
Nachdem dem Mandanten die Rechtslage erläutert und er darauf hingewiesen wurde, dass er keinen Anspruch auf Kostenersatz gegenüber den ausschlagenden K1 und K2 habe, gab dieser zu erkennen, dass er auch in Kenntnis dieser Tatsache die Beerdigung und die Bergung seines Bruders bezahlt hätte. Hier war, wie häufig im Erbrecht, zu berücksichtigen, dass es nicht nur um die Durchsetzung eines Anspruches geht, sondern auch um die innere Einstellung des Mandanten, der es sich selbst jahrelang vorgeworfen hätte, nicht für den Bruder aufgekommen zu sein.
Im vorliegenden Fall war der Mandant beruhigt und zufrieden, dass er für seinen Bruder diese Kosten übernommen und dieser eine standesgemäße Beerdigung erfahren hatte.
Nachstehend wird ein Muster einer Erbschaftsausschlagung dargestellt, bei der keine Genehmigung des Familiengerichts erforderlich ist, gem. § 1643 Abs. 2 S. 2 BGB:

2. Muster: Erbschaftsausschlagung

12 An das Amtsgericht Trier
– Nachlassgericht –
Straße

PLZ Trier

Betr.: Nachlass des am 2.4.2006 verstorbenen Peter Kenn aus PLZ Schweich.

Ich bin alleinige gesetzliche Erbin meines Vaters Peter Kenn aus Schweich. Ich schlage hiermit diese Erbschaft aus.

---

7 OLG Dresden ZEV 1997, 26 ff.

Dadurch würde mein Sohn Klaus Meier, geboren am 5. April 1997, alleiniger Erbe meines Vaters werden. Wir, seine Eltern Josef Meier und Klara, geb. Kenn, handelnd als seine gesetzlichen Vertreter, schlagen auch für unseren Sohn diese Erbschaft aus.

Als weiterer gesetzlicher Erbe kommt der Neffe des Erblassers, Bernhard Kenn aus PLZ Longuich, Moselstraße 10, in Betracht.

Trier, den

Unterschrift

(*Beglaubigungsvermerk*)

3. Anfechtung der Annahme der Erbschaft

Die Versäumung der Ausschlagungsfrist kann in gleicher Weise wie die Annahme angefochten werden, § 1956 BGB. Sie erfolgt durch Erklärung gegenüber dem Nachlassgericht, § 1955 BGB, in der gem. § 1945 BGB vorgeschriebenen Form der öffentlichen Beglaubigung.   13

Für die **Anfechtung der Annahme** nach § 1955 BGB gelten die **Anfechtungs-gründe** der §§ 119 ff. BGB. Hiernach kann der Erbe die Annahme oder Ausschla-gung wegen widerrechtlicher Drohung und arglistiger Täuschung, § 123 BGB, sowie wegen Irrtums, § 119 BGB, anfechten.   14

Überwiegend wird die Frage, ob die **Überschuldung des Nachlasses** eine ver-kehrswesentliche Eigenschaft i.S.v. § 119 Abs. 2 BGB darstellt, bejaht. Dabei ist unerheblich, ob der Irrtum die Überschuldung betrifft oder ob ein Irrtum über den rechtlichen Stand einer Belastung des Nachlasses zu einer Fehlvorstellung hinsichtlich der Überschuldung führt. Die Anfechtung ist in beiden Fällen mög-lich.[8]   15

Probleme ergeben sich in der Praxis häufig dadurch, dass ein Erbe die Ausschla-gungsfrist aufgrund eines Irrtums versäumt hat. Lesenswert hierzu der Beschluss des Bayerischen Obersten Landesgerichts vom 14.2.1997.[9]

Hiernach berechtigt die bloße Hoffnung der Erben, dass gewisses Vermögen des Erblassers im Ausland vorhanden sein könnte, nicht zur Anfechtung einer Annahme bzw. der Versäumung der Ausschlagungsfrist wegen Irrtums bzgl. verkehrswesentlicher Eigenschaften des Nachlasses.

Die Abgrenzung von Motivirrtum und Inhaltsirrtum bei der Ausschlagung zu-gunsten einer bestimmten Person wird getroffen vom OLG Düsseldorf in seinem Beschl. v. 8.1.1997.[10]

---

8 Staudinger/*Otte*, § 1954 BGB Rn 7; BGHZ 106, 359, 363; NK-BGB/*Ivo*, § 1956 Rn 4; a.A. Palandt/*Weidlich*, § 1954 BGB Rn 6; Überblick über Irrtumskonstellationen in Damrau/*Masloff*, § 1954 Rn 6.

9 BayObLG, Beschluss v. 14.2.1997 – 1 Z BR 254/96, ZEV 1997, 257, 258.

10 OLG Düsseldorf, Beschluss v. 8.1.1997 – 3 Wx 575/96, ZEV 1997, 258, 259.

Der Irrtum des die Erbschaft ausschlagenden Miterben, sein Erbteil falle durch die Ausschlagung einem anderen Miterben an, ist kein Irrtum über den Inhalt der Ausschlagungserklärung. Dies ist grundsätzlich allgemein anerkannt.[11]

16 Der **Erbschaftsanfall** gehört nicht zum Inhalt der Ausschlagungserklärung, sondern stellt eine vom Gesetz an die Ausschlagung geknüpfte Folge dar. Ein Irrtum über diese Rechtsfolge ist nach § 119 BGB unbeachtlich. Ein Inhaltsirrtum kann allenfalls vorliegen, wenn der Ausschlagende die Vorstellung hatte, dass durch die Ausschlagung der unmittelbare Übergang seines Erbschaftsanteils auf einen Miterben die Folge ist.[12]

Wer bei scheinbar überschuldetem Nachlass die Ausschlagung der Erbschaft ohne Rücksicht auf den Berufungsgrund und ungeachtet der Höhe erklärt, kann im Falle nachträglich sich erweisender Werthaltigkeit des Nachlasses seine Ausschlagungserklärung nicht mit der Begründung anfechten, er habe sich seinerzeit über den Nachlasswert geirrt.[13]

17 **Beachte**
Eine Erbschaft nach einem **Berliner Testament**, hierbei berufen sich die Ehegatten gegenseitig zum alleinigen Vollerben und einen Dritten, meistens die gemeinschaftlichen Abkömmlinge, zum Erben des Überlebenden (vgl. § 2269 BGB), kann durch den Schlusserben erst nach dem Tod des Letztversterbenden ausgeschlagen werden, § 1946 BGB,[14]

18 **Beachte**
Eine Ausschlagung lediglich aus Steuerersparnisgründen wird selten sein. Häufiger jedoch wird eine Ausschlagung vorkommen gegen Zahlung einer Abfindung.

19 Bis zur Annahme der Erbschaft hat das Nachlassgericht für die **Sicherung des Nachlasses** zu sorgen, soweit ein Bedürfnis besteht, § 1960 Abs. 1 BGB. Hierzu kann gem. Abs. 2 ein **Nachlasspfleger** bestellt werden, der Siegel anlegen, Geld, Wertpapiere und Kostbarkeiten hinterlegen sowie die Aufnahme eines Nachlassverzeichnisses anordnen kann. Die **Nachlasspflegschaft** ist auch zur gerichtlichen Geltendmachung eines Anspruches gegen den Nachlass einzurichten, § 1961 BGB, wenn dies von dem Berechtigten beantragt wird.

---

11 OLG Düsseldorf, Beschluss v. 8.1.1997 – 3 Wx 575/96, ZEV 1997, 258, 259 m.w.N.

12 OLG Düsseldorf, Beschluss v. 8.1.1997 – 3 Wx 575/96, ZEV 1997, 259.

13 In dem vom OLG Düsseldorf zu entscheidenden Fall hatte der Beschwerdeführer die Erbschaft ausgeschlagen mit den Worten: „Aus welchen Gründen ich zur Erbschaft berufen bin und gleichgültig, wie hoch mein Erbteil ist", Beschl. v. 20.7.2004 – 1–3 Wx 193/04.

14 BGH, Urt. v. 8.10.1997 – IV ZR 236/96, ZEV 1998, 67, mit Anmerkung *Behrendt*.

Der Erbe kann auch gem. § 119 Abs. 1 BGB die Annahme der Erbschaft anfechten, wenn er die Frist zur Ausschlagung unbewusst verstreichen lässt, weil er sie nicht kennt oder für länger hält oder ihr nicht die richtige Bedeutung beimisst.[15]

Einen weiteren **Anfechtungsgrund** wegen eines Motivirrtums enthält § 2308 BGB. Hiernach kann ein Pflichtteilsberechtigter, der als Erbe oder als Vermächtnisnehmer in der in § 2306 BGB bezeichneten Art beschränkt oder beschwert ist und die Erbschaft oder das Vermächtnis ausgeschlagen hat, die Ausschlagung anfechten, wenn die Beschränkung oder die Beschwerung zur Zeit der Ausschlagung weggefallen ist und der Wegfall ihm nicht bekannt war.

20

Die Anwendung des § 2308 Abs. 1 BGB setzt voraus, dass zur Zeit des Erbfalls Beschränkung und Beschwerung des Zugewendeten objektiv bestanden haben. Eine lediglich irrige Annahme des Pflichtteilsberechtigten reicht nicht aus.[16]

Bevor gem. § 1964 BGB die Erbvermutung für den Fiskus durch das Nachlassgericht ausgesprochen wird, hat es festzustellen, dass ein anderer Erbe nicht vorhanden ist. Dieser Feststellung hat eine öffentliche Aufforderung zur Anmeldung der Erbrechte unter Bestimmung einer Anmeldungsfrist vorauszugehen, § 1965 Abs. 1 BGB.

Ein Erbrecht bleibt unberücksichtigt, wenn nicht dem Nachlassgericht binnen drei Monaten nach dem Ablauf der Anmeldungsfrist nachgewiesen wird, dass das Erbrecht besteht oder dass es gegen den Fiskus im Wege der Klage geltend gemacht ist, § 1965 Abs. 2 BGB.

4. Checkliste: Ausschlagung der Erbschaft

- Wann ist der Erbfall eingetreten?
- Ist die Ausschlagungsfrist bereits verstrichen?
- Gilt die verlängerte Sechs-Monats-Frist aufgrund Auslandsaufenthalts des Erben?
- Wenn ja, kann die Annahme der Erbschaft angefochten werden?
- Ausschlagung ist nur für den gesamten Nachlass möglich, nicht für Teile des Nachlasses
- Ist die Genehmigung des Familiengerichts erforderlich und gegebenenfalls erteilt bei der Ausschlagung des gesetzlichen Vertreters für einen Minderjährigen?
- Wer erbt, wenn der Mandant die Erbschaft ausschlägt?

21

---

15 RGZ 143, 419; Palandt/*Weidlich*, § 1956 Rn 2.
16 Soergel/*Dieckmann*, § 2308 Rn 4; Staudinger/*Haas*, § 2308 Rn 6; MüKo-BGB/*Frank*, § 2308 Rn 4.

5. Zusammenfassung

22 **Gründe für eine Erbschaftsausschlagung:**
   – Persönliche Gründe, weil der Erbe vom Erblasser nichts annehmen will
   – Überschuldung des Nachlasses
   – Aufhebung der Bindung aus einer wechselbezüglichen Verfügung (gemein-schaftliches Testament), § 2271 Abs. 2 S. 1 Hs. 2 BGB
   – Steuerersparnis: durch Ausschlagung soll die Erbschaft auf die Abkömmlinge des Ausschlagenden übergehen
   – Geltendmachung des sog. „kleinen Pflichtteils" für Ehegatten im gesetzlichen Güterstand der Zugewinngemeinschaft, vgl. §§ 1371 Abs. 3, 1378, 1931 Abs. 1 BGB.

Die Ausschlagungserklärung wird wie alle Erklärungen mit Zugang wirksam. Sie muss also innerhalb der Frist dem Nachlassgericht zugegangen sein, §§ 1945 Abs. 1, 130 Abs. 3, Abs. 1 BGB.

23 **Nachlassgericht** ist das Amtsgericht, §§ 342 ff. Gesetz über das Verfahren in Familiensachen und in den Angelegenheiten der freiwilligen Gerichtsbarkeit (FamFG). In Baden-Würtemberg sind dem Notariat die Aufgaben des Nachlass-gerichts übertragen worden.[17] Gehört zum Nachlass ein Hof, im Sinne der Höfe-ordnung, ist die zulässigerweise auf ihn beschränkte Ausschlagung gem. § 11 S. 1 HöfeO gegenüber dem Landwirtschaftsgericht zu erklären, in dessen Bezirk die Hofstelle liegt.[18] Die örtliche Zuständigkeit bestimmt sich in der Regel nach dem Wohnsitz des Erblassers im Zeitpunkt des Erbfalls, § 343 Abs. 1 FamFG. Streitig ist, ob der Zugang bei einem unzuständigen Gericht ausreicht.[19]

Häufig nehmen Rechtsprechung und Lehre die Wirksamkeit der Ausschlagungs-erklärung an.

Für die Praxis empfiehlt sich, bei zweifelhafter Zuständigkeit die Ausschlagung vorsorglich gegenüber allen in Betracht kommenden Nachlassgerichten zu erklä-ren.[20]

24 **Steuertipp**
   Die Ausschlagung der Erbschaft gegen eine Abfindung steht der entgeltlichen Veräußerung des Erbteils gleich. Gemäß dem Gesetz zur Reform des Erb-schaftsteuer- und Bewertungsrechts (ErbStRG) gilt nach dem neu gefassten § 3 Abs. 2 Nr. 4 ErbStG auch das für die Zurückweisung eines Rechts aus einem Vertrag des Erblassers zugunsten Dritter oder an Stelle eines anderen in Abs. 1 genannten Erwerbs als steuerpflichtig.

---

17 NK-BGB/*Ivo*, § 1945 Rn 15.
18 *Lange/Wulff/Lüdtge-Handjery*, Höfeordnung, § 11 Rn 4; anders § 19 Höfeordnung Rheinland-Pfalz: Zuständigkeit des Nachlassgerichts.
19 Staudinger/*Otte*, § 1945 Rn 14 m.w.N.
20 NK-BGB/*Ivo*, § 1945 Rn 17 zur örtlichen Zuständigkeit.

Als vom Erblasser zugewendet gilt die Abfindung für den Verzicht auf einen entstandenen Pflichtteilsanspruch sowie die Abfindung für die Ausschlagung einer Erbschaft, eines Erbersatzanspruches oder eines Vermächtnisses. Die Abfindung tritt hier an die Stelle der erbrechtlichen Ansprüche. Sie wird deshalb steuerlich wie ein Erwerb behandelt, der aus dem Nachlass des Erblassers stammt.[21]

Zur Abfindung für einen Erb- oder Pflichtteilsverzicht, der noch zu Lebzeiten des Erblassers vereinbart wird, vgl. § 7 Abs. 1 Nr. 5 ErbStG.

B. Haftung des Erben für die Nachlassverbindlichkeiten (§§ 1967 bis 2017 BGB)

I. Einführung

In den §§ 1967–2017 BGB wird die Haftung des Erben für die Nachlassverbind-   25
lichkeiten geregelt.

Wenn der Mandant die Sechswochenfrist zur Ausschlagung der Erbschaft versäumt hat und kein Anfechtungsgrund besteht, ist für ihn festzustellen, ob Nachlassverbindlichkeiten bestehen und die Haftung für diese eingeschränkt werden kann.

II. Rechtliche Grundlagen

1. Nachlassverbindlichkeiten

Der Erbe haftet für die **Nachlassverbindlichkeiten**, § 1967 Abs. 1 BGB. Der   26
Erbe wird anstelle des Erblassers persönlich Schuldner der Verbindlichkeiten.[22]

Beachte   27
Die Mutter des Nasciturus, § 1923 Abs. 2 BGB, kann bei Bedürftigkeit, § 1602 Abs. 2 BGB, für die Zeit bis zur Entbindung einen angemessenen **Unterhalt** aus dem Nachlass oder, wenn noch andere Personen als Erben berufen sind, aus dem Erbteil des Kindes durch Vorauszahlung verlangen. Voraussetzung hierfür ist, dass zur Zeit des Erbfalls die Geburt eines Erben zu erwarten ist, § 1963 S. 1 BGB.
In S. 2 der Vorschrift spricht der Gesetzgeber eine Vermutung aus. Bei der Bemessung des Erbteils ist anzunehmen, dass nur ein Kind geboren wird. Angesichts der zunehmenden Zwillings- und Drillingsgeburten durch die Hormontherapie ist zu überlegen, ob diese gesetzliche Vermutung dauerhaft aufrechtzuerhalten ist.

---

21 *Troll/Gebel/Jülicher*, § 3 Rn 329.
22 *Kipp/Coing*, Erbrecht, § 91 II 2.

> Der Unterhaltsanspruch ist eine gewöhnliche Nachlassverbindlichkeit, § 1967 BGB, und aus dem Nachlass zu begleichen.[23]

28 Weiterhin hat der Erbe die Kosten der standesgemäßen **Beerdigung** des Erblassers zu tragen, § 1968 BGB.

Was zu einer standesgemäßen Beerdigung oder auch einer Feuerbestattung gehört, richtet sich nach der Lebensstellung des Erblassers.[24]

Ob jeder gegen den Erben einen Erstattungsanspruch gem. § 1968 BGB hat, der von sich aus tätig wird und einen Verstorbenen bestattet, wird von *Berger* bejaht.[25]

29 Da neben den „**Erblasserschulden**" auch die sog. „**Erbfallschulden**" vom Erben zu tragen sind, ist auch die gesetzliche Verpflichtung des Erben, den sog. „**Dreißigsten**" zu geben, zu beachten. Danach hat der Erbe unterhaltsberechtigten Angehörigen des Erblassers, die zu dessen Hausstand gehörten, für die Dauer von dreißig Tagen weiterhin Wohnung und Unterhalt zu gewähren, § 1969 Abs. 1 S. 1 BGB. Der Erblasser kann jedoch durch letztwillige Verfügung eine abweichende Anordnung treffen, § 1969 Abs. 1 S. 2 BGB.

30 **Erbfallschulden** sind auch der Unterhaltsanspruch der werdenden Mutter, die die Geburt eines Erben erwartet und außerstande ist, sich selbst zu unterhalten, § 1963 BGB, die Erbschaftsteuer, § 9 ErbStG, die Zugewinnausgleichsforderung nach § 1371 Abs. 2, Abs. 3 BGB und die Kosten der Todeserklärung, § 34 Abs. 2 des Verschollenheitsgesetzes (VerschG). Auch die Verbindlichkeiten von Pflichtteilsrechten, Vermächtnissen und Auflagen, § 1967 Abs. 2 BGB, sind Erbfallschulden.[26]

Der Erbe tritt auch als Rechtsnachfolger in einen Kaufvertrag für ein Grundstück oder einen Pkw ein. Der Eintritt des Erben gilt auch für langfristige Verträge, z.B. Miet- und Pachtverträge. Diese können jedoch nach dem Erbfall vom Erben und dem Vermieter bzw. Verpächter mit der gesetzlichen Kündigungsfrist gekündigt werden.

31 > **Beachte**
> Wohnungsmietverträge: Hier haben Ehegatten bzw. Angehörige, auch wenn sie nicht Erben sind, aufgrund § 563a Abs. 2 BGB ein **Sonderkündigungsrecht**.

---

23 Palandt/*Weidlich*, § 1963 Rn 3.
24 Palandt/*Weidlich*, § 1968 Rn 2.
25 *Berger*, Die Erstattung der Beerdigungskosten, Diss. Köln, 1968, S. 26. Kritisch hierzu: *Widmann*, Der Bestattungsvertrag, S. 42 ff.
26 Näher hierzu Damrau/*Gottwald*, § 1967 Rn 22–24.

2. Übersicht der Erbfallschulden

- Pflichtteilsansprüche und Pflichtteilsergänzungsansprüche, §§ 2303 ff. BGB   32
- Ausbildungsanspruch von Stiefkindern, § 1371 Abs. 4 BGB
- Vermächtnisse, die der Erbe zu erfüllen hat
- Auflagen, die der Erbe zu erfüllen hat
- Dreißigster, § 1969 BGB
- Voraus, § 1932 BGB
- Unterhaltsanspruch der werdenden Mutter, § 1963 BGB
- Beerdigungskosten, § 1968 BGB
- Kosten gerichtlicher Sicherungsmaßnahmen
- Kosten der Tätigkeit eines Nachlasspflegers, Nachlassverwalters oder Testamentsvollstreckers
- Kosten der Testamentseröffnung
- Vergütung von Nachlasspfleger, Nachlassverwalter oder Testamentsvollstrecker
- Erbschaftsteuer
- Ersatzanspruch aufgrund erbrachter Pflegeleistung,[27]
- Steuerschulden des Erblassers. Der Abzug, der auf den Erben übergegangenen persönlichen Steuerschulden des Erblassers als Nachlassverbindlichkeiten setzt voraus, dass die Steuerschulden den Erben wirtschaftlich belasten.[28] Die Eingruppierung der Erbschaftsteuerschuld als Erbfallschuld zu den Nachlassverbindlichkeiten i.s.v. § 1967 ist streitig.[29]

3. Aufgebot der Nachlassgläubiger

Will sich der Erbe einen Überblick über den Wert des Nachlasses machen, kann   33
er beim Nachlassgericht ein **Aufgebotsverfahren** beantragen, §§ 1970 ff. BGB.
Der Vorteil liegt darin, dass die Gläubiger ihre Forderung zunächst einmal gegenüber dem Nachlassgericht anzumelden haben. Ein Gläubiger, der dies nicht tut, ist mit seiner Forderung auf den Nachlass beschränkt. Der Zugriff auf das Privatvermögen des Erben ist ihm versagt. Die Dreimonatsfrist des § 2014 BGB verlängert sich nach Maßgabe des § 2015 BGB bis zur Beendigung des Aufgebotsverfah-

---

27 FG München DStRE 2000, 371.
28 BFH ZEV 1999, 503.
29 Hierzu bejahend: BFH NJW 1993, 350; ablehnend: OLG Hamm OLGZ 1990, 393, 395 und OLG Düsseldorf FamRZ 1999, 1465. Hiernach sind weder die Erbschaftsteuer noch die Kosten für die Erstellung der Erbschaftsteuererklärung Nachlassverbindlichkeiten, da Voraussetzung der Nachlassverbindlichkeit einerseits sei, dass die Verpflichtung den Erben in seiner Eigenschaft als Erbe treffe, andererseits müsse sie zur Abwicklung des Nachlasses gehören.

rens, so dass der Erbe nicht in Verzug kommt und im Prozess den Vorbehalt der beschränkten Haftung geltend machen kann, §§ 305, 782 ZPO.[30]

34 **Beachte**

Das Aufgebotsverfahren muss innerhalb eines Jahres nach Annahme der Erbschaft beantragt worden sein, § 2015 Abs. 1 BGB.

Falls ein Gläubiger seine Nachlassforderung gegenüber dem Erben erst fünf Jahre nach dem Erbfall geltend macht, kann der Erbe die Übernahme der Schuld verweigern, § 1974 Abs. 1 S. 1 BGB, es sei denn, sie war ihm vor Ablauf der fünf Jahre bekannt geworden oder ist im Aufgebotsverfahren nach § 1970 BGB angemeldet worden.

4. Beschränkung der Haftung des Erben

35 Für den Erben ist es häufig bedeutsam, Möglichkeiten der **Beschränkung der Erbenhaftung** zu bedenken. Es soll verhindert werden, dass die Nachlassgläubiger mit einem entsprechenden Titel in das Privatvermögen des Erben vollstrecken. Nach deutschem Recht haftet der Erbe nach Annahme der Erbschaft für Nachlassverbindlichkeiten grundsätzlich unbeschränkt, also mit Nachlass und Eigenvermögen. Die Haftung ist ausnahmsweise von Anfang an auf den Nachlass beschränkt:
– bei der Erbengemeinschaft bis zur Teilung, § 2059 BGB
– bei der Haftung für den Ersatz von Kosten der Sozialhilfe nach § 102 Abs. 2 SGB XII (früher: §§ 92a Abs. 2, 92c Abs. 2 BSHG)
– bei der Sonderrechtsnachfolge in Ansprüche auf Nachzahlung von Sozialhilfe, §§ 56, 57 SGB I.[31]

36 Vorteilhaft für den Erben ist, dass vor Inanspruchnahme einer Haftungsbegrenzungsmöglichkeit der Nachlass saldiert wird. Dies kann sich schwierig gestalten, wenn z.B. ein kleiner Gewerbebetrieb Bestandteil des Nachlasses ist. In einem solchen Betrieb ist eventuell nicht innerhalb der gesetzlichen Ausschlagungsfrist von sechs Wochen die Buchhaltung in der Form zu prüfen, dass der Erbe beurteilen kann, ob er Vermögen oder Schulden erben würde. Hier können die Möglichkeiten der **Nachlassverwaltung** bzw. des **Nachlassinsolvenzverfahrens**, § 1975 BGB, helfen, die Haftung des Erben für die Nachlassverbindlichkeiten auf den Nachlass zu beschränken. Die wirksam gewordene Nachlassverwaltung führt zur Absonderung des Nachlasses vom Eigenvermögen des Erben.[32]

---

30 Palandt/*Weidlich*, § 1970 Rn 1, 2.
31 *Graf*, ZEV 2000, 125 ff.
32 Palandt/*Weidlich*, § 1976 Rn 1.

Die Nachlassverwaltung wird wirksam mit der Zustellung des Anordnungsbeschlusses an den Erben oder Testamentsvollstrecker, §§ 345 Abs. 4 Nr. 1, 359 FamFG.

Die **Nachlassverwaltung** kann beantragt werden von 37
- dem Erben, § 1981 Abs. 1 BGB
- dem Nacherben nach einem Nacherbfall, § 2144 Abs. 1 BGB
- dem Erbschaftskäufer, § 2383 BGB
- dem Testamentsvollstrecker, § 317 Abs. 1 InsO
- den Miterben gemeinschaftlich, § 2062 BGB
- einem Nachlassgläubiger, § 1981 Abs. 2 S. 1 BGB.

Die Nachlassverwaltung bietet den Vorteil, dass während ihrer Anordnung die Nachlassgläubiger nur Zugriff auf den Nachlass selbst nehmen können, nicht aber auf das Privatvermögen des Erben. Sie kann jedoch mangels Masse abgelehnt werden.

Ein weiteres Mittel der Beschränkung der Erbenhaftung ist **das Nachlassinsol-** 38 **venzverfahren.** Erlangt der Erbe von der Überschuldung des Nachlasses Kenntnis, hat er unverzüglich die Eröffnung des Nachlassinsolvenzverfahrens zu beantragen, § 1980 Abs. 1 S. 1 BGB. An eine Verletzung dieser Pflicht knüpft das Gesetz eine Schadensersatzpflicht, § 1980 Abs. 1 S. 2 BGB.

Antragsberechtigt sind gem. § 317 Abs. 1 InsO:
- der Erbe
- der Nachlassverwalter bzw. ein Nachlasspfleger
- der Testamentsvollstrecker
- jeder Nachlassgläubiger.

Wenn die Anordnung der Nachlassverwaltung oder die Eröffnung des Nachlas- 39 sinsolvenzverfahrens mangels einer die Kosten deckenden Masse nicht tunlich ist oder aufgehoben wird, kann der Erbe die **Einrede der Dürftigkeit des Nachlasses,** § 1990 Abs. 1 BGB, erheben. Seine auf den Nachlass beschränkte Haftung bleibt erhalten; er haftet nicht mit seinem Privatvermögen.[33]

Der Erbe kann auch bei einer Überschuldung des Nachlasses aufgrund von Vermächtnissen oder Auflagen eine Haftung mit seinem Privatvermögen vermeiden, wenn er sich auf die Überschuldung beruft, § 1992 BGB.[34]

---

33 Krug/Rudolf/Kroiß/Bittler/*Trimborn v. Landenberg*, AnwF Erbrecht, § 6 Rn 59: Muster für einen Antrag auf Eröffnung des Nachlassinsolvenzverfahrens.
34 Eine gute Übersicht zur Erbenhaftung gibt *Joachim*, ZEV 2005, 99, 102.

5. Inventarerrichtung, unbeschränkte Haftung des Erben

40 Der Erbe sollte ein vollständiges und korrektes **Inventar** errichten, d.h. ein Verzeichnis aller beim Erbfall vorhandenen Aktiva und Passiva, § 1993 BGB. Die Einhaltung der durch das Nachlassgericht gesetzten Frist zur Errichtung des Inventars, **Inventarfrist** gem. § 1994 Abs. 1 S. 1 BGB, ist unabdingbar, um die unbeschränkte Erbenhaftung zu vermeiden, § 1994 Abs. 1 S. 2 BGB. Die Frist soll mindestens einen Monat, höchstens drei Monate betragen.[35] Die **unbeschränkte Erbenhaftung** durch Fristversäumnis bei der Inventarerrichtung kann durch konsequente Beratung verhindert werden. Zwar gewährt § 1995 Abs. 3 BGB dem Erben das Antragsrecht bei dem Nachlassgericht auf Fristverlängerung. Dieser Antrag muss vor Fristablauf bei Gericht eingegangen sein.[36]

Das Nachlassgericht ist hierbei jedoch weder an den Antrag noch an die Höchstfrist von drei Monaten gebunden. Vielmehr liegt die Entscheidung in seinem Ermessen.[37]

Damit aus der Erbenhaftung keine Anwaltshaftung wird, sollte die Aufstellung des Inventars dem Mandanten unverzüglich angeraten werden.

Es ist vielfach sinnvoll, dem Mandanten die Errichtung eines Inventars auch ohne vorherige Fristsetzung durch das Nachlassgericht zu empfehlen. Lesenswert hierzu der Aufsatz von *Wehrberger*.[38]

41 Der Erbe hat das **Inventarverzeichnis** richtig zu erstellen. Die bewusste unrichtige Erstellung des Inventars führt zur unbeschränkten Haftung des Erben, § 2005 Abs. 1 S. 1 BGB. Gleiches gilt, wenn er die Erteilung der Auskunft verweigert oder absichtlich in erheblichem Maße verzögert, nachdem er vom Nachlassgericht zur Inventarerstellung aufgefordert wurde, §§ 2005 Abs. 1 S. 2, 2003 BGB.

42 **Beachte**
Verweigert der Erbe die Abgabe der eidesstattlichen Versicherung, so haftet er dem Gläubiger, der den Antrag gestellt hat, unbeschränkt, § 2006 Abs. 3 S. 1 BGB.

43 **Die Folgen der unbeschränkten Haftung des Erben** sind in § 2013 BGB geregelt:
- Nachlassverwaltung und Nachlassinsolvenzverfahren können die persönliche Inanspruchnahme des Erben nicht mehr verhindern, § 784 Abs. 1 ZPO
- Ausschluss der §§ 1978–1980 BGB wegen unbegrenzter Haftung des Erben

---

35 Damrau/*Gottwald*, § 1994 Rn 9.
36 BayObLG FamRZ 92, 1326.
37 KG Rpfleger 85, 193, OLG Düsseldorf FamRZ 1997, 846.
38 *Wehrberger*, AnwBl 1998, 338, 340.

- Verlust der Erschöpfungs- und Überlastungseinrede, §§ 1989–1992 BGB
- Verlust der aufschiebenden Einrede, § 2016 Abs. 1 BGB.[39]

Beachte   **44**

Erstellt der Erbe das Inventar ordnungsgemäß und reicht es fristgemäß bei Gericht ein, bewirkt dies, im Verhältnis zwischen Erben und Nachlassgläubigern die Vermutung, dass die Aktiva des Nachlasses, mithin sämtliche Vermögensgegenstände, vollständig erfasst sind, § 2009 BGB. Behauptet ein Gläubiger, dass der Nachlass noch weiteres Vermögen umfasst, ist er im Streitfall beweispflichtig.

6. Aufschiebende Einreden

Bis zur Annahme der Erbschaft ist der Erbe durch § 1958 BGB und § 778 ZPO   **45** geschützt. Die **Dreimonatseinrede** nach § 2014 BGB gibt dem Erben eine gewisse Schonfrist, innerhalb derer er sich über den Nachlass unterrichten und das Inventar vorbereiten kann.[40] Diese Frist beginnt mit der Erbschaftsannahme. Die Vorschriften der §§ 2014, 2015 BGB finden keine Anwendung, wenn der Erbe unbeschränkt haftet, § 2016 BGB.

III. Zusammenfassung

Es gibt Erbschaften, bei denen die Verbindlichkeiten, die dem Nachlass gegen-   **46** überstehen, größer sind als die aktiven Werte. Hier gilt es, dem Mandanten Möglichkeiten der Beschränkung der Haftung zu empfehlen:
- Die Ausschlagungsfrist ist noch nicht abgelaufen, § 1954 Abs. 1 BGB
- Dreimonatseinrede, § 2014 BGB
- Verschweigungseinrede, §§ 1974, 1970 BGB
- Antrag auf Eröffnung des Nachlassinsolvenzverfahrens, §§ 1980, 1975 BGB
- Antrag auf Nachlassverwaltung, §§ 1981, 1975 BGB
- Einrede der Dürftigkeit des Nachlasses, §§ 1990, 1992 BGB
- Inventarerrichtung, §§ 1993 ff. BGB
- Eintragung der Beschränkung der Haftung auf den Nachlass in das Handelsregister und Bedenkzeit von drei Monaten, §§ 27 Abs. 2, 25, 139 HGB.

Mit den vorgenannten aufschiebenden Einreden kann der Erbe zunächst prüfen, ob er überwiegend Schulden oder tatsächlich einen wirtschaftlichen Vorteil geerbt hat.

Von dem Ergebnis dieser Prüfung wird die Entscheidung zur Annahme oder Ausschlagung der Erbschaft abhängen.

---

39 Palandt/*Weidlich*, § 2013 Rn 2.
40 Zur Vollstreckungsgegenklage unter Geltendmachung der Aufgebotseinrede: *Joachim*, ZEV 2005, 99, 100.

C. Erbschaftsanspruch (§§ 2018 bis 2031 BGB)

I. Einführung

47 Selbst wenn der Mandant einen auf ihn lautenden Erbschein oder ein eröffnetes notarielles Testament vorlegt, kann es bei der Inbesitznahme des Erbes Schwierigkeiten geben. Wie der Erbe tatsächlich seine Erbschaft in Besitz nehmen und vorher Auskunft bekommen kann, was er überhaupt geerbt hat, wird nachstehend aufgezeigt.

II. Rechtliche Grundlagen

48 Aufgrund des **Erbschaftsanspruches** kann der Erbe als Gesamtrechtsnachfolger des Erblassers von jedem, der aufgrund eines vermeintlichen Erbrechts etwas aus der Erbschaft erlangt hat, dem sog. **Erbschaftsbesitzer**, die Herausgabe des Erlangten verlangen, §§ 2018 ff. BGB.

Der Erbe ist Gläubiger des Erbschaftsanspruchs gem. § 2018 BGB. Mithin bestimmt sein Erbrecht Art und Inhalt des Anspruchs.

49 Der **Miterbe** kann den Anspruch für die Erbengemeinschaft erheben, § 2039 BGB. Der **Vorerbe** besitzt den Anspruch bis zum Eintritt des Nacherbfalls, §§ 2100, 2139 BGB. Der **Erwerber eines Miterbenanteils** erlangt den gesamthänderisch gebundenen Anspruch des Miterben nach § 2033 BGB.

50 Der **Erbschaftskäufer** kann den Erbschaftsanspruch erst geltend machen, wenn dieser ihm vom Verkäufer abgetreten worden ist, §§ 398, 413, 2374 BGB. Maßgeblicher Zeitpunkt für die Leistungspflicht des Verkäufers ist der Vertragsschluss.[41] Der verwaltende **Testamentsvollstrecker**, §§ 2205, 2209 BGB, der **Nachlassverwalter**, § 1985, und der **Insolvenzverwalter**, § 80 Abs. 1 InsO, sind statt des Erben anspruchsberechtigt, da sie für die Dauer ihres Amtes zur Verwaltung des Nachlasses befugt und verpflichtet sind.[42]

Der Erbe hat als Herr des Nachlasses hinsichtlich der Nachlassgegenstände gegenüber Dritten alle Einzelansprüche des Eigentümers oder Besitzers, z.B. §§ 985, 1007, 861, 812, 823 BGB.[43]

51 Der Anspruch aus § 2018 BGB gewährt dem Erben einen Gesamtanspruch gegenüber dem **Erbschaftsbesitzer**, der aufgrund eines beanspruchten, ihm aber tatsächlich nicht zustehenden Erbrechts etwas aus dem Nachlass erlangt hat.

Der Anspruch umfasst
– die Herausgabe der Nachlassgegenstände, § 2018 BGB

---

41 NK-BGB/*Beck/Ullrich*, § 2374 Rn 1.
42 *Brox/Walker*, Erbrecht, Rn 574.
43 Palandt/*Weidlich*, vor § 2018 Rn 1.

– Surrogate von Nachlassgegenständen, § 2019 BGB
– Nutzungen und Früchte, § 2020 BGB.

Der Erbe und der Kläger tragen die **Beweislast** dafür, dass der Beklagte irgend-
wann etwas aus dem Nachlass des Erblassers erlangt hat und das er dies aufgrund
einer Erbrechtsanmaßung getan hat.[44] Es ist jedoch nicht Aufgabe des Klägers,
auch darzulegen, dass sich das Erlangte noch im Besitz des Scheinerben befindet.[45]

Der Erbschaftsbesitzer hat dem Erben die gezogenen **Nutzungen** herauszuge-   52
ben; die Verpflichtung zur Herausgabe erstreckt sich auch auf **Früchte**, an denen
er das Eigentum erworben hat, § 2020 BGB. Ebenfalls hat der Erbschaftsbesitzer
den Erben herauszugeben, was er durch Rechtsgeschäft mit Mitteln der Erbschaft
erworben hat, die sogenannten **Surrogate**, § 2019 Abs. 1 BGB.

Der Erbschaftsbesitzer hat jedoch Anspruch auf **Verwendungsersatz**, § 2022   53
BGB.

Nach Eintritt der Rechtshängigkeit des Erbschaftsanspruchs bestimmt sich der
Anspruch des Erben auf Schadensersatz wegen Verschlechterung, Unterganges
oder einer aus einem anderen Grunde eintretenden Unmöglichkeit der Herausgabe nach den Vorschriften, die für das Verhältnis zwischen dem Eigentümer
und dem Besitzer von dem Eintritt der Rechtshängigkeit des Eigentumsanspruchs
an gelten, § 2023 Abs. 1 BGB. Die hier verwiesenen Vorschriften der §§ 987
Abs. 2, 989 BGB bedeuten für den Erbschaftsbesitzer eine verschärfte Haftung
ab Rechtshängigkeit, §§ 253, 261 ZPO.

Der **bösgläubige Erbschaftsbesitzer** wird dem Erbschaftsbesitzer nach Rechts-   54
hängigkeit hinsichtlich seiner Haftung gleichgestellt, § 2024 S. 1 BGB. Die h.M.
stellt hier die vorsätzliche Vermeidung der Kenntnisnahme vom fehlenden Erbrecht der späteren Kenntnis gleich, so beispielsweise wenn der Erbschaftsbesitzer
es ablehnt, ein ihm vorgelegtes Testament zu lesen.[46]

Hat der Erbschaftsbesitzer einen Erbschaftsgegenstand durch eine Straftat oder
eine zur Erbschaft gehörende Sache durch verbotene Eigenmacht erlangt, so
haftet er nach den Vorschriften über den Schadensersatz wegen unerlaubter
Handlungen, § 2025 S. 1 BGB. Der deliktische Erbschaftsbesitzer haftet demnach
im Umfang der Deliktshaftung nach den §§ 823 ff., 848–850, 249 ff. BGB.

Sollte der Erbschaftsbesitzer zur Herausgabe außerstande sein, bestimmt sich
seine Verpflichtung nach den Vorschriften über die Herausgabe einer ungerechtfertigten Bereicherung, § 2021 BGB, §§ 812 ff. BGB.

---

44 NK-BGB/*Fleindl*, § 2018 Rn 27.
45 MüKo-BGB/*Frank*, § 2018 Rn 37 m.w.N.
46 MüKo-BGB/*Frank*, § 2024 Rn 3.

55 | **Beachte**
Der Erbe hat im Klageantrag die herausverlangten Nachlassgegenstände einzeln zu bezeichnen, § 253 Abs. 2 Nr. 2 ZPO.
Er kann die bezeichneten Gegenstände ergänzen, ohne dass eine Klageänderung erforderlich ist, § 264 Nr. 2 ZPO.

56 Der **Auskunftsanspruch des Erben** gegenüber dem Erbschaftsbesitzer nach § 2027 BGB ist selbstständig einklagbar. Ob zum auskunftsverpflichteten Personenkreis der vorläufige Erbe bis zur Ausschlagung der Erbschaft gehört, ist streitig.[47] Auch ein Bevollmächtigter oder Beauftragter kann auskunftsverpflichtet sein.[48]

57 Die **Auskunftspflicht** nach § 2027 BGB beschränkt sich im Gegensatz zum Inventar, vgl. § 2001 BGB, auf den positiven Bestand der Erbschaft und seine Veränderungen. Sie umfasst also nicht Wertangaben und Nachlassverbindlichkeiten.[49]

Die Schuldrechtsreform hat zwar das Verjährungsrecht grundlegend reformiert, jedoch nicht die erbrechtlichen Auskunftsansprüche.[50] Mit den Verjährungs-Höchstfristen von 30 Jahren haben sie eine Sonderstellung, was auch durch die Spezialregelung des § 197 BGB hervorgehoben wird. Die Neuregelung des § 203 BGB bestimmt, dass die Verjährung durch Verhandlungen zwischen den Parteien gehemmt wird.

58 Das Gesetz zur Änderung des Erb- und Verjährungsrechts (in Kraft getreten am 1.1.2010) hat weitere Änderungen im Verjährungsrecht vorgenommen. Auch im Erbrecht gilt nun gemäß § 195 BGB die regelmäßige Verjährungsfrist von drei Jahren. In § 197 Abs. 1 Nr. 1 BGB ordnet der Gesetzgeber die dreißigjährige Verjährungsfrist an für:
– die Herausgabepflicht des Erbschaftsbesitzers, § 2018 BGB
– die Herausgabepflicht nach dem Eintritt der Nacherbfolge sowie für die Rechenschaftspflicht, § 2130 BGB und
– den Herausgabe- und Auskunftsanspruch des wirklichen Erben, § 2362 BGB.

Bei Grundstücksvermächtnissen ergibt sich eine längere Verjährung von zehn Jahren nach der allgemeinen Regelung des § 196 BGB.

Durch die Verkürzung der erbrechtlichen Verjährung wird sich in einigen praxisrelevanten Fällen die Notwendigkeit ergeben, stärker als bisher mit verjährungsverlängernden Anordnungen und Abreden zu arbeiten.[51]

---

47 Vgl. hierzu *Sarres*, ZEV 1998, 298, 299.
48 Damrau/*Schmalenbach*, § 2027 Rn 7.
49 RGSt 71, 360; Staudinger/*Gursky*, § 2027 Rn 7.
50 *Sarres*, ZEV 2002, 96, 97.
51 *Mayer*, ZEV 2010, 2, 6.

Etwas Besonderes gilt, wenn ein Verfahren über die Erteilung eines Erbscheins   59
anhängig ist. Mit dem **Erbscheinsverfahren** ist ein anderer Rechtsstreit anhängig,
in dem über die Erbenstellung der Parteien entschieden wird, also eine Rechtsfolge, die im auszusetzenden Prozess Vorfrage ist. Die Stufenklage (Auskunfts-
und Herausgabeklage) wird mithin ausgesetzt, wenn ein Erbscheinsverfahren
anhängig ist.[52]

Für die Herausgabe eines falschen Erbscheins an das Nachlassgericht gilt gemäß
§ 197 Abs. 1 Nr. 1 BGB ebenfalls die dreißigjährige Verjährungsfrist.

Im Erbscheinsverfahren wird zwar nicht mit Bindungswirkung für den Zivilprozess festgeschrieben, wer Erbe ist, vielmehr hat das Prozessgericht – auch abweichend von einem erteilten Erbschein – selbstständig das Erbrecht festzustellen.[53]

Dennoch ist die Erteilung des Erbscheins für den Zivilprozess nicht bedeutungs-
los, denn er erleichtert im Zivilprozess die Beweisführung. Aufgrund der Vermutung des § 2365 BGB kann eine Aussetzung der Stufenklage nach § 148 ZPO als
prozessleitende Maßnahme zur Verhinderung überflüssigen Mehraufwandes in
parallel geführten Prozessen erfolgen.[54]

> **Beachte**   60
> Die Klage auf Auskunftserteilung unterbricht jedoch nicht die Verjährung des
> Erbschaftsanspruchs. Der Erbe kann die Verjährung durch Erhebung einer
> **Stufenklage** gem. § 254 ZPO unterbrechen, wobei er sich die nähere Bezeich-
> nung der herausverlangten Gegenstände vorbehält, bis ihm hierzu nähere
> Angaben im Rahmen der verlangten Auskunft vorliegen.
> Auch mehrere Teilverzeichnisse können nach der Rechtsprechung des BGH
> eine ausreichende Auskunft i.S.d. § 2027 BGB darstellen.[55]
> Eine unvollständige Auskunft kann nur im Rahmen einer Klage ergänzt wer-
> den, wenn ein selbstständiger Nachlassteil oder eine bestimmte Mehrheit von
> Erbschaftsgegenständen nicht aufgeführt worden sind und deshalb insoweit
> überhaupt noch keine Auskunft vorgelegen hat.[56]

Grundsätzlich kann eine Ergänzung der Auskunft lediglich durch Verlangen   61
der **eidesstattlichen Versicherung** unter den Voraussetzungen des § 260 BGB
erzwungen werden. Die Vollstreckung der Abgabe einer eidesstattlichen Versicherung erfolgt nach den §§ 889 ff. ZPO. Die Möglichkeit der Abgabe einer
freiwilligen eidesstattlichen Versicherung räumen §§ 410 Nr. 1, 413 Nr. 1 FamFG
ein.

---

52 OLG München ZEV 1995, 459, 460.
53 BGHZ 47, 58.
54 OLG München ZEV 1995, 459, 460.
55 BGH NJW 1962, 1499.
56 RGZ 84, 41, 44; BGH LM Nr. 1 zu § 260.

62   Das rechtliche Verhältnis zwischen **Verjährung** und **Ersitzung** des Erbschaftsanspruches ist in § 2026 BGB geregelt. Hiernach verjährt der Erbschaftsanspruch insgesamt einheitlich. Die Verjährungsfrist ist die regelmäßige von drei Jahren gem. § 195 BGB, mit den Ausnahmen in § 197 Abs. 1 Nr. 1 BGB. Der Verweis in § 2025 S. 1 BGB auf die Haftung bei der unerlaubten Handlung gibt auch die in den §§ 195, 199 BGB genannte Verjährungsfrist von drei Jahren vor.[57] Zu beachten ist jedoch die besondere Verjährungshöchstfrist nach § 199 Abs. 3a BGB. Hiernach verjähren Ansprüche, die auf einem Erbfall beruhen oder deren Geltendmachung die Kenntnis einer Verfügung von Todes wegen voraussetzt, ohne Rücksicht auf die Kenntnis oder grob fahrlässige Unkenntnis in dreißig Jahren von der Entstehung des Anspruchs an.

63   Die lange Verjährungsfrist von dreißig Jahren bewirkt, dass die Einrede der Ersitzung bei den Erbschaftsansprüchen nahezu keine Rolle spielt.

64   Wegen der **Rechtskraftwirkung**, § 322 ZPO, ist es ratsam, die Klage auf Herausgabe mit der Klage auf Feststellung des Erbrechts und auf Auskunft zu verbinden. Die Erhebung dieser sog. **Stufenklage**, der Verbindung von **Auskunfts- und Herausgabeklage**, hat erhebliche Bedeutung bei der Geltendmachung von Pflichtteilsansprüchen (siehe hierzu § 6 Rn 30).

65   Häufig übersehen und doch effektiv ist die **Auskunftspflicht des Hausgenossen** des Erblassers im Rahmen der Abgabe einer eidesstattlichen Versicherung, § 2028 BGB. Aufgrund der besonderen Kenntnisse der Hausgenossen des Erblassers über Nachlassgegenstände und deren Verbleib hat der Erbe gegenüber diesen einen besonderen Auskunftsanspruch. Für die Auskunftspflicht nach § 2028 BGB wird weder Verwandtschaft noch Familienzugehörigkeit vorausgesetzt. Vielmehr können sogar ein Familienbesuch, der Lebensgefährte, Hauspersonal, Zimmer- und Flurnachbarn darunter fallen; ebenso ein Mieter, der das eingerichtete Haus des Erblassers gemietet, ihm ein Zimmer als Untermieter überlassen und seine Verköstigung und Versorgung übernommen hat.[58]

Im Vergleich zu § 2027 BGB ist die Auskunftserteilungs-Pflicht des Hausgenossen stark eingeschränkt. Der Hausgenosse hat kein Bestandsverzeichnis zu fertigen. Er ist grds. nicht zu einer Rechnungslegung verpflichtet. Eine Ausnahme kann sich nur ergeben für die erbschaftlichen Geschäfte.[59]

---

57 H.M. Staudinger/*Gursky*, § 2025 Rn 7.
58 Palandt/*Weidlich*, § 2028 Rn 1 m.w.N.
59 *Sarres*, ZEV 1998, 422, 423.

III. Muster: Stufenklage (Auskunfts- und Herausgabeklage)

Landgericht Trier   66
Justizstraße 2–6

PLZ Trier

Stufenklage

des Herrn Norbert Not,

Moselstraße 3, PLZ Trier,

– Klägers –

PB: RA Frank Fleißig, Feldweg 5, PLZ Trier

gegen

den Herrn Gustav Müller,

Geldstraße 7, PLZ Trier

– Beklagten –

wegen

Auskunft, Feststellung des Erbrechts und Herausgabe.

Vorläufiger Streitwert: 45.000 EUR

Namens und in Vollmacht des Klägers erhebe ich Klage und werde beantragen:
- Der Beklagte wird verurteilt, dem Kläger Auskunft über den Bestand der Erbschaft nach dem am 2.10.2010 verstorbenen Maler Manfred Müller und über den Verbleib der Erbschaftsgegenstände zu erteilen.
- Es wird festgestellt, dass der Kläger Alleinerbe nach dem am 2.10.2010 in Bitburg verstorbenen Maler Manfred Müller geworden ist.
- Der Beklagte wird verurteilt, an den Kläger, nach Erteilung der Auskunft, die noch zu bezeichnenden Nachlassgegenstände herauszugeben.
- Der Beklagte trägt die Kosten des Rechtsstreits.

Begründung:

Am 2.10.2010 verstarb in PLZ Bitburg, Brauereiweg 9, seinem letzten Wohnsitz, der Maler Manfred Müller, dessen einziger Abkömmling der Beklagte ist. Die Ehefrau des Verstorbenen und Mutter des Beklagten verstarb vor einem Jahr. Der Beklagte hatte bereits vor mehreren Jahren den Kontakt zu dem verstorbenen Manfred Müller abgebrochen. Um den Verstorbenen kümmerte sich in den letzten Jahren nur noch der Neffe und Kläger Norbert Not. Er kümmerte sich um den Verstorbenen auch, als dieser täglicher Pflege bedurfte. Daraufhin hatte Manfred Müller ein eigenhändiges Testament errichtet, in dem er folgende letztwillige Verfügung traf:

„Mein Neffe Norbert Not soll dafür, dass er in schlechten Tagen im Gegensatz zu meinem Sohn für mich gesorgt hat, belohnt werden. Meinen gesamten Hausrat vermache ich meinem Neffen Norbert Not. Ferner erhält er mein gesamtes Bargeld sowie die Wertpapiere. Mein Sohn darf sich aus dem Hausrat Erinnerungsstücke, an denen er hängt, aussuchen. Diese

Erinnerungsstücke dürfen jedoch einen Wert von 2.500 EUR nicht übersteigen. Mein Neffe Norbert Not soll auch die Beerdigungskosten bezahlen und einen Grabpflegevertrag abschließen. Der Wert meines Nachlasses beläuft sich auf ca. 45.000 EUR.

Ort, Datum, Unterschrift"

Beweis: Testament vom 1.12.2008

In diesem Testament ist eindeutig zu erkennen, dass der verstorbene Manfred Müller seinen Neffen Norbert Not als Alleinerben einsetzen wollte. Das Recht des Beklagten, sich aus dem Hausrat Erinnerungsstücke bis zum Wert von 2.500 EUR aussuchen zu können, ist als Vermächtniseinsetzung zu werten. Der Beklagte ist jedoch nicht Erbe geworden.

Weiterhin hat der verstorbene Manfred Müller mehrfach in Gegenwart seiner Nachbarin, Frau Gisela Gewitter, Brauereiweg 9, PLZ Bitburg, geäußert, dass sein Neffe Norbert Not nach seinem Tode alles erben soll.

Beweis: Zeugnis der Gisela Gewitter, Brauereiweg 9, PLZ Bitburg

Trotz dieser eindeutigen Rechtslage hat der Beklagte inzwischen den gesamten Nachlass in Besitz genommen und verweigert die Herausgabe an den Kläger. Der genaue Bestand des Nachlasses ist dem Kläger nicht bekannt.

Rechtsanwalt

IV. Zusammenfassung

67 Klagen:
– Auskunftsklage, § 2027 BGB
– Klage auf Herausgabe der Erbschaftsgegenstände, § 2018 BGB
– Klage auf Feststellung des Erbrechts und künftige Leistung, §§ 256, 257 ZPO.

68 Die Erhebung einer **Stufenklage** nach § 254 ZPO, hier also die Verbindung von Auskunfts- und Herausgabeklage, ist empfehlenswert, da die Verjährung gehemmt wird und die bestimmte Angabe des Herausverlangten bis zum Vorliegen der Auskunft bzw. der eidesstattlichen Versicherung vorbehalten bleiben kann.

D.   Mehrheit von Erben (§§ 2032 bis 2063 BGB)

I. Einführung

69 Der Titel Mehrheit von Erben ist in den §§ 2032–2063 BGB geregelt.

Eine **Erbengemeinschaft** ist häufig zu finden bei Vorliegen der gesetzlichen Erbfolge. Desgleichen wird der Anwalt auch mit der Erbengemeinschaft konfrontiert, wenn der Erblasser im Testament solches verfügt hat. Vielfach bittet der Erblasser um Rat, wie er seine Erben nach seinem Tode zusammenschweißen könne. Der Erblasser möchte in der Regel, dass z.b. das von ihm erbaute und abgezahlte Einfamilienhaus im gemeinsamen Eigentum der Ehefrau und danach der Kinder bleibt. Es ist Aufgabe des Anwalts, dem Erblasser darüber Aufklärung zu leisten, dass eine Erbengemeinschaft auf Auflösung ausgerichtet ist, § 2042 Abs. 1 BGB. Ein Mitglied der Erbengemeinschaft kann die Auflösung der Gemeinschaft fordern und im Wege der Zwangsversteigerung betreiben, §§ 2042 Abs. 2, 753 BGB. Die h.M. entnimmt dieser Norm sogar einen Anspruch gegen die übrigen Miterben auf Abschluss einer bestimmten Erbauseinandersetzungs-Vereinbarung.[60] Zu den Auswirkungen auf die prozessuale Durchsetzung handelt es sich nach h.M. um eine Leistungsklage auf Zustimmung zu dem vom Kläger vorgelegten Auseinandersetzungsplan. Kläger kann jeder Miterbe sein und jeder, der das Auseinandersetzungsrecht für sich in Anspruch nimmt.

Der Wunsch des Erblassers, seine Erben in einer Gemeinschaft zusammenzu-   70
schmieden, wird kleiner, wenn er über die Risiken der Erbengemeinschaft aufgeklärt wird. Das Konfliktpotential in einer Erbengemeinschaft schlägt sich häufig in einem **Erbauseinandersetzungsverfahren** zu einem ungünstigen Zeitpunkt nieder und verringert den Nachlass.

Der Autor favorisiert erbrechtliche Modelle, bei denen der Erblasser Nachlassgegenstände und -werte den jeweiligen Erben zur freien Verfügung überträgt. Die freie Verfügung verhindert in der Regel spätere Erbrechtsstreitigkeiten, da die Erbauseinandersetzung nach den Bestimmungen des Erblassers vorgenommen wird.

Erbrechtliche Beratung ist gerade in diesem Bereich der Versuch des Blickes in die Zukunft und der Vermeidung von künftigen Streitigkeiten unter den Erben.

Wenn der Erblasser eine Verfügung von Todes wegen errichtet, in der die Erben in der Form berücksichtigt werden, dass sie sich am Geburtstag des Verstorbenen in Frieden treffen und seiner gedenken, wird der Erblasser zufrieden sein. Dies werden sie häufig nicht tun, wenn sie in einer Erbengemeinschaft verbunden sind, in der der eine ohne den anderen Erben keine Entscheidungen treffen kann. Dies ist gerade dann, wenn Immobilieneigentum zum Nachlass gehört, eine Einschränkung der Handlungsfreiheit des Einzelnen.

Immobilien werden nicht im Rahmen einer Auseinandersetzungsklage, sondern durch Teilungsversteigerung gemäß § 180 ZVG auseinandergesetzt. Wird mit der Auseinandersetzungsklage die Aufteilung von Immobilien begehrt, ist die Klage mangels Teilungsreife ohne Weiteres als unbegründet abzuweisen. Etwas anderes könnte nur dann gelten, wenn die Verteilung der Immobilien einer testamentarischen Anordnung für die Auseinandersetzung gemäß § 2048 BGB entspricht.[61]

---

60 NK-BGB/*Eberl-Borges*, § 2042 Rn 2 m.w.N.
61 Damrau/*Rißmann*, § 2042 Rn 76.

II. Rechtliche Grundlagen

1. Rechtsverhältnis der Erben untereinander

71 Hinterlässt der Erblasser mehrere Erben, so wird der Nachlass gemeinschaftliches Vermögen der Erben, § 2032 Abs. 1 BGB.

Die Erbengemeinschaft ist eine sog. **Gesamthandsgemeinschaft** wie die Gesellschaft und die Gütergemeinschaft des BGB, §§ 719 Abs. 1 S. 1 und 1419 Abs. 1 S. 1 BGB. Im Gegensatz zu den genannten Gesellschaften bzw. Gemeinschaften ist jeder **Miterbe** zur Verfügung über seinen Erbanteil berechtigt, § 2033 Abs. 1 S. 1 BGB.

72 Verkauft ein Miterbe seinen Anteil am Nachlass, steht den übrigen Miterben ein **Vorkaufsrecht** zu, § 2034 Abs. 1 BGB.

73 | **Beachte**
Das Vorkaufsrecht ist innerhalb von zwei Monaten geltend zu machen und ist vererblich, § 2034 Abs. 2 BGB. Dritter im Sinne der Vorschrift ist jede Person, die nicht Miterbe ist.[62] I.S.d. § 2034 BGB sind schutzbedürftig vor dem Eintritt Außenstehender in die Erbengemeinschaft ausschließlich diejenigen Miterben und Erbeserben, die in der Erbengemeinschaft verblieben sind.[63] Ist der verkaufte Anteil auf den Käufer übertragen, können die Miterben das ihnen nach § 2034 BGB dem Verkäufer gegenüber zustehende Vorkaufsrecht dem Käufer gegenüber ausüben, § 2035 Abs. 1 BGB. Anteilserwerber haben kein Vorkaufsrecht.[64]
Die Vorkaufsberechtigten können das Recht vor der Übertragung des Anteils nur gegenüber dem Verkäufer, nach der Übertragung nur gegenüber dem Käufer und nach einer weiteren Übertragung durch den Käufer nur gegenüber dem Dritterwerber ausüben, §§ 2035 Abs. 1, 2037 BGB.
Die Ausübung des Vorkaufsrechts erfolgt durch formlose Erklärung gegenüber dem Verpflichteten, § 464 Abs. 1 BGB. Die Zweimonatsfrist des § 2034 Abs. 2 S. 1 BGB beginnt mit dem Zugang der Anzeige des verkaufenden Miterben, § 469 BGB.
Mit Ausübung des Vorkaufsrechts entsteht ein Schuldverhältnis zwischen den vorkaufsberechtigten Miterben und dem Verpflichteten. Es wird kraft Gesetzes begründet und richtet sich nach den Vorschriften über den Kauf, § 464 Abs. 2 BGB.[65]
Der Miterbe kann nicht über einen bestimmten Nachlassgegenstand verfügen, wenn die übrigen Miterben nicht zustimmen, § 2033 Abs. 2 BGB.

---

62 BGH WM 1972, 503, 505.
63 Damrau/*Rißmann*, § 2034 Rn 9 m.w.N.; BGH NJW 1993, 726; BGH NJW 1983, 1555.
64 BGHZ 56, 115, 118.
65 BGHZ 6, 85; *Lange/Kuchinke*, § 42 III 3 d.

Die **Verwaltung des Nachlasses** steht den Erben gemeinschaftlich zu, § 2038   **74**
Abs. 1 S. 1 BGB. Jeder Miterbe ist den anderen gegenüber verpflichtet, an Maßregeln mitzuwirken, die zur ordnungsmäßigen Verwaltung erforderlich sind; die
zur Erhaltung notwendigen Maßregeln kann jeder Miterbe ohne Mitwirkung der
anderen treffen, § 2038 Abs. 1 S. 2 BGB.

Der Begriff „Verwaltung des Nachlasses" umfasst alle Handlungen, die von den
Miterben mit Wirkung für den Nachlass zu dessen Erhaltung, Nutzung oder
Mehrung vorgenommen werden.[66]

Die **ordnungsmäßige Verwaltung** richtet sich nach § 745 BGB. Nach S. 1 dieser   **75**
Vorschrift kann durch Stimmenmehrheit eine der Beschaffenheit des gemeinschaftlichen Gegenstandes entsprechende ordnungsmäßige Verwaltung und Nutzung beschlossen werden. Die Stimmenmehrheit ist nach der Größe der Anteile
zu berechnen, § 745 Abs. 1 S. 2 BGB. § 745 BGB geht von einem gemeinschaftlichen Gegenstand aus, mithin dem gesamten Nachlass, nicht nur einem einzelnen
Nachlassgegenstand.

Deshalb kann die weitere Verarbeitung halbfertiger Produkte eines zum Nachlass
gehörenden Unternehmens eine ordnungsmäßige Verwaltung sein, auch wenn
dabei aus Roheisen Werkzeuge oder aus Mehl Brote werden.[67]

Die Einstimmigkeit bei der Verwaltung ist nach ihrem Schutzzweck lediglich
dann erforderlich, wenn durch die geplante Maßnahme eine wesentliche Veränderung des gesamten Nachlasses erreicht wird.

Die Mitwirkungspflicht in § 2038 Abs. 1 S. 2 BGB gilt für die Willensbildung
und die Ausführung der beschlossenen Maßnahmen.

Beachte   **76**
Jeder Miterbe kann bei Dringlichkeit die zur Erhaltung notwendigen Maßregeln ohne Mitwirkung der anderen treffen, § 2038 Abs. 1 S. 2 Hs. 2 BGB.[68]
Jedes Mitglied einer Erbengemeinschaft hat einen Anspruch auf billige Regelung der Verwaltung und Benutzung, wenn keine Vereinbarung und kein
Beschluss hierüber vorliegt.[69] Hierbei muss es sich um eine Regelung handeln,
die auch einem Beschluss der Beteiligten zugänglich wäre,[70] die begehrte Regelung muss einen billigen Interessenausgleich zwischen den Teilhabern beinhalten und das Recht jedes Teilhabers auf seinen Nutzungsanteil, § 745 Abs. 3
S. 2 BGB, muss gewahrt bleiben und es darf niemand übermäßig finanziell

---

66 MüKo-BGB/*Dütz*, § 2038 Rn 14.
67 *Brox/Walker*, Erbrecht, Rn 492; *Lange/Kuchinke*, § 43 Abs. 1 S. 3 d.
68 BGHZ 6, 76, 83; *Lange/Kuchinke*, § 43 Abs. 2 IV b.
69 *Steiner*, ZEV 2004, 405, 406.
70 BGH NJW 1994, 1721, 1722.

belastet werden.[71] *Steiner* weist darauf hin, dass letztlich alles auf eine Einzel-fall-Entscheidung hinausläuft.[72]
Im Interesse der Erben und der Nachlassgläubiger sichert die in § 2041 S. 1 BGB angeordnete **dingliche Surrogation** die Erhaltung des Sondervermögens Nachlass in seinem wirtschaftlichen Wert bis zur Auseinandersetzung.[73]

77   Die Erbengemeinschaft ist in der Regel auf **Auseinandersetzung** ausgerichtet, da häufig unterschiedliche Interessen in einer Gemeinschaft zusammengefasst wurden. Das Gesetz gibt in § 2042 Abs. 1 BGB jedem Miterben jederzeit das Recht, die Auseinandersetzung zu verlangen, soweit sich nicht aus den §§ 2043–2045 BGB ein anderes ergibt.[74]

78   **Auseinandersetzung** bedeutet Liquidation der Erbengemeinschaft. Der Begriff umfasst die Abwicklung aller Rechtsbeziehungen der Gesamthand im Innen- und Außenverhältnis, also die Befriedigung der Nachlassgläubiger, Erledigung aller Rechtsgeschäfte der Gesamthand mit Dritten, auch mit Miterben, Ausgleichung von Vorempfängen sowie Teilung des verbleibenden Restes unter den Miterben. Auch wenn Teile der Literatur[75] der Ansicht sind, dass Erbengemein-schaften recht häufig über einen längeren Zeitraum fortgeführt werden,[76] ist die Erbengemeinschaft eine geborene Abwicklungsgesamthand.[77]

79   Unter **Teilung des Nachlasses** versteht man die Übertragung der Nachlassgegen-stände aus dem Sondervermögen in das ungebundene Privatvermögen der einzel-nen Miterben.[78]

Ein Anspruch eines Miterben auf Auseinandersetzung der Erben besteht dann nicht,
– wenn die Erbteile wegen der zu erwartenden Geburt eines Miterben noch unbestimmt sind, § 2043 Abs. 1 BGB
– wenn Erbteile noch deshalb unbestimmt sind, weil die Entscheidung über eine Ehelicherklärung, über einen Antrag auf Annahme als Kind, über die Aufhebung des Annahmeverhältnisses oder über die Anerkennung einer vom Erblasser errichteten Stiftung als rechtsfähig noch aussteht, § 2043 Abs. 2 BGB
– wenn der Erblasser durch letztwillige Verfügung die Auseinandersetzung in Ansehung des Nachlasses oder einzelner Nachlassgegenstände ausgeschlossen oder von der Einhaltung einer Kündigungsfrist abhängig gemacht hat, § 2044

---

71 BGH NJW 1953, 1427.
72 *Steiner*, ZEV 2004, 405, 406.
73 *Krug*, ZEV 1999, 381 ff.
74 BGH v. 19.4.2005 zu den Vorraussetzungen der prozessualen Geltendmachung des Scha-denersatzanspruchs einer Erbengemeinschaft durch einen Miterben, ZEV 2005, 390.
75 NK-BGB/*Eberl-Borges*, vor §§ 2042–2057a Rn 3.
76 BGHZ 17, 299: 17 Jahre.
77 BGHZ 17, 299; Staudinger/*Werner*, § 2042 Rn 29 m.w.N.
78 *Brox/Walker*, Erbrecht, Rn 512.

Abs. 1 S. 1 BGB (zu beachten sind auch die Vorschriften der §§ 749 Abs. 2, 3, 750, 751 sowie des § 1010 Abs. 1 BGB)

– wenn ein Miterbe verlangt, dass die Auseinandersetzung bis zur Beendigung des nach § 1970 BGB zulässigen Aufgebotsverfahrens oder bis zum Ablauf der in § 2061 BGB bestimmten Anmeldungsfrist aufgeschoben wird, § 2045 Abs. 1 S. 1 BGB

– wenn ein Miterbe die Aufschiebung der Auseinandersetzung verlangt und den Antrag unverzüglich stellt oder die Aufforderung unverzüglich erlassen wird, § 2045 S. 2 BGB.

Das vom Erblasser verfügte **Auseinandersetzungsverbot** gilt gem. § 2044 Abs. 2   **80**
S. 1 BGB längstens für dreißig Jahre nach Eintritt des Erbfalls. Dieses Verbot kann jedoch auch bis zum Eintritt eines bestimmten Ereignisses in der Person eines Miterben oder Nacherben oder Vermächtnisnehmers angeordnet werden, § 2044 Abs. 2 S. 2 BGB. Beispiele sind Heirat oder Tod eines Miterben. Die Geltung kann auch bis zum Eintritt einer angeordneten Nacherbschaft, § 2139 BGB oder bis zum Anfall eines ausgesetzten Vermächtnisses, § 2177 BGB angeordnet werden. Diese unterliegen allerdings gem. den §§ 2109, 2162 ff. BGB ebenfalls zeitlichen Begrenzungen.[79]

Beachte   **81**
Die dreißigjährige Frist bleibt bestehen und kann nicht vom Eintreten eines bestimmten Ereignisses abhängig gemacht und damit verlängert werden, wenn der Miterbe, in dessen Person das Ereignis eintreten soll, eine juristische Person ist, § 2044 Abs. 2 S. 3 BGB.
Miterbe kann nur werden, wer zum Zeitpunkt des Erbfalls noch lebt. Verstirbt ein Miterbe vor Eintritt des Erbfalls, so erhalten die übrigen Miterben seinen Erbanteil im Verhältnis ihrer eigenen Erbquote.

Fall 25   **82**
E hat 3 Töchter (T1, T2, T3) zu gleichen Teilen als seine Erben eingesetzt. Stirbt T3 vor dem Tod des E, so erhalten die übrigen 2 Töchter zunächst je $\frac{1}{3}$ der Erbschaft und darüber hinaus das $\frac{1}{3}$ der T3 je zur Hälfte. Die zu verteilende Hälfte wächst ihnen an, § 2094 Abs. 1 BGB.

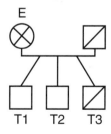

---

79 NK-BGB/*Eberl-Borges*, § 2044 Rn 11.

83   **Fall 26**
Die Konstellation sieht anders aus, wenn T3 zwar zum Zeitpunkt des Erbfalls noch lebt, aber wenig später vor der Erbauseinandersetzung verstirbt und ihren Sohn S als Erben eingesetzt hat. Hier wächst den übrigen Töchtern des E der Erbteil der T3 nicht an. Vielmehr erbt der Sohn S den Miterbenanteil der Mutter T3, so dass T1, T2 und S jeweils ein Drittel nach dem Tode des E erben.

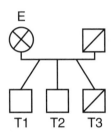

§ 2044 Abs. 2 S. 1 BGB gibt dem Erblasser die Möglichkeit, für längstens dreißig Jahre zu verhindern, dass ein Mitglied der Erbengemeinschaft ohne Zustimmung der anderen die Auseinandersetzung der Gemeinschaft betreibt. Jedoch selbst in diesem Fall wird bei einer gleichwohl erfolgten Auseinandersetzung die dingliche Wirkung des Verfügungsgeschäfts nicht berührt, wenn sie von allen Erben (auch dem/den Nacherben) oder im Falle der Testamentsvollstreckung vom Testamentsvollstrecker und allen Erben gemeinsam getroffen wurde, da die Anordnung kein gesetzliches Veräußerungsverbot enthält.[80]

Der Erblasser kann jedoch anordnen, dass die Ausschließung der Auseinandersetzung an den Eintritt eines bestimmten Ereignisses in der Person eines Miterben gebunden ist, oder, falls er eine Nacherbfolge oder ein Vermächtnis anordnet, bis zum Eintritte der Nacherbfolge oder bis zum Anfall des Vermächtnisses gelten soll, § 2044 Abs. 2 S. 2 BGB; vgl. §§ 2109, 2162, 2163, 2210 BGB.

Abhängig vom Eintritt des Ereignisses kann in diesen Fällen der Ausschluss der Auflösung der Erbengemeinschaft mithin auch länger als dreißig Jahre verfügt werden.

84   Bei der Auseinandersetzung der Erbengemeinschaft ist erster Anhaltspunkt für die Miterben eine etwa vom Erblasser in seiner letztwilligen Verfügung ausgesprochene Teilungsanordnung, § 2048 BGB.

Die rechtliche Einordnung der Anordnungen des Erblassers zur Auseinandersetzung der Erbengemeinschaft kann Probleme aufweisen.[81]

---

80   BGHZ 40,115 mit Anmerkung von *Nirk* LM Nr. 1; BGHZ 56, 275.
81   Vgl. *Kipp/Coing*, § 44 II 4 m.w.N.

Entscheidend ist in der Regel der durch Auslegung zu ermittelnde Wille des   85
Erblassers. Probleme kann die **Abgrenzung zwischen Teilungsanordnung und
Vorausvermächtnis** aufwerfen, wenn der Erblasser einem Erben Gegenstände
zuweist, die wertmäßig dessen Erbteil übersteigen. Darin kann eine Teilungsanordnung nur dann gesehen werden, wenn vorgesehen ist, dass der Bedachte den
seine Erbquote übersteigenden Wert z.b. durch Geldzahlung ausgleicht.[82]

Demgegenüber ist ein **Vorausvermächtnis** anzunehmen, wenn der Erblasser   86
einem der Miterben einen besonderen Vermögensvorteil zuwenden wollte.[83]

Ein Vorausvermächtnis wird nicht auf den Erbteil des Empfängers angerechnet
und kann von diesem ausgeschlagen werden, §§ 2150, 2180 BGB.

Mit einer Teilungsanordnung verfügt der Erblasser, welcher Erbe welche Gegenstände erhält oder welcher Erbe welche Immobilie zu Eigentum erhält.

Der durch ein Vorausvermächtnis bedachte Miterbe erhält gem. § 2176 BGB
sofort mit dem Erbfall einen schuldrechtlichen Erfüllungsanspruch gegen die
Erben, während die Teilungsanordnung nur im Wege der Erbauseinandersetzung
geltend gemacht werden kann.[84]

Die **Auseinandersetzung** der Erbengemeinschaft kann nach unterschiedlichen   87
Verfahren erfolgen:
- Testamentsvollstreckung, §§ 2197 ff. BGB
- Auseinandersetzungsklage
- Teilungsversteigerung, § 753 Abs. 1 BGB, § 180 ZVG
- Vereinigung aller Erbteile auf eine Person durch Übertragung
- Vermittlungsverfahren, §§ 363–372 FamFG
- Landwirtschaftsgerichtliche Zuweisung, §§ 13 ff. GrdstVG greift nur, wenn
  zum Nachlass ein landwirtschaftlicher Betrieb gehört.[85]

Aufgrund fehlender gütlicher Einigung muss die Erbengemeinschaft vielfach
durch Klage auseinandergesetzt werden. Nachstehend wird ein Muster einer
solchen Klage dargestellt:

---

82 BGHZ 82, 274, 279; BGH NJW 1985, 51, 52; FamRZ 1990, 396; *Siegmann*, ZEV 1996,
    47, 48.
83 BGHZ 36, 115.
84 Kerscher/Krug/*Spanke*, Das erbrechtliche Mandat, § 8 Rn 107.
85 *Brox/Walker*, Erbrecht, Rn 517 ff.

2. Muster: Erbauseinandersetzungsklage

88   Landgericht Trier

Justizstraße 2–6

PLZ Trier

Erbauseinandersetzungsklage

des Herrn Willi Winzer,

Rieslingweg 4, PLZ Piesport

– Klägers –

PB: RA Kurt Klug, Geldweg 5, PLZ Bernkastel-Kues

gegen

den Herrn Max Winzer,

Fleischstraße 5, PLZ Trier

– Beklagten –

PB: RA Wendelin Windig, Konstantinstraße 4, PLZ Trier

wegen

Erbauseinandersetzung.

Vorläufiger Streitwert: 90.000 EUR

Namens und in Vollmacht des Klägers erhebe ich Klage und werde beantragen:

Der Beklagte wird verurteilt, zur Herbeiführung der Erbauseinandersetzung nach dem am 30.10.2010 verstorbenen Vater der Parteien, Herrn Otto Winzer, dem folgenden Teilungsplan zuzustimmen:

– das im Grundbuch des Amtsgerichts Bernkastel-Kues von Piesport Blatt 1234 Gemarkung Piesport, Flur-Nr. 10 Flurstück Nr. 15 eingetragene Grundstück erhält der Kläger mit Inventar zu Alleineigentum;

– der Beklagte erhält das Guthaben auf den Konten Nr. 123678 bei der Deutschen Bank Trier sowie der Volksbank Trier-Saarburg in Trier, Konto Nr. 589264.

Der Beklagte wird verurteilt, das im Grundbuch von Piesport Blatt 1234 eingetragene Grundstück an den Kläger als Alleineigentümer aufzulassen und in die entsprechende Umschreibung des Grundbuchs einzuwilligen.

Der Beklagte trägt die Kosten des Rechtsstreits.

Begründung:

Der Kläger und der Beklagte sind Brüder. Die Ehefrau des Verstorbenen und Mutter der Parteien ist bereits 1989 verstorben. Am 30.10.2010 verstarb auch der Vater der Parteien, Herr Otto Winzer. Dieser war Eigentümer des bei dem Amtsgericht Bernkastel-Kues im Grundbuch von Piesport Blatt 1234 Gemarkung Piesport, Flur-Nr. 10 Flurstück Nr. 15 eingetragenen Grundstücks. Weiterhin hinterließ er bei seinem Tode ein Sparguthaben bei der Deutschen Bank, Konto-Nr. 123678 in Höhe von 40.000 EUR sowie bei der Volksbank Trier-Saarburg, Konto-Nr. 589264 in Höhe von 50.000 EUR. Die Höhe der Sparguthaben entsprechen annähernd dem Wert des Hausgrundstückes in Piesport.

Beweis: Vorlage einer Schätzung des Gutachterausschusses der Stadt Trier

Der Erblasser errichtete am 2.10.2001 ein privatschriftliches Testament und war hieran nicht durch frühere Verfügungen von Todes wegen gehindert.

Er bestimmte in dem Testament, dass der Kläger das bei dem Amtsgericht Bernkastel-Kues im Grundbuch von Piesport Blatt 1234 Gemarkung Piesport, Flur-Nr. 10 Flurstück Nr. 15 eingetragene Grundstück nach seinem Tode zu Alleineigentum erhalten solle. Ferne verfügte er, dass die Sparguthaben auf den Beklagten zu Alleineigentum übergehen sollten.

Beweis: Testament vom 2.10.2001

Der Kläger hat mit Schreiben vom 1.5.2011 die Aufteilung des Nachlasses entsprechend dem letzten Willen des Vaters verlangt, was der Beklagte jedoch verweigerte.

Nachlassverbindlichkeiten sind nicht vorhanden.

Rechtsanwalt

3. Berichtigung des Nachlasses

Vor der Auseinandersetzung sind aus dem Nachlass zunächst die Nachlassver-   89
bindlichkeiten zu berichtigen, § 2046 Abs. 1 S. 1 BGB. Zu den Nachlassverbindlichkeiten gehören außer den vom Erblasser herrührenden Schulden die den
Erben als solchen treffenden Verbindlichkeiten, insbesondere die Verbindlichkeiten aus Pflichtteilsrechten, Vermächtnissen und Auflagen, § 1967 Abs. 2 BGB.
Auch der Pflichtteilsergänzungsanspruch, § 2325 BGB, gehört zu den Nachlassverbindlichkeiten.[86]

Der nach Begleichung der Nachlassverbindlichkeiten verbleibende Überschuss
wird auf die Erben entsprechend ihrer Quoten verteilt, § 2047 Abs. 1 BGB.

Bei der Verteilung des Überschusses ist die Ausgleichungspflicht für gesetzliche   90
Erben nach § 2050 BGB zu berücksichtigen. Gegenstand der Ausgleichung sind
Zuwendungen des Erblassers unter Lebenden.[87]

Fällt ein Abkömmling, der als Erbe zur Ausgleichung verpflichtet sein würde,
vor oder nach dem Erbfalle weg, so ist wegen der ihm gemachten Zuwendungen
der an seine Stelle tretende Abkömmling zur Ausgleichung verpflichtet, § 2051
Abs. 1 BGB. Der Abkömmling kann durch Tod vor dem Erbfall, Erbverzicht,
Ausschlagung, Erbunwürdigkeit oder Enterbung nicht zur gesetzlichen Erbfolge
gelangen.

---

86 BGH WM 1989, 382, 383.
87 Palandt/*Weidlich*, § 2050 Rn 5.

Wer Erbe aufgrund einer Verfügung von Todes wegen ist und dies nur nach den Erbquoten der gesetzlichen Erbfolge, ist auch ausgleichspflichtig für Vorempfänge, § 2052 BGB.

91 **Lebzeitige Zuwendungen** des Erblassers an einen entfernteren Abkömmling vor dem Wegfall des ihn von der Erbfolge ausschließenden näheren Abkömmlings, z.b. an ein Enkelkind, machen diesen nicht ausgleichspflichtig, es sei denn, dass der Erblasser bei der Zuwendung die Ausgleichung angeordnet hat, § 2053 Abs. 1 BGB.

4. Übersicht: Ausgleichspflichtige Vorempfänge[88]

92 – Ausstattung, die ein Abkömmling vom Erblasser erhalten hat, § 2050 Abs. 1 BGB[89]
– Zuschüsse, die dem Empfänger als Einkünfte dienen sollen und die Vermögensverhältnisse des Erblassers entsprechend übersteigen, § 2050 Abs. 2 BGB (Übermaß)
– übermäßige Aufwendung für die Vorbildung zu einem Beruf, § 2050 Abs. 2 BGB (entscheidend für die Frage, ob der Erblasser eine übermäßige Zuwendung vorgenommen hat, ist, ob er glauben konnte, die Aufwendung ohne Beeinträchtigung des gleichen Rechts seiner anderen Kinder machen zu können). In Betracht kommen nur Einrichtungen, die einen berufsqualifizierenden Abschluss vermitteln, vor allem also Universitäten, Fachhochschulen und berufliche Bildungseinrichtungen[90]
– andere Zuwendungen, für die der Erblasser eine Ausgleichspflicht bei der Zuwendung angeordnet hat, § 2050 Abs. 3 BGB. Die im Entwurf des Gesetzes zur Änderung des Erb- und Verjährungsrechts vorgesehene Ergänzung des § 2050 Abs. 3 um die Wörter „oder nachträglich durch Verfügung von Todes wegen", ist nicht verabschiedet worden. Der Erblasser hat damit keine Möglichkeit, nachträglich in seiner Verfügung von Todes wegen die Ausgleichspflicht lebzeitiger Zuwendungen anzuordnen.

93 Die Durchführung der Ausgleichung erfolgt nach § 2055 BGB. Hiernach wird jedem Miterben der Wert der Zuwendung, die er zur Ausgleichung zu bringen hat, auf seinen Erbteil angerechnet. Der Wert der sämtlichen Zuwendungen, die zur Ausgleichung zu bringen sind, wird dem Nachlasse hinzugerechnet, soweit dieser den Miterben zukommt, unter denen die Ausgleichung stattfindet.

---

88 Eine gute Übersicht bei *Schindler*, ZEV 2006, 389.
89 Gem. der Legaldefinition des § 1624 Abs. 1 BGB ist Ausstattung, was einem Kind mit Rücksicht auf seine Verheiratung oder auf die Erlangung einer selbstständigen Lebensstellung zur Begründung oder zur Erhaltung der Wirtschaft oder der Lebensstellung von dem Vater oder der Mutter zugewendet wird.
90 Vgl. Bamberger/Roth/*Lohmann*, § 2050 Rn 9; Soergel/*Wolff*, § 2050 Rn 15.

Der Wert bestimmt sich nach der Zeit, zu der die Zuwendung erfolgt ist, § 2055
Abs. 2 BGB.

Beispiel   94
Der Erblasser E hinterlässt seine Ehefrau F und seine Kinder K1, K2 und K3.
Der Nachlass beträgt eine Million EUR. K1 hat bereits einen ausgleichspflichtigen Vorempfang in Höhe von 100.000 EUR und K2 in Höhe von
150.000 EUR erhalten. Die Eheleute lebten im Güterstand der Zugewinngemeinschaft. E hinterlässt kein Testament.

Lösung   95
Die Ehefrau F erhält vorab ihren Erbteil von $1/4 + 1/4 = 1/2 = 500.000$ EUR.
Für die Abkömmlinge K1, K2 und K3 beträgt der ausgleichspflichtige Rest-
nachlass 500.000 EUR. Es erfolgt die Bildung des fiktiven Ausgleichsnachlas-
ses, durch Hinzurechnung der Vorempfänge des K1 von 100.000 EUR und
des K2 von 150.000 EUR, in Höhe von 750.000 EUR. Die Ausgleichung voll-
zieht sich nur unter den Abkömmlingen.
Damit stehen den Kindern K1, K2 und K3 jeweils zu:
750.000 EUR ÷ 3 = 250.000 EUR.
Daher erhalten:

K1	250.000 EUR
abzgl. Vorempfang	100.000 EUR
=	150.000 EUR
K2	250.000 EUR
abzgl. Vorempfang	150.000 EUR
=	100.000 EUR
K3	250.000 EUR[91]

Damit dieser Anspruch durchgesetzt werden kann, hat jeder Miterbe den übrigen   96
Erben auf Verlangen Auskunft über die Zuwendungen zu erteilen, die er nach
§§ 2050–2053 BGB zur Ausgleichung zu bringen hat. Diese Auskunft kann im
Rahmen der eidesstattlichen Versicherung abgegeben werden, § 2057 BGB.

Bestimmte Einzelvorschriften des BGB regeln eindeutig, dass ein Auskunftsanspruch über ausgleichspflichtige Vorausempfänge eines Miterben grundsätzlich
nur für Abkömmlinge gilt, die als gesetzliche Erben berufen sind. Dieser Anspruch ist beschränkt auf alle möglicherweise unter die §§ 2050–2056 BGB fallen-
den Zuwendungen.[92]

---

91 Mit Erläuterung *Kerscher/Riedel/Lenz*, Pflichtteilsrecht, § 5 Rn 18 ff., 20 a.E.
92 *Sarres*, ZEV 1996, 300 ff.

Aus dem Grundsatz von Treu und Glauben folgt kein Auskunftsrecht eines Miterben gegen den anderen, weil die Miterbenstellung keine Sonderbeziehung darstellt, die Auskunftspflichten auslöst.[93]

97 **Beachte**

Es besteht eine besondere Ausgleichspflicht bei besonderer Mitarbeit oder Pflegetätigkeit eines Abkömmlings nach § 2057a BGB. Der ausgleichsberechtigte Abkömmling trägt die Darlegungs- und Beweislast für die in § 2057a Abs. 1 BGB genannten Voraussetzungen, die ausgleichspflichtigen Abkömmlinge dagegen die Beweislast für die Gewährung oder Vereinbarung eines angemessenen Entgelts, § 2057a Abs. 2 BGB.[94]

Eine Leistungserbringung gem. § 1619 BGB, Dienstleistungen des Kindes in Haus und Geschäft oder gem. § 1620 BGB Aufwendungen des Kindes für den elterlichen Haushalt stehen der Ausgleichungspflicht nicht entgegen, § 2057a Abs. 2 S. 2 BGB.[95]

Gemäß § 2057a Abs. 3 BGB ist die Ausgleichung so zu bemessen, wie es mit Rücksicht auf die Dauer und dem Umfang der Leistungen und auf den Wert des Nachlasses der Billigkeit entspricht. Der Gesetzgeber hat hier keine genaue Regelung getroffen, sondern stellt auf eine Gesamtwürdigung ab.[96] Abstellend auf den Entwurf des § 2057b BGB ist kein Grund ersichtlich, diese praktikable Möglichkeit der Bewertung solcher Leistungen nicht zu übernehmen.[97]

Hiernach sind die in § 36 Abs. 3 SGB XI vorgesehenen Beträge heranzuziehen, also diejenigen für die Pflegesachleistung.

Ab dem 1.1.2010 betragen in den Pflegestufen I/II und III die monatlichen Beträge 440 EUR, 1.100 EUR und 1.510 EUR.

5. Checkliste: Mehrheit von Erben

98　　– Liegt eine ordnungsgemäße Verwaltung des Nachlasses vor?
　　– Sind Nachlassforderungen geltend zu machen?
　　– Will sich die Erbengemeinschaft in Kürze auseinandersetzen?

93　BGH NJW-RR 1989, 450 ff.
94　*Petersen*, ZEV 2000, 432, 433.
95　Gemäß dem Kabinettsentwurf eines Gesetzes zur Änderung des Erb- und Verjährungsrechts sollte § 2057a Abs. 1 S. 2 BGB gestrichen werden. Nach § 2057a BGB sollte ursprünglich folgender § 2057b BGB eingefügt werden: „§ 2057b Ausgleichungspflicht bei Pflegeleistungen eines gesetzlichen Erben (1) Ein gesetzlicher Erbe, der den Erblasser während längerer Zeit gepflegt hat, kann bei der Auseinandersetzung die Abgleichung dieser Leistung verlangen. § 2052 und § 2057a Abs. 2 und 4 gelten entsprechend. (2) Die Höhe des Ausgleichsbetrages bemisst sich in der Regel nach dem zur Zeit des Erbfalls in § 36 Abs. 3 des Elften Buches (XI) Sozialgesetzbuch vorgesehenen Beträgen."
96　Soergel/*Wolff*, § 2057a Rn 17.
97　Damrau/*Bothe*, § 2057a BGB Rn 15.

– Geltendmachung eines Vorkaufsrechts?
– Geltendmachung von Surrogaten?
– Berichtigung von Nachlassverbindlichkeiten?
– Ist ein Überschuss zu verteilen?
– Gehört ein Landgut zum Nachlass?
– Besteht eine Ausgleichspflicht nach den §§ 2050 ff. BGB?

6. Rechtsverhältnis zwischen den Erben und den Nachlassgläubigern

Die Erben haften für die gemeinschaftlichen Nachlassverbindlichkeiten als **Ge-**   99
samtschuldner, §§ 2058, 421 BGB. Jeder Miterbe kann bis zur Teilung des Nachlasses die Begleichung von Nachlassverbindlichkeiten aus dem Vermögen, das er
außer seinem Anteil an dem Nachlass hat, verweigern, § 2059 Abs. 1 S. 1 BGB.

Das Recht der **Nachlassgläubiger,** die Befriedigung aus dem ungeteilten Nach-   100
lasse von sämtlichen Miterben zu verlangen, bleibt unberührt, § 2059 Abs. 2
BGB.

Der Nachlassgläubiger kann im Rahmen der **Gesamthandsklage** des § 2059   101
Abs. 2 BGB alle Miterben gleichzeitig in Anspruch nehmen und Befriedigung
aus dem ungeteilten Nachlass verlangen. Diese Gesamthandsklage richtet sich
gegen den gesamthänderisch gebundenen Nachlass, § 747 ZPO. Werden die Miterben gemeinschaftlich mit der Gesamthandsklage in Anspruch genommen, sind
sie notwendige Streitgenossen gem. § 62 ZPO.[98]

Demgegenüber nimmt der Nachlassgläubiger mit der **Gesamtschuldklage** das   102
Eigenvermögen des einzelnen Miterben in Anspruch. Ihm steht frei, ob er die
Gesamtschuld- oder die Gesamthandsklage erhebt. Er hat auch die Möglichkeit,
von einem Klagebegehren zum anderen überzugehen, § 264 Nr. 2 ZPO. Der
Nachlassgläubiger darf auch mit beiden Klagen gleichzeitig vorgehen, da sie auf
die Vollstreckung in verschiedene Vermögensmassen gerichtet sind (Eigenvermögen und Nachlass).[99]

Grundsätzlich sind alle Nachlassschulden gemeinschaftliche Schulden. Etwas an-   103
deres gilt dann, wenn einem Miterben die Begleichung einer bestimmten Schuld
durch letztwillige Verfügung besonders auferlegt wird. Hierzu ist auch zu zählen,
dass einer der Miterben mit einem Vermächtnis bedacht wurde. Die anderen
Miterben sind dann verpflichtet, dieses Vermächtnis zu erfüllen. Der Vermächtnisnehmer hat daher, wenn es sich bei dem Vermächtnis um einen Geldbetrag
handelt, gegen die übrigen Miterben einen Zahlungsanspruch. Für die übrigen
Miterben handelt es sich bei dem Vermächtnis also um eine Nachlassschuld. Sie
haften gegenüber dem Vermächtnisnehmer als Gesamtschuldner.

---

98 BGH NJW 1963, 1611.
99 *Brox/Walker*, Erbrecht, Rn 724.

104   **Beachte**
        Der Gläubiger kann einen Miterben für die gesamte Forderung in Anspruch nehmen, § 2058 BGB. Er muss also seinen Anspruch nicht gleichmäßig auf die Erben verteilen.

105   Nach der **Teilung des Nachlasses** haftet jeder Miterbe nur für den seinem Erbteil entsprechenden Teil einer Nachlassverbindlichkeit in den nachstehenden Fällen:
        – gegenüber dem durch öffentliches Aufgebot des Nachlassgerichts, § 1972 BGB, ausgeschlossenen Nachlassgläubiger, § 2060 Nr. 1 BGB[100]
        – gegenüber den Gläubigern, die ihre Forderung erst fünf Jahre nach dem Erbfall geltend machen, es sei denn, dass die Forderung vor dem Ablauf der fünf Jahre dem Miterben bekannt geworden oder im Aufgebotsverfahren angemeldet worden ist, § 2060 Nr. 2 BGB
        – gegenüber allen Nachlassgläubigern, wenn das Nachlassinsolvenzverfahren eröffnet und durch Verteilung der Masse oder durch einen Insolvenzplan beendigt worden ist, § 2060 Nr. 3 BGB.

        Jeder Miterbe kann die Nachlassgläubiger öffentlich auffordern, ihre Forderungen binnen sechs Monaten bei ihm oder bei dem Nachlassgericht anzumelden, § 2061 Abs. 1 S. 1 BGB. Ist die Aufforderung erfolgt, so haftet nach der Teilung jeder Miterbe nur für den seinem Erbteil entsprechenden Teil einer Forderung, soweit nicht vor dem Ablauf der Frist die Anmeldung erfolgt oder die Forderung ihm zur Zeit der Teilung bekannt ist, § 2061 Abs. 1 S. 2 BGB.

        Die Teilhaftung tritt erst ein, wenn Aufforderung, Fristablauf und Teilung, d.h. der Vollzug der Auseinandersetzung, vorliegen.[101]

106   **Beachte**
        Es ist gesetzlich vorgeschrieben, dass die Aufforderung durch den Bundesanzeiger und das für die Bekanntmachung des Nachlassgerichts bestimmte Blatt zu veröffentlichen ist, § 2061 Abs. 2 S. 1 BGB.

107   Die Erben können nur gemeinschaftlich die Anordnung einer Nachlassverwaltung beantragen, § 2062 BGB.

        Das Inventar kann durch einen Miterben errichtet werden und kommt auch den übrigen Erben zustatten, soweit nicht ihre Haftung für die Nachlassverbindlichkeiten unbeschränkt ist, § 2063 Abs. 1 BGB.

---

100 Gem. § 23a Abs. 2 Nr. 2 GVG (vor dem 1.1.2009 § 23 Nr. 2h GVG) liegt die sachliche Zuständigkeit beim Amtsgericht, hier die allgemeine Zivilabteilung mangels besonderer Zuweisung, näher hierzu *Harder*, ZEV 2002, 90, 93.
101 Palandt/*Weidlich*, § 2061 Rn 2.

III. Steuertipp

Ein für die Erben des verstorbenen Steuerschuldners bestimmter Steuerbescheid, der an die Gesamtrechtsnachfolger, die Erbengemeinschaft adressiert ist, ist nicht wegen ungenauer Bezeichnung der Inhaltsadressaten unwirksam, wenn in den Erläuterungen des Bescheids auf einen Betriebsprüfungsbericht verwiesen wird, in dem die Beteiligung der Erbengemeinschaft namentlich aufgeführt wird.[102]

108

Bei einer Erbauseinandersetzung über Privatvermögen führt eine Teilung ohne Abfindungszahlungen nicht zur Entstehung von Anschaffungskosten oder Veräußerungserlösen.[103]

Wird im Rahmen einer Erbauseinandersetzung ein Nachlass real geteilt und erhält ein Miterbe wertmäßig mehr, als ihm nach seiner Erbquote zusteht, und zahlt er für dieses „MEHR" an seine Miterben eine Abfindung, liegt insoweit, wie bei der Erbauseinandersetzung über Betriebsvermögen ein Anschaffungs- und Veräußerungsvorgang vor. In Höhe der Abfindungszahlung entstehen Anschaffungskosten. Das gilt auch, soweit sich die Erbengemeinschaft durch Zwangsversteigerung zum Zwecke der Aufhebung der Gemeinschaft auseinandersetzt.[104] Gem. § 20 Abs. 3 ErbStG haftet der Nachlass bis zur Auseinandersetzung, § 2042 BGB, für die Steuer der am Erbfall Beteiligten. Hierbei handelt es sich um einen Fall der gegenständlich oder umfänglich beschränkten Haftung, da jeder Miterbe zwar auch für die Erbschaftsteuerschuld der anderen Erben einzustehen hat, aber nur als Erbengemeinschaft gesamtschuldnerisch mit dem ungeteilten Nachlass haftet.[105] Eine umfängliche Haftungsbeschränkung regelt § 20 Abs. 5 ErbStG, wonach eine Haftung auf die Höhe des Werts einer Zuwendung beschränkt ist.

IV. Zusammenfassung

Die Erbengemeinschaft ist eine **Gesamthandsgemeinschaft**, auf die das Vermögen des Erblassers im Wege der **Gesamtrechtsnachfolge als** Ganzes übergeht. Diese Gesamthandsbindung macht den Nachlass zu einem Sondervermögen zum Schutz der Nachlassgläubiger und der einzelnen Miterben.

109

Jeder Miterbe kann über seinen rechtlichen Erbteil verfügen, jedoch nicht über einzelne Nachlassgegenstände oder seinen Anteil daran. Wenn der Miterbe seinen Erbteil an einen Dritten, der nicht Mitglied der Erbengemeinschaft ist, verkauft, steht den übrigen Miterben ein Vorkaufsrecht zu.

---

102 BFH NJW 2006, 1996.
103 BMF-Schreiben v. 11.1.2006 – IV B2-S2242–7/06 Rn 22.
104 BMF-Schreiben v. 11.1.2006 – IV B2-S2242–7/06 Rn 26.
105 *Troll/Gebel/Jülicher*, § 20 Rn 8.

110 **Beratungstipp Testament**
Wenn Sie bei der Erstberatung des Mandanten die gesetzliche Erbfolge und deren Quoten bestimmt und erläutert haben, können Sie auf die Gefahren der Erbengemeinschaft und deren Konfliktpotential hinweisen. Vielfach wird der Erblasser, der vor der Beratung noch glaubte, dass der Gesetzgeber sein Erbrecht nach seinem Wunsche geregelt hätte, bei der Vorstellung, dass eine Erbengemeinschaft sein Vermögen übernimmt, seine Meinung ändern.

111 Tatsächlich sind in der Erbengemeinschaft nicht nur die gesetzlichen Erben, sondern auch deren Ehegatten mit ihren eigenen Interessen zu berücksichtigen. Wenn rechtlich drei Mitglieder der Erbengemeinschaft vorhanden und diese Mitglieder verheiratet sind, handelt es sich um sechs Personen, die sich einig werden müssen.

Die Erbengemeinschaft kann dann sinnvoll sein, wenn ein Nachlassgegenstand aus wirtschaftlichen Gründen nicht geteilt werden sollte, z.B. ein Einfamilienhaus oder ein Betrieb bei einer großen Anzahl von Erben. Die Beratung muss in jedem Einzelfall ergründen, ob eine Erbengemeinschaft und ihre Konsequenzen dem Willen des Erblassers entsprechen oder Einzelzuwendungen auf die jeweiligen Erben die bessere Gestaltungsvariante darstellen.

§ 4 Testament

A. Allgemeine Vorschriften (§§ 2064 bis 2086 BGB)

I. Einführung

Die Vorschriften über das **Testament** sind in den §§ 2064–2273 BGB geregelt. **1**
Das Testament, wie auch der Erbvertrag, sind jeweils eine mögliche Form der
Verfügung von Todes wegen. Hier soll zunächst entsprechend der Systematik
des Gesetzes das Testament behandelt werden.

Bei dem Entwurf eines Testamentes kann der Anwalt Bereiche zurückgewinnen, **2**
die bisher überwiegend von anderen Berufsgruppen, wie z.b. Steuerberatern,
Wirtschaftsprüfern und Notaren, wahrgenommen wurden. Allerdings hat der
Anwalt gerade im Bereich des **Nurnotariats** (Bayern, Nordrhein-Westfalen, und
zwar im Gebiet des früheren rheinischen Rechts, d.h. im OLG-Bezirk Köln und
im OLG-Bezirk Düsseldorf mit Ausnahme des rechtsrheinischen Gebietes, des
LG-Bezirks Duisburg und des AG-Bezirks Emmerich, Rheinland-Pfalz, Hamburg, Saarland, Baden-Württemberg, und zwar im OLG-Bezirk Stuttgart, Brandenburg mit Ausnahme von Ostberlin, Mecklenburg-Vorpommern, Sachsen,
Sachsen-Anhalt, Thüringen) Vorurteilen gegenüberzutreten, dass Erbrecht „No-
tarrecht" sei.

Da das vom Anwalt entworfene Testament entweder durch den Mandanten ei- **3**
genhändig abzuschreiben und somit ein eigenhändiges Testament herzustellen,
oder aber vom Notar zu beurkunden ist, liefert der Anwalt jeweils den Entwurf
des Testamentes. Nachdem dem Mandanten erläutert wurde, dass der rechtliche
Unterschied des **privatschriftlichen Testamentes** zum **öffentlichen Testament**
lediglich darin besteht, dass zum Nachweis der Erbfolge im Erbfall bei Eröffnung
des privatschriftlichen Testamentes im Gegensatz zum öffentlichen Testament
ein Erbschein erforderlich ist, sind viele Mandanten bereit, den Testamentsentwurf vom Anwalt erstellen zu lassen und diesen eigenhändig abzuschreiben. Der
Erblasser in spe setzt sich auf diese Weise mit dem Inhalt seines Testaments
auseinander.

Gleichwohl sind auch die Fälle nicht selten, in denen der Mandant trotz anwaltli- **4**
cher Beratung zusätzlich die **notarielle Beurkundung** des Testamentes wünscht.
Der Anwalt hat hier über die anfallenden Gebühren des Notars aufzuklären.
Eine Begleitung des Mandanten zum Termin der notariellen Beurkundung kann
teilweise angebracht sein, um diesem ein Gefühl der Beratung bis zum tatsächlichen Abschluss der Angelegenheit zu geben.

Wenn das Eintreten der **gesetzlichen Erbfolge** verhindert werden soll, muss der **5**
Mandant und zukünftige Erblasser eine **letztwillige Verfügung von Todes wegen**, also ein Testament oder einen Erbvertrag, errichten. Vielfach glauben künf-

tige Erblasser, dass sie bei Eintritt der gesetzlichen Erbfolge genau das Ergebnis erzielen, das ihren Wünschen entspricht. Im Beratungsgespräch bei der Aufklärung über die gesetzliche Erbfolge, mögliche Pflichtteilsansprüche, Steuerfreibeträge u.Ä. wird der Mandant in der Regel die Notwendigkeit der Errichtung einer letztwilligen Verfügung zur Umsetzung seines tatsächlichen Willens erkennen.

Dem künftigen Erblasser ist auch zu verdeutlichen, dass er mit einer Verfügung von Todes wegen in vielen Fällen künftige Erbstreitigkeiten reduzieren oder im Idealfall vermeiden kann. Hier ist der Anwalt gefragt, der den Blick in die Zukunft wagt und mögliche Erben im Einverständnis mit dem Erblasser mit einbindet. Dass das Fehlen eines Testamentes oder Erbvertrages vielfach zu wirtschaftlichen Katastrophen führen kann, gerade wenn ein Unternehmen zum Nachlass gehört, wird an späterer Stelle noch erörtert (vgl. § 15 Vorweggenommene Erbfolge, in diesem Buch).

6   Die etwaige Einbindung der Erben in die Beratung und das Gespräch mit dem Erblasser entspricht hier gerade dem Berufsverständnis des Anwalts als einseitigem **Parteienvertreter.** Er nimmt die Interessen des Mandanten, des späteren Erblassers optimal wahr, wenn er mit diesem und den Erben gemeinsam erörtert, ob bei der beabsichtigten Verfügung von Todes wegen Konfliktpotential zwischen den Erben gesät wird. Ist in einem solchen Gespräch keine Einigkeit zwischen Erben und Erblasser hinsichtlich der Gestaltung des Testaments zu erzielen, hat der Anwalt selbstverständlich die Wünsche des Erblassers, seines Mandanten, als maßgebend zu betrachten.

In jüngerer Rechtsprechung hat das BVerfG die Testierfreiheit des Erblassers nach Art. 14 Abs. 1 GG und die Eheschließungsfreiheit nach Art. 6 Abs. 1 GG sowie deren Spannungsverhältnis zueinander erörtert.[1] Im Erbscheinsverfahren wurde um die Wirksamkeit der Ebenbürtigkeitsklausel eines Abkömmlings gestritten. Nach einem Testament von 1938 sollte erbunfähig sein, wer „nicht aus einer den Grundsätzen der alten Hausverfassung des Brandburg-Preußischen Hauses entsprechenden Ehestand oder in einer nicht Hausverfassungsmäßigen Ehe lebt." Da Letzteres für den ältesten Sohn des Vorerben zutraf, entspann sich ein Streit über die Erteilung eines Erbscheines. Der seit 1995 andauernde und in seinem Verfahrensgang nur noch schwer nachvollziehbare Rechtsstreit um die Erbfolge nach dem am 20.7.1951 verstorbenen Kronprinzen Wilhelm II. setzte

---

1   Leiningen-Entscheidung des BVerfG NJW 2000, 2495 = ZEV 2400; Preußen-Entscheidung des BVerfG BVerfGE 3, 112 = NJW 2004,2008 = ZEV 2004, 241.

sich zunächst fort.[2] Die genannte Rechtsprechung hat Auswirkungen auf die Diskussion um die Grenzen der Wirksamkeit von Wiederverheiratungsklauseln in Verfügungen von Todes wegen.[3]

II. Rechtliche Grundlagen

Die **Errichtung eines Testamentes** ist ein höchstpersönliches Rechtsgeschäft und   7
kann nicht durch Vollmacht auf einen Dritten übertragen werden, §§ 2064, 2065 BGB.

Setzen sich Ehegatten in einem gemeinschaftlichen Testament gegenseitig und   8
nach dem Tode des Überlebenden die Kinder zu Erben ein, § 2269 BGB, wird häufig dem überlebenden Ehegatten das Recht eingeräumt, die für den Fall seines Todes im Testament getroffenen Verfügungen, nämlich die **Erbeinsetzung** der Kinder, zu widerrufen und über den Nachlass anderweitig zu verfügen. Bei dieser Konstellation sind zwei Auslegungsmöglichkeiten denkbar, zum einen Vor- und Nacherbschaft, zum anderen sollen die Kinder lediglich Erben des Letztversterbenden werden, d.h. beide Nachlässe gehen als Einheit auf die Kinder über. Bei beiden Auslegungen liegt kein Verstoß gegen § 2065 Abs. 1 BGB vor.[4]

Der Erblasser kann die Bestimmung der Person, die eine Zuwendung erhalten   9
soll, sowie die Bestimmung des Gegenstandes der Zuwendung nicht einem anderen überlassen, § 2065 Abs. 2 BGB. Eine Vertretung des Erblassers im Willen soll hiermit verhindert werden.[5]

Von einer unzulässigen **Vertretung** im Willen kann jedoch keine Rede sein, falls   10
der Erblasser objektive Kriterien aufstellt, nach denen der Dritte die Bestimmung des Erben oder der Erbquote vornehmen kann. Der Dritte bestimmt dann nicht aufgrund seines subjektiven Ermessens den Erben, vielmehr bezeichnet er ihn nur entsprechend der objektiven Voraussetzungen, die aus dem Testament zu entnehmen sind.[6]

Bei Rechtsstreiten über die Auslegung von Testamenten sind die gesetzlichen   11
Auslegungsregeln und **Begriffsbestimmungen** der §§ 2066 ff. BGB zu beachten.

---

2 OLG Stuttgart, Beschl. v. 21.4.2005, FamRZ 2005, 1863 – hat zum dritten Mal in dieser Sache entschieden und die Angelegenheit aus prozessualen Gründen an das Landgericht zurückverwiesen. Das Landgericht stellte fest, dass der Beschwerdeführer nicht in ebenbürtiger Ehe lebte und deshalb von der Erbfolge ausgeschlossen sei. Die weitere Beschwerde an das OLG blieb ohne Erfolg. Daraufhin wandte sich der Beschwerdeführer an das Bundesverfassungsgericht. Dieses stellte grundsätzliche Erwägungen zur Abgrenzung der Testierfreiheit gemäß Art. 14 Abs. 1 GG sowie der Eheschließungsfreiheit nach Art. 6 Abs. 1 GG an (siehe Fn 1).

3 *Gaier*, ZEV 2006, 2, 5.

4 BGHZE 2, 35.

5 *Brox/Walker*, Erbrecht, Rn 97.

6 BGHZ 15, 199, 202 ff.

Es lohnt sich in den §§ 2066–2073 BGB zu untersuchen, ob mit diesen Legaldefinitionen und Erläuterungen eine Testamentsauslegung erfolgen kann. Die Auslegung von Testamenten sollte nur eine Rolle bei Testamenten spielen, die nicht Sie als Anwalt entworfen haben, denn die von Ihnen entworfenen Testamente sollten eindeutig sein und keinerlei Auslegung bedürfen.

Da Ihnen als Anwalt jedoch auch bereits errichtete Testamente zur Beratung vorgelegt werden und Sie den Inhalt erkennen oder durch Auslegung ermitteln müssen, soll nachstehend auf diese Auslegungsregeln eingegangen werden.

12   Hat ein Erblasser gesetzliche Erben ohne nähere **Erbquotenbestimmung** bedacht, so sind die gesetzlichen Erben nach dem Verhältnis ihrer gesetzlichen Erbteile eingesetzt, § 2066 S. 1 BGB. Setzt ein Erblasser seine **Verwandten** in seinem Testament ohne nähere Bestimmung ein, so sind im Zweifel diejenigen Verwandten, welche zur Zeit des Erbfalls seine gesetzlichen Erben sein würden, nach den dafür geltenden Erbquoten als bedacht anzusehen, § 2067 S. 1 BGB. Zu den Verwandten gehören auch seit dem 1.7.1949 geborene nicht eheliche Kinder auch im Verhältnis zum Vater und den väterlichen Verwandten und die als Kind angenommenen, §§ 1754, 1770 BGB, zu Verwandten des Erblassers gewordene Personen nicht aber der Ehegatte des Erblassers und nicht die mit ihm Verschwägerten.[7] Maßgebend für die Bestimmung des Kreises der gesetzlichen Erben ist der Zeitpunkt des Erbfalls, bei der Einsetzung von Nacherben der Zeitpunkt des Nacherbfalls.[8]

13   Setzt der Erblasser seine Kinder ohne nähere Bestimmung ein und verstirbt ein Kind vor der Errichtung des Testaments unter Hinterlassung von Abkömmlingen, wird im Zweifel angenommen, dass die **Abkömmlinge** an die Stelle des verstorbenen Kindes treten, als sie bei der gesetzlichen Erbfolge an diese Stelle treten würden, § 2068 BGB.

Hat der Erblasser einen seiner Abkömmlinge bedacht und fällt dieser nach der Errichtung des Testaments weg, wird im Zweifel angenommen, dass die Abkömmlinge im Rahmen der gesetzlichen Erbfolge bedacht sind, soweit sie an die Stelle des Verstorbenen treten würden, § 2069 BGB. Diese Auslegungsregel gilt nicht nur für die Erbeinsetzung einschließlich der Vor- und Nacherbeneinsetzung, sondern auch für Vermächtnisse und Auflagen.[9]

Setzt der Erblasser die Abkömmlinge eines Dritten ohne nähere Bestimmung ein, wird im Zweifel angenommen, dass dies nur für diejenigen Abkömmlinge gelten soll, die zur Zeit des Erbfalls bereits gezeugt sind, oder wenn die Zuwendung unter einer aufschiebenden Bedingung oder unter Bestimmung eines An-

---

7 NK-BGB/*Beck*, § 2067 Rn 2.
8 BayObLG FamRZ 2001, 1561, 1563.
9 *Nieder*, ZEV 1996, 241, 243.

fangstermins gemacht ist und die Bedingung oder der Termin erst nach dem Erbfall eintritt, der bedachte Abkömmling bereits gezeugt ist, § 2070 BGB.

Hat der Erblasser ohne nähere Bestimmung eine **Klasse von Personen** oder Personen bedacht, die zu ihm in einem Dienst- oder Geschäftsverhältnis stehen, wird im Zweifel angenommen, dass diejenigen bedacht sind, welche zur Zeit des Erbfalls der bezeichneten Klasse angehören oder in dem bezeichneten Verhältnis stehen, § 2071 BGB.   **14**

Beispiel   **15**
Der A vererbt seine wertvolle Münzsammlung seinen Angestellten. Der A ist Inhaber einer Bäckerei. Die Münzsammlung wird von allen Mitarbeitern der Bäckerei geerbt, die im Erbfall in einem Dienstverhältnis zu dem A stehen.

Setzt der Erblasser **die Armen** ohne nähere Bestimmung ein, wird im Zweifel angenommen, dass die öffentliche Armenkasse der Gemeinde, in deren Bezirk er seinen letzten Wohnsitz gehabt hat, unter der Auflage bedacht ist, das Zugewendete unter Arme zu verteilen, § 2072 BGB. Hierbei handelt es sich um eine Umdeutungsregel, nicht nur um eine gesetzliche Auslegungsregel.[10] Die Funktion der Armenkasse wird vom öffentlichen Träger der Sozialhilfe wahrgenommen.[11]   **16**

Gelingt dem Erblasser keine Erbeinsetzung, die eindeutig auf eine Person passt, sondern sind mehrere Personen bezeichnet, auf die die Erbeinsetzung passen könnte, und lässt sich nicht ermitteln, wer von ihnen bedacht werden sollte, so gelten sie als zu gleichen Teilen bedacht, § 2073 BGB.

Die Auslegungsregel des § 2073 BGB macht deutlich, dass eine genaue Bezeichnung des eingesetzten Erben erforderlich ist, damit der Wille des Erblassers nach dem Erbfall auch tatsächlich umgesetzt werden kann.

Wird jemand in einem Testament unter einer **aufschiebenden Bedingung** bedacht, wird im Zweifel angenommen, dass die Zuwendung nur gelten soll, wenn der Bedachte den Eintritt der Bedingung erlebt, § 2074 BGB.   **17**

Beispiel   **18**
Der A setzt den Sohn B als Alleinerben seines Vermögens ein, unter der Bedingung, dass er sein Medizinstudium erfolgreich abschließt. Verstirbt B während des Studiums, kann er das Erbe nicht antreten, da er den Eintritt der Bedingung nicht erlebt.

Nur wenn ein die weiteren Abkömmlinge ausschließender Wille des Erblassers zweifelsfrei festgestellt werden kann, gilt die Auslegungsregel des § 2074 BGB.[12]   **19**

---

10 Soergel/*Loritz*, § 2072 Rn 1; Palandt/*Weidlich*, § 2072 Rn 1.
11 Damrau/*Seiler/Rudolf*, § 2072 Rn 3.
12 BGH NJW 1958, 22.

Die aufschiebende und auflösende Bedingung ist jeweils geregelt in § 2074 bzw. § 2075 BGB.

20 Der Erblasser kann eine letztwillige Zuwendung von einem Tun oder Unterlassen des Bedachten abhängig machen, wobei im Zweifel anzunehmen ist, dass die Zuwendung von der **auflösenden Bedingung** abhängig sein soll, dass der Bedachte die Handlung vornimmt oder das Tun unterlässt, § 2075 BGB.

21 **Beachte**
Eine letztwillige Verfügung zugunsten eines Ehegatten ist abhängig vom Bestand der **Ehe**. Sie wird unwirksam mit Auflösung der Ehe bzw. mit Antrag auf Scheidung derselben, § 2077 Abs. 1 BGB.

22 Gleiches gilt für ein **Verlöbnis**, § 2077 Abs. 2 BGB.

Die Verfügung von Todes wegen bleibt gem. § 2077 Abs. 3 und § 2268 Abs. 2 BGB wirksam, wenn sie „auch für einen solchen Fall" (insbesondere also bei Scheidung oder sonstiger vorzeitiger Auflösung) getroffen worden wäre, also ein sog. „Aufrechterhaltungswille" des Erblassers vorliegt.[13]

23 **Übersicht: Anfechtungsgründe eines Testamentes**
– Irrtum des Erblassers über den Inhalt seiner Erklärung, § 2078 Abs. 1 BGB
– wenn der Erblasser eine Erklärung dieses Inhaltes überhaupt nicht abgeben wollte und anzunehmen ist, dass er die Erklärung bei Kenntnis der Sachlage nicht abgegeben haben würde, § 2078 Abs. 1 BGB
– wenn der Erblasser zu der Verfügung durch die irrige Annahme oder Erwartung des Eintritts oder Nichteintritts eines Umstandes bestimmt worden ist, § 2078 Abs. 2 BGB
– wenn der Erblasser zu der Verfügung widerrechtlich durch Drohung bestimmt worden ist, § 2078 Abs. 2 BGB
– wenn der Erblasser einen zur Zeit des Erbfalles vorhandenen Pflichtteilsberechtigten übergangen hat, weil ihm dessen Vorhandensein nicht bekannt war oder er erst nach der Errichtung geboren oder pflichtteilsberechtigt geworden ist, § 2079 S. 1 BGB.

24 Ein wichtiger Unterschied der erbrechtlichen Anfechtungsvorschriften zu den Vorschriften des Allgemeinen Teils besteht darin, dass für die Anfechtung einer letztwilligen Verfügung nicht Voraussetzung ist, dass der Erblasser die Verfügung bei verständiger Würdigung des Falles, § 119 Abs. 1 BGB, so nicht getroffen hätte, sondern dass nach § 2078 Abs. 1 BGB ausschließlich die subjektiven Vorstellungen des Erblassers entscheidend sind. Bei der Prüfung der Kausalität des Irrtums ist im Erbrecht damit kein objektiver Maßstab anzulegen.[14]

---

13 Zum Fortbestand letztwilliger Verfügungen bei Scheitern von Ehe, Verlöbnis und Partnerschaft *Mayer*, ZEV 1997, 280.
14 *Rudolf*, Handbuch Testamentsauslegung und -anfechtung, § 4 Rn 7.

Anfechtungsberechtigt ist der durch die Aufhebung der letztwilligen Verfügung 25
Begünstigte, § 2080 Abs. 1 BGB. Die Erklärung der Anfechtung erfolgt gegenüber dem Nachlassgericht § 2081 Abs. 1 BGB.

> **Beachte** 26
> Die **Anfechtung** kann nur binnen Jahresfrist erfolgen, § 2082 Abs. 1 BGB.
> Die Anfechtungsfrist beginnt mit dem Zeitpunkt, in welchem der Berechtigte
> von dem Anfechtungsgrund Kenntnis erlangt, § 2082 Abs. 2 S. 1 BGB. Die
> Anfechtung ist längstens innerhalb von 30 Jahren seit dem Erbfall möglich,
> § 2082 Abs. 3 BGB.

Entgegen der Regelung in § 139 BGB hat die Unwirksamkeit einer von mehreren 27
Verfügungen im Testament die Unwirksamkeit der übrigen Verfügungen nur zur
Folge, wenn anzunehmen ist, dass der Erblasser diese ohne die unwirksame
Verfügung nicht getroffen haben würde, § 2085 BGB.

> **Beachte** 28
> Die Beweislast für die Abhängigkeit der übrigen Verfügungen mit der unwirksamen Verfügung trägt derjenige, der sie behauptet.[15]

Die Auslegung geht nach allgemeiner Meinung der Anfechtung vor.[16] 29

Bei der Auslegung des Testaments sind keine Grenzen innerhalb des Wortlautes
in der Testamentsurkunde gesetzt. Vielmehr sind auch alle zugänglichen Umstände außerhalb der Testamentsurkunde heranzuziehen.[17]

Entscheidend bei der Auslegung ist die **Ermittlung des Willens** des Erblassers 30
zur Zeit der Testamentserrichtung.

Wenn mehrere Auslegungen möglich sind, so ist gem. § 2084 BGB diejenige
vorzuziehen, bei der die Verfügung Erfolg haben kann.

Die **Testamentsauslegung** hat zum Ziel, den wirklichen Willen des Erblassers 31
zu erforschen. Dabei ist stets von der allgemeinen Vorschrift des § 133 BGB
auszugehen, die anordnet, den Wortsinn der benutzen Ausdrücke zu hinterfragen.[18]

Eine häufig von Mandanten gestellte Frage ist, ob ein Erbe in spe eine Verfügung
des späteren Erblassers zu dessen Lebzeiten anfechten kann. Dies ist eindeutig
zu verneinen, da noch gar kein Erbfall vorliegt. Verfügungen unter Lebenden
und Verfügungen von Todes wegen sind nicht von möglichen späteren Erben zu
Lebzeiten des Erblassers anfechtbar.

---

15 RGZ 116, 148.
16 RGZ 70, 391, 393; BGH LM Nr. 1 zu § 2078 BGB; BayObLG FamRZ 1995, 246.
17 BGHZ 86, 41, 45 ff.; beachte die Widersprüche in den Entscheidungen BGHZ 80, 242 und
    BGHZ 87, 150.
18 BGHZ 86, 41, 45; BGH NJW 1993, 256.

III. Muster: Klage auf Feststellung des Erbrechts und Anfechtung eines Testaments

32 Landgericht Trier
Justizstraße 2–6

PLZ Trier

Klage

der Mathilde Weinreich, geb. Brocker

Müllerstraße 5, PLZ Hermeskeil

– Klägerin –

PB: RA Frank Freudig, Ginsterweg 21, PLZ Trier

gegen

den Herrn Wendelin Brocker,

Baumstraße 19, PLZ Hermeskeil

– Beklagten –

wegen

Feststellung des Erbrechts und Anfechtung eines Testaments.

Vorläufiger Streitwert: 15.000 EUR

Namens und in Vollmacht der Klägerin erhebe ich Klage und werde beantragen:

Es wird festgestellt, dass die Klägerin zur Hälfte Miterbe nach der am 25.3.2010 in Hermeskeil verstorbenen Mutter der Parteien, Frau Katharina Brocker, geworden ist.

Der Beklagte trägt die Kosten des Rechtsstreits.

Das Urteil ist vorläufig vollstreckbar.

Begründung:

Die Parteien sind die einzigen Kinder der Eheleute Otto Brocker und Katharina Brocker, geb. Müller. Der Vater, Otto Brocker, verstarb bereits im Jahre 1998. Zu seinem Nachlass gehörte das bebaute Grundstück Waldweg 5 in PLZ Hermeskeil eingetragen im Grundbuch von Hermeskeil Blatt 2581, Flur-Nr. 12 Flurstück Nr. 3. Der Vater der Parteien hatte mit der Mutter ein gemeinschaftliches Testament errichtet, in dem sich beide wechselseitig zu alleinigen Erben einsetzten. Eine weitere Verfügung wurde nicht getroffen.

Beweis: Vorlage des gemeinschaftlichen Testamentes vom 21.3.1996

Am 24.8.2009 errichtete die Mutter der Parteien vor dem Notar Gerd Genau in Hermeskeil ein öffentliches Testament. Darin setzte sie den Beklagten zum Alleinerben ein.

Beweis: Vorlage des Testaments vom 24.8.2009, Urkunde-Nr. 583/94 des Notars Gerd Genau in Hermeskeil

Die Klägerin hat das Testament wegen Drohung durch Erklärung gegenüber dem Nachlassgericht am 1.6.2011 angefochten, §§ 2078 Abs. 1, 2, 2080 Abs. 1 BGB.[19]

Die Erblasserin ist widerrechtlich durch Drohung zur Errichtung dieses Testamentes bestimmt worden. Der Beklagte hat diese mehrere Tage vorher in ihrer Wohnung eingeschlossen und behauptet, sie nie wieder herauszulassen, wenn sie nicht mit ihm zu einem Notar fahre und ihn zum Alleinerben einsetze. Diese Zwangslage der Erblasserin kann von einer Nachbarin bezeugt werden, die durch die dünnen Wände der Neubauwohnung die Gespräche, die in einer großen Lautstärke geführt wurden, mitgehört hat.

Beweis: Zeugnis der Frau Martina Neugier, Waldweg 5, PLZ Hermeskeil

Die Anfechtung des Testamentes führt zu seiner Nichtigkeit von Anfang an, gem. § 142 BGB.

Da die verstorbene Mutter keine weitere Verfügung von Todes wegen getroffen hat, tritt nun die gesetzliche Erbfolge in Kraft. Hiernach sind die beiden einzigen Kinder der Verstorbenen Erben zu gleichen Teilen gem. § 1924 Abs. 4 BGB.

Rechtsanwalt

IV. Zusammenfassung

Das Gesetz gibt einige Auslegungsregeln, wenn Testamente aufgrund allgemein gehaltener oder unklarer Begriffe auszulegen sind. Die Auslegung geht einer Anfechtung vor, da die Auslegung den Erblasserwillen erforscht, die Anfechtung jedoch den Erblasserwillen zerstört.   33

Die Auslegungsregeln sind zu beachten, wenn der Anwalt ein Testament entwirft. Er sollte ein Testament entwerfen, bei dem nach Eröffnung aufgrund des eindeutigen Inhalts die Auslegungsregeln nicht angewandt werden müssen.

B. Erbeinsetzung (§§ 2087 bis 2099 BGB)

I. Einführung

Die **Erbeinsetzung** ist gesetzlich geregelt in den §§ 2087–2099 BGB.   34

Zunächst sollte im Testament bestimmt werden, wer als Erbe eingesetzt wird. Diese Aufforderung mag selbstverständlich erscheinen, jedoch ist zu berücksichtigen, dass in vielen Fällen von Vermächtnis gesprochen wird und Erbeinsetzung gemeint ist. Damit es nicht zu schwierigen Auslegungsfällen kommt, ist der juristische Terminus Erbeinsetzung zu verwenden.

---

19 Möglicherweise liegt hier auch eine Erbunwürdigkeit des Beklagten gemäß § 2339 Abs. 1 Nr. 3 BGB vor. Würde dies bejaht, wäre die Klägerin Alleinerbin aufgrund gesetzlicher Erbfolge; vgl. § 7 Erbunwürdigkeit.

Auch der BGH hatte sich vor nicht langer Zeit mit diesem Problem auseinander-zusetzen. Ein Erblasser hatte 65 Personen mit 80 Einzelzuwendungen bedacht.[20]

35 Die **Erbeinsetzung** muss sich entweder auf den gesamten Nachlass oder auf einen Bruchteil beziehen. Das Gesetz kennt keine Erbeinsetzung bezüglich einzelner Gegenstände, diese können lediglich durch die Anordnung eines Vermächtnisses zugewandt werden. Erforderlich ist ein Erbe, der die **Gesamtrechtsnachfolge** antritt und damit auch für etwaige Verbindlichkeiten haftet. Werden im Testament nur einzelne Vermächtnisse angeordnet, gilt in der Regel für den Rest des Vermö-gens die gesetzliche Erbfolge.

II. Rechtliche Grundlagen

36 Mit der Bestimmung des Erben wird bestimmt, wer die Rechtsnachfolge des Erblassers antreten soll. Als Erben können natürliche und juristische Personen eingesetzt werden. Eine Erbeinsetzung kann jedoch auch aus folgendem Grund sittenwidrig sein:

37 **Fall 27: Geliebtentestament**
Der Chefarzt C vernachlässigt seine Ehefrau und seine Kinder, damit er sich mehr seiner jungen Assistenzärztin F, die gleichzeitig seine Geliebte ist, wid-men kann. Die F will das Verhältnis mit C jedoch nur fortsetzen, wenn der schon recht betagte C sie testamentarisch zur Alleinerbin bestimmt. Nach anfänglichen Skrupeln kommt der C dem Wunsch der F nach, um die ge-schlechtlichen Beziehungen zu ihr aufrechterhalten zu können.

38 Seit 1970 ist ein inzwischen allgemein anerkannter Beurteilungswandel bei Zu-wendungen an Geliebte eingetreten. Verfügungen von Todes wegen und Zuwen-dung durch Rechtsgeschäfte unter Lebenden sind nicht schon deshalb sittenwid-rig, weil zwischen dem Zuwendenden und dem Bedachten ein außereheliches Liebesverhältnis bestanden hat, gleichgültig ob eine Partei oder beide verheiratet waren.

39 Etwas anderes gilt, wenn die Zuwendung ausschließlich den Zweck hat, die geschlechtliche Hingabe zu belohnen oder zu fördern. Dann ist das Rechtsge-schäft nach allgemeiner Meinung **sittenwidrig**.[21]

40 **Beachte**
Wer sich auf die Unsittlichkeit der Zuwendung beruft, ist für die sittenwidrige Zweckbestimmung beweispflichtig.[22]
Es besteht keine tatsächliche Vermutung, dass Zuwendungen an einen Ehe-bruchspartner eine Belohnung für die geschlechtliche Hingabe darstellen.[23]

---

20 BGH ZEV 2000, 195, 196.
21 BGHZ 53, 369; BGHZ 77, 59; BGHZ 112, 262.
22 BGHZ 53, 369.
23 BGH FamRZ 71, 638.

Lösung zu Fall 27   41
Wenn die Ehefrau oder die Kinder des C im Erbfall nachweisen können, dass die alleinige Erbeinsetzung der F lediglich zur Erhaltung der geschlechtlichen Beziehung getroffen wurde, kann dieses Testament wegen Sittenwidrigkeit angefochten werden.
Dieser Beweis ist allerdings selten zu führen.

Die **Sittenwidrigkeit** ist nach Auffassung des BGH nach den Verhältnissen zur   42
Zeit der Errichtung des Testamentes zu beurteilen.[24] Es gelten die allgemeinen Grenzen, gem. Art. 6 GG und § 138 BGB.

Ferner kann die Erbeinsetzung des Trägers eines Altenheims oder der konkreten Pflegeperson durch den Heimbewohner zur Nichtigkeit der Erbeinsetzung führen, vormals § 14 HeimG.[25]

Wenn der Erblasser sein Vermögen oder einen **Bruchteil** seines Vermögens dem   43
Bedachten zugewendet hat, ist die Verfügung als Erbeinsetzung anzusehen, auch wenn der Bedachte nicht als Erbe bezeichnet ist, § 2087 Abs. 1 BGB.

Fall 28   44
Der A verfügt im Testament:
Mein Sohn erhält meine wertvolle Münzsammlung. Meine Tochter erhält meine wertvolle Briefmarkensammlung. Meine Ehefrau erhält das Hausgrundstück. Mein Kegelbruder K erhält meine wertvolle Waffensammlung.

Sind dem Bedachten nur einzelne Gegenstände zugewendet, so ist im Zweifel   45
nicht anzunehmen, dass er Erbe sein soll, auch wenn er als Erbe bezeichnet ist, § 2087 Abs. 2 BGB.

Auch hier ist bei der **Auslegung** einer Willenserklärung der wirkliche Wille zu   46
erforschen und nicht an dem buchstäblichen Sinne des Ausdrucks zu haften, § 133 BGB. Es ist folglich zu ermitteln, wen der Erblasser als Erben und wen als Vermächtnisnehmer einsetzen wollte. In der Praxis werden die Werte der zugewandten Gegenstände, hier Briefmarkensammlung, Münzsammlung, Waffensammlung und Hausgrundstück beziffert. Wenn beispielsweise das Hausgrundstück den wesentlichen Wert des Nachlasses darstellt, ist davon auszugehen, dass die Ehefrau alleinige Erbin des Erblassers werden sollte, beschwert mit den Vermächtnissen für Sohn und Tochter sowie den Kegelbruder des Erblassers. Entscheidend sind hier die Werte der zugewandten Gegenstände. Nur wenn ein Wert tatsächlich den überwiegenden Teil des Nachlasses ausmacht, kann der Empfänger als alleiniger Erbe bezeichnet werden. Sind die Werte annähernd

---

24 BGHZ 20, 71.
25 Am 1.1.2009 ist in NRW das Wohn- und Teilhabegesetz in Kraft getreten. § 10 Abs. 1 hat § 14 HeimG abgelöst. Aufgrund der Föderalismusreform haben viele Bundesländer Wohn- und Teilhabegesetze erlassen.

gleich, müssen die Erbquoten nach den Werten der zugewandten Nachlassteile bestimmt werden.

Hat die Briefmarkensammlung hier beispielsweise einen Wert von 1.000 EUR, die Münzsammlung ebenfalls einen Wert von 1.000 EUR und die Waffensammlung einen Wert von 3.000 EUR sowie das Hausgrundstück einen Wert von 45.000 EUR, so liegen folgende Erbquoten vor:

Die Ehefrau zu $^{90}/_{100}$, die Tochter zu $^{2}/_{100}$, der Sohn zu $^{2}/_{100}$, der Kegelbruder zu $^{6}/_{100}$.

Damit solche Quoten, die sich dann auch in dem berichtigten Grundbuch wiederfinden, vermieden werden, ist den Mandanten unbedingt anzuraten, eine Erbeinsetzung vorzunehmen, also ausdrücklich auszusprechen, wer Erbe und evtl. mit welchen Vermächtnissen belastet werden soll.

Die Auslegungsregel des § 2087 Abs. 2 BGB greift nicht ein, wenn ein anderer Wille des Erblassers festgestellt werden kann.[26]

47   Zu den verschiedenen Möglichkeiten der **Erbeinsetzung auf Bruchteile** vergleiche die Vorschriften der §§ 2088–2092 BGB.

48   Die **gesetzliche Erbfolge** kann auch eine Rolle bei einer testamentarischen Erbeinsetzung spielen. Wenn der Erblasser nur einen Erben eingesetzt hat und die Einsetzung auf einen Bruchteil der Erbschaft beschränkt, tritt in Ansehung des übrigen Teiles die gesetzliche Erbfolge ein, § 2088 Abs. 1 BGB. Gleiches gilt, wenn der Erblasser mehrere Erben auf einen **Bruchteil** einsetzt und diese Bruchteile das Ganze nicht ausschöpfen, § 2088 Abs. 2 BGB.

49   Wollte der Erblasser über den Nachlass als Ganzes verfügen und verrechnet sich in der Weise, dass die von ihm verfügten Erbquoten das Ganze nicht erreichen, so tritt eine verhältnismäßige **Erhöhung der Bruchteile** ein, § 2089 BGB.

50   Wollte der Erblasser den Nachlass als Ganzes vererben, verrechnet sich jedoch, so dass die von ihm bestimmten Erbquoten das Ganze übersteigen, tritt eine verhältnismäßige **Minderung** der Bruchteile ein, § 2090 BGB.

51   Werden mehrere Erben ohne Benennung der Erbteile eingesetzt, ist zunächst nach den **Auslegungsregeln** der §§ 2066–2069 BGB der Versuch zu unternehmen, die Erbteile zu ermitteln. Bleibt dies ergebnislos, gelten die Erben zu gleichen Teilen eingesetzt, gem. § 2091 BGB.

52   Sind von mehreren Erben die einen auf **Bruchteile**, die anderen ohne Bruchteile eingesetzt, erhalten die letzteren den freigebliebenen Teil der Erbschaft, § 2092 Abs. 1 BGB. Auch hier handelt es sich um eine Auslegungsvorschrift, die durch einen anderen Willen des Erblassers verdrängt werden kann.

---

26 BGH FamRZ 1972, 561; OLG Köln DNotZ 1993, 133.

Die §§ 2088–2092 BGB geben Auslegungsregeln, wenn der Erblasser den oder   53
die Erben auf **Bruchteile** eingesetzt hat. Sind einige von mehreren Erben auf
einen gemeinschaftlichen Erbteil eingesetzt, finden in Ansehung dessen die
§§ 2089–2092 BGB entsprechende Anwendung, § 2093 BGB.

Beachte   54
Sind mehrere Erben in der Weise eingesetzt, dass sie die gesetzliche Erbfolge
ausschließen, und fällt einer der Erben vor oder nach dem Eintritt des Erbfalls
weg, so wächst dessen Erbteil den übrigen Erben nach dem Verhältnis ihrer
Erbteile an, die sog. **Anwachsung** gem. § 2094 Abs. 1 S. 1 BGB.
Die Rechtsfigur der Anwachsung beruht auf der Annahme, dass der Erblasser,
der durch eine Erbeinsetzung über seinen Gesamtnachlass verfügt hat, seine
gesetzlichen Erben in jedem Fall ausschließen wollte und bei Wegfall einer
der eingesetzten Personen deren Anteil am Nachlass dann den anderen eingesetzten Personen und nicht etwa den enterbten Verwandten zukommen lassen
werde.[27] Eine solche Klarstellung ist sinnvoll, da der Ausschluss der Anwachsung nicht ausdrücklich verfügt werden muss, sondern es genügt, wenn ein
entsprechender Wille des Erblassers durch Auslegung ermittelt werden kann.[28]

Voraussetzung für die **Anwachsung** ist, dass der Erblasser in seiner Verfügung   55
von Todes wegen die gesetzliche Erbfolge ausgeschlossen hat und einer der
eingesetzten Erben weggefallen ist, z.b. durch Vorversterben, § 1923 Abs. 1 BGB,
Erbverzicht, § 2346 Abs. 1 BGB, Erbunwürdigkeit, § 2344 BGB, Erbausschlagung, § 1953 BGB, oder Nichterleben einer aufschiebenden Bedingung, § 2074
BGB.

Die Anwachsung bewirkt, dass der Erbteil des weggefallenen Erben den übrigen
eingesetzten Erben nach dem Verhältnis ihrer Erbteile anwächst.

Eine positive Anordnung der Anwachsung ist im BGB nicht vorgesehen und   56
daher auch nicht möglich. Die Formulierung in einem Testament oder Erbvertrag,
dass in bestimmten Fällen Anwachsung eintritt, ist demnach keine erbrechtliche
Verfügung mit positivem Inhalt, sondern nur eine Klarstellung, dass die Anwachsung nicht nach § 2094 Abs. 3 BGB ausgeschlossen wird.[29]

Die Auslegungsregel des § 2094 Abs. 1 und 2 BGB gilt nur, wenn der Erblasser
in seiner Verfügung die Anwachsung nicht ausgeschlossen hat, § 2094 Abs. 3
BGB.

Fall 29   57
Der E verfügt in seinem privatschriftlichen Testament am 23.10.2008, dass
seine Ehefrau F ½ und seine Kinder A und B zu je ¼ Erbe werden. Zum
Zeitpunkt des Erbfalls ist die B jedoch bereits vorverstorben. Sie war verheira-

---

27 Tanck/Krug/*Tanck*, AnwF Testamente, § 11 Rn 84.
28 Palandt/*Weidlich*, § 2094 Rn 3 m.w.N.
29 *Keller*, ZEV 2002, 439, 440.

tet und hinterlässt drei Kinder, K1, K2 und K3. Diese streiten sich bei Eröffnung des Testaments des E am 1.2.2009 mit F und A um den Testamentserbteil von B. Der Ehemann C ist vorverstorben.

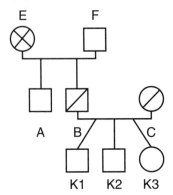

58   **Lösung zu Fall 29**

Die F erhält $\quad$ $\frac{1}{2} + \frac{2}{12} = \frac{8}{12} = \frac{2}{3}$

A erhält $\qquad$ $\frac{3}{12} + \frac{1}{12} = \frac{4}{12} = \frac{1}{3}$

K1, K2 und K3 erhal-$\quad$ nichts.
ten

Alternative: Ausschluss der Anwachsung, § 2094 Abs. 3 BGB

F erhält $\qquad$ $\frac{1}{2}$

A erhält $\qquad$ $\frac{1}{4}$

K1, K2 und K3 erhal-$\quad$ je $\frac{1}{12}$, § 1924 Abs. 3 BGB.
ten

59   In der Konstellation des Falles 29 würden K1, K2 und K3 nur anstatt ihrer vorverstorbenen Mutter B nach dem Großvater E gem. der Regel des § 1924 Abs. 3 BGB zu gleichen Teilen erben, wenn der E in seinem Testament vom 23.10.1998 die Anwachsung nach § 2094 Abs. 3 BGB ausgeschlossen hätte. Da dies nicht erfolgt ist, fällt der $\frac{1}{4}$-Erbteil dem A und der F verhältnismäßig zu.

60   Für den Fall, dass der Erbe vor oder nach Eintritt des Erbfalls wegfällt, kann der Erblasser einen anderen als Erben einsetzen, der sog. **Ersatzerbe** gem. § 2096 BGB.

61   **Beachte**
Das Recht des Ersatzerben geht dem Anwachsungsrecht zwingend vor, § 2099 BGB.[30]

---

30 MüKo-BGB/*Schlichting*, § 2098 Rn 4; Staudinger/*Otte*, § 2098 Rn 2; Soergel/*Loritz*, § 2099 Rn 1.

Die Benennung eines Ersatzerben ist insbesondere dann sinnvoll und ratsam, wenn der Erbe bereits älter als der Erblasser oder von Krankheit gezeichnet ist.

III. Zusammenfassung

Bei der Erbeinsetzung sind auf korrekte Begriffe und eindeutige Erbquoten zu achten. Bei der Berechnung der Erbquoten sollte zwingend das Ergebnis $^1/_1$ oder 100 % oder $^{10}/_{10}$ lauten, damit die gesetzlichen Auslegungsregeln nur in Ausnahmefällen bemüht werden müssen.   **62**

C. Einsetzung eines Nacherben (§§ 2100 bis 2146 BGB)

I. Einführung

Bei der **Vor- und Nacherbschaft,** die nur durch letztwillige Verfügung von Todes wegen bestimmt werden kann, geht es dem Erblasser in der Regel darum, ein Abwandern des Nachlasses auf einen anderen **Stamm** zu verhindern. Mit dem anderen Stamm sind häufig das Schwiegerkind und dessen Verwandte gemeint.   **63**

II. Rechtliche Grundlagen

Die Einsetzung eines Nacherben ist in den §§ 2100–2146 BGB geregelt.   **64**

Nacherbe ist, wer Erbe wird, nachdem ein anderer, der **Vorerbe,** bereits Erbe war, § 2100 BGB. Der Vorerbe wird damit in der Herrschaft über den Nachlass vom Nacherben abgelöst. Der Nacherbe beerbt nicht den Vorerben, sondern den ursprünglichen Erblasser.[31] Es handelt sich hierbei um einen einzigen **Erbfall** mit zweifacher Erbfolge nach einem **Erblasser.** Der Nachlass geht mit dem Nacherbfall auf den Nacherben so über, als wenn der Erblasser erst in diesem Zeitpunkt gestorben wäre. Dies geschieht automatisch, ohne einen Übertragungsakt, mit dinglicher Wirkung. Es bedarf also nicht mehr einer Übertragung vom Vorerben auf den Nacherben.

Der Erblasser kann an dem Instrument der Vor- und Nacherbschaft interessiert sein, wenn er verhindern will, dass sein Nachlass in einen anderen Stamm abwandert.

Fall 30   **65**
Der Erblasser hat eine Ehefrau F und zwei Kinder A und B. Der Erblasser beruft seine Ehefrau zur alleinigen Erbin. Die Ehefrau F stirbt, nachdem sie eine zweite Ehe mit G eingegangen ist. Sie lebte mit G im gesetzlichen Güter-

---

31 MüKo-BGB/*Grunsky,* § 2100 Rn 1; Palandt/*Weidlich,* § 2100 Rn 1 m.w.N.

stand der Zugewinngemeinschaft. Aus dieser Ehe ist ein gemeinsames Kind C hervorgegangen. Die F hat sich mit den Kindern aus erster Ehe A und B entzweit, da diese kein Verständnis für die erneute Ehe ihrer Mutter aufbrachten. Daher hinterlässt sie bei ihrem Tode ein Testament, in dem G und C als alleinige Erben eingesetzt sind.

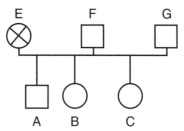

Lösung zu Fall 30

66

A und B können ihre Pflichtteilsansprüche durchsetzen (siehe § 6 – Pflichtteil, in diesem Buch): je $^1/_{12}$.

67 Die im Stammbaum und in der Lösung aufgezeigte Situation, dass A und B lediglich ihre Pflichtteilsansprüche von je $^1/_{12}$ durchsetzen können, bedeutet, dass $^{10}/_{12}$ oder $^5/_6$ des Nachlasses von E über F zu einem anderen Stamm, für ihn fremde Menschen, abwandern.

Dieses Ergebnis hätte durch Verfügung einer Vor- und Nacherbschaft verhindert werden können. F hätte hier als nicht befreite Vorerbin eingesetzt werden müssen, von der A und B als Nacherben den Nachlass von E übernommen hätten.

68 **Fall 31**

Der Erblasser hat eine Tochter A, die kinderlos ist. Die Ehefrau des E ist bereits vorverstorben. Ein weiteres Kind des E, der Sohn B, hat zusammen mit der F die zwei Kinder C und D. Den Familienbetrieb mit Grundstück soll die Tochter A erhalten, die durch ein Studium das geeignete Fachwissen erworben hat. Der Sohn B, zum Leidwesen des Vaters Künstler geworden, soll nur eine kleine Abfindung erhalten. Aus diesem Grunde setzt der E die A als alleinige Erbin ein. Nachdem A von E den Familienbetrieb erhalten hat und dem B eine kleine Abfindung ausgezahlt hat, mit der sich dieser zufriedengibt, errichtet sie ein Testament, in dem sie ihren Ehemann G zum alleinigen Erben einsetzt. Wenig später stirbt sie infolge eines tragischen Verkehrsunfalls.

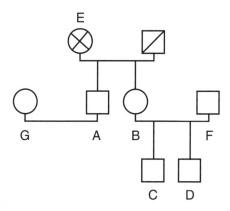

Lösung zu Fall 31   69
Eigentümer des Familienbetriebes wird G nach der von A errichteten Verfügung von Todes wegen.

Ein solches Ergebnis, das E sicherlich nicht gewollt hätte, wäre durch die Verfü-   70
gung einer Vor- und Nacherbschaft zu verhindern gewesen.

Die Verfügung einer Vorerbschaft für A sowie der Einsetzung von C und D als
Nacherben hätte hier das Abwandern des Familienbetriebes mit Grundstück an
den Schwiegersohn G verhindern können. Zu beachten ist jedoch, dass gerade
bei einer Unternehmensnachfolge die Einsetzung des Nachfolgers lediglich als
Vorerbe diesen in seiner freien Handlungsweise derart stark einschränkt, dass
dies zum Nachteil des Unternehmens gereichen kann. Der geeignete Weg für die
Unternehmensnachfolge ist in den meisten Fällen daher die lebzeitige Übertragung durch den Eigentümer.

1. Auslegungsregeln

Das Gesetz bietet einige **Auslegungsregeln**, in denen die Vor- und Nacherbschaft   71
als Hilfskonstruktion angesehen wird:
– Ist eine zur Zeit des Erbfalls noch nicht gezeugte Person als Erbe eingesetzt,
  ist im Zweifel anzunehmen, dass sie als Nacherbe eingesetzt ist, § 2101 Abs. 1
  S. 1 BGB. Bis zum Eintritt der Nacherbfolge sind die gesetzlichen Erben des
  Erblassers Vorerben.
– Gleiches gilt bei der Einsetzung einer juristischen Person, die erst nach dem
  Erbfall zur Entstehung gelangt, § 2101 Abs. 2 Hs. 1 BGB.
– Wird die Stiftung erst nach dem Tode des Stifters als rechtsfähig anerkannt,
  gilt sie für die Zuwendungen des Stifters als schon vor dessen Tode entstanden,
  §§ 2101 Abs. 2 Hs. 2, 84 BGB.
– Bei Zweifeln, ob jemand als Ersatzerbe oder als Nacherbe eingesetzt ist, gilt
  die Erbeinsetzung als Ersatzerbe, § 2102 Abs. 2 BGB.

- Die Anordnung der Herausgabe der Erbschaft an einen anderen impliziert dessen Stellung als Nacherbe, § 2103 BGB.
- Hat der Erblasser angeordnet, dass der Erbe nur bis zu dem Eintritt eines bestimmten Zeitpunkts oder Ereignisses Erbe sein soll, ohne zu bestimmen, wer alsdann die Erbschaft erhält, ist anzunehmen, dass als Nacherben diejenigen eingesetzt sind, welche die gesetzlichen Erben des Erblassers sein würden, wenn er zur Zeit des Eintritts des Zeitpunkts oder des Ereignisses gestorben wäre, § 2104 S. 1 BGB. Zu den gesetzlichen Erben im Sinne dieser Vorschrift gehört nicht der Fiskus, § 2104 S. 2 BGB.
- Wenn der Erblasser umgekehrt nur angeordnet hat, dass der Erbe die Erbschaft erst von einem gewissen Zeitpunkt ab oder mit Eintritt eines bestimmten Ereignisses erhält, ohne zu regeln, wer sie bis dahin bekommen soll, sind seine gesetzlichen Erben zunächst als Vorerben berufen, § 2105 Abs. 1 BGB.
- Eintritt der Nacherbfolge ohne Bestimmung des Zeitpunktes oder des Ereignisses, mit dem die Nacherbfolge eintreten soll, mit dem Tode des Vorerben, § 2106 Abs. 1 BGB.
- Bei einem kinderlosen Vorerben entfällt die Nacherbschaft, wenn dieser nach Errichtung der letztwilligen Verfügung noch einen Abkömmling zeugt, § 2107 BGB.

72 **Beachte**
In der Verfügung von Todes wegen sollte die Frage der Vererblichkeit des Nacherbenrechts konkret geregelt werden. Die Vererblichkeit des Nacherbenrechts kann Ergebnisse zeitigen, die der Erblasser so nicht wollte, vgl. § 2108 Abs. 2 BGB.

73 Bei der **Vererblichkeit des Nacherbenrechts** oder **Anwartschaftsrechts** ist die Auslegung der Verfügung von Todes wegen zur Ermittlung des Erblasserwillens maßgebend.[32] Ergibt die Auslegung keinen klaren Willen des Erblassers, ist nach § 2108 Abs. 2 S. 1 BGB Vererblichkeit anzunehmen. Wurde der Nacherbe unter einer **aufschiebenden Bedingung** eingesetzt, § 2108 Abs. 2 S. 2 BGB, ist im Zweifel anzunehmen, dass die Zuwendung nur gelten soll, wenn der Bedachte den Bedingungseintritt erlebt, § 2074 BGB. Nach einer Faustregel wird die Vererblichkeit der Nacherbenstellung in Fällen auszuschließen sein, in denen es dem Erblasser darum geht, das Vermögen in der Familie zu halten,[33] während es für die Vererblichkeit spricht, wenn der Erblasser den Nacherben eine schon vor dem Nacherbfall verwertbare Rechtsstellung zuwenden möchte.[34]

74 **Beispiel**
Der Erblasser hinterlässt seine Frau als nicht befreite Vorerbin und eine Tochter als Nacherbin. Die Tochter ist verheiratet und hat einen Sohn. Die Tochter

---

32 BGHZ 33, 60.
33 MüKo-BGB/*Grunsky*, § 2102 Rn 7.
34 *Musielak*, ZEV 1995, 5, 7.

verstirbt vor ihrer Mutter. Wenn das Nacherbenrecht vererblich ist, werden der Schwiegersohn und der Enkel des Erblassers je zur Hälfte Nacherben. Ist das Nacherbenrecht nicht vererblich, erbt der Enkel alleine im Wege der gesetzlichen Ersatzberufung des Stammes eines vorverstorbenen Nacherben nach § 2069 BGB.

Nachstehendes Muster verdeutlicht, wie die Vererblichkeit des Nacherbenrechts   75
ausgeschlossen werden kann.

2. Muster: Eigenhändiges Testament; Ausschluss der Vererblichkeit des Nacherbenrechts

Testament   76

Hiermit widerrufe ich

▨▨▨▨▨ *(Name, Geburtsname, Geburtsdatum, Adresse)* alle etwaigen früheren Verfügungen von Todes wegen. Als unbefreite Vorerbin berufe ich meine Ehefrau ▨▨▨ *(Name, Geburts-name, Geburtsdatum, Adresse).* Nach ihrem Tode sollen meine Kinder ▨▨▨ *(Name, Geburts-datum und Adresse)* erben.

Die Vererblichkeit des Nacherbenrechts meiner Kinder ist ausgeschlossen.

▨▨▨

Ort, Datum, Unterschrift

3. Besonderheiten

Nach heute herrschender Meinung kann der Nacherbe über sein **Anwartschafts-** 77
recht verfügen.[35]

Zu berücksichtigen bei der Einrichtung der Vor- und Nacherbschaft ist für den 78
Anwalt ein Haftungsrisiko aus der Vorschrift des § 2109 Abs. 1 S. 1 BGB, in der für die Nacherbschaft ein „Verfalldatum" von dreißig Jahren bestimmt wird. Die Ausnahmen des § 2109 Abs. 1 S. 2 BGB können vor dieser **Frist** schützen.

Die Nacherbschaft bleibt auch nach dem Ablauf von dreißig Jahren wirksam gem. § 2109 Abs. 1 S. 2 BGB,
– wenn die Nacherbfolge für den Fall angeordnet ist, dass in der Person des Vorerben oder des Nacherben ein bestimmtes Ereignis eintritt[36] und derjenige, in dessen Person das Ereignis eintreten soll, zur Zeit des Erbfalls lebt, § 2109 Abs. 1 S. 2 Nr. 1 BGB

---

35 BGHZ 87, 367, 369 m.w.N.
36 Die Person des Vor- und Nacherben muss bei Erbfall noch nicht leben, sondern es genügt, dass sie zu diesem Zeitpunkt gezeugt worden ist, § 1923 Abs. 2, NK-BGB/*Gierl*, § 2109 Rn 4 m.w.N.

– wenn dem Vorerben oder einem Nacherben für den Fall, dass ihm ein Bruder oder eine Schwester geboren wird, der Bruder oder die Schwester als Nacherbe bestimmt ist, § 2109 Abs. 1 S. 2 Nr. 2 BGB.

Beispiele für den Eintritt eines bestimmten Ereignisses in Nr. 1 können sein die Wiederheirat des Nacherben, der Tod des Vorerben oder Ergreifen eines bestimmten Berufes durch den Nacherben, der vom Erblasser nicht gewünscht wird.

79 Dies gilt nicht, wenn Vorerbe oder Nacherbe, in dessen Person das Ereignis eintreten soll, eine juristische Person ist, § 2109 Abs. 2 BGB. Hier bleibt es bei der **dreißigjährigen Frist**. Auf die Berufung einer Gesamthandsgemeinschaft als Vor- und Nacherbe ist § 2109 Abs. 2 BGB analog anzuwenden.[37]

80 An den Nacherben fällt alles, was im Nacherbfall noch übrig ist. Es fällt aber auch das an den Nacherben, was der Vorerbe als Ersatz für den Verlust oder die Hingabe von Nachlassgegenständen bei Kauf, Verkauf oder Tausch erlangt hat, die sog. **Surrogate** nach § 2111 BGB.

Die Vorschrift des § 2111 BGB hat Ausnahmecharakter. Für ihre Auslegung und Anwendung ist aber nicht ein formal enger, sondern zum Schutz des Nacherben ein wirtschaftlicher Maßstab zugrunde zu legen. Dies ist im Hinblick auf das Tatbestandsmerkmal „Erwerb durch Rechtsgeschäft mit Mitteln der Erbschaft" anerkannt.[38]

Dementsprechend ist die Versteigerung des Nachlassgrundstückes auf Antrag eines Fremdgläubigers als Fall der Entziehung eines Erbschaftsgegenstandes zu werten, für den der Vorerbe insoweit Ersatz erlangt hat, wie der Versteigerungserlös zur Befriedigung des betreibenden Gläubigers und zur Abdeckung der Kosten nicht erforderlich war und daher an ihn ausgekehrt worden ist.[39]

81 Wer die Errichtung einer Vor- und Nacherbschaft empfiehlt, sollte berücksichtigen, dass es bei dem **Verfügungsrecht des Vorerben** über den Nachlass des Erblassers bestimmte **Einschränkungen** gibt.

Die grundsätzliche Verfügungsbefugnis des Vorerben über die zur Erbschaft gehörenden Gegenstände, § 2112 BGB, wird in den Vorschriften der §§ 2113–2115 BGB eingeschränkt.

Beschränkungen der Verfügungsbefugnis des Vorerben:
– Die Verfügung des Vorerben über zur Erbschaft gehörende Grundstücke oder Rechte an einem Grundstück oder zugehörige Schiffe oder Schiffsbauwerke werden im Fall des Eintritts der Nacherbfolge insoweit unwirksam, als sie

---

37 *Lange/Kuchinke*, Erbrecht, § 28 VII 2b; MüKo-BGB/*Grunsky*, § 2109 Rn 6 m.w.N.
38 BGHZ 40, 115, 123.
39 BGH ZEV 1994, 116, 117.

das Recht des Nacherben vereiteln oder beeinträchtigen würden, § 2113 Abs. 1 BGB.

– Das Gleiche gilt von den entgeltlichen Verfügungen über Erbschaftsgegenstände oder solche zum Zwecke der Erfüllung eines vom Vorerben erteilten Schenkungsversprechens, § 2113 Abs. 2 S. 1 BGB. Gutgläubiger Erwerb ist jedoch möglich, wenn der Nacherbenvermerk nicht im Grundbuch bzw. Schiffsregister eingetragen war, vgl. § 2113 Abs. 3 BGB.

– Zwar kann der Vorerbe hypothekarisch gesicherte Forderungen kündigen und einziehen, wird das Geld jedoch an ihn ausgezahlt, muss er die Einwilligung des Nacherben beibringen. Gelingt ihm dies nicht, wird das Geld für ihn und den Nacherben gemeinschaftlich hinterlegt, § 2114 BGB.[40]

– Eine Verfügung über einen Erbschaftsgegenstand, die im Wege der Zwangsverfügung oder Arrestvollziehung oder durch den Insolvenzverwalter erfolgt, ist im Falle des Eintritts der Nacherbfolge insoweit unwirksam, als sie das Recht des Nacherben vereiteln oder beeinträchtigen würde, § 2115 S. 1 BGB. Die Verfügung ist unbeschränkt wirksam, wenn sie im Falle der Nacherbfolge auch gegenüber dem Nacherben wirksam wäre, § 2115 S. 2 BGB.

– Der Vorerbe hat Inhaberpapiere auf Verlangen des Nacherben bei einer Hinterlegungsstelle zu hinterlegen.[41] Er kann über diese Papiere nur mit Zustimmung des Nacherben verfügen, § 2116 Abs. 2 BGB. Geld muss der Vorerbe mündelsicher gem. der §§ 1806, 1807 ff. BGB anlegen, § 2119 BGB. Die Verpflichtung zur mündelsicheren Anlage gilt sowohl für Geld, das beim Erbfall vorhanden ist, als auch für späteren Surrogationserwerb, § 2111 BGB.[42]

Beachte   82

Wenn die Verfügung des Vorerben über Gegenstände des Nachlasses z.B. den Verkauf von Nachlassgegenständen zur Begleichung von **Nachlassschulden** beinhaltet, hat der Nacherbe eine Verpflichtung, dieser zuzustimmen, § 2120 BGB.

Rechte des Nacherben: 83

– Er kann von dem Vorerben ein Verzeichnis der zur Erbschaft gehörenden Gegenstände verlangen, § 2121 Abs. 1 S. 1 BGB. Dieses Verzeichnis kann vom Vorerben und muss auf Verlangen des Nacherben durch die zuständige Be-

---

40 Hinterlegungsstellen sind die Amtsgerichte, z.B. § 1 Abs. 2 HintG NRW i.V.m. §§ 372 ff. BGB. Das Hinterlegungsgesetz NRW ist am 1.12.2010 in Kraft getreten und hat die Hinterlegungsordnug für das Land NRW neu gefasst. Sämtliche Bundesländer haben eigene Hinterlegungsordnungen erlassen. Die Hinterlegungsordnung ist damit zum 1.12.2010 als Bundesrecht außer Kraft getreten. Ihre Regelungen werden durch Ländergesetze fortgeführt.

41 Hinterlegungsstelle ist das Amtsgericht, z.B. § 1 Abs. 2 HintG NRW. Hinterlegungskasse ist in NRW die Oberjustizkasse Hamm, § 1 Abs. 3 HintG NRW.

42 Staudinger/*Avenarius*, § 2118 Rn 1.

hörde oder einen Beamten oder Notar aufgenommen werden, § 2121 Abs. 3 BGB.

– Der Nacherbe kann den Zustand der zur Erbschaft gehörenden Sachen auf seine Kosten durch Sachverständige feststellen lassen, § 2122 BGB.

– Gehört ein Wald zur Erbschaft, kann die Aufstellung eines Wirtschaftsplans verlangt werden, § 2123 Abs. 1 BGB. Gleiches gilt, wenn ein Bergwerk oder eine andere auf Gewinnung von Bodenbestandteilen gerichtete Anlage zur Erbschaft gehört, § 2123 Abs. 2 BGB.

– Auskunftsrecht des Nacherben über den Bestand der Erbschaft bei Grund zu der Annahme, dass der Vorerbe Rechte des Nacherben erheblich verletzt hat, § 2127 BGB.

– Sollte der Nacherbe die Besorgnis einer erheblichen Verletzung seiner Rechte durch das Verhalten des Vorerben oder dessen ungünstige Vermögenslage haben, begründet dies den Anspruch auf Sicherheitsleistung, § 2128 Abs. 1 BGB.

– Bei Nichterbringung der Sicherheitsleistung kann dem Vorerben die Verwaltung entzogen werden, § 2129 BGB.

– Verpflichtung des Vorerben nach dem Eintritt der Nacherbfolge, dem Nacherben die Erbschaft in dem Zustand herauszugeben, der sich bei einer bis zur Herausgabe fortgesetzten ordnungsmäßigen Verwaltung ergibt, § 2130 Abs. 1 S. 1 BGB.

– Bei übermäßiger Fruchtziehung durch den Vorerben hat dieser Ersatz zu leisten, §§ 2133, 2134 BGB.

84   Gewöhnliche **Erhaltungskosten**, die gem. § 2124 Abs. 1 BGB dem Vorerben zur Last fallen, sind diejenigen Kosten, die nach den rechtlichen und wirtschaftlichen Umständen des Nachlasses regelmäßig aufgewendet werden müssen, um das Vermögen in seinen Gegenständen tatsächlich und rechtlich zu erhalten. Der Einbau einer modernen Heizungsanlage in ein Mietwohnhaus sowie die Isolierverglasung seiner Fenster stellen in der Regel Maßnahmen dar, die ihrer Art nach unter § 2124 Abs. 2 BGB fallen.[43]

Gewöhnliche Erhaltungskosten sind beispielsweise normale Verschleißreparaturen, die Umstellung einer Zentralheizung von Koks- auf Ölfeuerung, die Instandsetzung und Erneuerung der elektrischen Anlage eines Hauses, umfangreiche Innen- und Außenputzarbeiten an Gebäuden, die Instandsetzung des Daches oder die Ausstattung mit einer Wärmedämmung.[44]

Entschließt sich der Vorerbe zur Durchführung einer Maßnahme, die nicht zu den gewöhnlichen Erhaltungskosten gehört, einen Kredit aufzunehmen, ist zu beachten, dass diese Kreditaufnahme nicht zu einer Auszehrung der Substanz der Erbschaft führen darf. Deshalb muss unter anderem sichergestellt sein, dass

---

43 BGH ZEV 1994, 116 ff.
44 BGH ZEV 1994, 116 ff. m.w.N.

die zu erwartenden fortlaufenden Kreditkosten (Zinsen), soweit sie zu Lebzeiten des Vorerben anfallen, rechtzeitig und vollständig aus seinen sonstigen Mitteln bezahlt werden. Die Tilgung darf nicht vollständig dem Nacherben überlassen werden.[45]

Die Einschränkungen für den nicht befreiten Vorerben im Rahmen des § 2124   85
Abs. 2 BGB gelten nicht für den befreiten Vorerben. Da dieser berechtigt ist, sogar die Nachlasssubstanz für sich selbst zu verwenden, gem. der §§ 2136, 2134 BGB, muss er erst recht befugt sein, außergewöhnliche Aufwendungen für den Nachlass aus der Erbschaft selbst zu bestreiten.[46]

Der Erblasser kann den Vorerben im Wege eines Vermächtnisses zugunsten des Nacherben verpflichten, die Grundpfandrechte aus den an sich dem Vorerben zustehenden Nutzungen der Erbschaft zu tilgen mit der Folge, dass Erstattungsansprüche aus § 2124 Abs. 2 BGB insoweit nicht geltend gemacht werden können.[47]

Rechte des Vorerben: 86
– Aufwendungsersatzanspruch gegenüber dem Nacherben, § 2124 Abs. 2 BGB.
– Erstellung eines Nachlassverzeichnisses zur eigenen Entlastung, § 2121 Abs. 3 BGB.
– Feststellung des Zustandes der Erbschaft durch Sachverständige, § 2122 S. 1 BGB.
– Erstellung eines Wirtschaftsplanes, § 2123 Abs. 1 S. 1 BGB.
– Verwendungsersatz und Wegnahme, § 2125 BGB.
– Der Vorerbe ist als Erbe des Erblassers auch Träger der Rechte und Pflichten hinsichtlich der Nachlassgegenstände und der Nachlassverbindlichkeiten. Deshalb führt er die entsprechenden Prozesse.

Grundsätzlich wirkt die **Rechtskraft** nur unter den Prozessparteien und nicht   87
gegenüber Dritten. Gem. § 325 Abs. 1 ZPO wirkt das Urteil aber für und gegen die Person, die nach der Rechtshängigkeit Rechtsnachfolger einer Prozesspartei geworden ist. Dies gilt jedoch nicht für den Nacherben, da er nicht Rechtsnachfolger des Vorerben, sondern des Erblassers ist. Wenn das Urteil vor dem Nacherbfall rechtskräftig wurde, wirkt es zugunsten, nicht zuungunsten des Nacherben. § 326 ZPO regelt die Rechtskraftwirkung gegenüber dem Nacherben.[48]

Befreiter Vorerbe: Der Erblasser kann den Vorerben von den meisten Beschrän-   88
kungen und Verpflichtungen befreien, als sog. „befreiter Vorerbe", § 2136 BGB. Zu diesen Befreiungsmöglichkeiten gehört allerdings nicht das Recht, Schenkungen vorzunehmen. Auch kann der Vorerbe nicht von der Pflicht zur Inventarer-

45 BGH ZEV 1994, 116 ff.
46 Staudinger/*Behrends/Avenarius*, § 2124 Rn 3.
47 BGH ZEV 2004, 425.
48 *Brox/Walker*, Erbrecht, Rn 369.

richtung befreit werden. Der befreite Vorerbe kann jedoch wirksam über Grundstücke und Wertpapiere verfügen und braucht hierfür keinen Ersatz gegenüber dem Nacherben zu leisten. Wenn der Nacherbe auf den Rest des Nachlasses eingesetzt ist oder dem Vorerben das Recht eingeräumt ist, über die Nachlassgegenstände frei zu verfügen, gilt der Vorerbe als befreit, § 2137 BGB.

Ein befreiter Vorerbe ist befugt, ein zum Nachlass gehörendes Grundstück zu veräußern, um den Erlös für seinen Unterhalt heranzuziehen und zugleich sein sonstiges, der Nacherbfolge nicht unterliegendes Vermögen zu schonen. Er kann nicht auf die Verpflichtung zur ordnungsgemäßen Nachlassverwaltung verwiesen werden.[49]

Der Nacherbe kann dem befreiten Vorerben die Zustimmung zu einer entgeltlichen Veräußerung eines Grundstücks nicht mit der Begründung verweigern, dass er eigene Ansprüche gefährden würde, da ihm solche bei der befreiten Vorerbschaft nicht zustehen.[50]

Inwieweit der Vorerbe von den gesetzlichen Beschränkungen und Pflichten befreit werden soll ist abhängig von den Zwecken, die mit der Gestaltung erreicht werden sollen.[51]

Die gekonnte Gestaltung der Vor- und Nacherbschaft zeichnet sich durch eine sinnvolle Mischung von Befreiung und Bindung aus. Dies ist eine höchst anspruchsvolle Aufgabe.[52]

Mit Eintritt der Nacherbfolge hört der Vorerbe auf, Erbe zu sein. Die Erbschaft fällt dem Nacherben an, § 2139 BGB. Der Vorerbe hört in der Regel auf, Erbe zu sein, wenn er stirbt. Also ist der Tod des Vorerben in der Regel der Beginn der Nacherbfolge.

89 | **Beachte**
Auch bei der Nacherbschaft steht einer werdenden Mutter der **Unterhaltsanspruch** gem. § 1963 zu, § 2141 BGB. Hiernach kann die Mutter, falls sie außerstande ist, sich selbst zu unterhalten, bis zur Entbindung angemessenen Unterhalt aus dem Nachlass oder, wenn noch andere Personen als Erben berufen sind, aus dem Erbteil des Kindes verlangen. Bei der Berechnung des Erbteils ist anzunehmen, dass nur ein Kind geboren wird, gem. der Auslegungsregel des § 1963 S. 2 BGB.

90 Der Nacherbe kann die Erbschaft **ausschlagen**, sobald der Erbfall eingetreten ist, § 2142 Abs. 1 BGB.

---

49 OLG Karlsruhe ZEV 1994, 45 ff.
50 H.M.: Soergel/*Harder/Wegmann*, § 2138 Nr. 4, Rn 4; MüKo-BGB/*Grunsky*, § 2138 Rn 1 und 2 m.w.N.
51 *Mayer*, ZEV 2000, 1, 2.
52 *Mayer*, ZEV 2000, 1, 9, 10.

Der Nacherbe hat die freie Wahl, ob er bereits nach dem Erbfall oder erst nach   91
dem Eintritt der Nacherbfolge ausschlagen will. Die **Ausschlagungsfrist** gegen
ihn gem. §§ 1944, 2139 BGB beginnt jedoch erst mit Kenntnis des Eintritts des
Nacherbfalls.[53]

Die **Haftung des Nacherben** ist in § 2144 BGB geregelt. Die Vorschriften über   92
die Beschränkung der Haftung des Erben für die Nachlassverbindlichkeiten gelten auch für den Nacherben; an die Stelle des Nachlasses tritt dasjenige, was der
Nacherbe aus der Erbschaft erlangt, mit Einschluss der ihm gegen den Vorerben
als solchen zustehenden Ansprüche, § 2144 Abs. 1 BGB, §§ 1967 ff. BGB.

> **Beachte**   93
> Sofern die Anordnung der Nachlassverwaltung oder die Eröffnung des Nach-
> lass-Insolvenzverfahrens mangels Masse nicht tunlich ist oder aus diesem
> Grund die Nachlassverwaltung oder das Nachlass-Insolvenzverfahren einge-
> stellt wurden, kann der Nacherbe die Einrede i.S.d. § 1990 BGB erheben. Für
> die Beurteilung der Masse ist der Umfang des Nachlasses zugrunde zu legen,
> in welchem der Nacherbe diesen bei Eintritt des Nacherbfalls erlangt hat.[54]

> **Beachte**   94
> Das von dem Vorerben errichtete Inventar wird auch dem Nacherben zuge-
> rechnet, § 2144 Abs. 2 BGB.

Die **Haftung des Vorerben** ist in § 2145 BGB geregelt. Hiernach haftet der   95
Vorerbe nach dem Eintritt der Nacherbfolge für die Nachlassverbindlichkeiten
noch insoweit, als der Nacherbe nicht haftet, § 2145 Abs. 1 S. 1 BGB. Eine Möglichkeit, die Haftung zu verweigern, gewährt § 2145 Abs. 2 S. 1 BGB, wenn
dasjenige nicht ausreicht, was dem Vorerben von der Erbschaft gebührt, um die
Nachlassverbindlichkeiten zu berichtigen. Die Vorschriften der §§ 1990, 1991
BGB finden nach § 2145 Abs. 2 S. 2 BGB entsprechende Anwendung. Der Vorerbe kann also die **Unzulänglichkeitseinrede** erheben.

Der Vorerbe ist gegenüber den Nachlassgläubigern verpflichtet, den Eintritt der
Nacherbfolge unverzüglich dem Nachlassgericht anzuzeigen, § 2146 Abs. 1 S. 1
BGB. Der Nacherbe kann die Anzeige erstatten, § 2146 Abs. 1 S. 2 BGB. Diese
ersetzt dann die Anzeige des Vorerben. Die Anzeige erfolgt vom Vorerben oder
seinen Erben gegenüber dem Nachlassgericht.[55]

> **Fall 32**   96
> Der Winzer W vererbt seiner Ehefrau Wilhelmine seinen gesamten Nachlass
> zur nicht befreiten Vorerbschaft. Nacherben sind die vier Kinder A, B, C und
> D. W verstirbt und die Ehefrau Wilhelmine wird als nicht befreite Vorerbin
> und Eigentümerin im Grundbuch eingetragen. Im Rahmen des **Nacherben-**

---

53 Palandt/*Weidlich*, § 2142 Rn 2.
54 Erman/*Schmidt*, § 2144 Rn 2.
55 Die örtliche Zuständigkeit bestimmt sich gemäß § 343 Abs. 1 FamFG.

vermerks werden in der zweiten Abteilung des Grundbuches die Kinder A, B, C und D als Nacherben eingetragen. Da sich im Laufe der nächsten Jahre lediglich das Kind A um die Mutter kümmert, überträgt diese unter Lebenden das Hausgrundstück auf die A. Die Kinder B, C und D erhalten als Ausgleichszahlung einen Betrag von jeweils 5.000 EUR. Die A wird im Grundbuch als neue Eigentümerin eingetragen. Es wird jedoch verabsäumt, den Nacherbenvermerk in Abteilung zwei des Grundbuches zugunsten von A, B, C und D zu löschen. Dreißig Jahre vergehen. Nur die A lebt noch, die Kinder B, C und D sind bereits verstorben, als die A ihr Hausgrundstück auf ihre Kinder K und L übertragen will. Der K macht eine Grundbucheinsicht und stellt den Nacherbenvermerk fest. Er fordert nunmehr die Abkömmlinge der bereits vorverstorbenen B, C und D auf, der Löschung des Nacherbenvermerks zuzustimmen. Diese verweigern die Zustimmung zur Löschung des Nacherbenvermerks, weil sie der Auffassung sind, dass die Übertragung der Wilhelmine auf die Tochter A unentgeltlich erfolgt ist, da die Ausgleichszahlung i.H.v. 5.000 EUR an B, C und D nicht den tatsächlichen Erbquoten entsprach. Das Hausgrundstück habe einen deutlich höheren Wert gehabt als den in dem Übertragungsvertrag zugrunde gelegten Wert von 20.000 EUR.

97   Ein **Nacherbenvermerk** im Grundbuch, § 51 GBO, hindert den Eigentümer nicht, das Grundstück zu veräußern oder zu belasten. Wie alle im Grundbuch eingetragenen Rechte setzt die **Löschung** des Nacherbenvermerks entweder die Bewilligung des eingetragenen Nacherben, § 19 der Grundbuchordnung (GBO), oder den **Nachweis der Unrichtigkeit des Grundbuchs** voraus, § 22 GBO, § 894 BGB.

Da es keine unmittelbaren Konsequenzen hervorruft, wenn der Nacherbenvermerk nicht unmittelbar nach Eintritt des Nacherbenfalles gelöscht wird, bleibt dieser Vermerk häufig im Grundbuch stehen, obwohl er längst gegenstandslos geworden ist.

Wenn dann, wie im vorstehenden Fall, nach Jahrzehnten das Grundstück lastenfrei übertragen oder eine Grundschuld erstrangig eingetragen werden soll, treten Probleme auf. Wer von den noch eingetragenen Nacherben lebt überhaupt noch? Wer hat einen bereits vorverstorbenen Nacherben beerbt?

Ein Nacherbe kann häufig nicht überzeugt werden, dass der für ihn eingetragene Vermerk kein Recht am Grundstück begründet, sondern sich nur noch als ein Sicherungsinstrument auf mittlerweile nicht mehr existente Rechte bezieht. Hier muss dann evtl. auf Bewilligung der Löschung gegen den Nacherben oder dessen Rechtsnachfolger geklagt werden. Wenn der Rechtsnachfolger des Nacherben verklagt werden soll, muss für diesen der Erbnachweis erbracht werden, in der Regel ein Erbschein oder ein eröffnetes notarielles Testament. Für minderjährige Erben muss die Genehmigung des Familiengerichts beantragt werden.

Lösung zu Fall 32   98

Der K muss gegen die noch lebenden Nacherben bzw. gegen die Rechtsnachfolger der bereits vorverstorbenen Nacherben Klage auf Bewilligung der Löschung erheben.

Beachte

Falls ein Nacherbenvermerk im Grundbuch steht, sollte dieser unbedingt alsbald gelöscht werden, da es nach längerem Zeitablauf häufig Schwierigkeiten verursacht, die erforderlichen Löschungsbewilligungen zu bekommen. Bei der Eintragung eines Vorerben ist zugleich das Recht des Nacherben und, soweit der Vorerbe von den Beschränkungen seines Verfügungsrechts befreit ist, auch die Befreiung von Amts wegen einzutragen, § 51 GBO.

Bei der Verfügung einer Vor- und Nacherbfolge ist auf deutliche Formulierungen   99
zu achten. Eine Löschung des Nacherbenvermerks im Grundbuch allein aufgrund eines notariellen Testaments scheidet auch dann aus, wenn es bei Einsetzung der „ehelichen Abkömmlinge" zu Nacherben in einem gemeinschaftlichen Testament zwar ausgeschlossen ist, dass der Vorerbe noch leibliche Abkömmlinge bekommen kann, aber nicht auszuschließen ist, dass noch eine Erwachsenenadoption stattfindet.[56]

Für den Nachweis der Erbfolge wurde hier seitens des Grundbuchamtes noch die Vorlegung eines Erbscheins verlangt, gemäß § 35 Abs. 1 S. 2 GBO.

Die **Löschungsbewilligung** des Nacherben ist als Verzicht auf den Schutz gegen   100
gutgläubigen Erwerb eines Dritten aufzufassen. Bezieht sich der Nacherbenvermerk auf mehrere Personen (A, B, C), so können auch einzelne auf den in der Eintragung liegenden Schutz verzichten. Zwar kann der Nacherbenvermerk als solcher in diesem Fall nicht gelöscht, wohl aber könnte beispielsweise in der Zweiten Abteilung des Grundbuchs in Spalte 5 Folgendes eingetragen werden: „A und B haben für ihre Person auf die Eintragung des Nacherbenrechts verzichtet." Die Namen des A und des B sind dann in der Haupteintragung in Spalte 3 rot zu unterstreichen.[57]

Die Verfügung über ein Nachlassgrundstück im Wege der **Erbauseinandersetzung** ohne **Voreintragung** der Miterben bedarf grundsätzlich des Nachweises   101
der Zustimmung der durch letztwillige Verfügung berufenen Nacherben. Ausreichend ist auch ein Verzicht der Nacherben auf die Eintragung eines Nacherbenvermerks.

Die Verfügung über ein Nachlassgrundstück bedarf nicht der Zustimmung des   102
Nacherben, wenn sie **allein** der Erfüllung einer **Teilungsanordnung** des Erblassers dient. Dies gilt bei einer von der Teilungsanordnung abweichenden Verfügung nicht, selbst wenn die Miterben auf diese Weise lediglich eine weitere

---

56 OLG Stuttgart ZEV 2010, 94.

57 *Demharter*, Grundbuchordnung, § 51 Rn 38.

rechtsgeschäftliche Übertragung der bei Erfüllung der Teilungsanordnung zu begründenden Miteigentumsanteile in ihrem Verhältnis untereinander vermeiden wollen.[58]

103   Der Nachweis der Erbfolge kann nur durch einen **Erbschein** geführt werden, § 35 Abs. 1 S. 1 GBO. Beruht jedoch die Erbfolge auf einer Verfügung von Todes wegen, die in einer **öffentlichen Urkunde** enthalten ist, so genügt es, wenn an Stelle des Erbscheins die Verfügung und die Niederschrift über die Eröffnung der Verfügung vorgelegt werden; erachtet das **Grundbuchamt** die Erbfolge durch diese Urkunden nicht für nachgewiesen, so kann es die Vorlegung eines Erbscheins verlangen, § 35 Abs. 1 S. 2 Hs. 2 GBO.

Im **Grundbuchberichtigungsverfahren** ist die Erbfolge bei Vorliegen eines notariellen Testaments dann durch Vorlage eines Erbscheins nachzuweisen, wenn tatsächliche Ermittlungen über einen etwaigen, in der Testamentsurkunde nur unvollständig zum Ausdruck gekommenen Erblasserwillen durchzuführen sind, § 35 Abs. 1 S. 2 Hs. 2 GBO.[59]

104   Besteht eine urkundliche Lücke im Nachweis der Erbfolge dahingehend, dass aus der Ehe der Vorerbin mit dem Erblasser keine weiteren als die in dem notariellen Testament aufgeführten, zu Nacherben berufenen Kinder hervorgegangen sind, so darf das Grundbuchamt eine zum Nachweis dieser (negativen) Tatsache vorgelegte **eidesstattliche Versicherung** in öffentlicher Urkunde nicht von vornherein als unbeachtlich zurückweisen. Ein Erbschein ist nur dann zu verlangen, wenn noch Zweifel verbleiben, die über die abstrakte Möglichkeit eines anderen Sachverhalts hinausgehen.[60]

105   Sind mehrere Personen als Nacherben berufen, ist zur vollständigen Löschung des Nacherbenvermerks die **Bewilligung** sämtlicher Nacherben erforderlich. Sind über namentlich bezeichnete Personen hinaus als Nacherben alle im Zeitpunkt des Nacherbfalles vorhandenen, künftig noch geborenen Kinder der Vorerbin berufen, setzt die Löschung des Nacherbenvermerks auch die Bewilligung dieser unbekannten Personen voraus, die durch einen gem. § 1913 S. 2 BGB zu bestellenden Pfleger abzugeben ist, der in den Fällen der §§ 1915, 1821 ff. BGB der Genehmigung des Vormundschaftsgerichts bedarf.[61]

Etwas anderes gilt jedoch dann, wenn offenkundig ist, dass keine weiteren als die namentlich benannten Nacherben vorhanden sind und auch nicht mehr hinzutreten können. Dies kann der Fall sein bei hohem Lebensalter der Vorerbin.[62]

---

58   OLG Hamm ZEV 1995, 336 ff.
59   OLG Hamm ZEV 2000, 456, 457; vgl. § 9 Erbschein, in diesem Buch.
60   OLG Hamm ZEV 1997, 206 ff. m.w.N.
61   OLG Hamm ZEV 1997, 208 ff.; ab dem 1.9.2009 ist die Genehmigung des Familiengerichts einzuholen.
62   OLG Hamm ZEV 1997, 208 ff.

4. Muster: Testament mit Vor- und Nacherbschaft

Ich, der Kellermeister Karl Klar, vererbe meiner Ehefrau Klara Klar, geb. Nebel, meinen gesamten   106
Nachlass. Meine Ehefrau soll jedoch nur nicht befreite Vorerbin sein.

Nacherben meiner Ehefrau sind meine Kinder Klaus und Klaudia.

Das Nacherbenrecht ist nicht vererblich.

Ort, Datum, Unterschrift

III. Steuertipp

Bei der Vor- und Nacherbschaft ist jedoch zu beachten, dass hier zwei Erbfälle   107
zu versteuern sind, § 6 Abs. 2 S. 1, Abs. 3 ErbStG. Der **Vorerbe**, als Erbe des
Erblassers, hat den über seinen Steuerfreibetrag hinausgehenden Nachlass zu
versteuern. Dasselbe gilt für den **Nacherben**, wenn vom Erblasser der Teil des
Nachlasses auf ihn übergeht. Vorerbe und Nacherbe sind Erben desselben Erblassers bezüglich derselben Erbschaft. Beide sind Erwerber i.S.d. § 3 Abs. 1 Nr. 1
ErbStG, die durch Erbanfall erwerben. Der Tod des Erblassers löst zunächst nur
den Vermögensübergang auf den Vorerben aus (Vorerbfall), dem zu einem späteren Zeitpunkt ein weiterer Vermögensübergang auf den Nacherben mit weitgehend identischem Erwerbsgegenstand nachfolgt (Nacherbfall). Vorerbe und
Nacherbe sind mithin Erben in zeitlicher Aufeinanderfolge. Der Erwerb zu
verschiedenen Zeitpunkten ändert aber nichts an dem doppelten Vermögensübergang.[63] Auf Antrag ist der Versteuerung das Verhältnis des Nacherben zum Erblasser zugrunde zu legen, § 6 Abs. 2 S. 2 ErbStG. Es ist fraglich, ob diese Regelung
im Hinblick auf § 13 Abs. 1 Nr. 4c ErbStG greift, da das Familienheim gerade
nicht versteuert, sondern von der Steuer ausgenommen wird.[64] Von der Verfügung einer Vor- und Nacherbschaft sollte abgesehen werden, wenn das zu übertragende Vermögen deutlich über die Steuerfreibeträge der Erben hinausgeht (vgl.
§ 12 Steuerrecht, in diesem Buch).

Vor- und Nacherbe beerben den Erblasser zeitlich nacheinander. Mithin bilden
sie keine Erbengemeinschaft wie die Miterben, die gleichzeitig und nebeneinander
Erben des Erblassers sind.

---

63 *Troll/Gebel/Jülicher*, § 6 Rn 2.
64 Näher hierzu *Reimann*, ZEV 2010, 174, 177.

IV. Zusammenfassung

108   Die Verfügung einer Vor- und Nacherbschaft kann für den Erblasser die Möglichkeit bieten, ein Abwandern seines Nachlasses in einen anderen Stamm zu verhindern. Gleichwohl ist die Vor- und Nacherbschaft, obwohl immer wieder kritiklos gepriesen, kein Allheilmittel. Gerade bei größeren Nachlässen sollte aus steuerlichen Gründen bereits zu Lebzeiten im Wege der vorweggenommenen Erbfolge durch den Erblasser eine Übertragung vorgenommen werden, um die jeweiligen Steuerfreibeträge von Ehefrau, Kindern sowie Enkelkindern auszunutzen.

D.   Vermächtnis (§§ 2147 bis 2191 BGB)

I.   Einführung

109   Das **Vermächtnis** ist geregelt in den §§ 2147–2191 BGB.

Im Laienverständnis werden Vermächtnis und Erbeinsetzung häufig verwechselt. In der Regel wird in privatschriftlichen Testamenten von „vermachen" gesprochen, jedoch „vererben" gemeint.

Der Gegenstand der Zuwendung muss gem. § 1939 BGB ein Vermögensvorteil sein. Der Vermögensvorteil muss nicht zu einer Bereicherung im Sinne einer Vermögensvermehrung führen, sondern nur zu einer Begünstigung für den Bedachten. Es kann daher auch ein mittelbarer Vermögensvorteil, wie z.b. eine Dienstleistung, ein Vermächtnis darstellen.[65]

Im Bereich des Vermächtnisses kann die Abgrenzung zur **Teilungsanordnung** bei einer Testamentsauslegung Schwierigkeiten bereiten. Es empfiehlt sich daher, bei dem Entwurf eines Testamentes eine saubere Abgrenzung zwischen den beiden Begriffen vorzunehmen.

110   Der BGH machte in einem Urteil 1994 deutlich, dass für die **Abgrenzung** einer **Teilungsanordnung** von einem **Vermächtnis** ein maßgebendes Kriterium ist, ob durch die Zuweisung des Gegenstandes eine Wertverschiebung gegenüber der Erbquote eintreten und der Bedachte auf diese Weise begünstigt werden soll. Eine solche wertmäßige Begünstigung spricht i.d.R. für das Vorliegen eines Vermächtnisses.[66]

Doch selbst wenn eine wertmäßige Begünstigung eines Miterben fehlt, muss nach Auffassung des BGH nicht allein deshalb notwendig eine Teilungsanordnung vorliegen und ein Vermächtnis ausgeschlossen sein. Entscheidend ist die Testamentsauslegung im konkreten Einzelfall.[67]

---

65   OLG Hamm FamRZ 1994, 1210.
66   BGH ZEV 1995, 144, 145.
67   *Rudolf*, § 2 Rn 28 ff.

II. Rechtliche Grundlagen

Wendet der Erblasser dem Bedachten einen Vermögensvorteil zu, ohne ihn zum   111
Erben zu berufen, so handelt es sich nach der Legaldefinition des § 1939 BGB
um ein Vermächtnis.

Der Vermächtnisnehmer hat das einklagbare Recht, von dem Beschwerten die
Leistung des vermachten Gegenstandes zu fordern, § 2174 BGB.

Der **Vermächtnisnehmer** ist nicht Erbe. Im Zweifel ist ein Vermächtnis anzuneh-   112
men, wenn dem Vermächtnisnehmer nur einzelne Gegenstände zugewendet werden, § 2087 Abs. 2 BGB. Demgegenüber liegt gem. § 2087 Abs. 1 BGB eine Erbeinsetzung vor, wenn der Bedachte auf die Erbschaft oder einen Bruchteil hiervon
eingesetzt wird.

Beschwerte des Vermächtnisses sind der Erbe oder ein anderer Vermächtnisneh-   113
mer, § 2147 S. 1 BGB. Auch dem Erben selbst kann etwas als Vermächtnis zugewendet werden, das vom Gesetz als Vorausvermächtnis, § 2150 BGB, bezeichnet
wird.

Fall 33   114
Die M verfügt durch Testament:
Zu meinem alleinigen befreiten Vorerben bestimme ich meinen Ehemann Kurt
Müller, Adresse. Darüber hinaus bestimme ich meinen Sohn Heinz Müller,
Adresse, zum Nacherben. Vorab soll mein Sohn Heinz Müller meine Brief-
markensammlung erhalten, da er ebenfalls Philatelist ist.

Lösung zu Fall 33   115
Hier ist davon auszugehen, dass die Erblasserin ihrem Sohn Heinz Müller
ihre Briefmarkensammlung ohne Anrechnung auf seinen Erbteil als **Vorausvermächtnis** i.S.d. § 2150 BGB übertragen möchte. Wird dem Erben, wie
vorliegend, über seinen Erbteil hinaus etwas zugewendet, ist von einem Vorausvermächtnis auszugehen.[68]
In Abweichung der Vorschrift des § 2065 Abs. 2 BGB gestatten die §§ 2151
und 2152 BGB dem Erblasser, es einem anderen zu überlassen, aus einem
vom Erblasser näher bezeichneten Personenkreis den Vermächtnisnehmer zu
bestimmen.

Beachte   116
Der bezeichnete Personenkreis muss bestimmbar sein, damit eine Auswahl
möglich ist. (Beispiel: „Eine meiner Nichten", jedoch nicht „ein Einwohner
der Stadt Berlin").

---

68 MüKo-BGB/*Schlichting*, § 2150 Rn 7.

> Die Zahl der Personen darf nicht allzu weit ausgedehnt werden, da es sich sonst um eine Auflage nach § 2193 BGB handelt, z.b. bei der Zuwendung eines Nachlassrestes zu wohltätigen Zwecken.[69]

117 Bei den typischen Fällen, z.b. Anfall unter mehreren Abkömmlingen, dürfte die erforderliche Eingrenzung keine Probleme bereiten. Erforderlich ist weiter eine ausdrückliche Klarstellung, dass es sich um ein Vermächtnis handelt. Wird z.b. nur verfügt, dass ein bestimmter Gegenstand einer Person aus einem bestimmten Kreis zufallen soll, so könnte es sich hierbei gem. der Auslegungsregelung des § 2087 BGB auch um eine Erbeinsetzung handeln. Ob eine wegen § 2065 BGB unwirksame Erbeinsetzung in eine nach § 2151 BGB wirksame Vermächtniszuwendung umgedeutet werden kann, ist streitig. Solche Zweifel werden vermieden, wenn der gesetzliche Wortlaut in der letztwilligen Verfügung wiederholt wird.[70]

Das Vorausvermächtnis an den einzigen Vorerben führt mit dem Erbfall zum Erwerb des Eigentums an dem vermachten Gegenstand. In allen anderen Fällen begründet das Vermächtnis lediglich ein Forderungsrecht gegen den oder die Erben auf Übereignung des vermachten Gegenstandes, § 2174 BGB.

118
> **Beachte**
> Der Normalbürger spricht von „vermachen" und meint „vererben".
> Hier ist der Anwalt gefordert, Testamente zu entwerfen, in denen der Unterschied von Vermächtnis und Erbeinsetzung beachtet wird. Ob der Erfahrungswert, dass bei Vermächtnis eines Sparguthabens nur der wirtschaftlich zum Zeitpunkt des Erbfalls noch vorhandene Rest zugewandt werden soll, zur Anwendung gelangt, ist für den Einzelfall anhand des Erblasserwillens zum Zeitpunkt der Errichtung der letztwilligen Verfügung zu ermitteln. Dies hat ggf. im Wege der ergänzenden Testamentsauslegung zu erfolgen. Damit ist bei der vermächtnisweisen Zuwendung eines Sparguthabens, von Bundesschatzbriefen oder Festgeldguthaben nicht zwingend die Folge vorgegeben, dass der Vermächtnisnehmer auf das zum Zeitpunkt des Erbfalls noch vorhandene Guthaben bzw. dessen wirtschaftliche Äquivalente beschränkt ist.[71]

119 Das Gesetz kennt folgende **Vermächtnisarten**:
- Wahlvermächtnis, § 2154 BGB
- Gattungsvermächtnis, § 2155 BGB
- Zweckvermächtnis, § 2156 BGB
- Gemeinschaftliches Vermächtnis, § 2157 BGB
- Verschaffungsvermächtnis, § 2170 BGB
- Forderungsvermächtnis, § 2173 BGB
- Untervermächtnis, § 2186 BGB

---

69 Palandt/*Weidlich*, § 2051 Rn 1 m.w.N.
70 *Mayer*, ZEV 1995, 247, 248 m.w.N.
71 OLG Karlsruhe ZEV 2005, 396, 397.

– Ersatzvermächtnis, § 2190 BGB
– Nachvermächtnis, § 2191 BGB.

Gegenstand des Vermächtnisanspruchs kann alles sein, was auch Gegenstand   120
eines Schuldverhältnisses sein könnte, also jedes rechtserhebliche Tun oder Un-
terlassen, das auf die Verbesserung der Vermögenslage des Bedachten abzielt. In
der Praxis finden sich am häufigsten:
– Sachvermächtnis
– Grundstücksvermächtnis
– Vermächtnis bezüglich einer Eigentumswohnung
– Hausratsvermächtnis
– Geldvermächtnis
– bestimmter Geldbetrag
– wertbezogenes Geldvermächtnis
– Pflegevergütungsvermächtnis
– Rentenvermächtnis
– Nießbrauchsvermächtnis
– Wohnungsrechtsvermächtnis
– Forderungsvermächtnis
– Vorkaufsrechtsvermächtnis
  – dinglich
  – schuldrechtlich
– Ankaufsrechtsvermächtnis
– Schuldbefreiungsvermächtnis
– Vermächtnis betreffend ausgleichungspflichtige Vorempfänge.[72]

Obwohl die **Lebensversicherungsforderungen** nicht zum Nachlass gehören,   121
kann eine Verfügung in einem Testament, das ein Dritter die Auszahlungssumme
erhalten soll, ein Verschaffungsvermächtnis i.S.v. § 2170 und § 2169 Abs. 2 Alt. 2
BGB darstellen. Wegen der in der Drittbegünstigung erklärten bewussten Zuwendung ist nach überwiegender Meinung für den Regelfall anzunehmen, dass kein
Verschaffungsvermächtnis gewollt ist, da andernfalls der Erbe damit beschwert
würde, ohne das die vermachte Leistung zum Nachlass gehört und er damit seine
Verpflichtung kompensieren könnte.[73] Anders liegt es jedoch, wenn der Erblasser
nach Errichtung seines Testaments die Lebensversicherung gekündigt und Auszahlung auf ein Konto verlangt, das dem Lebensgefährten vermacht worden ist
und für das dieser Kontovollmacht hatte.[74] Ist die sich aus der Bezugsberechtigung einer Lebensversicherung ergebende Versicherungssumme geringer als der
durch Vermächtnis zugewendete Versicherungsbetrag, so hat der Vermächtnisnehmer gegen den Erben einen Anspruch auf Ergänzung des Vermächtnisses,
entweder durch Zahlung, soweit der Erbe selbst aus der Lebensversicherung

72 Krug/Rudolf/Kroiß/Bittler/*Krug*, AnwF Erbrecht, § 15 Rn 7.
73 Soergel/*Wolf*, § 2169 Rn 11 m.w.N.
74 NK-BGB/*J. Mayer*, § 2169 Rn 13 m.w.N.

etwas erhalten hat, oder durch Abtretung des dem Nachlass zustehenden Bereicherungsanspruches gegen diejenigen Bezugsberechtigten, die mehr als die ihnen vom Erblasser zugewendete Quote erhalten haben. Der Notar verletzt seine Amtspflichten, wenn er es unterlässt, den Erblasser darauf hinzuweisen, dass eine aufgrund Testaments mögliche Änderung der Bezugsberechtigung aus einem Lebensversicherungsvertrag zu ihrer Wirksamkeit gegenüber dem Versicherer gem. § 13 ALB der schriftlichen Anzeige an die Versicherung bedarf.[75]

122 Bestimmt ein Erblasser, dass ein Mieter eines dem Erblasser gehörenden Hauses nach Ablauf der Mietzeit dieses behalten dürfe, so liegt hierin, wenn weiteres erhebliches Vermögen vorhanden ist, keine Nacherbeneinsetzung, sondern allenfalls ein Vermächtnis.[76]

Teilweise wird von sog. „gesetzlichen Vermächtnissen" gesprochen, obwohl es solche nicht gibt. Die Vorschriften der §§ 1939 und 1941 Abs. 1 BGB machen deutlich, dass ein Vermächtnis durch eine Verfügung von Todes wegen ausgesetzt werden kann.

123 Gleichwohl gibt es gesetzliche Anspruchsgrundlagen für Ansprüche, die dem Vermächtnisrecht ähneln. Nachstehend werden diese aufgeführt:
– der **Voraus des Ehegatten**, § 1932 BGB
– der **Dreißigste**, § 1969 BGB
– **Anspruch auf Bezahlung einer angemessenen Ausbildung**, § 1371 Abs. 4 BGB
– Ausgleichungspflicht, § 2057a BGB
– Anspruch des Fiskus oder einer anderen juristischen Person auf den Nachlass einer verpflegten oder unterstützten Person, Art. 139 EGBGB
– Ansprüche nach der HöfeO, §§ 12 Abs. 1, 8, 9, 10.

124 Ist der Vermächtnisnehmer vor dem Erblasser verstorben, wird das Vermächtnis unwirksam, § 2160 BGB.

125 In § 2169 BGB und § 2171 BGB sind die Verbote des Vermachens fremder Gegenstände bzw. der unmöglichen und verbotenen Vermächtnisse niedergelegt. Das Recht in § 2174 BGB stellt ein **Forderungsrecht des Vermächtnisnehmers** dar. Aus diesem Grund müssen bewegliche Sachen unter Einigung über den Eigentumsübergang übergehen, Grundstücke aufgelassen, Forderungen abgetreten werden und so weiter. Der Rechtserwerb des Vermächtnisnehmers bzw. der Eigentumsübergang ist nur bei dem Vorausvermächtnis, § 2150 BGB, mit dem Erbfall gegeben. Die Kosten der Auflassung und der Umschreibung trägt im Zweifel der Nachlass.

Der Vorausvermächtnisnehmer ist verpflichtet, beim Vollzug des Vorausvermächtnisses zu seinen Gunsten gemäß den Regeln der dinglichen Übertragung

---

75 OLG Düsseldorf ZEV 1996, 142 ff.
76 BayObLG ZEV 1996, 393 ff.

sowohl auf der übertragenden Seite als auch auf der Erwerberseite mitzuwirken. Der Anspruch ergibt sich aus den §§ 2038 Abs. 1 S. 2 Hs. 1, 2046 Abs. 1 S. 1 BGB.[77]

Der Fall eines Vorversterbens des Vermächtnisnehmers ist in jedem Fall ausdrücklich zu regeln. Will der Erblasser die Fiktion der Rechtsfolge des § 2160 BGB, sollte eine Ersatzberufung oder Anwachsung ausdrücklich ausgeschlossen werden. Bei einem Vermächtnis sollte immer berücksichtigt werden, dass sein Wert und der Wert des Gesamtnachlasses zum Zeitpunkt der Vermächtnisanordnung in einem bestimmten Verhältnis zueinander stehen. Änderungen im Vermögensbestand bis zum Erbfall können diese Wertrelation erheblich verschieben. Die sich daraus ergebende Nachlassverteilung entspricht dann nicht mehr dem Erblasserwillen.[78]

126

Bei einer Belastung des vermachten Grundstückes mit einem Grundpfandrecht trägt im Zweifel der Vermächtnisnehmer diese Belastung, §§ 2165, 2166 BGB.

127

> **Beachte**
> Es empfiehlt sich eine Klarstellung im Testament, wer die Belastung zu tragen hat, der Erbe oder der Vermächtnisnehmer.

128

Ist das Vermächtnis bezüglich einer bestimmten Immobilie als Verschaffungsvermächtnis i.S.d. § 2170 BGB angeordnet, muss der Beschwerte Ersatz leisten, falls sich die Immobilie nicht im Nachlass befinden sollte. Bei einem Verschaffungsvermächtnis besteht die Gefahr, dass der Erblasser die Immobilie zu einem späteren Zeitpunkt veräußert, ohne sich dabei seine Vermächtnisanordnung in Erinnerung zu rufen. Für die Praxis gefährlicher ist der Fall, das die Veräußerung nicht vom zwischenzeitlich – z.B. aufgrund altersbedingter Demenz – geschäftsunfähigen Erblasser, sondern durch einen Vorsorgebevollmächtigten oder Betreuer veräußert wird, um die Pflegekosten bestreiten zu können.[79] Der Erblasser wird deshalb regelmäßig kein Interesse daran haben, das Vermächtnis als Verschaffungsvermächtnis auszugestalten.[80]

129

Das Vermächtnis, der **Anfall des Vermächtnisses**, entsteht mit dem Erbfall, § 2176 BGB.

130

Annahme und Ausschlagung des Vermächtnisses erfolgen gegenüber dem Beschwerten, § 2180 Abs. 2 S. 1 BGB. Diese Erklärung kann erst nach dem Erbfall abgegeben werden und ist bedingungsfeindlich, § 2180 Abs. 2 S. 2 BGB. Für Annahme und Ausschlagung geltende Vorschriften werden entsprechend angewandt, § 2180 Abs. 3 BGB.

131

---

77 OLG Saarbrücken ZEV 2007, 579, 581.
78 *Kornexl*, ZEV 2002, 142, 143.
79 *Kornexl*, ZEV 2002, 173, 174.
80 *Kornexl*, ZEV 2002, 173, 175.

Vermacht der Erblasser eine nur der Gattung nach bestimmte Sache, so hat der Beschwerte gem. § 2182 Abs. 1 BGB die gleichen Verpflichtungen wie ein Verkäufer nach den Vorschriften des § 433 Abs. 1 S. 1 BGB, der §§ 436, 452 und 453 BGB. Er hat die Sache dem Vermächtnisnehmer frei von Rechtsmängeln i.S.d. § 435 BGB zu verschaffen. § 444 BGB findet entsprechende Anwendung, § 2182 Abs. 1 S. 2 und 3 BGB.

132 Ist ein **Grundstück** Gegenstand des Vermächtnisses, haftet der Beschwerte im Zweifel nicht für die Lastenfreiheit des Grundstücks von Grunddienstbarkeiten, beschränkten persönlichen Dienstbarkeiten und Reallasten, § 2182 Abs. 3 BGB.

133 Die **Haftung für Sachmängel** der vermachten Sache ergibt sich für den Vermächtnisnehmer bei einer nur der Gattung nach bestimmten Sache als Anspruch aus § 2183 S. 1 BGB. Auf diese Ansprüche des Vermächtnisnehmers finden die für die Gewährleistung wegen Mängel einer verkauften Sache geltenden Vorschriften entsprechende Anwendung, § 2183 S. 3 BGB i.V.m. §§ 434, 437 Nr. 1, 438, 439, 442 BGB. Ein Unterschied zu den kaufrechtlichen Gewährleistungsvorschriften besteht jedoch insofern, als der Bedachte keinen Anspruch auf Wandelung oder Minderung hat, sondern nur auf Lieferung einer mangelfreien Sache.[81]

134 Der **Beschwerte** hat dem Vermächtnisnehmer auch seit Anfall des Vermächtnisses gezogene Früchte sowie das sonst aufgrund des vermachten Rechts Erlangte herauszugeben, § 2184 S. 1 BGB.

Die Herausgabepflicht besteht in zeitlicher Hinsicht jedoch nur für die nach dem Anfall des Vermächtnisses, § 2176 BGB, bezogenen Nutzungen. Ist der Anfall von einer Bedingung oder Befristung, § 2177 BGB oder einem noch nicht gezeugten oder bestimmten Bedachten, § 2178 BGB abhängig, verbleiben dem Beschwerten selbst die während der Schwebezeit von ihm gezogenen Nutzungen,[82] während er umgekehrt für diesen Zeitraum bereits Verwendungsersatz nach § 2185 BGB verlangen kann.[83]

135 Der Beschwerte kann **Verwendungsersatz** von dem Bedachten verlangen für die nach dem Erbfall auf die Sache gemachten Verwendungen sowie Aufwendungen, die er nach dem Erbfall zur Bestreitung von Lasten der Sache gemacht hat, nach dem Verhältnis zwischen dem Besitzer und dem Eigentümer gem. der §§ 2185, 985 ff. BGB.

136 Bei Einräumung eines **Untervermächtnisses** kann der Hauptvermächtnisnehmer, der mit einem Vermächtnis oder einer Auflage beschwert ist, die Erfüllung desselben auch nach Annahme seines Vermächtnisses insoweit verweigern, als dasjenige, was er aus dem Vermächtnis erhält, zur Erfüllung nicht ausreicht, § 2187 Abs. 1 BGB. Der Vermächtnisnehmer soll die Belastung nicht mit seinem

81 Palandt/*Weidlich*, § 2183 Rn 2.
82 Soergel/*Wolf*, § 2184 Rn 3.
83 NK-BGB/*J. Mayer*, § 2184 Rn 5.

eigenen Vermögen erfüllen müssen, sondern nur mit dem aus dem Nachlass erlangten.

Kommt es zu einer Kürzung der Leistung des Vermächtnisnehmers aufgrund der beschränkten Erbenhaftung, wegen eines Pflichtteilsanspruchs oder gem. § 2187 BGB, so kann der Vermächtnisnehmer, sofern nicht ein anderer Wille des Erblassers anzunehmen ist, die ihm auferlegten Beschwerungen verhältnismäßig kürzen, § 2188 BGB.

§ 2288 Abs. 1 BGB schützt den erbvertraglich bedachten Vermächtnisnehmer   137
auch vor Beeinträchtigung rein tatsächlicher Art. Diese Vorschrift bezweckt den Schutz desjenigen, der durch vertragsmäßige Verfügung im **Erbvertrag** oder wechselbezügliche Verfügung im **gemeinschaftlichen Testament** mit einem Vermächtnis bedacht ist. Der Vermächtnisnehmer hat jedoch keinen Anspruch gegen den Erben auf Wertersatz aus § 2288 Abs. 1 BGB wegen Zerstörung oder Beschädigung des im Erbvertrag vermachten Hausgrundstücks, wenn dessen Schäden allein darauf beruhen, dass der Erblasser das Objekt zu seinen Lebzeiten nicht instand gehalten hat.[84]

Beachte   138
Der **Vermächtnisanspruch** verjährte bisher nach 30 Jahren, §§ 194, 195, 197 Abs. 1 Nr. 2 BGB.[85] Die **Verjährungsfrist** beginnt mit dem Anfall des Vermächtnisses, §§ 2176 ff. BGB.
Nach dem neu eingefügtem § 199 Abs. 3a BGB verjähren Ansprüche, die auf einem Erbfall beruhen oder deren Geltendmachung die Kenntnis einer Verfügung von Todes wegen voraussetzt, ohne Rücksicht auf die Kenntnis oder grob fahrlässige Unkenntnis in dreißig Jahren von der Entstehung des Anspruchs an.[86]

III. Muster: Testament mit Vermächtnis

Ich, der Prokurist Klaus Müller, vererbe meiner Tochter, Beate Müller, meinen gesamten Nach-   139
lass.

Meine Ehefrau ist bereits vorverstorben.

Meine Jagdausrüstung mit sämtlichen Waffen vermache ich meinem Freund, Kurt Klug.

Das Vermächtnis ist fällig drei Monate nach meinem Ableben.

Ort, Datum, Unterschrift

---

84 BGH ZEV 1994, 37 ff.
85 Das am 1.1.2010 in Kraft getretene Gesetz zur Änderung des Erb- und Verjährungsrechts, hat § 197 Abs. 1 Nr. 2 BGB abgeschafft. Der Vermächtnisanspruch unterliegt daher seit dem 1.1.2010 der Regelverjährung von drei Jahren gemäß § 195 BGB. Der Beginn der Verjährung richtet sich nach § 199 Abs. 1 BGB und ist kenntnisabhängig.
86 *Bonefeld/Kroiß/Lange*, Erbrechtsreform, § 2 Rn 2.

IV. Steuertipp

140 Aufwendungen des Erben zur Erfüllung von Vermächtniszuwendungen an gemeinnützige Einrichtungen sind beim Erben nicht als Spenden nach § 10b Abs. 1 EStG abzugsfähig.[87]

Gleiches gilt für Aufwendungen des Erben zur Erfüllung von Vermächtniszuwendungen an gemeinnützige Einrichtungen auch beim Erblasser.[88]

141 Der Erbschaftsteuer unterliegt der Erwerb von Todes wegen, § 1 Abs. 1 Nr. 1 ErbStG. Als Erwerb von Todes wegen gilt auch der Erwerb durch Vermächtnis, § 3 Abs. 1 Nr. 1 ErbStG. Die Erbschaftsteuer entsteht nach § 9 Abs. 1 Nr. 1 ErbStG grundsätzlich mit dem Tod des Erblassers. Ausnahmen hiervon bestehen bei einer aufschiebenden Bedingung, Betagung und Befristung, § 9 Abs. 1 Nr. 1a ErbStG.[89] Das Vermächtnis stellt eine abzugsfähige Nachlassverbindlichkeit dar, die den steuerpflichtigen Erwerb des mit dem Vermächtnis belasteten, zumeist des Erben, schmälert, § 10 Abs. 5 Nr. 2 ErbStG. Als Erwerb von Todes wegen gelten auch die sonstigen Erwerbe, auf die die für Vermächtnisse geltenden Vorschriften des bürgerlichen Rechts Anwendung finden, § 3 Abs. 1 Nr. 3 ErbStG. Hierzu zählen der Voraus, § 1932 BGB sowie der Dreißigste des Familienangehörigen, § 1969 BGB. Als gesetzliches Vermächtnis ist auch der Anspruch nach § 1371 Abs. 4 BGB anzusehen. Der Erwerb des Dreißigsten gem. § 1969 BGB bleibt nach § 13 Abs. 1 Nr. 4 ErbStG steuerfrei.[90] Der Zeitpunkt der Steuerentstehung ist beim Vermächtnis gem. § 11 i.V.m. § 9 Abs. 1 Nr. 1 ErbStG der Todestag, so dass Erfüllungsvereinbarungen zwischen den beschwerten Erben und dem Vermächtnisnehmer stets nach dem Bewertungsstichtag zustande kommen.[91] Die Bewertung erfolgt gem. § 12 ErbStG nach den Vorschriften des Bewertungsgesetzes. Nachvermächtnisse und beim Tode des Beschwerten fällige Vermächtnisse stehen den Nacherbschaften gleich, § 6 Abs. 4 ErbStG.

V. Zusammenfassung

142 Mit der Aussetzung eines Vermächtnisses in einer letztwilligen Verfügung von Todes wegen kann der Erblasser dem Bedachten einen bestimmten Vermögensvorteil zuwenden. Der Bedachte ist nicht Erbe des Erblassers. Er hat lediglich einen einklagbaren Anspruch gegenüber dem oder den Erben auf Herausgabe des Vermächtnisgegenstandes bzw. auf Erbringung des Vermächtnisvorteils.

Geeignet ist das Vermächtnis, um dem Erblasser die Möglichkeit zu geben, außerhalb der von ihm bestimmten Erbengemeinschaft einzelne Gegenstände oder

---

87 BFH BStBl II 1993, 874.
88 BFH ZEV 1997, 83 ff.
89 Damrau/*Linnartz*, Vorbem §§ 2147 ff. Rn 29.
90 *Troll/Gebel/Jülicher*, § 3 Rn 273.
91 *Gebel*, ZEV 1999, 85, 88.

Dienstleistungen dem Bedachten zuzuwenden. Es macht häufig Sinn, dass der Neffe, der mit dem Erblasser das gemeinsame Hobby der Jagd pflegte, dessen Lieblingswaffe erhält, jedoch nicht als Mitglied der Erbengemeinschaft mit Ehefrau und Kindern als Miteigentümer im Grundbuch des gemeinschaftlichen Hausanwesens eingetragen wird.

Durch Verfügung eines Vorausvermächtnisses kann einem Erben ohne Anrechnung auf die Erbquote ein weiterer Vermögensvorteil zugewandt werden.

Mit der Kenntnis unterschiedlicher Vermächtnisse kann der Anwalt dem Mandanten eine breite Klaviatur der erbrechtlichen Beratung bieten, und diese kann in dem von ihm entworfenen Testament Anwendung finden.

E. Auflage (§§ 2192 bis 2196 BGB)

I. Einführung

Mit einer **Auflage** kann der Anwalt in einem Testament unterschiedliche Wünsche des Mandanten berücksichtigen, die nicht notwendig in der Zuwendung eines Vermögensvorteils bestehen.[92]   143

Beispielsweise kann ein Erbe oder Vermächtnisnehmer mit der Auflage belegt werden, die **Grabpflege** des Erblassers zu übernehmen.

II. Rechtliche Grundlagen

Der Erblasser kann durch Testament den Erben oder einen Vermächtnisnehmer zu einer Leistung verpflichten, ohne einem anderen ein Recht auf die Leistung zuzuwenden (**Auflage**), § 1940 BGB.   144

Die Auflage ist geregelt in den Vorschriften der §§ 2192–2196 BGB.

Da die Auflage einige Parallelen zum Vermächtnis aufweist, hat der Gesetzgeber in § 2192 BGB einige Vorschriften das Vermächtnis betreffend für entsprechend anwendbar erklärt, §§ 2147, 2148, 2154–2156, 2161, 2171, 2181 BGB.

Es entsteht keine rechtliche Verpflichtung für den Erben, wenn der Erblasser lediglich einen Wunsch zum Ausdruck bringt. Nur wenn der Erblasser den Erben oder Vermächtnisnehmer zu einer Leistung verpflichtet, handelt es sich bei der jeweiligen Anordnung um ein Vermächtnis oder eine Auflage. Bei der **Abgrenzung** zwischen **Vermächtnis und Auflage** ist darauf abzustellen, dass dem Begünstigten beim Vermächtnis ein Vermögensvorteil zugewendet wird, auf den er   145

---

92 Krug/Rudolf/Kroiß/Bittler/*Seiler*, AnwF Erbrecht, § 3 Rn 185.

einen einklagbaren Anspruch gegen den Beschwerten hat, § 2174 BGB. Dem gegenüber besteht ein solcher Anspruch bei der Auflage nicht, § 1940 BGB.[93]

Die Legaldefinition der vorgenannten Vorschrift lässt erkennen, dass dem Begünstigten im Gegensatz zum Vermächtnis bei der Durchsetzung der Auflage kein einklagbarer Anspruch zusteht. Die Auflage ist jedoch für den Erben oder Vermächtnisnehmer bindend.

Die Befugnis zur Erzwingung der Auflage kann auf einen Testamentsvollstrecker übertragen werden, so dass der Beschwerte dann faktisch ebenso wie ein durch ein Vermächtnis Beschwerter gestellt ist.[94] Wirkungsvoller als die Überwachung durch einen Testamentsvollstrecker kann in vielen Fällen auch die Anordnung einer Sanktion bei Nichterfüllung der Auflage sein. Der Erblasser kann z.B. die Erbeinsetzung unter der auflösenden Bedingung anordnen, dass die Auflage erfüllt wird. Dies sollte aber nur dann erfolgen, wenn hinreichend Ersatzerben vorhanden sind, da es in der Regel nicht gewollt ist, dass ansonsten das Vermögen entfernten Verwandten oder dem Staat zufällt.[95]

Da die Auflage keiner begünstigten Person bedarf, ist sie für den Erblasser auch das geeignete Mittel, rechtsunfähigen Tieren und nicht rechtsfähigen Personenkreisen und Institutionen, z.B. Behörden, Stammtischrunden, Kaffeekränzchen, Zuwendungen von Todes wegen zu machen.[96]

Damit die Auflage nicht wirkungslos bleibt, da der Auflagenbegünstigte, falls ein solcher existiert, gegenüber dem Beschwerten nicht forderungsberechtigt ist, gewährt § 2194 BGB einem bestimmten Personenkreis ein Forderungsrecht.

146 Die **Vollziehung einer Auflage** können der Erbe, der Miterbe und derjenige verlangen, dem der Wegfall des mit der Auflage zunächst Beschwerten unmittelbar zustatten kommen würde. Auch die zuständige Behörde kann Vollziehung verlangen, wenn die Vollziehung im öffentlichen Interesse liegt, § 2194 S. 2 BGB. Der Vollziehungsberechtigte kann den Vollziehungsanspruch gegen den Beschwerten im Rahmen der Leistungsklage einklagen.

147 Als **Berechtigter**, dem der Wegfall des mit der **Auflage** zunächst Beschwerten unmittelbar zustatten kommen würde, ist denkbar:
– der Nacherbe,
– der Ersatzerbe,
– der gesetzliche Erbe bei einem auflagenbeschwerten Testamentserben,
– der Mit- oder Ersatzvermächtnisnehmer bei einem auflagenbeschwerten Vermächtnisnehmer.

---

93 NK-BGB/*J. Mayer*, vor §§ 2192–2196 Rn 2 m.w.N.
94 *Lange/Kuchinke*, § 30 Abs. 3, 3.
95 Krug/Rudolf/Kroiß/Bittler/*Seiler*, AnwF Erbrecht, § 3 Rn 185.
96 *Nieder/Kössinger*, Handbuch der Testamentsgestaltung, § 6 Rn 514.

Den Kreis der Vollziehungsberechtigten kann der Erblasser nach h.M.[97] erwei-	148
tern. Er kann in den Kreis der Vollziehungsberechtigten allerdings nicht den
durch die erbrechtliche Auflage Begünstigten einbeziehen, da er anderenfalls dem
durch die erbrechtliche Auflage Begünstigten einen durchsetzbaren Anspruch
verschaffen würde, was § 1940 BGB ausschließt.[98]

Darüber hinaus ist der **Testamentsvollstrecker** vollziehungsberechtigt, da er die	149
letztwilligen Anordnungen des Erblassers gem. § 2203 BGB ausführt. Der Testamentsvollstrecker kann sogar nur zu dem Zweck ernannt werden, um für die
Erfüllung der Auflagen Sorge zu tragen, §§ 2208 Abs. 2, 2223 BGB.

Mit der **Auflage beschwert ist** im Zweifel der Erbe. Auch der Vermächtnisneh-	150
mer oder der Nacherbe kann beschwert sein.

Häufige in der Praxis ausgesprochene Auflagen sind:	151
- **Grabpflege**
- **Pflege und/oder Unterbringung von Haustieren**
- Verpflichtung zur Erteilung einer **Vollmacht an einen Testamentsvollstre-
  cker zur Fortführung eines Einzelunternehmens**
- Auflage mit Anordnung eines Tuns oder Unterlassens als Bedingung für eine
  Erbeinsetzung.

Fall 34	152
Die reiche Nürnberger Witwe W errichtete 1927 ein Testament. Darin war
die Stadt Nürnberg zur Universalerbin eingesetzt worden, unter der Auflage,
dass u.a. die Familiengruft auf dem Ziegelsteiner Friedhof von der Stadt dauernd instand zu halten sei und dass einhundert Jahre nach ihrem Tod jährlich
zu ihrem Geburtstag die Insassen der städtischen Blinden- und Krüppelanstal-
ten unter den „Klängen einer Musikkapelle – am liebsten einer Regimentskapelle" die Familiengruft besuchen sollte. Als das Testament 1964 eröffnet
wurde, war der Friedhof in Ziegelstein aufgelassen und die Familiengruft
abgebrochen worden. Die Gräber waren in ein normales Familiengrab auf
dem Westfriedhof verlegt worden. Nach 1945 waren Regimentskapellen rar.
Ein durch das Testament von 1927 übergangener gesetzlicher Erbe war bei
der Eröffnung des Testaments der Auffassung, die Wallfahrt zur Familiengruft
sei der Erblasserin so wichtig gewesen, dass sie ohne die Auflage auch das
Testament nicht errichtet hätte, und verwies insofern auf § 2195 BGB.

In § 2195 BGB ist bestimmt, dass die **Unwirksamkeit einer** Auflage die Unwirk-	153
samkeit der unter der Auflage gemachten Zuwendung nur zur Folge hat, wenn
anzunehmen ist, dass der Erblasser die Zuwendung nicht ohne die Auflage gemacht haben würde.

---

97 MüKo-BGB/*Schlichting*, § 2194 Rn 5 m.w.N.
98 *Vorwerk*, ZEV 1998, 297, 298.

154 | **Lösung zu Fall 34**
Der o.g. Fall ist vom BGH 1964 entschieden worden. Der BGH beließ der Stadt Nürnberg ihr Erbe und deutete die Auflage um. Der Besuch des Familiengrabs auf dem Westfriedhof blieb möglich, und statt einer Regimentskapelle konnte beispielsweise der Spielmannszug der Freiwilligen Feuerwehr bei der Gedächtnisfeier aufspielen.[99]

155 Der BGH gab in der Begründung seines Urteils eine wichtige Auslegungshilfe für ähnliche Fälle. „Ist nach alledem die Vollziehung der in Rede stehenden Auflagen in einer abgewandelten, jedoch dem Sinn und Zweck der Auflagen vollauf genügenden Form möglich, dann ist für eine Anwendung des § 2195 BGB überhaupt kein Raum, so dass die Frage dahinstehen kann, ob eine Unwirksamkeit der Auflage auch die Unwirksamkeit der Zuwendung an die beklagte Stadt selbst zur Folge haben müsste."[100]

Damit die Erben nach dem Tod des Erblassers sich nicht über den Grabschmuck oder die Art der Bepflanzung streiten, sollte der Anwalt in dem von ihm entworfenen Testament auch diesbezüglich den Willen des Erblassers ergründen, niederschreiben und in Form einer Auflage festlegen.

156 Wird die **Vollziehung einer Auflage** unmöglich und hat der Beschwerte dies nicht zu vertreten, wird er von seiner Verpflichtung frei, § 275 BGB. Hat er die Unmöglichkeit der Erfüllung der Auflage zu vertreten, ist er zur Herausgabe der Zuwendung gem. der §§ 2196 Abs. 1, 818 ff. BGB insoweit verpflichtet, als die Zuwendung zur Vollziehung der Auflage hätte verwendet werden müssen. Berechtigt, den Anspruch geltend zu machen, ist derjenige, welchem der Wegfall des zunächst Beschwerten unmittelbar zustatten kommen würde, § 2196 Abs. 1 BGB. Die Frage, ob er das Herausgegebene zur Erfüllung der Auflage verwenden muss, ist streitig.[101]

Gleiches gilt, wenn der Beschwerte zur Vollziehung einer Auflage, die nicht durch einen Dritten vollzogen werden kann, rechtskräftig verurteilt ist und die zulässigen Zwangsmittel erfolglos gegen ihn angewendet worden sind, § 2196 Abs. 2 BGB.

III. Muster: Testament mit Auflage

157 Ich, Klaus Müller, setze zu meinen Erben zu untereinander gleichen Teilen ein:
– meine Ehefrau, Klara Müller und
– meine Tochter, Luise Müller.

---

99 Vgl. instruktiv hierzu *Schiemann*, ZEV 1995, 197, 201.
100 BGHZ 42, 327, 331 ff.; MüKo-BGB/*Leipold*, § 1940 Rn 6.
101 Vgl. Staudinger/*Otte*, § 2196 Rn 6.

Meine Erben belaste ich mit der Auflage, für eine standesgemäße Beerdigung zu sorgen und hierzu meine Verwandten und Freunde zu laden. Meine Grabstätte soll für die Dauer der ortsüblichen Ruhezeit gepflegt werden.

Meine Erben sind verpflichtet, die Grabpflege selbst zu erbringen. Sollte dies aus gesundheitlichen oder beruflichen Gründen nicht möglich sein, ist ein Grabpflegevertrag mit einer Friedhofsgärtnerei abzuschließen, die Mitglied der Dauergrabpflegegenossenschaft ist.

Ich ordne Testamentsvollstreckung an und bestimme zum Testamentsvollstrecker meinen Freund, Rechtsanwalt Dr. Andreas Schmitz, geb. am 12.5.1960, derzeit wohnhaft in Köln, Hohestraße 4.

Er hat die Aufgabe, die von mir verfügten Auflagen zu überwachen und durchzusetzen.

Fällt mein Freund als Testamentsvollstrecker vor Aufnahme des Amtes weg oder nimmt er das Amt nicht an, hat das Nachlassgericht einen geeigneten Testamentsvollstrecker zu benennen.

Ort, Datum   Unterschrift

IV. Steuertipp

Der Vollzug der Auflage führt zu einem Erwerb von Todes wegen, § 3 Abs. 2   158
Nr. 2 ErbStG. Der unentgeltliche Erwerb entsteht hier mit dem Vollzug der
Auflage, § 9 Abs. 1 Nr. 1d ErbStG, so dass auch zu diesem Zeitpunkt die Erbschaftsteuer anfällt. Da eine Auflage nach und nach vollzogen werden kann,
können mit ihrer Hilfe auch noch nach dem Tod des Erblassers alle zehn Jahre
die Freibeträge ausgenutzt werden, in dem die Auflage nach und nach in dieser
Höhe erfüllt wird.[102] Aufgrund des im Gesetz zur Reform des Erbschaftsteuer-
und Bewertungsrechts (ErbStRG) neu gefassten § 6 Abs. 4 ErbStG stehen Auflagen den Nacherbschaften gleich.[103] Überdies sind durch das ErbStRG 2009 die
erst beim Tod des Beschwerten fälligen Auflagen den Nachvermächtnissen mit
der Folge gleichgestellt worden, dass auch § 6 Abs. 2 ErbStG anzuwenden ist.
Damit sind Auflagen nicht als Erwerb vom Erblasser, sondern vom Beschwerten
zu versteuern.[104]

V. Zusammenfassung

Die Auflage ist eine Anordnung in einer Verfügung von Todes wegen, mit der   159
der Erbe oder Vermächtnisnehmer zu einer Leistung verpflichtet wird. Der Begünstigte der Leistung hat jedoch keinen Anspruch auf dieselbe.

Einen Vollziehungsanspruch, damit die Auflage nicht ins Leere geht, haben bestimmte dritte Personen gem. § 2194 S. 1 BGB und bei öffentlichem Interesse

---

102 Damrau/*Daragan*, Vorbem. § 2192 ff. Rn 23.
103 § 6 Abs. 4 ErbStG ergänzt mit Wirkung vom 1.1.2009.
104 *Troll/Gebel/Jülicher*, § 6 Rn 56.

auch die zuständige Behörde gem. § 2194 S. 2 BGB. Diese können eine **Leistungs-klage** erheben und die Leistung an den Begünstigten gerichtlich geltend machen. Die Leistung ist im Wege der Zwangsvollstreckung durchzusetzen. Der Erblasser kann den Kreis der Vollziehungsberechtigten erweitern.

F. Testamentsvollstrecker (§§ 2197 bis 2228 BGB)

I. Einführung

160   Im BGB ist die Testamentsvollstreckung in den Vorschriften der §§ 2197–2228 geregelt.

Wer als Anwalt ein Testament entwirft, sollte dabei überlegen, ob die Anordnung einer Testamentsvollstreckung für den Erblasser sinnvoll sein könnte.

Die Aufnahme von Testamentsvollstreckungen in ihr Dienstleistungsangebot wurde Banken vor einigen Jahren vom OLG Karlsruhe[105] und in jüngerer Zeit Steuerberatern vom OLG Düsseldorf[106] untersagt mit der Begründung, die geschäftsmäßige Durchführung von Testamentsvollstreckung stelle einen Verstoß gegen Art. 1 § 1 Rechtsberatungsgesetz[107] dar.[108] Eine reine Verwaltungsvollstreckung gem. § 2209 S. 1 BGB ist als Vermögensverwaltung i.S.d. Art. 1 § 5 Nr. 3 Rechtsberatungsgesetz eingestuft und somit erlaubnisfrei gewertet worden.[109] Die Frage, ob die Tätigkeit eines Testamentsvollstreckers grundsätzlich eine erlaubnispflichtige Tätigkeit nach Art. 1 § 1 RBerG darstellt, wurde überwiegend von der Rechtsprechung bejaht.[110]

Der BGH hat in zwei Entscheidungen nun ausdrücklich festgestellt, dass die Tätigkeit eines Testamentsvollstreckers keine Besorgung fremder Rechtsangelegenheiten im Sinne des Art. 1 § 1 Abs. 1 S. 1 RBerG darstellt.[111] Zu klären ist, ob die Tätigkeit des Testamentsvollstreckers überwiegend auf wirtschaftlichem Gebiet liegt und die Wahrnehmung wirtschaftlicher Belange bezweckt oder ob die rechtliche Seite der Angelegenheit im Vordergrund steht und es wesentlich um die Klärung rechtlicher Verhältnisse geht.

Die Einrichtung einer Testamentsvollstreckung kann z.B. sinnvoll sein, wenn es sich um einen großen Nachlass handelt, bei den Erben Minderjährige oder

---

105 OLG Karlsruhe WM 1994, 688.
106 OLG Düsseldorf ZEV 2000, 458.
107 Seit 1.7.2008 Rechtsdienstleistungsgesetz.
108 Zu Fragen der Rechtsberatung in der Testamentsvollstreckung siehe *Stracke*, ZEV 2001, 250.
109 OLG Düsseldorf ZEV 2002, 27.
110 Mayer/Bonefeld/*J. Mayer*, Testamentsvollstreckung, § 5 Rn 33 m.w.N.
111 BGH NJW 2005, 968; BGH NJW 2005, 969.

Behinderte sind oder bei einer Stiftungserrichtung von Todes wegen. Der Testamentsvollstrecker wird in der Regel eingesetzt, um den Nachlass abzuwickeln oder zu verwalten und den Willen des Erblassers umzusetzen. Auch bei zu erwartenden Streitigkeiten der Erben untereinander ist es ratsam, einen Testamentsvollstrecker einzusetzen. Zu beachten ist jedoch, dass der Nachlass eine gewisse Höhe haben sollte, um die Kosten der Testamentsvollstreckung tragen zu können.

II. Rechtliche Grundlagen

Der Erblasser kann durch Testament einen oder mehrere Testamentsvollstrecker ernennen, § 2197 Abs. 1 BGB. In der Praxis wird in der Regel ein Testamentsvollstrecker ernannt.   **161**

Der Erblasser ist meistens bereits froh, wenn er wenigstens eine Person findet, der er sein Vertrauen schenken kann und die bereit ist, das Amt des Testamentsvollstreckers, das mit einigen Pflichten verbunden ist, zu übernehmen.

Die Benennung eines **Ersatztestamentsvollstreckers** nach § 2197 Abs. 2 BGB kann sinnvoll sein. Eine zahlenmäßige Beschränkung gibt es nicht, so dass auch mehrere Personen nacheinander ersatzweise ernannt werden können.[112]

Auch die Benennung eines Ersatztestamentsvollstreckers scheitert in der Praxis häufig mangels Vorhandenseins einer weiteren geeigneten Person.

Der Erblasser kann die Bestimmung der Person des Testamentsvollstreckers einem Dritten überlassen, § 2198 Abs. 1 S. 1 BGB. Dies kann sinnvoll sein, wenn der Erblasser zu Lebzeiten noch nicht übersehen kann, wer im Erbfall das Amt des Testamentsvollstreckers übernehmen soll.

Die **Ernennung eines Testamentsvollstreckers** kann auch durch das Nachlassgericht erfolgen, wenn der Erblasser es in seinem Testament darum ersucht, § 2200 Abs. 1 BGB.   **162**

Hat der Erblasser Veränderungen, die nach der Testamentserrichtung eintreten und für den Inhalt seiner Verfügung wesentlich sind, nicht bedacht, so ist zu ermitteln, was im Zeitpunkt der Errichtung des Testaments als von ihm gewollt anzusehen sein würde, sofern er diese Entwicklung bedacht hätte (ergänzende Auslegung).[113]

Der Wortlaut des § 2200 Abs. 1 BGB hindert eine ergänzende Testamentsauslegung nicht. Das Wort „Ersuchen" in § 2200 Abs. 1 BGB verlangt nach seinem Wortlaut nicht eine ausdrückliche Aufforderung an das Nachlassgericht durch den Erblasser. Entscheidend ist auch bei dieser Anordnung der Wille des Erblas-   **163**

---

112 NK-BGB/*Weidlich*, § 2197 Rn 20 m.w.N.
113 BGHZ 22, 357, 360; BayObLGZ 1994, 313, 318.

sers, der nach den allgemein geltenden Grundsätzen zur **Auslegung** von Testamenten zu ermitteln ist.[114]

164   Der Testamentsvollstrecker beginnt sein Amt mit **Annahme** gegenüber dem Nachlassgericht, § 2202 Abs. 1 und 2 BGB. Die Annahmeerklärung sowie die **Ablehnung des Amtes** sind bedingungsfeindlich, § 2202 Abs. 2 S. 2 BGB.

165   Häufige Fälle der Anordnung der Testamentsvollstreckung:
– ein oder mehrere Erben sind im Erbfall voraussichtlich noch minderjährig
– Erben sollen wegen ihrer Unerfahrenheit oder Krankheit oder sittlicher Schwäche (Sucht, Leichtsinn, Krankheit) vor sich selbst geschützt werden
– zur Stärkung der rechtlichen Position des überlebenden Ehegatten, der nur Miterbe oder Vermächtnisnehmer wird, um ihn als Testamentsvollstrecker gegenüber den Kindern wirtschaftlich unabhängig zu machen
– zur Sicherstellung etwaiger Übernahme- oder Vermächtnisansprüche der Berechtigten
– bei Errichtung einer Stiftung von Todes wegen
– bei einer Mehrzahl von Erben oder Vermächtnisnehmern und zu befürchtendem Streit derselben untereinander
– zur Fortsetzung der unternehmerischen Ziele
– zur Ausschaltung des Betreuungsgerichts bei der Dauertestamentsvollstreckung, um schnelle Entscheidungen treffen zu können, vor allem bei Unternehmen und dem sog. Behindertentestament (siehe § 11 – Behindertentestament, in diesem Buch).

Der Testamentsvollstrecker hat den Nachlass zu verwalten, § 2205 S. 1 BGB. Insbesondere kann er den Nachlass in Besitz nehmen und über die Nachlassgegenstände verfügen, § 2205 S. 2 BGB. Dies hat zur Konsequenz, dass die Erben, deren Erbschaft unter Testamentsvollstreckung steht, nicht selbstständig über den Nachlass verfügen können.

166   **Beachte**
Der Testamentsvollstrecker hat die letztwilligen Verfügungen des Erblassers zur Ausführung zu bringen, § 2203 BGB.

Dies bedeutet, dass der Testamentsvollstrecker den gesamten Nachlass nach den Anordnungen des Erblassers in dem Testament abzuwickeln hat. Das Ziel der Abwicklung ist die Aushändigung des Nachlasses an den Alleinerben oder bei Miterben die Vornahme der Auseinandersetzung, § 2204 Abs. 1 BGB. Der Testamentsvollstrecker ist berechtigt, über die Nachlassgegenstände zu verfügen. Ausnahmsweise kann auch ein Zuerwerb zum Nachlass in Frage kommen, etwa was der Testamentsvollstrecker aufgrund eines zum Nachlass gehörenden Rechts (z.B. Herausgabeanspruch), als Ersatz für Zerstörung, Beschädigung oder Entziehung von Nachlassgegenständen (z.B. Schadenersatzanspruch) oder durch ein Rechts-

---

114 BayObLG ZEV 1997, 338, 339 m.w.N.

geschäft erwirbt, dass sich auf den Nachlass bezieht. Kurz: Was er mit Mitteln des Nachlasses erwirbt.[115]

Der Testamentsvollstrecker ist auch berechtigt, Verbindlichkeiten für den Nach-   167
lass einzugehen, soweit die Eingehung zur **ordnungsmäßigen Verwaltung** erforderlich ist, § 2206 Abs. 1 S. 1 BGB.

Unbeschadet des Rechtes des Erben, die Beschränkung seiner Haftung für die   168
Nachlassverbindlichkeiten geltend zu machen, ist er verpflichtet, zur Eingehung solcher Verbindlichkeiten des Testamentsvollstreckers seine Einwilligung zu erteilen, § 2206 Abs. 2 BGB. Der Anspruch des Testamentsvollstreckers von dem Erben die Einwilligung zu verlangen, richtet sich gegen diesen, bei angeordneter Vor- und Nacherbfolge nur gegen den Vorerben, nicht jedoch gegen den Nacherben.[116]

Der Erblasser kann anordnen, dass der Testamentsvollstrecker in der **Eingehung**   169
von Verbindlichkeiten für den Nachlass nicht beschränkt sein soll, § 2207 S. 1 BGB. Der Erblasser kann jedoch nicht verfügen, dass der Testamentsvollstrecker zu einem Schenkungsversprechen ohne Beachtung der Maßgabe des § 2205 S. 3 BGB berechtigt ist, § 2207 S. 2 BGB. Der Testamentsvollstrecker ist damit zu unentgeltlichen Verfügungen nur berechtigt, soweit sie einer sittlichen Pflicht oder einer auf den Anstand zu nehmenden Rücksicht entsprechen. Wann Verfügungen als unentgeltlich gelten, beurteilt sich nach wirtschaftlichen Gesichtspunkten zum Zeitpunkt der Verfügungsvornahme, wobei spätere Wertentwicklungen nicht zu berücksichtigen sind.[117] Dem Testamentsvollstrecker verbleibt bei der Bewertung der Gleichwertigkeit von Gegenleistungen ein gewisser Ermessensspielraum.[118]

In § 2208 Abs. 1 BGB gibt der Gesetzgeber eine Auslegungsregel vor, in welchen Fällen dem Testamentsvollstrecker die in den §§ 2203–2206 BGB bestimmten Rechte zustehen sollen.

Bei der Ermittlung des tatsächlichen Willens des Erblassers ist zu ergründen, ob dieser wollte, dass der Testamentsvollstrecker die Rechte der §§ 2203–2206 BGB, z.B. die Eingehung von Verbindlichkeiten, haben soll. Idealerweise wird in der Verfügung von Todes wegen ausdrücklich bestimmt, welche Rechte der Testamentsvollstrecker ausüben darf.

Grundsätzlich gehört die Eingehung von Verbindlichkeiten zur **ordnungsgemä-**   170
ßen Verwaltung des Nachlasses, § 2206 Abs. 1 S. 1 BGB. Die **Eingehung der**
Verbindlichkeit muss jedoch zur ordnungsmäßigen Verwaltung erforderlich sein. Der Testamentsvollstrecker kann die Verbindlichkeit zu einer Verfügung über

115 NK-BGB/*Weidlich*, § 2205 Rn 10.
116 Palandt/*Weidlich*, § 2206 Rn 3.
117 BGH WM 1970, 1422.
118 Damrau/*Bonefeld*, § 2205 Rn 16.

einen Nachlassgegenstand für den Nachlass auch dann eingehen, wenn er zu der Verfügung berechtigt ist, § 2206 Abs. 1 S. 2 BGB.

Die höchstrichterliche Rechtsprechung hält den Dritten dann nicht für schutzwürdig, wenn der Testamentsvollstrecker gegen seine Pflichten aus der letztwilligen Verfügung von Todes wegen verstößt, den Nachlass ordnungsgemäß zu verwalten, und der Dritte dies erkennen kann.[119]

171 Der Erblasser kann einem Testamentsvollstrecker die Verwaltung des Nachlasses übertragen, ohne ihm andere Aufgaben als die Verwaltung zuzuweisen, § 2209 S. 1 BGB. Hierbei handelt es sich um eine reine **Verwaltungsvollstreckung**, im Gegensatz zu der oben erläuterten **Abwicklungsvollstreckung**.[120]

172 Bei der **Dauertestamentsvollstreckung** ist die dreißigjährige Frist zu beachten, § 2210 S. 1 BGB. Hiernach wird die Dauertestamentsvollstreckung unwirksam, wenn seit dem Erbfall dreißig Jahre verstrichen sind.

173 **Beachte**
Wird die Verwaltung mit dem Tode des Erben oder des Testamentsvollstreckers oder mit dem Eintritt eines anderen Ereignisses in der Person des einen oder anderen verknüpft, kann die Testamentsvollstreckung auch länger als dreißig Jahre angeordnet werden, § 2210 S. 2 BGB.
Als Verlängerungsgründe kommen hierbei in Frage:
– Erreichen eines bestimmten Lebensalters,
– Erreichen eines bestimmten Ereignisses, wie z.B. Heirat,
– Anknüpfung an den Tod der jeweiligen Person.

174 **Beachte**
Die Verlängerung der dreißigjährigen Frist gilt nicht für **juristische Personen**, §§ 2210 S. 3, 2163 Abs. 2 BGB.

175 Obwohl die Erben nach dem Grundsatz der Gesamtrechtsnachfolge an die Stelle des Erblassers treten, können sie über einen der Verwaltung des Testamentsvollstreckers unterliegenden Nachlassgegenstand nicht verfügen, § 2211 Abs. 1 BGB. Die Anordnung einer Testamentsvollstreckung führt schon im Zeitpunkt des Erbfalls dazu, dass der Nachlass von dem übrigen Vermögen des Erben Kraft Gesetzes getrennt wird. Die Verfügungsbeschränkung besteht daher bereits ab dem Erbfall, unabhängig von der Ernennung des Testamentsvollstreckers und seinem Amtsantritt.[121]

176 Der Testamentsvollstrecker kann ein seiner Verwaltung unterliegendes Recht nur selbst gerichtlich geltend machen. Nur er ist aktiv legitimiert, § 2212 BGB. Zur Klärung der Frage, welches Recht der **Verwaltung des Testamentsvollstreckers**

119 St. Rspr. seit RGZ 75, 299.
120 Zur Differenzierung vgl. Krug/Rudolf/Kroiß/Bittler/*Littig*, AnwF Erbrecht, § 13 Rn 9–11.
121 BGHZ 25, 275; BGHZ 48, 214, 220.

unterliegt, ist das **Testamentsvollstreckerzeugnis**, gem. § 2368 BGB, heranzuziehen.

Die Eintragung eines **Testamentsvollstreckervermerks**, solange noch der Erblasser im Grundbuch eingetragen ist, stellt eine vom Gesetz nicht vorgesehene und nicht zulässige Eintragung dar. Die Eintragung eines Testamentsvollstreckervermerks in das Grundbuch ohne gleichzeitige Eintragung der Erben ist nicht zulässig, vgl. § 52 GBO und § 2211 BGB.[122]   177

Wenn der Erbe selbst ein der Testamentsvollstreckung unterliegendes Recht einklagt, ist die Klage abzuweisen, da er dieses Recht nicht gerichtlich geltend machen kann.[123]

Passivprozesse können sowohl vom Testamentsvollstrecker als auch vom Erben geführt werden, § 2213 Abs. 1 S. 1 BGB.

Wird ein Anspruch gegen den Nachlass gerichtlich geltend gemacht und unterliegt der ganze Nachlass der Verwaltung des Testamentsvollstreckers, stehen dem Gläubiger drei Klagemöglichkeiten zu. Der Gläubiger kann den Testamentsvollstrecker, den Erben oder die Erben und den Testamentsvollstrecker verklagen.[124]

> **Beachte**   178
> **Pflichtteilsansprüche** können, auch wenn der Nachlass der Verwaltung des Testamentsvollstreckers untersteht, nur gegen den Erben geltend gemacht werden, § 2213 Abs. 1 S. 3 BGB.

Das Problem des Pflichtteilsanspruchs ist für den Pflichtteilsberechtigten nicht dessen Geltendmachung, sondern die Ermittlung seiner Höhe. Die Quote steht nach dem Gesetz fest, über den Betrag wird gestritten. Der Pflichtteilsgläubiger muss sich nach der gesetzlichen Regelung an den Erben halten, der seinerseits zur Feststellung der Nachlasshöhe nichts beitragen kann oder will, weil allein der Testamentsvollstrecker die nötigen Informationen hat und über den Nachlass verfügen kann. Die Regelung des § 2213 Abs. 1 S. 3 BGB gilt auch für den Auskunftsanspruch nach § 2314 BGB.[125]   179

Klingelhöffer empfiehlt die restriktive Auslegung des § 2213 Abs. 1 S. 3 BGB, insbesondere in der Phase der Ermittlung des Pflichtteilsanspruches. Der Erblasser sollte durch eine weite und klare Fassung des Textes der letztwilligen Verfügung ausdrücken, dass er die Regelung dieses Punktes durch den Testamentsvollstrecker wünscht.[126]

---

122 BayObLG ZEV 1996, 150 ff.
123 BGHZ 31, 279.
124 *Brox/Walker*, Erbrecht, Rn 413.
125 *Klingelhöffer*, ZEV 2000, 261.
126 *Klingelhöffer*, ZEV 2000, 261, 262.

180 Der Erbe hat das Recht, vom Testamentsvollstrecker unverzüglich nach dessen Annahme des Amtes ein **Nachlassverzeichnis** zu fordern, § 2215 Abs. 1 BGB. Der Erbe **kann** verlangen, bei der Aufnahme des Verzeichnisses hinzugezogen zu werden, § 2215 Abs. 3 BGB.

181 Der Testamentsvollstrecker ist verpflichtet, den Nachlass ordnungsgemäß zu verwalten, § 2216 Abs. 1 BGB. Hierbei hat er die Anordnungen des Erblassers zu befolgen, § 2216 Abs. 2 S. 1 BGB. Es besteht jedoch die Möglichkeit, **Anordnungen des Erblassers** auf Antrag des Testamentsvollstreckers oder eines anderen Beteiligten vom Nachlassgericht außer Kraft setzen zu lassen, wenn ihre Befolgung den Nachlass erheblich gefährden würde, § 2216 Abs. 2 S. 2 BGB.

182 Ein Testamentsvollstrecker genießt als Person und als Institution das besondere Vertrauen des Erblassers. Deshalb ist ihm für seine Tätigkeit ein **Ermessensspielraum** einzuräumen. Er darf sich nicht mit einem nur mäßigen Erfolg seiner Tätigkeit begnügen, sondern muss Möglichkeiten zu besserem Erfolg wahrnehmen (wie ein dynamischer Geschäftsführer). Ihm sind nur solche Anlagen verwehrt, die nach Lage des Falles den Grundsätzen einer wirtschaftlichen Vermögensverwaltung zuwider laufen.[127]

183 Bei der Beurteilung, ob die Anlageentscheidungen des Testamentsvollstreckers ordnungsgemäß sind, ist auf das gesamte Anlageverhalten abzustellen, nicht aber auf eine einzelne, vielleicht im Einzelfall verunglückte Anlageentscheidung. Anlageentscheidungen sind immer zukunftsorientierte Entscheidungen. Sie beinhalten daher systemimmanent ein Prognoserisiko.[128] Welche Anlageform die geeignete ist, bedarf eines guten Marktüberblicks.[129]

Ein Testamentsvollstrecker handelt nicht ermessensfehlerhaft, wenn er Mittel, auf die er möglicherweise kurzfristig zur Tilgung von Nachlassverbindlichkeiten angewiesen ist, bis zu deren Erledigung vorübergehend bei der Bank, über die er auch andere Nachlassangelegenheiten abwickelt, zu den günstigsten, dort gebotenen Konditionen anlegt, sofern er nicht aufgrund besonderen Insiderwissens oder geschäftlicher Erfahrungen bessere Anlagemöglichkeiten kennt oder darauf von den Erben ausdrücklich aufmerksam gemacht wird.[130]

184 Der Testamentsvollstrecker hat gegenüber dem Erben **Rechnung zu legen**, § 2218 Abs. 1 BGB. Bedeutsam für den Anwalt, der dem Mandanten eine Testamentsvollstreckung empfiehlt, ist die Vorschrift des § 2219 BGB. Hiernach haftet der Testamentsvollstrecker für die Verletzung seiner ihm obliegenden Verpflichtungen. Der Anwalt, der als Testamentsvollstrecker eingesetzt wird, hat regelmäßig im Rahmen seiner Haftpflichtversicherung auch die Tätigkeit als Testaments-

---

127 BGH NJW 1987, 1070, 1071.
128 Mayer/Bonefeld/*J. Mayer*, Testamentsvollstreckung, § 9 Rn 60.
129 Eine gute Übersicht findet sich in: Mayer/Bonefeld/*J. Mayer*, Testamentsvollstreckung, § 9 Rn 61 ff.
130 BGH ZEV 1995, 110 ff.

vollstrecker versichert. Gegebenenfalls sollte die Höhe der Deckungssumme nach oben angepasst werden.

Die Auskunftspflicht des Testamentsvollstreckers gem. § 2218 BGB erstreckt sich **185** auch auf die **Nacherbenvollstreckung.**

Der **Nacherben-Testamentsvollstrecker,** § 2222 BGB, hat den Nacherben schon **186** vor dem Nacherbfall und auch dann, wenn er zugleich als Testamentsvollstrecker zur Verwaltung des Nachlasses während der Vorerbschaft eingesetzt ist, auf Verlangen Auskunft zu erteilen:
– über den bei Übernahme des Testamentsvollstreckeramtes vorhandenen Bestand des Nachlasses
– nach Erteilung dieser Auskunft über den späteren Bestand nur, wenn die Nacherben eine erhebliche Verletzung ihrer Rechte durch die Verwaltung des Nachlasses dartun, sowie
– über den Verbleib von Nachlassgegenständen, bzgl. derer der Nacherben-Testamentsvollstrecker Rechte der Nacherben gem. §§ 2113 ff. und 2116 ff. BGB wahrgenommen hat.[131]

> **Beachte**   **187**
> Damit Sie sichergehen, dass auch bei der von Ihnen abgeschlossenen **Berufs-haftpflichtversicherung** die Tätigkeit als Testamentsvollstrecker versichert ist, sollten Sie an dieser Stelle umgehend Ihre Versicherungspolice prüfen. Ist eine solche Tätigkeit nicht abgesichert, gilt es, dies kurzfristig nachzuholen.

Die Berücksichtigung der Tätigkeit als Testamentsvollstrecker für den Rechtsan- **188** walt im Rahmen seiner Haftpflichtversicherung ist um so bedeutsamer, als die Rechtsprechung unstreitig davon ausgeht, dass der Rechtsanwalt als der berufene unabhängige Vertreter und Berater in allen Rechtsangelegenheiten (§ 3 Abs. 1 BRAO) auch seine Tätigkeit als Testamentsvollstrecker in Ausübung seines Berufs i.S.d. § 191 Abs. 2 Abgabenordnung (AO 1977) ausübt.

Der Bundesfinanzhof geht davon aus, dass ein Rechtsanwalt wegen seiner beruflichen Stellung und seiner Rechtskenntnisse als Testamentsvollstrecker ernannt wird.[132]

Die Rechtsprechung und die überwiegende Meinung im Schrifttum sind der **189** Ansicht, dass das Rechtsberatungsgesetz (RBerG) unter anderem auch dem Schutz der Allgemeinheit und des Rechtsverkehrs vor Personen oder Vereinigungen bzw. Verbänden dient, denen die auf dem Gebiet der Rechtsbesorgung erforderliche Zuverlässigkeit, Eignung und Sachkunde fehlt.[133]

---

131 BGH ZEV 1995, 76 ff.; BGHZ 98, 48.
132 BFH ZEV 1998, 358.
133 *Rennen/Caliebe*, Art. 1 § 1 Rn 9; *Altenhoff/Busch/Kampmann/Chemnitz*, Rechtsbera-tungsgesetz, Chemnitz/Johnigk 11. Aufl. 2003, Art. 1 § 1 Rn 18 jeweils m.w.N.

Seit dem 1.7.2008 regelt das Gesetz über außergerichtliche Rechtsdienstleistungen, RDG, die Befugnis, außergerichtliche Rechtsdienstleistungen zu erbringen. Es löst damit das bis zum 30.6.2008 geltende Rechtsberatungsgesetz ab. Erlaubt sind Rechtsdienstleistungen im Zusammenhang mit einer anderen Tätigkeit, wenn sie als Nebenleistung zum Berufs- oder Tätigkeitsbild gehören, § 5 Abs. 1 S. 1 RDG.

Als erlaubte Nebenleistungen gelten Rechtsdienstleistungen, die im Zusammenhang mit einer der folgenden Tätigkeiten erbracht werden:
1. Testamentsvollstreckung
2. Haus- und Wohnungsverwaltung
3. Fördermittelberatung.

Die Testamentsvollstreckung stellt hohe juristische Anforderungen und kann deshalb im Geschäftsverkehr nicht den Nichtfachleuten überlassen werden. Steuerberatern ist die Tätigkeit als Testamentsvollstrecker und damit die Werbung hierfür jedenfalls dann verwehrt, wenn sie diese geschäftsmäßig wahrnehmen wollen.[134]

190 Der Erblasser kann den **Testamentsvollstrecker** nicht von allen **Verpflichtungen** befreien, § 2220 BGB. Vielmehr sind folgende Verpflichtungen vom Erblasser nicht abdingbar:
– Erstellung des Nachlassverzeichnisses, § 2215 BGB
– Ordnungsgemäße Verwaltung des Nachlasses, § 2216 BGB
– Rechnungslegungspflicht gegenüber den Erben, § 2218 BGB
– Haftung für eine Verletzung der ihm obliegenden Verpflichtungen, § 2219 BGB.

191 Der Testamentsvollstrecker kann für die Ausübung seines Amtes eine angemessene **Vergütung** verlangen, § 2221 BGB. Hiervon kann der Erblasser eine Ausnahme bestimmen.[135]

Damit der Erblasser annähernd sicher sein kann, dass der von ihm in seiner letztwilligen Verfügung bestimmte Testamentsvollstrecker sein Amt ordnungsgemäß wahrnimmt, sollte er von Gefälligkeitslösungen Abstand nehmen. Vielmehr sollte jemand als Testamentsvollstrecker verpflichtet werden, der aufgrund seiner beruflichen Qualifikation immerhin fachlich dafür Sorge tragen kann, dass der letzte Wille des Erblassers korrekt umgesetzt wird. Zusätzlich zu der beruflichen Qualifikation muss bei der Testamentsvollstreckung auch eine gewisse charakterliche Festigkeit hinzukommen, damit der Testamentsvollstrecker, der den Nachlass verwaltet, nicht in Versuchung gerät, für die eigene Kasse Werte abzuschöpfen.

---

134 OLG Düsseldorf ZEV 2000, 458, 460 m. Anm. *Grunewald*; zur erlaubnisfreien Rechtsberatung vgl. *Scholler*, NWB F. 30, S. 1371.
135 Vgl. *Reimann*, ZEV 1995, 57 ff.

Dass die geforderten Qualitäten eines Testamentsvollstreckers in der Regel dann besser zutage treten, wenn dieser für seine Arbeit auch eine angemessene Vergütung erhält, bedarf keiner weiteren Erklärung.

Der Erblasser kann in seiner Verfügung von Todes wegen individuelle Vergütungsregelungen treffen oder sich anhand in der Praxis gebräuchlicher Tabellen orientieren.[136]

Nachstehend wird eine Tabelle wiedergegeben aus einem Aufsatz von Tiling, der sich mit der Vergütung des Testamentsvollstreckers beschäftigt und die verschiedenen **Tabellen der Vergütung des Testamentsvollstreckers** übersichtlich nebeneinander stellt.   192

Tabelle: Testamentsvollstreckervergütung[137]   193

Brutto-Nachlasswert in DM	Rheinisches Notariat	Möhring	Tschischgale		Berliner Praxis
			Regelfall	Schwieriger Fall	
bis zu **5 000***					10 %
(darüber hinaus) bis zu **20 000***	4 %	7,5 %	5 %	6 %	6 %
(darüber hinaus) bis zu **50 000***					4 %
(darüber hinaus) bis zu **100 000**	3 %	5,4 %	3,75 %	4,5 %	3 %
(darüber hinaus) bis zu **1 Mio.**	2 %	3,6 %	2,5 %	3 %	2,4 %
(darüber hinaus) bis zu **2 Mio.***		1,8 %			1,2 %
darüber hinaus	1 %	1 %	1,25 %	1,5 %	1 %

*) Der Text der Klammern bezieht sich auf die Berliner Praxis und teilweise auf Möhring.

Die Tabelle des Rheinischen Notarvereins aus dem Jahre 1925 wurde inzwischen modifiziert und den heutigen Gegebenheiten angepasst. Die neue Rheinische Tabelle zur Testamentsvollstreckervergütung richtet sich nach einem Vergütungsgrundbetrag (vorbehaltlich einer zu gegebener Zeit vorzunehmenden Anpassung an die Praxisentwicklung):[138] Rheinische TabellePraxisforum, ZEV 2000, 181, 182, Neue Rheinische Tabelle.   194

---

136 *Haegele/Winkler*, Rn 582 ff.; *Bengel/Reimann*, S. 459 ff.; einen guten Überblick über Vergütungstabellen gibt *Zimmermann*, ZEV 2001, 334.
137 *Tiling*, ZEV 1998, 331, 336 ff.
138 Kriterien für den Ansatz der Vergütung bei Mayer/Bonefeld/*J. Mayer*, Testamentsvollstreckung, § 21 Rn 27–29.

bis	250.000 EUR	4,0 %
bis	500.000 EUR	3,0 %
bis	2.500.000 EUR	2,5 %
bis	5.000.000 EUR	2,0 %
über	5.000.000 EUR	1,5 %

195   Die Vergütung sollte im Testament nicht zu gering angesetzt werden, da sich eine Testamentsvollstreckung in der Praxis häufig als sehr arbeitsintensiv erweist und ein angemessenes Entgelt als Gegenleistung vereinbart sein muss, damit der Rechtsanwalt, der einige Stunden in seiner Kanzlei fehlen wird, für seine Tätigkeit auch ein entsprechendes Honorar erhält.

Hat der Erblasser die Höhe der Vergütung nicht festgelegt und sie auch nicht mit den Erben vereinbart, entscheidet hierüber das Prozessgericht unter Berücksichtigung aller Umstände, wie z.b. Verantwortung, Pflichtenkreis, geleistete Arbeit, Schwierigkeiten der übertragenen Aufgaben, Dauer der Abwicklung oder Verwaltung, besondere berufliche Kenntnisse und besondere Geschicklichkeit.[139]

196   Die **Kosten** einer nur für einen Miterbenanteil angeordneten **Testamentsvollstreckung** sind nach dem Gesetz von allen Miterben in der ungeteilten Erbengemeinschaft zu tragen. Die Vergütung des Erbteilsvollstreckers stellt eine gemeinschaftliche Nachlassverbindlichkeit dar i.S.v. §§ 2046 Abs. 1, 2058 BGB; es sind gemeinschaftliche Kosten der Verwaltung i.S.v. §§ 2038, 748 BGB.[140]

197   Der Testamentsvollstrecker kann auch bestellt werden zur Vollstreckung von Nacherbenrechten, § 2222 BGB, oder Vermächtnissen, § 2223 BGB. Die Beziehungen des Vermächtnisvollstreckers entsprechen den Beziehungen des allgemeinen Testamentsvollstreckers zum Nachlass. Er hat bezüglich des Vermächtnisgegenstandes die gleichen Rechte und Pflichten. Er muss die Forderung des Vermächtnisnehmers auf die Leistung des vermachten Gegenstands aus § 2174 BGB geltend machen, den Vermächtnisgegenstand in Besitz nehmen, ihn verwalten und im Rahmen seiner Aufgaben nach § 2205 darüber verfügen.[141]

198   Das **Testamentsvollstreckeramt endet** bei seinem Tod oder im Fall des §§ 2201, 2225 BGB. Die Unwirksamkeitsgründe des § 2201 BGB sind:
      – Geschäftsunfähigkeit
      – Beschränkte Geschäftsfähigkeit und
      – Betreuerbestellung.

199   Der Testamentsvollstrecker kann auch selbst das Amt jederzeit kündigen durch Erklärung gegenüber dem Nachlassgericht, § 2226 BGB. Eine **Entlassung des Testamentsvollstreckers** durch das Nachlassgericht kann aus wichtigem Grund

---

139 BGH LM Nr. 2 zu § 2221 BGB; BGH LM Nr. 3 zu § 2221 BGB; BGHZ 69, 235.
140 BGH ZEV 1997, 116 ff.
141 NK-BGB/*Weidlich*, § 2223 Rn 6.

auf Antrag einer der Beteiligten, insbesondere bei grober Pflichtverletzung oder Unfähigkeit zur ordnungsgemäßen Geschäftsführung, § 2227 Abs. 1 BGB, vorgenommen werden.

Die Unfähigkeit zu ordnungsgemäßer Geschäftsführung durch den Testamentsvollstrecker kann insbesondere dann gegeben sein, wenn er über längere Zeit hinweg untätig bleibt und nicht in der Lage ist, die Auseinandersetzung des Nachlasses in geeigneter Weise durchzuführen, weil er den ihm gestellten Aufgaben nicht gewachsen ist und damit die Interessen der Beteiligten erheblich gefährdet.[142]

Der Erblasser kann die **Aufgaben des Testamentsvollstreckers** im Testament   **200**
näher beschreiben. Geschieht dies nicht, sind die Aufgaben i.d.R. folgende:
- Organisation der Beerdigung des Erblassers
- ggf. Beantragung eines Erbscheins oder eines Testamentsvollstreckerzeugnisses
- Inbesitznahme und ordnungsgemäße Verwaltung des Nachlasses
- Nachlassverzeichniserstellung gem. § 2215
- Einzug von Forderungen und Erfüllung von Verbindlichkeiten
- Ausführung sonstiger Verfügungen des Erblassers, z.b. Vermächtnisse und Teilungsanordnungen
- Aufstellung eines Teilungsplanes
- Abgabe der Erbschaftsteuererklärung und Abführung der Erbschaftsteuer (Haftungsrisiko für Testamentsvollstrecker)
- Verteilung des Nachlasses entsprechend der Erbquoten
- Übertragung von Immobilien auf die Erben gemäß des Teilungsplanes und ggf. Löschung des Testamentsvollstreckervermerks im Grundbuch
- Anstrengung der Versteigerung und Verteilung des Erlöses unter den Erben im Falle der Nichteinigung der Erben untereinander
- Entnahme der Vergütung gem. § 2221 BGB aus dem Nachlass
- gesetzliche Auskunftspflichten gegenüber den Erben gem. § 2218 BGB.

In o.g. Aufgabenaufstellung des Testamentsvollstreckers (siehe Rn 198) ist unter   **201**
anderem die Abgabe der **Erbschaftsteuererklärung** und Abführung der Erbschaftsteuer erwähnt. Der Testamentsvollstrecker ist verpflichtet, für die Begleichung der **Erbschaftsteuer** zu sorgen. Gleichgültig ist, ob ein Fall der Abwicklungs- oder der Verwaltungsvollstreckung vorliegt, da § 32 Abs. 1 S. 2 ErbStG insoweit nicht differenziert.

Die Verpflichtung des Testamentsvollstreckers zur Abgabe einer Erbschaftsteuererklärung gem. § 31 Abs. 5 ErbStG setzt nicht voraus, dass die Erben vom Finanzamt gem. Abs. 1 aufgefordert sind, eine Erklärung abzugeben. Die nicht rechtzeitige Abgabe der Erbschaftsteuererklärung durch den Testamentsvollstre-

---

142 BayObLG ZEV 1999, 226.

cker hemmt den Anlauf der Frist für die Festsetzung der Erbschaftsteuer gegenüber den Erben.[143]

Ernsthafte und die Nichtigkeit des Steuerbescheides begründende Zweifel über die Person des Steuerschuldners können nicht dadurch entstehen, dass das Finanzamt nicht durch einen Zusatz darauf hingewiesen hat, dass die Bekanntgabe an eine Person in dessen Eigenschaft als Testamentsvollstrecker erfolgt, wenn die Testamentsvollstreckereigenschaft allen Beteiligten bekannt ist und der Adressat unter keinen Umständen selbst als Steuerschuldner in Betracht kommt.[144]

Die Anordnung der Testamentsvollstreckung betreffend ein zum Nachlass gehörendes Handelsgeschäft ist nicht im Handelsregister eintragungsfähig. Das gilt auch, soweit für einen Kommanditanteil Dauervollstreckung angeordnet ist, §§ 8, 177 Handelsgesetzbuch (HGB).[145]

Der Testamentsvollstrecker wird vom Richter ernannt, § 2200 BGB i.V.m. § 16 Abs. 1 Nr. 2 RPflG.

202 Die üblichen, mit der **Ernennung** zusammenhängenden Tätigkeiten, etwa die Fristbestimmungen nach §§ 2198 Abs. 2, 2202 Abs. 3 BGB, die Entgegennahme von Erklärungen nach §§ 2198 Abs. 1, 2199 Abs. 3 und 2202 Abs. 2 BGB obliegen dagegen dem Rechtspfleger, § 3 Nr. 2c RPflG i.V.m. § 342 FamFG.

203 Damit der Testamentsvollstrecker nach außen tätig werden und Rechtsgeschäfte für und gegen den Nachlass abschließen kann, sollte er von seinem Anspruch gem. §§ 342 Abs. 1 Nr. 6, 357 Abs. 2 FamFG Gebrauch machen und einen Antrag auf Erteilung einer Ausfertigung des **Testamentsvollstreckerzeugnisses** stellen. Dieser Antrag kann sowohl bei dem Nachlassgericht gestellt als auch zur Niederschrift eines Notars erklärt werden. Der Notar hat diese Erklärung an das Nachlassgericht zur Ausfertigung des Testamentsvollstreckerzeugnisses weiterzuleiten.

Ist ein Testamentsvollstreckerzeugnis erteilt, so ist für die Befugnis des Testamentsvollstreckers zur Verfügung über ein Grundstück oder Grundstücksrecht oder die sonstige Rechtsstellung des Testamentsvollstreckers allein das Zeugnis maßgebend.[146]

Die Erteilung eines Testamentsvollstreckerzeugnisses ist geregelt in § 2368 BGB, im 8. Abschnitt Erbschein. Die Vorschriften über den Erbschein finden auf das Testamentsvollstreckerzeugnis entsprechende Anwendung, § 2368 Abs. 3 Hs. 1 BGB.

---

143 BFH ZEV 2000, 167.
144 BFH ZEV 1998, 359, 360.
145 KG ZEV 1996, 67 ff.; a.A. im überwiegenden Schrifttum: *Klank*, ZEV 1998, 325 ff. m.w.N.
146 BayObLG ZEV 1999, 67; zur Veräußerung von Grundstücken durch den Testamentsvollstrecker, siehe *Schaub*, ZEV 2000, 49.

Zur Erteilung einer Ausfertigung des Testamentsvollstreckerzeugnisses ist der Rechtspfleger zuständig, § 3 Nr. 2c RPflG.

III. Muster: Antrag auf Erteilung eines Testamentsvollstreckerzeugnisses

Amtsgericht Trier   204
– Nachlassgericht –
Justizstraße 2–6

PLZ Trier

Antrag auf Erteilung eines Testamentsvollstreckerzeugnisses

Am 21.3.2004 verstarb Herr Klaus Müller. Sein letzter Wohnsitz war PLZ Trier, Herrenköpfchen 10. Er war deutscher Staatsangehöriger. Als einzige Verfügung von Todes wegen hat Herr Müller hinterlassen:

Das eigenhändige Testament vom 2.10.1995.

In diesem Testament hat Herr Müller mich zu seinem Testamentsvollstrecker mit den Aufgaben berufen, die Dauertestamentsvollstreckung auszuüben und unbeschränkt für den Nachlass Verbindlichkeiten einzugehen. Das Testament enthält keine Anordnungen, die der Testamentsvollstreckung entgegenstehen.

Es ist kein Rechtsstreit über die Gültigkeit des Testaments oder meine Ernennung anhängig.

Ich nehme das Amt an.

Der Notar hat mich über die Bedeutung einer eidesstattlichen Versicherung, insbesondere die Strafbarkeit einer falschen eidesstattlichen Versicherung, belehrt. Ich erkläre nach Belehrung an Eides statt:

Mir ist nichts bekannt, was der Richtigkeit meiner vorstehenden Angaben entgegensteht.

Ich beantrage die Erteilung eines Testamentsvollstreckerzeugnisses mit dem Vermerk gem. § 2368 BGB.

Der Wert des Aktivnachlasses wird mit 125.000 EUR angegeben.

Ort, Datum

Diese Niederschrift wurde vorgelesen, genehmigt und unterschrieben.

Unterschriften

IV. Steuertipp

Ist ein Testamentsvollstrecker oder Nachlassverwalter vorhanden, ist die Steuer-   205
erklärung von diesem abzugeben, § 31 Abs. 5 S. 1 ErbStG. Die Abgabepflicht

betrifft personell lediglich die von der Testamentsvollstreckung betroffenen Personen, regelmäßig also die Erben oder Einzelne von ihnen, Vermächtnisnehmer nur bei entsprechender Anordnung und Pflichtteilsberechtigte nur im Fall der Pflichtteilsbeschränkung in guter Absicht nach § 2338 BGB.[147] Zur Abgabe der Steuererklärung ist der Testamentsvollstrecker nur im Rahmen seiner Amtsbefugnis berechtigt. Sie bezieht sich daher nicht auf Vermögensgegenstände, die außerhalb des Nachlasses z.b. im Wege eines Vertrags zugunsten Dritter übergehen, und auch nicht auf diejenigen Vermögensteile, die nicht der Testamentsvollstreckung unterliegen.[148] Umstritten ist, wer im letzteren Fall die Steuererklärung abzugeben hat. Denkbare Lösungen sind die getrennte Abgabe einer Steuererklärung durch den Testamentsvollstrecker und durch den Erben entsprechend der jeweiligen Verfügungsbefugnis.[149] Weiterhin denkbar ist die alleinige Abgabe durch den Erben oder eine gemeinsame Erklärung von Testamentsvollstrecker und Erbe.[150]

206 Die Vergütung des Testamentsvollstreckers für die Abgabe der Erbschaftsteuererklärung ist im Regelfall eher einkommensteuerpflichtig als erbschaftsteuerpflichtig.[151] Die Vergütung des Testamentsvollstreckers gehört nur in so weit zu dem nach § 10 Abs. 5 Nr. 3 ErbStG abzugsfähigen Erwerbsaufwand, als sie für die Abwicklung und Verteilung des Nachlasses zu entrichten ist.[152] Demgemäß können die Abwicklungsgebühr als Regelvergütung[153] sowie die Konstituierungsgebühr für die Inbesitznahme des Nachlasses und die Auseinandersetzungsgebühr als Nachlassverbindlichkeiten abgezogen werden. Nicht abzugsfähig ist hingegen die periodische Verwaltungsgebühr, vor allem die Vergütung für eine sog. Dauervollstreckung. Ihr Abzug scheitert an der Regelung des § 10 Abs. 5 Nr. 3 S. 3 ErbStG.

207 Der Testamentsvollstrecker hat für die Bezahlung der Erbschaftsteuer zu sorgen, § 32 Abs. 1 S. 2 ErbStG. Insbesondere bei grober Verletzung seiner Pflicht für die Bezahlung der Erbschaftsteuer zu sorgen, kommt eine persönliche Inanspruchnahme des Testamentsvollsteckers – nur – durch Haftungsbescheid (§ 191 AO i.V.m. § 69 AO) in Betracht.[154] Zu frühe Auszahlung des Nachlasses an die Erben kann für den Testamentsvollstrecker in erbschaftsteuerlicher Hinsicht einen Haftungstatbestand auslösen. Solche Nachforderungen können etwa entstehen aus Nachsteuern, gem. der §§ 13a Abs. 5, 19a Abs. 5 ErbStG.[155] Behaltensfris-

---

147 *Troll/Gebel/Jülicher*, § 31 Rn 26.
148 NK-BGB/*Weidlich*, § 2197 Rn 26 m.w.N.
149 NK-BGB/*Weidlich*, § 2197 Rn 26 mit Hinweis auf OFD Hannover vom 7.9.1993.
150 NK-BGB/*Weidlich*, § 2197 Rn 26.
151 BFH v. 2.2.2005, BStBl II 2005, 489.
152 *Troll/Gebel/Jülicher*, § 10 Rn 225.
153 OLG Köln ZEV 1994, 118.
154 *Troll/Gebel/Jülicher*, § 32 Rn 33.
155 *Piltz*, ZEV 2001, 262.

ten und weitere Kriterien für die Gewährung der Steuervergünstigungen bei der Übertragung von Betriebsvermögen aufgrund Reform des Erbschaftsteuer- und Bewertungsrechts (siehe § 12). Mehrforderungen bei der Ertragssteuer, können sich aufgrund einer steuerlichen Betriebsprüfung über die verlängerte Maßgeblichkeit der Steuerbilanz, gem. § 15 Abs. 1 Nr. 2 EStG, §§ 95 ff. BewG, § 12 Abs. 5 ErbStG zu höheren Erbschaftsteuerbelastungen führen.[156]

V. Zusammenfassung

Es gibt viele Gründe, in einem Testament die Bestimmung eines Testamentsvollstreckers zu verfügen. Vielfach kann der Anwalt aufgrund der vorhergehenden Beratung dem Erblasser gegenüber begründen, warum die Ernennung eines Testamentsvollstreckers notwendig oder zumindest geeignet ist, seinen Willen nach seinem Tode umzusetzen. Gerade wenn Bestandteil des Nachlasses ein Unternehmen ist, sollte an Testamentsvollstreckung gedacht werden.   208

Es wird immer wieder vorkommen, dass der Mandant, der künftige Erblasser, selbst niemanden kennt, der für das Testamentsvollstreckeramt geeignet wäre. Der Anwalt sollte sich vorher darüber im Klaren sein, ob er in diesem konkreten Fall sich selbst als möglichen Testamentsvollstrecker anbieten möchte. Zum einen wird die Vergütung locken, die der Testamentsvollstrecker selbst aus dem Nachlass entnehmen kann, zum anderen sollte die Kanzlei jedoch so strukturiert sein, dass sie organisatorisch geordnet weiterläuft, wenn der Anwalt im Rahmen seiner Testamentsvollstreckertätigkeit zunächst eine unübersehbare Anzahl an Stunden mit dieser Aufgabe verbringt.

G. Errichtung und Aufhebung eines Testaments (§§ 2229 bis 2264 BGB)

I. Einführung

Die **Errichtung** und **Aufhebung** eines **Testaments** ist geregelt in den §§ 2229–2264 BGB.   209

Nachstehend werden die Vorschriften erläutert, die für den Anwalt bei dem Entwurf eines Testamentes für den Mandanten von Bedeutung sind. Der Anwalt liefert dem Mandanten einen Testamentsentwurf, der von diesem durch eigenhändige Abschrift zu einem **eigenhändigen Testament** gemacht oder von einem Notar öffentlich beurkundet wird. In beiden Fällen liefert der Anwalt den Inhalt und Wortlaut des Testamentes, der jedoch noch einer Umsetzung bedarf, damit er zu einem rechtswirksamen Testament wird.   210

---

156 *Troll/Gebel/Jülicher*, § 32 Rn 34.

211   Vier von fünf zukünftigen **Erblassern** in Deutschland haben noch kein Testament errichtet. Deutschland liegt damit am Ende der Aufstellung der Länder, die Testamentszahlen festlegen. Aufgabe des Anwalts in der erbrechtlichen Beratung ist es, seiner Mandantschaft und künftigen Mandanten zu erklären, warum es für sie von rechtlichem und wirtschaftlichem Vorteil ist, ein Testament zu errichten.

212   Es gibt viele Argumente für die Errichtung eines Testamentes. Ein wichtiges Argument ist, dass der künftige Erblasser die **Rechtsnachfolge** nach seinem Tode selbst festlegt und nicht der gesetzlichen Erbfolge überlässt. Darüber hinaus ist jedoch darauf aufmerksam zu machen, dass es viele Fallkonstellationen gibt, in denen die gesetzliche Erbfolge für die Erben finanzielle Nachteile birgt. Hier ist insbesondere auf das Erbschaftsteuerrecht hinzuweisen.

Darüber hinaus sind etwaige Pflichtteilsberechtigte schon bei einem Testamentsentwurf zu berücksichtigen, um spätere rechtliche Auseinandersetzungen zu vermeiden.

II. Rechtliche Grundlagen

1. Allgemeines

213   Wer das 16. Lebensjahr vollendet hat, kann ein Testament errichten, § 2229 Abs. 1 BGB.

Wer wegen krankhafter Störung der **Geistestätigkeit**, wegen **Geistesschwäche** oder wegen **Bewusstseinsstörung** nicht in der Lage ist, die Bedeutung einer von ihm abgegebenen Willenserklärung einzusehen und nach dieser Einsicht zu handeln, kann ein Testament nicht errichten, § 2229 Abs. 4 BGB.

214   **Fall 35: Der Betreuer**
B geht mit seiner **Betreuten** Erna Sparsam zu dem Notar des Wohnortes der Betreuten und möchte, dass die Betreute zur Niederschrift des Notars ihren letzten Willen erklärt. Eine Mitarbeiterin des Notars, die Bürovorsteherin Viktoria Vorschnell, erklärt dem Betreuer, dass Frau Sparsam als Betreute kein Testament errichten kann und verweist auf die Vorschrift des § 2229 Abs. 4 BGB.

215   Das am 1.1.1992 in Kraft getretene **Betreuungsgesetz** hat keine entmündigende Wirkung. Durch das Betreuungsgesetz vom 12.9.1990 ist die Entmündigung ab 1.1.1992 abgeschafft und die Vormundschaft sowie die Gebrechlichkeitspflegschaft durch das neu geschaffene Rechtsinstitut der Betreuung ersetzt worden.[157] Die Bestellung eines Betreuers für einen anderen Menschen hat keine Auswirkung auf dessen **Testierfähigkeit**. Der Betreute kann wirksam ein Testament errichten, es sei denn, er ist geschäftsunfähig, §§ 104 Nr. 2, 2229 Abs. 4 BGB.

---

157 NK-BGB/*Beck*, § 2229 Rn 18.

Gem. § 1903 BGB kann das Betreuungsgericht anordnen, soweit dies zur Abwendung einer erheblichen Gefahr für die Person oder das Vermögen des Betreuten erforderlich ist, dass der Betreute zu einer Willenserklärung, die den Aufgabenkreis des Betreuers betrifft, dessen Einwilligung bedarf (**Einwilligungsvorbehalt**).

Ein Einwilligungsvorbehalt kann sich jedoch gem. § 1903 Abs. 2 BGB nicht auf   **216**
Verfügungen von Todes wegen, die der Betreute errichten will, beziehen. Hier ist nach § 2229 Abs. 4 BGB allein entscheidend, ob der Betreute wegen eines dort genannten Zustandes nicht in der Lage ist, die Bedeutung einer von ihm abgegebenen Willenserklärung einzusehen. Liegen keine begründeten Zweifel an der **Geschäftsfähigkeit** des Betreuten vor, ist er in seinen Verfügungen von Todes wegen frei und bedarf nicht der Mitwirkung seines Betreuers.[158] Zugunsten des Betreuten besteht die Vermutung der Testierfähigkeit.[159]

> **Lösung zu Fall 35**   **217**
> Die Betreute Erna Sparsam ist unbeschränkt testierfähig, da sich außer der Tatsache, dass sie einen Betreuer an ihrer Seite hat, keine Anhaltspunkte für ihre Geschäftsunfähigkeit ergeben. Näher zu untersuchen wären im konkreten Fall die Aufgabenkreise des Betreuers und die Klärung, ob diese Aufschluss über eine möglicherweise vorliegende Geschäftsunfähigkeit der Betreuten geben könnten.

Die eingeschränkte Testiermöglichkeit von behinderten Erblassern betrifft   **218**
grundsätzlich nicht die Testierfähigkeit, sondern nur die Möglichkeit bestimmte Testamentsformen nicht wählen zu können. Die Testierfähigkeit von Behinderten, wie z.B. Blinde, Stumme, Leseunfähige oder Schreibunfähige, richtet sich daher gem. § 2229 Abs. 4 BGB. Ist der Erblasser nach seinen Angaben oder nach der Überzeugung des Notars nicht im Stande, Geschriebenes zu lesen, so kann er das Testament nur durch eine Erklärung gegenüber dem Notar errichten, § 2233 Abs. 2 BGB. Die Beteiligung behinderter Personen an der notariellen Beurkundung einer Verfügung von Todes wegen ist geregelt in den §§ 27 ff., 22–26 BeurkG. Wird der Vorwurf einer Testierunfähigkeit aufgrund von Demenz erhoben, ist bei der nachträglichen psychiatrischen Beurteilung der Testierfähigkeit auf den Schweregrad der Demenz sowie eine Verlaufdynamik sowie zusätzliche psychische Störungen und die erhöhte Beeinflussbarkeit des Erblassers abzustellen.[160] Auch das Datum der Testamentserrichtung kann einen Beitrag zur Feststellung der möglichen Testierunfähigkeit leisten.[161] Auch schreib- und sprechunfähige Personen müssen, aufgrund der Erbrechtsgarantie des Art. 14 Abs. 1 GG sowie des allgemeinen Gleichheitssatzes des Art. 3 Abs. 1 GG und

---

158 *Jürgens*, Betreuungsrecht, § 1903 Rn 11.
159 Soergel/*J. Mayer*, § 2229 Rn 19; Palandt/*Weidlich*, § 2229 Rn 5.
160 *Wetterling/Neubauer/Neubauer*, ZEV 1995, 46, 50.
161 *Roth*, ZEV 1997, 94.

des Benachteiligungsverbotes für Behinderte in Art. 3 Abs. 3 S. 2 GG, die Möglichkeit haben, ein Testament zu errichten.[162]

2. Öffentliches Testament

219   Der Erblasser kann nach § 2231 BGB ein Testament in ordentlicher Form errichten, und zwar zur Niederschrift eines **Notars** oder durch Abgabe eines eigenhändigen Testamentes.

220   Der **Minderjährige**, der nicht gem. § 2247 Abs. 1 BGB ein Testament errichten kann, ist imstande, ein Testament durch mündliche Erklärung oder Übergabe einer offenen Schrift an den Notar nach § 2233 Abs. 1 BGB zu errichten.

3. Eigenhändiges Testament

221   Der häufigste Fall der Testamentserrichtung ist immer noch das eigenhändige oder **privatschriftliche Testament.** Dies ist ein Bereich, in dem der Anwalt häufig Entwürfe für den Erblasser zu fertigen hat. Es ist Aufgabe des Anwalts festzustellen, ob eventuell bereits vorhandene Testamente rechtswirksam sind und die Formvorschriften eingehalten wurden.

222   **Beachte**
Es birgt für den Anwalt ein Haftungsrisiko, ein Testament für den Mandanten zu entwerfen, ohne zu prüfen, ob dieser bereits eine Verfügung von Todes wegen errichtet hat, die ihn an der Errichtung eines weiteren Testaments hindert. Zu denken ist hier insbesondere an einen **Erbvertrag** oder ein **gemeinschaftliches Testament** mit wechselbezüglichen Verfügungen.

223   Das **eigenhändige Testament** ist vom Erblasser durch eine eigenhändig geschriebene und unterschriebene Erklärung zu errichten, § 2247 Abs. 1 BGB. Der Erblasser soll in ihr angeben, wann und wo er die Erklärung niedergeschrieben hat, § 2247 Abs. 2 BGB. Zur Identifizierung des Erblassers soll die Unterschrift Vor- und Zunamen enthalten, § 2247 Abs. 3 S. 1 BGB.

224   Kopien oder Faxmitteilungen eines Testaments sind mangels Authentizität des Schriftzeichens niemals als eigenhändiges Testament ausreichend.[163] Grundsätzlich soll die Unterschrift den Namen des Unterzeichnenden als dessen sprachliches Kennzeichen auch kenntlich machen. Dazu ist jedoch eine Lesbarkeit des Namens selbst nicht erforderlich. Vielmehr genügt, wenn die Unterschrift anhand ihrer charakteristischen und individuellen Merkmale erkennbar ist und der Schriftzug als Unterschrift gedeutet werden kann. Dazu soll mindestens ein Buchstabe erkennbar sein.[164] Besteht ein Testament aus mehreren Blättern, die

---

162 BVerfG v. 19.1.1999, ZEV 1999, 147; zu dieser Entscheidung: *Rossak*, ZEV 1997, 254.
163 Damrau/*Weber*, § 2247 Rn 20.
164 MüKo-BGB/*Burkhard*, § 2247 Rn 26.

erkennbar in Zusammenhang stehen, genügt eine Unterschrift auf dem letzten Blatt. Dies gilt auch dann, wenn die einzelnen Blätter nicht miteinander verbunden sind, sofern nur die Zusammengehörigkeit der einzelnen Blätter durch Seitenzahlen, fortlaufenden Text usw. erkennbar ist.[165]

Beachte   225
Minderjährige und **Analphabeten** können kein eigenhändiges Testament errichten, § 2247 Abs. 4 BGB. Die **Eigenhändigkeit** wird nicht dadurch beeinträchtigt, dass das Testament mit dem Mund, Fuß oder einer Prothese geschrieben ist. Zur Sicherstellung des Identitätsnachweises muss der Erblasser das Testament persönlich und in der ihm eigenen Schrift abgefasst haben.[166]

Die Angabe über die Zeit der Errichtung des Testamentes ist bedeutsam zur   226
Feststellung, ob es sich hierbei tatsächlich um den **letzten Willen** handelt.

Nach § 2064 BGB hat der Erblasser sein Testament, nach § 2274 BGB seinen Erbvertrag persönlich zu errichten. Eine Stellvertretung ist nicht zulässig. Darüber hinaus kann er auch keinem Dritten die Verfügung seines letzten Willens überlassen.

Bei Streitigkeiten zwischen den im Testament bedachten Erben und übergangenen   227
gesetzlichen Erben über die **Testierfähigkeit** des Erblassers ist die Vorschrift des § 2229 Abs. 4 BGB zu beachten.

Maßgebender Zeitpunkt für die Testierfähigkeit ist der Zeitpunkt der Testaments-   228
errichtung, beim eigenhändigen Testament mithin in der Regel der Zeitpunkt der endgültigen Fertigstellung des Testaments, des Abschlusses mit der Unterschrift.[167] Bei der Errichtung eines notariellen Testamentes muss die volle Testierfähigkeit nur bei der Erklärung des Erblassers gegenüber dem Notar oder bei der Übergabe einer Schrift gegeben sein. Voraussetzung für die Testierfähigkeit ist, dass die Willenserklärung des Erblassers im voll testierfähigen Zustand abgeschlossen war.[168]

Da die Störung der **Geistestätigkeit** die Ausnahme des menschlichen Zustandes   229
bildet, ist ein Erblasser bis zum Beweis des Gegenteils als testierfähig anzusehen. Dies gilt selbst dann, wenn eine Gebrechlichkeitspflegschaft nach § 1910 BGB a.F. oder eine Betreuung gem. § 1896 BGB bestand.[169]

Die Feststellungslast hinsichtlich der **Testierunfähigkeit** trifft denjenigen, der   230
das Testament angreift.[170]

---

165 Damrau/*Weber*, § 2247 Rn 45 m.w.N.
166 BGHZ 47, 68, 70.
167 Staudinger/*Baumann*, § 2229 Rn 34–37.
168 NK-BGB/*Beck*, § 2229 Rn 6 m.w.N.
169 OLG Frankfurt a.M. FamRZ 96, 635.
170 Palandt/*Weidlich*, § 2229 BGB Rn 14.

Dies bedeutet, dass im Rechtsstreit die Beweispflicht für eine mangelnde Testier-fähigkeit des Erblassers denjenigen trifft, der sie behauptet.[171]

231 Damit ein Testament nicht bereits aufgrund eines **Formfehlers der Anfechtbar-keit** unterliegt, wird nachstehend eine **Übersicht** häufiger Fehler bei der Errich-tung eines eigenhändigen Testaments dargestellt:
   - der Text wird von jemand anderem geschrieben, weil dieser eine bessere Hand-schrift hat (Nichte oder Neffe)
   - der Text wird mit einer Schreibmaschine geschrieben
   - der Text wird nicht unterschrieben
   - mehrere Testamente sind vorhanden, aber undatiert.

   Verwechslung zwischen den Begriffen Erbeinsetzung und Vermächtnis.

232 **Privatschriftliche Testamente** können und sollten in die besondere **amtliche Verwahrung** des zuständigen Amtsgerichts gegeben werden, § 2248 BGB. Die Zuständigkeit für die besondere amtliche Verwahrung ist in § 344 Abs. 1 FamFG geregelt. Nach dieser Vorschrift sind für die besondere amtliche Verwahrung der Testamente die Amtsgerichte zuständig.

   In Baden Württemberg sind gem. Art. 147 Abs. 1 EGBGB i.V.m. § 1 Abs. 2 LandesG über die freiwillige Gerichtsbarkeit vom 12.2.1975[172] anstelle der Ge-richte die Notariate für die besondere amtliche Verwahrung von Verfügungen von Todes wegen ausschließlich zuständig.

233 Nach Abs. 2 dieser Vorschrift ist örtlich **zuständig,**
   - wenn das Testament vor einem Notar errichtet ist, das Amtsgericht, in dessen Bezirk der Notar seinen Amtssitz hat
   - wenn das Nottestament vor dem Bürgermeister einer Gemeinde oder dem Vorsteher eines Gutsbezirks errichtet ist, das Amtsgericht, zu dessen Bezirk die Gemeinde oder der Gutsbezirk gehört
   - wenn das Testament nach § 2247 BGB errichtet ist, jedes Amtsgericht.

234 Gemäß § 346 Abs. 3 FamFG erhält der Erblasser über das in Verwahrung genom-mene Testament einen **Hinterlegungsschein.** Gegen Vorlage dieses Hinterle-gungsscheines kann das Testament jederzeit wieder aus der amtlichen Verwah-rung herausgenommen werden.

235 Wird ein **öffentliches Testament** aus der amtlichen Verwahrung des zuständigen Amtsgerichts herausgenommen, gilt dies nach § 2256 Abs. 1 BGB als **Widerruf.** Demgegenüber bewirkt die Rücknahme eines privatschriftlichen Testaments aus der amtlichen Verwahrung nicht den Widerruf desselben. Die Rücknahme hat hier keinen Einfluß auf die Wirksamkeit des privatschriftlichen Testaments, § 2256 Abs. 3 BGB.

---

171 BGH FamRZ 58, 127.
172 Gesetzblatt für Baden-Württemberg 1975, S. 116.

Der Vorteil der amtlichen Verwahrung eines privatschriftlichen Testamentes liegt   236
darin, dass der Erblasser nicht hoffen muss, dass nach seinem Ableben jemand
diese Verfügung von Todes wegen auch tatsächlich findet und seiner gesetzlichen
Ablieferungspflicht gem. § 2259 BGB nachkommt. Die gesetzliche Mitteilungs-
pflicht des Nachlassgerichts gegenüber dem für den Geburtsort des Erblassers
zuständigen Standesamt bietet Gewähr für die Eröffnung des hinterlegten Testaments, § 347 Abs. 1 FamFG. Gerade wenn ein solches Testament von jemandem
gefunden wird, der gesetzlicher Erbe wäre, aber aufgrund des Testamentes von
der Erbfolge ausgeschlossen ist, sieht sich dieser der Charakterprüfung seines
Lebens ausgesetzt. Frei nach dem Grundsatz „Führe niemand in Versuchung"
sollte das Testament in die amtliche Verwahrung gegeben werden.

Für die **amtliche Verwahrung** einer Verfügung von Todes wegen wird bei der   237
Annahme durch das Gericht ein Viertel der vollen Gebühr erhoben, § 101 KostO.
Nach § 103 KostO finden in diesen Fällen der Verwahrung die Wertvorschriften
des § 46 Abs. 4 KostO entsprechende Anwendung. Hiernach ist der der Gebüh-
renberechnung zugrundeliegende Wert das nach Abzug der Verbindlichkeiten
verbleibende reine Vermögen. Vermächtnisse, Pflichtteilsrechte und Auflagen
werden nicht abgezogen.

> **Beispiel**   238
> Der E hinterlegt sein eigenhändig errichtetes Testament bei dem Amtsgericht
> Sinzig und gibt auf Nachfrage den Nachlasswert mit 250.000 EUR an. Eine
> 1/4-Gebühr beträgt hier, gem. § 32 KostO, 108 EUR.

Bei diesen geringen durch das Gericht erhobenen Gebühren ist ersichtlich, dass   239
die durch die Verwahrung der Verfügung von Todes wegen durch das Amtsgericht gebotene Sicherheit in einem überproportionalen Vorteil zu der entrichteten
Gebühr steht. Dem Erblasser kann also zu der amtlichen Verwahrung unumwun-
den geraten werden.

Die 1/4-Gebühr für die Verwahrung umfasst die gesamte amtliche Verwahrung,
unabhängig von deren Dauer und dem Fall eines gemeinschaftlichen Testaments,
bis zum Tod des Letztlebenden.[173]

Wird das Testament für eine Änderung aus der amtlichen Verwahrung herausgenommen und im Anschluss wieder hinterlegt, fällt die Gebühr erneut an.

4. Besondere Testamentsformen

Dreizeugentestament: Wer seinen Aufenthalt an einem Ort hat, der aufgrund   240
außerordentlicher Umstände abgesperrt ist und hierdurch die Errichtung eines
Testamentes vor einem Notar unmöglich oder erheblich erschwert ist, kann das
sog. „Dreizeugentestament" durch mündliche Erklärung vor drei Zeugen errich-

---

173 *Hartmann*, § 101 KostO Rn 5.

ten, § 2250 Abs. 1 BGB. Diese Testamentsform kann Bedeutung erlangen bei Unglücksfällen an entlegenen Orten.

241 **Beachte**
Ein Gefängnis ist zwar für den, der sich in demselbigen aufhält, auch ein entlegener Ort, jedoch nicht i.S.d. § 2250 Abs. 1 BGB.

242 **Bürgermeistertestament:** Der Bürgermeister kann am gewöhnlichen Aufenthaltsort des Erblassers unter Hinzuziehung zweier Zeugen ein Testament beurkunden, wenn kein Notar zu erreichen ist und der Tod des Erblassers droht oder weil der Aufenthaltsort des Erblassers von der Außenwelt abgeschnitten ist, § 2249 BGB. In der Niederschrift soll die Besorgnis, dass die Errichtung eines Testaments vor einem Notar nicht mehr möglich sein werde, festgestellt werden. Der Gültigkeit des Testaments steht es nicht entgegen, dass die Besorgnis nicht begründet war, § 2249 Abs. 2 BGB.

243 **Seetestament:** Wer sich während einer Seereise an Bord eines deutschen Schiffes außerhalb eines inländischen Hafens befindet, kann ein Dreizeugentestament durch mündliche Erklärung nach §§ 2251, 2250 Abs. 3 BGB errichten.

244 **Konsulartestament:** Die deutschen Konsularbeamten sind ermächtigt, im Rahmen ihrer auswärtigen Amtstätigkeit für deutsche Erblasser Testamente und Erbverträge nach der deutschen Erbrechtsordnung und den deutschen Beurkundungsgesetzen zu beurkunden. Die so errichteten Urkunden sind den von einem deutschen Notar aufgenommenen gleichzusetzen, §§ 10, 11 Konsulargesetz.[174] Gemäß § 1 Konsulargesetz ist zwischen den Berufskonsuln und den Honorarkonsuln zu differenzieren. Nur die Berufskonsularbeamten, die die Befähigung zum Richteramt haben, sind nach § 19 Abs. 1 Konsulargesetz ohne Einschränkung zur Wahrnehmung aller konsularischen Aufgaben befugt.[175]

245 **Beachte**
Die nach den §§ 2249–2251 BGB errichteten **Nottestamente** werden ungültig mit Ablauf einer dreimonatigen Frist nach Testamentserrichtung, wenn der Erblasser noch lebt, § 2252 Abs. 1 BGB.

246 Die **Dreimonatsfrist** nach § 2252 Abs. 1 BGB ist gehemmt, solange der Erblasser außerstande ist, ein Testament vor einem Notar zu errichten, § 2252 Abs. 2 BGB. Wer ein solches Nottestament errichtet hat, ist also gehalten, nachdem er wieder in eine normale Lebenssituation zurückgekehrt ist, innerhalb einer Frist von drei Monaten diese Verfügung von Todes wegen durch ein öffentliches Testament zu ersetzen.

---

174 Siehe Text in NK-BGB/*Beck*, Anhang zu § 2231.
175 Näher hierzu: Damrau/*Weber*, § 2231 18 ff.

5. Widerruf des Testaments

Ein Testament kann vom Erblasser jederzeit widerrufen werden, § 2253 BGB,   247
ebenso eine einzelne in einem Testament enthaltene Verfügung. Diese Vorschrift
ist sehr wichtig für den Anwalt, um dem Mandanten zu verdeutlichen, dass der
im Volksmund genannte „letzte Wille" auch sein „vorvorvorletzter Wille" sein
kann und dass er diesen immer widerrufen kann, solange er keine vertraglichen
Verpflichtungen oder wechselbezügliche Verfügungen eingeht. Da ein Einzeltestament aber ein einseitiges höchstpersönliches Rechtsgeschäft darstellt, kann er
dieses auch jederzeit widerrufen.

Der Widerruf eines Testamentes kann erfolgen: 248
– durch Testament, in dem ein früheres Testament widerrufen wird, § 2254 BGB
– durch Vernichtung des Testamentes in der Absicht, es aufzuheben oder an
  ihm Veränderungen vorzunehmen, § 2255 S. 1 BGB
– durch Veränderung in der Absicht, ein Testament zumindest teilweise zu
  widerrufen, § 2255 S. 2 BGB
– durch Rücknahme aus der besonderen amtlichen Verwahrung, § 2256 Abs. 1
  BGB, wenn es sich um ein öffentliches Testament gem. §§ 2232, 2249 BGB
  handelt
– durch ein späteres Testament, insofern es dem früheren Testament wider-
  spricht, § 2258 Abs. 1 BGB.

Auch der Widerruf kann widerrufen werden, § 2257 BGB. Im Zweifel ist dann
die erste Verfügung wirksam, als wäre sie nicht widerrufen worden.

Beachte   249

Ein Verzicht auf das **Widerrufsrecht** eines Testamentes ist nichtig, § 2302
BGB. Die Vorschrift dient dem Schutz der Testierfreiheit. Durch die in
§ 2302 BGB angeordnete Nichtigkeitsfolge werden schuldrechtliche Beschränkungen der Testierfreiheit verhindert.[176] Die erbrechtlichen Bindungen
im Erbvertrag, § 2289 Abs. 1 S. 1 BGB oder im gemeinschaftlichen Testament,
§ 2271 Abs. 2 S. 1 BGB für wechselseitige Verfügungen werden von § 2302
BGB nicht berührt.[177] Auch einseitige Verpflichtungen, z.B. die Auflage in
einer Verfügung von Todes wegen an den Bedachten, in einer bestimmten
Weise zu testieren, sind unwirksam.[178]

Wer ein Testament findet, hat es beim zuständigen Nachlassgericht abzuliefern,   250
§ 2259 Abs. 1 BGB. Das Nachlassgericht eröffnet das Testament und kann die
gesetzlichen Erben des Erblassers und die sonstigen Beteiligten laden, § 348
Abs. 2 S. 1 FamFG.

In der Praxis wird von der Ladung jedoch regelmäßig Abstand genommen.

---

176 Staudinger/*Kanzleiter*, § 2302 Rn 3; MüKo-BGB/*Musielak*, § 2302 Rn 1 m.w.N.
177 NK-BGB/*Seif*, § 2302 Rn 2.
178 MüKo-BGB/*Musielak*, § 2302 Rn 3 für viele.

Wenn ein Testament sich länger als dreißig Jahre in amtlicher Verwahrung befindet, soll die Verwahrungsstelle von Amts wegen Ermittlungen darüber anstellen, ob der Erblasser noch lebt, § 351 S. 1 FamFG. Bei Glaubhaftmachung eines rechtlichen Interesses kann jemand ein eröffnetes Testament einsehen, § 357 Abs. 1 FamFG.

251   Die **unbeschränkbare Testierfreiheit**, § 2302 BGB, findet ihre rechtlichen **Grenzen** in:
– dem Pflichtteilsrecht,
– sittenwidrigen Verfügungen,
– früheren bindenden Verfügungen,
– zeitlichen Grenzen,
– dem Erbersatzanspruch,[179]
– dem Verbot, eine Entscheidung auf einen Dritten zu verlagern,
– dem Zugewinnausgleichsanspruch,
– der HöfeO,
– dem Bodenlenkungsrecht,
– den sog. Wertsicherungsklauseln.

Nachstehend einige Mustertexte für Einzeltestamente:

III. Muster für Einzeltestamente

1. Muster: Einzeltestament mit Alleinerbenbestimmung

252   Testament

Ich, Willi Winzer, (Geburtsdatum), Weinweg 8, PLZ Traben-Trabach, widerrufe hiermit alle früheren Verfügungen von Todes wegen.

Zu meiner alleinigen Erbin setze ich meine Ehefrau Klara Winzer, geb. Koch ein (Geburtsdatum, Anschrift).

Traben-Trabach, den 1.1.2006

Unterschrift

253   **Erklärung:**

Ein derart knappes Testament ist nur dann sinnvoll, wenn keine Pflichtteilsberechtigten beim Erbfall vorhanden sind.

---

179 Nur noch für Fälle vor dem 1.4.1998 aufgrund Aufhebung der §§ 1934a–1934e BGB gem. Gesetz v. 16.12.1997, BGBl I, S. 2968.

2. Muster: Einzeltestament mit Alleinerbenbestimmung sowie Ersatzerben und Vermächtnisanordnung

Testament   254

Ich, Willi Winzer, (Geburtsdatum), Weinweg 8, PLZ Traben-Trabach, widerrufe hiermit alle früheren Verfügungen von Todes wegen.

Ich setze meinen Sohn Klaus Winzer, (*Geburtsdatum, Anschrift*), zu meinem alleinigen Erben ein.

Im Falle, dass mein Sohn vor mir verstirbt, setze ich meinen Freund und Kegelbruder Karl Kugel, (*Geburtsdatum, Anschrift*), zum Ersatzerben ein.

Mein Nachbar Norbert Neid, (Geburtsdatum, Anschrift), bekommt vermächtnishalber all' meine Gartengeräte. Das Vermächtnis wird drei Monate nach meinem Tode fällig.

Traben-Trabach, den 1.8.2006

Unterschrift

Erklärung: 255

Wenn eine Ersatzerbeneinsetzung nur für den Fall des Vorversterbens des Erben verfügt wird, ist im Zweifel davon auszugehen, dass der Ersatzerbe auch bei einem in anderer Form gelegenen „Wegfall" des Erben, wie durch Ausschlagung oder Erbunwürdigkeit, bestimmt ist. Die Dreimonatsfrist zur Geltendmachung des Vermächtnisses soll dem Schutz des Erben dienen. Dieser könnte allerdings ohnehin die Dreimonatseinrede gem. § 2014 BGB erheben.

3. Muster: Einzeltestament mit Nacherbeneinsetzung, Testamentsvollstreckung und Verfügung einer Auflage

Testament   256

Ich, Willi Winzer, (Geburtsdatum), Weinweg 8, PLZ Traben-Trarbach, widerrufe hiermit alle früheren Verfügungen von Todes wegen und setze meine Ehefrau Klara Winzer, geb. Koch, (Geburtsdatum, Anschrift), zu meiner alleinigen Erbin ein. Meine Ehefrau soll jedoch nur nicht befreite Vorerbin sein.

Ich bestimme meinen Sohn Klaus Winzer, (Geburtsdatum, Anschrift), zu meinem Nacherben. Der Nacherbfall tritt mit dem Tode der Vorerbin oder deren Wiederheirat ein.

Ich ordne Testamentsvollstreckung zur Sicherung der Rechte des Nacherben an. Zum Testamentsvollstrecker bestimme ich Herrn Rechtsanwalt Frank Findig, Mondweg 5, PLZ Trier. Als Ersatztestamentsvollstrecker, falls der Bestimmte das Amt nicht wahrnehmen kann oder will, soll der zuständige Nachlassrichter bei dem Amtsgericht Trier einen Testamentsvollstrecker bestimmen.

Der Erbe wird mit der Auflage beschwert, mein Grab dreißig Jahre zu pflegen oder einen adäquaten Dauergrabpflegevertrag bei einer städtischen Gärtnerei abzuschließen. Die jeweilige Gärtnerei soll Mitglied einer Dauergrabpflegegenossenschaft sein.

Traben-Trarbach, den 1.1.2007

Unterschrift

257 Erklärung:

Es kann Sinn machen, bereits in einem Testament festzulegen, wer die Grabpflege nach dem Tode des Erblassers zu übernehmen hat. Wer nicht bereits zu Lebzeiten einen Bestattungsvorsorgevertrag oder einen Grabpflegevertrag mit einer Gärtnerei abgeschlossen hat, sollte sich zumindest in seinem Testament diesbezüglich Gedanken machen, um etwaigen Streit seiner Erben zu diesem Punkt auszuschließen. Die Erben sind nach § 1968 BGB nur verpflichtet, die Kosten der Beerdigung zu tragen. Die Grabpflege, als sog. Totenfürsorge, wird jedoch den nächsten Angehörigen zugemutet und in deren Verantwortung gegeben, wenn keine anderweitige Verfügung des Erblassers vorhanden ist.

Das Recht, die Art der Bestattung und den Bestattungsort auszuwählen steht den nächsten Angehörigen aufgrund des familienrechtlichen Rechtsverhältnisses zwischen ihnen und dem Erblasser zu.[180]

Derjenige, der die Beerdigung vorgenommen hat, hat nach § 1968 BGB gegenüber dem Erben einen Anspruch auf Ersatz der verauslagten Kosten. Für den Erben ist die dadurch begründete Verbindlichkeit eine Nachlassverbindlichkeit im Sinne von § 1967 Abs. 2 BGB. Im Nachlassinsolvenzverfahren ist sie Masseverbindlichkeit nach § 324 Abs. 1 Nr. 2 InsO.[181]

4. Muster: Einzeltestament mit mehreren Erben, Ersatzerben, Vermächtnis und Testamentsvollstreckung

258 Testament

Ich, Willi Winzer, (Geburtsdatum), Weinweg 8, PLZ Traben-Trarbach, widerrufe hiermit etwaige frühere Verfügungen von Todes wegen und setze meine Kinder Frank, Klaus, Margarete und Marlies (jeweils mit Geburtsdatum und Anschrift) zu meinen Erben zu gleichen Teilen ein.

Bei Vorversterben eines Erben sollen dessen Abkömmlinge an seine Stelle treten. Hinterlässt der Vorverstorbene keine Abkömmlinge, soll der Anteil des Verstorbenen den anderen Kindern zu gleichen Teilen zufallen.

Ich vermache meiner Ehefrau Klara Winzer, geb. Koch, (Geburtsdatum, Anschrift), den lebenslänglichen Nießbrauch an meinem Hausgrundstück. Ferner hat sie einen Anspruch gegenüber

180 RGZ 154, 269, 270; KG FamRZ 1969, 414.
181 Damrau/Gottwald, § 1968 Rn 1.

den Kindern auf eine monatliche Rente i.h.v. 1.500 EUR. Die Kinder haften als Gesamtschuldner für die Zahlung der Rente.

Mein Bargeld sowie meine Münzsammlung soll vermächtnishalber mein Neffe Manfred Müller, *(Geburtsdatum, Anschrift)*, erhalten.

Ich ernenne zu meinem Testamentsvollstrecker Herrn Rechtsanwalt Klaus Meier, Deutschherrenberg 10, PLZ Trier.

Traben-Trarbach, den 1.5.2007

Unterschrift

Erklärung: 259

Der Erblasser verfügt hier zugunsten seiner Ehefrau ein lebenslängliches Nießbrauchsrecht an dem hinterlassenen Hausgrundstück sowie einen monatlichen Rentenanspruch gegenüber den Erben i.h.v. 1.500 EUR. Die Intention des Erblassers ist hier die materielle Absicherung der Ehefrau bis zu ihrem Lebensende. Das Eigentum an dem wesentlichen Nachlassgegenstand, dem Hausgrundstück, geht jedoch bereits mit dem Erbfall auf die vier Kinder zu gleichen Teilen über. Der Neffe Manfred Müller als Vermächtnisnehmer wird nicht Mitglied der Erbengemeinschaft, vielmehr steht ihm ein einklagbarer Anspruch gegen die Erbengemeinschaft auf Herausgabe der Münzsammlung zu.

IV. Checkliste: Testament

– Sind gesetzliche Erben des Erblassers vorhanden?   260
– Sind Pflichtteilsberechtigte des Erblassers vorhanden?
– Hat der Erblasser (männlich) nichteheliche Kinder?
– Ist eine Erbeinsetzung erfolgt?
– Sollen Vermächtnisse angeordnet werden?
– Ist eine Auflage auszusprechen?
– Ist Testamentsvollstreckung anzuordnen?
– Reichen die Steuerfreibeträge für die Erben aus oder fällt Erbschaftsteuer an?
– Sind Steuersparmöglichkeiten berücksichtigt?
– Hat der Erblasser einen Ehevertrag geschlossen?
– Besteht eine Bindungswirkung aufgrund einer früheren Verfügung von Todes wegen?
– Gibt es Vermögen im Ausland, insbesondere Immobilien?
– Amtliche Verwahrung des Testaments?

V. Zusammenfassung

Im Bereich der Testamentsentwürfe kann der Anwalt verlorengegangenes Terrain   261
der Anwaltschaft im Erbrecht zurückgewinnen. Wenn er mit qualifizierter juristi-

scher Beratung und Aufklärung in die Öffentlichkeit tritt, z.B. durch sachliche Information im Rahmen einer Vortragsveranstaltung, wird er schnell eine erbrechtliche Mandantschaft erreichen, die sich auch überregional zusammensetzen kann.

Der Anwalt sollte bei dem Entwurf eines Testaments immer am Erblasserwillen orientiert sein. Der Schutz des Erblassers, der in der Regel in harter Arbeit den Nachlass geschaffen hat, sollte vorrangiges Prinzip sein.

Vorzeitige Übertragungen unter Lebenden aus rein steuerlichen Gründen ohne Berücksichtigung der Sicherungsinteressen des Übergebers sollten nicht empfohlen werden.

Bei dem Entwurf eines eigenhändigen Testaments für den Mandanten sollte der Anwalt auch auf die Möglichkeit der amtlichen Verwahrung hinweisen. Die amtliche Verwahrung bietet den Vorteil, dass dieses Testament nach dem Tode des Erblassers von Amts wegen eröffnet wird. Das Nachlassgericht, bei dem das Testament hinterlegt wird, macht eine Mitteilung an das Standesamt des Geburtsortes des Erblassers über die Errichtung einer Verfügung von Todes wegen, gem. § 347 Abs. 1 FamFG. Über den Inhalt dieser Verfügung erfolgt keine Mitteilung. Da das Standesamt des Geburtsortes des Erblassers im Erbfall die Sterbeurkunde ausstellt, findet es in seinem Register den Hinweis darauf, dass bei dem jeweiligen Nachlassgericht eine Verfügung von Todes wegen hinterlegt ist. Dies hat zur Folge, dass das Standesamt dem Nachlassgericht eine Mitteilung über das Versterben des Erblassers macht und so die Eröffnung des Testaments von Amts wegen vorgenommen wird.

H. Gemeinschaftliches Testament (§§ 2265 bis 2273 BGB)

I. Einführung

262 Das **gemeinschaftliche Testament** ist geregelt in den §§ 2265–2273 BGB.

263 Bei dem gemeinschaftlichen Testament handelt es sich um mehrere **von Ehegatten** getroffene letztwillige Verfügungen.

Das gemeinschaftliche Testament genießt in breiten Teilen der Bevölkerung eine große Beliebtheit. Häufig schließen Ehegatten ein Testament auf Gegenseitigkeit ab, ohne die Erbschaft nach dem Tode des letzten von ihnen zu regeln. Die Aufgabe des Anwalts liegt hier darin, dem Mandanten zu erklären, wie bei dieser Testamentskonstellation die gesetzliche Erbfolge nach dem Tode des letzten von ihnen aussehen würde.

264 Bei dem gemeinschaftlichen Testament handelt es sich um zwei **Verfügungen von Todes wegen**. Die Ehegatten verfügen zwar gemeinschaftlich, jeder jedoch einseitig. Im Gegensatz zum Erbvertrag, der eine Doppelnatur (Verfügung von

Todes wegen und Vertrag) hat, ist das gemeinschaftliche Testament nur Verfügung von Todes wegen und nicht auch ein Vertrag.[182]

Vertragsähnliche Beziehungen zwischen den Ehegatten entstehen jedoch auf-   265
grund der sogenannten **wechselbezüglichen Verfügungen** in einem gemeinschaftlichen Testament.

II. Rechtliche Grundlagen

Das gemeinschaftliche Testament kann nur von Ehegatten errichtet werden,   266
§ 2265 BGB.

Auch Lebenspartner können ein gemeinschaftliches Testament errichten. Die
§§ 2266–2272 BGB gelten entsprechend, § 10 Abs. 4 LPartG.[183]

Zur Errichtung eines gemeinschaftlichen, eigenhändigen Testaments genügt es,
wenn einer der Ehegatten das Testament in der in § 2247 BGB vorgeschriebenen
Form errichtet und der andere Ehegatte die gemeinschaftliche Erklärung eigenhändig mitunterzeichnet, § 2267 S. 1 BGB. Bei der Mitunterschrift des Ehegatten
soll Tag, Monat und Jahr sowie Ort der Unterschrift beigefügt werden, § 2267
S. 2 BGB.

Die Zeichnung des Namens am Rand einer Testamentsurkunde stellt in der Regel
keine Unterschrift dar. Etwas anderes kann aber dann gelten, wenn auf dem
betreffenden Blatt unter dem Text kein Raum für eine Unterzeichnung war und
sich deshalb der neben den Text gesetzte Namenszug des Testierenden nach der
Würdigung des Tatrichters als räumlicher Abschluss der Urkunde darstellt.

Die Rechtsprechung des BGH,[184] nach der ein auf den oberen Rand eines Über-
weisungsformulars oder ein neben den Text einer Quittung gesetzter Namenszug
keine Unterschriften i.S.d. §§ 416, 440 Abs. 2 ZPO darstellen, steht dem nicht
entgegen.[185]

Die räumliche Anordnung der Mitunterzeichnung ist unerheblich, solange sie   267
sich auf den Text der Erklärung bezieht und ihn abschließt.[186] Kein gemeinschaftliches Testament gem. § 2267, sondern ein Einzeltestament gem. § 2247 BGB liegt
vor, wenn der andere Ehegatte das Testament nur zum Zwecke der Kenntnisnahme oder der Billigung und ohne eigenen Testierwillen unterzeichnet.[187] Im
Regelfall ist dies jedoch nicht anzunehmen.[188]

---

182 *Brox/Walker*, Erbrecht, Rn 176.
183 Ab 1.8.2001 aufgrund Lebenspartnerschaftsgesetz.
184 BGHZ 113, 48; BGH NJW 1992, 829.
185 OLG Köln ZEV 2000, 282.
186 BayObLG 1881, 79, 85.
187 BayObLG FamRZ 1997, 1546.
188 NK-BGB/*Radlmayr*, § 2267 Rn 11 m.w.N.

268 Das gemeinschaftliche Testament kann auch als **öffentliches Testament** zur Niederschrift eines Notars erklärt werden. Dies geschieht in der Praxis jedoch nicht so häufig wie der Abschluss eines Erbvertrags als öffentliche Urkunde. Ein gemeinschaftliches Testament wird in der Regel eigenhändig von den Ehegatten errichtet.

269 Die **Eheauflösung** oder **Ehenichtigkeit** nach § 2077 BGB führen zur Unwirksamkeit des gemeinschaftlichen Testaments, § 2268 Abs. 1 BGB. Die §§ 2077 und 2268 BGB sind jedoch nur Auslegungsregeln, keine widerlegbaren Vermutungen, die also nur dann zum Zuge kommen, wenn kein anderer (wirklicher oder mutmaßlicher) Wille des Erblassers zu ermitteln ist.[189] Die Verfügung von Todes wegen bleibt daher nach §§ 2077 Abs. 3 und 2268 Abs. 2 BGB wirksam, wenn sie „auch für einen solchen Fall" (insbesondere also bei Scheidung oder sonstiger vorzeitiger Auflösung) getroffen worden wäre, also ein sog. „Aufrechterhaltungswille" des Erblassers vorliegt.[190] Damit es nicht zu Auslegungsstreitigkeiten kommt,[191] empfiehlt *J. Mayer* folgende Präambel für eine Verfügung von Todes wegen:

> *„Bestand und Wirksamkeit unserer Ehe bis zum Tod des Erstversterbenden von uns oder bis zu unserem gleichzeitigen Tod vorausgesetzt, bestimmen wir was folgt: (...)."[192]*

270 Die häufigste Form des gemeinschaftlichen Testamentes ist das sog. „**Berliner Testament**", § 2269 BGB. Hierin setzen sich die Ehegatten gegenseitig als Alleinerben ein, wobei in der Regel die **Schlusserben** des gemeinsamen Vermögens die gemeinsamen leiblichen Kinder sind.

271 Das Berliner Testament ist in **erbschaftsteuerlicher** Hinsicht mit Vorsicht zu betrachten, da es sich um zwei getrennte Erbfälle, jeweils nach jedem Ehegatten, handelt. Jeder Erbfall wird einzeln versteuert. Damit wird ein Nachlass zweimal besteuert. Dies kann verhindert werden, indem bereits zu Lebzeiten von einem Ehegatten ein Teil des künftigen Nachlasses auf die Kinder übertragen wird. Siehe näher hierzu § 12 Steuerrecht.

Der Wille der Erblasser ist durch Auslegung der Erklärungen zu ermitteln. Der Wille muss aus den beiden Erklärungen selbst erkennbar sein.[193]

Nach den allgemeinen Grundsätzen trägt derjenige die Feststellungslast für die Wirksamkeit eines eigenhändigen Testaments, der aus den darin enthaltenen Ver-

---

189 *Mayer*, ZEV 1997, 280.
190 *Mayer*, ZEV 1997, 280.
191 Siehe hierzu OLG Stuttgart OLGZ 1976, 17; OLG Hamm OLGZ 1994, 326 = ZEV 1994, 367; BayObLG, ZEV 1995, 331 = NJW 1996, 133.
192 *Mayer*, ZEV 1997, 280, 28.
193 BGHZ 9, 113 ff.

fügungen Rechte ableitet. Er hat auch den Testierwillen des Erblassers zu beweisen.[194]

Werden im gemeinschaftlichen Testament **wechselbezügliche Verfügungen** getroffen, das heißt, dass der eine Ehegatte eine Verfügung nicht ohne die Verfügung des anderen getroffen hätte, so hat die Nichtigkeit oder der Widerruf der einen Verfügung die Unwirksamkeit der anderen zur Folge, § 2270 Abs. 1 BGB. Gem. § 2270 Abs. 3 BGB beschränkt sich die Wechselbezüglichkeit auf Erbeinsetzung, Vermächtnis und Auflage. Nicht wechselbezüglich können daher die Anordnungen einer echten Teilungsanordnung ohne Wertverschiebung, die Enterbung, die Pflichtteilsentziehung, (§§ 2333 ff. BGB) oder die Bestimmung eines Testamentsvollstreckers sein.[195]

Wird in einem gemeinschaftlichen Testament vereinbart, dass sich die Ehegatten zu alleinigen gesetzlichen Erben gegenseitig einsetzen und für den Fall der **Wiederverheiratung** des überlebenden Ehegatten der sofortige Eintritt der Nacherbfolge zugunsten der gemeinschaftlichen Kinder eintritt, werden mit der Wiederheirat des Überlebenden dessen in dem gemeinschaftlichen Testament getroffene Verfügungen mangels vorliegender besonderer Umstände entsprechend dem Rechtsgedanken des § 2270 Abs. 1 BGB gegenstandslos, ohne dass es eines besonderen Widerrufs bedarf.[196]

Die Aufnahme einer Wiederverheiratungsklausel dient in erster Linie dazu, den Schluss- oder Nacherben – in der Regel den Kindern – den Nachlass des erstversterbenden Ehegatten zu erhalten und einem Vermögensabfluss durch neu entstehende Pflichtteilsberechtigungen – des neuen Ehegatten und ggf. auch neu hinzutretender Abkömmlinge des Überlebenden – vorzubeugen.[197]

Neben der sogenannten **Wiederverheiratungsklausel** wird auch gerne die **Pflichtteilsstrafklausel** in letztwilligen Verfügungen von Todes wegen in der Form des gemeinschaftlichen Testamentes verfügt. Diese soll dazu dienen, die Abkömmlinge der Eheleute davon abzuhalten, den jeweiligen Pflichtteil nach dem Tode des ersten Ehegatten geltend zu machen. Eine solche Klausel in einem gemeinschaftlichen Testament könnte lauten:

„Pflichtteilsberechtigte des zuerst Versterbenden von uns erhalten auf Verlangen lediglich den gesetzlichen Pflichtteil als Vermächtnis. Es ist unser Wunsch, dass Pflichtteilsansprüche erst beim Tode des Längerlebenden von uns geltend gemacht werden. Wer von unseren Kindern diesem Wunsche nicht entspricht, soll auch beim Tode des Längerlebenden von uns nur seinen gesetzlichen Pflichtteil erhalten."

272

273

274

---

194 BayObLG FamRZ 1985, 837, 838; Staudinger/*Baumann*, § 2247 Rn 125.
195 Krug/Rudolf/Kroiß/Bittler/*Seiler*, AnwF Erbrecht, § 3 Rn 274.
196 OLG Hamm ZEV, 1994, 365 ff. m.w.N.
197 *Jünemann*, ZEV 2000, 81 ff.

Gegen die Wirksamkeit einer letztwilligen Anordnung, durch die gemeinschaftlich testierende und sich gegenseitig als Erben einsetzende Ehegatten sicherstellen wollen, dass dem Überlebenden bis zu seinem Tod der Nachlass ungeschmälert verbleibt und er nicht durch das Pflichtteilsverlangen eines Schlusserben gestört werde, bestehen grundsätzlich keine Bedenken.[198]

275 **Beachte**

Nach der **Auslegungsregel** in § 2270 Abs. 2 BGB wird angenommen, dass **eine** Verfügung in einem gemeinschaftlichen Testament wechselbezüglich sein soll, wenn sich die Ehegatten gegenseitig bedenken oder wenn dem einen Ehegatten von dem anderen eine Zuwendung gemacht und für den Fall des Überlebens des Bedachten eine Verfügung zugunsten einer Person getroffen wird, die mit dem anderen Ehegatten verwandt ist oder ihm sonst nahesteht. Die Verwandtschaft bestimmt sich hier gem. § 1589 BGB. Die Verwandtschaft muss dabei nicht im Hinblick auf beide Ehegatten bestehen. Vielmehr genügt ein Verwandtschaftsverhältnis zwischen dem begünstigten Dritten und dem Ehegatten, für den die Zuwendung an den mit ihm verwandten Dritten sich als Reaktion auf eine von ihm getroffene Zuwendung an seinen Partner darstellt.[199] Die Ehegatten können auch bei der Testamentserrichtung noch nicht geborene, aber mit ihnen künftig verwandte Personen bedenken.[200] Wer zu den „sonst nahe stehenden Personen" zu zählen ist, muss anhand einer individuellen Beurteilung des Einzelfalls unter Berücksichtigung aller Umstände entschieden werden. Hierbei ist ein strenger Maßstab zugrunde zu legen.[201] In Betracht kommen grundsätzlich enge Freunde, Hausgenossen, Pflege- und Stiefkinder im Verhältnis zu dem nicht verwandten Ehegatten, aber auch langjährige Angestellte oder Verschwägerte.[202]

276 Bei einem gemeinschaftlichen Testament ist stets zu prüfen, ob eine nach dem Verhalten des einen Ehegatten mögliche Auslegung auch dem Willen des anderen entsprochen hat.[203]

277 Dabei kommt es auf den **übereinstimmenden Willen** der Ehegatten zur Zeit der Errichtung des gemeinschaftlichen Testaments an.[204]

278 Auch für die Ermittlung des mutmaßlichen (hypothetischen) Willens ist die Willensrichtung beider Ehegatten maßgebend.[205]

---

198 BayObLGZ 1990, 58, 60 m.w.N.
199 MüKo-BGB/*Musielak*, § 2270 Rn 11.
200 KG FamRZ 1983, 98 ff.
201 NK-BGB/*Seif*, § 2270 Rn 26 m.w.N.
202 NK-BGB/*Seif*, § 2270 Rn 26 m.w.N.
203 BayObLGZ 1981, 79, 81 m.w.N.
204 BGHZ 112, 229, 233.
205 BayObLG FamRZ 1993, 366, 367; Palandt/*Weidlich*, Einf. vor § 2265 BGB Rn 10.

Fall 36   279

Die Eheleute A und B setzen sich in einem gemeinschaftlichen Testament, das sie eigenhändig errichten, gegenseitig zu alleinigen Erben ein. Nacherbe nach dem Tode des Letzten von ihnen soll das einzige gemeinsame Kind C sein. Für den Fall des „**gleichzeitigen Ablebens**" von A, B und C verfügen die Eheleute A und B, dass der Neffe N alleiniger Erbe werden soll. Bei einer Flugreise von A, B und C stürzt das Flugzeug in einer unwegsamen Bergregion in den Anden ab. Als die Retter den Unfallort erreichen, ist A bereits verstorben. B verstirbt 20 Minuten und C 30 Minuten nach Eintreffen der Hilfskräfte am Unfallort.

Ist N hier alleiniger gesetzlicher Erbe oder tritt die gesetzliche Erbfolge nach dem jeweiligen Erblasser ein?

Angaben in privatschriftlichen Testamenten wie „Sollte uns bei ... etwas zusto-   280
ßen", stellen regelmäßig keine **Bedingung** oder **Befristung** der Erbeinsetzung dar, sondern haben nur die Bedeutung eines Hinweises auf den Beweggrund für die Errichtung der letztwilligen Verfügung. Bei der Erbeinsetzung eines Dritten für den Fall des „**gemeinsamen Versterbens**" oder des „beiderseitigen Ablebens" legt es die nächstliegende Auslegung der letztwilligen Verfügung nahe, dass die Erbeinsetzung nur für den Fall des gleichzeitigen Versterbens oder des kurz nacheinander aufgrund des selben Ereignisses eintretenden Todes angeordnet worden sein soll. Knüpfen die Eheleute hierbei an ein bestimmtes Ereignis, z.B. eine Urlaubsreise an, so sind an den Nachweis eines abweichenden Erblasserwillens besonders hohe Anforderungen zu stellen.[206]

Der Begriff „gleichzeitig" bedeutet seinem Wortsinn nach, dass mehrere Ereignisse zur selben Zeit eintreten. Der gleichzeitige Tod mehrerer untereinander erbberechtigter Personen führt dazu, dass keiner des anderen Erbe werden kann, § 1923 Abs. 1 BGB. Die Vorschrift des § 1923 Abs. 1 BGB macht die Erbfähigkeit allein davon abhängig, dass der Erbe den Erblasser überlebt, wenn auch nur um den Bruchteil einer Sekunde.[207]

In erbrechtlicher Hinsicht kann von einem **gleichzeitigen Tod** daher nur die   281
Rede sein, wenn die untereinander erbberechtigten Personen im gleichen Bruchteil einer Sekunde, also zu einer Zeit, den Tod gefunden haben.

Auch in diesen Fällen hat jedoch der wirkliche Wille des Erblassers nach § 133 BGB Vorrang, wenn sich aus den Umständen ergibt, dass der Erklärende mit seinen Worten einen anderen Sinn verbunden hat, als es dem allgemeinen Sprachgebrauch entspricht.[208]

---

206 OLG Hamm ZEV 1996, 468 ff. m.w.N.
207 OLG Hamm FamRZ 1995, 1606, 1607; OLG Köln FamRZ 1992, 860, 862.
208 BGHZ 86, 41, 46.

Daher ist zu prüfen, ob es der Wille der testierenden Ehegatten war, die Geltung einer für den Fall des „gleichzeitigen" Versterbens getroffenen letztwilligen Verfügung auf den der Wortbedeutung entsprechenden, aber nur sehr selten eintretenden Fall zu beschränken, dass rechtlich gesehen keiner von ihnen des anderen Erbe werden kann, oder ob sie diesen Begriff auch für andere Fallgestaltungen gebrauchen wollten.[209]

282 Zur **Auslegung** der in einem gemeinschaftlichen Testament verwendeten Formulierung „Sollte mir und meiner Ehefrau gemeinsam was passieren und wir beide mit dem Tod abgehen" vgl.[210]

283 **Lösung zu Fall 36**
In o.g. Fall ist davon auszugehen, dass A und B das gemeinschaftliche Testament nicht nur für den Fall errichtet haben, dass sie und C innerhalb der gleichen Zeit, also innerhalb einer Sekunde, versterben, sondern auch für den Fall des annähernd gleichzeitigen Versterbens. Der Neffe N wird somit alleiniger Erbe.

284 **Tipp**
Damit schwierige Auslegungsfragen bei der Formulierung des gleichzeitigen Todes gar nicht erst auftreten, sollte bei dem Entwurf einer solchen Klausel diese etwas weiter gefasst werden, z.b. für den Fall des "annähernd gleichzeitigen Versterbens.

285 Auch das Kammergericht beurteilt die Formulierung „Sollte uns gemeinsam etwas zustoßen" als nicht eindeutig. Die Gemeinsamkeit ist nicht notwendig zeitlich zu verstehen, sondern kann auch lediglich im Eintritt desselben Ereignisses, nämlich dem Tode sowohl des Erst- als auch des Letztversterbenden zu verstehen sein.[211] Für den Fall eines größeren zeitlichen Abstandes zwischen den Erbfällen soll nach Ansicht eines aktuellen Beschlusses des OLG Hamm die Annahme eines so genannten „gleichzeitigen Versterbens" nicht ausgeschlossen sein.[212]

286 Ein gemeinschaftliches Testament, in dem **wechselbezügliche Verfügungen** enthalten sind, kann **widerrufen** werden nach den für den Erbvertrag geltenden Vorschriften des § 2296 BGB und des § 2271 Abs. 1 S. 1 BGB. Hiernach erfolgt der Rücktritt des einen Erblassers vom gemeinschaftlichen Testament durch Erklärung gegenüber dem anderen Verfügenden, § 2296 Abs. 2 S. 1 BGB. Nur **einseitige Verfügungen** können in allgemeiner Form widerrufen werden. Wechselbezügliche Verfügungen können dagegen nur durch beurkundete Erklärung ge-

---

209 BayObLG ZEV 1996, 470, 471 m.w.N.
210 BayObLG ZEV 1996, 472, 473 m.w.N.
211 KG ZEV 1997, 247 ff.
212 OLG Hamm ZEV 2011, 427 m.A. *Herrler*, 429.

genüber dem anderen Teil widerrufen werden, entsprechend dem Rücktritt vom Erbvertrag.[213]

Beachte   287
Der Ehegatte kann bei Lebzeiten des anderen ein gemeinschaftliches Testament nicht einseitig durch eine neue Verfügung von Todes wegen aufheben, § 2271 Abs. 1 S. 2 BGB.

Eine Einschränkung stellt für den Letztlebenden dar, dass das **Widerrufsrecht**   288
mit dem Tode des anderen Ehegatten erlischt. Der Überlebende kann jedoch seine Verfügung aufheben, wenn er das ihm Zugewendete **ausschlägt**, § 2271 Abs. 2 S. 1 BGB.

Ist dem überlebenden Ehegatten in einem gemeinschaftlichen Testament der Widerruf einer wechselbezüglichen Schlusserbeneinsetzung vorbehalten, so kann das Widerrufsrecht nur durch Errichtung eines weiteren Testaments, nicht jedoch durch Vernichtung der Testamentsurkunde gem. § 2255 S. 1 BGB ausgeübt werden.[214]

Weitere Gründe zur **Aufhebung eines gemeinschaftlichen Testamentes:**   289
– Rücktritt bei Verfehlung des Bedachten, § 2294
– Recht zur Entziehung des Pflichtteils, § 2336 BGB.

Ein gemeinschaftliches Testament, das in die **amtliche Verwahrung** gegeben   290
wurde, kann nur von beiden Ehegatten gemeinschaftlich aus dieser herausgenommen werden, § 2272 BGB.

Bei der **Eröffnung** eines gemeinschaftlichen Testamentes sind die Verfügungen   291
des überlebenden Ehegatten, soweit sie sich trennen lassen, den Beteiligten nicht bekanntzugeben, § 349 Abs. 1 FamFG.

Es werden also nur die Verfügungen des erstverstorbenen Ehegatten verkündet.

Die Freiheit des überlebenden Ehegatten, unter Lebenden zu verfügen, wird in   292
der Regel durch das gemeinschaftliche Testament nicht beschränkt. Eine **Verfügung unter Lebenden** ist im Rahmen des gemeinschaftlichen Testamentes nicht gesetzlich geregelt. Da die Interessenlage gleich ist wie bei einer erbvertraglichen Bindung, sind die Vorschriften der §§ 2287 und 2288 BGB entsprechend anzuwenden,[215] wenn der überlebende Ehegatte unter Lebenden in Beeinträchtigungsabsicht handelt.

---

213 Palandt/*Weidlich*, § 2271 BGB Rn 1.
214 OLG Hamm ZEV 1996, 272 m.w.N.
215 BGHZ 82, 274, 276 ff.; BGHZ 87, 19, 23 ff.

III. Muster für gemeinschaftliche Testamente von Ehegatten

1. Muster: Gemeinschaftliches Testament

293   Wir, die Eheleute Hermann Karrer, (*Geburtsdatum*), und Martina Karrer, geb. Müller, (*Geburtsdatum, Anschrift*), setzen uns hiermit gegenseitig zu alleinigen Erben ein.

Etwaige frühere Verfügungen von Todes wegen werden vollinhaltlich widerrufen.

Brühl, den 1.2.2006

Unterschrift Ehemann

Dies ist auch mein letzter Wille.

Brühl, den 1.2.2006

Unterschrift Ehefrau

294   **Erklärung:**

Dieses Muster ist das am häufigsten verfügte Muster eines gemeinschaftlichen Testaments. Es ist für Eheleute mit Abkömmlingen jedoch nur bedingt zu empfehlen, da hier nach dem Tode des letzten Ehegatten die gesetzliche Erbfolge eintritt.

Bei dem vorliegenden Testamentsmuster ist der überlebende Ehegatte keine Bindung über den Tod des ersten Ehegatten hinaus eingegangen. Der überlebende Ehegatte kann damit frei über seinen Nachlass verfügen und auch beliebige andere Testamente errichten.

2. Muster: Berliner Testament mit Pflichtteilsklausel

295   Berliner Testament

Wir, die Eheleute Hermann Karrer, (*Geburtsdatum*) und Martina Karrer, geb. Müller, (*Geburtsdatum, Anschrift*), widerrufen hiermit alle etwaigen früheren Verfügungen von Todes wegen.

Wir setzen uns gegenseitig zu alleinigen Erben ein.

Als Erben des Zuletztversterbenden von uns setzen wir unsere gemeinschaftlichen Abkömmlinge zu gleichen Teil ein.
– K1 (*Name, Geburtsdatum, Adresse*)
– K2 (*Name, Geburtsdatum, Adresse*)

Sollte einer unserer Abkömmlinge bereits nach dem Tode des Erstversterbenden von uns seinen Pflichtteil geltend machen, so sollen er bzw. seine Abkömmlinge auch nach dem Tode des Längstlebenden nur den Pflichtteil erhalten.

Brühl, den 25.10.2005

▓▓▓▓▓

Unterschrift Ehemann

Dies ist auch mein letzter Wille.

Brühl, den 25.10.2005 ▓▓▓▓▓

Unterschrift Ehefrau

Erklärung: 296

Das **Berliner Testament** ist nach der Auslegungsregel des § 2270 Abs. 2 BGB wechselbezüglich. Hier kann der Überlebende nach dem Tode des erstversterbenden Ehegatten grundsätzlich nicht anderweitig testieren. Dies ist häufig von Bedeutung bei einer etwaigen Wiederheirat des überlebenden Ehegatten und möglicherweise aus dieser neuen Verbindung stammende Abkömmlinge.

Nur durch Ausschlagung des ihm Zugewendeten kann der überlebende Ehegatte seine Verfügung aufheben, § 2271 Abs. 2 S. 1 BGB.

Die Pflichtteilsklausel soll verhindern, dass ein Kind bereits nach dem Tode des ersten Elternteils seinen Pflichtteil geltend macht. Häufig gelingt dies, da das Kind sich daraufhin aus wirtschaftlichen Gründen bis zum Tode des letzten Elternteils geduldet.

3. Muster: Gemeinschaftliches Testament mit Vermächtnis und strenger Pflichtteilsklausel

Berliner Testament   297

Wir, die Eheleute Hermann Karrer, (*Geburtsdatum*), und Martina Karrer, geb. Müller, (*Geburtsdatum, Anschrift*), widerrufen hiermit alle früheren Verfügungen von Todes wegen.

Wir setzen uns gegenseitig zu alleinigen Erben ein.

Nach dem Tode des **Letztlebenden** von uns sollen unsere drei Kinder Klaus, Kurt und Monika (jeweils mit Geburtsdatum und Anschrift) Erben zu gleichen Teilen sein.

Sollte der überlebende Ehegatte wieder heiraten oder in nichtehelicher Lebensgemeinschaft mit einem anderen Partner leben, hat er vermächtnishalber an jedes der drei Kinder einen Geldbetrag i.H.v. $1/8$ des Nachlasswertes zu zahlen. Der Nachlasswert bestimmt sich auf den Zeitpunkt des Todes des Erstversterbenden.

Wird ein Kind nach dem Tode des Erstversterbenden den Pflichtteil verlangen, so steht ihm auch nach dem Tode des Letztlebenden nur der Pflichtteil zu. In diesem Fall erhalten die übrigen Abkömmlinge ein Vermächtnis in Höhe ihres jeweiligen Pflichtteilsanspruchs, das beim Tode des Zweitversterbenden fällig wird und vom Tode des Erstversterbenden an mit 5 % jährlich zu verzinsen ist.

Brühl, den 10.12.2005

▓▓▓▓▓

Unterschrift Ehemann

Dies ist auch mein letzter Wille.

Brühl, den 10.12.2005

▓▓▓▓▓

Unterschrift Ehefrau

298   Erklärung:

In diesem Muster haben die Eheleute keine Vor- und Nacherbschaft bestimmt, sondern eine bedingte Vermächtnisanordnung zugunsten der Kinder verfügt. Mit der Pflichtteilsklausel sollen die Kinder davon abgehalten werden, bereits beim Tode des ersten Elternteils den Pflichtteil zu verlangen. Das Ziel bei diesem Muster, wie bei fast allen gemeinschaftlichen Testamenten, ist es, dem überlebenden Ehegatten die alleinige Verfügungsgewalt über den Nachlass zu sichern.

IV.   Checkliste: Gemeinschaftliches Testament

299   – Verfügen Ehegatten?
– Besteht die Ehe im Zeitpunkt der Verfügung und im Erbfall?
– Sind Abkömmlinge vorhanden?
– Sollen wechselbezügliche Verfügungen in das Testament aufgenommen werden?
– Pflichtteilsstrafklausel?
– Wiederverheiratungsklausel?
– Vor- und Nacherbschaft?
– Steuerliche Freibeträge?
– Berücksichtigung der Zugewinnausgleichsforderung gem. § 5 Abs. 1 ErbStG?

V.   Steuertipp

300   Zur Ausnutzung der Steuerfreibeträge können Vermächtnisse oder Auflagen zugunsten der Kinder empfehlenswert sein. Diese Vermächtnisse dürfen jedoch nicht bis zum Tod des überlebenden Ehegatten hinausgeschoben werden, da dies zu einer Besteuerung gem. § 6 Abs. 4 ErbStG als Erwerb vom überlebenden Ehegatten führen kann. Dies ist besonders nachteilig, da beim Tod des Erstversterbenden oder beim Tod des letztversterbenden Ehegatten eine Vermächtnislast nicht abgezogen werden kann.[216] Die Finanzverwaltung gesteht jedoch in RE 6 S. 4 ErbStR den Abzug einer Erblasserschuld beim Tod des überlebenden Ehegat-

---

216 *Troll/Gebel/Jülicher*, § 6 Rn 54, 55.

ten zu. Hier wird eine abzugsfähige Erblasserschuld gem. § 10 Abs. 5 Nr. 1 ErbStG anerkannt. Entsprechendes gilt auch, wenn im sog. Berliner Testament, § 2269 BGB – um nach dem Tod des erstversterbenden Ehegatten die Geltendmachung von Pflichtteilsansprüchen durch die zu Schlusserben eingesetzten gemeinschaftlichen Kinder zu verhindern – bestimmt wird, dass den Kindern, die den Pflichtteil nicht fordern, als Erwerb vom erstversterbenden Elternteil ein Vermächtnis im Werte des Pflichtteils zufallen soll, das erst mit dem Tod des überlebenden Elternteils fällig wird (sog. Jastrow'sche Klausel).[217] Für Nachvermächtnisse und beim Tod des Beschwerten fällige Vermächtnisse findet § 6 Abs. 2 S. 2–5 ErbStG entsprechende Anwendung, gem. RE 6 S. 6 ErbStR. Nicht unter § 6 Abs. 4 ErbStG fallen Vermächtnisse, deren Fälligkeitszeitpunkt nicht geregelt ist und die demnach mit Anfall fällig sind, §§ 271, 2181 BGB, ebenso wie Vermächtnisse, deren Fälligkeit an andere Tatsachen geknüpft ist, auch wenn der Tod des Beschwerten in der letztwilligen Verfügung als letzter Fälligkeitszeitpunkt genannt ist.[218] Der Zugewinnausgleich bei Übergang von der Zugewinngemeinschaft als gesetzlichem Güterstand zur Gütertrennung ist nach § 5 Abs. 2 ErbStG steuerfrei möglich. Der BFH knüpft an die Ehevertragsfreiheit an, die im Rahmen der Privatautonomie grundgesetzlich garantiert ist. Demnach ist der Güterstandswechsel als solcher ein familienrechtlicher Akt und daher nicht steuerbar.[219] Die Zugewinn-Ausgleichsforderung entsteht kraft Gesetzes nach § 1378 Abs. 3 S. 1 BGB und ist daher mangels rechtsgeschäftlicher Zuwendung nicht steuerbar. Die nachfolgende Rückkehr zum Güterstand der Zugewinngemeinschaft ist nach dieser Rspr. nicht rechtsmissbräuchlich und die Steuerfreiheit des vorherigen Zugewinnausgleichs wird dadurch nicht in Frage gestellt. Diese sog. Güterstandsschaukel ist in einem einzigen Ehevertrag für zulässig erachtet worden.[220] Da der BFH sich einer Wertung des Ehevertrags ausdrücklich enthalten hat und darauf zurückzog, dass das Finanzgericht bindend die Beendigung des Güterstands festgestellt habe, sollte die Kautelarjurisprudenz dies zum Anlass nehmen, die Gütertrennung tatsächlich für einen bestimmten Zeitraum eintreten zu lassen, um sich nicht der Gefahr auszusetzen, dass ein anderes Finanzgericht dies anders sieht.[221] Gemäß dem Gesetz zur Reform des Erbschaftsteuer- und Bewertungsrechts (ErbStRG) ist in § 3 Abs. 2 Nr. 7 der Schlusserbe eines gemeinschaftlichen Testaments oder der Vermächtnisnehmer aufgenommen. Die Änderung stellt klar, dass sein gegen den Beschenkten gerichteter Herausgabeanspruch aus ungerechtfertigter Bereicherung als Erwerb von Todes wegen der Besteuerung unterliegt.

---

217 RE 6 S. 5 ErbStR zu § 6 ErbStG.
218 *J. Mayer*, ZEV 1997, 325, 327.
219 BFH v. 12.7.2005, ZEV 2005, 490, 491.
220 Zum so genannten fliegenden Güterstandswechsel: *Halaczinsky*, Erbschaft- und Schenkungsteuererklärung, § 4 Rn 24 ff.
221 *Münch*, Anm. zu BFH v. 12.7.2005, ZEV 2005, 490, ff., a.A. *Halaczinsky*, Erbschaft- und Schenkungsteuererklärung, § 4 Rn 25 „es genügt aber auch ein Tag"; ausführlich *Geck*, Gestaltungsmöglichkeiten, ZEV 206, 62.

VI. Zusammenfassung

301 Das **gemeinschaftliche Testament** kann öffentlich zur Niederschrift eines Notars beurkundet werden oder privatschriftlich als eigenhändiges Testament errichtet werden. Da eigenhändige Testamente immer noch die höchste Anzahl der verfassten Testamente bilden, erfreut sich auch das gemeinschaftliche Testament größter Beliebtheit.

302 Das gemeinschaftliche Testament kann jedoch nur von Ehegatten geschlossen werden. **Nichteheliche Lebensgemeinschaften** oder **Verlobte** können kein gemeinschaftliches Testament abschließen. Hier bleibt lediglich der Erbvertrag bei einem Notar. Lebenspartner können ein gemeinschaftliches Testament errichten, gem. § 10 Abs. 4 LPartG, der auf die §§ 2266–2272 BGB verweist.

Der Rechtsanwalt, der sich mit Erbrecht beschäftigt, wird schnell in die Situation kommen, dass er den Entwurf eines gemeinschaftlichen Testamentes zu fertigen hat. Hierbei sind die Formvorschriften für das eigenhändige Einzeltestament zu beachten.

Wie bei dem eigenhändigen Einzeltestament ist auch bei dem gemeinschaftlichen Testament den Erblassern die Verwahrung bei dem jeweiligen Amtsgericht zu raten.

§ 5 Erbvertrag (§§ 2274 bis 2302 BGB)

A. Einführung

Der **Erbvertrag** ist gesetzlich geregelt in den Vorschriften der §§ 2274–2302 BGB. **1**

Der Erbvertrag ist eine **Verfügung von Todes wegen** in Vertragsform. Wie jeder **2** Vertrag ist er grundsätzlich für die Vertragsbeteiligten bindend. Die **vertragliche Bindungswirkung** des Erbvertrags ist ein wesentlicher Unterschied zum gemeinschaftlichen Testament. Weiterhin kann ein Erbvertrag nicht wie ein gemeinschaftliches Testament nur von Ehegatten oder eingetragenen Lebenspartnern geschlossen werden, sondern auch zwischen **nichtehelichen Partnern** oder nicht eingetragenen Lebenspartnern oder mehr als zwei Personen.

Im Gegensatz zum gemeinschaftlichen Testament ist der Erblasser durch die **3** vertragsmäßigen Verfügungen im Erbvertrag sofort mit Vertragsschluss an diese gebunden. Diese Bindung tritt nur gegenüber dem Vertragspartner ein.[1] Die Schutzwirkung des Erbvertrages für den Bedachten gem. § 2289 Abs. 1 BGB tritt erst bei dem Erbfall ein.

Vielfach erscheinen Mandanten bei dem Anwalt und erklären, sie hätten bereits ihr gesamtes Vermögen vererbt. Der juristische Laie kann Verfügungen unter Lebenden und Verfügungen von Todes wegen in der Regel nicht korrekt differenzieren. Wer unter Lebenden einen Vertrag mit einem vermeintlich Erbberechtigten abschließt, bezeichnet dies häufig als „vererben".

Nachstehend einige Vertragsarten in **Abgrenzung** zum Erbvertrag. Vom **Erbver- 4 trag abzugrenzen** sind
- Verträge unter Lebenden, wie z.B. Kaufverträge, in denen die Erfüllung bis nach dem Tode des einen Vertragspartners hinausgeschoben ist
- Erbschaftskaufverträge, §§ 2371 ff. BGB, bei denen sich der Erbe verpflichtet, nach dem Erbfall die ihm angefallene Erbschaft auf den Käufer zu übertragen
- Verträge zwischen künftigen gesetzlichen Erben über den gesetzlichen Erbteil oder Pflichtteil
- Schenkungen von Todes wegen, da diese Rechtsgeschäfte unter Lebenden darstellen, § 2301 BGB. Entscheidend ist der Vollzug für die Schenkung von Todes wegen. Wird die Schenkung zu Lebzeiten des Zuwendenden vollzogen, findet Schenkungsrecht Anwendung, § 2301 Abs. 2 BGB, sonst Erbrecht, § 2301 Abs. 1 BGB.

Die vorgenannten Verträge unterscheiden sich vom Erbvertrag dahingehend, dass **5** durch sie ein Anspruch bereits unter Lebenden begründet wird. Der im Erbver-

---

1 NK-BGB/*Kornexl*, vor §§ 2274–2302 Rn 3.

trag bedachte Erbe oder Vermächtnisnehmer erwirbt jedoch demgegenüber genauso wie beim Testament vor dem Tode des Erblassers weder einen künftigen Anspruch noch eine rechtlich gesicherte **Anwartschaft**, sondern lediglich eine tatsächliche Aussicht, da der Erblasser auch durch den bindenden Erbvertrag nicht gehindert ist, über sein Vermögen durch **Rechtsgeschäft unter Lebenden** zu verfügen.[2]

6   Die Bindung des Erblassers liegt in der **Einschränkung seiner Testierfreiheit**.

B. Rechtliche Grundlagen

7   Der Erbvertrag ist wie das Testament eine Verfügung von Todes wegen, jedoch in der Form eines Vertrages. Zu unterscheiden sind einseitige und zweiseitige Erbverträge.

8   Beim **einseitigen Erbvertrag** trifft nur der Erblasser eine oder mehrere Verfügungen von Todes wegen. Der Vertragspartner nimmt diese Verfügungen lediglich an, um die Bindungswirkung des Vertrages herbeizuführen. Er selbst geht hierbei keine Verpflichtung ein.

9   Beim **zweiseitigen Erbvertrag** treffen beide Vertragsparteien eine Verfügung von Todes wegen und erklären ihren diesbezüglichen Bindungswillen. Jede der Parteien ist dann gegenüber der anderen Vertragspartei an ihre Erklärung gebunden. Der zweiseitige Erbvertrag kann nicht nur von Ehegatten, oder eingetragenen Lebenspartnern, wie beim gemeinschaftlichen Testament, sondern von jedem geschlossen werden. Voraussetzung ist, dass mindestens zwei Personen den Vertrag schließen.

10   Der Erbvertrag kann vom Erblasser nur persönlich geschlossen werden, § 2274 BGB. Für den Erblasser können weder ein Bevollmächtigter noch ein vollmachtloser Vertreter handeln.[3] Voraussetzung für den Abschluss eines Erbvertrages ist die unbeschränkte Geschäftsfähigkeit des Erblassers, § 2275 Abs. 1 BGB. Dem volljährigen Erblasser fehlt die erforderliche Geschäftsfähigkeit, wenn er sich bei Abgabe seiner Erklärungen in einem die freie Willensbestimmung ausschließenden Zustand krankhafter Störung der Geistestätigkeit befindet, §§ 104 Nr. 2, 105 Abs. 2 BGB. Dies ist gegeben, wenn eben aufgrund krankhafter Erscheinungen die Einsicht- und Handlungsfähigkeit verloren gegangen ist, er mithin nicht mehr in der Lage ist, die Bedeutung einer von ihm abgegebenen Willenserklärung zu erkennen und nach dieser Einsicht zu handeln.[4]

---

2 BGHZ 8, 23, 30.
3 NK-BGB/*Kornexl*, § 2274 Rn 4 m.w.N.
4 OLG Hamm ZEV 1997, 75, 76.

Ausnahme: Unbeschränkte Geschäftsfähigkeit ist nicht erforderlich für den Erbvertrag unter Ehegatten, § 2275 Abs. 2 BGB, und Verlobten sowie Lebenspartner,[5] § 2275 Abs. 3 BGB. In diesem Fall ist die Zustimmung des gesetzlichen Vertreters erforderlich, gegebenenfalls mit Genehmigung des Familiengerichts, § 2275 Abs. 2 S. 2 BGB.

Der Erbvertrag unterliegt der **Formvorschrift** der notariellen Beurkundung, § 2276 Abs. 1 BGB. Dies bedeutet für den Anwalt, der für seine Mandanten einen Erbvertrag entwirft, die Beachtung der Formvorschrift der notariellen Beurkundung. Der Anwalt wird in diesem Fall den Entwurf des Erbvertrages fertigen und sodann ggf. mit den Mandanten zusammen einen Notar aufsuchen und den Entwurf notariell beurkunden lassen. **11**

> **Beachte** **12**
> Nicht jede Rechtsordnung hat sich die Regeln der vertraglichen letztwilligen Verfügung zu eigen gemacht. Die zum romanischen Rechtskreis gehörenden Staaten kennen häufig weder den Erbvertrag noch das gemeinschaftliche Testament. Da sich das Erbstatut aus der Sicht des deutschen IPR gem. Art. 25 Abs. 1 EGBGB nach der Staatsangehörigkeit des Erblassers richtet, ist Vorsicht geboten, wenn ein Staatsangehöriger aus diesem Rechtskreis ein gemeinschaftliches Testament oder einen Erbvertrag als Erblasser errichten will. Ein Verstoß gegen das Verbot gemeinschaftlicher letztwilliger Verfügungen hätte in aller Regel – mit wenigen Ausnahmen – deren Formnichtigkeit zur Folge.[6]

Als **vertragsmäßige Verfügungen**, also wechselseitig bindend, können in einem Erbvertrag nur Erbeinsetzungen, Vermächtnisse und Auflagen getroffen werden, § 2278 Abs. 2 BGB. **13**

Die Auslegungsregel beim Berliner Testament, § 2269 Abs. 1 BGB, findet auch Anwendung beim Erbvertrag zwischen Ehegatten oder Lebenspartner, § 2280 BGB.

Der auf den gemeinsamen Nachlass eingesetzte Dritte ist im Zweifel als Erbe des zuletzt versterbenden Ehegatten oder Lebenspartner anzusehen.

Wegen Irrtums oder Drohung sowie Übergehung eines Pflichtteilsberechtigten kann der Erbvertrag vom Erblasser gem. § 2281 Abs. 1 BGB i.V.m. §§ 2078, 2079 BGB angefochten werden. Die **Anfechtung** ist gegenüber dem Nachlassgericht zu erklären und kann nicht durch einen Vertreter des Erblassers erfolgen. Der Anfechtende hat sie also höchstpersönlich vorzunehmen, §§ 2281 Abs. 2, 2282 Abs. 1 BGB. Etwas anderes gilt für einen geschäftsunfähigen Erblasser, hierbei kann sein gesetzlicher Vertreter mit Genehmigung des Familiengerichts oder des Betreuungsgerichts den Erbvertrag anfechten, § 2282 Abs. 2 BGB. Die Anfechtungserklärung bedarf der notariellen Beurkundung, § 2282 Abs. 3 BGB. **14**

---

5 Mit Wirkung vom 1.1.2005.
6 Krug/Rudolf/Kroiß/Bittler/*Krug*, AnwF Erbrecht, § 4 Rn 7.

Bei einseitigen Erbverträgen ist zu Lebzeiten des Erblassers gem. § 143 Abs. 2 BGB die Anfechtung immer an den Vertragsgegner zu richten, gleichgültig ob der Vertragspartner oder ein Dritter bedacht wurde.[7]

Der Irrtum des Erblassers über die Bindungswirkung eines von ihm geschlossenen Erbvertrags kann ihn gem. § 2078 Abs. 1 BGB zur Anfechtung berechtigen. Ebenfalls kann als selbstständig danebenstehender Anfechtungsgrund der Irrtum des Erblassers über den erbvertraglichen Ausschluss des Anfechtungsrechts wegen Übergehung eines Pflichtteilsberechtigten, § 2079 BGB, gelten.[8]

15   Der Erblasser unterliegt einem die Anfechtung eines Erbvertrags begründenden **Inhaltsirrtum**, wenn er sich beim Abschluss des Erbvertrages über dessen rechtliche Tragweite, insbesondere über die eintretende Bindungswirkung nicht im Klaren war. In diesem Fall beginnt die **Anfechtungsfrist** für den Erblasser jedenfalls dann zu laufen, wenn er beim späteren Durchlesen des Erbvertrages erkennt, dass dieser nur von den Erbvertragsschließenden gemeinsam aufgehoben oder geändert werden kann. In der Entscheidung des OLG Frankfurt a.M. hatte der Erblasser den Begriff „Ersatzerbe" mit dem des „Nacherben" verwechselt.[9]

16   Der Erblasser kann binnen Jahresfrist den Erbvertrag anfechten, § 2283 Abs. 1 BGB. Verschiedene **Gründe der Anfechtung** sind:
– Der Erblasser wollte keine bindenden Verfügungen treffen, §§ 2281 Abs. 1, 2078 Abs. 1 BGB.
– Der Erblasser wollte überhaupt keine Verfügung von Todes wegen errichten, §§ 2281 Abs. 1, 2078 Abs. 1 BGB.
– Der Erblasser hat irrtümlich einen Pflichtteilsberechtigten übergangen, §§ 2281 Abs. 1, 2079 S. 1 BGB.
– Ein Pflichtteilsberechtigter ist erst nach Abschluss des Erbvertrages geboren oder durch Heirat hinzugekommen, §§ 2281 Abs. 1, 2079 S. 1, 2. Alt. BGB.

17   Die oben genannte Anfechtungsfrist von einem Jahr beginnt im Falle der Anfechtbarkeit wegen **Drohung** mit dem Zeitpunkt, in welchem die Zwangslage aufhört, in den übrigen Fällen mit dem Zeitpunkt, in welchem der Erblasser von dem Anfechtungsgrunde Kenntnis erlangt, § 2283 Abs. 2 S. 1 BGB.

§ 2281 BGB verweist auf § 2078 BGB, der in Abs. 3 die Anwendung der Vorschrift des § 122 BGB ausschließt. Der selbst anfechtende Erblasser haftet auf Ersatz des Vertrauensschadens, da der Haftungsausschluss durch § 2078 Abs. 3 BGB nur für Dritte gilt, die nicht für Folgen eines Erblasserirrtums haften sollen.[10]

---

7   *Rohlfing/Mittenzwei*, ZEV 2003, 49, 51.
8   BayObLG ZEV 1997, 377 ff.
9   OLG Frankfurt a.M. ZEV 1997, 422 ff.
10 Palandt/*Weidlich*, § 2281 BGB Rn 10; Staudinger/*Kanzleiter*, § 2281 Rn 37; a.A. OLG München NJW 1997, 2331.

Das Gesetz stellt vielmehr darauf ab, dass durch Testament und Erbvertrag der Bedachte keine Sicherheit erhält, das Zugewandte auch einmal zu bekommen, und dass er in seinem Vertrauen hierauf deshalb auch keinen Schutz verlangen kann.[11]

Soweit – in besonders gelagerten Fällen – dem Erblasser ein schuldhaftes Fehlverhalten bei den Vertragsverhandlungen zur Last gelegt werden kann, kann der Vertragsgegner den tatsächlich in Folge der Anfechtung eingetretenen Schaden aus § 280 Abs. 1 BGB ersetzt verlangen.[12] Der Umfang des ersatzfähigen Schadens ist durch das Erfüllungsinteresse begrenzt. Selbst bei Fortgeltung des Erbvertrages steht dem vertragsmäßig Bedachten bis zum Erbfall kein Anspruch auf Erfüllung irgendwelcher Leistungspflichten des Erblassers zu. Aus dem Vertrag selbst ergibt sich daher bis zum Erbfall kein bezifferbares Erfüllungsinteresse.[13]

Durch den Erbvertrag wird das Recht des Erblassers, über sein Vermögen durch **Rechtsgeschäft unter Lebenden** zu verfügen, nicht beschränkt, § 2286 BGB. Dies bedeutet, dass der im Erbvertrag verfügte Erbe keine Sicherheit hat, dass der Erblasser nicht durch Verfügungen unter Lebenden den Nachlass schmälert oder vernichtet. Der Vertragserbe hat lediglich einen Bereicherungsanspruch gegen den Beschenkten, wenn die Schenkung vom Erblasser in beeinträchtigender Absicht erfolgte. 18

Der Anspruch nach § 2287 BGB aufgrund einer **Schenkung** des Erblassers erfordert, dass der Erblasser die Schenkung in der Absicht gemacht hat, den Vertragserben zu beeinträchtigen. Nimmt der Erblasser eine Schenkung vor, um den Interessen des begünstigten Vertragserben gerecht zu werden, scheidet ein solcher Anspruch aus.[14] 19

Der eigentliche leitende Beweggrund der Schenkung muss nicht die Absicht gewesen sein, dem Vertragserben die Vorteile der Erbeinsetzung zu entziehen oder zu schmälern. Vielmehr ist eine **Beeinträchtigungsabsicht des Erblassers** zum Nachteil des Vertragserben immer dann anzunehmen, wenn ein beachtenswertes lebzeitiges Eigeninteresse des Erblassers an der Verfügung fehlt, so dass sich die lebzeitige Verfügung im Hinblick auf die erbvertragliche Gebundenheit des Erblassers als Rechtsmissbrauch darstellt. 20

Ein solches Eigeninteresse des Erblassers kann gegeben sein, wenn dieser verfügt, um seine Altersversorgung sicher zu stellen.[15]

Trifft ein pflegebedürftiger Erblasser eine im Widerspruch zur erbvertraglichen Bindung stehende Verfügung, um sich die Pflege durch die Person zu sichern,

---

11 MüKo-BGB/*Musielak*, § 2281 Rn 20.
12 NK-BGB/*Kornexl*, § 2281 Rn 64 m.w.N.
13 NK-BGB/*Kornexl*, § 2281 Rn 65.
14 BGH NJW-RR 1987, 2.
15 BGH FamRZ 1977, 539; BGH FamRZ 1992, 1067.

der alleine er eine angemessene Pflegeleistung zutraut, so hat der Vertragserbe dies zu akzeptieren.[16]

Nach Sinn und Zweck des § 2287 BGB sollen lebzeitige Verfügungsrechte des Erblassers auch bei missbräuchlicher Ausnutzung seiner Verfügungsfreiheit nicht unwirksam sein.[17]

21   Liegt jedoch eine Schenkung des Erblassers in Beeinträchtigungsabsicht vor, entsteht mit dem Anfall des Erbfalles ein **Bereicherungsanspruch des Vertragserben** gegen den Beschenkten. Der Vertragserbe hat einen Anspruch auf Auskunftserteilung gegen den Beschenkten gem. § 242 BGB, wenn er die Voraussetzungen für das Bestehen eines Anspruchs aus § 2287 BGB hinreichend dartut.[18]

Nur eine auch objektive Beeinträchtigung des Vertragserben ist entscheidend. Dies ist zu verneinen, wenn der Erblasser die bindende Verfügung wirksam hätte anfechten können.[19] Gegen die Berücksichtigung wirtschaftlicher Gesichtspunkte spricht sich der BGH aus.[20] Hiernach kommt es ausschließlich auf die Beeinträchtigung in rechtlicher Hinsicht an. Mit Zustimmung des vertraglich Eingesetzten zu einer späteren Verfügung von Todes wegen erhält der Erblasser seine Testierfreiheit wieder zurück. Die Zustimmung bedarf der notariellen Beurkundung, da darin eine ganze oder teilweise Aufhebung des Erbvertrages zu sehen ist, §§ 2290 Abs. 4, 2276 BGB.[21]

Häufig ist nicht klar, ob der Verpflichtete bei einer gemischten Schenkung, z.B. Verkauf einer Münzsammlung zu einem sehr geringen Preis, nur die Gelddifferenz zu zahlen hat oder ob er den Gegenstand gegen Erstattung des Kaufpreises herausgeben muss. Hier liegt eine ähnliche Fragestellung vor wie bei dem Widerruf einer Schenkung wegen groben Undanks, §§ 530, 531 Abs. 2 BGB. Die Rechtsprechung stellt hierauf ab, ob der unentgeltliche Charakter überwiegt.[22] Überwiegt der unentgeltliche Charakter der Schenkung, ist der Gegenstand an den Vertragserben herauszugeben. Zu beachten ist, dass sich der Bereicherungsanspruch nach § 2287 BGB auf das beschränkt, was nach der Begleichung des Pflichtteils übrigbleibt, wenn der Beschenkte gleichzeitig Pflichtteilsberechtigter ist.[23]

Aus dem Vorgenannten ist deutlich erkennbar, dass der § 2287 BGB dem Vertragserben keinen Anspruch gegen den Erblasser auf Unterlassung einer unent-

---

16 OLG Köln ZEV 2000, 317 m.w.N.
17 BGHZ 66, 8.
18 BGHZ 97, 188.
19 Krug/Rudolf/Kroiß/Bittler/*Krug*, AnwF Erbrecht, § 21 Rn 37, 38 m. w. Bsp.
20 BGH JZ 1958, 399.
21 BGHZ 108, 252.
22 BGH NJW 1953, 501; BGHZ 30, 120.
23 BGHZ 88, 269.

geltlichen Verfügung zu Lebzeiten gibt, sondern ggf. einen Bereicherungsanspruch gegen den Beschenkten.

Das Gesetz zur Änderung des Erb- und Verjährungsrechts hat § 2287 Abs. 2 BGB wie folgt neu gefasst: „Die Verjährung des Anspruchs beginnt mit dem Anfall der Erbschaft." Die Verjährungsfrist beträgt drei Jahre.[24]

Nach § 2288 BGB wird der vertragsmäßige **Vermächtnisnehmer** vor Verfügungen des Erblassers geschützt, die in der Absicht geschehen, den Bedachten zu beeinträchtigen oder das Bedachte zu zerstören. Der Bedachte kann hier Erfüllung oder Wertersatz vom Erben verlangen. Ist die Veräußerung oder die Belastung schenkweise erfolgt, steht dem Bedachten der Anspruch nach § 2287 BGB gegen den Beschenkten zu, soweit er nicht Ersatz von dem Erben erlangen kann, § 2288 Abs. 2 S. 2 BGB.

22

Fehlt ein lebzeitiges Eigeninteresse des Erblassers an der Verfügung, ist von einer Beeinträchtigungsabsicht auszugehen. Ein lebzeitiges Eigeninteresse des Erblassers ist nur dann anzunehmen, wenn der erstrebte Zweck nicht auch in anderer Weise als durch Veräußerung des vermachten Gegenstandes zu erreichen gewesen wäre.[25]

Durch den Erbvertrag wird eine frühere letztwillige Verfügung des Erblassers aufgehoben, soweit sie das Recht des vertragsmäßig Bedachten beeinträchtigen würde, § 2289 Abs. 1 S. 1 BGB. Das gleiche gilt für eine spätere Verfügung von Todes wegen, § 2289 Abs. 1 S. 2 BGB.

Ist der in einem Erbvertrag vertragsmäßig Bedachte vor Eintritt des Erbfalls verstorben, so kann eine frühere letztwillige Verfügung des Erblassers das Recht des Bedachten nicht beeinträchtigen und behält deshalb grundsätzlich ihre Wirkung. Etwas anderes gilt dann, wenn sich aus dem Erbvertrag der Wille des Erblassers entnehmen lässt, die früher getroffene Verfügung von Todes wegen in jedem Falle aufzuheben.[26]

Ob die Auswechslung von Testamentsvollstreckern in einem späteren Testament des Vertragserblassers den Vertragserben im Sinne von § 2289 Abs. 1 S. 2 BGB beeinträchtigt, ergibt sich aus dem Vergleich der im Erbvertrag und dem späteren Testament festgelegten Rechtsstellung des Erben.[27]

Beachte

23

Es ist nicht immer zum Abschluss eines Erbvertrages zu raten. Der Erbvertrag, wie oben erläutert, bindet die Beteiligten weitaus mehr als die Errichtung eines Testamentes. Trotz der vertraglichen Bindung verliert der Erblasser nicht generell das Recht, über sein Vermögen durch Rechtsgeschäfte unter Leben-

---

24 Damrau/*Krüger*, § 2287 Rn 17.
25 BGH NJW 1984, 731 m.w.N.
26 OLG Zweibrücken ZEV 1999, 439.
27 BGH NJW 2011, 1733.

den zu verfügen, § 2286 BGB. Dies zeigt, dass der Vertragspartner durch den Erbvertrag nicht in jedem Fall die Gewähr hat, im Erbfall den vertraglich zugesicherten Gegenstand auch tatsächlich zu erhalten, obwohl er sich in der Regel erbrechtlich bindet.

24   Nur bei einer **mutwilligen Schenkung** des Erblassers an einen Dritten stehen dem Vertragserben einige Schutzrechte gegenüber dem Beschenkten zu. Jedoch erst im Erbfall kann der Vertragserbe, also nach dem Tode des Erblassers, vom Beschenkten nach den Vorschriften über die Herausgabe einer **ungerechtfertigten Bereicherung** die Herausgabe des Geschenkes fordern, § 2287 Abs. 1 BGB.

25   **Beachte**
     In der Praxis werden häufig sog. „**Erb- und Pflegeverträge**" abgeschlossen. Hier veräußert der Erblasser in der Regel ein Hausgrundstück an eines seiner Kinder. Dieses Kind übernimmt eine **Pflegeverpflichtung** als Gegenleistung für das zu einem geringen Kaufpreis schon zu Lebzeiten übertragene Hausgrundstück. Dieses Modell findet Anwendung unter Lebenden. Häufig wird die Gegenleistung in keinem Verhältnis zum Wert des übertragenen Objektes stehen. Die Rechtsprechung ist sich nicht einig, bei welchem Wert eine Schenkung anzunehmen ist und damit die Folgen des § 2287 BGB ausgelöst werden.

26   Gerade für Zuwendungen innerhalb einer Familie ist auf den Begriff der sogenannten **gemischten Schenkung** hinzuweisen. Es handelt sich um Zuwendungen, die in Wirklichkeit Schenkungen sind, bei denen einverständlich eine unentgeltliche Zuwendung vorgenommen wird, die aber nach außen hin in ein scheinbar entgeltliches Geschäft eingekleidet wird. Wird z.B. ein hoher Geldbetrag zugewandt zum Zwecke der Vergütung angeblich geleisteter Dienste, die in Wirklichkeit nicht geleistet worden sind, liegt eine gemischte Schenkung vor.[28] Ist Gegenstand der gemischten Schenkung ein einheitlicher Gegenstand, z.B. ein Grundstück, ist entscheidend, ob der Schenkungscharakter bei der gemischten Schenkung überwiegt.[29]

27   Der Erblasser kann sich in unterschiedlicher Weise von den **Bindungen** des Erbvertrages **lösen** oder sie von Anfang an **einschränken**:
     – Vorbehalt des Rechts, alle, auch vertragsmäßige Verfügungen, für den Fall beliebig abzuändern, dass sich bis zu seinem Tod die „Verhältnisse" ändern, seien es persönliche Beziehungen zu dem Bedachten, seine eigenen oder Verhältnisse der Bedachten. Bei einer solchen Klausel ist jedoch Streit darüber vorprogrammiert, ob sich die „Verhältnisse" in einer für den Erbvertrag relevanten Weise geändert haben. Von ihr ist daher aufgrund des unkonkreten Wortlauts abzuraten.
     – Übereinstimmende Aufhebung des Erbvertrages, § 2290 BGB durch Vertrag.

---

28 *Esch/Baumann/Schulze zur Wiesche*, Handbuch der Vermögensnachfolge, I Rn 904, S. 273.
29 BGHZ 30, 120, 122.

– Vorbehalt des Rücktrittsrechts, § 2293 BGB. Hat sich der Erblasser den Rücktritt nicht vorbehalten, kann er trotzdem zurücktreten, wenn:
  – der Bedachte sich einer Verfehlung schuldig macht, die den Erblasser zur Entziehung des Pflichtteils berechtigt, § 2294 BGB,
  – wenn die Verfügung mit Rücksicht auf eine rechtsgeschäftliche Verpflichtung des Bedachten, dem Erblasser für dessen Lebenszeit wiederkehrende Leistungen zu entrichten, insbesondere Unterhalt zu gewähren, getroffen ist und die Verpflichtung vor dem Tode des Erblassers aufgehoben wird, § 2295 BGB.
– Durch Errichtung eines gemeinschaftlichen Testaments, zwischen Ehegatten oder Lebenspartnern, § 2292 BGB. Da § 2292 BGB eine bestimmte Form nicht vorschreibt, ist die Errichtung in jeder der nach §§ 2231 ff., 2266, 2267 BGB zulässigen Form möglich.[30] Ein notarieller Erbvertrag kann mithin durch ein eigenhändiges, gemeinschaftliches Testament der Ehegatten oder Lebenspartner aufgehoben werden.

Der **Rücktritt** kann nur persönlich erfolgen, § 2296 Abs. 1 S. 1 BGB und erfolgt durch notariell beurkundete Erklärung gegenüber dem anderen Vertragsteil, § 2296 Abs. 2 BGB.   28

Der Rücktritt vom Erbvertrag kann auch durch Testament erfolgen, § 2297 S. 1 BGB, soweit der Erblasser zum Rücktritt berechtigt ist. Die **Auslegungsregel** des § 2298 Abs. 1 BGB bestimmt, dass bei Unwirksamkeit einer vertragsmäßigen Verfügung der gesamte Vertrag nichtig wird. Gleiches gilt für den Rücktritt eines der Vertragschließenden. Durch den wirksamen Rücktritt werden die vertragsmäßigen Verfügungen des Zurücktretenden beseitigt, die des anderen Vertragsteils jedoch nur bei vorbehaltenem Rücktritt gem. der Auslegungsregel des § 2298 Abs. 2 S. 1 BGB, während sie beim gesetzlichen Rücktrittsrecht nach den §§ 2294, 2295 BGB als bindende Anordnung wirksam bleiben.[31]   29

Das Rücktrittsrecht eines Vertragschließenden erlischt mit dem Tode des anderen, § 2298 Abs. 2 S. 2 BGB. Zu beachten ist jedoch, dass der Überlebende, wenn er das ihm durch den Vertrag Zugewendete ausschlägt, seine Verfügung durch Testament aufheben kann, § 2298 Abs. 2 S. 3 BGB.

Dies gilt nicht, wenn ein anderer Wille der Vertragschließenden anzunehmen ist, § 2298 Abs. 3 BGB. Der Wille der Vertragschließenden ist durch **Auslegung** zu ermitteln. Der erfolgte Rücktritt lässt sich nur durch einen neuen Erbvertrag beseitigen.[32]   30

Die in einem **zweiseitigen Erbvertrag** enthaltene vertragsmäßige Verfügung des Erblassers, welche als erbvertragliche Verfügung unwirksam ist, weil der Ver-   31

---

30 Damrau/*Krüger*, § 2292 Rn 2.
31 NK-BGB/*Seiler*, § 2296 Rn 11.
32 NK-BGB/*Seiler*, § 2296 Rn 12.

tragspartner des Erblassers bei Abschluss des Vertrages nicht geschäftsfähig war, kann in eine einseitige Verfügung von Todes wegen umgedeutet und als solche aufrechterhalten werden, wenn ein entsprechender (mutmaßlicher) Wille des Erblassers festgestellt werden kann.[33]

32   Wie bei dem gemeinschaftlichen Testament ist nach **Annahme** oder nach dem Tod des Erblassers die **Ausschlagung** durch einen Vertragserben nicht mehr möglich.[34]

33   **Einseitige Verfügungen** des Erbvertrages, die durch Testament getroffen werden können, können von jedem der Vertragschließenden getroffen werden, § 2299 Abs. 1 BGB. Hierzu zählen:
   – Enterbung, § 1938 BGB,
   – Pflichtteilsentziehung, § 2336 BGB,
   – Pflichtteilsbeschränkung in guter Absicht, § 2338 BGB,
   – Widerruf und Aufhebung letztwilliger Verfügungen, §§ 2254, 2258 BGB,
   – Testamentsvollstrecker-Anordnung, §§ 2197 ff. BGB.
   – Teilungsanordnungen, § 2048 BGB,
   – Ausschluss der Auseinandersetzung, § 2044 BGB,
   – Jede familienrechtliche und erbrechtliche Anordnung, die nach BGB durch Testament getroffen werden kann.[35]

34   Der Erbvertrag wird amtlich verwahrt. Für ihn gelten die Vorschriften für die **amtliche Verwahrung** und die **Eröffnung eines Testamentes** entsprechend, § 2300 i.V.m. §§ 2259–2263 BGB, §§ 346 ff. FamFG.

Ein Erbvertrag, der sich mehr als dreißig Jahre in amtlicher Verwahrung befindet, ist zu eröffnen, wenn die Ermittlungen von Amts wegen nicht das Fortleben des Erblassers feststellen, § 351 FamFG.

35   Die **unbeschränkbare Testierfreiheit** des Erblassers als Ausdruck des grundgesetzlichen Prinzips der **Erbrechtsfreiheit**, Art. 14 Abs. 1 S. 1 GG, findet sich auch in § 2302 BGB wieder. Das Verbot schuldrechtlicher Beschränkungen der Testierfreiheit richtet sich gegen Verpflichtungen, eine Verfügung von Todes wegen zu errichten oder nicht zu errichten, aufzuheben oder nicht aufzuheben. Weiterhin wird jeder Vertrag erfasst, der eine Verpflichtung enthält, in bestimmter Weise zu testieren oder nicht zu testieren bzw. eine Verfügung von Todes wegen zu ändern oder nicht zu ändern. Der Inhalt der Verpflichtung ist hierbei unerheblich, auch eine Verpflichtung zur Entziehung des Pflichtteils wäre unzulässig.[36]

36   Zu ergänzen ist noch, dass der Erbvertrag eine mögliche Verfügung von Todes wegen für die **nichteheliche Lebensgemeinschaft** darstellt. Die nichteheliche

---

33 BayObLG ZEV 1995, 413 ff.
34 RGZ 95, 218.
35 NK-BGB/*Seiler*, § 2299 Rn 3.
36 Staudinger/*Kanzleiter*, § 2302 Rn 4.

Lebensgemeinschaft nimmt einen immer stärkeren Teil des Beratungsalltages eines im Erbrecht tätigen Anwalts ein. Für diese Form des zwischenmenschlichen Zusammenlebens ist die Errichtung eines gemeinschaftlichen Testaments ausgeschlossen, da dieses nur von Ehegatten und eingetragenen Lebenspartnern errichtet werden kann, § 2265 BGB. Es bleibt nun für den jeweiligen Partner die Möglichkeit, ein einseitiges Testament zu errichten. Ein Nachteil kann in der fehlenden Bindungswirkung liegen. Jeder ist in der Lage, sein Testament, ohne Kenntnis des Partners, zu widerrufen.

Der Erbvertrag führt die gewünschte Bindungswirkung wenigstens in der Regel herbei.

Beachte 37
Jeder der Vertragsbeteiligten sollte ein Rücktrittsrecht vom Erbvertrag für den Fall vorsehen, dass die nichteheliche Lebensgemeinschaft aufgelöst wird.

C. Muster: Erbvertrag

UR.Nr. 1021/2004 38

Verhandelt zu Bernkastel-Kues am 21.10.2004

Vor dem unterzeichneten

Dr. jur. Gerd Geld

Notar für den Oberlandesgerichtsbezirk Koblenz

mit dem Amtssitz in Bernkastel-Kues

erschienen, von Person bekannt,

die Eheleute Herr Karl Blasius, (*Geburtsdatum*), Winzer, und Frau Katharina Blasius, geb. Weinreich, (*Geburtsdatum*), Hausfrau, beide wohnhaft in (*PLZ*) Bernkastel-Kues, Doktorweg 10.

Der Ehemann ist am 25.11.1924 in Bernkastel-Kues, als Sohn der Eheleute Willi Blasius und Marlies Blasius, geb. Heinz, geboren.

Die Ehefrau ist am 27.8.1927 in Enkirch, als Tochter der Eheleute Wilhelm Weinreich und Emma Weinreich, geb. Müller, geboren.

Die Erschienenen erklärten:

Wir wollen einen

Erbvertrag

errichten, der unverschlossen in der amtlichen Verwahrung des Notars oder seines Amtsnachfolgers verbleiben soll.

Wir widerrufen hiermit alle etwaigen früheren Verfügungen von Todes wegen.

Wir besitzen die deutsche Staatsangehörigkeit und verlangen nicht die Zuziehung von Zeugen.

Der Notar überzeugte sich durch die Verhandlung von der erforderlichen Geschäfts- und Testierfähigkeit der Erschienenen.

Der Notar hat uns auf die durch diesen Erbvertrag hervorgerufene Bindung hingewiesen; wir beabsichtigen diese Bindung.

Sodann erklärten die Erschienenen dem Notar mündlich den nachstehenden Erbvertrag:

1. Wir setzen uns gegenseitig, der Erstversterbende den Überlebenden, zum alleinigen und unbeschränkten Erben ein. Diese Erbeinsetzung erfolgt unabhängig davon, ob und welche Pflichtteilsberechtigten beim Ableben des Erstversterbenden von uns vorhanden sind.
2. Sollte einer unserer Abkömmlinge beim Tode des Erstversterbenden bereits seinen Pflichtteil verlangen, so soll er auch beim Tode des Letztversterbenden lediglich seinen Pflichtteil erhalten.
3. Erben des Letztlebenden von uns sollen sein:
   a. unser Sohn, Martin Blasius, (*Geburtsdatum*), Im Mond 10, (*PLZ*) Traben-Trarbach, und
   b. unsere Tochter, Marlies Riesling, geb. Blasius, (*Geburtsdatum*), Im Peterfeld 11, (*PLZ*) Piesport.
   zu untereinander gleichen Teilen.
   Ersatzweise erben deren Abkömmlinge zu untereinander gleichen Teilen.
4. Diese Erbeinsetzung soll gelten, gleichgültig welche Pflichtteilsberechtigte beim Ableben des Letztversterbenden von uns vorhanden sind. Diese Erbeinsetzung soll also auch bei Wiederheirat des Überlebenden von uns gelten.
5. Für die beiden Schlusserben treffen wir folgende Teilungsanordnung:
   a. sämtliche beim Schlusserbfall vorhandenen Immobilien soll unser Sohn Martin Blasius zu alleinigem Eigentum erhalten;
   b. sämtliche beim Schlusserbfall vorhandenen Konten sowie Aktien und Wertpapiere soll unsere Tochter Marlies Riesling, geb. Blasius, zu alleinigem Eigentum erhalten.
6. Die Schlusserben sind mit folgendem Vermächtnis belastet:
   Unser Nachbar Norbert Neureich, (*Geburtsdatum, Anschrift*), soll alle beim Schlusserbfall vorhandenen, dem Weinbau dienlichen Geräte erhalten.
7. Weiter wollen wir nichts bestimmen.

Diese Niederschrift wurde vorgelesen, genehmigt und unterschrieben:

Unterschrift Ehemann

Unterschrift Ehefrau

Unterschrift Notar

Notar

D. Checkliste: Erbvertrag

39 – Verfügt nur der Erblasser oder verfügen beide Vertragsparteien?
   – Formerfordernis der notariellen Beurkundung;
   – Welche Verfügungen sollen vertragsmäßigen Charakter haben, also wechselseitig bindend sein?

- Verfügungsbefugnis des Erblassers zu Lebzeiten, mit Ausnahme der Schenkungen in Beeinträchtigungsabsicht;
- Vorbehalt des Rücktrittsrechts;
- Vollkommene Einschränkung der Testierfreiheit gewünscht?

E. Steuertipp

Bei einem voll unentgeltlichen Erbvertrag gibt es keine erbschaftsteuerlichen Besonderheiten. Der Erwerb als Erbe, Pflichtteilsberechtigter, Vermächtnisnehmer oder Auflagebegünstigter ist gem. § 3 Abs. 1 Nr. 1 ErbStG i.V.m. § 3 Abs. 2 Nr. 2 ErbStG steuerbar. Der Rest folgt den allgemeinen Regeln, die für jeden dieser Erwerbe gelten.[37] Bei einem ganz oder teilweise entgeltlichen Erbvertrag entstehen hingegen dem Vertragspartner Aufwendungen, die seinen Erwerb nach § 10 Abs. 5 Nr. 3 ErbStG mindern.[38] Hierzu gehören Leistungen, die an den Erblasser zu erbringen sind, beispielsweise Versorgungs- und Pflegeleistungen. Auch Leistungen an Andere, wie zum Beispiel Abfindungszahlungen gehören dazu. Darüber hinaus ist ein vermächtnisweise zugewendeter Nießbrauch ein Abzugsposten, der den Erwerb schmälert.[39] Rückforderungsansprüche gem. §§ 2287, 2288 Abs. 2 BGB unterliegen der Erbschaftsteuer gem. § 3 Abs. 2 Nr. 7 ErbStG.

40

F. Zusammenfassung

Der Erbvertrag kann mit anderen Vertragsarten kombiniert werden, z.B. ein **Ehe- und Erbvertrag**, Verpflegungsvertrag und andere. Beim Erbvertrag ist auf seine Bindungswirkung zu achten und dies bei einem bereits vorliegenden Erbvertrag gründlich zu prüfen, da hierin eine etwaige nicht mehr vorhandene Testierfreiheit des vor Ihnen sitzenden Mandanten begründet ist. Der Mandant ist darauf hinzuweisen, dass er noch zu Lebzeiten frei verfügen, den Beschenkten jedoch möglicherweise einem Bereicherungsanspruch des Vertragserben nach § 2287 BGB aussetzen kann.

41

Wenn der Mandant den Entwurf eines Erbvertrages wünscht, ist zu überlegen, ob etwaige Rücktrittsgründe festzuschreiben sind. Ist der Mandant noch relativ jung, können sich in seinem Leben Situationen ergeben, in denen er sich seine Testierfreiheit zurückwünscht, z.B. eine Wiederheirat oder eine nicht wunschgemäße Entwicklung des im Erbvertrag bedachten Erben.

---

37 Tanck/Krug/*Riedel*, AnwF Testamente, § 24 Rn 184.
38 BFH v. 13.7.1983, BStBl II 1984, 37.
39 Tanck/Krug/*Riedel*, AnwF Testamente, § 24 Rn 185.

In der Praxis ist oft festzustellen, dass Mandanten, die bereits einen Erbvertrag abgeschlossen haben, keineswegs darüber orientiert sind, dass sie aufgrund der eingegangenen vertraglichen Bindungen keine Testierfreiheit mehr besitzen und auf die Verfügung unter Lebenden beschränkt sind.

In vielen Fällen, in denen der Mandant den Abschluss eines Erbvertrages wünscht, wird sich nach ausführlicher Klärung der individuellen Situation ergeben, dass er mit dem Abschluss eines gemeinschaftlichen Testamentes oder sogar mit der Errichtung eines Einzel-Testaments für seine Zukunft besser verfügt. Lediglich in Fällen z.B. der Unternehmensnachfolge, in denen auch die Interessen des Erben berücksichtigt und vertraglich festgeschrieben werden müssen, wird der Entwurf des Erbvertrages für den Mandanten die geeignetere Lösung darstellen.

Auch die Situation zwischen Ehegatten, die verhindern wollen, dass nach dem Tode des ersten und der Wiederheirat des zweiten Ehegatten nach dem Erbfall das gemeinsam erarbeitete Vermögen in einen fremden Familienstamm abwandert, kann ein Fall sein, wo der Entwurf des Erbvertrages die geeignete Verfügung von Todes wegen darstellt. Gleichwohl lässt sich das gleiche Ergebnis häufig mit einem gemeinschaftlichen Testament und geschickten Formulierungen im Rahmen der wechselbezüglichen Verfügungen erzielen.

§ 6 Pflichtteil (§§ 2303 bis 2338 BGB)

A. Einführung

Der **Pflichtteil** ist geregelt in den Vorschriften der §§ 2303–2338 BGB.   1

Das **Pflichtteilsrecht** gibt dem Ehegatten, dem Lebenspartner (§ 10 Abs. 6   2
LPartG) und den **Abkömmlingen** des Erblassers einen Anspruch auf Zahlung
eines Geldbetrages in Höhe der Hälfte der gesetzlichen Erbquote gegen den oder
die Erben der Verfügung von Todes wegen. Sind keine Abkömmlinge im Erbfall
vorhanden, leben jedoch noch ein oder beide **Elternteile** des Erblassers, sind
auch diese pflichtteilsberechtigt, §§ 2303 Abs. 2 S. 1, 2309 BGB.

> **Beachte**   3
> Geschwister des Erblassers sind nicht pflichtteilsberechtigt.
> Im Pflichtteilsrecht liegt eine Beschränkung der Testierfreiheit des Erblassers.
> Dem vorgenannten Personenkreis kann nur in den eingeschränkten Gründen
> des § 2333 Abs. 1 BGB sein Pflichtteilsrecht entzogen werden.
> Fraglich ist, in welchem Verhältnis das Prinzip der Testierfreiheit und das
> Prinzip des Verwandtenerbrechts zueinander stehen und ob es von Verfas-
> sungs wegen geboten ist, nahen Familienangehörigen auch gegen den Willen
> des Erblassers eine Mindestbeteiligung am Nachlass einzuräumen. Diese Frage
> blieb auch nach dem Beschluss des Bundesverfassungsgerichts aus dem Jahre
> 2000 offen.[1]
> Nach der ganz herrschenden Meinung ist das Pflichtteilsrecht durch die Ver-
> fassung mit der Erbrechtsgarantie des Art. 14 Abs. 1 S. 1 GG und dem beson-
> deren Schutz von Ehe und Familie in Art. 6 Abs. 1 GG geschützt.[2] Das
> Bundesverfassungsgericht bestätigt in einer jüngeren Entscheidung die grund-
> sätzlich unentziehbare und bedarfsunabhängige wirtschaftliche Mindestbetei-
> ligung der Kinder des Erblassers an dessen Nachlass durch die Erbrechtsga-
> rantie des Art. 14 Abs. 1 S. 1 i.V.m. Art. 6 Abs. 1 GG.[3] Weiterhin hat Auswir-
> kung auf die Testierfreiheit des Erblassers die sog. „Preußen-Entscheidung"
> des Bundesverfassungsgerichts vom 22.3.2004.[4] Hier wurde in einem Hausge-
> setz erklärt, dass erbunfähig sein sollte, wer „nicht aus einer den Grundsätzen
> der alten Hausverfassung des Brandenburg-Preußischen Hauses entsprechen-
> den Ehe stammt oder in einer nicht hausverfassungsmäßigen Ehe lebt." Die

---

1 BVerfG ZEV 2000, 399, 400.
2 BVerfG DNotZ 2001, 133; BGHZ 98, 226, 233; 109, 306, 313; MüKo-BGB/*Frank*,
  § 2303 Rn 1a m.w.N.; *Haas*, ZEV 2000, 249; Kritisch: *Kuchinke*, FF 2002, 161, 163; für
  Verfassungswidrigkeit: *Petri*, ZRP 1993, 205, 206.
3 BVerfG ZEV 2005, 301; BVerfG ZErb 2005, 169.
4 BVerfG NJW 2004, 2008 ff.

Sittenwidrigkeit dieser Ebenbürtigkeitsklausel wurde in mehreren Instanzen unterschiedlich behandelt und im Erbscheinsverfahren durch den BGH, der auf Vorlage durch das Oberlandesgericht Stuttgart mit der Sache befasst war, verneint.[5]

B. Rechtliche Grundlagen

4   Es ist Aufgabe des Rechtsanwalts, im ersten Gespräch mit dem Mandanten zu ermitteln, ob etwaige **Pflichtteilsberechtigte** im Erbfall vorhanden sind. Dies spielt eine entscheidende Rolle für den Entwurf des Testamentes oder des Erbvertrages.

5   Pflichtteilsberechtigte sollten im Testament zumindest mit ihrer **Pflichtteilsquote** bedacht sein, um spätere **Erbstreitigkeiten** auszuschließen. Eine weitere Möglichkeit besteht darin, mit dem Pflichtteilsberechtigten zu Lebzeiten einen Pflichtteils-Verzichtsvertrag zu schließen (siehe § 8 Rn 11).

6   Wenn ein **Abkömmling** des Erblassers durch Verfügung von Todes wegen von der Erbfolge ausgeschlossen ist, kann er von dem Erben den Pflichtteil verlangen, § 2303 Abs. 1 S. 1 BGB. Der Pflichtteil besteht in der Hälfte des Wertes des gesetzlichen Erbteils, § 2303 Abs. 1 S. 2 BGB. Dem **Ehegatten** steht ein Pflichtteilsrecht nach § 2303 Abs. 2 S. 1 BGB zu, wenn er durch Verfügung von Todes wegen von der Erbfolge ausgeschlossen ist. Das gleiche Recht steht den **Eltern** des Erblassers zu, wenn dieser keine Abkömmlinge hinterlässt, §§ 2303 Abs. 2 S. 1 BGB, 2309 BGB.[6]

I. Pflichtteil und Zugewinnausgleich

7   Das Pflichtteilsrecht berührt nicht den **Zugewinnausgleichsanspruch** nach § 1371 BGB. Der Pflichtteilsberechtigte wird nicht Erbe des Nachlasses. Er wirkt bei einer Auseinandersetzung nicht mit. Er hat lediglich einen Anspruch auf Geld.

Vielfach wollen Mandanten den Wert des Nachlasses gering bemessen und dies im Testament festschreiben, damit die Pflichtteilsberechtigten ihren Anspruch von einem geringeren als dem tatsächlichen Wert berechnen müssen. Diese vom Erblasser getroffene Wertbestimmung ist jedoch nicht maßgebend, § 2311 Abs. 2

---

5 BGH NJW 1999, 566 ff.

6 Zum Verhältnis von Pflichtteil- und Unterhaltsrecht bei Ehescheidung vergleiche *Frenz*, MittRhNotK 1995, 227; *Bestelmeyer*, FamRZ 1997, 1124; Zum Pflichtteilsanspruch von Erben zweiter Ordnung bei entgeltlichem Erb- und Pflichtteilsverzicht der Abkömmlinge des Erblassers siehe OLG Celle, ZEV 1998, 433 mit Anm. *Mayer*.

S. 2 BGB. Soweit erforderlich, ist der Wert durch Schätzung zu ermitteln, § 2311 Abs. 2 S. 1 BGB.

Mit dem Verweis in § 2303 Abs. 2 S. 2 BGB auf § 1371 BGB findet die **Zugewinn-** **8** **ausgleichsforderung** des überlebenden Ehegatten auch im Pflichtteilsrecht Berücksichtigung.[7]

Nach der Rechtsprechung des BGH wird § 1371 Abs. 1 BGB angewandt, ohne Berücksichtigung, ob die gesetzliche oder testamentarische Erbfolge eintritt.

In diesem Zusammenhang ist zu unterscheiden zwischen dem sog. **kleinem** **9** **Pflichtteil** und dem sog. **großem Pflichtteil.** Wenn der überlebende Ehegatte des Erblassers weder Erbe noch Vermächtnisnehmer ist, hat er gem. § 1371 Abs. 2 BGB das Recht, den Zugewinnausgleich nach §§ 1373 ff. BGB zu verlangen. Der Pflichtteil bestimmt sich nach dem nicht erhöhten gesetzlichen Ehegattenerbteil (**kleiner Pflichtteil**).

Nach § 1371 Abs. 3 BGB kann der überlebende Ehegatte den Ausgleich des **10** Zugewinns neben dem Pflichtteil verlangen, wenn er die Erbschaft ausschlägt, auch wenn dieser ihm nach den erbrechtlichen Bestimmungen nicht zustünde (**großer Pflichtteil**).[8] Dies gilt nicht, wenn der überlebende Ehegatte mit dem Erblasser einen Erb- oder Pflichtteilsverzichtsvertrag geschlossen hat.

Die Entscheidung, ob der große oder der kleine Pflichtteil für den überlebenden Ehegatten der günstigere ist, kann jeweils nur im konkreten Fall getroffen werden.

Fall 37
Der Winzer W verstirbt und hinterlässt seine Ehefrau sowie zwei Kinder. Der Nachlass besteht aus 200.000 EUR. Ein Testament oder ein Ehevertrag liegen nicht vor, so dass das gesetzliche Erbrecht mit Zugewinnausgleich eintritt.

Lösung zu Fall 37   **11**
Die Witwe des Winzers W erhält gem. § 1931 Abs. 1 S. 1 BGB ein Viertel als gesetzliche Erbin und ein weiteres Viertel als Zugewinnausgleich nach § 1371 Abs. 1 BGB, insgesamt also die Hälfte des Nachlasses. Die Witwe erbt hier nach diesem Modell 100.000 EUR.
Demgegenüber beträgt ihr kleiner Pflichtteil gem. § 1371 Abs. 2 BGB ein Achtel, die Hälfte des gesetzlichen Erbteils von einem Viertel, mithin 25.000 EUR. Der große Pflichtteil beträgt für die Witwe, wenn sie die Erbschaft ausschlägt, nach § 1371 Abs. 3 BGB ein Viertel des Nachlasses, somit 50.000 EUR.

Je nachdem, wie hoch der **Zugewinn** in der Ehe im konkreten Fall ist, kann die **12** pauschalierte erbrechtliche Lösung für den überlebenden Ehegatten von Vorteil

---

7 BGHZ 37, 58; 42, 182.
8 *Klingelhöffer*, ZEV 1995, 444.

sein oder nicht. Der überlebende Ehegatte hat jeweils die Möglichkeit, statt des gesetzlichen Erbteils oder statt dessen, was der erstversterbende Ehegatte ihm in der Verfügung von Todes wegen vererbt oder vermacht hat, den konkret errechneten Zugewinnausgleich sowie daneben den kleinen (nicht erhöhten) Pflichtteil zu verlangen. Zur Entscheidung, welches Modell für den überlebenden Ehegatten günstiger ist, hat dieser auszurechnen, wie hoch sein Zugewinn ist.[9]

Die „taktische" Ausschlagung steht dem Ehegatten unabhängig von der Höhe und der Art des verlangten Erbteils zu.[10]

13 Die Höhe des Zugewinns ist durch einen Vergleich der Vermögen beider Ehegatten zu Anfang und am Ende der Ehe zu berechnen. Wer weniger während der Ehe erwirtschaftet hat, dem steht nach **Auflösung der Ehe** ein Anspruch auf die Hälfte des Überschusses als Zugewinn zu, §§ 1373 ff. BGB. Besteht der gesamte Nachlass des verstorbenen Ehegatten aus Zugewinn, weil zu Beginn der Ehe kein Vermögen vorhanden war, kann der **pauschalierte Erbausgleich** durch das zusätzliche erbrechtliche Viertel für den überlebenden Ehegatten ungünstiger sein als der errechnete tatsächliche Zugewinn plus kleinem Pflichtteil.

14 In folgenden Konstellationen hat der **überlebende Ehegatte** eine **Wahlmöglichkeit**:
– Der Ehegatte ist Alleinerbe: Annahme der Erbschaft oder Ausschlagung mit konkreter Berechnung des Zugewinns plus kleinem Pflichtteil.
– Der Ehegatte wird gesetzlicher Erbe: Sind Stiefkinder vorhanden, kann die Ausbildung derselben das Zusatzviertel aufzehren. Hier kann er die Erbschaft ausschlagen und die konkrete Berechnung des Zugewinns plus kleinem Pflichtteil wählen.
– Der Ehegatte erbt neben anderen Miterben: Annahme der Erbschaft oder Ausschlagung mit konkreter Errechnung des Zugewinns plus kleinem Pflichtteil.
– Der Ehegatte ist in einem Testament als Erbe oder Vermächtnisnehmer benannt: Ist das Zugewendete weniger als der nach dem erhöhten gesetzlichen Erbteil errechnete Pflichtteil (großer Pflichtteil), kann er eine Aufstockung bis zur Höhe dieses Pflichtteils als Zusatzpflichtteil verlangen, gemäß §§ 2305 Abs. 1, 2307 Abs. 1 BGB.
– Der Ehegatte wird im Testament übergangen: Kein Anspruch auf den großen Pflichtteil, jedoch Möglichkeit der Berechnung des Zugewinns plus kleinem Pflichtteil.

15 Zur Berechnung des **Zugewinns** ist festzustellen, welches Vermögen jeder Ehegatte am Anfang der Ehe hatte und welche Vermögenswerte während der Ehe hinzugekommen sind, sowie die Höhe der Schulden. Die Geldentwertung ist

---

9 Weitere Berechnungsbeispiele bei *Rohlfing*, Erbrecht, § 2 Rn 101, § 6 Rn 91 ff.
10 Krug/Rudolf/Kroiß/Bittler/*Bittler*, AnwF Erbrecht, § 17 Rn 67.

abzurechnen. Etwaige Erbschaften und Schenkungen eines Ehegatten gehören nicht zum Zugewinn.

Beachte   16
Die Wahl zwischen kleinem und großem Pflichtteil muss innerhalb der sechs-wöchigen Ausschlagungsfrist nach § 1944 BGB erfolgen. Danach ist eine **Aus-schlagung** nicht mehr möglich. Für die Beurteilung, ob der überlebende Ehe-gatte die Erbschaft annehmen oder ausschlagen sollte, hat *Nieder* eine Rechen-formel aufgestellt.[11] Die Formel gilt für den Fall, dass nur der überlebende Ehegatte einen Zugewinn erzielt hat:
– Neben Verwandten erster Ordnung muss der Anteil des Zugewinns min-destens $6/7$ bzw. 85,71 % betragen, damit sich die güterrechtliche Lösung auszahlt (kleiner Pflichtteil).
– Neben Verwandten zweiter Ordnung bringt dagegen die erbrechtliche Lö-sung stets einen Vorteil (großer Pflichtteil).
Hat auch der überlebende Ehegatte Zugewinn erzielt, erhöht sich dieser Schwellenwert neben Verwandten erster Ordnung noch weiter durch die gem. § 1378 BGB gebotene Ausgleichung. Hierbei ist jedoch auf die Anrechnung des kleinen Voraus, gem. § 1932 Abs. 1 S. 2 BGB zu achten. Der Anspruch auf den Voraus setzt wie die gesetzliche Ehegattenerbfolge das Bestehen der Ehe zum Zeitpunkt des Todes des Erblassers voraus. In welchem Güterstand die Eheleute gelebt haben, ist für den Anspruch auf den Voraus unerheblich. Lediglich im Falle der fortgesetzten Gütergemeinschaft (§ 1483 BGB) ist die-ser Anspruch auf solche Gegenstände beschränkt, die sich im Vorbehaltsgut (§ 1418 BGB) oder Sondergut (§ 1417 BGB) des verstorbenen Ehegatten be-fanden, da gemäß § 1483 Abs. 1 S. 3 BGB dessen Anteil am Gesamtgut nicht in seine Nachlassmasse fällt.[12]

II. Wert des Nachlasses; Auskunftsanspruch

Beschränkungen und Beschwerungen eines Erben, z.B. mit **Vermächtnissen** oder   17
Auflagen, gelten nach altem Recht als nicht angeordnet, wenn der hinterlassene Erbteil nicht die Hälfte des gesetzlichen Erbteils übersteigt, § 2306 Abs. 1 S. 1 BGB. Ist der hinterlassene Erbteil größer, kann der Pflichtteilsberechtigte den Pflichtteil verlangen, wenn er den Erbteil ausschlägt, § 2306 Abs. 1 S. 2 Hs. 1 BGB. Ob der hinterlassene Erbteil kleiner, gleich oder größer als die Hälfte des gesetzlichen Erbteils ist, wird in erster Linie nach der Erbquote, d.h. nach der Bruchteilsgröße des zugewendeten Anteils am Gesamtnachlass beurteilt (Quo-

---

11 *Nieder/Kössinger*, Testamentsgestaltung, Rn 29–33.
12 *Nieder/Kössinger*, Testamentsgestaltung, Rn 43.

tentheorie).[13] Der tatsächliche Wert des Hinterlassenen ist in soweit unerheblich. Maßgeblich sind die erbrechtlichen Verhältnisse zum Zeitpunkt des Erbfalls.[14] Das Gesetz zur Änderung des Erb- und Verjährungsrechts vom 24.09.2009[15] hat § 2306 BGB verändert. Die Reform des Erb- und Verjährungsrechts ist überwiegend positiv aufgenommen worden, da sie Erleichterungen für die Kautelarpraxis mit sich bringt.[16] Insbesondere die Regelung des § 2306 BGB wurde neu gefasst.

Die Vorschrift regelt diejenigen Fälle, in denen der Pflichtteilsberechtigte zum Erben eingesetzt wurde, der Erbteil aber beschwert oder beschränkt wurde. Dabei wird für den Pflichtteilsschutz mit dem Gesetz zur Änderung des Erb- und Verjährungsrechts seit dem 1.1.2010 nicht mehr nach der Höhe des dem Pflichtteilsberechtigten hinterlassenen Erbteils differenziert. Dem pflichtteilsberechtigten Erben wird ein generelles Wahlrecht eingeräumt. Ist er mit Beschränkungen und Beschwerungen belastet, kann er

– entweder den Erbteil mit allen Beschränkungen oder Beschwerungen annehmen oder
– den Erbteil ausschlagen und dennoch den Pflichtteil verlangen.[17]

18   Die **Ausschlagung** nach § 2306 BGB kann angefochten werden, wenn die Beschränkung oder Beschwerung zur Zeit der Ausschlagung weggefallen oder der Wegfall dem Pflichtteilsberechtigten nicht bekannt war, § 2308 Abs. 1 BGB. Gemäß den allgemeinen Grundsätzen im Anfechtungsrecht ist der Irrtum des Ausschlagenden über den Wegfall der Beschränkung oder Beschwerung nur dann erheblich, wenn die Ausschlagung auf ihm beruht hat.[18]

19   **Beachte**
Bei der Berechnung des Pflichtteils werden diejenigen mitgezählt, die durch letztwillige Verfügung ausgeschlossen sind, die Erbschaft ausschlagen oder für erbunwürdig erklärt sind, § 2310 S. 1 BGB. Mitgezählt wird auch, wer durch **Pflichtteilsverzichtsvertrag** auf seinen Pflichtteil nach dem Erblasser verzichtet.[19]
Nach der Vorschrift des § 2310 S. 2 BGB wird derjenige, der den Erbverzicht gegenüber dem Erblasser erklärt hat bei der Berechnung der Pflichtteilsquote nicht mitgezählt, was zu einer Erhöhung der Pflichtteilsquoten führt.

---

13 BGH WM 1968, 542; BGH NJW 1983, 2378 m.w.N.
14 OLG Schleswig NJW 1961, 1929.
15 BGBl I 2009, S. 3142 f.
16 *Mayer*, ZEV 2010, 2; Auseinandersetzend zu Fragen der Ausschlagung nach § 2306 BGB: *de Leve*, ZEV 2010, 184 und *Sachs*, ZEV 2010, 556.
17 NK-BGB/*Bock*, § 2306 Rn 1.
18 MüKo-BGB/*Frank*, § 2308 Rn 5.
19 *Rohlfing*, Erbrecht, § 5 Rn 48.

Tipp 20
Der Erblasser sollte einen Pflichtteilsverzichtsvertrag mit dem weichenden
Erben abschließen und nicht einen Erbverzichtsvertrag.

Der **Pflichtteilsanspruch** wird aufgrund einer Nachlassbilanz berechnet, in der 21
alle Aktiv- und Passivwerte eingesetzt werden. Der Saldo ist dann der zugrunde
zu legende **Nettonachlass**, vgl. § 2311 BGB.[20]

Vom **Nachlasswert** sind folgende Verbindlichkeiten bzw. Passiva abzuziehen: 22
– Geldschulden des Erblassers, z.b. Darlehen und Einkommensteuer
– Zugewinnausgleichsforderungen des überlebenden Ehegatten
– Beerdigungskosten
– Kosten für eine Nachlassverwaltung und ggf. Prozesskosten von Erbschafts-
  streitigkeiten
– Pflichtteilsansprüche von Abkömmlingen und Eltern
– Voraus des überlebenden Ehegatten, § 1932 BGB
– Kosten der Inventarerrichtung, §§ 1993 ff. BGB.

Maßgebend ist nach allgemeiner Meinung der **gemeine Wert**, also der Wert, den 23
der Nachlassgegenstand für jeden hat.[21] Was unter diesem gemeinen Wert, z.b.
bei Grundstücken, Gesellschaftsanteilen, Handelsunternehmen und Aktien zu
verstehen ist, hat eingehend *Mayer* untersucht.[22]

Bei der Feststellung des Wertes des Nachlasses bleiben Rechte und Verbindlichkeiten, die von einer aufschiebenden Bedingung abhängig gemacht sind, außer
Ansatz, § 2313 Abs. 1 S. 1 BGB. Für ungewisse oder unsichere Rechte sowie für
zweifelhafte Verbindlichkeiten gilt das Gleiche wie für Rechte und Verbindlichkeiten, die von einer aufschiebenden Bedingung abhängig sind, § 2313 Abs. 2 S. 1
BGB. Dingliche Belastungen von Nachlassgegenständen bleiben als zweifelhafte
Verbindlichkeiten dann bei der Nachlassbewertung außer Ansatz, wenn und
solange ihre tatsächliche Verwirklichung unsicher ist, da der Erbe durch eine
valutierende Grundschuld, die nicht verwertet wird, solange der Dritte die Verbindlichkeiten tilgt, keinen sofortigen Nachteil erleidet. Es besteht kein Grund,
sie bereits im Zeitpunkt des Erbfalls gemäß § 2311 Abs. 1 S. 1 BGB als den Nachlasswert mindernd zu berücksichtigen.[23] Der Pflichtteilsberechtigte trägt keine
Gefahr des Untergangs oder der Verschlechterung der Nachlassgegenstände,
nimmt jedoch auch nicht an Wertsteigerungen nach dem Erbfall teil.[24] Insbesondere, wenn Aktien im Nachlass sind, kann dies dazu führen, dass der Pflichtteilsanspruch von einem Wert geltend gemacht wird, der bei Anspruchstellung tat-

---

20 Bei Verschollenheit des Erblassers gilt der nach § 9 VerschG festzulegende Zeitpunkt.
21 Soergel/*Dieckmann*, § 2311 Rn 16 m.w.N.
22 *Mayer*, ZEV 1994, 331 ff.
23 BGH ZEV 2011, 27.
24 BGHZ 134, 135, 138; kritisch: *Braga*, AcP 153, 144, 158 ff.

sächlich in dieser Höhe nicht mehr vorhanden ist. Gleichwohl ist dieser der Berechnung zugrunde zu legen.[25]

24 **Beachte**
Zum Schutz des Erben als Beklagter im Pflichtteilsprozess sollte die Beschränkung der Erbenhaftung auf den Nachlass des Erblassers vorbehalten werden.

25 Ausnahmen vom Stichtagsprinzip gelten in Fällen der Anrechnung und Ausgleichung, §§ 2315, 2316 BGB und bei der Berechnung des Pflichtteilsanspruchs. Auch im § 2313 BGB wird das Stichtagsprinzip durchbrochen.[26]

26 Der **Pflichtteilsberechtigte** kann vom Erben **Auskunft** über den Bestand des Nachlasses verlangen, wenn er selbst nicht Erbe ist, § 2314 Abs. 1 S. 1 BGB.[27] *Sarres* gibt in seinen Aufsätzen sehr hilfreiche Ansätze und Formulierungen für die Geltendmachung des Auskunftsanspruches gegenüber den unterschiedlichen Anspruchsgegnern. Er kann sogar verlangen, dass er bei der Aufnahme des ihm nach § 260 BGB vorzulegenden **Nachlassverzeichnisses** zugezogen und dass der Wert der Nachlassgegenstände ermittelt wird, § 2314 Abs. 1 S. 2 BGB. Auf sein Verlangen muss ein vom Notar oder durch einen zuständigen Beamten über die Behörde aufzunehmendes Verzeichnis erstellt werden, § 2314 Abs. 1 S. 3 BGB. Die Kosten fallen dem Nachlasse zur Last, § 2314 Abs. 2 BGB.

Die Ansprüche aus § 2314 BGB sind unabhängig voneinander und schließen sich gegenseitig nicht aus.[28]

Der Erbe muss sich die zur Auskunftserteilung notwendigen Kenntnisse im Rahmen des Zumutbaren verschaffen.[29] Die Ermittlung des Wertes des Nachlasses oder einzelner Nachlassgegenstände, z.B. Immobilien, erfolgt häufig mittels Schätzung durch einen Sachverständigen, die jedoch für die Beteiligten nicht verbindlich ist.[30]

27 Der Notar muss eigene Ermittlungen anstellen.[31] Welche konkreten Ermittlungsmaßnahmen der Notar vorzunehmen hat, steht in seinem Ermessens- oder Beurteilungsspielraum und unterliegt der vollen gerichtlichen Überprüfung.[32]

---

25 *Mayer*, ZEV 1994, 331.

26 BGHZ 123, 76, 78; *Pentz*, Berechnung des Nachlasswertes, MDR 1999, 144.

27 *Sarres*, Auskunftsansprüche des Pflichtteilsberechtigten, ZEV 1998, 4; *Sarres*, Auskunftsansprüche gegen den Erbschaftsbesitzer, ZEV 1998, 298; *Sarres*, Auskunftsansprüche des Erben gegen den Hausgenossen, ZEV 1998, 422; *Sarres/Afraz*, Auskunftsansprüche gegenüber Vertragserben sowie gegenüber der Erblasserbank, ZEV 1995, 433.

28 BGHZ 33, 373.

29 BGHZ 107, 104, 108; OLG Brandenburg FamRZ 1998, 180, 181; *Berken*, Rpfleger 1991, 443, 444; Soergel/*Dieckmann*, § 2314 Rn 16.

30 Soergel/*Dieckmann*, § 2314 Rn 28; zur Wertermittlung durch Sachverständige im Pflichtteilsrecht siehe *Bißmaier*, ZEV 1997, 149.

31 Ständige Rechtsprechung seit BGHZ 33, 373, 375.

32 *Kuhn/Trappe*, ZEV 2011, 347, 352 m.w.N.

Der Pflichtteilsberechtigte kann auch dann noch die Vorlage eines notariellen Bestandsverzeichnisses fordern, wenn er schon ein privates Nachlassverzeichnis erhalten hat.

Das persönliche Recht des Pflichtteilsberechtigten, bei der Aufnahme des Nachlassverzeichnisses selbst anwesend zu sein oder sich eines Beistandes oder Vertreters zu bedienen, wird nicht dadurch ersetzt, dass ein Notar die Erklärungen des Erben über den Bestand des Nachlasses nach § 20 Bundesnotarordnung (BNotO) beurkundet.[33]

Der **Anspruch auf Wertermittlung** ist, anders als der Anspruch auf Auskunft, nicht auf die Übermittlung von Wissen gerichtet, sondern auf die Verpflichtung, den Wert des Nachlasses oder einzelner Nachlassgegenstände zu ermitteln, meist also schätzen zu lassen. Der Anspruch auf Wertermittlung ist streng von dem Anspruch auf Auskunft zu trennen und sollte auch im Klageantrag nicht vermischt werden.[34]   28

Der **Auskunftsanspruch** nach § 2314 BGB steht nur dem engen Personenkreis der Nichterben zu. **Anspruchsberechtigt** nach § 2314 BGB ist: 29
- jeder Nichterbe aus dem Personenkreis der §§ 2303, 2309 BGB
- der Abtretungsempfänger des Pflichtteilsanspruchs gem. §§ 2317, 398 BGB
- der nicht erbende Pflichtteilsberechtigte, auch gegenüber dem vom Erblasser beschenkten Dritten nach § 2314 BGB analog
- der pflichtteilsberechtigte Ehegatte, der beim gesetzlichen Güterstand der Zugewinngemeinschaft die Erbschaft nach § 1371 Abs. 3 BGB ausgeschlagen hat.[35]

Auskunftpflichtig sind der Erbe persönlich, mehrere Erben als Gesamtschuldner und schließlich der Beschenkte hinsichtlich der in den letzten zehn Jahren vor dem Erbfall erfolgten Geschenke gem. § 2314 BGB analog. Bei einer Vor- und Nacherbschaft trifft die Auskunftspflicht bis zum Eintritt des Nacherbfalls nur den Vorerben.   30

Nicht nach § 2314 BGB zur Auskunft verpflichtet ist dagegen der Testamentsvollstrecker. Er ist auch nicht auskunftspflichtig bei einer Verwaltungsvollstreckung nach § 2213 Abs. 1 S. 3 BGB.[36]

---

33 KG NJW 1996, 2312 ff.
34 Zur Auskunftsklage Krug/Rudolf/Kroiß/Bittler/*Bittler*, AnwF ErbR, § 17 Rn 263.
35 Krug/Rudolf/Kroiß/Bittler/*Bittler*, AnwF Erbrecht, § 17 Rn 233.
36 *Kerscher/Riedel/Lenz*, Pflichtteilsrecht in der anwaltlichen Praxis, § 11 Rn 18 ff.

III. Muster: Stufenklage auf Auskunft mit eidesstattlicher Versicherung und Zahlung des Pflichtteils

31 Landgericht Trier

Justizstraße 2–6

PLZ Trier

Klage

des Herrn Markus Mönch, Malermeister,

Sternkopf 10, PLZ Trier,

– Klägers –

PB: RA Gerd Gerecht, Justizweg 1, PLZ Trier

gegen

den Herrn Wilhelm Mönch,

Bartstraße 7, PLZ Trier

– Beklagten –

wegen

Pflichtteils.

Vorläufiger Streitwert: 70.000 EUR

Namens und in Vollmacht des Klägers erhebe ich Klage und werde beantragen:

I. Der Beklagte wird im Wege der Stufenklage verurteilt,

1. Auskunft über den Bestand des Nachlasses der am 15.3.2010 verstorbenen Margarethe Mönch, geb. Schmitt, zu erteilen, und zwar
   a) hinsichtlich des Wertes des im Grundbuch von Schweich Blatt 1234 Flur 12 Nr. 14 eingetragenen Grundstücks durch Vorlage eines Sachverständigengutachtens und
   b) des weiteren durch Vorlage eines notariell errichteten Nachlassverzeichnisses;
2. zu Protokoll an Eides statt zu versichern, dass er nach bestem Wissen den Bestand des Nachlasses so vollständig angegeben hat, als er dazu im Stande ist;
3. nach Erteilung der Auskunft an den Kläger den sich daraus ergebenden Pflichtteil i.H.v. $\frac{1}{4}$ des Nachlasswertes zu zahlen.

II. Der Beklagte trägt die Kosten des Rechtsstreits.

Begründung:

Am 15.3.2010 verstarb in Schweich Frau Margarethe Mönch, geb. Schmitt. Sie war im gesetzlichen Güterstand mit dem Beklagten verheiratet. Der Kläger ist das einzige Kind der Erblasserin und des Beklagten. Die Erblasserin hat am 11.11.1987 ein eigenhändiges Testament errichtet, in dem sie den Beklagten zu ihrem alleinigen Erben eingesetzt hat.

Beweis: Eröffnungsprotokoll des eigenhändigen Testamentes vom 11.11.1987

Zum Nachlass der Erblasserin gehören das Grundstück, eingetragen im Grundbuch von Schweich Blatt 1234, sowie diverse Sparkonten, Aktien und Wertpapiere. Der Bestand und jeweilige Wert der Konten sowie des Grundstücks und damit der Wert des Nachlasses im Einzelnen sind dem Kläger nicht bekannt.

Der Kläger hat mit Schreiben vom 13.7.2011 gegenüber dem Beklagten seinen Pflichtteilsanspruch geltend gemacht und ihn zur Auskunft über den Bestand des Nachlasses aufgefordert. Hierauf antwortete der Beklagte mit Schreiben vom 29.7.2011, dem Kläger stehe kein Pflichtteilsanspruch zu, da er bereits von der Erblasserin vier Jahre vor deren Tode 10.000 EUR erhalten habe.

Entgegen der Auffassung des Beklagten ist der vorgenannte Betrag nicht auf den Pflichtteil des Klägers anzurechnen, da die Erblasserin keine entsprechende Bestimmung nach § 2315 BGB getroffen hat.

Da der Kläger ¼ des Nachlasswertes als Pflichtteilsanspruch begehrt, ist, selbst wenn die Vorabschenkung i.H.v. 10.000 EUR hierauf anzurechnen wäre, bei dem genannten Nachlasswert der Pflichtteilsanspruch noch nicht befriedigt.

Rechtsanwalt

IV. Anrechnungen auf den Pflichtteil; Pflichtteilsergänzungsanspruch

Der **Pflichtteilsberechtigte** muss sich auf seinen Pflichtteil anrechnen lassen, was ihm zu Lebzeiten vom Erblasser durch Rechtsgeschäft unter Lebenden mit der Bestimmung übertragen worden ist, dass es auf den Pflichtteil angerechnet werden soll, § 2315 Abs. 1 BGB.[37] Der Kabinettsentwurf eines Gesetzes zur Änderung des Erb- und Verjährungsrechts sah zunächst eine Ergänzung vor.[38] Die **Ausgleichungspflicht** mehrerer Abkömmlinge untereinander ist in § 2316 BGB geregelt.   32

Die Bestimmung i.S.d. § 2315 BGB ist eine gegenüber dem Empfänger der **Zuwendung** abzugebende Willenserklärung. Sie muss diesem nicht bloß zugehen, sondern auch zu seinem Bewusstsein gebracht werden. Diese Zuwendung erhält durch die Anrechnungsbestimmung eine besondere rechtliche Beschaffenheit. Sie kann nur so, wie sie danach beschaffen ist, als auf den Pflichtteil anrechnungspflichtig angenommen werden. Diese Tragweite der Annahme setzt die Kenntnis des Annehmenden von der sein Pflichtteilsrecht beeinflussenden Beschaffenheit der Zuwendung voraus.[39]   33

---

37 *Mayer*, ZEV 1996, 441; *Mohr*, ZEV 1999, 257; *von Oertzen*, ZEV 1994, 160; *Pentz*, ZEV 1999, 167.
38 Dem § 2315 Abs. 1 BGB sollte folgender Satz angefügt werden: „Gleiches gilt, wenn der Erblasser durch Verfügung von Todes wegen die Anrechnung nachträglich bestimmt hat." Dieser Zusatz ist nicht verabschiedet worden, so dass keine nachträgliche Möglichkeit besteht, eine lebzeitige Zuwendung, die ohne entsprechende Bestimmung gemacht worden ist, auf den Pflichtteil anzurechnen.
39 OLG Düsseldorf ZEV 1994, 173 ff.

34 Die Anrechnungsbestimmung kann auch konkludent erfolgen. Dies ist jedoch nur dann anzunehmen, wenn der Empfänger sie erkannt hat und dennoch die Zuwendung nicht zurückweist.[40]

Will der Erblasser bei der Auseinandersetzung unter Miterben die Anrechnung von Vorempfängen auf den Erbteil über die dazu bestehenden gesetzlichen Regeln, insbesondere in § 2050 BGB, hinaus erreichen, hat er dies durch eine letztwillige Verfügung anzuordnen. Für eine Erbauseinandersetzung verbindliche Anordnungen können dagegen nicht durch Rechtsgeschäft unter Lebenden getroffen werden.[41]

Es muss sich im eine freigebige Zuwendung handeln, so dass eine Zuwendung zur Erfüllung einer Verpflichtung nicht durch den Erblasser mit einer Anrechnungsbestimmung versehen werden kann; er würde sonst über das vom Gesetz vorgesehene zulässige Maß hinaus den Pflichtteil beinträchtigen.[42]

35 Für den Willen des Erblassers ist ausschlaggebend, ob mit seiner Zuwendung zugleich auch eine Enterbung des Empfängers mit bloßer Pflichtteilsberechtigung festgelegt (Anrechnung) oder aber nur klargestellt werden sollte, dass der Empfänger lediglich zeitlich vorgezogen bedacht wird, es im Übrigen aber bei den rechtlichen Wirkungen einer Zuwendung im Erbfall verbleiben soll (Ausgleichung). Der Wille des Erblassers ist im Rahmen der Auslegung des Übergabevertrages zu ermitteln.[43] Bei der Berechnung des Pflichtteils des Zuwendungsempfängers wird bei diesem der Nachlass um den anzurechnenden Betrag erhöht. Von dem auf diese Weise ermittelten Nachlass wird anhand der Pflichtteilsquote der vorläufige Pflichtteilsanspruch bestimmt und die Zuwendung von dem vorläufigen Pflichtteilsanspruch abgezogen. Die Differenz stellt den endgültigen Pflichtteilsanspruch dar. Für die Berechnung der Erhöhung des Nachlasses um die Zuwendung ist der Wert maßgeblich, den der Vorempfang zum Zeitpunkt der Zuwendung hatte. Ein etwaiger Kaufkraftschwund ist anhand der Umrechnung nach dem Lebenshaltungskosten-Index zu berücksichtigen.[44]

36 **Fall 38**

Nachlass des A:	1 Mio. EUR
Pflichtteilsquote des Sohnes	= $^1/_8$
Anrechnungsfähiger Vorempfang:	70.000 EUR

---

40 *Kerscher/Riedel/Lenz*, Pflichtteilsrecht in der anwaltlichen Praxis, § 8 Rn 39 ff.
41 BGH ZErb 2010, 81; ZEV 2010, 33 m. Anm. *Leipold*.
42 OLG Düsseldorf ZEV 1994, 173; MüKo-BGB/*Frank*, § 2315 Rn 7, *Thubauville*, MittRhNotK 1992, 289, 292.
43 BGH ZErb 2010, 144; BGH ZEV 2010, 190 m. Anm. *Keim*.
44 *Von Oertzen*, ZEV 1994, 160 ff.; Umbasierung des gesamtdeutschen Verbraucherpreisindexes, DNotZ 1995, 823.

Lösung zu Fall 38   37

Nachlasshöhe für Berechnung des   = 1.070.000 EUR
Pflichtteilsanspruches des S
1.070.000 EUR ÷ 8   = 133.750 EUR (vorläufiger Pflichtteilsanspruch)
133.750 EUR – 70.000 EUR   = 63.750 EUR (Pflichtteilsanspruch)

Der Erblasser kann nicht ohne Konsequenzen den **Pflichtteilsanspruch** dadurch   38
beschränken, dass er Verfügungen zu Lasten des Berechtigten trifft. Insbesondere
ist darauf hinzuweisen, dass die **Schenkungen** kurz vor seinem Tode den Pflichtteilsanspruch nicht reduzieren. Die Gegenstände, die der Erblasser in den letzten
zehn Jahren vor seinem Tod verschenkt hat, sind dem Nettonachlass anteilig
ihrem Wert hinzuzurechnen, § 2325 Abs. 3 S. 1 BGB. Sind im Erbfall mehrere
Abkömmlinge vorhanden, ist der Abkömmling, der einen Vorempfang erhalten
hat, gegenüber den anderen Abkömmlingen ausgleichungspflichtig, § 2316
BGB.[45] Der überlebende Ehegatte ist selbst nicht ausgleichungspflichtig und
die Ausgleichungspflichten der Abkömmlinge wirken sich auch nicht auf die
Erhöhung seines Pflichtteils aus. Zu dem ausgleichungspflichtigen Personenkreis
gehören auch nicht, falls keine Abkömmlinge vorhanden sind, die Eltern des
Erblassers. Zu den ausgleichungspflichtigen Vorempfängen kann eine Ausstattung, die einem Abkömmling mit Rücksicht auf seine Verheiratung oder auf eine
künftige selbständige Lebensstellung zugewandt wird, gehören. Die Aussteuer
einer Tochter ist nur zu berücksichtigen, wenn sie die Kosten einer angemessenen
Berufsausbildung übersteigt oder neben einer Berufsausbildung gewährt worden
ist. In Frage kommen nur Einrichtungen, die einen berufsqualifizierenden Abschluss vermitteln, vor allem also Universitäten, Fachhochschulen und berufliche
Bildungseinrichtungen.[46] Aufwendungen für die Vorbildung zu einem Beruf des
Abkömmlings, beispielsweise Studien und andere Ausbildungskosten sowie Zuschüsse des Erblassers mit der Zweckbestimmung, sie als Einkünfte zu verwenden, sind nur im Falle des Übermaßes ausgleichungspflichtig, § 2050 Abs. 2
BGB.[47] Solche Zuwendungen sind übermäßig, wenn sie das den Vermögensverhältnissen des Erblassers entsprechende Maß überstiegen haben. Entscheidend
sind die Vermögensverhältnisse des Erblassers **zum Zeitpunkt der Zuwendung**.
Im Einzelfall können die Kosten für ein Zweitstudium des Abkömmlings übermäßig sein. Einem Abkömmling der in Haushalt, Beruf oder Geschäft des Erblassers längere Zeit gearbeitet hat und dadurch das Vermögen des Erblassers erhalten
oder vermehrt hat, steht ein Ausgleichsanspruch gegenüber den anderen Ab-

---

45 *Kerscher/Tanck*, ZEV 1997, 354 m.w.N.
46 *Ann*, Die Erbengemeinschaft (2001), S. 289; Bamberger/Roth/*Lohmann*, § 2050 Rn 9; Soer-
gel/*Wolff*, § 2050 Rn 15.
47 Abzustellen ist auf die Vermögensverhältnisse (nicht auf den Stand) des Erblassers (nicht
des Empfängers), und zwar zum Zeitpunkt der Zuwendung, vergleiche MüKo-BGB/*Dütz*,
§ 2050 Rn 26; Soergel/*Wolff* § 2050 Rn 17.

kömmlingen zu.[48] Ob die Mitarbeit haupt- oder nebenberuflich geleistet wurde, ist unerheblich.[49] Gleiches gilt für einen Abkömmling, der den Erblasser längere Zeit gepflegt hat, § 2057a Abs. 1 S. 2 BGB. Voraussetzung ist, dass die Pflege über längere Zeit erbracht worden ist. Bei leichterer Pflegetätigkeit ist mehrjährige Dauer zu verlangen; bei intensiverer Tätigkeit kann die einmonatige Dauer der Pflege für das Bejahen einer Ausgleichungspflicht genügen.[50] Wurde zwischen Erblasser und Abkömmling für die erbrachten Leistungen ein angemessenes Entgelt gewährt oder vereinbart, so steht dem Abkömmling kein Ausgleichungsanspruch zu, § 2057a Abs. 2 S. 1 BGB.

39 Im Erbrecht gilt grundsätzlich der **Schenkungsbegriff der §§ 516 ff. BGB**. Er enthält zwei Tatbestandsmerkmale, zum einen die objektive Bereicherung des Empfängers (Bereicherten) aus dem Vermögen des Zuwendenden (objektives Merkmal), zum anderen das Einigsein der Parteien über die Unentgeltlichkeit der Zuwendung (subjektives Merkmal). Die tatsächliche Vermutung für das Vorliegen der subjektiven Seite greift ein, wenn Leistung und Gegenleistung in einem groben, auffälligen Missverhältnis zueinander stehen.[51]

Bei Schenkungen an den Ehegatten beginnt der Lauf der Zehnjahresfrist nicht vor Auflösung der Ehe, § 2325 Abs. 3 S. 3 BGB.

Die Zehnjahresfrist beginnt mit der auf Rechtsübertragung gerichteten Vollziehungshandlung, durch die das Geschenk auch wirtschaftlich aus dem Vermögen des Erblassers ausgegliedert wird.[52]

Eine Leistung i.S.v. § 2325 Abs. 3 S. 1 BGB liegt vor, wenn der Erblasser nicht nur seine Rechtsstellung als Eigentümer endgültig aufgibt, sondern auch darauf verzichtet, den verschenkten Gegenstand im wesentlichen weiterhin zu nutzen. Behält sich der Erblasser bei der Schenkung eines Grundstücks den Nießbrauch uneingeschränkt vor, gibt er den „Genuss" des verschenkten Gegenstandes nicht auf; eine Leistung des verschenkten Gegenstandes i.S.v. § 2325 Abs. 3 S. 1 BGB liegt daher trotz Umschreibung im Grundbuch nicht vor.

40 Auch wenn der Erblasser den „Genuss" des verschenkten Gegenstandes bis zum Erbfall nicht entbehrt hat, z.B. durch die Bestellung eines Nießbrauches, kommt es für die Höhe des gem. § 2325 Abs. 2 BGB zu berechnenden **Pflichtteilsergänzungsanspruchs** auf den den Wert der vorbehaltenen Rechte übersteigenden

---

48 Der ausgleichsberechtigte Abkömmling hat die Darlegungs- und Beweislast für die in § 2057a Abs. 1 BGB genannten Voraussetzungen. Die ausgleichspflichtigen Abkömmlinge tragen dagegen die Beweislast für die Gewährung oder Vereinbarung eines angemessenen Entgelts; vergleiche hierzu *Petersen*, ZEV 2000, 432.

49 Soergel/*Wolff*, § 2057a Rn 4.

50 MüKo-BGB/*Dütz*, § 2057a Rn 23; Staudinger/*Werner*, § 2057a Rn 17; Soergel/*Wolff*, § 2057a Rn 7.

51 *Rohlfing*, Erbrecht, § 3 Rn 173 ff. m.w.N.

52 BGHZ 98, 226.

wirtschaftlichen Wert des im Zeitpunkt der Schenkung übertragenen Eigentums an. Mag dieser Stichtag auch mehr als zehn Jahre vor dem Erbfall liegen.[53] Zu der Berechnung einer Schenkung geht der BGH vom sog. Niederstwertprinzip aus, wonach bei nicht verbrauchbaren Sachen (Grundstücken) bei divergierenden Werten zwischen dem Zeitpunkt der Schenkung und dem Erbfall der niedrigere Wert anzusetzen ist, allerdings korrigiert um den Kaufkraftschwund.[54] Zu dessen Berechnung stellt der BGH eine mehrstufige, zum Teil vergleichende Berechnung an, die sich an einer wirtschaftlichen Betrachtungsweise orientiert. Dies entfaltet häufig Bedeutung, wenn Gegenstände unter Zurückbehaltung des Nießbrauchs zugewendet werden.[55]

Der Schutzzweck des **Pflichtteilsergänzungsanspruchs** nach § 2325 BGB erfasst nur denjenigen, der bei der Schenkung schon Pflichtteilsberechtigter war. Hat der Erblasser vor seinem Tode zum zweiten Mal geheiratet, da seine erste Ehefrau verstorben war, und verschenkt er vor Eingehen der zweiten Ehe wesentliche Teile des Vermögens an die beiden Kinder aus erster Ehe, stehen hinsichtlich dieser Schenkung der zweiten Ehefrau keine Pflichtteilsergänzungsansprüche nach § 2325 BGB zu.[56] Nach alter Rechtslage hat ein Pflichtteilsberechtigter das Recht, vor Ablauf von zehn Jahren die gesamte, ihn belastende Schenkung, wieder dem Nachlass zuzurechnen, auch wenn bis zum Ablauf der Frist bspw. nur noch ein Monat fehlt. Hieran hat das Gesetz zur Änderung des Erb- und Verjährungsrechts eine wesentliche Änderung vorgenommen.[57]   41

Macht ein Pflichtteilsberechtigter seinen Anspruch nicht geltend, unterliegt dieses Unterlassen selbst dann nicht der **Gläubigeranfechtung**, wenn der Berechtigte zusammen mit dem späteren Erben zum Zweck der Benachteiligung seiner Gläubiger den Erblasser dazu bewogen hat, einen anderen als Erben einzusetzen und ihm selbst auch das Pflichtteilsrecht grundlos zu entziehen. Dies gilt selbst dann, wenn die Ehefrau des Pflichtteilsberechtigten als Erbin eingesetzt worden ist, um den Schuldner an den Vorteilen der Erbschaft teilhaben zu lassen. Das hier zu missbilligende Gesamtverhalten geht über die **Gläubigerbenachteiligung** nicht hinaus und rechtfertigt deshalb nicht die Anwendung des § 826 BGB.[58]   42

---

53 BGH ZEV 1994, 233 ff.; BGHZ 118, 49 ff.
54 BGHZ 65, 75.
55 Zur näheren Berechnung siehe Scherer/*Kasper*, MAH Erbrecht, § 29 Rn 126.
56 Vgl. BGH NJW 1997, 2676 ff.
57 § 2325 Abs. 3 BGB ist nun wie folgt gefasst: „(3) Die Schenkung wird innerhalb des ersten Jahres vor dem Erbfall in vollem Umfang, innerhalb jedes weiteren Jahres vor dem Erbfall um jeweils ein Zehntel weniger berücksichtigt. Sind zehn Jahre seit der Leistung des verschenkten Gegenstandes verstrichen, bleibt die Schenkung unberücksichtigt. Ist die Schenkung an den Ehegatten erfolgt, so beginnt die Frist nicht vor der Auflösung der Ehe."
58 BGH NJW 1997, 2384, 2385.

Bei beweglichen Sachen beginnt die Frist also mit Vollendung des Eigentumsübergangs, bei einer Grundstücksschenkung mit der Umschreibung im Grundbuch gem. § 873 Abs. 1 BGB.[59]

Als Schenkungen an den Ehegatten sind auch objektiv unentgeltliche ehebezogene Zuwendungen zu bezeichnen.[60]

Im Verhältnis zu Dritten handelt es sich bei den unbenannten Zuwendungen im Zweifel um objektiv unentgeltliche Vermögenstransfers, da weder die ehebezogene Motivationslage, noch die häufig beabsichtigte Vorwegnahme des Zugewinnausgleichs ohne weiteres die Annahme einer Gegenleistung rechtfertigen.[61] Gemäß dieser Rechtsprechung sind unbenannte Zuwendungen im Allgemeinen objektiv unentgeltlich und unterliegen daher der Schenkungsteuer, wenn die Vermögensverschiebung im Bewusstsein der Unentgeltlichkeit erfolgt.[62] Ehebezogene Zuwendungen stehen nach der Rechtsprechung hinsichtlich ihrer Auswirkungen auf das Erb- und Pflichtteilsrecht, §§ 2287, 2288, 2325 BGB, den Schenkungen gleich.[63] Eine abweichende Beurteilung kann im Einzelfall geboten sein. Insbesondere bei nach den konkreten Verhältnissen angemessenen Zuwendungen zum Zwecke der Alterssicherung des Empfängers, bei angemessenen nachträglichen Vergütungen langjähriger Dienste oder der Erfüllung entsprechender unterhaltsrechtlicher Verpflichtungen.[64] Der BFH ist dieser höchstrichterlichen Zivil-Rechtsprechung 1994 gefolgt.[65] Die grundsätzliche Steuerbarkeit ehebezogener Zuwendungen, an der sich auch durch das ErbStRG 2009 nichts geändert hat, bedeutet indes nicht, dass Vermögensbewegungen zwischen Eheleuten stets Schenkungsteuer auslösen.[66] Das Bundesverfassungsgericht betont im Beschluss vom 22.6.1995 das für das Erbschaftsteuergesetz geltende „Familienprinzip als weitere Grenze für das Maß der Steuerbelastung" und leitet daraus eine Beschränkung des steuerlichen Zugriffs ab, die dem Umstand Rechnung trägt, dass die dem jeweiligen Ehegatten zugeordnete Vermögensmasse in erster Linie „Ergebnis der ehelichen Erwerbsgemeinschaft" ist.

43   **Beachte**
Ist kein Nachlass von wirtschaftlichem Wert vorhanden, fehlt es an einem Haftungsgegenstand und die Zahlungsklage wegen eines Pflichtteilsergänzungsanspruches ist als unbegründet abzuweisen.[67]

---

59 BGHZ 102, 28 m. Anm. *Dieckmann*, FamRZ 1988, 712.
60 BGHZ 116, 167.
61 BGH NJW 2000, 134.
62 So schon FG Rheinland-Pfalz v. 17.6.1993, EFG 1994, 48.
63 Damrau/*Riedel*, § 2325 Rn 56 m.w.N.
64 Damrau/*Riedel*, § 2325 Rn 56 m.w.N.
65 BFH BStBl II 1994, 366.
66 *Troll/Gebel/Jülicher*, ErbStG, § 7 Rn 172.
67 BGH ZEV 2000, 274.

V. Muster: Klage gegen den Beschenkten wegen eines Pflichtteilsergänzungsanspruchs

Landgericht Trier   44

Justizstraße 2–6

PLZ Trier

Klage

des Herrn Willi Winzer,

Herrenberg 10, PLZ Longuich

– Klägers –

PB: RA Fred Fleißig; Grünstraße, PLZ Trier

gegen

den Karl Winzer

Blaustraße 7, PLZ Trier

– Beklagten –

wegen

Duldung der Zwangsvollstreckung

Vorläufiger Streitwert: 60.000 EUR.

Namens und in Vollmacht des Klägers erhebe ich Klage und werde beantragen:

1. Der Beklagte wird verurteilt, wegen einer Forderung i.H.v. 60.000 EUR nebst 4 % Zinsen seit Rechtshängigkeit die Zwangsvollstreckung in das im Grundbuch von Longuich Blatt 6789 eingetragene Grundstück Flur 2 Nr. 5 zugunsten des Klägers zu dulden.
2. Der Beklagte trägt die Kosten des Rechtsstreits.

Begründung:

Am 27.4.2009 verstarb in Longuich Herr Tobias Winzer. Er war Vater des Klägers und Großvater des Beklagten. Der Erblasser hinterließ eine letztwillige Verfügung von Todes wegen vom 2.5.2007. Aufgrund dieser ist der Beklagte alleiniger Erbe.

Durch notariellen Vertrag vom 16.3.2009 übertrug der Erblasser dem Beklagten das Grundstück Flur 2 Nr. 5, eingetragen im Grundbuch von Longuich Blatt 6789, mit einem im Jahr 1953 erbauten aufstehenden Haus im Wege der vorweggenommenen Erbfolge. Die Übertragung war unentgeltlich, mithin in vollem Umfang eine Schenkung.

Bei dem Tode des Erblassers war ein Nachlass wertmäßig nicht vorhanden.

Das Grundstück hatte im Zeitpunkt der Schenkung einen Wert i.H.v. mindestens 120.000 EUR.

Beweis: Sachverständigengutachten

Der Beklagte hat die Einrede des unzureichenden Nachlasses geltend gemacht. Der Kläger kann von dem Beklagten wegen des ihm zustehenden Pflichtteilsergänzungsanspruchs die

Herausgabe des geschenkten Hausgrundstücks zum Zwecke der Zwangsversteigerung gem. § 2329 BGB verlangen.

Obwohl der Kläger den Beklagten mehrfach aufforderte, seinen Anspruch zu erfüllen, reagierte dieser nicht.

Klage ist daher geboten.

Rechtsanwalt

45 Ist der **Pflichtteilsberechtigte** selbst **Beschenkter** gewesen, so ist das Geschenk in gleicher Weise wie das dem Dritten gemachte Geschenk dem Nachlass hinzuzurechnen und zugleich dem Pflichtteilsberechtigten auf die Ergänzung anzurechnen, § 2327 Abs. 1 S. 1 BGB.

46 Soweit der Erbe zur Ergänzung des Pflichtteils nicht verpflichtet ist, kann der Pflichtteilsberechtigte von dem Beschenkten die Herausgabe des Geschenkes zum Zwecke der Befriedigung wegen des fehlenden Betrages nach den Vorschriften über die Herausgabe einer **ungerechtfertigen Bereicherung** fordern, § 2329 Abs. 1 S. 1 BGB. Bei **Anstandsschenkungen**, z.b. zu Weihnachten oder Geburtstag und Namenstag, finden die Vorschriften der §§ 2325–2329 BGB keine Anwendung, § 2330 BGB.[68] Praktische Bedeutung gewinnt die Regelung insoweit, als damit der Zugriff auf zahlreiche Geschenke von meist geringerem Wert verhindert wird.[69]

47 Bei Zuwendungen aus dem **Gesamtgut** der **Gütergemeinschaft** gelten diese als von jedem der Ehegatten zur Hälfte gemacht, § 2331 Abs. 1 S. 1 BGB.

48 Der Erbe kann unter den Voraussetzungen des § 2331a BGB die **Stundung des Pflichtteilsanspruchs** verlangen.[70] Die Stundung kann nun von jedem Erben verlangt werden, nicht mehr wie bisher nur von pflichtteilsberechtigten Erben.[71] Damit kann auch eine Stiftung, die zum Erben eingesetzt worden ist, unter den Voraussetzungen des § 2331a BGB gegenüber dem Pflichtteilsberechtigten die Stundung des Pflichtteilsanspruchs verlangen. Bei Kindern und Eltern entfällt die Stundungsmöglichkeit in den Fällen des § 2309 BGB.[72]

---

68 Dabei ist auf die Ansichten und Gepflogenheiten der dem Schenker sozial Gleichgestellten abzustellen, insbesondere, ob die Unterlassung des Geschenks zu einer Einbuße an Achtung in diesem Personenkreis führen würde, vgl. Bamberger/Roth/*J. Mayer*, § 2330 Rn 2.

69 Staudinger/*v. Ohlshausen*, § 2330 Rn 3.

70 Das Gesetz zur Änderung des Erb- und Verjährungsrechts fasst § 2331a Abs. 1 BGB m.W.v. 1.1.2010 wie folgt neu: „(1) Der Erbe kann Stundung des Pflichtteils verlangen, wenn die sofortige Erfüllung des gesamten Anspruchs für den Erben wegen der Art der Nachlassgegenstände eine unbillige Härte wäre, insbesondere wenn sie ihn zur Aufgabe des Familienheims oder zur Veräußerung eines Wirtschaftsguts zwingen würde, das für den Erben und seine Familie die wirtschaftliche Lebensgrundlage bildet. Die Interessen des Pflichtteilsberechtigten sind angemessen zu berücksichtigen."

71 Damrau/*Lenz-Brendel*, § 2331a BGB Rn 4.

72 Soergel/*Dieckmann*, § 2331a Rn 3.

Erbfälle vor dem 1.1.2010

Der **Pflichtteilsanspruch verjährt** in drei Jahren von dem Zeitpunkt an, in wel- 49
chem der Berechtigte von dem Eintritt des Erbfalls und der ihn beeinträchtigenden Verfügung Kenntnis erlangt, ohne Rücksicht auf diese Kenntnis in dreißig
Jahren von dem Eintritt des Erbfalls an, § 2332 Abs. 1 BGB (a.F.).[73] Die Verjährung des Pflichtteilsanspruchs und des Anspruchs nach § 2329 BGB wird nicht
dadurch gehemmt, dass die Ansprüche erst nach der Ausschlagung der Erbschaft
oder eines Vermächtnisses geltend gemacht werden können, § 2332 Abs. 2 BGB.
Die Verjährungsfrist beginnt immer mit Eintritt des Erbfalles. Auf die Kenntnisse
von der Schenkung und dem Erbfall kommt es nicht an.[74] Dies gilt auch, wenn der
Beschenkte zugleich Miterbe ist.[75] Die kürzere Verjährungsfrist für Ansprüche
gegenüber dem Beschenkten bargen nach altem Recht ein erhebliches Risiko,
wenn der Berechtigte von der Schenkung erst später Kenntnis erhält.

Ein Pflichtteilsanspruch ist möglicherweise bereits verjährt, obwohl die Ausschlagungsfrist noch läuft bzw. noch gar nicht zu laufen angefangen hat.[76]

Erbfälle ab dem 1.1.2010

Das Gesetz zur Änderung des Erb- und Verjährungsrechts fasst § 2332 BGB wie 50
folgt neu: „(1) Die Verjährungsfrist des dem Pflichtteilsberechtigten nach § 2329
gegen den Beschenkten zustehenden Anspruchs beginnt mit dem Erbfall. (2) Die
Verjährung des Pflichtteilsanspruchs und des Anspruchs nach § 2329 wird nicht
dadurch gehemmt, dass die Ansprüche erst nach der Ausschlagung der Erbschaft
oder eines Vermächtnisses geltend gemacht werden können." Der frühere Abs. 2,
welcher auf die dreijährige Verjährung hinweist, entfällt damit. Es gilt somit die
allgemeine Verjährungsfrist gem. §§ 195, 199 Abs. 3a BGB n.F. von dreißig Jahren.

Eine auf Feststellung der Pflichtteilsberechtigung gerichtete Klage unterbricht
die Verjährung eines Pflichtteilsergänzungsanspruchs nach § 2325 BGB nicht,
wenn im Feststellungsprozess zu der beeinträchtigenden Schenkung nichts vor-
getragen wird.[77]

Beachte
Es wird immer wieder übersehen, dass eine **isolierte Auskunftsklage** gem.
§ 209 BGB a.F. die Verjährung nicht unterbricht, auch wenn die Leistungsklage im Rahmen der Auskunftsklage bereits angekündigt wird.[78]

---

73 Mehr zu den geplanten Änderungen im Erbrecht, Verjährungsrecht und Nachlassverfahrensrecht, *Muscheler*, ZEV 2008, 105; *J. Mayer*, Die Auswirkungen der Erbrechtsreform
   auf die Kautelarpraxis, ZEV 2010, 2.
74 BGH FamRZ 1968, 150.
75 BGH NJW 1986, 1610.
76 Staudinger/*v. Olshausen*, § 2332 Rn 23.
77 BGH ZEV 1996, 223 ff.
78 *Wehrberger*, AnwBl 1998, 338.

51 Um diesem Problem zu begegnen, ist eine geeignete und kostengünstige Vorgehensweise die Erhebung einer **Stufenklage**. Die als Stufenklage erhobene **Leistungsklage** unterbricht den Lauf der Verjährung, auch wenn zunächst nur der Auskunftsantrag gestellt wird, bis zur Höhe des anschließend bezifferten Betrages.[79]

Erkennt der Pflichtteilsberechtigte, dass die Verfügung von Todes wegen wirksam ist und er grundsätzlich Pflichtteilsansprüche geltend machen könnte, steht dem Laufe der Verjährungsfrist des § 2332 Abs. 1 BGB nicht entgegen, dass er sich wegen einer unrichtigen Auslegung der letztwilligen Verfügung über das **Ausmaß seiner Beeinträchtigung** irrt.[80]

52 Eine **Verwirkungsklausel** in einem Testament, wonach Erben, die „mit der letztwilligen Verfügung nicht einverstanden seien und gegen die Anordnung des Erblassers verstießen", nur den Pflichtteil erhalten sollen, ist grundsätzlich wirksam. Das gilt nicht, wenn dem Pflichtteilsberechtigten ein Erbteil hinterlassen ist, der die Hälfte des gesetzlichen Erbteils nicht übersteigt.[81]

Nur wenn der Erbe höchstens mit einer seinem Pflichtteil entsprechenden Quote bedacht und selbst zur Anrechnung, § 2315 BGB, oder zum Ausgleich, § 2316 BGB, verpflichtet ist, kommt es für die Frage, ob er deswegen nicht in Wahrheit auf mehr als den Pflichtteil eingesetzt sei, auf die Wertverhältnisse des konkreten Falles an.

53 Die **Verwirkungsklausel** greift ein, wenn der eingesetzte Erbe sich in vorwerfbarer Weise gegen den Willen des Erblassers aufgelehnt hat. Ist die beeinträchtigende Verfügung i.S.v. § 2332 Abs. 1 BGB eine Verwirkungsklausel, so beginnt die dreijährige Verjährungsfrist schon mit Kenntnis des Pflichtteilsberechtigten von dem Eintritt des Erbfalls und der Verwirkungsklausel und nicht erst mit Entstehung des durch die Zuwiderhandlung gegen die Klausel aufschiebend bedingten Pflichtteilsanspruchs.[82]

Die Verwirkungsklauseln fallen unter § 2075 BGB. Hier soll die Zuwendung von der auflösenden Bedingung eines Tun oder Unterlassen des Bedachten abhängig sein. Eine Verwirkungsklausel liegt dann vor, wenn der Erblasser anordnet, dass derjenige, der gegen seinen Willen handelt, nichts oder nur seinen Pflichtteil erhalten soll.[83] Durch die Verfügung solcher Klauseln soll mittelbar Druck auf den Bedachten ausgeübt werden, den Willen des Erblassers tatsächlich auch zu verwirklichen.[84]

---

79 BGH NJW 1992, 2563.
80 BGH ZEV 1995, 219 ff.
81 BGHZ 120, 96.
82 OLG Celle ZEV 1996, 307 ff.
83 BayObLG NJW 1964, 205; MüKo-BGB/*Leipold*, § 2074 Rn 19.
84 Damrau/*Seiler/Rudolf*, § 2075 Rn 15.

Beispiel: Pflichtteilsstrafklausel   54
– Unser Wille ist, dass kein Abkömmling nach dem Tod des Zuerstversterbenden von uns gegen den Willen des Überlebenden seinen Pflichtteil geltend macht.
– Der zuerstversterbende Ehegatte wendet hiermit, sofern ein Abkömmling diesem Wunsch nicht entspricht und den Pflichtteil ganz oder teilweise erhält, den übrigen zu Erben berufenen Abkömmlingen, die ihren Pflichtteilsanspruch nicht geltend machen, ein Geldvermächtnis in Höhe des Werts des jeweiligen vollen gesetzlichen Erbteils zu. Damit ist der Nachlass mit demselben Wert anzusetzen, der der Pflichtteilsberechnung zugrunde gelegt wurde. Für die Berechnung des Vermächtnisses gelten i.Ü. die gesetzlichen Bestimmungen des Pflichtteilsrechts entsprechend.
– Das Geldvermächtnis ist ab dem Erbfall mit 5 % jährlich zu verzinsen.
– Das Vermächtnis fällt erst mit dem Tod des Überlebenden an und ist erst dann zur Zahlung fällig. Eine Sicherheitsleistung kann nicht verlangt werden.[85]

VI. Beschränkungen und Beschwerungen des Nachlasses

Der Pflichtteilsberechtigte soll den Pflichtteil oder einen ihm gleichwertigen Anteil am Nachlass ohne Belastungen und Beschwerungen erhalten. Der Erbteil des pflichtteilsberechtigten Erben kann beschwert sein durch die Einsetzung eines Nacherben, die Ernennung eines Testamentsvollstreckers, eine Teilungsanordnung, ein Vermächtnis oder eine Auflage, § 2306 Abs. 1 Hs. 1 BGB.[86] Ist der Pflichtteilsberechtigte als Nacherbe eingesetzt, steht dies einer Beschränkung der Erbeinsetzung gleich, § 2306 Abs. 2 BGB.[87] Die Aufzählung der möglichen Belastungen und Beschränkungen in § 2306 Abs. 1 Hs. 1 BGB ist abschließend, so dass Beschränkungen des pflichtteilsberechtigten Erben, z.B. durch die Einsetzung als bedingter Nacherbe oder Schlusserbe wie eine einfache Enterbung zu behandeln ist. Der pflichtteilsberechtigte Erbe kann dann seinen Pflichtteilsanspruch nach den allgemeinen Regeln durchsetzen.[88]   55

---

85 *Tanck/Krug/Riedel*, AnwF Testamente, § 27 Rn 34.
86 Zum Beginn der Verjährung des Pflichtteilsanspruches bei Irrtum über das Ausmaß der Beeinträchtigung aufgrund unrichtiger Testamentsauslegung, vgl. *Ebenroth/Koos*, ZEV 1995, 233.
87 Dies gilt auch, wenn er als befreiter Vorerbe oder der Nacherbe auf den verbleibenden Überrest i.S.v. § 2137 BGB eingesetzt wurde, KG OLG Rspr. 11, 258.
88 Das Gesetz zur Änderung des Erb- und Verjährungsrechts hat § 2306 Abs. 1 BGB neu gefasst: In § 2306 Abs. 1 BGB werden die Wörter „so gilt die Beschränkung oder die Beschwerung als nicht angeordnet, wenn der ihm hinterlassene Erbteil die Hälfte des gesetzlichen Erbteils nicht übersteigt. Ist der hinterlassene Erbteil größer, so kann der Pflichtteilsberechtigte" durch die Wörter „so kann er" ersetzt; lesenswert: *Keim*, Reform des Erb- und Verjährungsrechts, ZEV 2008, 161.

Der pflichtteilsberechtigte Erbe kann sich nach altem Recht in Abhängigkeit von der Größe des ihm hinterlassenen Erbteils von den Belastungen und Beschränkungen seines Erbteils befreien. Übersteigt der dem pflichtteilsberechtigten Erben hinterlassene Erbteil die Hälfte des gesetzlichen Erbteils nicht, so gilt die Beschränkung oder Beschwerung als nicht angeordnet. Ist der Erbteil kleiner als der Pflichtteil, kann der Berechtigte den Pflichtteilsrestanspruch gem. § 2305 BGB zusätzlich geltend machen.[89] Hinterlässt der Erblasser dem pflichtteilsberechtigtem Erben mehr als die Hälfe des gesetzlichen Erbteils, steht diesem ein Wahlrecht zu. Er kann den Pflichtteil verlangen, wenn er den Erbteil ausschlägt.[90] Mit Ausschlagung der Erbschaft unterliegt der dann zu fordernde Pflichtteil nicht mehr den auferlegten Belastungen und Beschränkungen. Das Wahlrecht steht auch dem pflichtteilsberechtigten Alleinerben zu.[91] Nach neuem Recht (ab dem 1.1.2010) steht dem als Erben berufenen Pflichtteilsberechtigten unter den Voraussetzungen des § 2306 Abs. 1 Hs. 1 BGB ein Ausschlagungsrecht zu, ohne Rücksicht auf die Höhe des ihm hinterlassenen Erbteils. Die Frist zur Ausschlagung beginnt, wenn der Pflichtteilsberechtigte von der Beschränkung oder der Beschwerung Kenntnis erlangt, § 2306 Abs. 1 Hs. 2 BGB.

56   **Beachte**

Nimmt der pflichtteilsberechtigte Erbe den höheren Erbteil an, obwohl dieser mit Beschränkungen, z.B. der Erfüllung einer Auflage versehen ist, muss dieser sämtliche Beschränkungen und Beschwerungen erfüllen, selbst wenn dadurch sein Erbteil geringer werden sollte als die Hälfte des gesetzlichen Erbteils.

Es ist also im Einzelfall bei Erbfällen bis zum 31.12.2009 zu prüfen, ob der Pflichtteilsberechtigte die Erbschaft ausschlägt und einen ohne Beschränkungen und Beschwerungen belasteten Pflichtteilsanspruch geltend macht oder die erhöhte Erbquote annimmt und die damit zusammenhängenden Beschwerungen erfüllt. Etwaige Vorempfänge sind bei der Berechnung zu berücksichtigen.

Wird ein Pflichtteilsberechtigter mit einem Vermächtnis bedacht, steht ihm ebenfalls ein Wahlrecht zu. Er kann das Vermächtnis ausschlagen und den Pflichtteil in voller Höhe verlangen, § 2307 Abs. 1 S. 1 BGB.[92] Schlägt er nicht aus, vermindert sich der Pflichtteilsanspruch um den Wert des Vermächtnisses. Erreicht oder übersteigt der Wert des Vermächtnisses die Höhe des Pflichtteils, entfällt der Pflichtteilsanspruch. Bei der Wertberechnung bleiben Beschränkungen und Beschwerungen des § 2306 BGB außer Betracht. Die Erklärung

---

89 *Schlitt*, ZEV 1998, 216.
90 *Kerscher/Tanck*, ZAP 1997, 689.
91 BayObLG NJW 1959, 1734, Staudinger/*Haas*, § 2306 Rn 54 m.w.N.
92 *Schlitt*, NJW 1992, 28; *Kerscher/Tanck*, ZAP 1997, 689.

zur Erbschaftsausschlagung ist hier grundsätzlich nicht fristgebunden.[93] Der beschwerte Erbe kann den Pflichtteilsberechtigten jedoch unter Bestimmung einer angemessenen Frist zur Erklärung über die Annahme des Vermächtnisses auffordern, § 2307 Abs. 2 S. 1 BGB. Mit Ablauf der Frist gilt das Vermächtnis als ausgeschlagen, wenn nicht vorher die Annahme erklärt wird, § 2307 Abs. 2 S. 2 BGB. Dies gilt unabhängig vom Willen des Berechtigten.[94]

VII. Pflichtteilsentziehung

Der Erblasser kann einem **Abkömmling** den **Pflichtteil** entziehen unter den Voraussetzungen des § 2333 BGB. Die Entziehung des Erbteils eines Pflichtteilsberechtigten ist, wie aus dieser Vorschrift ersichtlich, nur in Ausnahmen rechtmäßig. Es müssen dem Pflichtteilsberechtigten schwere Verfehlungen vorgeworfen werden können.[95] Reine Unfreundlichkeiten oder die falsche Berufswahl gegen den Wunsch des Erblassers reichen hier nicht aus.[96]

57

Der Erblasser kann außerdem dem **Elternteil** den Pflichtteil entziehen, der ihm oder seinem **Ehegatten** nach dem Leben getrachtet hat, sich gegen ihn oder seinen Ehegatten eines Verbrechens oder schweren vorsätzlichen Vergehens schuldig gemacht hat, oder wenn der Elternteil die ihm obliegenden Unterhaltspflichten dem Erblasser gegenüber böswillig verletzt hat, § 2333 Abs. 1 Nr. 1–4, Abs. 2 BGB. Nach § 2333 Abs. 2 BGB i.V.m. § 10 Abs. 6 S. 2 LPartG kann der Erblasser auch dem Lebenspartner den Pflichtteil entziehen, wenn dieser sich einer der dort genannten Verfehlungen schuldig gemacht hat.

58

---

93 Die Ausschlagung kann auch durch schlüssiges Verhalten des Pflichtteilsberechtigten erfolgen, Beispiele bei Staudinger/*Otte*, § 2180 Rn 5.

94 Staudinger/*Haas*, § 2307 Rn 27.

95 Das Gesetz zur Änderung des Erb- und Verjährungsrechts gibt dem Erblasser weitere Möglichkeiten der Pflichtteilsentziehung. § 2333 BGB ist wie folgt gefasst: „(1) Der Erblasser kann einem Abkömmling den Pflichtteil entziehen, wenn der Abkömmling 1. dem Erblasser, dem Ehegatten des Erblassers, einem anderen Abkömmling oder einer dem Erblasser ähnlich nahe stehenden Person nach dem Leben trachtet, 2. sich eines Verbrechens oder eines schweren vorsätzlichen Vergehens gegen eine der in Nr. 1 bezeichneten Personen schuldig macht, 3. die ihm dem Erblasser gegenüber gesetzlich obliegende Unterhaltspflicht böswillig verletzt, oder 4. wegen einer vorsätzlichen Straftat zu einer Freiheitsstrafe von mindestens einem Jahr ohne Bewährung rechtskräftig verurteilt wird und die Teilhabe des Abkömmlings am Nachlass deshalb für den Erblasser unzumutbar ist. Gleiches gilt, wenn die Unterbringung des Abkömmlings in einem psychiatrischen Krankenhaus oder in einer Entziehungsanstalt wegen einer ähnlich schwerwiegenden vorsätzlichen Tat rechtskräftig angeordnet wird. (2) Abs. 1 gilt entsprechend für die Entziehung des Eltern- oder Ehegattenpflichtteils."
Die §§ 2334, 2335 und 2336 Abs. 4 BGB sind aufgehoben m.W.v. 1.1.2010 durch Art. 1 Gesetz v. 24.9.2009 (BGBl I S. 3142).

96 NK-BGB/*Herzog*, § 2333 Rn 18 m.w.N.

Die Entziehung des Pflichtteils erfolgt durch letztwillige Verfügung, § 2336 Abs. 1 BGB. In ihr muss der Grund der Entziehung angegeben werden. Der Entziehungsgrund muss in einer letztwilligen Verfügung i.S.d. § 1937 BGB genannt werden, d.h. in dem verfügenden Text vor der Unterschrift.[97] Ein Verweis auf andere, der Testamentsform nicht entsprechende Schriftstücke genügt nach h.M. auch dann nicht, wenn diese zum Zeitpunkt der Testamentserrichtung schon bestanden.[98] Der Entziehungsgrund muss zur Zeit der Errichtung bestehen, § 2336 Abs. 2 S. 1 BGB.

Die Aufzählung der Gründe in § 2333 BGB ist abschließend. Eine analoge Anwendung auf weitere Tatbestände wird von der h.M. abgelehnt.[99]

59 Eine **Pflichtteilsentziehung** braucht nicht ausdrücklich erklärt zu werden, sofern sich aus dem Wortlaut der letztwilligen Verfügung eindeutig ergibt, dass der Erblasser den gesetzlichen Erben nicht lediglich enterben, sondern ihm auch den Pflichtteil entziehen will. Zur Angabe des Entziehungsgrundes der vorsätzlichen körperlichen Misshandlung in der letztwilligen Verfügung genügt es, wenn der Erblasser die Vorfälle so konkret bezeichnet hat, dass sie unverwechselbar sind. Äußert der Erblasser gegenüber Dritten, dass er den Pflichtteilsberechtigten bedacht habe, so liegt darin allein keine **Verzeihung** i.S.v. § 2337 BGB, wenn der Erblasser gleichwohl die pflichtteilsentziehende letztwillige Verfügung unverändert gelassen hat, obwohl ihm eine Änderung möglich gewesen wäre.[100]

60 Verwendet der Erblasser den Begriff „Enterbung", bedeutet dies rechtstechnisch, dass ein gesetzlich Erbberechtigter durch Verfügung von Todes wegen von der Erbfolge ausgeschlossen wird. Begrifflich ist grundsätzlich zwischen Enterbung und Pflichtteilsentziehung zu differenzieren.

Ein gesetzliches Erbrecht des entfernteren Abkömmlings besteht auch dann, wenn der nähere Abkömmling durch Verfügung von Todes wegen enterbt wurde.[101]

61 Eine **Pflichtteilsentziehung** gegenüber einem **Abkömmling,** Elternteil oder Ehegatten bzw. Lebenspartner kann ausschließlich auf Gründe gestützt werden, die in § 2333 BGB genannt sind. Weiter ist gem. § 2336 Abs. 2 BGB erforderlich, dass der Grund für die Entziehung zur Zeit der Errichtung der letztwilligen Verfügung bestanden hat und in der Verfügung angegeben ist. Der Erblasser muss konkret den Grund oder die Gründe angeben, auf die er seine Pflichtteilsentziehung stützt. Es ist daher neben der Entziehungserklärung auch die Angabe eines zutreffenden Kernsachverhalts in dem Testament wiederzugeben. Der im

---

97 RG Das Recht 1914 Nr. 1292.
98 BGHZ 94, 36 = FamRZ 1985, 587 = NJW 1985, 1554; OLG Düsseldorf MittRhNotK 1998, 436.
99 BGH NJW 1974, 1084, Soergel/*Dieckmann*, Vor § 2333 Rn 2.
100 OLG Köln ZEV 1996, 430 ff.
101 BGH ZEV 2011, 366 (Anschluss an RGZ 61,14; 93,193); NJW 2011, 1878.

Testament angegebene Grund, „seit Mitte August 1988 habe der Sohn keine Mutter mehr, weil er sie mit der Faust ins Gesicht geschlagen habe", reicht zur Pflichtteilsentziehung nicht aus.[102] Bei der Pflichtteilsentziehung kommen nach der Rechtsprechung des Bundesgerichtshofes und der h.L. nur schwere Verfehlungen in Betracht. Gefordert wird ein Verhalten, das neben der Verwirklichung eines Straftatbestandes eine grobe Missachtung des Eltern-Kind-Verhältnisses darstellt.[103] Die Rechtsprechung stellt wie bei der schweren vorsätzlichen körperlichen Misshandlung in § 2333 Nr. 2 BGB a.f. auf eine Abwägung des Verhaltens des Erblassers und des Pflichtteilsberechtigten ab. Gefordert wird eine schwere Pietätsverletzung, die das Eltern-Kind-Verhältnis empfindlich stört.[104] Bei einer Enterbung wird ein gesetzlich Erbberechtigter durch Verfügung von Todes wegen von der Erbfolge ausgeschlossen. Die Enterbung kann sich bei ausdrücklicher Erklärung auf die Abkömmlinge des Enterbten beziehen. Die Enterbung erfolgt regelmäßig, wenn bereits zu Lebzeiten des Erblassers auf den Enterbten Vermögensübertragungen vorgenommen worden sind. Es ist unbedingt begrifflich zwischen Enterbung und Pflichtteilsentziehung zu unterscheiden.

62

Die Auslegung eines Testaments, mit dem der Erblasser dem ursprünglich als Erben eingesetzten Pflichtteilsberechtigten nachträglich den Pflichtteil entzieht bzw. beschränkt, zwingt nicht in jedem Fall zur Annahme, dass der Erblasser zugleich den Erben von der Erbfolge insgesamt ausschließen wollte. Sie kann vielmehr ergeben, dass der Erblasser damit die Ausschlagung der Erbschaft durch den eingesetzten Erben vermeiden wollte.[105]

Der Entziehungsgrund des ehrlosen oder unsittlichen Lebenswandels des Abkömmlings nach § 2333 Nr. 5 BGB a.f. kann geheilt werden, wenn sich der Abkömmling von diesem Lebenswandel dauernd abgewendet hat, § 2336 Abs. 4 BGB. Der Beweis des Grundes der Pflichtteilsentziehung obliegt gem. § 2336 Abs. 3 BGB denjenigen, die die Entziehung geltend machen, regelmäßig also den Erben. Dies wird von der ganz herrschenden Meinung als Sonderregelung verstanden, von der die allgemeinen Beweisregeln verdrängt werden. Die Erben tragen hier die volle Beweislast dafür, dass der Pflichtteilsberechtigte weder gerechtfertigt, noch schuldlos – einschließlich der Schuldfähigkeit – gehandelt hat.[106] Der Pflichtteilsentziehungsgrund des ehrlosen oder unsittlichen Lebenswandels des Abkömmlings gemäß § 2333 Nr. 5 BGB a.f. ist im neuen Pflichtteils-

63

---

102 OLG Düsseldorf ZEV 1995, 410 ff.
103 BGH NJW-RR 1986, 371, 372; Erman/*Schlüter*, § 2333 Rn 5; MüKo-BGB/*Frank*, § 2333 Rn 11 m.w.N.
104 BGHZ 109, 306, 312 = NJW 1990, 911 = FamRZ 1990, 398; Müko-BGB/*Frank*, § 2333 Rn 7; *Lange/Kuchinke*, Erbrecht, § 37 XIII 2.ß (Fn 659).
105 BayObLG ZEV 2000, 280.
106 BGH NJW-RR 1986, 371, 372; OLG Düsseldorf NJW 1968, 944, 945; Müko-BGB/*Frank*, § 2336 Rn 9.

recht nicht mehr enthalten. Dieser Entziehungsgrund war mit heutigen Wertvorstellungen nicht mehr vereinbar.[107] Das Recht zur Entziehung des Pflichtteils erlischt durch **Verzeihung**, § 2337 BGB. Die Verzeihung macht eine Verfügung von Todes wegen, durch die der Erblasser die Pflichtteilsentziehung angeordnet hat, unwirksam. Eine Verzeihung i.S.d. § 2337 BGB ist anzunehmen, wenn der Erblasser zum Ausdruck gebracht hat, dass er das Verletzende der Kränkung, z.B. eine Verletzung der Familie durch unehrenhaften Lebenswandel, als nicht mehr existent betrachtet.[108] Eine Versöhnung ist für die Verzeihung nicht notwendig. Die Verzeihung kann formlos, auch durch schlüssige Handlungen, z.B. die Akzeptanz eines Krankenbesuches erfolgen. Ob mit dem Verhalten des Erblassers tatsächlich eine Verzeihung zum Ausdruck gebracht wurde, muss durch eine komplette Beweisaufnahme, in der vor allem auch die Art und Weise, wie sich die Vorgänge im einzelnen abgespielt haben, in einer Gesamtbetrachtung im Einzelfall bewertet werden. Dem Erblasser muss die Wirkung seines Verhaltens auf sein Pflichtteils-Entziehungsrecht nicht bewusst sein. Ausreichend ist, wenn er den moralischen Gehalt versteht. Spricht das äußere Verhalten dann für eine Verzeihung, so ist ein innerer Vorbehalt unbeachtlich.[109] Auf den Widerruf einer wechselbezüglichen Verfügung nach § 2271 Abs. 2 S. 2 BGB findet § 2337 S. 2 BGB keine Anwendung. Hat der überlebende Ehegatte eine wechselbezügliche Verfügung, § 2270 BGB, bei Vorliegen einer Verfehlung nach §§ 2294, 2233 ff. BGB in der Form des § 2336 BGB wirksam aufgehoben, wird der Widerruf durch eine nachträgliche Verzeihung i.S.v. § 2337 S. 2 BGB nicht unwirksam.[110]

Weder Rechtsprechung noch Literatur ist es bisher gelungen, scharfe Abgrenzungskriterien dafür zu finden, wann eine Verzeihung vorliegt. Gleichgültigkeit soll nicht zwingend Verzeihung sein. Etwas, das vergeben, aber nicht vergessen ist, kann verziehen sein.[111] Ein bloßer Versöhnungsversuch oder die Hoffnung auf eine künftige Verzeihung soll noch keine Verzeihung sein.[112] In der Einsetzung des betreffenden Pflichtteilsberechtigten zum Nacherben wurde eine Verzeihung gesehen.[113] Die Wiederherstellung einer dem Mutter-Kind-Verhältnis entsprechenden liebevollen Beziehung ist nach der Rechtsprechung des BGH nicht erforderlich.[114] Im Zweifel neigt die Rechtsprechung zur Annahme einer Verzeihung, die Literatur ist zum Teil vorsichtiger.[115]

---

107 Damrau/*Riedel*, Vor §§ 2333 ff. Rn 4 m.w.N.
108 BGH FamRZ 1961, 437; BGHZ 91, 273, 281 = FamRZ 1984, 760; OLG Köln ZEV 1998, 144, 146.
109 BGH FamRZ 1957, 208, 209.
110 KG ZEV 2011, 266; KG FGPrax 2011, 82.
111 BGHZ 91, 273, 281.
112 BGH NJW 1999, 1626; BGH NJW 1974, 1084, 1085.
113 OLG Köln ZEV 1998, 144, 146.
114 BGH FamRZ 1961, 437.
115 Bamberger/Roth/*J. Mayer*, § 2337 Rn 3.

Eine sehr effektive Vorschrift zum Schutze des Nachlasses stellt § 2338 BGB dar. **64** Sie kann angewendet werden, wenn sich ein Abkömmling als verschwendungssüchtig zeigt oder in solchen Maßen überschuldet ist, dass sein späterer Erwerb des Nachlasses erheblich gefährdet erscheint. Der Zugriff der Gläubiger des Erben wird durch eine Konstruktion von Vor- und Nacherbschaft oder Vor- und Nachvermächtnis sowie Testamentsvollstreckung verhindert. Das vom Erblasser übertragene Vermögen wird nach dem Tode des überschuldeten Abkömmlings auf dessen gesetzliche Erben weiterübertragen.[116]

Unwirksam ist die Erblasseranordnung, wenn sie sich nicht im gesetzlichen Rahmen hält, keine Gründe oder andere als die im Gesetz erschöpfend aufgeführten angibt oder unbegründet ist.[117] Die Anordnungen sind entsprechend § 2336 Abs. 1–3 BGB vorzunehmen, § 2338 Abs. 2 S. 1 BGB. Wendet sich der Abkömmling dauernd von dem verschwenderischen Leben ab oder besteht die den Grund der Anordnung bildende Überschuldung nicht mehr, sind die Anordnungen unwirksam, § 2338 Abs. 2 S. 2 BGB.

Steht der Pflichtteil des Abkömmlings unter der Verwaltung eines Testamentsvollstreckers, hat er Anspruch auf den jährlichen Reinertrag. Mit Anwendung des § 2338 BGB wird dem verschuldeten Abkömmling der Unterhalt gesichert und der Pflichtteil vor Verschwendung und Verschuldung geschützt.

VIII. Übersicht: Möglichkeiten der Verringerung des Pflichtteils

– Einsetzung des Abkömmlings auf den Pflichtteil nach dem Überlebenden für **65** den Fall, dass ein Kind nach dem Erstversterbenden seinen Pflichtteil verlangt. Die Effizienz dieser Klausel wird verstärkt, wenn für den Fall der Geltendmachung des Pflichtteils durch einen Abkömmling den anderen Kindern ein Geldvermächtnis nach dem Erstversterbenden in Höhe des gesetzlichen Erbteils zugewendet wird, fällig beim Tode des Überlebenden (sog. Jastrow'sche Klausel).

Formulierungsbeispiel

„Wird einer unserer Abkömmlinge nach dem Tod des Erstversterbenden seinen Pflichtteil verlangen, so sollen er und seine Abkömmlinge nach dem Tode des Überlebenden auch nur den Pflichtteil erhalten. Für diesen Fall vermacht ferner der Erstversterbende den anderen Abkömmlingen, die den Pflichtteil nicht geltend machen, einen Geldbetrag in Höhe des Wertes ihres gesetzlichen Erbteils, der mit dem Tode des Erstversterbenden entsteht, mit 5 % p.a. über dem Basiszinssatz zu verzinsen ist und inklusive der Zinsen beim Tode des Überlebenden fällig wird."

– Bei großen Vermögensunterschieden kann ein Ehepaar Gütergemeinschaft vereinbaren. Dies ist jedoch nur zu raten, wenn gegen die Vereinbarung der

116 *Baumann*, Die Pflichtteilsbeschränkung „in guter Absicht", ZEV 1996, 121 ff.
117 Zu den Voraussetzungen des § 2338 BGB OLG Düsseldorf ZEV 2011, 310, 311.

Gütergemeinschaft nicht andere wichtige Gründe wie Haftungsfragen, die Wahrscheinlichkeit einer Ehescheidung oder schenkungsteuerliche Aspekte sprechen.

– Ein Ehepaar kann bei landwirtschaftlichem Eigentum die Einführung der Hofeigenschaft bestimmen. Hierbei berechnen sich die Abfindungsansprüche i.S.d. HöfeO nach dem Hofwert. Sofern der Erblasser durch Verfügung von Todes wegen oder Rechtsgeschäft unter Lebenden nichts anderes bestimmt hat, erhalten die Miterben, die nicht Hoferben geworden sind, einen Abfindungsanspruch, der sich nach § 12 HöfeO bestimmt. Für die Abfindung weichender Erben wird von dem 1,5-fachen des zuletzt festgestellten Einheitswertes (nach BewG) ausgegangen, wobei in Sonderfällen Zu- oder Abschläge nach billigem Ermessen gemacht werden können, § 12 Abs. 2 HöfeO.[118]

Gerade die Geltendmachung von Pflichtteilsansprüchen sowie der Streit um den Wert der jeweiligen Quote bilden den Alltag des im Erbrecht tätigen Anwalts. Detaillierte Kenntnisse hierin sind unverzichtbar, um Haftungsrisiken zu vermeiden.

C. Checkliste: Pflichtteil

66 – Gehört der Mandant zum Kreis der Pflichtteilsberechtigten?
– Ist der Mandant durch Verfügung von Todes wegen enterbt?
– Höhe des Pflichtteilsanspruchs?
– In welchem Güterstand lebte der Erblasser?
– Wenn Mandant Ehegatte des Erblassers ist, Wahl zwischen:
  – kleinem Pflichtteil und
  – großem Pflichtteil
– Ausschlagungsfrist von 6 Wochen gem. § 1944 BGB
– Bewertung des Nachlasses
– Abzugsfähige Posten vom Nachlass
– Pflichtteilsergänzungsanspruch nach Schenkung?
– Schenkung an Ehepartner?
– Auskunftsanspruch?
– Berücksichtigung der Pflichtteilsberechtigten bei Entwurf einer Verfügung von Todes wegen?
– Lebte der Erblasser in eingetragener Lebenspartnerschaft, §§ 1 Abs. 1, 10 Abs. 6 LPartG.

---

118 Krug/Rudolf/Kroiß/Bittler/*Krug*, AnwF Erbrecht, § 19 Rn 259.

D. Steuertipp

Die grundsätzliche Steuerbarkeit ehebezogener Zuwendungen bedeutet nicht, 67
dass Vermögensbewegungen zwischen Eheleuten stets Schenkungsteuer auslösen.
Das Bundesverfassungsgericht hat in einem Beschluss das auch für das Erbschaftsteuergesetz geltende Familienprinzip als weitere Grenze für das Maß der Steuerbelastung betont und leitet daraus eine Beschränkung des steuerlichen Zugriffs
ab, die dem Umstand Rechnung trägt, dass die dem jeweiligen Ehegatten zugeordnete Vermögensmasse in erster Linie Ergebnis der ehelichen Erwerbsgemeinschaft ist.[119] Weiterhin muss bei Vermögensverschiebungen unter Eheleuten geprüft werden, ob der Empfänger über einen ihm überlassenen Vermögensgegenstand frei und endgültig verfügen kann, was beispielsweise nicht der Fall ist, wenn
er ihn aufgrund eines Auftrags oder Treuhandverhältnisses später herausgeben
muss.[120] Ähnliche Abgrenzungskriterien gelten für Partner einer eheähnlichen
Lebensgemeinschaft, die ihre jeweiligen Beiträge zur gemeinsamen Lebensfüh-
rung ebenfalls nicht fortlaufend gegenseitig auf- oder abrechnen.[121] Nach der
Neuregelung des § 13 Abs. 1 Nr. 4a ErbStG sind Zuwendungen unter Lebenden
von der Steuer befreit, mit denen ein Ehegatte dem anderen Ehegatten Eigentum
oder Miteigentum an einem im Inland oder in einem Mitgliedsstaat der Europäischen Union oder einem Staat des Europäischen Wirtschaftsraums belegenen
bebauten Grundstück i.S.d. § 181 Abs. 1 Nr. 1–5 BewG verschafft, soweit darin
eine Wohnung zu eigenen Wohnzwecken genutzt wird (Familienheim) oder den
anderen Ehegatten von eingegangenen Verpflichtungen im Zusammenhang mit
der Anschaffung oder der Herstellung des Familienwohnheims freistellt.[122] Die
Regelung des § 13 Abs. 1 Nr. 4a ErbStG gilt für Zuwendungen zwischen Ehegatten, ungeachtet des Güterstandes. Damit geht die Zuwendung im Zusammenhang
mit dem Familienwohnheim nicht zu Lasten des Ehegatten-Freibetrages nach
§ 16 Abs. 1 Nr. 1 ErbStG.[123] Die nähere Beschreibung nach der Verwaltungsauf-
fassung, ob das betroffene Objekt als Familienwohnheim zu qualifizieren ist,
findet sich in RE 13.3 Abs. 2 ErbStR, wonach ein solches Objekt den Mittelpunkt
des familiären Lebens darstellen muss. Damit scheiden Ferien- und Wochenend-
häuser aus der Begünstigung aus. Entscheidend ist nach den Erbschaftsteuer-
Richtlinien die Nutzung zu eigenen Wohnzwecken der Eheleute und der zur
Familie gehörenden Kinder und Enkelkinder oder einer Hausgehilfin. Die Nutzung auch zu anderen als zu Wohnzwecken ist unschädlich, wenn sie von unter-

---

119 BVerfG BStBl II 1995, 671.
120 BFH NV 2001, 908.
121 *Troll/Gebel/Jülicher*, § 7 Rn 172 m.w.N.
122 *Troll/Gebel/Jülicher*, § 13 ErbStG Rn 58; *Meincke*, § 13 ErbStG Rn 23; *Kapp/Ebeling*, § 13
    ErbStG Rn 38.2.
123 *Troll/Gebel/Jülicher*, § 13 ErbStG Rn 58.

geordneter Bedeutung ist, z.b. durch Nutzung eines Arbeitszimmers.[124] Eine gewerbliche oder berufliche Mitbenutzung wie sie z.b. bei einer Arztpraxis oder einem Anwalts- oder Steuerberaterbüro vorliegt, bleibt so lange unschädlich, wie die Wohnnutzung insgesamt überwiegt und das Wesen als Ein- oder Zweifamilienhaus nicht wesentlich beeinträchtigt wird.[125]

68 Nachstehend werden die Wirkungen von § 13 Abs. 1 Nr. 4a ErbStG aufgeführt:
- Kein Verbrauch persönlicher Freibeträge
- Keine betragsmäßige Begrenzung
- Keine zahlenmäßige Begrenzung
- Keine Behaltensfrist oder -pflicht
- Keine Auswirkung des Güterstandes auf § 13 Abs. 1 Nr. 4a ErbStG
- Sonstige unbenannte Zuwendungen, die nicht durch § 13 Abs. 1 Nr. 4a ErbStG explizit von der Erbschaftsteuer befreit sind unterliegen als freigebige Zuwendungen der Erbschaftsteuer, RE 7.2 ErbStR.

Für den Erwerb von Todes wegen eines sog. Familienheims ist § 13 Abs. 1 Nr. 4b ErbStG einschlägig. Ein Erwerber kann die Steuerbefreiung nicht in Anspruch nehmen, soweit er das begünstigte Vermögen aufgrund einer letztwilligen Verfügung des Erblassers oder einer rechtsgeschäftlichen Verfügung des Erblassers auf einen Dritten übertragen muss, § 13 Abs. 1 Nr. 4b S. 2 ErbStG. Voraussetzung für die Steuerbefreiung ist eine Selbstnutzung des Familienheims durch den Erwerber von mindestens zehn Jahren, § 13 Abs. 1 Nr. 4b S. 5 ErbStG.[126]

Der Verzicht auf einen geltend gemachten Pflichtteilsanspruch ist, anders als ein Anspruchsverzicht vor Geltendmachung (§ 13 Abs. 1 Nr. 11 ErbStG), nicht steuerfrei, sondern stellt eine schenkungsteuerpflichtige Zuwendung des Pflichtteilsberechtigten an den Erben dar, § 1 Abs. 1 Nr. 2 i.V.m. § 7 Abs. 1 Nr. 1 ErbStG.[127] Die zur Entstehung der Erbschaftsteuer führende Geltendmachung des Pflichtteilsanspruchs setzt nicht die Bezifferung des Anspruchs voraus.[128]

E. Zusammenfassung

69 Das Pflichtteilsrecht bietet dem Anwalt ein großes Betätigungsfeld: zum einen im streitigen Bereich, zum anderen jedoch auch bei dem von ihm zu fertigenden Entwurf einer Verfügung von Todes wegen. Etwaige Pflichtteilsansprüche sind bereits bei dem Entwurf zu berücksichtigen, zur Vermeidung späterer Streitigkeiten.

---

124 RE 13.3 Abs. 2 S. 9 ErbStR.
125 RE 13.3 Abs. 2 S. 10–13 ErbStR.
126 Vgl. *Halaczinsky*, Erbschaft- und Schenkungsteuererklärung, § 3 Rn 186 ff.
127 BFH ZEV 2006, 514, 515.
128 BFH ZEV 2006, 514.

Die Klärung der Frage, ob es im Erbfall nicht im Testament berücksichtigte pflichtteilsberechtigte Personen gibt, sollte am Anfang jeder erbrechtlichen Beratung stehen.

Bei Entwurf eines Testaments oder Erbvertrages sollte nicht dazu geraten werden, einen Pflichtteilsberechtigten zu übergehen. Die Hoffnung, dass dieser keine Kenntnis von dem Erbfall erhalten wird und deshalb seinen Pflichtteilsanspruch nicht geltend macht, wird wohl regelmäßig enttäuscht, da der Pflichtteilsberechtigte dreißig Jahre Zeit hat, die Kenntnis zu erlangen, gem. §§ 2332 Abs. 1, 199 Abs. 3a BGB. Liegen eine beeinträchtigende Verfügung von Todes wegen und eine beeinträchtigende Schenkung vor, laufen die Verjährungsfristen für den Pflichtteils- und den Pflichtteilsergänzungsanspruch getrennt. Der Pflichtteilsanspruch gegen den Beschenkten verjährt in drei Jahren von dem Eintritt des Erbfalles an, ohne, dass es auf die Kenntnis des Berechtigten ankommt, § 2332 Abs. 2 BGB. Schenkungen wirken sich also gegen den Pflichtteilsberechtigten nachteilig aus, wenn dieser nicht innerhalb der dreijährigen Verjährungsfrist davon Kenntnis erlangt und seine Rechte gegen den Beschenkten geltend macht.[129] Auf die Nichtkenntnis eines Pflichtteilsberechtigten zu hoffen, macht also keinen Sinn und stellt weder eine solide Basis für die Errichtung einer Verfügung von Todes wegen noch für die Annahme einer Erbschaft dar. Eine bessere Lösung wäre der Abschluss eines Pflichtteilsverzichtsvertrages i.V.m. einem einseitigen Testament, in dem ein anderer zum Erben eingesetzt wird.[130]

Die Neuregelung des § 2325 Abs. 3 BGB sieht nun eine anteilmäßige Anrechnung der Schenkungen des Erblassers vor. Die sog. Pro-Rata-Lösung bedeutet, dass nur Schenkungen, die innerhalb des ersten Jahres vor dem Erbfall erfolgt sind, in vollem Umfang angerechnet werden. Für jedes weitere Jahr reduziert sich der Anteil um ein Zehntel, so dass Schenkungen, die im zehnten Jahr vor dem Erbfall stattgefunden haben, nur noch mit einem Zehntel berücksichtigt werden.

70

Diese angestrebte Wertabschmelzung wird jedoch nur in wenigen Fällen zu einer günstigen Regelung für den Beschenkten führen, da eine für den Fristbeginn auslösende Leistung nach § 2325 Abs. 3 S. 2 BGB nach der Rechtsprechung nur dann vorliegt, wenn der Erblasser nicht nur seine Rechtsstellung als Eigentümer endgültig aufgibt, sondern auch darauf verzichtet, den verschenkten Gegenstand weiterhin im Wesentlichen zu nutzen, sei es aufgrund des Vorbehalts dinglicher Rechte oder durch Vereinbarung schuldrechtlicher Ansprüche.[131]

---

129 BGH FamRZ 1968, 150; dies soll auch gelten, wenn der Beschenkte zugleich Miterbe ist, BGH NJW 1986, 1610; MüKo-BGB/*Frank*, § 2332 Rn 13; kritisch: Soergel/*Dieckmann*, § 2332 Rn 20; zur Situation in der ehemaligen DDR vgl. *Rauscher*, JZ 1996, 973; *Skibbe*, ZEV 1996, 309.
130 *Rohlfing*, Erbrecht, § 2 Rn 199.
131 Palandt/*Weidlich*, § 2325 Rn 24 ff.

§ 7 Erbunwürdigkeit (§§ 2339 bis 2345 BGB)

A. Einführung

Die **Erbunwürdigkeit** ist normiert in den Vorschriften der §§ 2339–2345 BGB.　1

Es kann Situationen geben, in denen der Mandant den Anwalt um Rat fragt, wie　2
er missliebe Erben von der Erbfolge ausschließen kann. Wenn es sich bei den
nicht gewollten Erben um Pflichtteilsberechtigte handelt, können eventuell die
gesetzlich festgelegten **Erbunwürdigkeitsgründe** für den Anwalt Argumente für
eine Anfechtungsklage liefern.

B. Rechtliche Grundlagen

Die Aufzählung der möglichen **Erbunwürdigkeitsgründe** in § 2339 BGB ist　3
erschöpfend. Eine entsprechende Anwendung auf ähnlich gelagerte Fälle ist nicht
zulässig.

Die Erbunwürdigkeitsgründe in § 2339 BGB umfassen alle Formen der Teil-
nahme, also Mittäterschaft, Anstiftung und Beihilfe.[1]

Nach **§ 2339 Abs. 1 Nr. 1 BGB** ist erbunwürdig, wer den Erblasser vorsätzlich　4
und widerrechtlich getötet, zu töten versucht oder in einen Zustand versetzt hat,
infolgedessen der Erblasser bis zu seinem Tode unfähig war, eine Verfügung von
Todes wegen zu errichten oder aufzuheben.

Da das Gesetz den Tötungsvorsatz verlangt, genügen zur Bejahung der Erbunwürdigkeit vorsätzlich begangene sonstige Straftaten mit leichtfertig herbeige-
führter Todesfolge nicht, z.B. §§ 221 Abs. 3, 222, 227, 239 Abs. 4, 251 StGB. Im
besonderen Fall der Tötung des Vorerben durch den Nacherben liegt auch keine
Erbunwürdigkeit nach § 2339 Abs. 1 Nr. 1 BGB vor. Vielmehr gilt der Nacherbfall als nicht eingetreten, § 162 Abs. 2 BGB.[2]

Das Tötungsdelikt muss nicht vollendet sein; auch der Versuch, § 22 StGB, begründet die Erbunwürdigkeit. Tritt der Täter wirksam vom Versuch zurück, § 24
StGB, wird er nicht bestraft und damit auch nicht erbunwürdig.[3]

Nach **§ 2339 Abs. 1 Nr. 2 BGB** ist erbunwürdig, wer den Erblasser vorsätzlich　5
und widerrechtlich verhindert hat, eine Verfügung von Todes wegen zu errichten
oder aufzuheben.

---

1 Palandt/*Weidlich*, § 2339 BGB Rn 2.
2 BGH FamRZ 1968, 518; *Lange/Kuchinke*, § 6 II 1a FN 26.
3 NK-BGB/*Kroiß*, § 2339 BGB Rn 5.

Voraussetzung für das Vorliegen dieses Erbunwürdigkeitsgrundes ist, dass der Erblasser die Errichtung oder Aufhebung einer letztwilligen Verfügung tatsächlich beabsichtigt hatte und durch den Unwürdigen daran gehindert wurde.

Der Begriff „Verfügung von Todes wegen" kann auch im Sinne der einzelnen inhaltlichen Verfügung in einem Testament oder Erbvertrag verstanden werden. Die Aufhebungsverfügung wird in Nr. 2 ausdrücklich genannt, um klarzustellen, dass auch die Verhinderung eines Widerrufs durch Zerstören der Urkunde (§ 2255 BGB) oder durch Zurücknahme aus der amtlichen Verwahrung (§ 2256 BGB) zur Erbunwürdigkeit führt.[4]

6   Nach § 2339 Abs. 1 Nr. 3 BGB ist erbunwürdig, wer den Erblasser durch arglistige Täuschung oder widerrechtlich durch Drohung bestimmt hat, eine Verfügung von Todes wegen zu errichten oder aufzuheben.

Die Vorschrift des § 2339 Abs. 1 Nr. 3 BGB ist notwendig, obwohl bereits in § 2078 Abs. 2 BGB eine Anfechtungsmöglichkeit besteht. Dieses Anfechtungsrecht nach § 2078 Abs. 2 BGB erfasst jedoch nicht alle Fälle der Aufhebung einer Verfügung von Todes wegen, sondern nur bei der Verfügung, bei der der Anfechtungsgrund des § 2078 BGB durchgreift, während §§ 2339, 2344 BGB insgesamt den Anfall der Erbschaft zu Gunsten des Täters verhindert.[5]

7   Nach § 2339 Abs. 1 Nr. 4 BGB ist erbunwürdig, wer sich in Ansehung einer Verfügung des Erblassers von Todes wegen einer Straftat nach §§ 267, 271–274 StGB schuldig gemacht hat.

Bei diesem Erbunwürdigkeitsgrund ist entscheidend, dass es sich um eine Verfehlung gegen den Erblasser handelt. Deshalb liegt kein solcher Fall vor, wenn der Täter ein falsches Testament herstellt, das dem wahren Willen des Erblassers entspricht.[6]

Dies bedeutet, dass der Neffe, der im Auftrag seines Onkels die Handschrift des Onkels und Erblassers nachmacht, das Testament inhaltlich aber nach dem Wunsch des Onkels herstellt, zwar tatbestandsmäßig eine Urkundenfälschung begeht, jedoch nicht erbunwürdig nach § 2339 Abs. 1 Nr. 4 BGB ist.

Allerdings ist zu berücksichtigen, dass die Rechtsprechung des BGH noch vor kurzem durch das OLG Stuttgart so fortgeführt worden ist. Hiernach ist jede Fälschungshandlung in Bezug auf eine letztwillige Verfügung ein unerlaubter Eingriff in den Testiervorgang und führt zur Erbunwürdigkeit, ohne dass es auf die Beweggründe des Täters ankommt.[7]

---

4 *Muscheler*, Erbunwürdigkeitsgründe, ZEV 2009, 101, 103.
5 Damrau/*Kurze*, § 2339 Rn 25.
6 RGZ 72, 207; 81, 413; MüKo-BGB/*Frank*, § 2339 BGB, 12; a.A. BGH NJW 1970, 197; Palandt/*Weidlich*, § 2339 Rn 7.
7 OLG Stuttgart ZEV 1999, 187 mit Anm. *Kuchinke*, ZEV 1999, 317.

Jede unter § 2339 Abs. 1 Nr. 4 BGB fallende Handlung führt zur Erbunwürdig-keit, ohne dass es darauf ankommt, ob der Täter mit anerkennenswerten Motiven gehandelt hat oder nicht.[8]

Die Erbunwürdigkeit tritt in den Fällen des Abs. 1 Nr. 3 und 4 nicht ein, wenn 8 vor dem Eintritte des Erbfalls die Verfügung, zu deren Errichtung der Erblasser bestimmt oder in Ansehung derer die Straftat begangen worden ist, unwirksam geworden ist, oder die Verfügung, zu deren Aufhebung er bestimmt ist, unwirk-sam geworden sein würde, § 2339 Abs. 2 BGB.

Die nach § 2339 Abs. 2 BGB später eintretende Unwirksamkeit einer testamenta-rischen Verfügung kann nicht einer von vornherein gegebenen Nichtigkeit wegen Fälschung des Testaments gleichgestellt werden.[9]

Die Erbunwürdigkeit wird durch **Anfechtung des Erbschaftserwerbes** geltend 9 gemacht, § 2340 Abs. 1 BGB. Die Erbunwürdigkeit tritt nicht kraft Gesetzes ein, sondern vielmehr erst mit Rechtskraft des die Erbunwürdigkeit aussprechenden Urteils, § 2342 Abs. 2 BGB.

Beachte 10
Die Rechtswirkungen der Anfechtung treten nicht schon mit Abgabe der Anfechtungserklärung wie bei § 142 Abs. 1 BGB ein.

Die **Anfechtungsklage** ist darauf zu richten, dass der Erbe für erbunwürdig 11 erklärt wird, § 2342 Abs. 1 S. 2 BGB.

Die Klage richtet sich damit nicht gegen eine bestimmte Verfügung von Todes wegen, sondern gegen die erbrechtliche Stellung des Unwürdigen.[10] Der Antrag muss insbesondere deutlich machen, dass keine Anfechtung der letztwilligen Verfügung nach § 2078 BGB gewollt ist.[11]

Wenn § 2340 Abs. 1 BGB von der „Anfechtung des Erbschaftserwerbs" spricht, dann muss der Erbschaftserwerb schon stattgefunden haben. Es handelt sich nicht darum, dass man nicht Erbe werden, sondern dass man nicht Erbe bleiben kann. Erbunwürdigkeit bewirkt nicht Erbunfähigkeit, Indignität ist nicht Inkapa-zität. Insofern verhält es sich anders als bei der Pflichtteilsentziehung, bei der der Pflichtteil erst gar nicht entsteht.[12] Erbunwürdigkeit tritt nicht von Gesetzes wegen ein, sondern nur aufgrund eines Rechtsaktes (Grundsatz der „Entreißbar-keit"). Vor diesem Akt kann niemand aus dem Handeln des Erbunwürdigen erbrechtliche Konsequenzen ziehen.[13]

---

8 BGH ZEV 2008, 193.
9 OLG Stuttgart ZEV 1999, 187.
10 *Lange/Kuchinke*, § 6 III 2 Fn 56.
11 NK-BGB/*Kroiß*, § 2342 Rn 2 m.w.N.
12 *Muscheler*, ZEV 2009, 58.
13 *Muscheler*, ZEV 2009, 58 m.w.N.

12   **Anfechtungsberechtigt** ist jeder, dem der Wegfall des Erbunwürdigen, sei es auch nur bei dem Wegfall eines anderen, zustatten kommt, § 2341 BGB.

Die Begünstigung durch den Wegfall des Erbunwürdigen muss erbrechtlicher Art sein. Es muss die Möglichkeit bestehen, dass der Anfechtende selbst Erbe wird.[14] Die Anfechtungsberechtigung fehlt z.b. bei einem Vermächtnisnehmer, da dieser nur einen schuldrechtlichen Anspruch gegen die Erben hat, seine erbrechtliche Stellung wird jedoch nicht betroffen. Entsprechendes gilt für Auflagen-Begünstigte und Gläubiger des Nächstberufenen.[15] Ausnahmsweise soll das Anfechtungsrecht für Vermächtnisnehmer gelten, wenn die nahe liegende Gefahr einer Kürzung des Vermächtnisses besteht.[16] Das Anfechtungsrecht ist vererblich.[17]

13   Die Anfechtung kann nur binnen Jahresfrist ab Kenntnis des Anfechtungsgrundes erfolgen, § 2340 Abs. 3, § 2082 BGB.[18]

Frühester Zeitpunkt für die Anfechtung der Erbschaft wegen Erbunwürdigkeit ist der Anfall der Erbschaft, § 2340 Abs. 2 S. 1 BGB.

Eine Abweichung hiervon besteht in der Möglichkeit, die Anfechtung gegenüber einem Nacherben zu erklären, sobald die Erbschaft dem Vorerben angefallen ist, § 2340 Abs. 2 S. 2 BGB.

Die Jahresfrist des § 2082 Abs. 1 BGB beginnt mit der zuverlässigen Kenntnis vom Anfechtungsgrund sowie seiner Beweisbarkeit, bei Testamentsfälschung mit Kenntnis der Fälschung und der Person des Fälschers. Diese liegt vor, wenn dem Anfechtenden die Klageerhebung zumutbar ist.[19]

Die Frist endet jedenfalls dreißig Jahre nach dem Erbfall, § 2082 Abs. 3 BGB. Da sämtliche mögliche Erben zur Anfechtung berechtigt sind, kann und muss jeder von ihnen innerhalb eines Jahres seit seiner Kenntnis vom Anfechtungsgrund die Anfechtungsklage erheben.[20]

Die Anfechtung ist ausgeschlossen, wenn der Erblasser dem Erbunwürdigen verziehen hat, § 2343 BGB.

Eine Verzeihung setzt die Kenntnis des Erblassers von der Verfehlung voraus.[21] Nur in Kenntnis der wahren Umstände kann der Erblasser verzeihen. Der Zweck

---

14 NK-BGB/*Kroiß*, § 2341 Rn 2.
15 NK-BGB/*Kroiß*, § 2341 Rn 2.
16 OLG Celle NdfRpfl. 1972, 238; MüKo-BGB/*Frank*, § 2341 Rn 2.
17 Motive V, 521: Protokolle V 645.
18 BGH NJW 1989, 3214.
19 BGH NJW 1989, 3214.
20 *Kerscher*, in: Kerscher/Krug, Das erbrechtliche Mandat, § 1 Rn 61.
21 OLG Frankfurt ZErb 2008, 393.

der Erbunwürdigkeit besteht darin, die Testierfreiheit zu schützen. Damit wird eine mutmaßliche Verzeihung nicht angenommen.[22]

Macht der Kläger die Unwirksamkeit des Testamentes geltend, so richtet sich der Streitwert nach dem Wert des Nachlasses und nicht nach dem Anteil des Klägers daran.[23]   **14**

Ist bei gegenseitiger Erbeinsetzung ein Ehegatte vorverstorben und fällt der andere Ehegatte, aus dessen früherer Ehe ein Kind stammt, als Erbe weg, so kann der Rechtsgedanke des § 2069 BGB zur ergänzenden Testamentsauslegung herangezogen werden, ob das Stiefkind als Ersatzerbe eingesetzt ist. Dies kommt auch bei Wegfall des eingesetzten Erben wegen Erbunwürdigkeit in Betracht.[24]

Wenn der Erbe rechtskräftig für erbunwürdig erklärt ist, gilt der Anfall an ihn als nicht erfolgt, § 2344 Abs. 1 BGB. Das Gesetz bestimmt in Abs. 2, wem statt des weggefallenen Erbunwürdigen die Erbschaft anfällt.

Die Erbschaft fällt demjenigen an, welcher berufen sein würde, wenn der Erbunwürdige zur Zeit des Erbfalls nicht gelebt hätte.

Der neue Erbe hat gegenüber dem für erbunwürdig Erklärten, der in der Regel Erbschaftsbesitzer ist, die Ansprüche aus den §§ 2018 ff. BGB. Der Erbunwürdige wird als bösgläubig i.S.v. § 2024 BGB zu betrachten sein.

Die Geltendmachung der Vermächtnisunwürdigkeit aufgrund einer Verfehlung gem. § 2339 Abs. 1 BGB bedarf nicht der Anfechtungsklage, § 2345 Abs. 1 S. 2 BGB. Es genügt also eine formlose Anfechtungserklärung, § 143 Abs. 1 BGB, gegenüber dem Vermächtnisunwürdigen § 143 Abs. 4 S. 1 BGB. Gleiches gilt für die Pflichtteilsunwürdigkeit, § 2345 Abs. 2 BGB.

Der Pflichtteilsanspruch gem. § 2303 BGB, der Pflichtteilsergänzungsanspruch gem. der §§ 2325 ff. BGB sowie der Pflichtteilsrestanspruch, §§ 2305, 2307 BGB werden durch Anfechtungserklärung unwirksam.[25]

---

22 Damrau/*Kurze*, § 2343 Rn 7.
23 OLG Koblenz ZEV 1997, 252 ff.
24 OLG Frankfurt a.M. ZEV 1995, 457 ff.
25 NK-BGB/*Kroiß*, § 2345 Rn 2, 3 m.w.N.

C. Muster: Anfechtungsklage wegen Erbunwürdigkeit

15   Landgericht Köln
Luxemburger Straße

PLZ Köln

Klage

des Herrn Klaus Müller,

Eigelstein 10, PLZ Köln,

– Klägers –

PB: RAin Gerda Albers, Rechtsweg 1, PLZ Köln

gegen

den Herrn Gerd Maier,

Am Vogelsang 4, PLZ Köln

– Beklagten –

wegen

Erbunwürdigkeit.

Vorläufiger Streitwert: 120.000 EUR

Namens und in Vollmacht des Klägers erhebe ich Klage und werde beantragen:

I. Der Beklagte wird hinsichtlich des Nachlasses der am 12.7.2010 in Köln verstorbenen Klara Müller für erbunwürdig erklärt.

II. Der Beklagte hat die Kosten des Rechtsstreits zu tragen.

Begründung:

Der Kläger ist der einzige Abkömmling der am 12.7.2010 in Köln verstorbenen Klara Müller. Der Vater des Klägers ist bereits im Jahre 2001 verstorben. Im Jahre 2007 heiratete die Erblasserin den Beklagten. Sie errichtete am 1.4.2009 ein eigenhändiges Testament, in dem sie den Beklagten zu ihrem Alleinerben einsetzte.

Beweis: Kopie des Testaments vom 1.4.2009

Beiziehung der Nachlassakten des Amtsgerichts-Nachlassgericht-Köln, Az:

Der Beklagte hat die Erblasserin unter Androhung von körperlicher Gewalt gezwungen, das vorgenannte Testament zu errichten. Die Erblasserin vertraute sich diesbezüglich ihrer Nachbarin, Frau Neulich, an.

Beweis: Zeugnis der Nora Neulich, Annastraße 4, PLZ Köln

Die Erblasserin erklärte gegenüber dem Kläger sowie der Nachbarin Frau Neulich, dass sie ein neues Testament errichten möchte.

Beweis: wie vor

Da die Erblasserin kurz nach Testamentserrichtung schwer erkrankte, gelang es ihr nicht mehr ein abänderndes Testament zu errichten.

Aufgrund Androhung körperlicher Gewalt hat der Beklagte die Erblasserin durch Drohung bestimmt, die ihn begünstigende Verfügung von Todes wegen zu errichten. Er ist damit gemäß § 2339 Abs. 1 Nr. 3 BGB erbunwürdig.

Der Erbanfall an ihn gilt damit als nicht erfolgt, gemäß § 2344 Abs. 1 BGB.

Der Kläger ist als einziger Abkömmling aufgrund gesetzlicher Erbfolge Alleinerbe nach der Erblasserin gemäß § 2344 Abs. 2 BGB.

Beweis: Vorlage der Personenstandsurkunden (Sterbeurkunde Erblasserin, Geburtsurkunde des Klägers)

Rechtsanwältin

D. Checkliste: Erbunwürdigkeit

– Liegt ein Erbunwürdigkeitsgrund des § 2339 Abs. 1 Nr. 1–4 BGB vor?   16
– Ist die Anfechtung des Erbschaftserwerbes erfolgt?
– Ist die Anfechtungsklage durch den Anfechtungsberechtigten erhoben, § 2341 BGB?
– Hat der Erblasser vor seinem Tode dem Erbunwürdigen verziehen, § 2343 BGB?
– Ist die Anfechtungsfrist gewahrt, § 2340 Abs. 3 BGB?

E. Steuertipp

Ob auch ohne Anfechtung erbschaftsteuerlich, wie bei der Testamentsanfechtung,   17
von den sich aus § 2344 BGB ergebenden Rechtswirkungen ausgegangen werden kann, wenn die Voraussetzungen des Anfechtungsrechts feststehen oder die Erbprätendenten sich bei einem Streit über die Anfechtbarkeit auf diese Rechtsfolgen einigen, erscheint zweifelhaft, weil die Anfechtung durch Klage zu erfolgen hat, § 2342 BGB und ihr Erfolg erst mit der Rechtskraft des Gestaltungsurteils eintritt.[26]

Tötet ein als Erbe eingesetzter Sohn seine Eltern und wird er deshalb für erbunwürdig erklärt, so ist auf den Erbanfall seines Kindes die Steuerklasse II anzuwenden.[27]

---

26 *Troll/Gebel/Jülicher,* § 3 Rn 79.
27 FG Berlin EFG 1993, 45.

F. Zusammenfassung

18 In der Praxis wird es selten vorkommen, dass bei einem missliebigen Erben tatsächlich ein Erbunwürdigkeitsgrund nach § 2339 Abs. 1 Nr. 1–4 BGB vorliegt.

In seltenen Fällen entfalten die Erbunwürdigkeitsgründe Bedeutung für die Erhebung der Anfechtungsklage des Berechtigten, wenn ein Erbe sich entsprechend der Vorschrift des § 2339 Abs. 1 Nr. 1–4 BGB tatsächlich als unwürdig erwiesen hat.

Ist ein Erbe für unwürdig erklärt, so gilt der Anfall an ihn als nicht erfolgt, § 2344 Abs. 1 BGB. Die Erbschaft fällt dann gemäß § 2344 Abs. 2 BGB demjenigen an, welcher berufen sein würde, wenn der Erbunwürdige zur Zeit des Erbfalls nicht gelebt hätte. Der Anfall gilt als mit dem Eintritt des Erbfalls erfolgt.

§ 8 Erbverzicht (§§ 2346 bis 2352 BGB)

A. Einführung

Der **Erbverzicht** ist geregelt in den §§ 2346–2352 BGB. Nachstehender Fall soll 1
die Problematik des Erbverzichts verdeutlichen.

Fall 39 2
Die Erblasserin E verstarb am 10.6.2003 und hatte drei Kinder: den Kläger,
einen schon 1994 ohne Hinterlassung eigener Kinder vorverstorbenen Sohn
und den Vater der Beklagten. Dieser hatte am 30.8.1982 durch notariellen
Vertrag mit der Erblasserin auf sein gesetzliches Erb- und Pflichtteilsrecht
gegen Abfindung verzichtet. Er starb am 17.1.1989 und wurde von seiner
zweiten Ehefrau und seinen beiden Kindern aus erster Ehe, der Beklagten
und ihrem Bruder, beerbt. Die Erblasserin setzte durch Testament vom
27.1.1998 die Beklagte als Alleinerbin ein. In einem notariellen Vertrag vom
18.8.1998 vereinbarte die Erblasserin mit der Beklagten und ihrem Bruder die
Aufhebung des Erbverzichts aus dem Jahre 1982, wobei klargestellt wurde,
dass der Pflichtteilsverzicht nach wie vor bestehen bleibe. Der Kläger bestreitet die Wirksamkeit der Aufhebung des Erbverzichts vom 30.8.1982.

B. Rechtliche Grundlagen

Im Gegensatz zur Ausschlagung der Erbschaft, die nach Erbanfall erfolgen kann, 3
handelt es sich bei dem Erbverzicht um einen Vertrag zwischen dem Erblasser
und einem gesetzlichen Erben, in welchem der letztere auf sein Erbrecht verzichtet, § 2346 Abs. 1 BGB. Der Verzicht kann auf das Pflichtteilsrecht beschränkt
werden, § 2346 Abs. 2 BGB. Die praktische Bedeutung des Erbverzichts liegt in
seiner Beschränkung auf den Pflichtteil. Ein Pflichtteilsverzicht bewirkt, dass
von Anfang an keine Pflichtteilsansprüche des Verzichtenden entstehen, sofern
nichts anderes vereinbart wird. Der Pflichtteilsverzicht umfasst auch die Ansprüche aus den §§ 2305, 2307 BGB (Pflichtteilsrestanspruch) §§ 2325 ff. BGB
(Pflichtteilsergänzungsanspruch) und die Rechte aus §§ 2306, 2318 Abs. 2, 2319
und 2328 BGB.[1] Der Vorteil des Pflichtteilsverzichtsvertrages liegt darin, dass der
Verzichtende bei der Berechnung der Pflichtteilsquoten anderer Erben mitgezählt
wird und so dazu beiträgt, dass die Pflichtteilsquoten der Übrigen reduziert
werden im Gegensatz zum Erbverzicht, siehe § 2310 S. 2 BGB. Die Vorschriften
des BGB über den Erbverzicht gelten für den Lebenspartner entsprechend, § 10
Abs. 7 LPartG.

---

1 NK-BGB/*Ullrich*, § 2346 Rn 16.

4   Der Erblasser kann den **Erbverzichtsvertrag** nur höchstpersönlich abschließen,
     § 2347 Abs. 2 S. 1 Hs. 1 BGB. Der Verzichtende kann hingegen rechtsgeschäftlich
     vertreten werden, § 2347 Abs. 1 BGB. Die Genehmigung des **Betreuungsge-**
     richts beim geschäftsunfähigen Erblasser und die des gesetzlichen Vertreters ist
     im Rahmen des § 2347 Abs. 2 i.V.m. Abs. 1 BGB zu beachten.

     Ein Erbverzichtsvertrag ist nur wirksam, wenn er notariell beurkundet wurde,
     § 2348 BGB.

5   **Beachte**
     Der Verzicht des Erbverzichtenden erstreckt sich auch auf seine Abkömm-
     linge, § 2349 BGB, sofern nicht ein anderes bestimmt ist. Der Erbverzicht des
     Ehegatten erstreckt sich nicht auf die Abkömmlinge des Erblassers, da diese
     den Erblasser aus eigenem Recht beerben.
     Der Erbverzicht zugunsten eines anderen ist nur wirksam, wenn der andere
     Erbe wird, § 2350 Abs. 1 BGB. Bei dem Verzicht eines Abkömmlings des
     Erblassers auf das gesetzliche Erbrecht gilt die Auslegungsregel des § 2350
     Abs. 2 BGB, welche bestimmt, dass der Verzicht nur zugunsten der anderen
     Abkömmlinge und des Ehegatten des Erblassers gelten soll. Fallen demnach
     der Ehegatte und alle anderen Abkömmlinge des Erblassers weg, gilt ein
     solcher Verzicht nicht.

6   Entgegen der Regelung im Ausschlagungsrecht nach § 1953 Abs. 2 BGB kann im
     Wege des Erbverzichts **zugunsten** eines anderen verzichtet werden.

     Der Erbverzicht kann nur von den Vertragschließenden selbst zu deren Lebzeiten
     aufgehoben werden.[2]

     Dies ergibt sich für den Erblasser bereits aus §§ 2351, 2347 Abs. 2 S. 1 Hs. 1 BGB
     und entspricht allgemeiner Ansicht.[3]

7   Vertragspartner eines **Aufhebungsvertrages** mit dem Erblasser kann nur der
     Verzichtende selbst sein, auch wenn dies – anders als beim Erbvertrag, § 2290
     Abs. 1 BGB – beim Erbverzicht nicht ausdrücklich gesetzlich ausgesprochen ist.[4]

8   Nach der Rechtsprechung des BGH erfasst der Erbverzicht kraft Gesetzes den
     ganzen **Stamm** des Verzichtenden, auch wenn der Verzicht nicht zugleich im
     Namen der Abkömmlinge des Verzichtenden erklärt worden ist und diese dem
     Verzicht nicht zugestimmt haben. § 2349 BGB gibt dem Verzichtenden damit
     einen Eingriff in das von seinem gesetzlichen Erbrecht an sich unabhängige
     gesetzliche Erbrecht seiner Abkömmlinge.[5]

---

2 BGH NJW 1998, 3117, 3118; BayObLG MittBayNot 2006, 249.
3 Vgl. Staudinger/*Schotten*, § 2346 BGB Rn 96 m.w.N.
4 MüKo-BGB/*Strobel*, § 2351 BGB Rn 2; Staudinger/*Ferid/Cieslar*, § 2351 BGB Rn 7.
5 BGH NJW 1998, 3117, 3118.

Der BGH begründet dies mit der **vorweggenommenen Erbfolge**, an der sich 9
der Gesetzgeber bei seiner Regelung des Erbverzichts orientiert habe und die
damit in der Person des Verzichtenden unabänderlich geworden ist mit der Wirkung, dass sich sein Stamm mit dem zufriedengeben muss, was der Verzichtende
für seinen Erbverzicht vom Erblasser empfangen hat. Der Erbaussicht der Enkel
steht damit der Erbverzicht des den Stamm nach der gesetzlichen Erbfolge reprä-
sentierenden Verzichtenden entgegen. Es bleibt dem Erblasser jedoch unbenom-
men, die Abkömmlinge des Verzichtenden testamentarisch zu bedenken.[6]

Eine Befugnis des Erblassers, die kraft Gesetzes eingetretene Erhöhung der
Quote eines Pflichtteilsberechtigten nach dem Tode des Verzichtenden und ohne
Zustimmung des gem. § 2310 S. 2 BGB Begünstigten wieder rückgängig zu machen, lässt sich mit den Grundsätzen des gesetzlichen Erb- und Pflichtteilsrechts
nicht vereinbaren.[7]

§ 2349 BGB ist jedoch disponibel und gibt den Vertragsparteien des Erbverzichts,
also dem Erblasser und dem Verzichtenden, die Möglichkeit, die nach dem Gesetz
eintretenden Wirkungen für die Abkömmlinge auszuschließen.

Lösung zu Fall 39 10
Dem Kläger steht hier als alleinigem gesetzlichen Erben der E eine Pflichtteilsquote i.H.v. $\frac{1}{2}$ des Nachlasswertes zu, da die Beklagte und ihr Bruder bei
der Ermittlung der Pflichtteilsquote nach § 2310 S. 2 BGB nicht mitgezählt
werden.
Der Erbverzicht kann nach dem Tod des Verzichtenden nicht mehr aufgehoben werden.[8]
Lesenswert auch die Vorinstanzen.[9]

Beachte 11
Wird bei einer Verfügung unter Lebenden einem Kind bereits Vermögen
zugewandt und mit einem anderen ein **Pflichtteilsverzichtsvertrag** geschlossen, § 2346 Abs. 2 BGB, können Pflichtteilsansprüche vermieden oder jedenfalls erheblich eingeschränkt werden. Der Verzichtsvertrag sollte auf das
Pflichtteilsrecht beschränkt werden. Wird ein **Erbverzichtsvertrag** geschlossen, § 2346 Abs. 1 BGB, hat dies zur Folge, dass nach § 2310 S. 2 BGB der
Erbverzichtende bei der Feststellung des für die Berechnung des Pflichtteils
maßgebenden Erbteils nicht mitgezählt wird. Das führt zu einer Erhöhung
der Erbteils- und mithin auch der Pflichtteilsquoten der übrigen Pflichtteilsberechtigten. Liegt ein bloßer Pflichtteilsverzicht vor, so wird der Verzich-

---

6 BGHZ 30, 261, 267.
7 BGH NJW 1998, 3117, 3118.
8 BGH NJW 1998, 3117 = LM H. 11/1998 § 2351 BGB Nr. 2 m. Anm. *Harder.*
9 LG Ingolstadt ZEV 1996, 314 ff.; OLG München ZEV 1997, 299 ff.

tende mitgezählt und die Quoten der übrigen Pflichtteilsberechtigten erhöhen sich nicht.[10]

12 **Fall 40**

Tochter T hat gegen vorzeitige Abfindung auf alle Erb- und Pflichtteilsrechte gegenüber dem Vater V verzichtet. Durch einen Unfall kommen dessen Frau F und das einzige weitere Kind, der Sohn S, ums Leben.

13 **Lösung zu Fall 40**

Wenn der Erbverzicht hier weiter gelten würde, stünde den Eltern des V, seinen Geschwistern oder Geschwisterkindern ein gesetzliches Erbrecht zu. Das Gesetz unterstellt hier jedoch, dass dieses Ergebnis von den Beteiligten nicht gewollt gewesen wäre, § 2350 Abs. 2 BGB. T wird also trotz ihres Verzichts alleinige Erbin des V.

Der Erbverzicht kann gem. § 2351 BGB nach den vorgenannten Vorschriften aufgehoben werden.

14 Häufig wird ein Erbverzicht vereinbart, und der Erblasser gewährt eine **Abfindung** als Gegenleistung. Der dem Verzichtsvertrag zugrundeliegende Abfindungsvertrag kann nach den Grundsätzen über die Änderung und den **Wegfall der Geschäftsgrundlage** unter Umständen dann angepasst werden, wenn die Vertragsteile mit dem Vertrag den Zweck nicht erreichen können, den sie angestrebt haben, ohne ihn zum Vertragsinhalt zu machen. Mit dem Erbverzicht entzieht sich der Verzichtende jegliche Grundlage für Abfindungs- und Nachabfindungsansprüche, weil er aus dem Kreis der Miterben ausgeschieden ist.[11]

Der BGH hält es für möglich, eine Anpassung der Abfindungsregelung nach § 13 HöfeO vorzunehmen, damit dem Verzichtenden Nachabfindungsansprüche unter Anrechnung einer bereits erhaltenen Abfindung erhalten bleiben.

15 Der Erbverzichtsvertrag kann durch eine **Bedingung** mit der Leistung einer Abfindung verknüpft werden.[12]

16 Es ist durch **Auslegung** zu ermitteln, ob ein solches Abhängigkeitsverhältnis besteht. Der Wegfall der Geschäftsgrundlage hat nach dem Schuldrechts-Modernisierungsgesetz in § 313 BGB eine gesetzliche Grundlage erhalten und ist anwendbar wie bei allen schuldrechtlichen Verträgen auch auf das Kausalgeschäft zum Erbverzicht.[13] Die Anwendbarkeit gilt auch nach Eintritt des Erbfalls, da durch den Wegfall der Geschäftsgrundlage für das Kausalgeschäft keine Änderung der Erbfolge eintritt, sondern es lediglich um einen Vermögensausgleich geht.[14] Angesichts des Risikocharakters des Abfindungsvertrags rechtfertigen

---

10 *Rohlfing*, Erbrecht, § 3 Rn 159; § 5 Rn 48.
11 BGH ZEV 1997, 69, 70.
12 BGHZ 37, 319, 327.
13 NK-BGB/*Ullrich*, § 2346 Rn 29.
14 BGHZ 134, 152 = ZEV 1997, 69.

krasse Ausnahmefälle eine Anpassung der Abfindungsvereinbarung an geänderte Umstände, so z.B. in dem Fall, dass eine niedrige Abfindung vereinbart wurde, um dem Übernehmer die Fortführung des elterlichen Hofs zu ermöglichen, dieser aber alsbald veräußert wird.[15]

Umstände, die zum Wegfall der objektiven Geschäftsgrundlage führen können: 17
- schwerwiegende Veränderungen von Umständen nach Vertragsschluss
- diese Umstände dürfen nicht zum Vertragsinhalt gemacht worden sein
- die Vertragsparteien hätten den Vertrag gar nicht oder mit anderem Inhalt geschlossen, sofern sie die Veränderungen vorhergesehen hätten
- zumindest einem Vertragsteil ist das unveränderte Festhalten an dem Vertrag unter Berücksichtigung der gesetzlichen oder vertraglichen Risikoverteilung und aller Faktoren des Einzelfalls nicht mehr zumutbar.[16]

Wendet der Erblasser einem Abkömmling als Gegenleistung für dessen Erbverzicht durch Erbvertrag ein **Vermächtnis** zu, so können die Vertragschließenden vereinbaren, dass die Wirksamkeit des Erbverzichts durch die Erfüllung des Vermächtnisses bedingt sein soll. Ist eine solche **Bedingung** nicht vereinbart, so kann der Bedachte sich nicht deswegen vom Erbverzicht lösen, weil der vermachte Gegenstand bei Eintritt des Erbfalls nicht mehr zum Nachlass gehört.[17]   18

Beim **Zuwendungsverzicht** kann der Bedachte, z.B. der Vermächtnisnehmer oder Erbe, auf eine Zuwendung verzichten, die ihm in einem Testament oder Erbvertrag gemacht worden ist, § 2352 BGB. Auch der **Zuwendungsverzichtsvertrag** bedarf der notariellen Beurkundung, §§ 2352 S. 3, 2348 BGB.   19

Der Zuwendungsverzicht erstreckt sich nicht auf den ganzen **Stamm** des Verzichtenden. Wenn die Abkömmlinge des Verzichtenden zu Ersatzerben bestimmt sind, könnte der Erblasser seine Testierfreiheit nur zurückerlangen, wenn auch diese **selbst** auf ihre Ersatzerbeinsetzung verzichten würden.   20

Die herrschende Meinung in der Literatur sowie die Rechtsprechung nehmen keine analoge Anwendung des § 2349 BGB auf § 2352 BGB vor.[18]

Auch *Schotten*, der für die analoge Anwendung ein Bedürfnis sieht, warnt vor der analogen Anwendung des § 2349 BGB für den Zuwendungsverzicht, da man in der Rechtsgestaltung immer den sicheren Weg gehen sollte, im Interesse der Vertragsparteien.[19]

Der **Erbverzichtsvertrag** sollte rechtzeitig geschlossen werden, da er nur zu Lebzeiten des Erblassers geschlossen werden kann. Gleiches gilt für den **Pflicht-**   21

---

15 BGHZ 134, 152 = ZEV 1997, 69, 70.
16 *Krug*, Schuldrechtsreform und Erbrecht, Rn 142.
17 BayObLG ZEV 1995, 228 ff.
18 Staudinger/*Ferid/Cieslar*, § 2352 BGB Rn 26 m.w.N.
19 *Schotten*, ZEV 1997, 1, 5.

teilsverzichtsvertrag, der ebenfalls nur zu Lebzeiten des Erblassers wirksam geschlossen werden kann.[20]

22 Die Wirksamkeit eines in der Bundesrepublik vor dem 3.10.1990 abgeschlossenen Erbverzichtsvertrages erstreckt sich auch auf in der früheren **DDR** vorhandenes oder zwischenzeitlich enteignetes (Grund-)Vermögen, soweit der Verzicht nicht – im Falle einer Nachlassspaltung – nach dem Recht der früheren DDR unberücksichtigt bleiben muss. Dies gilt auch dann, wenn die Vertragsparteien bei Abschluss des Vertrages nicht mehr ernsthaft damit gerechnet haben, dass die DDR einmal Teil der Bundesrepublik Deutschland sein werde.

23 Dieser **Irrtum** der Vertragsparteien über den realen Wert des Nachlasses rechtfertigt nicht den Schluss, dass diese Vermögensposition, hinsichtlich derer lediglich unbekannt bzw. ungewiss war, dass sie zu einem realen Wert werden würde, von dem Erbverzicht nicht erfasst werden sollte. Eine **Anfechtung des Erbverzichtsvertrages** wäre diesbezüglich nur vor Eintritt des Erbfalls möglich gewesen.[21]

Die Grundsätze des Wegfalls der Geschäftsgrundlage sind nicht auf den Erb-/Pflichtteils- und Anfechtungsverzicht als abstrakte erbrechtliche Verfügungen anpassungsfähig. Das gilt aber nicht für den ihnen zugrunde liegenden schuldrechtlichen Abfindungsvertrag.[22]

Lesenswert zur Anpassung des einem Erb- und Pflichtteilsverzicht zugrunde liegenden schuldrechtlichen Vertrags aus dem Jahr 1986, in dem über Teile des Nachlassvermögens (Vermögen in der DDR/in den neuen Bundesländern) keine Regelung getroffen wurde, das OLG Hamm.[23]

24 Der Erbverzicht kommt in der Praxis regelmäßig im Zusammenhang mit dem **Erbrecht des nichtehelichen Kindes** vor. Damit das nichteheliche Kind im Erbfall seines nichtehelichen Vaters nicht die Übertragung des Nachlasses auf die neue Familie des Vaters durch die Durchsetzung seines Erbanspruches gefährdet, hat der beratende Rechtsanwalt dem nichtehelichen Vater die Möglichkeiten des Pflichtteilsverzichtsvertrages zu erläutern. Der Anwalt wird auch die Aufgabe haben, dem nichtehelichen Vater klarzumachen, dass er den **Pflichtteilsverzicht** seines nichtehelichen Kindes nicht für ein Taschengeld erzielen kann.

Vielmehr geht es hier um die Gestaltung eines für beide Seiten akzeptablen Vertrages, der zum einen für das nichteheliche Kind eine Abfindungszahlung in geeigneter Höhe darstellt und zum anderen für den nichtehelichen Vater die Gewähr bietet, dass nach seinem Ableben die eigene Familie, also Ehefrau und eheliche Kinder, sich nicht Pflichtteilsansprüchen des nichtehelichen Kindes und damit verbundenen Prozessen, die den Nachlass schmälern, gegenübersieht.

---

20 BGH NJW 1997, 521 ff.
21 OLG Düsseldorf NJW 1998, 2607, 2608.
22 BGH NJW 1997, 653, 654.
23 OLG Hamm ZEV 2000, 507, 509.

Beachte   25
Weiterhin spielt der Erb- bzw. Pflichtteilsverzicht eine große Rolle bei der
sog. „**Unternehmensnachfolge**". Bei mehreren Abkömmlingen ist in der Regel nur einer geeignet, das Unternehmen i.S.d. Unternehmers fortzuführen.
Damit auch hier keine den Nachlass auszehrenden Erbrechtsstreitigkeiten
geführt werden müssen, ist dem Unternehmer zu empfehlen, die übrigen
Abkömmlinge durch geeignete Abfindungszahlungen aus der Erbengemeinschaft auszuschließen.

Voraussetzung für den Abschluss eines Verzichtsvertrages ist, dass das Vermögen   26
des Erblassers groß genug ist, um eine geeignete **Abfindungszahlung** für den
Verzichtenden zu verkraften.

C. Muster: Erbverzichtsvertrag

Erbverzichtsvertrag: 27

Verhandelt am ▨▨▨▨ in ▨▨▨▨▨

Vor mir

Frau Dr. Sieglinde Müller, Notarin in München

erschienen

Herr Siegfried Meyer, geb. am ▨▨▨▨, wohnhaft in ▨▨▨▨ ausgewiesen durch Vorlage des
amtlichen Personalausweises Nr. ▨▨▨▨

und

Herr Klaus Meyer, geb. am ▨▨▨▨, wohnhaft in ▨▨▨▨

mir persönlich bekannt.

Siegfried Meyer ist der Vater von Klaus Meyer. Klaus Meyer ist daher gegenüber Siegfried
Meyer erb- und pflichtteilsberechtigt. Hiermit verzichtet Klaus Meyer gegenüber Siegfried
Meyer auf sein gesetzliches Erbrecht.

Dieser Verzicht gilt auch für die Abkömmlinge von Klaus Meyer. Wenn keiner der übrigen
Abkömmlinge von Siegfried Meyer zur Erbfolge gelangt, soll der Verzicht jedoch nicht gelten,
gemäß § 2350 Abs. 2 BGB. Siegfried Meyer nimmt diesen Verzicht an.

Klaus Meyer scheidet durch diesen Verzicht einschließlich seiner Abkömmlinge aus der gesetzlichen Erbfolge aus. Das Recht des Siegfried Meyer seinen Sohn Klaus Meyer durch eine spätere
letztwillige Verfügung wieder zu begünstigen bleibt hiervon unberührt.

Die Kosten dieser Urkunde trägt Siegfried Meyer. Jeder Vertragsteil erhält eine Ausfertigung.
Das Nachlassgericht erhält nach dem Erbfall eine beglaubigte Kopie.[24]

Vorgelesen, genehmigt und unterschrieben

---

24 M. Erl. *Graf zu Castell* in Beck'sches Formularbuch, VI. 20.

D.   Muster: Pflichtteilsverzichtsvertrag

28   Pflichtteilsverzichtsvertrag:

Verhandelt am [   ] in [   ]

Vor mir

Frau Dr. Sieglinde Müller, Notarin in München

erschienen

Herr Siegfried Meyer, geb. am [   ], wohnhaft in [   ] ausgewiesen durch Vorlage des amtlichen Personalausweises Nr. [   ]

und

Herr Klaus Meyer, geb. am [   ], wohnhaft in [   ]

mir persönlich bekannt.

Siegfried Meyer ist der Vater von Klaus Meyer. Klaus Meyer ist daher gegenüber Siegfried Meyer erb- und pflichtteilsberechtigt. Hiermit verzichtet Klaus Meyer gegenüber Siegfried Meyer auf sein gesetzliches Pflichtteilsrecht. Sein gesetzliches Erbrecht bleibt hingegen bestehen.

Dieser Verzicht gilt auch für die Abkömmlinge von Klaus Meyer. Siegfried Meyer nimmt diesen Verzicht hiermit an.[25]

Durch diesen Verzicht, der auf den Pflichtteil beschränkt ist, bleibt die gesetzliche Erbfolge bestehen. Es steht Siegfried Meyer frei, eine beliebige Verfügung von Todes wegen zu errichten, ohne dass für Klaus Meyer oder seine Abkömmlinge daraus Pflichtteilsansprüche erwachsen können.

Die Kosten dieser Urkunde trägt Siegfried Meyer. Jeder Vertragsteil erhält eine Ausfertigung.

Vorgelesen, genehmigt und unterschieben

E.   Checkliste: Erbverzicht

29   – Höhe der gesetzlichen Erbquote des Verzichtenden?
     – Formerfordernis der notariellen Beurkundung erfüllt, § 2348 BGB?
     – Soll der Verzicht auch für Abkömmlinge gelten?
     – Höhe der Abfindungszahlung?
     – Soll Zuwendungsverzicht vereinbart werden?
     – Soll Erbverzicht auch ein Zugewinnausgleichsverzicht sein?
     – Fällt Abfindung in die Steuerpflicht oder reicht der jeweilige Steuerfreibetrag aus?

---

25 *Graf zu Castell*, wie vor, VI. 21.

- Soll zugunsten eines anderen verzichtet werden?
- Pflichtteilsverzicht statt Erbverzicht, § 2310 S. 2 BGB?

F. Steuertipp

Der Erbverzicht wird nicht als freigebige Zuwendung des Verzichtenden zuguns- 30
ten des Erblassers oder der hierdurch begünstigten zukünftigen Erben angesehen.[26] Eine Verzichtserklärung ohne Gegenleistung unterliegt nicht der Erbschaftsteuer.[27]

Der Verzicht auf den Pflichtteilsanspruch nach eingetretenem Erbfall ist gemäß
§ 13 Abs. 1 Nr. 11 ErbStG ausdrücklich steuerfrei.[28] Demgegenüber werden für
Verzichtserklärungen empfangene Abfindungen nicht als Gegenleistung im Rahmen eines entgeltlichen Geschäfts, sondern als Schenkung unter Lebenden quali-
fiziert, § 7 Abs. 1 Nr. 5 ErbStG.[29] Abfindungsleistungen durch Dritte werden wie
Schenkungen durch den Erblasser eingestuft und somit nach der Steuerklasse
besteuert, die sich aus dem Verhältnis des Verzichtenden zum Erblasser ergibt.[30]
Ein Ansatz für Steuergestaltungen ergibt sich, wenn lebzeitige schenkungsteuerpflichtige Zuwendungen unter Geschwistern geplant sind. Hier ist es möglich,
solche Zuwendungen durch Ausgestaltung als Erbverzicht erbschaftsteuerrechtlich in die günstigste Steuerklasse I (während zwischen Geschwistern die Steuerklasse II anwendbar ist) zu verlagern.[31]

G. Zusammenfassung

Der Erb- bzw. Pflichtteilsverzichtsvertrag bietet eine außergerichtliche Möglich- 31
keit für den Erblasser, Mitglieder der gesetzlichen Erbengemeinschaft, in der
Regel gegen Zahlung einer Abfindung, aus dieser auszuschließen. Von Bedeutung
ist dieses Instrument häufig bei Vorhandensein eines nichtehelichen Kindes oder
wenn ein Unternehmen Bestandteil des Nachlasses ist.

Der erbrechtlich tätige Vertragsjurist hat hier gestaltend zwischen Erblasser und
Verzichtendem zu wirken, um etwaige Rechtsstreitigkeiten nach dem Erbfall zu
vermeiden und somit die Interessen seines Mandanten, der das Vermögen aufgebaut hat, zu wahren. *Rohlfing* hält es für einen anwaltlichen Beratungsfehler,

---

26 BGHZ 113, 393.
27 NK-BGB/*Pohl/Hartl*, Anhang zu § 2346 BGB Rn 2.
28 Zu Abfindungsleistungen aus erbschaftsteuerlicher Sicht, *Meincke*, ZEV 2000, 214.
29 *Troll/Gebel/Jülicher*, § 7 Rn 315 ff.
30 BFH BStBl II 2001, 456.
31 NK-BGB/*Pohl/Hartl*, Anhang zu § 2346 BGB Rn 3.

wenn zu einem Erbverzichtsvertrag geraten wird. Vielmehr reicht ein Pflichtteils-verzichtsvertrag aus, der im Zusammenhang mit einer Erbeinsetzung eines ande-ren zu demselben Ergebnis wie ein Erbverzicht führt und zugleich die Pflicht-teilsquoten der übrigen Pflichtteilsberechtigten nicht erhöht.[32]

Sollten Sie den Verzichtenden vertreten, ist dessen Anspruch auf eine angemes-sene Abfindungszahlung durchzusetzen.

---

32 *Rohlfing*, Erbrecht, § 5 Rn 48–51.

§ 9 Erbschein (§§ 2353 bis 2370 BGB)

A. Einführung

Der **Erbschein** ist geregelt in den Vorschriften der §§ 2353–2370 BGB. 1

Der Erbschein wird vom **Nachlassgericht** aufgrund eines **amtlichen Ermitt-** 2
lungsverfahrens ausgestellt und genießt **öffentlichen Glauben** hinsichtlich seines Inhalts. Der Erbschein ist das vom Erben vorzulegende **amtliche Zeugnis**,
das ihm die Umschreibung der noch auf den Erblasser lautenden Konten oder
Grundbücher ermöglicht.

Der Erbschein bezweckt also, die Erbfolge, die nicht wie z.b. der Besitz äußerlich
erkennbar ist, nachweisbar zu machen. In erster Linie soll der Erbe sein Recht,
z.b. gegenüber Banken und dem Grundbuchamt beweisen können, aber auch
Dritten soll der Nachweis der Passiv-Legitimation in bestimmten Fällen, §§ 727,
792 ZPO, erleichtert werden, damit sie wissen, wen sie verklagen und bei wem
sie vollstrecken können.[1]

Der Erbschein ist somit das Zeugnis der **Rechtsnachfolge**. Beruht die Erbfolge 3
auf einer Verfügung von Todes wegen, die in einer öffentlichen Urkunde enthalten ist (notarielles Testament, Erbvertrag) so genügt gegenüber dem Grundbuchamt die Vorlage dieser Urkunde und der Eröffnungsniederschrift des Nachlassgerichts, § 35 Abs. 1 S. 2 GBO. Bei den öffentlichen Urkunden kann es sich um
inländische oder ausländische handeln,[2] z.B. um Testamente ausländischer Notare. Sie können dem Grundbuchamt im Original oder in beglaubigter Abschrift
vorgelegt werden. Ausländische öffentliche Urkunden sind unter Umständen mit
einer Apostille zu versehen.[3] Die Eröffnungsniederschrift muss der Regel des
§ 2260 Abs. 3 BGB, jetzt § 348 Abs. 1 FamFG entsprechen; der Stempel „eröffnet" auf dem Testament genügt nicht.[4] Kennt das ausländische Recht kein gericht-
liches oder behördliches Eröffnungsverfahren, hat das Grundbuchamt einen Erbschein zu verlangen.[5]

Wenn das Grundbuchamt die Erbfolge durch diese Urkunden nicht für nachgewiesen erachtet, kann es die Vorlegung eines Erbscheins verlangen, § 35 Abs. 1
S. 2 Hs. 2 GBO.[6]

---

1 *Zimmermann*, Erbschein und Erbscheinsverfahren, Rn 4.
2 *Böhringer*, ZEV 2001, 387.
3 *Zimmermann*, Erbschein und Erbscheinsverfahren, Rn 105.
4 *Zimmermann*, Erbschein und Erbscheinsverfahren, Rn 10, § 2260 aufgehoben m.W.v.
   1.1.2009 durch Art. 50 FGG-RG v. 17.12.2008 (BGBl I S. 2586).
5 *Zimmermann*, Erbschein und Erbscheinsverfahren, Rn 10 m.w.N.
6 *Böhringer*, ZEV 2001, 387.

B. Rechtliche Grundlagen

4   Das **Nachlassgericht** hat dem Erben auf Antrag ein Zeugnis über sein Erbrecht und, wenn er nur zu einem Teil der Erbschaft berufen ist, über die Größe des Erbteils zu erteilen (Erbschein), § 2353 BGB.

5   Der **gesetzliche Erbe** hat bei dem **Antrag auf Erteilung eines Erbscheins** gem. § 2354 Abs. 1 Nr. 1–5 BGB anzugeben:
– die Zeit des Todes des Erblassers
– das Verhältnis, auf dem sein Erbrecht beruht
– ob und welche Personen vorhanden sind oder vorhanden waren, durch die er von der Erbfolge ausgeschlossen oder sein Erbteil gemindert werden würde
– ob und welche Verfügungen des Erblassers von Todes wegen vorhanden sind
– ob ein Rechtsstreit über sein Erbrecht anhängig ist.

6   Bei Wegfall einer Person ist gem. § 2354 Abs. 2 BGB vom **Antragsteller** anzugeben, in welcher Weise die Person weggefallen ist.

Der aufgrund einer Verfügung von Todes wegen eingesetzte Erbe hat bei der Beantragung zur Erteilung eines Erbscheines die unter § 2354 Abs. 1 Nr. 1–5 und Abs. 2 BGB vorgeschriebenen Angaben zu machen sowie die Verfügung zu bezeichnen, auf der sein Erbrecht beruht, § 2355 BGB. Für einen Teil der geforderten Angaben nach § 2354 Abs. 1 Nr. 3, 4, 5 BGB und dafür, dass der Erblasser zur Zeit des Todes im Güterstand der Zugewinngemeinschaft gelebt hat, verlangt § 2356 Abs. 2 S. 1 BGB als Nachweis die Versicherung an Eides statt. Auch wenn für die behaupteten Tatsachen ein hoher Grad von Wahrscheinlichkeit spricht, kann das Nachlassgericht eine eidesstattliche Versicherung verlangen.[7]

7   Der Antragsteller hat die Richtigkeit seiner Angaben durch **öffentliche Urkunden**, nachzuweisen, § 2356 Abs. 1 BGB.

Für den Fall, dass der Erblasser in einem notariellen Testament seine Ehefrau zur Vorerbin, die aus der Ehe mit ihr hervorgegangenen gemeinschaftlichen Abkömmlinge zu Nacherben beim Tode der Ehefrau eingesetzt hat, kann ein gemeinschaftliches Kind nach Eintritt der Nacherbfolge sein alleiniges Erbrecht durch eine vor einem Notar abzugebende eidesstattliche Versicherung, dass er das einzige gemeinschaftliche Kind von Erblasser und Vorerbin ist, nachweisen. Ein Erbschein kann in einem solchen Fall grundsätzlich nicht verlangt werden. Die eidesstattliche Versicherung reicht zum Nachweis aber nur aus, wenn keine Anhaltspunkte dafür sprechen, dass das Nachlassgericht weitere Ermittlungen anstellen und zu einer abweichenden Beurteilung der Erbfolge gelangen könnte.[8]

8   Besondere Bedeutung haben im Erbscheinsverfahren die öffentlichen Urkunden über Personenstandsfälle. Maßgebend ist dafür das neue Personenstandsgesetz

---

7 NK-BGB/*Kroiß*, § 2356 BGB Rn 12.
8 BayObLG ZEV 2000, 456 = BayObLGZ 2000 Nr. 34 in FGPrax 2000, 179.

(PStG) vom 19.2.2007 (BGBl I 2007, 122), in Kraft seit 1.1.2009. Es löste das Personenstandsgesetz vom 8.8.1957 ab. Anstelle der früher bestehenden Personenstandsbücher, nämlich des Heirats-, Familien-, Geburts- und Sterbebuchs, führen die nach dem Landesrecht für das Personenstandswesen zuständigen Behörden, § 1 Abs. 2 PStG n.F., ein Ehe-, Lebenspartnerschaft-, Geburten- und Sterberegister, gemäß § 3 PStG n.F. Auf einen Ersatz für das 1958 eingeführte Familienbuch wurde verzichtet. Die Familienbücher werden ab dem 1.1.2009 als Heiratseinträge fortgeführt, § 77 PStG n.F. Im Übrigen werden die bis zum 31.12.2008 angelegten Personenstandsbücher nach den neuen Regelungen fortgeführt, § 76 PStG n.F. Die Beurkundungen in den Personenstandsregistern sind öffentliche Urkunden i.S.d. § 415 ZPO, gemäß § 54 Abs. 1 S. 1 PStG n.F. Sie beweisen Eheschließung, Begründung der Lebenspartnerschaft, Geburt und Tod und die darüber hinaus näher gemachten Angaben sowie die sonstigen Angaben über den Personenstand der Personen, auf die sich der Eintrag bezieht.

Da die jeweiligen Beurkundungsvorschriften genau bestimmen, was lediglich Hinweischarakter hat, und daher nicht die Beweiskraft einer öffentlichen Urkunde besitzen, § 54 Abs. 1 S. 2 PStG n.F., ist nunmehr eindeutig, wie weit die Beweiskraft der einzelnen Personenstandsurkunde reicht.

Hat das Nachlassgericht ernste Zweifel an der Richtigkeit der Personenstandsurkunde, verbietet ihm seine Pflicht zur Ermittlung der wahren Rechtslage gemäß §§ 2358 ff. BGB sich über diese Zweifel hinwegzusetzen; die Vermeidung unrichtiger Erbscheine hat Vorrang. Das Nachlassgericht ist befugt, die Beteiligten auf ein Berichtigungsverfahren nach §§ 47 ff. PStG n.F. zu verweisen. Das Nachlassgericht kann nach freiem Ermessen den Sachverhalt aufklären und ist dabei nicht auf die Vorlage der Personenstandsurkunde beschränkt.

Gerade die Beibringung der Personenstandsurkunden macht häufig bei der Beantragung eines Erbscheins zum Nachweis der gesetzlichen Erbfolge Schwierigkeiten. Vielfach sind Personenstandsurkunden nur unter großen Umständen oder gar nicht beizubringen, da die ausstellenden Standesämter durch Kriegswirren vernichtet wurden. Vertriebene, die nicht über die erforderlichen standesamtlichen Urkunden für das Erbscheinsverfahren verfügen, müssen in der Regel die Anlegung eines Familienstammbuchs nach § 15a PStG a.F. beantragen, da keine Veranlassung mehr besteht, eidesstattliche Versicherungen als Ersatz für Personenstandsurkunden zuzulassen.[9] Standesamtsurkunden aus Büchern von Standesämtern ehemals deutscher Gebiete sind teils in Berlin verwahrt. Urkunden werden vom Standesamt I in Berlin ausgestellt, vergleiche § 34 Abs. 3, 4 PStG n.F.

---

9 *Zimmermann*, Erbschein und Erbscheinsverfahren, Rn 95, zur Fortführung und Aufbewahrung der Familienbücher, § 77 PStG n.F.

9   **Beachte**
Hier liegt ein wichtiger Hinweis für den Mandanten, dass die gesetzliche
Erbfolge teilweise nicht vollzogen werden kann, da der Nachweis durch die
vorgeschriebenen öffentlichen Urkunden nicht zu führen ist. Damit der Erblasser sichergeht, dass sein sog. „letzter Wille" auch vollzogen werden kann,
sollte er ein Testament errichten. Die Vorlage der sog. „Personenstandsurkunden" ist dann nicht notwendig, weil sich das Erbrecht aus dem Testament
selbst ergibt.

10 Der **Wegfall von Personen** gem. § 2354 Abs. 2 BGB kann eintreten durch:
- Tod vor dem Erblasser, § 1923 BGB
- Erbausschlagung, §§ 1942 ff. BGB
- Erbverzicht, §§ 2346 ff. BGB
- Vorzeitigen Erbausgleich, § 1934e BGB (für Erbfälle vor dem 1.4.1998)
- Erbunwürdigkeit, §§ 2339 ff. BGB
- Ausschließung von der gesetzlichen Erbfolge, § 1938 BGB
- Zur Zeit des Todes des Erblassers waren die Voraussetzungen für die Schei-
  dung einer Ehe gegeben und der Erblasser hatte die Scheidung beantragt oder
  ihr zugestimmt oder der Erblasser war zur Aufhebung der Ehe zu klagen
  berechtigt und hatte die Klage erhoben, § 1933 BGB.

11 Die o.g. Tatsachen (siehe Rn 10) sind gleichfalls durch **öffentliche Urkunden**
nachzuweisen.

12 **Beachte**
Der Antrag auf Erteilung eines Erbscheines kann direkt bei dem **Nachlassgericht** gestellt werden, §§ 342 Abs. 1 Nr. 6, 345 FamFG, § 2356 Abs. 2 S. 1
BGB, § 56 Abs. 3 S. 2 BeurkG. Vielfach wollen die Nachlassgerichte nur Erbscheinsanträge annehmen, die durch einen Notar aufgenommen wurden. Nach
dem geltenden Gesetz sind sie jedoch zur Aufnahme des Antrages verpflichtet.

13 Wenn mehrere Erben vorhanden sind, ist auf Antrag ein **gemeinschaftlicher
Erbschein** zu erteilen, § 2357 Abs. 1 S. 1 BGB. Der Antrag kann von jedem der
Erben gestellt werden, § 2357 Abs. 1 S. 2 BGB. Mehrere nacheinander eingehende
unterschiedliche Erbscheinsanträge bilden, solange nicht über sie entschieden ist,
ein einziges Verfahren.[10] In dem Erbschein sind etwaige Beschränkungen des
Erbrechts, z.B. die Einsetzung eines Nacherben oder Testamentsvollstreckers
anzugeben, §§ 2363, 2364 BGB. In dem Erbschein selbst stehen jedoch keine
Angaben über den Umfang des Nachlasses, etwaige Nachlassverbindlichkeiten,
Pflichtteilsansprüche oder Vermächtnisse, Erbersatzansprüche, Auflagen, Tei-
lungserklärungen sowie Angaben über nach dem Erbfall angeordnete Verfügungsbeschränkungen sowie Nachlassverwaltung und Nachlassinsolvenz.

---

10 Palandt/*Weidlich*, § 2353 Rn 7; zur Anwendung der Übergangsvorschrift der
   Art. 111 Abs. 1, 112 Abs. 1 FGG-RG OLG Stuttgart ZErb 2011, 51.

Mit Ausnahme des Falles des § 2369 BGB kennt das Gesetz keinen auf bestimmte **14** Nachlassgegenstände **beschränkten Erbschein**.[11]

Zugunsten desjenigen, der in dem Erbschein als Erbe bezeichnet wird, wird die Richtigkeit des Erbscheins vermutet, § 2365 BGB.

Der Erbschein genießt den sog. **öffentlichen Glauben** nach § 2366 BGB. Dies **15** bedeutet, dass der Inhalt des Erbscheins gegenüber einem Gutgläubigen als richtig gilt. Der öffentliche Glaube ist jedoch beschränkt auf den gesetzlichen Inhalt des Erbscheins. Ist ein Nichterbe und nicht der Erbscheinserbe im Grundbuch als Rechtsinhaber eingetragen, geht der öffentliche Glaube des Grundbuchs dem öffentlichen Glauben des Erbscheins vor.[12]

Diese Vermutung gilt gegenüber Dritten und ist widerlegbar. Der Schutz des öffentlichen Glaubens an die Richtigkeit des Erbscheins erlischt auch, wenn das Nachlassgericht den Erbschein eingezogen oder für kraftlos erklärt hat, § 2361 Abs. 1 BGB, oder der Besitzer den Erbschein auf Verlangen des wahren Erben dem Nachlassgericht herausgegeben hat, § 2362 Abs. 1 BGB.[13]

Das Nachlassgericht hat auch nach der Erteilung des Erbscheins von Amts wegen **16** dessen Richtigkeit zu überprüfen, sofern ein Anlass hierzu besteht. Ein unrichtiger Erbschein ist einzuziehen, § 2361 Abs. 1 S. 1 BGB. Der Erbschein wird mit der **Einziehung** kraftlos, § 2361 Abs. 1 S. 2 BGB.

Ein Erbschein ist unrichtig, wenn dessen Inhalt der wirklichen Rechtslage nicht oder nicht mehr entspricht. Hierbei reicht aus, dass die Überzeugung des Gerichts, die von § 2359 BGB für die Erteilung des Erbscheins vorausgesetzt wird, nach den abgeschlossenen Ermittlungen erschüttert ist.[14]

Stellt sich später heraus, z.B. durch ein anders lautendes Testament, dass der Erbschein unrichtig ist, muss dieser eingezogen werden, § 2361 Abs. 1 S. 1 BGB. Der Erbschein hat das Erbrecht nicht verbindlich festgestellt. Eine zeitliche Grenze für die Einziehung gibt es nicht.

Ein Beschluss, durch den ein Erbschein für kraftlos erklärt wird, ist nicht mehr anfechtbar, nachdem der Beschluss öffentlich gemacht ist (§ 2361 Abs. 2 S. 2 BGB), gemäß § 353 Abs. 3 FamFG.

Der wirkliche Erbe kann wählen: er kann ein FamFG-Verfahren nach § 2361 BGB anregen oder den Besitzer des unrichtigen Erbscheins vor dem Zivilgericht gem. § 2362 BGB auf Herausgabe verklagen. Das letztere ist jedoch für den Kläger mit einem Kostenrisiko verbunden, darüber hinaus gelten die Beweisre-

---

11 Siehe zur Frage der Erteilung eines gemeinschaftlichen Erbscheins bei nicht zahlenmäßig bestimmter Angabe der Erbquoten, *Notthoff*, ZEV 1996, 458.
12 NK-BGB/*Kroiß*, § 2366 Rn 7.
13 Damrau/*Uricher*, § 2366 Rn 2.
14 BGHZ 40, 54.

geln des Zivilprozesses, also nicht der Amtsermittlungsgrundsatz des § 26 FamFG (früher § 12 FGG). Aus diesem Grund kommt das letztgenannte Verfahren nach § 2362 BGB in der Praxis so gut wie nicht vor.[15]

17   Hat der **Rechtspfleger** gem. §§ 3 Nr. 2c, 8 Abs. 2, 16 Abs. 1 Nr. 6, Abs. 2 RPflG einen Erbschein aufgrund gesetzlicher Erbfolge nach deutschem Recht erteilt, ist dieser nicht unrichtig, auch wenn für die Entscheidung über die Erteilung der **Richter** zuständig gewesen wäre, weil ein Beteiligter das Vorliegen eines Testaments behauptet hat.

Das Nachlassgericht darf einen Erbschein nicht schon deshalb einziehen, weil sich aufgrund neuer Umstände oder vorläufiger Ermittlungen die Möglichkeit seiner Unrichtigkeit ergibt. Es darf über die Einziehung erst entscheiden, nachdem es den für die Beurteilung der Richtigkeit maßgeblichen Sachverhalt abschließend aufgeklärt hat.[16]

18   Wenn das Gericht die **Einziehung** verweigert, kann dies mit dem Rechtsmittel der **Beschwerde** von demjenigen angefochten werden, der durch den Beschluss in seinen Rechten beeinträchtigt ist, § 59 Abs. 1 FamFG; dies kann beispielsweise der gesetzliche Erbe sein, wenn der Erbschein aufgrund eines Testaments erteilt worden ist, in dem er nicht berücksichtigt wurde.[17]

19   Demgegenüber kann die **Einziehungsanordnung** des Nachlassgerichts durch den Antragsteller und einen anderen Antragsberechtigten durch Beschwerde angefochten werden. Nach Vollzug der **Erbscheinseinziehung** kann mit dieser Beschwerde nur noch die Neuerteilung des eingezogenen Erbscheins angestrebt werden, vgl. § 353 Abs. 2 FamFG.[18]

20   Die Einziehungsanordnung und **Kraftloserklärung eines Erbscheins** können nur mit dem Ziel der Neuerteilung eines gleichlautenden Erbscheins angefochten werden. Ist inzwischen ein anders lautender Erbschein erteilt, muss zugleich dessen Einziehung beantragt werden.

21   Ein **Pflichtteilsberechtigter** ist nicht antragsberechtigt im Erbscheinverfahren. Das gilt auch dann, wenn im eingezogenen Erbschein eine Person als Erbe bezeichnet war, gegen die der Pflichtteilsberechtigte Pflichtteilsansprüche geltend macht.[19]

22   Hat das Nachlassgericht den Erbschein für kraftlos erklärt, ist dieser Beschluss nicht mehr anfechtbar, nachdem der Beschluss öffentlich bekannt gemacht ist, § 353 Abs. 3 FamFG i.V.m. § 2361 Abs. 2 S. 2 BGB.

---

15 *Zimmermann*, ZEV 1995, 275, 276 ff.
16 BayObLG ZEV 1997, 383, 384.
17 RGZ 61, 273, 277.
18 BGHZ 30, 220; 40, 54.
19 OLG Köln ZEV 1994, 376 m.w.N.

Unabhängig hiervon hat die Rechtsprechung die Beschwerde vor der **öffentli-** 23
chen Bekanntmachung, § 2361 Abs. 2 S. 2 BGB, zugelassen, da § 84 FGG a.F.
lediglich aus Gründen der Rechtssicherheit die Wirkung einer öffentlichen Ver-
lautbarung schützen solle.[20]

Für die **Erteilung eines Erbscheins** ist das Amtsgericht **zuständig,** in dessen 24
Bezirk der Erblasser im Zeitpunkt seines Todes seinen letzten **Wohnsitz** hatte,
§ 343 Abs. 1 FamFG. Ist der Erblasser Deutscher und hatte er zur Zeit des
Erbfalls im Inland weder Wohnsitz noch Aufenthalt, ist das Amtsgericht Schöne-
berg in Berlin zuständig, § 343 Abs. 2 S. 1 FamFG. Es kann die Sache aus wichti-
gen Gründen an ein anderes Gericht verweisen, § 343 Abs. 2 S. 2 FamFG.

Ist der Erblasser ein Ausländer und hatte er zur Zeit des Erbfalls im Inland weder
Wohnsitz noch Aufenthalt, ist jedes Gericht, in dessen Bezirk sich Nachlassgegen-
stände befinden, für alle Nachlassgegenstände zuständig, § 343 Abs. 3
FamFG.

Im Geltungsbereich der HöfeO reicht zum Nachweis des Erbrechts bei Nachlässen, in denen sich ein Hof befindet, die Vorlage eines vom Nachlassgericht ausge-
stellten Erbscheins nicht aus. Es bestehen grundbuchrechtliche Besonderheiten
im Hinblick auf § 35 Abs. 1 GBO. Nach § 18 Abs. 2 S. 2 HöfeO muss der Erbschein den Hoferben als solchen bezeichnen. Daneben kann der Nachweis der
Hoferbfolge dem Grundbuchamt nach § 18 Abs. 2 S. 3 HöfeO durch die Vorlage
eines Hoffolgezeugnisses erbracht werden, in dem allein die Erbfolge in den
betreffenden Hof bezeugt wird.[21]

Die grundsätzliche Zuständigkeit des Amtsgerichts, Abteilung Nachlassgericht
für die Erteilung eines Erbscheins, § 342 Abs. 1 Nr. 6 FamFG, wird durchbrochen
durch die Ausnahme in Baden-Württemberg. Dort ist das staatliche Notariat
zuständig, §§ 1 Abs. 2, 38 LFGG.[22] Es gibt weitere Differenzierungen durch
badische und württembergische Gesetze über das Anerbenrecht.

In Hamburg, Niedersachsen, Nordrhein-Westfalen und Schleswig-Holstein haben die Landwirtschaftsgerichte (d.h. bestimmte Abteilungen der Amtsgerichte,
besetzt mit landwirtschaftlichen Laienbeisitzern; LwVG) bestimmte Funktionen
in Nachlasssachen (§§ 11 ff. HöfeO i.V.m. dem Gesetz über das gerichtliche Verfahren in Landwirtschaftssachen-LwVG), z.B. bei der Erteilung von Erbscheinen,
wenn eine land- oder forstwirtschaftliche Hofstelle vorhanden ist.[23]

Die Erben ausländischer Erblasser werden im Erbscheinsverfahren vor deutschen 25
Nachlassgerichten durch § 2369 BGB geschützt. Die Erbfolge richtet sich zwar

---

20 BayObLGZ 1958, 364.
21 Krug/Rudolf/Kroiß/Bittler/*Krug*, AnwF Erbrecht, § 19 Rn 263.
22 Zu den Unterschieden im Badischen und im Württembergischen Rechtsgebiet siehe *Zimmermann*, Erbschein und Erbscheinsverfahren, Rn 127.
23 *Zimmermann*, Erbschein und Erbscheinsverfahren, Rn 128.

grundsätzlich nach dem Recht des Staates, dem der Verstorbene zum Zeitpunkt seines Todes angehörte, Art. 25 Abs. 1 EGBGB. Seine Erben können aber die Erteilung eines Erbscheins für alle Erbschaftsgegenstände verlangen, die sich zum Zeitpunkt des Erbfalls im Inland befinden.[24]

Bei Todeserklärung eines Erben gilt der öffentliche Glauben des § 2370 BGB.

Die Todeserklärung nach §§ 2 ff. VerschG dient dem Schutz des gutgläubigen Dritten beim Erwerb vom Scheinerben. Die Feststellung der Todeszeit ist der Todeserklärung gleichgestellt.[25]

26   Der **Erbschein** ist nur auf **Antrag** vom Nachlassgericht zu erteilen. **Antragsberechtigt** sind folgende Personen:
– jeder Erbe, § 2353 BGB
– jeder Vorerbe, § 2363 BGB; der Nacherbe ist vor dem Eintritt der Nacherbfolge nicht berechtigt, einen Erbschein für sich selbst oder für den Vorerben zu beantragen, da sein Erbrecht erst mit dem Tode des Vorerben entsteht[26]
– der Erbe eines Erben (Erbeserbe), wobei der ursprüngliche Erbe im Erbschein ausgewiesen wird
– der Erbschafts- oder Erbteilserwerber, auch hier wird der Name dessen, der unmittelbar Erbe geworden ist, im Erbschein angegeben
– der Testamentsvollstrecker
– der Nachlassverwalter
– der Nachlassinsolvenzverwalter
– der gesetzliche Vertreter eines Erben
– der Abwesenheitspfleger, im Rahmen seines Wirkungskreises
– der Nachlass- wie der Erbengläubiger (§§ 792, 896 ZPO), bei Vorlage eines vollstreckbaren Titels
– der Auseinandersetzungspfleger gem. § 345 Abs. 4 Nr. 1 FamFG.

27   Das Nachlassgericht darf den Erbschein nur entsprechend dem **Antrag** erteilen. Er muss daher einen bestimmten Vorschlag für den Inhalt des zu erteilenden Erbscheins enthalten. Der Antragsteller darf es nicht dem **Ermessen des Gerichts** überlassen, den Inhalt des Erbscheins festzulegen.

28   Wird ein Erbschein beantragt, der die Erben aufgrund **gewillkürter Erbfolge** ausweisen soll, kann aufgrund dieses Antrages kein Erbschein gemäß gesetzlicher Erbfolge erteilt werden, auch wenn sich die Erben und die Erbquoten decken. Ein gleichwohl erteilter Erbschein ist unrichtig, wenn er von den betroffenen Erben nicht nachträglich genehmigt wird.[27]

---

24 *Edenfeld*, ZEV 2000, 482, 485.
25 Damrau/*Uricher*, § 2370 Rn 1.
26 KG ZEV 1996, 349 ff.
27 BayObLG ZEV 1996, 390 ff.

C. Übersicht: Arten des Erbscheins

- Alleinerben-Erbschein, § 2353 Alt. 1 BGB   29
- **Teil-Erbschein** bei Erbrecht eines Miterben, § 2353 Alt. 2 BGB
- **Gemeinschaftlicher Erbschein**, § 2357 BGB, wenn mehrere Erben vorhanden sind
- **Gruppen-Erbschein.** Hier werden mehrere Teil-Erbscheine über das Erbrecht mehrerer zu demselben Stamm gehörender Erben in einer Urkunde zusammengefasst. Voraussetzung ist jedoch, dass alle in ihm aufgeführten Erben ihn beantragen und die erforderlichen Erklärungen abgeben
- **Gemeinschaftlicher Teil-Erbschein**, der nur mehrere von einigen Miterben ausweist. Hier handelt es sich mithin um einen Erbschein über die Erbteile eines Teiles der Erben
- **Sammel-Erbschein**, der die Erbscheine über Erbfälle nach mehreren Erblassern, die sich nacheinander beerbt haben, zusammenfasst
- **Gegenständlich beschränkter Erbschein**, § 2369 BGB
- **Hoffolgeerbschein** oder das sog. **Hoffolgezeugnis** gem. § 18 Abs. 2 S. 3 HöfeO. Hier wird ein Zeugnis nur über die Hoferbfolge, also in das hofgebundene Vermögen nach dem Höferecht erteilt. Es müssen hiervon unterschieden werden:
  - Der Erbschein wird über den Gesamtnachlass erteilt, zu dem auch der Hof i.S.d. HöfeO gehört
  - Der Erbschein wird lediglich über das hoffreie Vermögen erteilt. Gehört ein Hof i.S.d. HöfeO zum Nachlass, ist für die Erteilung des Hoffolgezeugnisses wie auch für den Erbschein über den hoffreien Nachlass das Landwirtschaftsgericht ausschließlich zuständig
- **Heimstättenfolgezeugnis** für vor dem 1.10.1993 eingetretene Erbfälle.[28]

Für die praktische Abwicklung eines **Erbscheinsantrages** soll nachstehendes   30 Muster dienen. Dieses kann, wie bereits oben erläutert, direkt zur Niederschrift beim Nachlassgericht erklärt oder notariell beurkundet werden.

D. Muster: Erbscheinsantrag

Erbscheinsantrag: 31

Der Erschienene erklärte:

Am 16.11.2010 verstarb in PLZ Trier, Straße, ihrem letzten Wohnsitz, meine Ehefrau, die Kauffrau Hildegard Müller. Sie hinterließ als gesetzliche Erben:
- mich, Name, Geburtsdatum, Anschrift, als Ehemann der Verstorbenen,

---

28 Die Erbfolge in eine „Heimstätte" richtete sich bis 1.10.1993 nach dem Reichs-Heimstätten-Gesetz, aufgehoben durch Gesetz v. 17.6.1993, BGBl I 1993, 912.

- zu $^1/_2$
- ihre Abkömmlinge:
  Frank Müller, Geburtsdatum, Tischler, PLZ Piesport, Goldtröpfchen 1,
  Henriette Hurtig, geb. Müller, Geburtsdatum, Hausfrau, PLZ Ürzig, Würzgarten 3,

zu je $^1/_4$

Vor der Erblasserin verstarben:
- Ihre Tochter, Marion Müller, ohne Hinterlassung von Abkömmlingen, Todesdatum,
- Ihr Sohn, Friedrich Müller, ohne Hinterlassung von Abkömmlingen, Todesdatum.

Weitere Personen, durch die die vorgenannten Erben von der Erbfolge ausgeschlossen oder deren Erbteile gemindert werden würden, sind und waren nicht vorhanden.

Alle Erben haben die Erbschaft angenommen.

Die Erblasserin hat keine Verfügung von Todes wegen hinterlassen.

Ein Rechtsstreit über das Erbrecht der Erben ist nicht anhängig.

Die Erblasserin lebte im Zeitpunkt ihres Todes mit mir im gesetzlichen Güterstand der Zugewinngemeinschaft.

Ein Scheidungsverfahren oder eine Aufhebungsklage nach § 1933 BGB ist nicht anhängig.

Nach Hinweis auf die Bedeutung einer eidesstattlichen Versicherung, insbesondere auf ihre strafrechtlichen Folgen bei falschen Angaben, versichere ich hiermit an Eides Statt, dass mir nichts bekannt ist, was der Richtigkeit meiner Angaben entgegensteht. Dem Nachlassgericht werden die erforderlichen Personenstandsurkunden als Anlage vorgelegt.

Ich beantrage die Erteilung eines gemeinschaftlichen Erbscheins, der die vorgenannte Erbfolge ausweist.

Ich trage die Kosten dieser Urkunde und gebe den Wert des Nachlasses mit 225.000 EUR an.

Ich beantrage die Erteilung einer Ausfertigung für das Nachlassgericht und eine beglaubigte Kopie für mich.

Ort, Datum

Unterschrift des Antragstellers

32 Es sind **Erbscheinsanträge in besonderen Fällen** zu beachten und zu unterscheiden:
- Vorausvermächtnis an den alleinigen Vorerben
- Erbschein für Lastenausgleichszwecke und Restitutionen
- Erbschein für eine Grundbuchberichtigung und zur Verfügung über Grundstücke oder im Grundbuch eingetragene Rechte
- Bescheinigung über Heimstättenfolge
- Sog. „Auseinandersetzungszeugnis", wenn der Nachlass in der Hauptsache aus Grundstücken besteht und die Gerichtskosten des Erbnachweises gesenkt werden sollen.

E. Checkliste: Erbschein

- Wird im konkreten Fall ein Erbschein benötigt?   33
- Kann die gesetzliche Erbfolge durch Vorlage der erforderlichen Personen-
  standsurkunden nachgewiesen werden?
- Ist der Erbscheinsantrag vom Antragsberechtigten gestellt?
- Wird der Erbschein aufgrund gesetzlicher oder gewillkürter Erbfolge bean-
  tragt?
- Welche Art Erbschein wird benötigt?
- Liegt ein Grund für die Kraftloserklärung und Einziehung des Erbscheins
  vor?
- Hinterlässt der Erblasser eine Verfügung von Todes wegen?
- Ist ein Rechtsstreit über das Erbrecht anhängig?
- Sind oder waren Personen vorhanden, die den Antragsteller von der Erbfolge
  ausschließen oder sein Erbteil mindern würden?

F. Steuertipp

Für die steuerrechtliche Behandlung eines Erbscheins ist auf Folgendes hinzuwei-   34
sen:

Der Erbschein ist kein ausschließliches Beweismittel für die Erbfolge, der Erbe
kann sein Erbrecht auch auf andere Weise nachweisen. Etwas anderes ist, abgesehen von § 35 Abs. 1 S. 1 GBO, weder im Zivilrecht noch im Abgabenrecht vorgeschrieben. Danach hat der Inhalt des Erbscheins zwar die Vermutung der Richtigkeit für sich, eine Bindung an den Inhalt des Erbscheins besteht jedoch weder in
rechtlicher noch in tatsächlicher Hinsicht. Die Finanzbehörden und die Finanzgerichte gehen jedoch regelmäßig von dem Erbrecht aus, wie es im Erbschein
bezeugt ist.[29]

Das Finanzamt kann weder einen Erbschein beantragen noch die Einziehung
eines unrichtigen Erbscheins, § 2361 BGB, verlangen.[30]

Werden jedoch gewichtige Gründe erkennbar, die gegen die Richtigkeit des Erbscheins sprechen, so sind die Finanzbehörden und die Finanzgerichte berechtigt
und verpflichtet, gem. §§ 88 Abgabenordnung (AO), 76 Abs. 1 Finanzgerichts-
ordnung (FGO), das Erbrecht und bei Miterben die Erbanteile **selbst** zu ermitteln; der Erbschein muss weder durch das Nachlassgericht aufgehoben werden,
§ 2361 Abs. 1 BGB, noch muss ein neuer Erbschein ausgestellt werden.[31]

---

29 BFH BStBl II 1996, 242; ZEV 1996, 198 m. Anm. *Barfuss*.
30 *Troll/Gebel/Jülicher*, § 3 Rn 105.
31 BFH NJW 1996, 2119 ff.; FG München ZEV 2001, 415.

Gewichtige Gründe können dabei nicht nur Tatsachen, sondern auch rechtliche Gesichtspunkte sein.[32]

G. Zusammenfassung

35 Der Erbschein hat eine zweifache Wirkung, die zum einen in der Vermutung für das Erbrecht des im Erbschein Bezeichneten besteht, § 2365 BGB, und zum anderen zum Schutz gutgläubiger Dritter bei Verfügungsgeschäften mit dem als Erben im Erbschein Bezeichneten, §§ 2366, 2367 BGB. Die Vermutung für das Erbrecht und der öffentliche Glaube des Erbscheins sind dem öffentlichen Glauben des Grundbuchs in den §§ 891–893 BGB vergleichbar.

36 Die **Rechtswirkung des Erbscheins** beginnt mit seiner Erteilung und endet mit seiner Einziehung, Kraftloserklärung oder Herausgabe, §§ 2361, 2362 BGB; ein einfacher Verlust des Erbscheins schadet dagegen nicht.[33]

Da der Anwalt im Bereich des „Nur-Notariats" nur Testamente und Erbverträge entwerfen und diese nicht selbst beurkunden darf, wird in der Praxis häufig ein Erbschein für ein eigenhändiges Testament zu entwerfen sein. Der Erbscheinsantrag kann direkt zur Niederschrift bei dem Nachlassgericht oder zur Niederschrift eines Notars gestellt werden.

Ist ein Rechtsstreit über das Erbrecht anhängig, wird das Nachlassgericht in der Regel das Erbscheinsverfahren bis zur Entscheidung des Erbrechtsprozesses aussetzen, wenn vom Ausgang desselben weitere Aufklärung zu erwarten ist, § 26 FamFG. Umgekehrt darf das Prozessgericht den Rechtsstreit nicht bis zum Abschluss des Erbscheinsverfahrens aussetzen, da die Anforderungen des § 148 ZPO nicht erfüllt sind.

---

32 BFH/NV 2005, 557.
33 *Brox/Walker*, Erbrecht, Rn 616.

§ 10 Erbschaftskauf (§§ 2371 bis 2385 BGB)

A. Einführung

Der **Erbschaftskauf** ist geregelt in den Vorschriften der §§ 2371–2385 BGB.   1
Der Erbschaftskauf ist ein schuldrechtlicher Kaufvertrag über die angefallene   2
Erbschaft, §§ 433 ff. BGB. Verkauft wird mithin die Gesamtheit des dem Erben
angefallenen Nachlassvermögens, nicht das Erbrecht und nicht einzelne oder alle
Gegenstände. Gegenstand des **Erbschaftskaufvertrages** ist beim Alleinerben der
Nachlass insgesamt, beim Miterben dessen quotenmäßiger Anteil nach § 1922
Abs. 2 BGB, beim Nacherben dessen Anwartschaftsrecht, § 2100 BGB.

Der Erbschaftskäufer wird weder durch den Abschluss des Kaufvertrages noch
durch dessen Erfüllung zum Erben oder Miterben.[1] Dies gilt auch im Falle von
§ 2033 BGB, wenn der Erwerber anstelle des Veräußerers in eine Gesamthandsgemeinschaft eintritt.[2]

> **Fall 41**
> Die Alleinerbin Mechthild Maier verkauft dem Kellermeister Kurt Klar form-
> gerecht ihre Erbschaft. Nach Abschluss des Kaufvertrages, aber noch vor
> Erfüllung desselben wird ein zum Nachlass gehörendes wertvolles Schmuck-
> stück gestohlen. Zu wessen Lasten geht der Diebstahl?

B. Rechtliche Grundlagen

Der Verkauf einer Erbschaft im Ganzen bedarf gem. § 2371 BGB der **notariellen**   3
Beurkundung. Der Verkäufer hat dem Erwerber die zum Nachlass gehörenden
Gegenstände herauszugeben und die einzelnen Nachlassgegenstände zu übertra-
gen, also bewegliche Sachen durch Einigung und Übergabe, Grundstücke durch
Auflassung sowie Forderungen durch Abtretung. Der Erbschaftskauf ist dem
Nachlassgericht anzuzeigen, § 2384 Abs. 1 BGB.

Die Erbschaft wird so verkauft, wie sie sich zur Zeit des Vertragsabschlusses   4
gestaltet. Die Vorteile, welche sich aus dem Wegfall eines Vermächtnisses oder
einer Auflage oder aus der Ausgleichungspflicht eines Miterben ergeben, gebühren dem Käufer, § 2372 BGB. Demgegenüber ist ein **Erbteil,** der dem Verkäufer
nach dem Abschluss des Kaufvertrages durch Nacherbfolge oder infolge des
Wegfalls eines Miterben anfällt, sowie ein dem Verkäufer zugewendetes Vorausvermächtnis im Zweifel als nicht mitverkauft anzusehen, § 2373 S. 1 BGB. Glei-

---

1 NK-BGB/*Beck/Ullrich*, § 2371 Rn 2.
2 BGH NJW 1971, 1264.

ches gilt bei Familienpapieren und Familienbildern, § 2373 S. 2 BGB. Als ebenfalls nicht mitverkauft gelten Briefe, Kommentare, Bücher, Familiennotizen und dergleichen, wobei es auf deren Wert nicht ankommt.[3]

5　Aus § 2374 BGB ergibt sich für den Verkäufer eine **Herausgabepflicht** des Erbschaftsgegenstandes oder etwaigen Ersatzes an den Käufer. Hat der Verkäufer vor dem Verkauf einen Erbschaftsgegenstand verbraucht, unentgeltlich veräußert oder unentgeltlich belastet, so ist er verpflichtet, dem Käufer den Wert des verbrauchten oder veräußerten Gegenstandes, im Falle der Belastung die Wertminderung, zu ersetzen, § 2375 Abs. 1 S. 1 BGB.

Ab dem Zeitpunkt des Vertragsabschlusses haftet der Verkäufer nach den Vorschriften über den Kauf, §§ 433 ff. BGB. Absatz 1 und 2 sind abdingbar.[4]

6　Bei Kenntnis des Käufers von dieser Belastung oder dem Verbrauch entfällt die **Ersatzpflicht des Verkäufers**, § 2375 Abs. 1 S. 2 BGB. Bestreitet der Verkäufer seine Ersatzpflicht, weil der Käufer bei Abschluss des Kaufvertrages den Verbrauch oder die unentgeltliche Verfügung gekannt habe, trifft ihn bei Bestreiten des Käufers die Beweislast hinsichtlich der Tatsachen, aus denen sich die Kenntnis des Käufers ergibt.[5]

7　**Ersatzansprüche** wegen eines zwischen Erbfall und Vertragsschluss eingetretenen Untergangs des Verkaufsgegenstandes, einer Verschlechterung oder Unmöglichkeit sind ausgeschlossen, § 2375 Abs. 2 BGB. Die Haftungsfreistellung des Verkäufers bezieht sich auf die Zeit vor Abschluss des Kaufvertrages und gilt unabhängig davon, ob den Verkäufer ein Verschulden trifft.[6] Die Haftung des Verkäufers kann jedoch vereinbart werden oder eine Ersatzpflicht kann sich auch nach Deliktsrecht ergeben, wenn der Verkäufer arglistig Ereignisse der in § 2375 Abs. 2 BGB genannten Art verschweigt.[7]

8　Im Gegensatz zu den kaufrechtlichen Gewährleistungsvorschriften beschränkt sich die **Haftung des Verkäufers** nach § 2376 Abs. 1 BGB wegen eines Mangels im Rechte auf die Haftung dafür, dass ihm das Erbrecht zusteht, dass es nicht durch das Recht eines Nacherben oder durch die Ernennung eines Testamentsvollstreckers beschränkt ist, dass nicht Vermächtnisse, Auflagen, Pflichtteilslasten, Ausgleichspflichten oder Teilungsanordnungen bestehen und dass nicht die unbeschränkte Haftung gegenüber den Nachlassgläubigern oder einzelnen von

---

3　MüKo-BGB/*Musielak*, § 2373 Rn 5 m.w.N.

4　Damrau/*Redig*, § 2375 Rn 1 m.w.N.

5　MüKo-BGB/*Musielak*, § 2375 Rn 6.

6　Damrau/*Redig*, § 2375 Rn 4.

7　MüKo-BGB/*Musielak*, § 2375 Rn 7.

ihnen eingetreten ist.[8] Abs. 2 des § 2376 BGB schließt die Sachmängelhaftung generell aus, wobei der Begriff „Sachmangel" im Schuldrechts-Modernisierungsgesetz nicht mehr vorkommt. Der Ausschluss der Sachmängelhaftung ist verschuldensunabhängig und schließt auch die übrigen Rechte des Käufers bei Mängeln, § 437 BGB, aus.[9] Der Verkäufer haftet jedoch auch für arglistig verschwiegene Sachmängel oder wenn er eine Garantie übernommen hat.[10]

Der Käufer trägt von dem Abschluss des Kaufs an die Gefahr des zufälligen Untergangs und einer zufälligen Verschlechterung der Erbschaftsgegenstände, § 2380 S. 1 BGB.

Lösung zu Fall 41

In o.g. Fall geht der Diebstahl des wertvollen Schmuckstücks zu Lasten des Erbschaftskäufers Kurt Klar. Stichtag ist der Zeitpunkt des Abschlusses des Kaufvertrages, soweit nichts anderes vereinbart wird. Es erfolgt also keine Rückbeziehung der Wirkungen des Erbschaftskaufs auf den Zeitpunkt des Erbfalls.[11]

Der Verkauf einer ganzen Erbschaft ist in der Praxis selten. Wenn überhaupt, wird eine **Erbteilsübertragung** gegeben sein. Der **Miterbe** kann über seine Anteile an einzelnen Nachlassgegenständen nicht verfügen, § 2033 Abs. 2 BGB. Hingegen kann er jedoch über seinen Anteil am Nachlass als Ganzes verfügen, § 2033 Abs. 1 BGB. Dieser Vertrag bedarf ebenfalls der **notariellen Beurkundung**. 9

Erbteilskaufverträge und ähnliche Verträge i.S.v. § 2385 Abs. 1 BGB können aus unterschiedlichen Gründen gegen die Formvorschrift des § 2371 BGB i.V.m. § 1922 Abs. 2 BGB verstoßen und deshalb nach § 125 S. 1 BGB formnichtig sein.

Neben den Fällen eines nur mündlichen oder privatschriftlichen Vertragsabschlusses sind vor allem die Fälle unrichtiger oder unvollständiger Beurkundung des Vertrages in der Praxis relevant. Häufig wird ein zu niedriger Kaufpreis beurkundet, um Notarkosten und Steuern zu sparen. Grundsätzlich ist die Erbteilsübertragung, wenn zum Nachlass Grundbesitz gehört, nach § 1 Abs. 1 Nr. 3, Grunderwerbsteuergesetz (GrEStG), grunderwerbsteuerpflichtig. Gehört zum Nachlass **Betriebsvermögen**, stellt die Abtretung des Erbteils die Übertragung eines Mitunternehmeranteils i.S.v. § 16 Abs. 1 Nr. 2 Einkommensteuergesetz 10

---

8 Das Gesetz zur Änderung des Erb- und Verjährungsrechts hat § 2376 BGB wie folgt geändert: – In Abs. 1 S. 1 werden die Wörter „Verpflichtung des Verkäufers zur Gewährleistung wegen eines Mangels im Recht beschränkt sich auf die Haftung dafür" durch die Wörter „Haftung des Verkäufers für Rechtsmängel beschränkt sich darauf" ersetzt. – Abs. 2 wird wie folgt gefasst: „(2) Für Sachmängel eines zur Erbschaft gehörenden Gegenstands haftet der Verkäufer nicht, es sei denn, dass er einen Mangel arglistig verschwiegen oder eine Garantie für die Beschaffenheit des Gegenstands übernommen hat.

9 NK-BGB/*Beck/Ullrich*, § 2376 Rn 2.

10 Bamberger/Roth/*J. Mayer*, § 2376 Rn 3.

11 NK-BGB/*Beck/Ullrich*, § 2380 Rn 1.

(EStG) dar, so dass auf den Veräußerungsgewinn Einkommensteuer entfallen kann.[12]

Keller kommt in seinem Beitrag zu dem Ergebnis, dass ein formnichtiger Erbteilskaufvertrag oder ähnlicher Vertrag i.S.v. § 2385 Abs. 1 BGB durch die Übertragung des Erbteils gem. § 2033 Abs. 1 BGB in analoger Anwendung des § 313 S. 2 BGB (jetzt § 311b Abs. 1 S. 2 BGB) geheilt wird.[13]

11   Der Erwerber des Erbteiles tritt mit allen Rechten und Pflichten an die Stelle des Veräußerers, haftet also auch neben dem Veräußerer für alle **Nachlassverbindlichkeiten** einschließlich der **Erbschaftsteuer**, § 2378 Abs. 1 BGB.

12   Verkauft eine Erbengemeinschaft ein zum Nachlass gehörendes Handelsgeschäft an mehrere Erbteilskäufer, steht dies nicht in untragbarem Widerspruch zu den Interessen des Handelsverkehrs.[14]

Ob besondere Gründe dagegen sprechen, dass die Erbteilserwerber das Handelsgeschäft in ungeteilter Erbengemeinschaft fortführen können, ist nachzuweisen, sonst ist davon auszugehen, dass die Mitglieder der Gemeinschaft das Handelsgeschäft weiter betreiben können.[15]

13   Soll das Erbteil an einen Dritten verkauft werden, steht den Miterben ein **gesetzliches Vorkaufsrecht** nach § 2034 BGB zu. Ein Erbschaftskauf löst auch dann keinen Vorkaufsfall im Sinne der §§ 1094 ff. BGB aus, wenn der gesamte Nachlass nur noch aus einem Grundstück besteht.[16]

Der Genehmigung nach dem **Grundstücksverkehrsgesetz** bedarf die Veräußerung eines Erbteils, wenn der Nachlass im Wesentlichen aus einem landwirtschaftlichen oder forstwirtschaftlichen Betrieb besteht und der Erwerber nicht bereits Miterbe ist, § 2 Abs. 2 Nr. 2 Grundstücksverkehrsgesetz (GrdstVG).

Der Käufer hat dem Verkäufer die notwendigen Verwendungen zu ersetzen, die dieser vor dem Verkauf auf die Erbschaft gemacht hat, § 2381 Abs. 1 BGB.

Als notwendig sind solche Verwendungen anzusehen, die im Interesse der Erhaltung der Erbschaft oder einzelner Erbschaftsgegenstände oder ihres Wertes erforderlich waren, wobei es auf den Zeitpunkt ankommt, zu der sie gemacht wurden.[17]

Vom Vertragsabschluss an haftet der Käufer den Nachlassgläubigern, unbeschadet der Fortdauer der Verkäuferhaftung, § 2382 Abs. 1 S. 1 BGB. Die Haftung des Käufers gegenüber den Gläubigern kann nicht durch Vereinbarungen zwischen

---

12 *Keller*, ZEV 1995, 427, 428 m.w.N.
13 *Keller*, ZEV 1995, 433.
14 BGHZ 92, 259, 264.
15 BGHZ 92, 259, 264; *Keller*, ZEV 1999, 174, 176; a.A. KG ZEV 1999, 28.
16 LG München II MittBayNot 1986, 179.
17 Damrau/*Redig*, § 2381 Rn 2 m.w.N.

dem Käufer und dem Verkäufer ausgeschlossen oder beschränkt werden, § 2382
Abs. 2 BGB.

Der BGH hat § 2382 BGB auch gegenüber einem Erbteilskäufer zugunsten eines 14
Miterben angewandt, der durch Abschluss eines **Auseinandersetzungsvertrages**
einen schuldrechtlichen Anspruch auf bestimmte Nachlassgegenstände erworben
hat.[18]

Nach § 2383 Abs. 1 S. 1 BGB gelten für die Haftung des Käufers die Vorschriften 15
über die Beschränkung der Haftung des Erben gem. §§ 1975 ff. BGB entsprechend. Eine bereits unbeschränkte **Haftung des Verkäufers** zur Zeit des Verkaufs
hat der Käufer hinzunehmen, § 2383 Abs. 1 S. 2 BGB. Ist die Haftung des Käufers
auf die Erbschaft beschränkt, hat er die Vollstreckung in seine eigenen Ansprüche
gegen den Verkäufer zu dulden, § 2383 Abs. 1 S. 3 BGB.

Für den Antrag auf Eröffnung des Insolvenzverfahrens über den Nachlass gem.
§ 330 Abs. 1 InsO tritt der Käufer an die Stelle des Erben, wenn das Rechtsgeschäft mit dem Erben wirksam ist, insbesondere die Form des § 2371 BGB
gewahrt ist.[19]

Der Verkäufer ist den **Nachlassgläubigern** gegenüber verpflichtet, den Verkauf 16
der Erbschaft und den Namen des Käufers unverzüglich dem **Nachlassgericht**
anzuzeigen, § 2384 Abs. 1 S. 1 BGB. Die Anzeige des Verkäufers wird durch die
Anzeige des Käufers ersetzt, § 2384 Abs. 1 S. 2 BGB. Bei Glaubhaftmachung eines
rechtlichen Interesses hat das Nachlassgericht jedem die Einsicht der Anzeige zu
gestatten, § 2384 Abs. 2 BGB.

Da in der Praxis ein **Erbschaftskauf** so gut wie nicht vorkommt, wird nachste- 17
hend das Muster eines **Erbteilkaufvertrages** dargestellt.

C. Muster: Erbteilkaufvertrag

Erbteilkaufvertrag 18

Verhandelt am 21.6.2010 in Trier, vor mir

Willi Weinreich,

Notar in Trier

erschienen in meinen Amtsräumen in Trier

Herr Karl Müller, Geburtsdatum, Sonnenacker 15, PLZ Schweich,

Frau Ludmilla Steinreich, geb. Meier, Geburtsdatum, Annaberg 2, PLZ Schweich.

---

18 BGHZ 38, 187, 193 ff.
19 OLG Köln ZEV 2000, 240.

Beide ausgewiesen durch ihre amtlichen Bundespersonalausweise. Auf Ersuchen beurkunde ich die Erklärungen der Erschienenen:

A. I. Herr Karl Müller ist zu $^1/_2$ Miterbe nach seinem Vater Paul Müller geworden. Der dies beweisende Erbschein des Amtsgerichts Bernkastel-Kues, Geschäfts-Nr. 123456 ist dieser Urkunde in Abschrift als Anlage beigefügt. Er verkauft diesen Erbteil der dies annehmenden Frau Ludmilla Steinreich.

Den Beteiligten ist Art und Umfang des zum ungeteilten Nachlass gehörenden Vermögens bekannt.

II. Zum Nachlass gehört nur noch das im Grundbuch von Kenn Blatt 234 eingetragene Grundstück. Der Grundbuchinhalt wurde vom Notar am ▓▓▓▓▓ festgestellt. Danach handelt es sich um die Grundstücke

a) ▓▓▓▓▓

b) ▓▓▓▓▓

In Abteilung II. und III. des Grundbuchs sind keine Rechte eingetragen. Als Eigentümer ist noch der Erblasser Paul Müller eingetragen.

Herr Karl Müller erklärt,

1. es bestehen keine Nachlassverbindlichkeiten mehr,
2. die Erbschaftsteuer ist bereits bezahlt,
3. ich habe den Erbteil noch nicht anderweitig veräußert und verpfändet, der Erbteil ist weder gepfändet noch mit Vermächtnissen, Auflagen, Pflichtteilslasten, Ausgleichspflichten, Teilungsanordnungen, einer Testamentsvollstreckung, einem Nacherbenrecht oder sonstigen Rechten Dritter belastet.

Nach der Belehrung durch den Notar darüber, dass über diese Umstände kein sicherer Aufschluss aus dem Grundbuch zu erzielen ist und deshalb das Risiko des Bestehens von Rechten Dritter nicht vollkommen ausgeschlossen werden kann, erklärt Frau Ludmilla Steinreich, dass sie genug persönliches Vertrauen in Herrn Karl Müller setzt, um diesen Vertrag dennoch zu schließen.

B. I. Neben dem Verkäufer ist auch Herr Dieter Müller, Im Nonnengraben 12, PLZ Trier, zu $^1/_2$ Miterbe nach dem Erblasser geworden. Herrn Dieter Müller steht als gesetzlichem Miterben ein Vorkaufsrecht zu. Herr Dieter Müller soll eine Ausfertigung dieses Vertrages zugestellt bekommen und sich zur Ausübung seines Vorkaufsrechts binnen zwei Monaten nach Zustellung erklären.

II. Die Beteiligten wurden auf die rechtliche Wirkung der Erbteilsübertragung hingewiesen, insbesondere, dass bei dieser Übertragung im ungeteilten Nachlass befindliche Vermögenswerte einschließlich etwaiger Nachlassverbindlichkeiten mit übergehen.

Die Beteiligten bewilligen und beantragen bei dem Amtsgericht Trier die in dieser Urkunde vorgenommene Erbteilsübertragung im Wege der Grundbuchberichtigung.

III. Der Verkäufer übernimmt für den Zustand der Nachlassgegenstände keine Gewähr, insbesondere nicht für Ertragskraft und Wert des Erbteils.

IV. Der Kaufpreis beträgt 40.000 EUR. Er ist zinslos fällig innerhalb von 14 Tagen nach Mitteilung des Notars, dass die Verzichtserklärung zum Vorkaufsrecht des Miterben Dieter Müller eingegangen bzw. die Frist von zwei Monaten für die Ausübung des Vorkaufsrechts verstrichen ist. Bei Zahlungsverzug des Käufers hat der Verkäufer wahlweise das Recht 8,0 Prozent p.a. Zinsen zu verlangen oder von diesem Vertrag zurückzutreten.

Der Käufer unterwirft sich hiermit wegen aller Zahlungsverpflichtungen aus diesem Vertrag dem Verkäufer gegenüber der sofortigen Zwangsvollstreckung in sein gesamtes Vermögen.

V. Der Käufer trägt die Kosten dieses Vertrages und seiner Durchführung sowie die Kosten der Grundbuchberichtigung und die Grunderwerbsteuer.

Von dieser Urkunde erhält jeder Vertragsteil eine Ausfertigung. Beglaubigte Abschriften werden übersandt an das Finanzamt – Grunderwerbsteuerstelle –, das Grundbuchamt beim Amtsgericht Trier, das Nachlassgericht beim Amtsgericht Trier sowie an den vorkaufsberechtigten Dieter Müller.

Diese Niederschrift wurde vorgelesen, genehmigt und unterschrieben.

Unterschriften der Beteiligten

Unterschrift Notar

Notar

Erläuterung: 19

Bei o.g. Muster eines **Erbteilskaufvertrages** wurde davon ausgegangen, dass der Vorkaufsberechtigte Dieter Müller wie der Veräußerer, Karl Müller, nach dem verstorbenen gemeinsamen Vater Paul Müller zu je ½ Miterbe geworden ist.

In der Praxis kommt es immer wieder vor, dass ein Miterbe seinen Miterbenanteil   20
an dem Nachlass an einen Dritten verkauft, um über Bargeld verfügen zu können, und aus der **Erbengemeinschaft** ausscheidet. Etwaige andere Mitglieder der Erbengemeinschaft haben ein Vorkaufsrecht gem. § 2034 Abs. 1 BGB. Die Frist der Ausübung des Vorkaufsrechts beträgt zwei Monate und ist vererblich, § 2034 Abs. 2 BGB.

D. Checkliste: Erbschaftskauf

– Formerfordernis der notariellen Beurkundung, § 2371 BGB erfüllt?   21
– Ist Anzeige beim Nachlassgericht erfolgt?
– Soll die gesamte Erbschaft oder, wie in der Regel, ein Erbteil verkauft werden?
– Hat der Verkäufer gegenüber dem Käufer eine Ersatzpflicht i.S.d. § 2375 BGB?
– Soll für einen Miterben das gesetzliche Vorkaufsrecht ausgeübt werden, § 2034 BGB?
– Gewährleistung des Verkäufers gem. § 2376 Abs. 1 BGB?
– Bestehen noch Nachlassverbindlichkeiten gem. § 2378 Abs. 1 BGB?

E. Steuertipp

22   Erbschaftsteuerpflichtig ist gemäß § 20 ErbStG der Erbe. Schuldner der Erbschaftsteuer ist gem. § 20 ErbStG der Erwerber. Der Käufer haftet lediglich subsidiär und beschränkt auf den Erwerb gem. § 20 Abs. 3 ErbStG.[20]

Gemäß § 20 Abs. 3 ErbStG haftet der Nachlass bis zur Auseinandersetzung (§ 2042 BGB) für die Steuer der am Erbfall Beteiligten. Die Erbauseinandersetzung ist erst nach der vollständigen Verteilung des Nachlassvermögens (einschließlich eventueller Surrogate) abgeschlossen. Eine Teilauseinandersetzung kann deshalb die Haftung nach § 20 Abs. 3 ErbStG nicht beenden. Dies gilt auch für die persönliche Teilauseinandersetzung, die zum Ausscheiden eines Miterben aus der Erbengemeinschaft führt. Das Gleiche gilt für das Ausscheiden durch Veräußerung des Erbanteils. Solche Vorgänge ändern nichts daran, dass weiterhin gesamthänderisch gebundenes Sondervermögen als Haftungsgrundlage zur Verfügung steht. Für eine unentgeltliche Übertragung der Erbschaft sind die allgemeinen Regeln des Schenkungsteuerrechts gem. des § 7 Abs. 1 ErbStG anwendbar.

F. Zusammenfassung

23   Bei dem Alleinerben ist eine vermögensmäßige Absonderung des Nachlasses nicht gegeben, so dass die zum Nachlass gehörenden Gegenstände in jedem Fall nach den jeweils einschlägigen Bestimmungen einzeln auf den Erwerber übertragen werden müssen.[21]

Da die **Erbteilsübertragung** in der Praxis, wenn überhaupt, häufiger vorkommt und der Erbschaftskauf so gut wie gar nicht in Erscheinung tritt, hat sich die vorstehende Darstellung des Musters auf die Erbteilsübertragung beschränkt.

Zu einer Erbteilsübertragung kann es kommen, wenn ein Mitglied einer Erbengemeinschaft seinen Erbteil verkaufen will, da es mit den anderen Miterben nicht weiterhin in einer Gemeinschaft bleiben möchte oder Bargeld benötigt.

Gegenüber den kaufrechtlichen Vorschriften beinhalten die Vorschriften zum Erbschaftskauf in §§ 2371 ff. BGB die Besonderheit der abweichenden Rechtsmängel- und fehlenden Sachmängelhaftung sowie des vorverlegten Gefahrübergangs.

---

20 *Troll/Gebel/Jülicher*, § 20 Rn 50 ff.
21 *Mayer*, ZEV 1997, 105 ff.

§ 11 Behindertentestament

A. Einführung

Mit dem sog. „**Behindertentestament**" ist eine Verfügung von Todes wegen **1**
gemeint, die zumindest auch zugunsten eines behinderten Kindes errichtet wird.
Eine rechtliche Brisanz besitzt ein solches Testament wegen des Schnittpunktes
zwischen Erbrecht und Sozialrecht und daraus resultierender möglicher Sittenwidrigkeit.

Wie nachstehend erläutert wird, hat das Behindertentestament zumindest auch **2**
die Intention, die **Überleitungsansprüche des Sozialhilfeträgers** bei einer Erbschaft des Behinderten auszuschließen. Die immer wieder erhobenen Vorwürfe
der Sozialverwaltung, die hierin ein sittenwidriges Verhalten der Erblasser sieht,
wurden von der Rechtsprechung nicht bestätigt.[1]

Den Eltern geht es regelmäßig darum, die Lebensverhältnisse des behinderten
Kindes gegenüber dem von der Sozialhilfe oder anderen sozialen Leistungen
gedeckten Standard zu verbessern.[2] Die Auffassung des OLG Köln, dass ein vom
behinderten Kind mit seinen Eltern lebzeitig abgeschlossener Pflichtteilsverzichtsvertrag auch nicht im Falle des Bezugs von Sozialleistungen sittenwidrig
ist,[3] ist durch den Bundesgerichtshof in seinem aktuellen Urteil bestätigt worden.[4]

Der Anwalt ist hier als Ratgeber gefragt für Eltern, die sich in einer persönlichen
Sondersituation befinden. Normalerweise hinterlassen Eltern bei ihrem Tode
Kinder, die sich im Idealfall vor ihrem Tode um sie gekümmert haben. Bei
Vorhandensein eines behinderten Kindes sollten die Eltern bei der Errichtung
ihrer Verfügung von Todes wegen berücksichtigen, dass nach ihrem Tode regelmäßig ein volljähriges, aber hilfebedürftiges Kind hinterbleibt. Damit dieses behinderte Kind nicht lediglich auf Leistungen des Sozialhilfeträgers angewiesen
ist und somit ein Abstieg in der Versorgung zu verzeichnen ist, hat die Rechtsprechung die Möglichkeit der Errichtung des sog. „Behindertentestaments" eröffnet.

---

1 BGHZ 111, 36; BGHZ 123, 368.
2 *Scherer,* Münchener Anwaltshandbuch Erbrecht, § 41 Rn 5 ff. m.w.N.
3 OLG Köln ZErb 2010, 56; MittBayNot 2010, 401; ZEV 2010, 85 m. Anm. *Armbrüster*
  und hierauf erwidernd *Bengel,* ZEV 2010, 195.
4 BGH ZErb 2011, 117.

B. Rechtliche Grundlagen

3 Art. 14 Abs. 1 S. 1 GG gewährleistet das Eigentum und das Erbrecht. Im Gegensatz zu der erbrechtlich geschützten **Testierfreiheit** des Erblassers gilt das **sozialhilferechtliche Nachrangprinzip.**

Durch das Gesetz zur Einordnung des Sozialhilferechts in das Sozialgesetzbuch vom 27.12.2003[5] wurde das Bundessozialhilfegesetz als XII. Teil des Sozialgesetzbuches in dieses integriert. Das Sozialhilfe-Einordnungsgesetz und damit auch das SGB XII traten im Wesentlichen am 1.1.2005 in Kraft. Gleichzeitig traten damit die entsprechenden Vorschriften des Bundessozialhilfegesetzes außer Kraft.

Wenn das behinderte Kind als Erbe etwas aus dem Nachlass seiner Eltern erhält, gilt das Nachrangprinzip, § 2 Abs. 1 SGB XII, früher § 2 Abs. 1 BSHG, wonach Sozialhilfe nicht bekommt, wer sich selbst helfen kann oder die erforderliche Hilfe von anderen bekommt. Demnach ist der Leistungsberechtigte (früher „Hilfeempfänger") verpflichtet, ein etwa vorhandenes eigenes Vermögen und Einkommen im gesetzlich festgelegten Umfang einzusetzen.[6] Dabei gelten für das Einkommen die §§ 85–89 SGB XII (früher §§ 76 ff. BSHG), für das Vermögen die §§ 90 ff. SGB XII (früher §§ 88, 89 BSHG). Vom Vermögen ist mit Ausnahme des in § 90 Abs. 2 SGB XII (früher §§ 88 Abs. 2 BSHG) näher festgelegten sog. Schonvermögens das gesamte verwertbare Vermögen einzusetzen. Wie auch nach dem BSHG kann aber die Verwertbarkeit aus Rechtsgründen ausgeschlossen sein, wie z.b. durch Anordnung einer Testamentsvollstreckung.[7]

Bei Bargeld verbleibt nur der sog. „Notgroschen" nach § 90 Abs. 2 Nr. 9 SGB XII i.V.m. der einschlägigen Durchführungsverordnung hierzu vom 11.2.1988,[8] zuletzt geändert durch Gesetz vom 27.12.2003.[9] Demnach beträgt der Grundbetrag
– bei der Hilfe zum Lebensunterhalt 1.600 EUR bei Personen die das 60. Lebensjahr vollendet haben, sowie bei voller Erwerbsminderung im Sinne der gesetzlichen Rentenversicherung 2.600 EUR
– bei den Hilfen in besonderen Lebenslagen grundsätzlich 2.600 EUR, zuzüglich eines Betrages von 614 EUR für den nicht getrennt lebenden Ehegatten/Lebenspartner und von 256 EUR für jede Person die von der nachfragenden Person überwiegend unterhalten wird.

4 In § 102 Abs. 1 SGB XII (früher § 92c BSHG) wird der Zugriff des Sozialhilfeträgers auf eine Erbschaft des Behinderten eröffnet. Die Ersatzpflicht besteht nur für die Kosten der Sozialhilfe, die innerhalb eines Zeitraumes von zehn Jahren vor dem Erbfall aufgewendet worden sind und die das Dreifache des Grundbetra-

---

5 BGBl I 3022.
6 Mayer/Bonefeld/*J. Mayer*, Testamentsvollstreckung, § 22 Rn 45.
7 Mayer/Bonefeld/*J. Mayer*, Testamentsvollstreckung, § 22 Rn 45.
8 BGBl I, S. 150.
9 BGBl I, S. 3022.

ges nach § 85 Abs. 1 SGB XII übersteigen, § 102 Abs. 1 S. 2 SGB XII. Hier liegt der Hinweis, dass der Behinderte von seinen Eltern nicht zur freien Verfügung erben sollte, da sonst der Zugriff des Sozialhilfeträgers nach den genannten Vorschriften eröffnet wird.

Da die Eltern des behinderten Kindes in der Regel jahrelange Entbehrungen auf sich genommen haben, damit das Kind zu Hause wohnen bleiben konnte und ein Heimaufenthalt vermieden wurde, haben sie der Gesellschaft Kosten erspart. Die Rechtsprechung ist inzwischen der Überzeugung, „dass es eine den Eltern zuvörderst zukommende sittliche Verantwortung ist, für das Wohl ihres Kindes Rechnung zu tragen, auch über ihren Tod hinaus, und sie nicht verpflichtet sind, diese Verantwortung dem Interesse der öffentlichen Hand an einer Teildeckung ihrer Kosten hinten anzusetzen".[10]

Es gibt weiterhin keine allgemeine Rechtsüberzeugung, dass Eltern ihrem behin- 5
derten Kind, jedenfalls von einer gewissen Größe ihres Vermögens an, einen über den **Pflichtteil** hinausgehenden Erbteil hinterlassen müssten, damit es nicht ausschließlich der Allgemeinheit zur Last fällt. In § 2338 BGB hat der Gesetzgeber dem Erblasser sogar Wege gewiesen, wie er das Familienvermögen vor dem Zugriff der Gläubiger eines überschuldeten Pflichtteilsberechtigten retten kann.[11]

Ist ein Abkömmling in einem solchen Maße verschwendungssüchtig oder überschuldet, dass der spätere Erwerb der Erbschaft durch ihn erheblich gefährdet wird, kann der Erblasser das Pflichtteilsrecht dieses Abkömmlings in guter Absicht dahin gehend beschränken, dass nach dem Tode des Abkömmlings dessen gesetzliche Erben das ihm Hinterlassene oder den ihm gebührenden Pflichtteil als Nacherben oder als Nachvermächtnisnehmer nach dem Verhältnis ihrer gesetzlichen Erbteile erhalten sollen, § 2338 Abs. 1 S. 1 BGB. In Abs. 1 S. 2 der Vorschrift wird dem Erblasser die Möglichkeit eingeräumt, für die Lebenszeit des Abkömmlings dessen Erbschaft unter Testamentsvollstreckung zu stellen; hierbei hat der Abkömmling einen Anspruch auf den jährlichen Reinertrag der Erbschaft.

Wenn der Gesetzgeber diese vorgenannten Möglichkeiten der **Pflichtteilsbe-** 6
schränkung in guter Absicht bereits Eltern von Abkömmlingen einräumt, die sich selbst in eine solche Situation der Verschwendungssucht oder Trunksucht gebracht haben, müssen diese Möglichkeiten erst recht den Eltern von behinderten Kindern zustehen. Die behinderten Abkömmlinge sind unverschuldet in ihre abhängige Situation geraten, in der sie auf die Hilfe von anderen angewiesen sind.[12]

---

10 BGHZ 123, 368, 373; BGHZ 111, 36.
11 BGHZ 123, 368, 378.
12 *Förster*, FF 1999, 169, 172; *Förster*, Gemeinsam leben 2000, 86, 88 m.w.N.; a.A. *Eichenhofer*, NDV 1999, 82, 114.

Gemäß diesen Ansätzen hat der Bundesgerichtshof in den vorgenannten Entscheidungen das sogenannte Behindertentestament für rechtmäßig erachtet.

7 Die juristische Lösungsmöglichkeit besteht darin, dass die Erblasser den Behinderten lediglich als **Vorerben** einsetzen und bereits verfügen, wer nach seinem Tode **Nacherbe** sein soll. Der Vorerbe sollte nicht befreit sein von den gesetzlichen Beschränkungen des BGB. Der Behinderte ist als Vorerbe mit geringfügig höherer Quote, als sie seinem Pflichtteil entspräche, einzusetzen.

8 Der Sozialhilfeträger kann nach dem Ableben des Vorerben nicht gem. § 102 SGB XII beim Nacherben Zugriff nehmen, da dieser nicht den Vorerben, sondern den Erblasser beerbt. Die Erbschaft des Behinderten ist zwar gem. § 2306 BGB beschränkt und beschwert und gibt ihm bzw. seinem Betreuer die Möglichkeit, diese auszuschlagen. Zur **Ausschlagung** der Erbschaft bedarf der Betreuer jedoch der Genehmigung des Familiengerichts, §§ 1643 Abs. 2, 1822 Nr. 2, 1915 BGB. Das **Familiengericht** hat sich am Interesse und Wohl des Behinderten zu orientieren. Würde es in diesem Fall die Ausschlagung der Erbschaft durch den Betreuer genehmigen, bekäme der Behinderte einen geringeren Erbteil, nämlich den Pflichtteil, und nicht die höhere Quote als den Pflichtteil bei Annahme der Erbschaft. Die Ausschlagung wäre also eine Verschlechterung für den Behinderten. Deshalb würde sie durch das Familiengericht, das sich an dem Wohle des Betreuten zu orientieren hat, nicht genehmigt werden.[13]

9 Weiterhin ist die Vorerbschaft des Behinderten unter **Dauertestamentsvollstreckung** gem. §§ 2214, 2210 BGB zu stellen. Der Testamentsvollstrecker ist in der Verfügung von Todes wegen anzuweisen, dass aus Erträgen, die dem Behinderten zustehen, Geschenke, Zuschüsse für Bildungsmaßnahmen, Urlaub und ähnliches zu finanzieren sind.[14]

10 Der vor der Rechtsprechung des BGH in 1990 und 1993 geführte Streit mit den Trägern der Sozialhilfe über die angebliche **Sittenwidrigkeit** der sog. „Behindertentestamente" ist überwiegend beigelegt.[15] Die Sittenwidrigkeit ist abhängig von der Höhe des Nachlasses. Für kleinere und mittlere Nachlasswerte ist nach der genannten Rechtsprechung des BGH und der überwiegenden Lehre die Sittenwidrigkeit letztwilliger Verfügungen zugunsten Behinderter zu verneinen.[16]

---

13 *Bengel/Reimann*, Testamentsvollstreckung, 5. Kapitel Rn 353.
14 Siehe den Katalog für Zuwendungen in: Mayer/Bonefeld/*J. Mayer*, Testamentsvollstreckung, § 22 Rn 53.
15 In einer aktuellen Entscheidung erklärt der BGH, dass der Pflichtteilsverzicht eines behinderten Sozialleistungsbeziehers grundsätzlich nicht sittenwidrig sei, BGH ZErb 2011, 117; *Kleensang*, Endlich Sicherheit für das Behindertentestament!, ZErb 2011, 121.
16 Siehe hierzu *Schubert*, Anmerkung zu BGH v. 21.3.1990, JR 1991, 106; *van de Loo*, NJW 1990, 2852, 2857; *Mayer*, DNotZ 1994, 351.

Für große Nachlasswerte gilt Folgendes:

Genügen die Erträge der Vorerbschaft dafür, den Lebensunterhalt des Behinderten einschließlich zusätzlicher Annehmlichkeiten zu bestreiten, wird die Anordnung des Erblassers, der Testamentsvollstrecker solle nur solche Nachlassfrüchte an den Behinderten auskehren, die nicht auf die Leistungen des Sozialhilfeträgers anrechenbar sind, für sittenwidrig gehalten. Die Folge wäre, dass der Sozialhilfeträger den Anspruch auf Auskehrung der Nachlassfrüchte gem. § 93 SGB XII (früher § 90 Abs. 1 S. 1 BSHG) auf sich überleiten kann.[17]

Diese Fälle werden in der Praxis jedoch nicht häufig vorkommen, weil der Wert des Nachlasses außerordentlich hoch sein muss. Bei z.b. monatlichen Heimunterbringungskosten i.H.v. 3.000 EUR müsste der Zinsertrag allein des dem Behinderten vererbten Nachlassbruchteils jährlich 36.000 EUR betragen. Geht man davon aus, dass nichtbehinderte Abkömmlinge vorhanden sind und mit einer höheren Erbquote bedacht werden, wird ersichtlich, welch hohe Nachlasssumme erforderlich ist. Überdies wird der dem Behinderten hinterlassene Erbteil regelmäßig nur knapp über der Pflichtteilsquote liegen.

Beachte   11
Die vorgenannte Lösung gewährleistet einen Vonselbsterwerb durch die **Vor- und Nacherbschaft**. Es gibt jedoch auch die Empfehlung durch die „Lebenshilfe", anstatt der Vor- und Nacherbschaft eine Vermächtnisregelung zu treffen. Hierbei setzen die Eltern für ein oder jedes Kind ein **Vermächtnis** aus. Intention dieser Regelung ist, dass das behinderte Kind nicht Mitglied der Erbengemeinschaft wird.[18]
Die Gefahr bei dieser Konstruktion besteht darin, dass der Anspruch des Nachvermächtnisnehmers mit dem Kostenerstattungsanspruch des Sozialhilfeträgers konkurriert. Ein Vorrang des Sozialhilfeträgers besteht nicht. Das vom Behinderten hinterlassene Vermögen ist der Vermächtnisgegenstand und muss vom Sozialhilfeträger und Nachvermächtnisnehmer quotenmäßig geteilt werden.[19]
Auch die umgekehrte Vermächtnislösung,[20] bei der der behinderte Mensch als alleiniger nicht befreiter Vorerbe eingesetzt und die übrigen zu bedenkenden Personen als Nacherben und/oder Vermächtnisnehmer eingesetzt werden, birgt Nachteile. Die weiteren Begünstigten sind nicht am Nachlass beteiligt, sondern müssen zunächst auf die Erfüllung der Vermächtnisse warten. Außerdem besteht die Gefahr, dass man den Behinderten zum unbeschränkten alleinigen Erben macht, falls die Anordnung der Vermächtnisse oder der beschränkten Vorerbschaft wegen § 138 BGB oder § 2306 BGB unwirksam sein

---

17 *Littig/Mayer*, Sozialhilferegreß gegenüber Erben und Beschenkten, Rn 203 ff.
18 *Heinz-Grimm*, Testamente zugunsten von Menschen mit geistiger Behinderung, S. 21.
19 Vgl. hierzu *Damrau*, ZEV 1998, 1, 3.
20 *Grziwotz*, ZEV 2002, 409.

sollte.[21] Wird ein Berliner Testament zur Grundlage eines Behindertentestaments gemacht, birgt dies erhebliche Risiken. Selbst die Verfügung einer Pflichtteilsstrafklausel hindert die Überleitung des Pflichtteilsanspruches für den Behinderten auf den Sozialhilfeträger nicht. Auf eine Entscheidung des Pflichtteilsberechtigten selbst kommt es hierbei nicht an.[22] Weiterhin sollte darauf geachtet werden, dass die Erbquote für den Behinderten nicht zu gering berechnet wird.[23] Darüber hinaus ist die Freiheit auf unerwünschte innerfamiliäre oder sonstige nicht vorhersehbare Entwicklungen reagieren zu können, abzusichern. Der überlebende Ehegatte sollte einen freien oder eingeschränkten Abänderungsvorbehalt im gemeinschaftlichen Testament haben, nach dem er über seinen eigenen Nachlass abweichend von den getroffenen Anordnungen verfügen und dabei auch wechselbezügliche Verfügungen abändern darf.[24]

C. Checkliste: Behindertentestament

12 – Hat der Erblasser ein behindertes Kind?
   – Drohen Überleitungsansprüche des Sozialhilfeträgers?
   – Handelt für das behinderte Kind ein Betreuer?
   – Wer wird Testamentsvollstrecker?
   – Möchte der Erblasser seinem behinderten Kind im Erbfall mehr zuwenden als den reinen Sozialhilfesatz?
   – Teilungsanordnung bezüglich der Immobilien?
   – Einsetzung des behinderten Kindes als nicht befreiter Vorerbe auf Lebenszeit (nach beiden Erbteilen), Erbquote muss den Pflichtteil übersteigen
   – Dauertestamentsvollstreckung auf Lebenszeit über die Vorerbschaft mit Verwaltungsanordnung
   – Änderungsbefugnisse für den länger lebenden Ehegatten.

D. Zusammenfassung

13 Das Behindertentestament bietet innerhalb des Erbrechts eine geschickte Kombination von erbrechtlichen Gestaltungsmöglichkeiten, um Überleitungsansprüche des Sozialhilfeträgers nach geltender Rechtsprechung zu verhindern.

Litzenburger zog schon im Jahre 2009 eine positive Bilanz für das Behindertentestament:

---

21 *Golpayegani/Boger*, ZEV 2005, 377.
22 BGH ZEV 2005, 117.
23 *Ruby*, ZEV 2006, 66, 68.
24 *Ruby*, ZEV 2006, 70.

„Wenn nämlich schon der Schenker keine Rücksicht auf die eigene Versorgung bei später eintretender Hilfsbedürftigkeit nehmen muss, dann braucht erst recht der Erblasser bei der Testamentsgestaltung dem Regressanspruch des Sozialleistungsträgers keine Beachtung zu schenken, wenn der andere, nämlich der potentielle Erbe oder Vermächtnisnehmer, hilfsbedürftig ist oder wird. Mit anderen Worten: Wer schon nicht für den Fall der eigenen Hilfsbedürftigkeit vorsorgen muss, braucht dies erst recht nicht für andere zu tun. Die nach der bisherigen Rechtsprechung des BGH zur Zulässigkeit des Behindertentestaments etwa noch verbliebenen Zweifel an der Sittenwidrigkeit derartiger Konstruktionen dürften damit ausgeräumt sein."[25]

Von der Vermächtnislösung ist nach Auffassung von *Damrau* abzuraten, da sie nicht die rechtliche Sicherheit der Lösung einer Vor- und Nacherbschaftsverfügung bietet.

Das Behindertentestament bietet den Eltern behinderter Kinder die Möglichkeit, ihrem behinderten Kind über den eigenen Tod hinaus materielle Annehmlichkeiten zu sichern, die über den Sozialhilfesatz hinausgehen. Die Allgemeinheit wurde, insbesondere wenn die Eltern des behinderten Kindes schon älter sind, teilweise über Jahrzehnte von diesen durch die geleistete Pflege entlastet. Dieser Gedanke findet in den genannten Entscheidungen des Bundesgerichtshofes von 1990 und 1993 seinen Niederschlag.[26]

Nach den genannten Grundsatzentscheidungen des BGH sowie der Entscheidung vom 19.1.2011[27] bezieht das Behindertentestament seine innere Rechtfertigung, gerade gegenüber dem Vorwurf der Sittenwidrigkeit, daraus, dass es dem Behinderten ein „Mehr" gibt als dasjenige, was ihm der Sozialhilfeträger an allgemeinen Leistungen nach dem SGB XII gewähren kann. Das Wohl des Behinderten muss daher die Richtschnur für die Gestaltung sein und nicht die Erhaltung des Vermögens im Familienbesitz. Dies muss auch in der konkreten Ausgestaltung der Verfügung von Todes wegen deutlich werden. Dabei gilt: Es gibt kein Behindertentestament von der Stange.[28]

14

---

25 *Litzenburger* zu BGH vom 6.2.2009, ZEV 2009, 254, 256.
26 BGHZ 111, 36; BGHZ 123, 368.
27 BGH ZErb, 2011, 117.
28 Zur allgemeinen Würdigung der Erbschaftslösung: Mayer/Bonefeld/*J. Mayer*, Testamentsvollstreckung, § 22 Rn 84 ff.

§ 12 Steuerrecht

A. Einführung

Nachfolgend sollen die Grundzüge des **Steuerrechts**, insbesondere die mit dem   1
Jahressteuergesetz 1997 sowie dem Jahressteuergesetz 2007, dem Erbschaftsteuerreformgesetz vom 24.12.2008,[1] dem Wachstumsbeschleunigungsgesetz vom
22.12.2009[2] und dem Jahressteuergesetz 2010 vom 8.12.2010[3] verabschiedeten
Änderungen bezüglich ihres Einflusses auf das **Erbschaftsteuer- und Schenkungsteuerrecht**, erläutert werden. Weiterhin sind die Erbschaftsteuerrichtlinien
2011 vom 19.12.2011 berücksichtigt und eingefügt. Das BVerfG hat am 31.1.2007
den seit langem erwarteten Beschl. v. 7.11.2006[4] zur Verfassungsmäßigkeit des
Erbschaft- und Schenkungsteuergesetzes bekannt gegeben. Mit dieser auf den
Vorlagebeschluss des Bundesfinanzhofes vom 22.5.2002 hin ergangenen Entscheidung hat das BVerfG die Zulässigkeit der BFH-Vorlage bejaht und in den Kern-
punkten die Verfassungsmäßigkeit der erbschaftsteuerlichen Bewertungsregelun-
gen verneint. Das BVerfG hat § 19 Abs. 1 ErbStG insoweit als mit Art. 3 Abs. 1
Grundgesetz unvereinbar erklärt, als die Vorschrift die Erwerbe von Vermögen,
welches gem. § 10 Abs. 1 S. 1 Hs. 1 und S. 2 ErbStG in Verbindung mit § 12
ErbStG und i.V.m. den von § 12 Abs. 1 ErbStG in Bezug genommenen Vorschriften des Bewertungsgesetzes bewertet wird, unabhängig von der jeweiligen Ver-
mögensart mit einheitlichen Steuersätzen belastet wird. Es wird mithin für verfassungswidrig erklärt, dass Immobilien und Betriebsvermögen schonender besteuert werden als Barvermögen sowie Aktien und Wertpapiere. Das maßgebliche
Bewertungsziel soll künftig der gemeine Wert sein.[5]

Dem Gesetzgeber ist es bei Vorliegen ausreichender Gemeinwohlgründe unbe-
nommen, Verschonungsregelungen für bestimmte Vermögensgegenstände zu
schaffen, etwa für Betriebsvermögen und Grundvermögen.

Das Bundesfinanzministerium hat am 7.11.2007 ein von der Regierungskoalition
beschlossenes Eckpunktepapier für die Ausgestaltung des neuen Erbschaft- und
Schenkungsteuerrechts veröffentlicht.[6] Anschließend ist bereits am 21.11.2007
ein Referentenentwurf für ein Gesetz zur Reform des Erbschaftsteuer- und Bewertungsrechts (ErbStRG) veröffentlicht worden. Am 11.12.2007 hat das Bun-
deskabinett den Gesetzentwurf beschlossen. Dieser ist am 15.2.2008 im Bundes-

---

1 BGBl I S. 3018.
2 BGBl I S. 3950.
3 BGBl I S. 1768.
4 Az. 1 BvL 10/02, ZEV 2007, 76; ZErb 2007, 35, 65; NJW 2007, 573.
5 Siehe hierzu *Pahlke*, Der Erbschaftsteuerbeschluss des BVerfG, NWB F. 10, 1575 ff.
6 Siehe dazu *Eisele*, NWB Beratung Aktuell 46/2007, S. 4037.

tag erstmalig gelesen worden. Aufgrund einiger strittigen Punkte, wie z.B. der Behaltensfrist des Betriebsvermögens, der Lohnsummenregelung sowie der Fallbeilregelung, konnte vor der Sommerpause keine abschließende Einigung in der Koalition erzielt werden. Die abschließenden Beratungen der „Steinbrück-Huber Arbeitsgruppe" sind am 30.9.2008 erfolgt. Die zweite und dritte Lesung hat am 27.11.2008 im Bundestag stattgefunden. Die Zustimmung des Bundesrates ist inzwischen erfolgt. Entscheidend ist, dass das neue Recht grundsätzlich erst auf Erwerbe Anwendung findet, für die die Steuer nach dem 31.12.2009 entsteht, § 37 Abs. 1 ErbStG. Die §§ 13a und 19a Abs. 5 ErbStG in der Fassung des Art. 6 des Gesetzes vom 22.12.2009 finden auf Erwerbe Anwendung, für die die Steuer nach dem 31.12.2008 entsteht, § 37 Abs. 3 S. 1 ErbStG.

Mit dem Wachstumsbeschleunigungsgesetz (Änderung des Erbschaftsteuer- und Schenkungsteuergesetzes zum 1.1.2010) wurden kurz nach Verabschiedung des neuen Erbschaftsteuer- und Schenkungsteuerrechts erneut Änderungen, z.B. in § 13a ErbStG und bei den Freibeträgen für Personen der Steuerklasse II (Geschwister, Nichten und Neffen, Schwiegereltern und Kinder u.a.) vorgenommen.

Am 16.12.2011 hat der Bundesrat den Erbschaftsteuerrichtlinien (ErbStR) 2011 zugestimmt.[7] Die Erbschaftsteuerrichtlinien vom 19.12.2011 enthalten Weisungen an die Finanzbehörden der Länder zur einheitlichen Anwendung des geltenden ErbStG und des BewG. Sie dienen der Verwaltungsvereinfachung und der Vermeidung unbilliger Härten.[8] Die ErbStR sind auf alle Erwerbsfälle anzuwenden, für die die Steuer nach dem 2.11.2011 entsteht. Sie gelten auch für Erwerbsfälle, für die die Steuer vor dem 3.11.2011 entstanden ist, soweit sie geänderte Vorschriften des ErbStG und des BewG betreffen, die vor dem 3.11.2011 anzuwenden sind.

Bisher ergangene Anweisungen, die mit diesen Richtlinien im Widerspruch stehen, sind nicht mehr anzuwenden. Daher dürften in weiten Teilen die ErbStR 2003 für Besteuerungszeitpunkte nach dem 31.12.2008 nicht mehr anzuwenden sein.[9]

2   Die Berücksichtigung der entsprechenden Vorschriften des Steuerrechts ist für den Mandanten gewinnbringend und reduziert für den Anwalt **Haftungsrisiken.**

---

7 BStBl I Sondernr. 1/2011, S. 2 ff.
8 *Mannek*, Erbschaftsteuer-Richtlinien 2011 im Überblick, ZEV 2012, 6; *Eisele*, Erbschaftsteuer-Richtlinien und Hinweise 2011, NWB vom 30.1.2012, S. 373.
9 *Mannek*, ZEV 2012, 17.

B. Rechtliche Grundlagen

I. Bisherige Rechtslage

Das Bundesverfassungsgericht hatte den Gesetzgeber verpflichtet, bis zum 31.12.1996 zu regeln, wie **Grundstücke** zukünftig im Rahmen der Übertragung besteuert werden.[10]   3

Die vorherige **Einheitswertbesteuerung** war als verfassungswidrig angesehen worden. Die Einheitswertbesteuerung bei Grundstücken bot für Immobilieneigentümer bzw. -erwerber einen großen steuerlichen Vorteil gegenüber den Erwerbern von Bargeld, Wertpapieren, Aktien etc., die nach dem vollen Wert besteuert werden. Damit diese verfassungsrechtliche Ungleichheit beseitigt werden konnte, gab das Bundesverfassungsgericht dem Gesetzgeber die Frist zum 31.12.1996 vor. Mit dem Jahressteuergesetz 1997 traten dann an die Stelle der Einheitswerte nach den Wertverhältnissen vom 1.1.1964 bzw. 1.1.1935 bei der Erbschaft- und Schenkungsteuer rückwirkend ab 1.1.1996 die neuen Grundbesitzwerte, §§ 12 Abs. 3 Erbschaftsteuer- und Schenkungsteuergesetz (ErbStG), 138 Abs. 1 Bewertungsgesetz (BewG). Die Wertermittlung erfolgt nun nach der sog. „**Bedarfsbewertung**".   4

Der Erbschaftsteuer (Schenkungsteuer) unterliegen gem. § 1 Abs. 1 **Erbschaft-   5 steuer- und Schenkungsteuergesetz** (ErbStG)
– der Erwerb von Todes wegen
– die Schenkungen unter Lebenden
– die Zweckzuwendungen
– das Vermögen einer Stiftung, sofern sie wesentlich im Interesse einer Familie oder bestimmter Familien errichtet ist, und eines Vereins, dessen Zweck wesentlich im Interesse einer Familie oder bestimmter Familien auf die Bindung von Vermögen gerichtet ist, in Zeitabständen von je 30 Jahren seit dem Zeitpunkt des ersten Übergangs von Vermögen auf die Stiftung oder auf den Verein, § 9 Abs. 1 Nr. 4 ErbStG.

Soweit nichts anderes bestimmt ist, gelten nach § 1 Abs. 2 ErbStG, die Vorschrif-   6 ten des Erbschaftsteuergesetzes über die Erwerbe von Todes wegen auch für **Schenkungen** und **Zweckzuwendungen**, die Vorschriften über Schenkungen auch für Zweckzuwendungen unter Lebenden.

Beachte   7
Die teilweise verbreitete Ansicht, dass eine Schenkung unter Lebenden die Erbschaftsteuer spart, stimmt nur insofern, als eine Schenkung die Schenkungsteuer auslöst.

---

10 BVerfG v. 22.6.1995, BVR 552/91, BStBl I 1995, 671.

8 Als **Erwerb von Todes wegen** gilt nach § 3 ErbStG,
   - der **Erwerb durch Erbanfall**, § 1922 BGB, aufgrund Erbersatzanspruchs, §§ 1934a ff. BGB alte Fassung, durch Vermächtnis, §§ 2147 ff. BGB oder aufgrund eines geltend gemachten Pflichtteilsanspruchs, §§ 2303 ff. BGB
   - der Erwerb durch Schenkung auf den Todesfall, § 2301 BGB; der Anteilsübergang aufgrund Ausscheiden eines Gesellschafters
   - die sonstigen Erwerbe, auf die die für Vermächtnisse geltenden Vorschriften des BGB Anwendung finden
   - jeder Vermögensvorteil, der aufgrund eines vom Erblasser geschlossenen Vertrags bei dessen Tode von einem Dritten unmittelbar erworben wird.

9 Vom Erblasser gemachte **Zuwendungen** sind gemäß der Aufzählung in § 3 Abs. 2 Nr. 1–7 ErbStG schenkungsteuerpflichtig.

10 Als **Schenkungen unter Lebenden** gelten gem. § 7 Abs. 1 ErbStG
   - jede freigiebige Zuwendung unter Lebenden soweit der Bedachte durch sie auf Kosten des Zuwendenden bereichert wird
   - was infolge Vollziehung einer von dem Schenker angeordneten Auflage oder infolge Erfüllung einer einem Rechtsgeschäft unter Lebenden beigefügten Bedingung ohne entsprechende Gegenleistung erlangt wird, es sei denn, dass eine einheitliche Zweckzuwendung vorliegt
   - was jemand dadurch erlangt, dass bei Genehmigung einer Schenkung Leistungen an andere Personen angeordnet oder zur Erlangung der Genehmigung freiwillig übernommen werden
   - die Bereicherung, die ein Ehegatte bei Vereinbarung der Gütergemeinschaft (§ 1415 BGB) erfährt
   - was als Abfindung für einen Erbverzicht (§§ 2346 und 2352 BGB) gewährt wird
   - was durch vorzeitigen Erbausgleich (§ 1934d BGB a.F.) erworben wird
   - was ein Vorerbe dem Nacherben mit Rücksicht auf die angeordnete Nacherbschaft vor ihrem Eintritt herausgibt
   - der Übergang von Vermögen aufgrund eines Stiftungsgeschäfts unter Lebenden
   - was bei Aufhebung einer Stiftung oder bei Auflösung eines Vereins, dessen Zweck auf die Bindung von Vermögen gerichtet ist, erworben wird
   - was als Abfindung für aufschiebend bedingt, betagt oder befristet erworbene Ansprüche, soweit es sich nicht um einen Fall eines betagten Vermächtnisses i.S.d. § 3 Abs. 2 Nr. 5 ErbStG handelt, vor dem Zeitpunkt des Eintritts der Bedingung oder des Ereignisses gewährt wird.

11 Nach § 7 Abs. 7 ErbStG gilt als Schenkung auch der auf einem Gesellschaftsvertrag beruhende Übergang des Anteils oder des Teils eines Anteils eines **Gesellschafters** bei dessen Ausscheiden auf die anderen Gesellschafter oder die Gesellschaft, soweit der Wert, der sich für seinen Anteil zur Zeit seines Ausscheidens

nach der Bewertungsvorschrift des § 12 ErbStG ergibt, den Abfindungsanspruch übersteigt.

§ 7 Abs. 7 ErbStG schließt eine vermeintlich zum Missbrauch einladende Lücke   12
des § 3 Abs. 1 Nr. 2 S. 2 ErbStG. Diese Vorschrift bezieht sich auf die **Ausschluss- oder Fortsetzungsklausel** mit **Buchwertabfindung**, eine Regelung, die in vielen **Gesellschaftsverträgen** auf Gegenseitigkeit der Gesellschafter vereinbart wird, um dem/den Erben versterbender Gesellschafter keine Beteiligung an den stillen Reserven, die dem Gesellschaftsanteil zuzuordnen sind, zu geben. Der Ausschluss dieser Beteiligung an den stillen Reserven erspart den übrigen Gesellschaftern, bei Tod eines Gesellschafters diese stillen Reserven aufzudecken und durch Abfindungen die Liquidität der Gesellschaft zu beeinträchtigen. In demselben Maße, wie eine Abfindung der Erben gemindert wird, tritt bei den anderen Gesellschaftern eine Bereicherung ein, welche von § 3 Abs. 1 Nr. 2 S. 2 ErbStG erfasst wird.[11]

Die **Zweckzuwendungen** als steuerpflichtige Vorgänge gem. § 1 Abs. 1 Nr. 3   13
ErbStG werden legal definiert in § 8 ErbStG. Hiernach sind Zweckzuwendungen, Zuwendungen von Todes wegen oder freigebige Zuwendungen unter Lebenden, die mit der Auflage verbunden sind, zugunsten eines bestimmten Zwecks verwendet zu werden, oder die von der Verwendung zugunsten eines bestimmten Zwecks abhängig sind, soweit hierdurch die Bereicherung des Erwerbers gemindert wird.

Die **Erbschaft- bzw. Schenkungsteuer** entsteht nach § 9 ErbStG in den dort   14
aufgeführten Fallkonstellationen.

Die Steuer entsteht nach § 9 Abs. 1 Nr. 1 ErbStG bei Erwerben von Todes wegen   15
mit dem Tode des Erblassers, jedoch
- für den Erwerb des unter einer aufschiebenden Bedingung, unter einer Betagung oder Befristung Bedachten sowie für zu einem Erwerb gehörende aufschiebend bedingte, betagte oder befristete Ansprüche mit dem Zeitpunkt des Eintritts der Bedingung oder des Ereignisses
- für den Erwerb eines geltend gemachten Pflichtteilsanspruchs oder Erbersatzanspruchs mit dem Zeitpunkt der Geltendmachung[12]
- bei Übergang von Vermögen auf eine vom Erblasser angeordnete Stiftung, § 3 Abs. 2 Nr. 1 S. 1 ErbStG mit dem Zeitpunkt der Anerkennung der Stiftung als rechtsfähig und im Fall des § 3 Abs. 2 Nr. 1 S. 2 mit dem Zeitpunkt der Bildung oder Ausstattung der Vermögensmasse
- bei Vollziehung einer vom Erblasser angeordneten Auflage oder Erfüllung einer von dem Erblasser gesetzten Bedingung mit dem Zeitpunkt der Vollziehung der Auflage oder der Erfüllung der Bedingung, § 3 Abs. 2 Nr. 2 ErbStG

---

11 *Wachenhausen*, Das neue Erbschafts- und Schenkungsteuerrecht, § 2 Rn 143, S. 152, 153.
12 Gemäß dem Gesetz zur Reform des Erbschaftsteuer- und Bewertungsrechts (ErbStRG) findet der Erbersatzanspruch hier keine Erwähnung mehr.

- bei Genehmigung einer Zuwendung des Erblassers und Anordnung von Leistungen an andere Personen mit dem Zeitpunkt der Genehmigung, § 3 Abs. 2 Nr. 3 ErbStG
- bei einer Abfindung für einen Verzicht auf einen Pflichtteilsanspruch oder für die Ausschlagung einer Erbschaft, eines Erbersatzanspruchs oder eines Vermächtnisses mit dem Zeitpunkt des Verzichts oder der Ausschlagung, § 3 Abs. 2 Nr. 4 ErbStG
- mit dem Zeitpunkt der Vereinbarung über die Abfindung, wenn diese für ein aufschiebend bedingtes, betagtes oder befristetes Vermächtnis, für das die Ausschlagungsfrist abgelaufen ist, vor dem Zeitpunkt des Eintritts der Bedingung oder des Ereignisses gewährt wird, § 3 Abs. 2 Nr. 5 ErbStG
- für den Erwerb des Nacherben mit dem Zeitpunkt des Eintritts der Nacherbfolge
- mit dem Zeitpunkt der Übertragung der Anwartschaft, wenn Entgelt für die Übertragung der Anwartschaft eines Nacherben gewährt wird, § 3 Abs. 2 Nr. 6 ErbStG
- mit dem Zeitpunkt der Geltendmachung des Anspruchs nach den Vorschriften über die ungerechtfertigte Bereicherung, wenn ein Vertragserbe aufgrund beeinträchtigender Schenkung des Erblassers hiernach gegen den Beschenkten einen Anspruch hat, § 3 Abs. 2 Nr. 7 ErbStG.

16 Die Steuer entsteht ferner nach § 9 Abs. 1 Nr. 2 ErbStG bei **Schenkungen unter Lebenden** mit dem Zeitpunkt der Ausführung der Zuwendung. Bei **Zweckzuwendungen** nach § 9 Abs. 1 Nr. 3 ErbStG entsteht die Steuer mit dem Zeitpunkt des Eintritts der Verpflichtung des Beschwerten. In den Fällen des Vorliegens einer **Familienstiftung** nach § 1 Abs. 1 Nr. 4 ErbStG entsteht die Steuer in Zeitabständen von je 30 Jahren seit dem Zeitpunkt des ersten Übergangs von Vermögen auf die Stiftung oder auf den Verein, § 9 Abs. 1 Nr. 4 ErbStG.

Für die Rechtsfähigkeit der Stiftung ist gem. § 80 Abs. 1 BGB neben dem Stiftungsgeschäft die dahingehende Anerkennung der zuständigen Behörde des Landes erforderlich, in dessen Gebiet die Stiftung ihren Sitz haben soll.[13] Mit Einführung der Familienstiftung ist die Erbschaftsteuer als Erbersatzsteuer in einem Rhythmus von 30 Jahren planbar, gemäß §§ 1 Abs. 1 Nr. 4, 9 Abs. 1 Nr. 4 ErbStG.

---

13 Übersicht der Stiftungsbehörden im jeweiligen Bundesland in *Troll/Gebel/Jülicher*, § 1 Rn 13.

II. Rechtslage aufgrund Gesetz zur Reform des Erbschaftsteuer- und Bewertungsrechts (ErbStRG)

§ 3 wird wie folgt geändert: 17

a) Abs. 1 Nr. 1 wird wie folgt gefasst:

„1. der Erwerb durch Erbanfall (§ 1922 BGB), durch Vermächtnis (§§ 2147 ff. BGB) oder aufgrund eines geltend gemachten Pflichtteilsanspruchs (§§ 2303 ff. BGB);".

b) Abs. 2 wird wie folgt geändert:

aa) Nr. 4 wird wie folgt gefasst:

„4. was als Abfindung für einen Verzicht auf den entstandenen Pflichtteilsanspruch oder für die Ausschlagung einer Erbschaft, eines Erbersatzanspruchs oder eines Vermächtnisses oder für die Zurückweisung eines Rechts aus einem Vertrag des Erblassers zugunsten Dritter auf den Todesfall oder anstelle eines anderen in Abs. 1 genannten Erwerbs gewährt wird".

bb) Nr. 7 wird wie folgt gefasst:

„7. was der Vertragserbe oder der Schlusserbe eines gemeinschaftlichen Testaments oder der Vermächtnisnehmer wegen beeinträchtigender Schenkungen des Erblassers (§§ 2287, 2288 Abs. 2 BGB) von dem Beschenkten nach den Vorschriften über die ungerechtfertigte Bereicherung erlangt."

§ 4 Abs. 1 wird wie folgt gefasst:

„(1) Wird die Gütergemeinschaft beim Tod eines Ehegatten oder beim Tod eines Lebenspartners fortgesetzt (§§ 1483 ff. BGB), wird dessen Anteil am Gesamtgut so behandelt, als wäre er ausschließlich den anteilsberechtigten Abkömmlingen angefallen."

§ 5 wird wie folgt geändert:

a) Abs. 1 wird wie folgt geändert:

aa) S. 1 wird wie folgt gefasst:

„Wird der Güterstand der Zugewinngemeinschaft (§ 1363 BGB, § 6 LPartG) durch den Tod eines Ehegatten oder den Tod eines Lebenspartners beendet und der Zugewinn nicht nach § 1371 Abs. 2 BGB ausgeglichen, gilt beim überlebenden Ehegatten oder beim überlebenden Lebenspartner der Betrag, den er nach Maßgabe des § 1371 Abs. 2 BGB als Ausgleichsforderung geltend machen könnte, nicht als Erwerb im Sinne des § 3."

bb) In S. 4 werden nach dem Wort „Ehevertrag" die Wörter „oder Lebenspartnerschaftsvertrag" eingefügt.

b) In Abs. 2 werden nach dem Wort „Ehegatten" die Wörter „oder eines Lebenspartners" eingefügt.

§ 6 Abs. 4 wird wie folgt gefasst:

„(4) Nachvermächtnisse und beim Tod des Beschwerten fällige Vermächtnisse oder Auflagen stehen den Nacherbschaften gleich."

§ 7 Abs. 1 wird wie folgt geändert:

a) In Nr. 4 werden nach dem Wort „Ehegatte" die Wörter „oder ein Lebenspartner" eingefügt.

b) Nr. 6 (vorzeitiger Erbausgleich gemäß § 1934d BGB) ist aufgehoben.

c) In Nr. 9 wird Satz 3 angefügt:

„Wie eine Auflösung wird auch der Formwechsel eines rechtsfähigen Vereins, dessen Zweck wesentlich im Interesse einer Familie oder bestimmter Familien auf die Bindung von Vermögen gerichtet ist, in eine Kapitalgesellschaft behandelt."

§ 7 Abs. 7 wird um Satz 3 ergänzt:

„Bei Übertragungen im Sinne des § 10 Abs. 10 gelten die Sätze 1 und 2 sinngemäß."

§ 9 Abs. 1 Nr. 1 Buchstabe b wird wie folgt gefasst:

„b) für den Erwerb eines geltend gemachten Pflichtteilsanspruchs mit dem Zeitpunkt der Geltendmachung,".

§ 10 wird wie folgt geändert:

a) Abs. 1 wird wie folgt geändert:

aa) S. 1 wird wie folgt gefasst:

„Als steuerpflichtiger Erwerb gilt die Bereicherung des Erwerbers, soweit sie nicht steuerfrei ist (§§ 5, 13, 13a, 13c, 16, 17 und 18)."

bb) Nach S. 2 wird folgender Satz 3 eingefügt:

„Steuererstattungsansprüche des Erblassers sind zu berücksichtigen, wenn sie rechtlich entstanden sind (§ 37 Abs. 2 der Abgabenordnung)."

cc) Der bisherige S. 3 wird S. 4 und wie folgt gefasst:

„Der unmittelbare oder mittelbare Erwerb einer Beteiligung an einer Personengesellschaft oder einer anderen Gesamthandsgemeinschaft, die nicht unter § 97 Abs. 1 S. 1 Nr. 5 des Bewertungsgesetzes fällt, gilt als Erwerb der anteiligen Wirtschaftsgüter; die dabei übergehenden Schulden und Lasten der Gesellschaft sind bei der Ermittlung der Bereicherung des Erwerbers wie eine Gegenleistung zu behandeln."

b) Abs. 5 Nr. 1 wird wie folgt gefasst:

„1. die vom Erblasser herrührenden Schulden, soweit sie nicht mit einem zum Erwerb gehörenden Gewerbebetrieb, Anteil an einem Gewerbebetrieb, Betrieb der Land- und Forstwirtschaft oder Anteil an einem Betrieb der Land- und Forstwirtschaft in wirtschaftlichem Zusammenhang stehen und bereits bei der Bewertung der wirtschaftlichen Einheit berücksichtigt worden sind;".

c) Abs. 6 wird wie folgt geändert:

aa) S. 4 und 5 werden wie folgt gefasst:

„Schulden und Lasten, die mit nach § 13a befreitem Vermögen in wirtschaftlichem Zusammenhang stehen, sind nur mit dem Betrag abzugsfähig, der dem Verhältnis des nach Anwendung des § 13a anzusetzenden Werts dieses Vermögens zu dem Wert vor Anwendung des § 13a entspricht. Schulden und Lasten, die mit nach § 13c befreitem Vermögen in wirtschaftlichem Zusammenhang stehen, sind nur mit dem Betrag abzugsfähig, der dem Verhältnis des nach Anwendung des § 13c anzusetzenden Werts dieses Vermögens zu dem Wert vor Anwendung des § 13c entspricht.

bb) Folgender Satz 6 wird angefügt:

„Haben sich Nutzungsrechte als Grundstücksbelastungen bei der Ermittlung des gemeinen Werts einer wirtschaftlichen Einheit des Grundbesitzes ausgewirkt, ist deren Abzug bei der Erbschaftsteuer ausgeschlossen."

C.   Neue Sätze, Freibeträge und Klassen für die Erbschaftsteuer

I.   Alte Rechtslage

Neben den Änderungen in der Bewertung hat das Jahressteuergesetz 1997 rück-   **18**
wirkend zum 1.1.1996 neue Sätze für die Erbschaftsteuer sowie neue Freibeträge
und Klassen festgelegt.

1.   Muster: Sätze für die Erbschaftsteuer (§ 19 Abs. 1 ErbStG)

Rückwirkend gültig ab 1.1.1996:   **19**

Wert des steuerpflichtigen Erwerbs (§ 10)		Prozentsatz in der Steuerklasse	
bis einschl. EUR	I	II	III
52.000	7	12	17
256.000	11	17	23
512.000	15	22	29
5.113.000	19	27	35
12.783.000	23	32	41
25.565.000	27	37	47
Über 25.565.000	30	40	50

2. Muster: Freibeträge und Klassen für die Erbschaftsteuer (§§ 13, 15, 16 ErbStG)

20 Rückwirkend gültig ab 1.1.1996:

Verwandschaftsgrad	Steuerklasse	Allgemeiner Freibetrag in EUR	Hausrat	Persönliche Gegenstände in EUR
Ehegatte	I	307.000	41.000	10.300
Kinder, Stiefkinder, Kinder verstorbener Kinder	I	205.000	41.000	10.300
Enkel, Eltern (b. Erbschaft), Großeltern (b. Erbschaft)	I	51.200	41.000	10.300
Eltern und Großeltern(b. Schenkung), Geschwister, Nichten, Neffen, Stief- und Schwiegereltern, Schwiegerkinder, geschied. Ehegatte	II	10.300	10.300	kein spezieller Freibetrag mehr
Lebensgefährte und alle übrigen	III	5.200	10.300	

21 **Beachte**
    Besondere Versorgungsfreibeträge für den Ehegatten und Kinder bis zum
    vollendeten 27. Lebensjahr, § 17 ErbStG.

II. Rechtslage aufgrund Gesetz zur Reform des Erbschaftsteuer- und Bewertungsrechts (ErbStRG)

1. Muster: Neue Sätze für die Erbschaftsteuer (§ 19 Abs. 1 ErbStG)

22 Gültig ab 1.1.2009 bis 31.12.2009

Wert des steuerpflichtigen Erwerbs (§ 10)	Prozentsatz in der Steuerklasse		
bis einschl. EUR	I	II	III
75.000	7	30	30
300.000	11	30	30
600.000	15	30	30
6.000.000	19	30	30
13.000.000	23	50	50
26.000.000	27	50	50
und darüber	30	50	50

2. Muster: Neue Freibeträge und Klassen für die Erbschaftsteuer (§§ 13, 15, 16 ErbStG)

23

Verwandtschafts-grad	Steuer-klasse	Allgemeiner Frei-betrag EUR	Haus-rat EUR	Persönliche Ge-genstände EUR
Ehegatte	I	500.000	41.000	12.000
Kinder, Stiefkinder, Kinder, verstorbener Kinder	I	400.000	41.000	12.000
Enkel, Eltern (bei Erbschaft), Groß-eltern (bei Erb-schaft)	I	200.000	41.000	12.000
Eltern und Großel-tern(b. Schen-kung), Geschwis-ter, Nichten, Nef-fen, Stief- und Schwiegereltern, Schwiegerkinder, geschied. Ehegatte	II	20.000	12.000	kein spezieller Freibetrag mehr
Lebensgefährte und alle übrigen	III	20.000 (bei eingetragener Lebenspartner-schaft: 500.000)	12.000	kein weiterer spezieller Frei-betrag

Anmerkung:

24

Gemäß § 17 Abs. 1 ErbStRG wird dem überlebenden Ehegatten neben dem Freibetrag nach § 16 Abs. 1 Nr. 1 und dem überlebenden Lebenspartner neben dem Freibetrag nach § 16 Abs. 1 Nr. 6 ein besonderer Versorgungsfreibetrag von 256.000 EUR gewährt. Der Freibetrag wird bei Ehegatten oder bei Lebenspartnern, denen aus Anlass des Todes des Erblassers nicht der Erbschaftsteuer unterliegende Versorgungsbezüge zustehen, um den nach § 14 des Bewertungsgesetzes zu ermittelnden Kapitalwert dieser Versorgungsbezüge gekürzt.

Nach § 13 Abs. 1 Nr. 4a ErbStG bleiben unter den dort genannten Voraussetzungen selbst genutzte Wohnimmobilien (Familienheim) bei dem Übergang an Ehepartner, gleichgeschlechtliche eingetragene Lebenspartner bzw. Kinder unabhängig vom Wert des Gebäudes steuerfrei. Erbt das Kind, geschieht dies unter der Voraussetzung, dass die Immobilie max. 200 m² hat. Für eine darüber hinaus gehende Größe müsste Erbschaft- bzw. Schenkungsteuer gezahlt werden. Weitere Voraussetzung für die Gewährung der Steuerbefreiung ist, dass der längerlebende Ehegatte, der gleichgeschlechtliche eingetragene Lebenspartner oder die Kinder mindestens 10 Jahre in dieser Immobilie wohnen bleiben und diese auch nicht teilweise vermieten, verpachten oder verkaufen. Dieser Sonderfreibetrag gilt nur für die selbst genutzte Immobilie und nicht je Kind.[14]

III. Rechtslage aufgrund des Wachstumsbeschleunigungsgesetzes

25 Gültig ab 1.1.2010

Neue Sätze für die Erbschaftsteuer (§ 19 Abs. 1 ErbStG) (ab 1.1.2010)

Wert des steuer-pflichtigen Erwerbs (§ 10 ErbStG)	Prozentsatz in der Steuerklasse		
bis einschl. EUR	I	II	III
75.000	7	15	30
300.000	11	20	30
600.000	15	25	30
6.000.000	19	30	30
13.000.000	23	35	50
26.000.000	27	40	50
und darüber	30	43	50

Neue Freibeträge und Klassen für die Erbschaftsteuer (§§ 13, 15, 16 ErbStG)
26 **(weiterhin gültig ab 1.1.2009)**

Verwandtschaftsgrad	Steuer-klasse	Allgemeiner Freibetrag EUR	Hausrat EUR	Persönliche Gegenstände EUR
Ehegatte	I	500.000	41.000	12.000
Kinder, Stiefkinder, Kinder verstorbener Kinder	I	400.000	41.000	12.000
Enkel	I	200.000	41.000	12.000
Eltern und Großeltern (Erb-schaft)	I	100.000	41.000	12.000
Eltern u. Großeltern (Schen-kung), Geschwister, Nichten, Neffen, Stief- u. Schwiegerel-tern, Schwiegerkinder, gesch. Ehegatte	II	20.000	12.000	0

---

14 Näher zur Zuwendung eines Familienwohnheims, RE 13.4 ErbStR; *Halaczinsky*, Erb-schaft- und Schenkungsteuererklärung, § 3 Rn 173 ff. m.w.N.

| Eingetragener Lebenspartner | III | 500.000 | 41.000 | 12.000 |
| Lebensgefährte und alle übrigen | III | 20.000 | 12.000 | 0 |

Erbschaftsteuer Sätze in Steuerklasse II

27

Wert des steuerpflichtigen Erwerbs (§ 10 ErbStG) (in Klammern Erwerbsgrenzen 2008)	Steuer-Klasse II 2008	Steuer-Klasse II 2009	Steuer-Klasse II 2010
75.000 (52.000) EUR	12 %	30 %	15 %
300.000 (256.000) EUR	17 %	30 %	20 %
600.000 (512.000) EUR	22 %	30 %	25 %
6.000.000 (5.113.000) EUR	27 %	30 %	30 %
13.000.000 (12.783.000) EUR	32 %	50 %	35 %
26.000.000 (25.565.000) EUR	37 %	50 %	40 %
und darüber	40 %	50 %	43 %

Ab dem 14.12.2010 ist § 15 Abs. 1 Nr. 1 ErbStG ergänzt um den Lebenspartner, 28
der dann ebenfalls nach Steuerklasse I Schenkungen empfangen oder erben kann.
§ 15 Abs. 1 Nr. 7 ist ab dem 14.12.2010 ergänzt um den Lebenspartner einer
aufgehobenen Lebenspartnerschaft, der dann in Steuerklasse II Schenkungen
empfangen oder erben kann.

Das Bundesverfassungsgericht hatte den Gesetzgeber verpflichtet, die Ungleichbehandlung von Ehe und eingetragener Lebenspartnerschaft im Erbschaftsteuer-
und Schenkungsteuergesetz in der bis zum 31.12.2008 geltenden Fassung aufzuheben, da diese mit Art. 3 Abs. 1 Grundgesetz unvereinbar war.[15]

IV. Konsequenzen für die Beratung – Steuerfallen

Das vorliegende Werk beschäftigt sich mit den aktuell geltenden Steuersätzen 29
und Steuerklassen. Der Leser, der einen Überblick über die vormals geltenden
Steuerklassen und Freibeträge haben möchte, findet dies bei *Meincke*.[16]

1. Berliner Testament

Aufgrund seiner vermeintlichen Einfachheit wird das Berliner Testament in vielen 30
Fällen kritiklos errichtet.

---

15 BVerfG NJW 2010, 2783; ZEV 2010, 482.
16 *Meincke*, ZEV 1997, 52, 60.

Dies hat zur Folge, dass bei großen Vermögen die am häufigsten verwandte Konstellation des **Berliner Testaments** steuerrechtlich nachteilig und von ihr abzuraten ist. Derselbe Nachlass wird damit zweifach besteuert.[17] Bei der in Deutschland häufigen Familienkonstellation, einem Ehepaar mit zwei Kindern, haben daher die Ehefrau oder auch der Ehemann einen allgemeinen Freibetrag von wechselseitig 307.000 EUR (500.000 EUR) sowie jedes Kind nach jedem Erbfall der Eltern einen Freibetrag von 205.000 EUR (400.000 EUR). Nach dem Tode des Ehemannes hätte also die Ehefrau einen Freibetrag von 307.000 EUR (500.000 EUR) sowie jedes Kind einen Freibetrag von 205.000 EUR (400.000 EUR). Wenn die Mutter verstirbt, hat noch einmal jedes Kind den Freibetrag von 205.000 EUR (400.000 EUR).

31   **Beachte**
     Bei einer gewissen Höhe des Nachlasses empfiehlt sich, bereits zu Lebzeiten Vermögen auf Ehegatten und Kinder zu übertragen, um die jeweiligen Freibeträge auszunutzen.
     Sind seit dem Erwerb zehn Jahre oder mehr vergangen, kann der Erblasser wieder unter Ausnutzung der Steuerfreibeträge auf seine Verwandten Vermögen steuerfrei übertragen, § 14 ErbStG.[18]

32   Bei der obigen Tabelle der neuen Freibeträge und Klassen für die Erbschaftsteuer ist zu erkennen, dass **nichteheliche Lebensgefährten** in der finanziell ungünstigsten Steuerklasse III besteuert werden und nur einen allgemeinen Freibetrag von 20.000 EUR zur Verfügung haben. Das Erbschaftsteuerrecht spiegelt hier die Rechtsprechung des Bundesverfassungsgerichts zugunsten von Ehe und Familie wider. Wer als nichtehelicher Lebensgefährte höhere Steuerfreibeträge haben möchte, kann dies durch ein einfaches Ja vor dem Traualtar erreichen. Die inzwischen erfolgte erbschaftsteuerliche Gleichstellung der Lebenspartner i.S.d. Lebenspartnerschaftsgesetzes mit Ehegatten gilt nicht für den nichtehelichen Lebensgefährten.[19] Die Vergünstigungen hinsichtlich des erhöhten Freibetrages für den eingetragenen Lebenspartner gelten für den nichtehelichen Lebensgefährten nicht.

33   Leben die Eheleute oder Lebenspartner im gesetzlichen Güterstand der **Zugewinngemeinschaft**, § 1363 BGB, und wird dieser Güterstand durch den Tod eines Ehegatten oder Lebenspartners beendet und der **Zugewinn** nicht nach § 1371 Abs. 2 BGB ausgeglichen, gilt beim überlebenden Ehegatten oder Lebenspartner der Betrag, den er nach § 1371 Abs. 2 BGB als **Ausgleichsforderung** geltend machen könnte, nicht als Erwerb i.S.d. §§ 3, 5 Abs. 1 S. 1 ErbStG. § 5 Abs. 1 S. 2–4 ErbStG erklären güterrechtliche Vereinbarungen als erbschaftsteu-

---

17   *Nieder/Kössinger*, Testamentsgestaltung, § 9 Rn 841; *Mayer*, ZEV 1998, 50 ff.
18   Beispielsberechnungen für mehrere Erwerbe nach § 14 ErbStG bei *Troll/Gebel/Jülicher*, § 14 Rn 4.
19   *Leipold*, ZEV 2001, 218, instruktiv zur alten Rechtslage.

erlich unbeachtlich. Damit wurde die Rechtsprechung des Bundesfinanzhofes, der die steuerliche Beachtlichkeit solcher Abreden bestätigt hatte, per Gesetzesänderung obsolet.[20]

Der überlebende Partner einer eingetragenen Lebenspartnerschaft kann aufgrund der Gesetzesänderung im ErbStRG 2009 einen fiktiven Zugewinnausgleich geltend machen, sofern die Erbschaftsteuer nach dem Inkrafttreten dieses Gesetzes entstanden ist.[21]

In Anwendung des § 5 Abs. 2 ErbStG soll auch ein rückwirkend begründeter **Zugewinnausgleichsanspruch** bei Güterstandswechsel entstehen, indem die Eheleute oder Lebenspartner den gesetzlichen Güterstand mit Vereinbaren eines Vertragsgüterstandes verlassen und damit Schenkungsteuerfreiheit erzielen.

34

Die Tatsache, dass es zivilrechtlich zulässig ist, den Güterstand der Zugewinngemeinschaft aufzuheben und nach Zwischenschaltung einer – beliebig langen – Phase der Gütertrennung, § 1414 BGB, die Zugewinngemeinschaft erneut zu begründen, ist auch im Erbschaft- und Schenkungsteuerrecht zu beachten (so genannter fliegender Güterstandswechsel).[22]

Dies gilt auch dann, wenn auf die Beendigung des Güterstandes der Zugewinngemeinschaft alsbald dessen Neubegründung erfolgt.[23]

Nachstehend werden die unterschiedlichen Steuerfreibeträge eines Ehegatten und eines nichtehelichen Lebensgefährten an zwei Beispielen berechnet.

Beispiel

35

Erbschaft 100.000 EUR	Erbschaft 100.000 EUR
Nichtehelicher Lebensgefährte	Ehepartner
erbt vom Partner 100.000 EUR	erbt vom Ehegatten 100.000 EUR
Steuerklasse III	Steuerklasse I
100.000 EUR	100.000 EUR
- 20.000 EUR Freibetrag	- 500.000 EUR Freibetrag
80.000 EUR	- 400.000 EUR
hiervon 30 % Steuern	steuerfrei
Erbschaftsteuer: 24.000 EUR	Erbschaftsteuer: 0

Beispiel

36

Erbschaft 600.000EUR	Erbschaft 600.000EUR
Nichtehelicher Lebensgefährte	Ehepartner
erbt vom Partner 600.000 EUR	erbt vom Ehegatten 600.000 EUR

---

20 *Wachenhausen*, Das neue Erbschaft- und Schenkungsteuerrecht, § 2 Rn 156, S. 160.
21 *Troll/Gebel/Jülicher*, § 5 ErbStG Rn 19.
22 *Halaczinsky*, Erbschaft- und Schenkungsteuererklärung, § 4 Rn 25.
23 *Halaczinsky*, Erbschaft- und Schenkungsteuererklärung, § 4 Rn 25.

Steuerklasse III	Steuerklasse I
600.000 EUR	600.000 EUR
- 20.000 EUR Freibetrag	- 500.000 EUR Freibetrag
580.000 EUR	100.000 EUR
hiervon 30 % Steuern	hiervon 11 % Steuern
Erbschaftsteuer: 174.000 EUR	Erbschaftsteuer: 11.000 EUR

Mit Anhebung der persönlichen Freibeträge für den Ehegatten von 307.000 EUR auf 500.000 EUR (gem. § 16 Abs. 1 Nr. 1 ErbStG) sind die Differenzen noch gravierender geworden.

37 **Beachte**
Bei obigem Beispiel wurde ein etwaiger besonderer Versorgungsfreibetrag des Ehegatten, § 17 ErbStG, nicht berücksichtigt.

38 Bei allem Blick auf die steuerlichen Vorteile einer **Übertragung unter Lebenden** hat der Anwalt jedoch darauf zu achten, dass sich der Erblasser zu Lebzeiten derart absichert, dass er nicht auf die Dankbarkeit des Beschenkten angewiesen ist. Die steuerlich günstige Übertragung muss daher auch die finanziellen Bedürfnisse des Übertragenden absichern und seine freie Entfaltung weiterhin gewährleisten.

Steuerpflichtige Vorgänge i.S.d. ErbStG sind nicht nur der Erwerb von Todes wegen, sondern auch die Schenkung unter Lebenden sowie die Zweckzuwendungen und das Vermögen einer Stiftung im Rahmen einer Familienstiftung, § 1 Abs. 1 ErbStG.

Die in o.g. Tabelle verkürzt dargestellten Steuerfreibeträge sind detailliert dargestellt in §§ 13, 16 ErbStG. Die Steuerklassen sind aufgeführt in § 15 ErbStG.

39 Es ist darauf hinzuweisen, dass dem überlebenden Ehegatten oder Lebenspartner neben dem Freibetrag aus § 16 Abs. 1 ErbStG ein besonderer **Versorgungsfreibetrag** von 256.000 EUR gewährt wird, § 17 Abs. 1 S. 1 ErbStG. Der Freibetrag wird bei Ehegatten oder bei Lebenspartnern, denen aus Anlass des Todes des Erblassers nicht der Erbschaftsteuer unterliegende Versorgungsbezüge zustehen, um den nach § 14 BewG zu ermittelnden Kapitalwert dieser **Versorgungsbezüge** gekürzt, § 17 Abs. 1 S. 2 ErbStG. Diese Vorschrift will eine unterschiedliche erbschaftsteuerliche Behandlung der auf Gesetz oder Arbeits- oder Dienstverträgen des Erblassers beruhenden Versorgungsbezüge einerseits und der übrigen auf einem privaten Vertrag gegründeten Versorgungsbezüge andererseits beseitigen, siehe § 3 Abs. 1 Nr. 4 ErbStG.

Die Versorgungsfreibeträge der Kinder sind altersabhängig geregelt in § 17 Abs. 2 S. 1 ErbStG.

Auch hier wird der Freibetrag um den nach § 13 Abs. 1 des Bewertungsgesetzes zu ermittelnden Kapitalwert dieser Versorgungsbezüge gekürzt, gemäß § 17 Abs. 2 S. 2 ErbStG.

2. Güterstand der Gütertrennung

Der häufig unkritisch vereinbarte Güterstand der Gütertrennung wirkt sich re-   40
gelmäßig erbschaftsteuerlich nachteilig aus. Bei der Gütertrennung wird kein
Zugewinnausgleich vorgenommen, der steuerlich gem. § 5 Abs. 1, 2 ErbStG begünstigt ist.[24] Bei dem gesetzlichen Güterstand der Zugewinngemeinschaft handelt es sich grundsätzlich ebenfalls um einen Güterstand der Gütertrennung. Es
gibt kein gemeinschaftliches Vermögen, da auch Vermögen, dass ein Ehepartner
nach der Eheschließung erwirbt, kein gemeinschaftliches Vermögen ist, § 1363
Abs. 2 S. 1 BGB.[25]

3. Vor- und Nacherbschaft

Die Vor- und Nacherbschaft ist häufig erbrechtlich geeignet und gerechtfertigt,   41
steuerlich jedoch von Nachteil, da derselbe Nachlass zum ersten Mal bei dem
Übergang des Nachlasses vom Erblasser auf den Vorerben und zum zweiten Mal
bei Übergang vom Vorerben auf den Nacherben besteuert wird, § 6 ErbStG.[26]
Gem. Abs. 1 der Vorschrift gilt als Erbe der Vorerbe, mithin liegt ein Erwerb
durch Erbanfall i.S.d. § 3 Abs. 1 Nr. 1 ErbStG vor. Der Vorerbe wird wie ein
Vollerbe behandelt, der den vollen Wert des Erbanfalls zu versteuern hat, gleich-
gültig ob die Erbschaft mit seinem Tode oder aufgrund eines anderen (vom
Erblasser bestimmten) Ereignisses zu einem früheren Zeitpunkt eintritt.[27] Nach-
vermächtnisse und bei Tode des Beschwerten fällige Vermächtnisse stehen den
Nacherbschaften gleich, § 6 Abs. 4 ErbStG. Gemäß § 6 Abs. 4 ErbStRG werden
Auflagen den Nacherbschaften ebenfalls gleichgestellt.

---

24 *Rohlfing*, Erbrecht, § 2 Rn 113 ff.
25 Zur Anwachsung oder Erhöhung bei Wegfall eines gesetzlichen Erben bei der Gütertren-
    nung, vgl. *Staats*, ZEV 2002, 11.
26 BFH vom 21.12.2000, II B 18/00, BFH/NV 2001, 798.
27 Für die Bestimmung der Steuerklasse und der sonstigen Besteuerungsmerkmale, soweit sie
    von der Person des Erblassers abhängen, kommt es auf die Person des Vorerben an. Diese
    Regelung enthält einen Bruch mit der Systematik des ErbStG, das bei der Besteuerung
    grundsätzlich auf den Rechtsgrund des Vermögensübergangs abstellt und bei den Erwerbs-
    vorgängen, die auf einer letztwilligen oder lebzeitigen Zuwendung beruhen, das Verhältnis
    zwischen dem Zuwendenden und dem Bedachten als steuerrelevantes persönliches Merk-
    mal anerkennt. Zur Abmilderung dieses Systembruchs hat der Gesetzgeber dem Nacher-
    ben in § 6 Abs. 2 S. 2 ErbStG ein Wahlrecht eingeräumt, wonach auf Antrag bei der Ver-
    steuerung seines Erwerbs sein Verhältnis zum Erblasser zugrunde gelegt wird. Ein solcher
    Antrag ist immer dann sinnvoll, wenn nach dem Verhältnis zum Erblasser die Versteue-
    rung zu einem günstigeren Ergebnis führen würde, als dies bei einer Versteuerung nach
    den Verhältnissen zum Vorerben der Fall wäre, mit Beispiel siehe *Noll*, DStR 2004, 257,
    260.

4. Betriebsvermögen

42   Nach altem Recht bis zum 31.12.2008 entfällt der Entlastungsbetrag der §§ 13a, 19a ErbStG, wenn der Erwerber seinen Anteil innerhalb von fünf Jahren nach dem Erwerb veräußert oder den Betrieb einstellt, § 19a Abs. 5 ErbStG. Der Entlastungsbetrag fällt aufgrund des Erbschaftsteuerreformgesetzes mit Wirkung für die Vergangenheit weg, soweit der Erwerber innerhalb von sieben Jahren (seit dem 1.1.2010 fünf Jahre) gegen die Behaltensregelungen des § 13a ErbStG verstößt, § 19a Abs. 5 S. 1 ErbStG. Aufgrund der Rechtsprechung des BVerfG und dem ErbStG wird bei Unternehmen der Wertansatz mit dem gemeinen Wert errechnet.

43   Betroffen sind Betriebsvermögen im ertragsteuerlichen Sinne sowie Anteile an Kapitalgesellschaften. Der gemeine Wert dafür ist in erster Linie aus Verkäufen unter fremden Dritten abzuleiten, die weniger als ein Jahr vor dem Besteuerungszeitpunkt zurückliegen. Bei börsennotierten Kapitalgesellschaften wird der Börsenkurs angesetzt. Fehlt es daran, ist der gemeine Wert unter Berücksichtigung der Ertragsaussichten oder einer anderen anerkannten – auch im gewöhnlichen Geschäftsverkehr für nichtsteuerliche Zwecke üblichen – Methode zu schätzen. Als Mindestwert wird die Summe der gemeinen Werte der Einzelwirtschaftsgüter des Unternehmens abzüglich der Schulden festgelegt. Diese Bewertung ist für Anteile an Kapitalgesellschaften in § 11 Abs. 2 BewG geregelt. Für gewerbliches und freiberufliches Betriebsvermögen verweist § 109 Abs. 1 BewG auf § 11 Abs. 2 BewG.[28]

44   In einem koordinierten Ländererlass vom 10.10.2010, 34-S 3104–018–18342/10 (Beck Verw. 242904) wird die Bewertung von Kapitalforderungen und -schulden sowie von Ansprüchen bzw. Lasten bei wiederkehrenden Nutzungen und Leistungen für Erwerbe nach dem 31.12.2009 für Zwecke der Erbschaft- und Schenkungsteuer behandelt. Ab diesem Zeitpunkt tritt er an die Stelle des Ländererlasses vom 7.12.2001 (BStBl I 2001, 1046, Beck Verw. 033092).[29]

Besondere Umstände, die eine vom Nennwert abweichende Bewertung rechtfertigen, sind nun in den Erbschaftsteuerrichtlinien 2011 geregelt.[30]

45   Entscheidend ist die Einführung eines neuen Begünstigungskonzepts für Betriebsvermögen, Land- und Forstwirtschaft und Anteile an Kapitalgesellschaften auf Basis der Verkehrswerte, wonach typisiert 85 % des Werts des Betriebsvermögens bei Fortführung des Betriebs über sieben Jahre (ab dem 1.1.2010 fünf Jahre) unbesteuert bleiben sollen, § 13b Abs. 4 ErbStG. Die restliche Steuer ist hingegen sofort fällig. Bei Unternehmen mit mehr als zehn Mitarbeitern wird diese Begüns-

---

28 *Korn/Strahl*, a.a.O., S. 9541, vgl. auch *Eisele*, Erbschaftsteuerliches Bewertungsrecht; NWB vom 7.4.2008, S. 1287, 1289 ff.
29 *Geck/Messner*, ZEV 2010, 569, 570.
30 RB 12.1 ErbStR.

tigung daran gekoppelt, dass die Lohnsumme für die Dauer von sieben Jahren nach der Übertragung nicht unter 650 % der durchschnittlichen Lohnsumme der letzten 5 Jahre vor dem Besteuerungszeitpunkt sinkt, § 13a Abs. 1 ErbStG (Option A). Wird das Unternehmen vor Ablauf der sieben Jahre veräußert, verringert sich die Erbschaftsteuersumme je Jahr der Betriebsfortführung um 14,28 % (100 : 7).

Eine komplette Steuerbefreiung lässt sich durch Fortführung des Betriebs über 10 Jahre erreichen (Option B).

(Änderung des Erbschaftsteuer- und Schenkungsteuergesetzes zum 1.1.2010)   46

Die Behaltensfrist sowie die Lohnsummenklausel bei der Unternehmensübertragung sind zum 1.1.2010 erneut geändert worden. Die Änderungen wurden vorgenommen in § 13a ErbStG. Hier werden in Abs. 1 S. 2 die Wörter ,sieben Jahre' durch die Wörter ,fünf Jahre' und die Angabe ,650 Prozent' durch die Angabe ,400 Prozent' ersetzt. Damit reduzieren sich die Anforderungen an die Lohnsummenklausel sowie an die Behaltensfrist zugunsten des Erwerbers.

Weiterhin werden in Abs. 1 S. 4 die Wörter ,zehn Beschäftigte' durch die Angabe ,zwanzig Beschäftigte' ersetzt; damit wird der Anwendungsbereich reduziert.

In Abs. 5 S. 1 werden die Wörter ,sieben Jahre' durch die Wörter ,fünf Jahre' ersetzt.

In Abs. 5 S. 1 Nr. 3 wird das Wort ,Siebenjahresfrist' durch das Wort ,Fünfjahresfrist' ersetzt.

Insgesamt wird damit für den Erwerber die Schenkung oder das Erben eines Unternehmens begünstigt.[31]

Bei Option A wird die Begünstigung auch dann nicht gewährt, wenn das Vermö-   47 gen des Betriebs zu mehr als 50 % der Vermögensverwaltung dient, § 13b Abs. 2 S. 1 ErbStG. Dieses so genannte Verwaltungsvermögen ist darüber hinaus nur dann begünstigt, wenn es zum Einen die schädliche Grenze von 50 % nicht übersteigt und zum Besteuerungszeitpunkt bereits mindestens zwei Jahre dem Betrieb zuzurechnen war.

Bei Option B kann der Erwerber gemäß § 13a Abs. 8 ErbStG unwiderruflich erklären, dass die Steuerbefreiung nach den Abs. 1 bis 7 i.V.m. § 13b ErbStG nach folgender Maßgabe gewährt wird:
1. In Abs. 1 S. 2 tritt an die Stelle der Lohnsummenfrist von sieben (ab 1.1.2010 fünf) Jahren eine Lohnsummenfrist von zehn (ab 1.1.2010 sieben) Jahren und an die Stelle der maßgebenen Lohnsumme von 650 (ab 1.1.2010 400) Prozent eine maßgebende Lohnsumme von 1.000 (ab 1.1.2010 700) Prozent

---

31 Zu Einzelfragen zum Umfang der Löhne und Gehälter: *Mannek*, a.a.O., S. 9.

2. In Abs. 5 tritt an die Stelle der Behaltensfrist von sieben (ab 1.1.2010 fünf) Jahren eine Behaltensfirst von zehn (ab 1.1.2010 sieben) Jahren

3. In § 13b Abs. 2 S. 1 tritt an die Stelle des Prozentsatzes für das Verwaltungsvermögen von fünfzig Prozent ein Prozentsatz von zehn Prozent

4. In § 13b Abs. 4 tritt an die Stelle des Prozentsatzes für die Begünstigung von fünfundachtzig Prozent ein Prozentsatz von hundert Prozent.

48   Als derartiges Verwaltungsvermögen wird definiert:
   – Dritten zur Nutzung überlassene Grundstücke, Grundstücksteile, grundstücksgleiche Rechte und Bauten. Eine Nutzungsüberlassung an Dritte ist nicht anzunehmen, wenn der Erblasser oder Schenker sowohl im überlassenden Betrieb als auch im nutzenden Betrieb einen einheitlichen geschäftlichen Betätigungswillen durchsetzen konnte oder als Gesellschafter einer Gesellschaft i.S.d. § 15 Abs. 1 S. 1 Nr. 2 und Abs. 3 oder 18 Abs. 4 EStG den Vermögensgegenstand der Gesellschaft zur Nutzung überlassen hatte und diese Rechtsstellung auf den Erwerber übergegangen ist, soweit keine Nutzungsüberlassung an einen weiteren Dritten erfolgt, § 13b Abs. 2 Nr. 1a) ErbstG
   – Anteile an Kapitalgesellschaften, wenn die Beteiligung am Nennkapital dieser Gesellschaften 25 % oder weniger beträgt, § 13b Abs. 2 Nr. 2 ErbStG. Ob diese Grenze unterschritten wird, ist nach der Summe der dem Betrieb unmittelbar zuzurechnenden Anteile und der Anteile weiterer Gesellschafter zu bestimmen, wenn die Gesellschafter unwiderruflich untereinander verpflichtet sind, über die Anteile nur einheitlich zu verfügen oder sie ausschließlich auf andere, derselben Verpflichtung unterliegende Anteilseigner zu übertragen und das Stimmrecht gegenüber nicht gebundenen Gesellschaftern nur einheitlich auszuüben
   – Beteiligungen an Gesellschaften i.S.d. § 15 Abs. 1 S. 1 Nr. 2 und Abs. 3 oder § 18 Abs. 4 EStG und an entsprechenden Gesellschaften im Ausland sowie Anteile an Kapitalgesellschaften, die nicht unter Nummer 2 fallen, wenn bei diesen Gesellschaften das Verwaltungsvermögen mehr als 50 % beträgt, § 13b Abs. 2 Nr. 3 ErbStG
   – Wertpapiere sowie vergleichbare Forderungen, Kunstgegenstände, Kunstsammlungen, wissenschaftliche Sammlungen, Bibliotheken und Archive, Münzen, Edelmetalle und Edelsteine, wenn der Handel mit diesen Gegenständen oder deren Verarbeitung nicht der Hauptzweck des gewerblichen Betriebs ist, § 13b Abs. 2 Nr. 4, 5 ErbStG.

Der Anteil des Verwaltungsvermögens am Betriebsvermögen bestimmt sich nach dem Verhältnis des Verkehrswerts der Gegenstände des Verwaltungsvermögens zum Unternehmenswert.

49   Weiterhin ist der Mindestwert eines Unternehmens i.H.v. 150.000 EUR zu beachten. Auf den nicht dem Verschonungsabschlag unterliegenden Teil des begünstigten Betriebsvermögens (15 % der begünstigten Bemessungsgrundlage, gemäß § 13b Abs. 4 ErbStG) wird ein Abzugsbetrag gewährt, § 13a Abs. 2 ErbStG.

Soweit der verbliebene Vermögensteil 150.000 EUR nicht übersteigt, bleibt er für die Berechnung der Erbschaftsteuer außer Ansatz.[32] Der Abzugsbetrag von 150.000 EUR verringert sich, wenn der Wert dieses Vermögens insgesamt die Wertgrenze von 150.000 EUR übersteigt, um fünfzig Prozent des diese Wertgrenze übersteigenden Betrags, § 13a Abs. 2 S. 2 ErbStG. Der Abzugsbetrag kann innerhalb von zehn Jahren für von derselben Person anfallende Erwerbe nur einmal berücksichtigt werden, § 13a Abs. 2 S. 3 ErbStG.

Der Ausnahmetatbestand des § 13a Abs. 3 S. 1 ErbStG, wonach ein Erwerber den Verschonungsabschlag (Abs. 1) und den Abzugsbetrag (Abs. 2) nicht in Anspruch nehmen kann, soweit er Vermögen im Sinne des § 13b Abs. 1 aufgrund einer letztwilligen Verfügung des Erblassers oder einer rechtsgeschäftlichen Verfügung des Erblassers oder Schenkers auf einen Dritten übertragen muss, ist zu beachten. Gleiches gilt, wenn ein Erbe im Rahmen der Teilung des Nachlasses Vermögen im Sinne des § 13b Abs. 1 auf einen Miterben überträgt, § 13a Abs. 3 S. 2 ErbStG.

Die land- und forstwirtschaftlichen Betriebe werden ab 1.1.2009 ebenfalls in die Verschonungsregeln im Erbfall einbezogen. Damit werden in Zukunft die meisten Erben von landwirtschaftlichen Betrieben keine Erbschaftsteuer zahlen müssen.[33]

5. Lebensversicherung

Siehe hierzu § 18 Rn 1 ff., in diesem Buch.   50

D. Bewertung

I. Bewertung unbebauter Grundstücke

Ab dem 1.1.2009 gelten die §§ 157–203 BewG für die Bewertung von Grundbesitz, von nicht notierten Anteilen an Kapitalgesellschaften und von Betriebsvermögen für die Erbschaftsteuer.   51

Der Wert unbebauter Grundstücke bemisst sich nach der Grundstücksfläche und dem um 20 % ermäßigten **Bodenrichtwert**, § 145 Abs. 3 S. 1 Bewertungsgesetz (BewG). Nach S. 2 der Vorschrift sind die Bodenrichtwerte von den **Gutachterausschüssen** nach dem Baugesetzbuch zu ermitteln und den Finanzämtern mitzuteilen.   52

Nach dem Jahressteuergesetz 2007 wurden unbebaute Grundstücke ab dem 1.1.2007 wie folgt bewertet: 53

---

32 Näher hierzu: *Zipfel*, BB 2007, S. 2651, 2657.
33 Zur Bewertung des land- und forstwirtschaftlichen Vermögens: *Eisele*, a.a.O., S. 390 ff.

Die Änderung der Vorschriften zur Grundbesitzbewertung waren erforderlich, weil die Bindung an die Wertverhältnisse zum 1.1.1996, bisher in § 138 Abs. 1 S. 2 Bewertungsgesetz (BewG), nach § 138 Abs. 4 BewG bis zum 31.12.2006 befristet war. Sie berücksichtigt zugleich die einschlägige Rechtsprechung des Bundesfinanzhofs. Eine grundsätzliche Neuausrichtung der Ermittlung der Grundbesitzwerte war wegen der ausstehenden Entscheidung des Bundesverfassungsgerichts noch nicht vorgesehen. Die bisherige Gesetzesregelung für bebaute Grundstücke, wonach die maßgebende Jahresmiete aus dem Durchschnitt der in den letzten drei Jahren vor dem Besteuerungszeitpunkt erzielten Mieten abzuleiten ist, hat sich für die Praxis als ungeeignet erwiesen. Zur Vereinfachung wird der Grundbesitzwert künftig nur aus der im Besteuerungszeitpunkt vereinbarten Jahresmiete ermittelt, § 146 Abs. 2 S. 1 BewG.[34] Das Bewertungsgesetz ist insbesondere durch das Erbschaftsteuerreformgesetz 2009 vom 24.12.2008[35] und § 12 ErbStG in seiner Gestaltung durch das Wachstumsbeschleunigungsgesetz vom 30.12.2009 verändert worden.[36]

Das Erbschaftsteuergesetz in der Fassung des Erbschaftsteuerreformgesetzes 2009 ist möglicherweise verfassungswidrig. Die Rechtslage ist zu beobachten.[37] Der Bundesrat hat am 16.12.2011 den Erbschaftsteuerrichtlinien (ErbStR) 2011 zugestimmt. In Teil III. der Richtlinien werden die Bewertungsvorschriften behandelt.[38]

54 Für den Anwalt stellt u.a. ein geeignetes Feld der Beratung die Vorschrift des § 145 Abs. 3 S. 3 BewG (bis 31.12.2006) dar.[39] Wenn der Steuerpflichtige nachweist, dass der **gemeine Wert** des unbebauten Grundstücks niedriger ist als der Wert nach Abs. 3 S. 1 BewG, ist der gemeine Wert für die Festsetzung der Erbschaft- oder Schenkungsteuer maßgebend. Dies bedeutet, dass es lohnenswert sein kann, vergleichbare Grundstücke zu ermitteln und mit deren Erwerbern Kontakt aufzunehmen. Haben diese deutlich weniger bei Erwerb bezahlt als der Gutachterausschuss für das betreffende Grundstück feststellt, ist der Wert entsprechend zu reduzieren. Der Nachweis kann regelmäßig durch ein Gutachten eines vereidigten Bausachverständigen oder eines Gutachterausschusses erbracht werden. Der Nachweis des niedrigeren Verkehrswerts nach § 138 Abs. 4 BewG gilt nach dem Gesetzeswortlaut auch für die Steuerwerte der Wohnteile und Betriebsgrundstücke von landwirtschaftlichen und forstwirtschaftlichen Betrieben.[40]

---

34 Detailliert zu den Änderungen siehe *Eisele*, NWB Nr. 37 vom 11.9.2006, Beratung aktuell.
35 BGBl I 2008 S. 3018.
36 BGBl I 2009 S. 3950.
37 *Halaczinsky*, Die Erbschaft- und Schenkungsteuererklärung § 2 Rn 5 n.w.N.
38 Näher hierzu: *Eisele*, a.a.O., S. 379 ff.
39 Gemäß § 138 Abs. 4 BewG ist der Nachweis des tatsächlichen Grundstückswerts ab dem 1.1.2007 einheitlich nur für die gesamte zu bewertende wirtschaftliche Einheit möglich.
40 *Rössler/Troll*, BewG-Kom. § 138 Rn 28.

Die **Beweislast** und nicht eine bloße Darlegungs- und Feststellungslast liegt beim Steuerpflichtigen.[41] Es genügt nicht, wenn der Steuerpflichtige lediglich die Einholung eines Sachverständigen-Gutachtens durch das Gericht beantragt oder ein nicht vom örtlich zuständigen Gutachterausschuss oder einem Sachverständigen für die Bewertung von Grundstücken erstattetes Gutachten vorlegt, es genügt auch nicht wenn lediglich geltend gemacht wird, dass die Höhe des Bodenrichtwerts unzutreffend sei; auch nicht wenn zur Begründung nur angeführt wird, dass bei übergroßen Grundstücken der Bodenrichtwert unzutreffend sei.

Fall 42   55
Ein unbebautes Grundstück hat eine Grundfläche von 410 qm. Der Bodenrichtwert ist für das belegene Gebiet mit 170 EUR pro qm angegeben.

Lösung zu Fall 42 (nach § 145 Abs. 3 S. 1 BewG)   56

410 qm	x	170 EUR	=	69.700 EUR
		- 20 %[42]	=	13.940 EUR
Grundstückswert			=	55.760 EUR
abgerundet auf volle				55.500 EUR
500 EUR				

55.500 EUR wäre hier der steuerrechtliche Berechnungswert.

Anmerkung   57

Gemäß § 179 BewG ist der Wert unbebauter Grundstücke entsprechend geltendem Recht nach der Fläche und den jeweils aktuellen Bodenrichtwerten zu ermitteln. Im Unterschied zur bisherigen Rechtslage (§ 145 Abs. 3 S. 1 BewG; R 162 S. 2 ErbStR) ist der Pauschalabschlag von 20 % in den neuen ErbStR nicht mehr enthalten (RB 179 ErbStR). Wertmindernde Umstände, z.B. Lärm-, Staub- oder Geruchsbelästigungen, Altlasten und Außenanlagen bleiben außer Ansatz (RB 179.2, Abs. 8 ErbStR). Die Bodenrichtwerte, die von den Guterachterausschüssen flächendeckend festzustellen sind, sind aufgrund der Kaufpreissammlung (§ 195 BauGB) zu ermitteln. Bei der Wertermittlung ist der Bodenrichtwert anzusetzen, dessen turnusmäßige Ermittlung dem Bewertungsstichtag vorausging (RB 179.2 Abs. 1 S. 1 ErbStR 2011). Unbeachtlich ist mithin, wann der Gutachterausschuss den Bodenrichtwert tatsächlich ermittelt und dem Finanzamt mitgeteilt hat.[43]

II. Bewertung bebauter Grundstücke

Grundstücke, auf die die in § 145 Abs. 1 BewG genannten Merkmale nicht zutreffen, sind bebaute Grundstücke, § 146 Abs. 1 BewG.   58

---

41 BFH BStBl II 2005, S. 259.
42 Hiervon wird ein Abschlag von 20 % gerechnet.
43 *Eisele*, a.a.O., S. 380.

59　Bei der **Bedarfsbewertung** wird im Gegensatz zur **Einheitsbewertung**, §§ 75, 76 BewG, grundsätzlich nicht nach Grundstücksarten unterschieden.

60　Der Wert eines bebauten Grundstücks ist das 12,5-fache der im Besteuerungszeitpunkt vereinbarten Jahresmiete,[44] vermindert um die **Wertminderung** wegen des Alters des Gebäudes (Abs. 4), § 146 Abs. 2 S. 1 BewG. Jahresmiete ist das Gesamtentgelt, das die Mieter (Pächter) für die Nutzung der bebauten Grundstücke aufgrund vertraglicher Vereinbarungen für den Zeitraum von zwölf Monaten zu zahlen haben, § 146 Abs. 2 S. 2 BewG. Betriebskosten sind nicht einzubeziehen, § 146 Abs. 2 S. 3 BewG. Maßgebend ist mithin die Netto-Kaltmiete, also die um alle in der zweiten Berechnungsverordnung, seit 1.1.2004 Betriebskostenverordnung, aufgeführten Betriebskosten bereinigte Miete.[45] Die Wertminderung wegen des Alters des Gebäudes beträgt für jedes Jahr, das seit Bezugsfertigkeit des Gebäudes bis zum Besteuerungszeitraum vollendet worden ist, 0,5 Prozent, höchstens jedoch 25 Prozent des Werts nach den Absätzen 2 und 3, § 146 Abs. 4 S. 1 BewG.

Zu beachten ist noch der besondere Zuschlag von 20 Prozent für ein bebautes Grundstück, das ausschließlich Wohnzwecken dient und nicht mehr als zwei Wohnungen enthält, § 146 Abs. 5 BewG.

61　**Beachte**
Der für ein bebautes Grundstück nach den Abs. 2–5 des § 146 BewG anzusetzende Wert darf nicht geringer sein als der Wert, nach § dem der Grund und Boden allein als unbebautes Grundstück nach § 145 Abs. 3 BewG zu bewerten wäre, § 146 Abs. 6 BewG.

62　Dies führt in Großstädten dazu, dass der **Bodenrichtwert** in der Regel höher ausfällt als der reine **Bedarfswert**, da in diesen Städten die Grundstückspreise häufig so hoch sind, dass der errechnete Bodenrichtwert den Bedarfswert übersteigt.

63　Auch bei bebauten Grundstücken greift nach § 198 BewG die sog. **Öffnungsklausel**. Weist der Steuerpflichtige nach, dass der gemeine Wert der wirtschaftlichen Einheit am Bewertungsstichtag niedriger ist als der nach den §§ 179, 182 bis 196 ermittelte Wert, so ist dieser Wert anzusetzen, § 198 S. 1 BewG. Der Nachweis ist regelmäßig durch ein Gutachten eines vereidigten Grundstückssachverständigen oder eines Gutachterausschusses zu erbringen. Bei der Verkehrswertermittlung nach den allgemein anerkannten Vergleichswertverfahren kann eine individuellere Ermittlung der Vergleichspreise sowie eine Berücksichtigung anderer wertmindernder Sachverhalte und Umstände, z.B. Belastung mit

---

44　Gem. § 146 Abs. 2 BewG wird zur Vereinfachung einer Berechnung des Grundbesitzwertes dieser nur aus der im Besteuerungszeitpunkt vereinbarten Jahresmiete ermittelt.
45　*Rössler/Troll*, § 146 Rn 30.

einem Wohnrecht, zu einem unterhalb des steuerlichen Vergleichwerts liegenden Verkehrswerts führen.[46]

Fall 43 64

Ein **Einfamilienhaus** in einer Kleinstadt mit 80.000 Einwohnern, Baujahr 1956, Grundstücksgröße 920 qm, Wohnfläche 180 qm, mittlere Ausstattung, die zu erzielende Miete beträgt 5,50 EUR pro qm, der Bodenrichtwert beträgt 90 EUR pro qm. Der Verkehrswert beträgt insgesamt 190.000 EUR.

Lösung zu Fall 43

Jahresmiete:	5,50 EUR	x	180 qm	x	12	= 11.880 EUR
Ausgangs-wert:	11.880 EUR	x	Vervielfäl-tiger 12,5			= 148.500 EUR
Alterswert-minderung:	44	x	0,5	22 % v. 148.500 EUR		= 32.670 EUR
Zwischen-wert:	148.500 EUR	-	32.670 EUR			= 115.830 EUR
Zuschlag für Einfamilien-haus:	20 %		v.	115.830 EUR		= 23.166 EUR
Grund-stücks-ertragswert	115.830 EUR	+	23.166 EUR			= 138.996 EUR
Abgerunde-ter Grund-stücks-wert:	138.500 EUR					
Bodenwert:	920 qm	x	90 EUR	x	0,8	= 66.240 EUR

Hier gilt für die Besteuerung der Grundstücksertragswert nach § 146 BewG.

Ab 1.1.2009: Bei Anwendung des Ertragswertverfahrens ist der Wert der Gebäude 65 (Gebäudeertragswert) getrennt von dem Bodenwert auf der Grundlage des Er-trags nach § 185 BewG zu ermitteln, § 184 Abs. 1 BewG. Bei Ansatz des Boden-werts als Mindestwert, § 184 Abs. 3 S. 2 BewG, kann der Verkehrswert u.a. durch Berücksichtigung der Gebäudebeseitigungskosten (vgl. § 20 Abs. 1 S. 2 WertV) gemindert sein.[47] Der Steuerpflichtige braucht die „Überbewertung" nicht zu akzeptieren. Er hat einen Rechtsanspruch auf Ansatz des niedrigeren nachgewie-senen individuellen Verkehrswerts gemäß § 198 BewG.[48]

Fall 44 66

Ein Einfamilienhaus in einer Großstadt mit 1 Million Einwohnern, Baujahr 1991, Grundstücksgröße 1.500 qm, Wohnfläche 230 qm, mittlere bis gehobene

---

46 *Rössler/Troll*, § 198 Rn 28.
47 *Rössler/Troll*, § 184 Rn 9.
48 Wie vor.

Ausstattung, die zu erzielende Miete beträgt 10 EUR pro qm, der Bodenrichtwert beträgt 650 EUR pro qm. Der Verkehrswert beträgt insgesamt
800.000 EUR.

67

Lösung zu Fall 44

1. Bisherige Rechtslage

Jahresmiete:	10 EUR	x	230 qm	x	12	= 27.600 EUR
Ausgangs-wert:	27.600 EUR	x	Vervielfäl-tiger 12,5			= 345.000 EUR
Alterswert-minderung:	9	x	0,5	4,5 % v. 345.000 EUR		= 15.525 EUR
Zwischen-wert:	345.000 EUR -		15.525 EUR			= 329.475 EUR
Zuschlag für Einfamilien-haus:	20 %		v. 329.475 EUR			= 65.895 EUR
Grund-stücks-ertragwert	329.475 EUR +		65.895 EUR			= 395.370 EUR
Abgerunde-ter Grund-stücks-wert:	395.000 EUR					
Bodenwert:	1.500 qm	x	650 EUR	x	0,8	= 780.000 EUR

Hier ist der Steuerwert der höhere Bodenrichtwert i.H.v. 780.000 EUR, gem.
§ 146 Abs. 6 BewG.
Hiernach darf der für ein bebautes Grundstück nach dem Ertragswertverfahren gem. § 146 Abs. 2–5 BewG anzusetzende Wert nicht geringer sein als der
Wert, mit dem der Grund und Boden allein als unbebautes Grundstück nach
§ 145 Abs. 3 BewG zu bewerten wäre.

**2. Rechtslage aufgrund Reform des Erbschaftsteuer- und Bewertungs-
rechts ab 1.1.2009**

Der Wert der bebauten Grundstücke ist entweder nach dem Vergleichswertverfahren, dem Ertragswertverfahren oder dem Sachwertverfahren zu ermitteln, §§ 180 ff. BewG. Die Wertermittlungsverfahren werden in Anlehnung an
die Wertermittlungsverordnung durch Rechtsverordnung typisierend geregelt.

– Das **Vergleichswertverfahren** kommt bei der Ermittlung des gemeinen
Werts von bebauten Grundstücken nur bei Grundstücken in Betracht, die
mit weitgehend gleichartigen Gebäuden bebaut sind und bei denen sich
der Grundstücksmarkt an Vergleichswerten orientiert. Das Vergleichswertverfahren ist daher regelmäßig für Wohnungseigentum, Teileigentum
sowie Ein- und Zweifamilienhäuser anzuwenden. Beim Vergleichswertverfahren wird der Marktwert eines Grundstücks aus tatsächlich realisierten
Kaufpreisen von anderen Grundstücken abgeleitet, die Lage, Nutzung,

Bodenbeschaffenheit, Zuschnitt und sonstiger Beschaffenheit hinreichend mit dem zu vergleichenden Grundstück übereinstimmen. Fehlt es daran, erfolgt eine Bewertung mit dem Sachwert.

- Das **Ertragswertverfahren**[49] soll für bebaute Grundstücke gelten, bei denen der nachhaltig erzielbare Ertrag für die Werteinschätzung am Grundstücksmarkt im Vordergrund steht (typische Renditeobjekte). Das Ertragswertverfahren ist daher regelmäßig für Mietwohngrundstücke sowie Geschäftsgrundstücke und gemischt genutzte Grundstücke, für die sich auf dem örtlichen Grundstücksmarkt eine übliche Miete ermitteln lässt, anzuwenden. Beim Ertragswertverfahren wird der Wert von bebauten Grundstücken auf der Grundlage des für diese Grundstücke nachhaltig erzielbaren Ertrags ermittelt (also nicht – wie bisher – Ansatz der Nutzungsentgelte). Dabei sind der Bodenwert nach § 179 BewG und der Gebäudewert nach Maßgabe des Ertrags gesondert zu ermitteln (§ 182 Abs. 3 BewG). Ist das übliche Nutzungsentgelt nicht ermittelbar, kommt es zur Bewertung mit dem Sachwert.
- Das **Sachwertverfahren** kommt folglich insbesondere bei den bebauten Grundstücken in Betracht, bei denen es für die Werteinschätzung am Grundstücksmarkt nicht in erster Linie auf den Ertrag ankommt, sondern die Herstellungskosten im gewöhnlichen Geschäftsverkehr wertbestimmend sind. Im Sachwertverfahren sind daher Wohnungseigentum, Teileigentum sowie Ein- und Zweifamilienhäuser, soweit ein Vergleichswert nicht vorliegt, Geschäftsgrundstücke und gemischt genutzte Grundstücke, für die sich auf dem örtlichen Grundstücksmarkt keine übliche Miete ermitteln lässt, sowie sonstige bebaute Grundstücke zu bewerten (§ 182 Abs. 4 BewG). Beim Sachwertverfahren wird der Wert von bebauten Grundstücken auf der Grundlage des Substanzwerts- Summe aus Herstellungswert der auf dem Grundstück vorhandenen baulichen und nicht baulichen Anlagen sowie Bodenwert ermittelt.[50]

III. Bewertung bebauter Grundstücke ohne Mieterträge

Lässt sich für bebaute Grundstücke die übliche Miete (§ 146 Abs. 3 BewG) nicht ermitteln, bestimmt sich der Wert abweichend von § 146 BewG nach der Summe des Werts des Grund und Bodens und des Werts der Gebäude, § 147 Abs. 1 S. 1 BewG. Diese Berechnung greift für die Bewertung von Grundstücken mit besonderer gewerblicher Nutzung zur Ermittlung der Grunderwerbsteuer. Mit Einführung des Erbschaftsteuerreformgesetzes zum 1.1.2009 ist der Wert der

68

---

49 Zusammenfassendes Beispiel zum Ertragswertverfahren bei *Halaczinsky*, Erbschaft- und Schenkungsteuererklärung, § 6 Rn 48.
50 *Eisele*, Verkehrswertnachweis, NWB vom 8.9.2008, S. 3447.

bebauten Grundstücke nach dem Vergleichswertverfahren, dem Ertragswertverfahren oder dem Sachwertverfahren zu ermitteln, § 182 Abs. 1 BewG.

IV. Bewertung eines Erbbaurechts

1. Alte Rechtslage (1.10.2007 bis 30.12.2008)

69 Ist das Grundstück mit einem Erbbaurecht belastet, ist bei der Ermittlung der Grundbesitzwerte für die wirtschaftliche Einheit des belasteten Grundstücks und für die wirtschaftliche Einheit des Erbbaurechts von dem Gesamtwert auszugehen, der sich für den Grund und Boden einschließlich der Gebäude vor Anwendung des § 139 ergäbe, wenn die Belastung nicht bestünde, § 148 Abs. 1 BewG. Der Wert des Grund und Bodens entfällt auf die wirtschaftliche Einheit des belasteten Grundstücks, § 148 Abs. 2 BewG.[51]

2. Rechtslage aufgrund Reform des Erbschaftsteuer- und Bewertungsrechts (ab 1.1.2009)

70 Die Werte für die wirtschaftliche Einheit Erbbaurecht und für die wirtschaftliche Einheit des belasteten Grundstücks sind gesondert zu ermitteln, § 192 BewG. Bei der Wertermittlung sind neben dem Bodenwert und dem Gebäudewert bei bebauten Grundstücken die Höhe des Erbbauzinses, die Restlaufzeit des Erbbaurechts und die Höhe der Heimfallentschädigung angemessen zu berücksichtigen.

V. Neue Grundbesitzwerte für Betriebe der Land- und Forstwirtschaft

71 Die **Reform des Erbschaftsteuer- und Bewertungsrechts** hat die neuen Bewertungsregeln für land- und forstwirtschaftliches Vermögen in den Vorschriften §§ 158–175 BewG zusammengefasst. Danach setzt sich der Wert aus dem getrennt zu bewertenden Wirtschaftsteil, den Betriebswohnungen und dem Wohnteil zusammen, § 160 Abs. 1 BewG. Zu den Wirtschaftsgütern, die einem LuF-Betrieb dauernd zu dienen bestimmt sind, gehören insbesondere der Grund- und Boden, die Wohn- und Wirtschaftsgebäude, die betrieblichen Forderungen und Verbindlichkeiten, die stehenden Betriebsmittel und ein normaler Bestand an umlaufen-

---

51 Der einheitliche Vervielfacher von 18,6 (gültig bis 31.12.2006) für die gesamte Laufzeit des Erbbaurechts führte insbesondere bei kurzen Restlaufzeiten zu nicht vertretbaren Bewertungsergebnissen. Er wurde daher durch eine Regelung ersetzt, wonach dem Eigentümer des Grund und Bodens (Erbbauverpflichteter) grundsätzlich dessen Wert und dem Erbbauberechtigten grundsätzlich der Wert des Gebäudes zugerechnet wird, § 148 Abs. 1–3 BewG. In Fällen, in denen die Laufzeit des Erbbaurechts weniger als 40 Jahre beträgt und das Gebäude nach Ablauf des Erbbaurechts entschädigungslos auf den Erbbauverpflichteten übergeht, ist der Gebäudewert dem Erbbauberechtigten nur noch anteilig zuzurechnen.

den Betriebsmitteln, §§ 158 Abs. 3, 170 BewG sowie immaterielle Rechte, wie z.b. Brenn-, Milch-, Liefer-, Jagdrechte, § 158 Abs. 3 BewG. Außer den Pflanzenbeständen und Vorräten, Maschinen und Geräten, gehören auch die Viehbestände zu den Betriebsmitteln.[52] Nicht zum LuF-Vermögen gehören insbesondere z.b. Geschäftguthaben, Wertpapiere und Beteiligungen im LuF-Betrieb, ein Überbestand an umlaufenden Betriebsmitteln sowie bestimmte Tierbestände, § 158 Abs. 3 Nr. 5 BewG. Diese Positionen gehören bewertungsrechtlich zum übrigen Vermögen.[53]

VI. Bewertung von Unternehmen und Betriebsvermögen

1. Rechtslage bis zum 31.12.2006

Durch das Jahressteuergesetz 1997 war es ein Argument der Steuerersparnis,   72
größeres Barvermögen vor dem Erbfall in Betriebsvermögen umzuwandeln.[54]

§ 13a ErbStG begünstigte bei Erwerb von Todes wegen oder im Wege der vorweggenommenen Erbfolge
– Betriebsvermögen
– land- und forstwirtschaftliches Vermögen
– Anteile an Kapitalgesellschaften über 25 %.

Die Begünstigung erfolgte zum einen durch einen **Freibetrag** von 256.000 EUR,[55]   73
unabhängig von der jeweiligen Steuerklasse, § 13a Abs. 1 Nr. 1 ErbStG a.F., und zum anderen durch einen Bewertungsabschlag von 40 %, § 13a Abs. 2 ErbStG a.F. Zu beachten war jedoch, dass der Freibetrag oder Freibetragsanteil nach Abs. 1 und der verminderte Wertansatz nach Abs. 2 mit Wirkung für die Vergangenheit wegfiel, soweit der Erwerber innerhalb von fünf Jahren nach dem Erwerb das erworbene Betriebsvermögen wieder veräußerte, § 13a Abs. 5 ErbStG a.F.

---

52 *Halaczinsky*, Erbschaft- und Schenkungsteuererklärung, § 3 Rn 48.
53 Wie vor; siehe auch zum LuF-Vermögen gleichlautender Ländererlass vom 1.4.2009, BStBl 2009 I, 552.
54 Durch das Jahressteuergesetz 2007, Gesetz zur Reform des Erbschaftsteuer- und Bewertungsrechts (ErbStRG), sind die §§ 13a und 19a des ErbStG erheblich verändert worden. Die nachstehenden Ausführungen bleiben für Besteuerungen vor Inkrafttreten des Gesetzes weiterhin relevant.
55 Der Freibetrag gem. § 13a Abs. 1 ErbStG für Betriebsvermögen, Land- und Forstwirtschaftliches Vermögen und Anteile an Kapitalgesellschaften i.S.d. § 13a Abs. 4 ErbStG sinkt für Erwerbe, für die die Steuer nach dem 31.12.2003 entsteht auf 225.000 EUR. Darüber hinaus gehendes Vermögen wird ab dem 1.1.2004 mit 65 v. Hundert angesetzt, d.h. der Bewertungsabschlag ist von 40 v. Hundert auf 35 v. Hundert reduziert worden, siehe hierzu *Halaczinsky*, NWB F. 10, 1467.

74 **Beachte**
Wird ein Freibetrag gem. § 13a Abs. 1 S. 1 Nr. 2 ErbStG im Wege der **vorweg-genommenen Erbfolge** gewährt, kann für weiteres innerhalb von zehn Jahren nach dem Erwerb von derselben Person anfallendes Vermögen i.S.d. § 13a Abs. 4 ErbStG ein Freibetrag weder vom Bedachten noch von anderen Erwerbern in Anspruch genommen werden, § 13a Abs. 1 S. 2 ErbStG.
Dies bedeutet, dass der Steuerfreibetrag von 256.000 EUR auch aufgebraucht ist, wenn im Wege der vorweggenommenen Erbfolge lediglich Betriebsvermögen von einem deutlich geringeren Wert, z.B. 50.000 EUR, übertragen worden ist. Mit der Gewährung des besonderen Steuerfreibetrages nach § 13a ErbStG wird innerhalb von zehn Jahren ein weiterer Steuerfreibetrag ausgeschlossen.

75 Eine weitere Verbesserung für natürliche Personen der Steuerklasse II und III stellte bei dem Erwerb von **Betriebsvermögen** die Tatsache dar, dass der Erwerb lediglich nach Steuerklasse I besteuert wurde, § 19a ErbStG a.F. Hiermit wollte der Gesetzgeber einen steuerlichen Anreiz für Betriebsinhaber geben, die innerhalb ihres Stammes keinen geeigneten Nachfolger finden. Das klassische Beispiel des langjährigen Mitarbeiters, der die Firma mit aufgebaut hat und von A bis Z kennt, aber als Nichtverwandter in der ungünstigsten Steuerklasse mit dem geringsten Steuerfreibetrag besteuert worden wäre, findet hier seine Lösung in den o.g. Vergünstigungen des Übergangs des Unternehmens oder Betriebsvermögens.

76 Das **Steuerklassenprivileg** der Steuerklasse I nach § 19a Abs. 1 ErbStG soll die verminderte Leistungsfähigkeit von Erwerbern betrieblich gebundenen Vermögens ohne Rücksicht auf die verwandtschaftliche Nähe zum Erblasser berücksichtigen.[56]

Fall 45
Der Erblasser E hinterlässt seinem langjährigen Mitarbeiter M seinen Betrieb im Wert von 2 Millionen EUR. Wie hoch ist der steuerpflichtige Erwerb?

Berechnung des steuerpflichtigen Erwerbs

Vermögen	2 Mio. EUR	-	Steuerfreibetrag i.H.v. 20.000 EUR	=	1.980.000 EUR
	1.980.000 EUR	-	Freibetrag nach § 13a Abs. 1 S. 1 ErbStG i.H.v. 225.000 EUR	=	1.755.000 EUR

---

56 *Piltz*, ZEV 1997, 61, 66.

	1.755.000 EUR	-	Bewertungsab-	=	1.140.750 EUR
			schlag von 35 %		
			nach § 13a Abs. 2		
			ErbStG i.H.v.		
			614.250 EUR		
Steuerpflichti-	1.140.750 EUR				
ger Erwerb					
Steuer nach	216.742,50 EUR				
Steuerklasse I					
i.H.v. 19 %					

Die Steuerersparnis des M aufgrund Privilegierung des Betriebsvermögens beträgt nahezu 500.000 EUR (482.456,80 EUR).
Der Mitarbeiter M als Nichtverwandter ist hier in der Steuerklasse III bei einem steuerpflichtigen Erwerb i.H.v. 1.980.000 EUR mit einem Tarif i.H.v. 35 % = 693.000 EUR zu besteuern. Erst die Privilegien der Betriebsübergabe reduzieren die Steuer in vorgenannter Weise.

2. Aktuelle Rechtslage ab 1.1.2009

Die Änderungen aufgrund des Erbschaftsteuerreformgesetzes finden Sie in   77
Rn 22 ff., 25 ff., 42. Die maßgeblichen Steuersätze und Freibeträge, die durch das Erbschaftsteuerreformgesetz mit Wirkung zum 1.1.2009 eingeführt wurden, sind bereits nach ihrer Einführung durch das so genannte Wachstumsbeschleunigungsgesetz wieder geändert worden.

Mit Wirkung zum 1.1.2010 wurden für Personen der Steuerklasse II (Geschwister, Schwiegereltern und -kinder, Nichten und Neffen) der Steuertarif verbessert. Der Eingangssteuertarif für Personen der Steuerklasse II beträgt nun nicht mehr 30, sondern 15 % und staffelt sich moderat.

Weiterhin wurden Veränderungen bei der Behaltensfrist eines Betriebes und bei der so genannten Lohnsummenklausel eingeführt. Die Behaltensfrist beträgt damit nicht mehr sieben, sondern fünf Jahre und die Lohnsummenklausel nicht mehr 650 Prozent, sondern 400 Prozent.

Weiterhin wurde der Kleinbetrieb bei zwanzig Beschäftigten und nicht bereits bei zehn Beschäftigten angesiedelt. Insgesamt sind damit für den Erwerber einer Schenkung oder den Erben eines Unternehmens Erleichterungen eingeführt worden.

VII. Mehrere Erwerbe nach § 14 ErbStG

Mehrere innerhalb von zehn Jahren von derselben Person anfallende Vermögens-   78
vorteile werden in der Weise zusammengerechnet, dass dem letzten Erwerb die

früheren Erwerbe nach ihrem früheren Wert zugerechnet werden, § 14 Abs. 1 S. 1 ErbStG.

Die Zusammenrechnung gem. § 14 ErbStG bewirkt, dass sowohl der Vor- wie auch der Nacherwerb nach dem Steuersatz des Gesamterwerbs entsprechend den gesetzlichen und persönlichen Verhältnissen des Letzterwerbs besteuert werden.[57]

Durch das Gesetz zur Reform des Erbschaftsteuer- und Bewertungsrechts (ErbStRG) wird in § 14 Abs. 1 nach S. 3 folgender Satz 4 eingefügt:

„Die Steuer, die sich für den letzten Erwerb ohne Zusammenrechnung mit früheren Erwerben ergibt, darf durch den Abzug der Steuer nach S. 2 oder 3 nicht unterschritten werden.“

Die Ergänzung verhindert nicht gerechtfertigte Steuervorteile, die sich im Zusammenhang mit der Berücksichtigung früherer Erwerbe bei der Steuerfestsetzung für einen späteren Erwerb ergeben.[58] Da gem. § 14 ErbStG Erwerbe vor mehr als zehn Jahren bei der Zusammenrechnung nicht zu berücksichtigen sind, können durch mehrfache Erwerbe von derselben Person insoweit mehrfach die Freibeträge und der gegebenenfalls niedrigere Steuersatz ausgenutzt und dadurch völlig legal Erbschaftsteuer gespart werden.[59]

E. Steuersparmöglichkeiten

79   Da in der Praxis der Mandant häufig nach Möglichkeiten fragt, wie im Rahmen einer Übertragung unter Lebenden oder von Todes wegen Schenkung- bzw. Erbschaftsteuer zu sparen ist, sollen nachstehend einige **Steuersparmöglichkeiten** aufgeführt werden:

- **Immobilien kaufen und übertragen:** Barvermögen und Wertpapiere etc. unterliegen einer höheren Besteuerung als Immobilien (Änderung durch ErbStRG ab dem 1.1.2009).
- **Mittelbare Grundstücksschenkung:** Eltern können den Kindern steuersparend Bargeld schenken mit der Auflage, davon eine bestimmte Immobilie zu erwerben. Hierbei muss exakt feststehen, welche Immobilie gekauft werden soll. Dann wird nicht der Nominalwert des Geldes, sondern der derzeit noch günstige Steuerwert der Immobilie zugrunde gelegt (Änderung ab dem 1.1.2009).

57 *Halaczinsky* in: Daragan/Halaczinsky/Riedel, Praxiskommentar ErbStG und BewG, § 14 ErbStG Rn 3.
58 Näher hierzu Begründung des Referentenentwurfes eines Gesetzes zur Erleichterung der Unternehmensnachfolge zu Nr. 9 (§ 14 Abs. 1).
59 *Halaczinsky* in: Daragan/Halaczinsky/Riedel, Praxiskommentar ErbStG und BewG, § 14 ErbStG Rn 14.

- **Freibeträge ausnutzen:** Enkel haben jetzt höhere Freibeträge. Es kann steuer-rechtlich sinnvoll sein, sie direkt zu bedenken und eine Generation zumindest teilweise zu überspringen.
- **Vorweggenommene Erbfolge:** Freibeträge insgesamt erhöht (siehe ErbStRG).
- **Betriebsvermögen übertragen:** Steuerliche Abschläge sind nach dem Jahres-steuergesetz 1997 (rückwirkend gültig für Erbschaften und Schenkungen ab dem 1.1.1996) für betriebliches Vermögen erheblich höher als für Privatver-mögen. Jede Übertragung von Betriebsvermögen fällt automatisch in die günsti-ge Steuerklasse I[60] (siehe ErbStRG).
- **Schenkung:** Frühzeitige Übertragung von Vermögen gewährt die Möglich-keit, Freibeträge im Abstand von zehn Jahren mehrmals auszunutzen.
- **Barvermögen:** Dieses kann mit der Auflage vererbt werden, den Betrag für den Erwerb einer Immobilie einzusetzen. Bei dieser mittelbaren Schenkung wird für die Steuererhebung nicht das Geldvermögen in voller Höhe, sondern lediglich der Ertragswert der noch zu erwerbenden Immobilie zugrunde gelegt (Änderung durch ErbStRG).
- **Modifizierte Zugewinngemeinschaft:** Beibehaltung des Zugewinnausgleiches bei Auflösung des Güterstandes durch den Tod eines Ehegatten, um in den Genuss des Freibetrages in Höhe der Zugewinnausgleichsforderung nach § 5 ErbStG zu gelangen.[61] Der so genannte fliegende Güterstandswechsel ist auch im Erbschaft- und Schenkungsteuerrecht zu beachten. Die ehevertragliche Beendigung des Güterstandes der Zugewinngemeinschaft und der hierdurch entstehende Ausgleichsanspruch ist keine steuerpflichtige freigebige Zuwen-dung im Sinne von § 7 Abs. 1 ErbStG, sondern eine gem. § 5 Abs. 2 ErbStG nicht steuerbare Ausgleichsforderung.[62]
- **Stiftung:** Das Vermögen wird durch Schenkung oder von Todes wegen auf eine gemeinnützige Stiftung übertragen. Danach unterliegt das Stiftungsver-mögen nicht mehr der Erbschaft- und Schenkungsteuer. Ein Treuhänder ver-waltet das Stiftungsvermögen bei einer unselbstständigen Stiftung. Wer inner-halb von 24 Monaten als Erbe oder Beschenkter das Geschenkte oder den Nachlass einer Stiftung zuwendet, die steuerbegünstigten Zwecken i.S.d. §§ 52 bis 54 AO dient, mit Ausnahme der Zwecke des § 52 Abs. 2 Nr. 23 AO, genießt das Erlöschen der Schenkung- bzw. Erbschaftsteuer gem. § 29 Abs. 1 Nr. 4 ErbStG. Zu beachten ist jedoch bei der Familienstiftung, laut §§ 1 Abs. 1 Nr. 4, 9 Abs. 1 Nr. 4 ErbStG, die Erbersatzsteuer alle 30 Jahre.

---

60 Beachten Sie jedoch jetzt die Änderungen des Gesetzes zur Reform des Erbschaftsteuer-und Bewertungsrechts (ErbStRG), Rn 22 ff., 25 ff., 42 ff.
61 *Rohlfing*, Erbrecht, § 2 Rn 127.
62 BFH vom 12.7.2005-II R 2902 BFH/NV 2005, 2127.

F. Checkliste: Steuerrecht

80 – Stehen dem Erben bzw. Beschenkten ausreichend Steuerfreibeträge zur Verfügung?
   – Wenn nein, welcher Steuersatz und damit welcher Steuerbetrag würde erhoben?
   – Ist eine mehrstufige Übertragung aufgrund der Steuerfreibeträge sinnvoll?
   – Umwandlung von Barvermögen in Betriebsvermögen?
   – Sind im Testament oder dem Übertragungsvertrag Gegenleistungen vereinbart, wie z.b. Nießbrauch oder Rentenzahlung, die für den Empfänger steuermindernd geltend gemacht werden können?
   – Ist bei der Vererbung oder Übertragung von Immobilien der Ertragswert, der Sachwert oder der Vergleichswert zugrunde zu legen?
   – Gibt es einen Nachweis für eine geringere Jahresmiete der Immobilie, als sie vom Finanzamt für den Steuerbescheid zugrunde gelegt worden ist?
   – Kann eine etwaige Erbschaft- bzw. Schenkungsteuer durch eine entsprechende Gestaltung des Testaments oder Übertragungsvertrages gemindert oder sogar ganz vermieden werden?

G. Zusammenfassung

81 Wer sich näher mit erbrechtlicher und schenkungsrechtlicher Beratung befasst, wird vom Mandanten auch häufig mit steuerrechtlichen Fragen konfrontiert. Dies ist eine zusätzliche Möglichkeit für den Anwalt, dem Mandanten ein komplexeres Beratungsangebot zu unterbreiten. Der Mandant wird gerne zu dem Anwalt gehen, bei dem er auch eine grundsätzliche **steuerrechtliche Beratung** erhält.

Die steuerrechtliche Beratung gehört nach § 3 Nr. 1 Steuerberatungsgesetz (StBerG) zum Aufgabenbereich des Rechtsanwalts.

82 Das Jahressteuergesetz 2007 sowie das Jahressteuergesetz 2010 und das so genannte Wachstumsbeschleunigungsgesetz zum 1.1.2010 führten zu Änderungen bei der Bewertung von Immobilien und Erbbaurechten und haben damit Auswirkungen auf die Besteuerung nach dem Erbschaft- und Schenkungsteuergesetz. Weiterhin haben die Verschonungsregelungen für das Betriebsvermögen, §§ 13a, 13b ErbStG, erheblichen Beratungsbedarf ausgelöst. Für das begünstigte Betriebsvermögen ist ein **modifiziertes Abschmelzmodell** eingeführt worden, § 13a Abs. 1–4 ErbStG.

Für die Übertragung von Betriebsvermögen hat die Regierungskoalition nachfolgende Änderungen beschlossen. Bei der Haltefrist von Betriebsvermögen ist die Wahl zwischen zwei Varianten vorgesehen. Beträgt die Haltefrist mindestens sieben Jahre, werden 85 % des übertragenen Vermögens von der Erbschaft- bzw. Schenkungsteuer verschont. Die vollständige Steuerfreiheit lässt sich durch Fortführung des Betriebes über 10 Jahre erreichen. Hinsichtlich der Lohnsumme darf diese bei der ersten Option nach sieben Jahren nicht unterhalb von 650 % der Ausgangssumme liegen.

Bei der zweiten Option (Fortführung über 10 Jahre) muss die Lohnsumme 1000 % des Ausgangswerts betragen. Demnach können innerhalb der Frist Mitarbeiter entlassen werden, wenn zum Ende des Sieben- bzw. Zehnjahreszeitraums wieder entsprechende Einstellungen vorgenommen werden. In beiden Fällen erfolgt keine Indexierung der Lohnsumme. Das Verwaltungsvermögen darf bei Option A (sieben Jahre Fortführung) bis zu 50 % betragen und bei Option B (Fortführung 10 Jahre) höchstens 10 %. Der so genannte Fallbeileffekt, wonach bei Verstößen gegen die Lohnsumme auch nach sechs bzw. neun Jahren volle Besteuerung entstehen sollte, ist von der Regierungskoalition beseitigt worden.

Wird das Unternehmen bei Option A vorzeitig veräußert, verringert sich die Erbschaftsteuersumme je Jahr der Betriebsfortführung um 14,28 %. Erfolgt die Veräußerung des Unternehmens bei Option B, verringert sich die Erbschaftsteuer je Jahr der Betriebsfortführung um 10 %. Der Erbe hat ein Wahlrecht, welche Option er bevorzugt. Dieses Wahlrecht ist unumkehrbar und kann bei Eintritt des Erbfalls ausgeübt werden. Weiterhin gehören nach neuem Recht private Steuererstattungsansprüche zum Vermögensanfall.[63]

Aufgrund des Wachstumsbeschleunigungsgesetzes mit Wirkung zum 1.1.2010 ist die Behaltensfrist sowie die Lohnsummenklausel bei der Unternehmensübertragung erneut geändert worden und aufgenommen in § 13a ErbStG. Hier werden in Abs. 1 S. 2 die Wörter ‚sieben Jahre‘ durch die Wörter ‚fünf Jahre‘ und die Angabe ‚650 Prozent‘ durch die Angabe ‚400 Prozent‘ ersetzt. Damit reduzieren sich die Anforderungen an die Lohnsummenklausel sowie an die Behaltensfrist zugunsten des Erwerbers.   83

Außerdem werden in § 13a Abs. 1 S. 4 die Wörter ‚zehn Beschäftigte‘ durch die Angabe ‚zwanzig Beschäftigte‘ ersetzt.

Der Anwendungsbereich wird damit eingeschränkt.

In § 13a Abs. 5 S. 1 werden die Wörter ‚sieben Jahre‘ durch die Wörter ‚fünf Jahre‘ ersetzt. In Nummer 3 wird das Wort ‚Siebenjahresfrist‘ durch das Wort ‚Fünfjahresfrist‘ ersetzt.

---

63 In § 10 Abs. 1 ErbStG wird nach S. 2 folgender Satz 3 eingefügt: „Steuererstattungsansprüche des Erblassers sind zu berücksichtigen, wenn sie rechtlich entstanden sind, § 37 Abs. 2 AO." Diese Änderung stellt klar, dass ein Steuererstattungsanspruch ungeachtet seiner Festsetzung als Forderung bereits dann angesetzt werden kann, wenn er im Zeitpunkt der Entstehung der Erbschaftsteuer materiell-rechtlich entstanden war, d.h., wenn eine Leistung des Erblassers den Anspruch aus dem Steuerschuldverhältnis übersteigt.

Damit wird insgesamt für den Erwerber die Schenkung oder das Erben eines Unternehmens begünstigt. Die geänderten Regelungen sind anzuwenden mit Inkrafttreten der Reform am 1.1.2010.

Mit Inkrafttreten der Erbschaftsteuerrichtlinien für alle Erbfälle vor dem 3.11.2011 liegt nun eine ausführliche Erläuterung des geltenden ErbStG und des BewG vor.[64]

84   Der Rechtsanwalt ist der berufene unabhängige Berater und Vertreter in allen Rechtsangelegenheiten, § 3 Abs. 1 Bundesrechtsanwaltsordnung (BRAO). Es muss jedoch deutlich daraufhin gewiesen werden, dass gerade im Bereich des Steuerrechts für den Anwalt Haftungsrisiken vorhanden sind. Der Junganwalt sollte sich z.b. über Fachliteratur und Seminare der DeutschenAnwaltakademie oder der DVEV sowie anderer Anbieter wie den Kammern im Bereich des Steuerrechts fortbilden, um im Erbrecht und angrenzendem Steuerrecht eine qualifizierte und umfassende Beratung geben zu können.

Es sei darauf hingewiesen, dass die Rechnung über steuerliche Beratung vom Mandanten nach § 10 Abs. 1 Nr. 6 EStG als Sonderausgabe von der Einkommensteuer absetzbar ist.[65] Auf die Vorteile der Trennung der Rechnung hinsichtlich Testamentsberatung, die nicht steuerlich absetzbar ist, und der steuerlichen Beratung, die steuerlich absetzbar für den Mandanten ist, weist *Streck* hin.[66]

---

64 Erläuterungen in: *Mannek*, Erbschaftsteuer-Richtlinien 2011 im Überblick, ZEV 2012, 6; *Eisele*, Erbschaftsteuer-Richtlinien und Hinweise 2011, NWB vom 30.1.2012, S. 373.

65 Dies gilt jedoch nur bis zum 31.12.2005. Danach ist die steuerliche Beratung für den Verbraucher nicht mehr als Sonderausgabe von dessen Einkommensteuer absetzbar. Bei der Beratung von Unternehmern sind die steuerlich anfallenden Gebühren als Betriebsausgaben im Sinne des § 4 Abs. 4 EStG in Abzug zu bringen, wenn die Aufwendungen durch den Betrieb veranlasst sind, z.B. bei der steuerlichen Beratung einer geplanten Unternehmensnachfolge.

66 *Streck*, AnwBl 1998, 439 ff. In einem weiteren Aufsatz weist *Streck* darauf hin, dass, soweit das Mandat dies erlaubt, Rechnungen für den nicht abzugsfähigen Teil der Beratung und für den abzugsfähigen Teil (Sonderausgaben bis 2005, Werbungskosten, Betriebsausgaben) geschrieben werden: *Streck*, AnwBl 2006, 149, 154.

§ 13 Stiftung

A. Einführung

Eine Stiftung im Rechtssinne ist eine vom Stifter geschaffene Institution, nämlich die rechtsfähige Organisation, die die Aufgabe hat, mit Hilfe des der Stiftung gewidmeten Vermögens den festgelegten Stiftungszweck dauernd zu verfolgen.[1] Stiftungsgeschäft, Stiftungszweck, Stiftungsvermögen und Stiftungsorganisation sind die wesentlichen Elemente des Stiftungsbegriffs. Grundlegend für die Stiftung ist der Stifterwille, der im Stiftungsgeschäft unmissverständlich seinen Ausdruck finden muss. Das Stiftungsgeschäft bestimmt wiederum die Verfassung der Stiftung, § 85 BGB. Dabei können mehrere Bestimmungen über den Vollzug des Stifterwillens und die Stiftungstätigkeit der Satzung überlassen werden. Diese wird in der Regel mit dem Stiftungsakt ebenfalls vom Stifter erlassen. Der Stifterwille wirkt über die Gründungsphase hinaus.[2]

Der Stiftungssektor erlebt in absoluten Zahlen das stärkste Wachstum seit Gründung der Bundesrepublik Deutschland. Ende 2010 existieren in Deutschland 18.162 rechtskräftige Stiftungen Bürgerlichen Rechts.[3] Die Entwicklung seit der ersten Stufe der Reform des Stiftungs- und Stiftungssteuerrechts im Jahre 2000 ist bemerkenswert. In den letzten zehn Jahren (2001 bis 2010) wurden mit 8.910 Stiftungen rund die Hälfte aller bestehenden Stiftungen bürgerlichen Rechts errichtet.[4] In den 90er Jahren wurden insgesamt 3.651 Stiftungen errichtet, während in den 80er Jahren lediglich 1.576, in den 70er Jahren 789 und in den 60er Jahren 546 Stiftungen neu entstanden.[5]

Hierbei bestehen erhebliche regionale Unterschiede.[6]

Dieser Anstieg dokumentiert die zunehmende Bedeutung der Stiftungen.

Die Stiftung kann zu Lebzeiten des Stifters oder von Todes wegen durch Erbvertrag oder Testament errichtet werden.

1

2

---

1 V. *Campenhausen*, in: Seifart/v. Campenhausen, Hdb. des Stiftungsrechts, § 1 Rn 6.
2 V. *Campenhausen*, in: Seifart/v. Campenhausen, Hdb. des Stiftungsrechts, § 1 Rn 6.
3 *Kowark*, Stiftungsgründungen 2010, StiftungsWelt, S. 34, 35.
4 Quelle: Bundesverband Deutscher Stiftungen (2011).
5 *Kaake*, StiftungsWelt 2006, 44, 45.
6 Siehe hierzu Grafik in *Kaake*, Stiftungswelt 2006, 44, 45; *Pätsch*, Stiftungswelt 2007, 36, 37.

B. Rechtliche Grundlagen

I. Entstehung der Stiftung

3 Gemäß § 80 S. 1 BGB ist für die Entstehung einer rechtsfähigen Stiftung ein Stiftungsgeschäft und die staatliche Anerkennung erforderlich.[7]

4 Das **Stiftungsgeschäft** ist ein einseitiges, nicht empfangsbedürftiges Rechtsgeschäft und muss die Erklärung des Stifters enthalten, eine rechtlich selbstständige Stiftung für einen bestimmten Zweck errichten und diese mit einem bestimmten **Stiftungsvermögen** ausstatten zu wollen.

5 Wird die **Stiftung unter Lebenden** errichtet, bedarf das Stiftungsgeschäft gem. § 81 Abs. 1 BGB der Schriftform. Der notariellen Beurkundung gem. § 311b BGB bedarf das Stiftungsgeschäft, wenn zu dem der Stiftung zuzuwendenden Vermögen Grundvermögen gehört und die Übertragung bereits in der Stiftungsurkunde zugesichert wird.

Das Stiftungsgeschäft ist grundsätzlich bedingungsfeindlich, da im Interesse des Rechtsverkehrs eine Unsicherheit über den Bestand der Stiftung als juristische Person vermieden werden muss.[8]

6 Beabsichtigt der Stifter die **Stiftung von Todes wegen** zu errichten, kann dies in der Form des Testaments, §§ 2247 ff. BGB, oder durch Erbvertrag, §§ 2274 ff. BGB, erfolgen. Die erforderliche Satzung kann als Anhang zur letztwilligen Verfügung gegeben werden. Die **Stiftungserrichtung** kann auch durch Vermächtnis oder Auflage erfolgen, ist jedoch wegen der möglichen Einflussnahme der Erben nicht uneingeschränkt empfehlenswert. Der Stifter sollte jedenfalls in diesen Fällen **Testamentsvollstreckung** anordnen. Ist die Stiftung bereits vor Ableben des Erblassers errichtet, kann sie als Erbe oder Miterbe eingesetzt oder mit einem Vermächtnis oder einer Auflage bedacht werden.[9]

Für Stifter bietet die Errichtung einer Stiftung die Möglichkeit, einen maßgeschneiderten „Wunscherben" zu kreieren. Stiftungen sind die beste Möglichkeit, die idealistischen Ziele, für die sich der Stifter im Leben aktiv einsetzt, über den Tod hinaus weiter zu verfolgen und andere das fortsetzen zu lassen, wozu die eigene Lebenszeit, Kraft oder auch der Mut nicht gereicht haben. Als Stifter gefragt sind daher im Interesse des Gemeinwohls Bürger, die vorausdenken und ein Motor sein wollen und können.[10]

---

7 Ratgeber Deutscher Stiftungen Band 1, Die Gründung einer Stiftung, 2008.

8 MüKo-BGB/*Reuther*, § 80 Rn 5; zum Begriff vgl. Staudinger/*Rawert*, Vorbem. zu § 80 ff. Rn 3.

9 *Turner*, ZEV 1995, 206.

10 *Turner*, ZEV 1995, 211 m.w.N.

Beachte   7

Berücksichtigt werden müssen hier jedoch die pflichtteilsberechtigten Ehegatten, Lebenspartner und Kinder oder Eltern des Erblassers, wenn keine Kinder vorhanden sind. Der Pflichtteilsergänzungsanspruch des § 2325 BGB ist anwendbar.[11] Das Ausstattungsversprechen des Stifters stellt eine freigebige Transferleistung an die Stiftung dar, die geeignet ist, Pflichtteilsrechte zu beeinträchtigen.[12]

Die Zehnjahresfrist des § 2325 Abs. 3 BGB beginnt frühestens mit Wirksamwerden   8
den der zur Errichtung einer Stiftung erforderlichen Genehmigung.[13]

Nach der ganz h.M. ist das Pflichtteilsrecht durch die Verfassung mit der Erbrechtsgarantie des Art. 14 Abs. 1 S. 1 GG und dem besonderen Schutz von Ehe und Familie in Art. 6 Abs. 1 GG geschützt.[14] Damit eine zum Erben eingesetzte oder anderweitig begünstigte Stiftung ihre Zuwendung uneingeschränkt nutzen kann und nicht von Pflichtteilsansprüchen Dritter überrascht wird,[15] die ggf. zur Verweigerung der Anerkennung oder Unmöglichkeit der Zweckverfolgung und somit zur Aufhebung der Stiftung führen können, § 87 BGB, sind die Grundsätze des Pflichtteilsrechts zu beachten gem. der §§ 2303 ff. BGB.

Durch das Stiftungsgeschäft muss die Stiftung eine Satzung erhalten mit Regelungen über
- den Namen der Stiftung,
- den Sitz der Stiftung,
- den Zweck der Stiftung,
- das Vermögen der Stiftung,
- die Bildung des Vorstands der Stiftung, gemäß § 81 Abs. 1 S. 2 BGB.

Änderungen des Stiftungszwecks nach dem Ableben des Stifters sind nur mit Genehmigung der Aufsichtsbehörde möglich. Deshalb sollte bei Formulierung des Stiftungszwecks Sorgfalt walten, damit möglichst viele Bereiche unter den Stiftungszweck subsumiert werden können. Darüber hinaus ist in der Satzung zu bestimmen, welche Organe die Stiftung neben dem Vorstand haben soll.

---

11 Beachte die Änderungen aufgrund Gesetz zur Änderung des Erb- und Verjährungsrechts, insb. bzgl. des Abschmelzungsmodells in § 2325 Abs. 3 BGB n.F.
12 *Rawert/Katschinski*, ZEV 1996, 161, 166.
13 *Rawert/Katschinski*, ZEV 1996, 161, 166.
14 BVerfG ZEV 2005, 301 m.w.N.
15 Im Fall der Schenkung des Erblassers zu Lebzeiten an die Stiftung Frauenkirche Dresden i.H.v. 4,7 Millionen DM (= 2.403.071,84 EUR) hat der BGH auf die Revision der alleinerbenden Tochter mit Urt. v. 10.12.2003, IV ZR 249/02 das Urteil des OLG Dresden vom 2.5.2002, 7 U 2905/01 (ZEV 2002, 415 m. Anm. *Muscheler*) aufgehoben und die Sache zurückverwiesen. Entgegen der Auffassung der Vorinstanzen kam der BGH zu dem Ergebnis, dass es sich bei den Zuwendungen an die Stiftung um – der Pflichtteilsergänzung unterliegende – Schenkungen handelte.

Dies kann ein Kuratorium oder Beirat sein, der den Stiftungsvorstand berät und beaufsichtigt.

9   Daneben ist im Stiftungsgeschäft zu bestimmen, welche Vermögensausstattung die Stiftung bei ihrer Errichtung erhält. Das Stiftungsvermögen kann in Bargeld bestehen, Forderungen, Unternehmen oder Unternehmensbeteiligungen. Es können auch Grundstücke und andere Sachwerte eingebracht werden, mithin jedes vermögenswerte Recht. Mit Anerkennung der Stiftung hat diese einen Anspruch gegenüber dem Stifter auf Übertragung des Vermögens, § 82 S. 1 BGB. Die Landesstiftungsgesetze schreiben Mindestbeträge für das **Stiftungsvermögen** als Grundausstattung vor.[16]

Die dort genannten Beträge sind jedoch regelmäßig zu gering bemessen, um die Stiftung tatsächlich ihren Zweck erfüllen zu lassen. Diese Beträge können nur als Grundausstattung angesehen werden mit dem Ziel, diesen Betrag durch Zustiftungen deutlich zu erhöhen.

Der Stifter hat in der Satzung Anordnungen über die Verwendung der Erträge des Stiftungsvermögens zu treffen. Das Stiftungsvermögen selbst sollte auf Ewigkeit ausgerichtet sein und nicht dem Zugriff der Begünstigten (Destinatäre) unterliegen. Der Stiftungszweck ist regelmäßig durch die Erträge des Stiftungsvermögens zu verwirklichen. Die Rechtsstellung der durch die Stiftung Begünstigten **(Destinatäre)** sollte ebenfalls in der Satzung geregelt werden, insbesondere die Frage, ob ihnen ein eigener Anspruch gegenüber der Stiftung zusteht. Dies sollte regelmäßig nicht der Fall sein. Weiterhin ist in der Satzung zu regeln, wem das Vermögen bei Erlöschen der Stiftung zufällt, § 88 S. 1 BGB. Das Stiftungsvermögen darf grundsätzlich nicht zur Erfüllung des Stiftungszwecks verbraucht werden. Es gilt der „Grundsatz der Substanzerhaltung" oder „Grundsatz der Vermögenserhaltung".[17] Ausnahmen vom Grundsatz der Vermögenserhaltung werden zugelassen, wenn der Stifterwille oder der Stiftungszweck anders nicht verwirklicht werden können und der Bestand der Stiftung für angemessene Zeit gewährleistet ist.[18] Zum Teil erlauben die Landesstiftungsgesetze auch, dass durch die Stiftungssatzung und/oder das Stiftungsgeschäft Ausnahmen zugelassen werden, z.B. § 4 Abs. 2 S. 1 StiftG NRW.[19]

Soweit nicht in der Satzung etwas anderes bestimmt ist, sind die Erträge des Stiftungsvermögens sowie Zuwendungen Dritter, die nicht ausdrücklich zur Erhöhung des Stiftungsvermögens bestimmt sind, zur Verwirklichung des Stiftungszwecks und zur Deckung der Verwaltungskosten zu verwenden, § 4 Abs. 3 StiftG NRW. Der Gesetzgeber gewährt hier Mittel zur Deckung der Verwaltungskosten aus den Erträgen. Dies ermöglicht eine modernere Stiftungsarbeit.

---

16 Damrau/*Wehinger*, ZEV 1998, 178, 179.
17 *Schiffer*, Die Stiftung in der Beraterpraxis, § 6 Rn 37 ff.
18 *Schiffer*, Die Stiftung in der Beraterpraxis, § 2 Rn 10, 11.
19 M.w.N. auf entsprechende landesrechtliche Vorschriften Schiffer, wie vor.

Durch das Gesetz zur Modernisierung des Stiftungsrechts vom 15.7.2002, in   **10**
Kraft getreten am 1.9.2002 sind die §§ 80 und 81 BGB neu gefasst worden.[20]
Genügt das Stiftungsgeschäft diesen Erfordernissen nicht und ist der Stifter ver-
storben, findet § 83 S. 2–4 BGB entsprechende Anwendung.

Die Stiftung ist als rechtsfähig anzuerkennen, wenn das Stiftungsgeschäft den
Anforderungen des § 81 Abs. 1 BGB genügt, die dauernde und nachhaltige Erfüllung des Stiftungszweck gesichert erscheint und der Stiftungszweck das Gemein-
wohl nicht gefährdet, § 80 Abs. 2 BGB.

Im Gegensatz zum früheren Genehmigungsverfahren, welches als hoheitlicher
Akt verstanden wurde, wird mit dem neuen Stiftungs-Zivilrecht dem Bürger ein
Recht auf Stiftung gegeben, wenn er die rechtlichen Rahmenbedingungen einhält.

Ist die Anerkennung für die Errichtung der Stiftung erteilt, ist die Stiftung als
rechtsfähige juristische Person des Zivilrechts entstanden und kann demnach
selbstständiger Träger von Rechten und Pflichten sein. Sie wird vertreten durch
ihre Organe.

II. Stiftungsaufsicht

Die **Stiftungsaufsicht** wird als Garant des Stifterwillens und der Stiftungsauto-   **11**
nomie angesehen. Sie ist in allen Bundesländern auf eine reine Rechtsaufsicht
beschränkt, betrifft also nicht Fragen der Zweckmäßigkeit. Die Stiftungsorgane
sind mithin in Fragen der Zweckmäßigkeit ihres Vorgehens zur Erreichung des
Stiftungszwecks frei von staatlicher Aufsicht. *Ebersbach* sieht in ihr das wich-
tigste Mittel vorbeugender Aufsicht.[21] Aufgabe der Stiftungsaufsicht ist es zu
überwachen und sicherzustellen, dass die Organe der Stiftung den in Stiftungsgeschäft und Stiftungssatzung zum Ausdruck kommenden Willen der Stifterin oder
des Stifters beachten und die Tätigkeit der Stiftung im Einklang mit Recht und
Gesetz steht, § 6 Abs. 2 StiftG NRW.

Den Stiftungsaufsichtsbehörden werden in den Landesstiftungsgesetzen verschiedene rechtliche Instrumente gegeben. Zu nennen sind hier insbesondere, abhängig
jedoch von den Landesgesetzen des jeweiligen Bundeslandes, das Recht zur Un-
terrichtung, § 7 Abs. 1 StiftG NRW, und das Recht zur Prüfung im gegebenen
Anlass, § 7 Abs. 3 StiftG NRW.

Das Recht zur Beanstandung, § 8 Abs. 1 StiftG NRW, sowie das Recht zur
Anordnung von Maßnahmen, § 8 Abs. 2 StiftG NRW, steht der Aufsichtsbehörde
in Nordrhein-Westfalen zu. Die Stiftungsaufsichtsbehörde kann auf Kosten der
Stiftung selbst eine Anordnung durchführen, wenn ein Stiftungsorgan dieser
nicht nachgekommen ist, § 8 Abs. 3 StiftG NRW. Bei groben Pflichtverletzungen

---

20 BGBl I S. 2634.
21 *Ebersbach*, Handbuch des Deutschen Stiftungsrechts, 1972, 132.

eines Stiftungsorgans kann die Aufsichtsbehörde dieses abberufen, § 9 Abs. 1 StiftG NRW. In seltenen Fällen kann die Aufsichtsbehörde einen von ihr zu bestellenden Sachwalter beauftragen, der ihre Beschlüsse und Anordnungen durchführt, § 9 Abs. 3 StiftG NRW.

Grundsätzlich ist festzustellen, dass die Stiftung bei Zweifel über ihre Vorgehensweise den Kontakt zur Aufsichtsbehörde vorab suchen sollte.

III. Stiftungsarten

12 Die vorhergehenden Erörterungen behandeln die rechtsfähige Stiftung des Bürgerlichen Rechts. Die Mehrzahl der deutschen Stiftungen sind gemeinnützig.

Daneben existieren auch nicht selbstständige oder unselbstständige Stiftungen, die von einem Treuhänder verwaltet werden.

Darüber hinaus kann eine Stiftung jedoch auch privatnützige Interessen verfolgen, wie z.B. die Familienstiftung. Familienstiftungen sind Stiftungen, die den Zweck einer angemessenen materiellen Absicherung von Familienangehörigen verfolgen. Als Unterfall tritt die sogenannte unternehmensverbundene Familienstiftung auf. Dieses Rechtsinstitut bietet sich vor allem für die Ausgestaltung einer gesicherten Unternehmensnachfolge bei Familienunternehmen an.[22]

Die Familienstiftung dient regelmäßig dazu, größere Vermögen zusammen zu halten und die Familie zu versorgen. Dies ist für Unternehmer interessant, jedoch auch für nicht unternehmerisch gebundenes Vermögen.[23] Bei der Familienstiftung kann bis zu einem Drittel ihres Einkommens dazu verwendet werden, um in angemessener Weise den Stifter und seine nächsten Angehörigen zu unterhalten, § 58 Nr. 5 AO.[24]

Mit dem Schlagwort „Doppelstiftung" werden Kombinationen einer steuerpflichtigen (Familien-)Stiftung und einer steuerbefreiten Stiftung, vor allem im Unternehmensbereich, verstanden. Aus Gründen der Steuerersparnis wird die (Familien-)Stiftung umgekehrt zu der steuerbefreiten Stiftung mit einem geringen Unternehmensanteil und gleichzeitig mit einem hohen Stimmenanteil ausgestattet, wobei die Familie über die Stiftungssatzung und Besetzung der Stiftungsorgane ihren Einfluss insbesondere auf die nicht steuerbefreite Stiftung und damit auf das Unternehmen sichert.[25] Bei sogenannten unselbstständigen oder treuhänderischen Stiftungen überträgt der Stifter ein bestimmtes Vermögen mit einem von ihm bestimmten Zweck auf Dauer auf einen Treuhänder. Die unselbstständige Stiftung ist keine juristische Person, bedarf deshalb eines rechtsfähigen Trä-

---

22 *Nietzer/Stadie*, NJW 2000, 3457.
23 *Müller/Schubert*, DStR 2000, 1280 ff.
24 *Schauhoff*, DB 1996, 1693 ff.
25 *Schiffer*, Die Stiftung in der Beraterpraxis, § 11 Rn 28 m.w.N.

gers, um rechtswirksam handeln zu können.[26] Die Errichtung einer unselbstständigen Stiftung erfordert kein staatliches Anerkennungsverfahren. Damit unterliegt die unselbstständige Stiftung insofern keiner staatlichen Aufsicht. Soll die treuhänderische Stiftung gemeinnützig sein, muss bei dem zuständigen Finanzamt die Anerkennung der Gemeinnützigkeit beantragt werden. Damit gibt es diesbezüglich eine Prüfung des Finanzamtes, ob Stiftungsgeschäft und Stiftungssatzung die Kriterien der Gemeinnützigkeit erfüllen.

Bei der Auswahl des treuhänderischen Stiftungsträgers sollte Sorgfalt walten. Die Auswahl einer juristischen Person hat den Vorteil, dass diese ebenso wie die unselbstständige Stiftung, aber anders als natürliche Personen, zumindest theoretisch unsterblich ist. Regelmäßig werden daher als Stiftungsträger bereits bestehende, selbstständige Stiftungen, Gesellschaften, Vereine oder auch Universitäten oder Gemeinden ausgewählt.[27]

C. Muster: Errichtung einer rechtsfähigen Stiftung zu Lebzeiten des Stifters

Stiftungsgeschäft   13

über die Errichtung der ▨▨▨ Stiftung in ▨▨▨[28]

I.

Hiermit errichte ich/errichten wir

▨▨▨ (Vorname, Name, Anschrift)

auf der Grundlage des Stiftungsgesetzes des Landes ▨▨▨ vom ▨▨▨ (GVBl. S. ▨▨▨)
als rechtsfähige Stiftung des Bürgerlichen Rechts

die ▨▨▨ (Name der Stiftung).

II.

Die Stiftung soll ihren Sitz in ▨▨▨ haben und Rechtsfähigkeit erlangen.

III.

Zweck der Stiftung ist die Förderung von ▨▨▨ (z.B.: Wissenschaft und Forschung, Kunst und Kultur etc.) auf dem Gebiet ▨▨▨

(Es besteht weiterhin die Möglichkeit vorzusehen, dass auf schriftlichen Antrag des Stifters oder auf schriftlichen Antrag eines nächsten Angehörigen bis zu einem Drittel des Einkommens der Stiftung dazu verwandt werden kann, dem Antragsteller in angemessener Weise Unterhalt zu gewähren.)

---

26 Ratgeber Treuhandstiftungen, Bundesverband Deutscher Stiftungen 2006, S. 16 ff.
27 *Schiffer*, Die Stiftung in der Beraterpraxis, § 2 Rn 48.
28 Ratgeber zur Gründung einer Stiftung, 2008, Bundesverband Deutscher Stiftungen.

IV.

Die Stiftung wird nach Maßgabe der gesetzlichen Bestimmungen mit folgendem Vermögen ausgestattet:

- ▓▓▓
- ▓▓▓
- ▓▓▓

(*Hier ist eine genaue Auflistung von Barvermögen, Wertpapiervermögen, Immobilienvermögen und Sachvermögen einzufügen.*)

V.

Die Stiftung soll durch einen aus ▓▓▓ Personen bestehenden Vorstand und ein aus ▓▓▓ Personen bestehendes Kuratorium verwaltet werden.

(*Für den Stifter besteht die Möglichkeit, selbst als Vorsitzender des ersten Vorstandes zu wirken. So kann formuliert werden: „Vorsitzende/r des ersten Vorstandes werde ich selbst sein".*)

Zu (weiteren) Mitgliedern des Vorstandes bestelle ich/bestellen wir:
- ▓▓▓ (*Vorname, Name, Anschrift*)
- ▓▓▓ (*Vorname, Name, Anschrift*)
- ▓▓▓ (*Vorname, Name, Anschrift*)

VI.

Die weiteren Einzelheiten über die Organisation der Stiftung und die Verwirklichung des Zwecks sind in der Stiftungssatzung geregelt, die Bestandteil dieses Stiftungsgeschäfts ist.

▓▓▓ (*Ort und Datum*)　　　　　　　▓▓▓ (*Unterschrift des Stifters*)

D.　Muster: Errichtung einer rechtsfähigen Stiftung von Todes wegen

14　Testament[29]

I.

Zu meiner Alleinerbin bestimme ich, ▓▓▓ (*Vorname, Name, Anschrift*)

die hiermit errichtete ▓▓▓ (*Name der Stiftung*).

II.

Die Stiftung soll als rechtsfähige Stiftung bürgerlichen Rechts auf der Grundlage des Stiftungs-gesetzes des Landes ▓▓▓ vom ▓▓▓ (GVBl. S. ▓▓▓) anerkannt werden, damit Rechts-fähigkeit erlangen und ihren Sitz in ▓▓▓ haben.

29　Ratgeber Stiftung und Nachlass, 3. Aufl. 2010, Bundesverband Deutscher Stiftungen.

III.

Zweck der Stiftung ist die Förderung von ▨▨▨ (*zum Beispiel: Wissenschaft und Forschung, Kunst und Kultur etc.*) auf dem Gebiet ▨▨▨.

(*Weiterhin kann angefügt werden:* „Aus dem Einkommen der Stiftung soll ein Teil im Rahmen des steuerrechtlich Zulässigen zur regelmäßigen Pflege des Familiengrabes des Stifters und seiner nächsten Angehörigen auf dem Friedhof ▨▨▨ verwendet werden".)

IV.

Die Stiftung soll durch einen aus ▨▨▨ Personen bestehenden Vorstand und ein aus ▨▨▨ Personen bestehendes Kuratorium verwaltet werden.

Zu Mitgliedern des ersten Vorstandes bestelle ich:
- ▨▨▨ (*Vorname, Name, Anschrift*)
- ▨▨▨ (*Vorname, Name, Anschrift*)
- ▨▨▨ (*Vorname, Name, Anschrift*)

Steht eine dieser Personen nicht zur Verfügung, so sollen die verbleibenden Vorstandsmitglieder gemeinsam und im Benehmen mit dem Testamentsvollstrecker eine andere geeignete Persönlichkeit bestellen.

V.

Die weiteren Einzelheiten über die Organisation der Stiftung und die Verwirklichung des Zwecks sind in der Stiftungssatzung geregelt, die Bestandteil dieses Stiftungsgeschäfts ist.

VI

▨▨▨ (*Angefügt werden können Vermächtnisse, die nicht Bestandteil des Grundstockvermögens der Stiftung werden sollen. Folgende Formulierung bietet sich an:* "Zu Lasten meines Erbes setze ich folgende Vermächtnisse aus: ▨▨▨)

VII.

Ich ordne Testamentsvollstreckung an. Zum Testamentsvollstrecker bestelle ich:

▨▨▨ (*Vorname, Name, Anschrift*)

▨▨▨ (*Ersatzregelungen, Benennungsrecht des Nachlassgerichts*)

VIII.

Der Testamentsvollstrecker soll im Benehmen mit den von mir bestellten Vorstandsmitgliedern das Verfahren zur Genehmigung der Stiftung betreiben und zur konstituierenden Sitzung des Sitzungsvorstands einladen. Er ist befugt, nach meinem Tode die beigefügte Satzung zu ändern, soweit dies erforderlich ist, um meinem Willen im Anerkennungsverfahren Geltung zu verschaffen.

▨▨▨ (*Ort und Datum*)   ▨▨▨ (*Unterschrift des Stifters*)

E. Checkliste: Stiftung

15   – Name und Sitz der Stiftung.
      – Formerfordernis gewahrt?
      – Ist Stiftungszweck nach jeweiligem Landesstiftungsgesetz zulässig oder sollte der Sitz der Stiftung in ein anderes Bundesland verlegt werden?
      – Sind Ansprüche Dritter bei Stiftungserrichtung unter Lebenden berücksichtigt?
      – Reicht das Stiftungsvermögen für die Zweckerfüllung aus?
      – Sollen neben dem Vorstand weitere Stiftungsorgane bestellt werden und welche Kompetenzen werden ihnen zugewiesen?
      – Ist der Stifter über das Stiftungsvermögen alleine verfügungsberechtigt?
      – Rechtsstellung der Destinatäre?
      – Soll Testamentsvollstreckung angeordnet werden?
      – Kann die Stiftung aufgrund ihrer Satzung veränderten Verhältnissen angepasst werden?
      – Pflichtteils-/Pflichtteilsergänzungsansprüche berücksichtigt?

F. Steuertipp

I. Rechtslage bis zum 31.12.2006

16   Bei der Vermögensübertragung auf eine Stiftung sind die steuerlichen Auswirkungen für den Zuwendungsgeber und der empfangenden Stiftung zu unterscheiden. Das Gesetz zur weiteren steuerlichen Förderung von Stiftungen,[30] dass rückwirkend zum 1.1.2000 in Kraft getreten ist, hat zahlreiche Erleichterungen für die Stiftung gebracht.[31]

1. Steuervorteile des Zuwendungsgebers

17   Unter Zuwendungen versteht man die anfängliche Ausstattung der Stiftung mit einem Grundstockvermögen, spätere Zustiftungen und Spenden zur zeitnahen Verwendung. Setzt der Erblasser einen nicht gemeinnützigen Dritten zum Erben ein und verfügt testamentarisch ein Vermächtnis zugunsten einer gemeinnützigen Stiftung, führt dies nicht zum Spendenabzug beim Erblasser. Aus der Sicht des Erblassers liegt hier keine Zuwendung an eine gemeinnützige und Spendenberechtigte Körperschaft vor, vielmehr eine mit einer Auflage verbundene Zuwendung an den Dritten, den Erben.[32] Beim Erben führt die Erfüllung des Vermächt-

---

30   Gesetz vom 14.7.2000, BGBl I 2000, S. 1034.
31   *Crezelius/Rawert*, ZEV 2000, 421.
32   BFH v. 23.10.1996, NJW 1997, 887.

nisses ebenfalls nicht zum Spendenabzug, da er nicht freiwillig leistet, sondern nur den ihm vom Erblasser gegenüber dem Vermächtnisnehmer eingeräumten Anspruch erfüllt.

Bei einer Zuwendung an eine gemeinnützige Stiftung wird das zu versteuernde Einkommen bzw. der Gewerbeertrag des Gebers gemindert.[33] Der Geber genießt eine steuerliche Abzugsfähigkeit der Zuwendungen bis zu fünf vom Hundert des Gesamtbetrags der Einkünfte oder 2 ‰ der Summe der gesamten Umsätze und der im Kalenderjahr aufgewendeten Löhne und Gehälter bei Unternehmen, Gewerbetreibenden und Angehörigen der freien Berufe. Bei Zuwendungen zu wissenschaftlichen, mildtätigen und als besonders förderungswürdig anerkannten kulturellen Zwecken, verdoppelt sich die Höchstgrenze auf 10 vom Hundert des Gesamtbetrags der Einkünfte, § 10b Abs. 1 S. 1, 2 EStG.

Bei einer Einzelzuwendung von mindestens 25.565 EUR (Großspendenregelung) für einen wissenschaftlichen, mildtätigen und als besonders förderungswürdig anerkannten kulturellen Zweck, kann die Zuwendung auf sieben Jahre verteilt, vom steuerpflichtigen Einkommen in Abzug gebracht werden. Der Gründungshöchstbetrag für Erstdotationen kann bis zu 307.000 EUR betragen, die der Zuwender im Jahr der Zuwendung selbst und über den Zeitraum der folgenden neun Jahre verteilt neben den als Sonderausgaben i.S.d. § 10b Abs. 1 EStG zu berücksichtigenden Zuwendungen und über den nach Abs. 1 zulässigen Umfang hinaus steuerlich geltend machen kann, § 10b Abs. 1, Abs. 1a EStG.[34]

Die Vorschriften des § 10b Abs. 1 S. 3 und § 10b Abs. 1a des EStG führen für den Stifter einkommensunabhängige und kumulativ anwendbare jährliche Höchstbeträge des Zuwendungsabzuges i.H.v. 20.450 EUR für laufende Zuwendungen und 307.000 EUR für die Errichtungsdotation ein. Diese Regelungen sind beschränkt auf Zuwendungen an Stiftungen des öffentlichen Rechts und an nach § 5 Abs. 1 Nr. 9 des Körperschaftsteuergesetzes steuerbefreite Stiftungen des privaten Rechts zur Förderung steuerbegünstigter Zwecke i.S.d. §§ 52–54 der Abgabenordnung mit Ausnahme der Zwecke, die nach § 52 Abs. 2 Nr. 4 der Abgabenordnung gemeinnützig sind, § 10b Abs. 1 S. 3 EStG. Dieser Betrag für jährlich abzugsfähige Zuwendungen i.H.v. 20.450 EUR kann zusätzlich zu den bestehenden Abzugsmöglichkeiten geltend gemacht werden.

2. Steuervorteile der Stiftung

Damit die Steuervorteile der Stiftung Anwendung finden können, ist vorab zu prüfen, ob der Stiftungszweck auf die Verfolgung gemeinnütziger, mildtätiger   18

---

33 *Götz*, NWB, F.2, Seite 7321, 7326 ff.
34 Mit Beispielen siehe *Schmidt*, § 10b Rn 2 ff. m.w.N.

oder kirchlicher Zwecke i.S.d. §§ 52–54 der AO gerichtet ist.[35] Darüber hinaus ist zu prüfen, ob die Mittel der Stiftung nur für satzungsmäßige Zwecke verwendet werden dürfen, § 55 AO. Weitere Voraussetzung ist eine Absicherung durch die Satzung, dass die Stiftung ihre gemeinnützigen, mildtätigen oder kirchlichen Zwecke ausschließlich, § 56 AO und unmittelbar § 57 AO erfüllt. Steuerlich unschädliche Betätigungen der Stiftung führt § 58 AO auf.[36]

Bei einer unentgeltlichen Übertragung von Grundvermögen auf eine steuerbegünstigte Stiftung empfiehlt sich die Konstruktion als Grunderwerb von Todes wegen oder als Grundstücksschenkung unter Lebenden, da diese von der Grunderwerbsteuer befreit sind.[37] Schenkungen unter einer Auflage unterliegen jedoch der Besteuerung hinsichtlich des Wertes der Auflagen.

Die Steuervergünstigung der Stiftung wird nicht dadurch ausgeschlossen, dass sie Zuwendungen von Todes wegen ihrem Vermögen zuführt, bei denen der Erblasser keine Verwendung für den laufenden Aufwand vorgeschrieben hat, § 58 Nr. 11a AO. Gleiches gilt für Zuwendungen, bei denen der Zuwendende ausdrücklich erklärt, dass sie zur Ausstattung der Stiftung mit Vermögen oder zur Erhöhung des Vermögens bestimmt sind, § 58 Nr. 11b AO, und bei Zuwendungen aufgrund eines Spendenaufrufs der Stiftung, wenn aus dem Aufruf ersichtlich ist, dass Beträge zur Aufstockung des Vermögens erbeten werden und nicht zur Erfüllung des Stiftungszwecks, § 58 Nr. 11c AO.[38] Die Steuervergünstigung wird ebenfalls nicht dadurch ausgeschlossen, dass eine Stiftung im Jahr ihrer Errichtung und in den zwei folgenden Kalenderjahren Überschüsse aus der Vermögensverwaltung und die Gewinne aus wirtschaftlichen Geschäftsbetrieben ganz oder teilweise ihrem Vermögen zuführt, § 58 Nr. 12 AO.[39]

3. Erbschaft- und Schenkungsteuer

19	Als Erwerb von Todes wegen gilt auch der Übergang von Vermögen auf eine vom Erblasser angeordnete Stiftung, § 3 Abs. 2 Nr. 1 S. 1 ErbStG. Steuerbefreiung besteht jedoch bei Zuwendungen an gemeinnützige Stiftungen, § 13 Abs. 1 Nr. 16b ErbStG.[40] Der Übergang von Vermögen aufgrund eines Stiftungsgeschäfts unter Lebenden gilt als Schenkung, ist jedoch ebenfalls gem. § 13 Abs. 1 Nr. 16b ErbStG von der Schenkungsteuer befreit. Voraussetzung hierfür ist, dass es sich überhaupt um eine freigebige Zuwendung i.S.d. Erbschaftsteuergesetzes

---

35 Eingehende Darstellung bei *Buchna*, Gemeinnützigkeit im Steuerrecht, 2.2, § 52 AO m.w.N.
36 *Buchna*, 2.8, § 58 AO mit Beispielen.
37 *Mecking*, ZSt 2003, 266.
38 Siehe auch AEAO zu § 58 Nr. 11.
39 Die Möglichkeit der Thesaurierung gewährleistet die nachhaltige Erfüllung des Stiftungszwecks, da die Stiftung ihren Zweck nur aus den Erträgen des Vermögens erfüllen darf.
40 R 47 Abs. 1 S. 1 ErbStR; *Troll/Gebel/Jülicher*, § 13 Rn 187 ff. m.w.N.

handelt; es darf kein Gegenleistungsverhältnis wie etwa beim Sponsoring bestehen.[41]

Die Erbschaft- bzw. Schenkungsteuer entsteht zu unterschiedlichen Zeitpunkten, 20
abhängig von der Art des Erwerbs, § 9 Abs. 1 Nr. 1–4 ErbStG. Bei einer Familienstiftung entsteht die Steuer in Zeitabständen von je 30 Jahren seit dem Zeitpunkt
des ersten Übergangs von Vermögen auf die Stiftung, § 9 Abs. 1 Nr. 4 ErbStG.[42]
Die Vorschrift des § 28 Abs. 2 ErbStG erklärt Abs. 1 in den Fällen des § 1 Abs. 1
Nr. 4 ErbStG für entsprechend anwendbar.[43] Bei der unternehmensverbundenen
Familienstiftung ist diese zum einen durch die Begünstigung der Stifterfamilie
und zum anderen durch die Verbindung zu einem erwerbswirtschaftlichen Unternehmen gekennzeichnet.[44] Eine Familienstiftung liegt regelmäßig vor, wenn
nach der Stiftungssatzung der Stifter, seine Angehörigen und deren Abkömmlinge
zu mehr als 50 vom Hundert bezugs- oder anteilsberechtigt sind. Wird diese
Grenze unterschritten, liegen jedoch zusätzliche Merkmale vor, die ein wesentli-
ches Familieninteresse belegen, wird ebenfalls von einer Familienstiftung ausgegangen.[45] Bei der gemeinnützigen Stiftung ist zu beachten, dass die Befreiung
von der Erbschaft bzw. Schenkungsteuer mit Wirkung für die Vergangenheit
wegfällt, wenn die Voraussetzung für die Anerkennung der Körperschaft als
kirchliche, gemeinnützige oder mildtätige Institution innerhalb von zehn Jahren
nach der Zuwendung entfällt und das Vermögen nicht begünstigten Zwecken
zugeführt wird. Das Risiko des nachträglichen Wiederentstehens der Steuerpflicht trifft auch den Schenker oder den Nachlass.[46] Eine lukrative Gestaltungs-
empfehlung für Erben mit geringen Steuerfreibeträgen bietet die Vorschrift des
§ 29 Abs. 1 Nr. 4 ErbStG. Hiernach erlischt die Erbschaft- bzw. Schenkungsteuer
mit Wirkung für die Vergangenheit, soweit die durch Schenkung oder Erbschaft
erworbenen Gegenstände durch die Erben oder Beschenkten innerhalb von 24
Monaten einer Stiftung zugewendet werden, die steuerbegünstigten Zwecken

---

41 BMF vom 9.7.1997, BStBl I 1997, 726; zur Abgrenzung des Sponsorings vom Mäzenaten-
    tum Finanzministerium Mecklenburg-Vorpommern vom 10.6.1993, DStR 1993, 1066.
42 Der 30-jährige Beobachtungszeitraum wirft nach *Troll/Gebel/Jülicher* die Frage auf, wie
    Veränderungen innerhalb des Zeitraums zu beurteilen sind, insbesondere wie dabei ein
    „Durchschnitt" aus Begünstigungsquote der Familie und Zeitdauer einer bestimmten Re-
    gelung innerhalb des 30-Jahres-Zeitraums gebildet werden soll, *Troll/Gebel/Jülicher*, § 1
    Rn 50 ff.
43 Damit soll die Steuerbegünstigung durch Stundung und sukzessiven Erlass über 10 Jahre
    auch bei der Erhebung der Ersatzerbschaftsteuer gewährt werden.
44 *Götz*, NWB F.2, 7379.
45 *Müller/Schubert*, DStR 2000, 1289, 1290 ff.
46 *Schiffer*, Die Stiftung in der Beraterpraxis, § 8 Rn 73.

i.S.d. §§ 52–54 AO dient.[47] Die Freizeitzwecke gem. § 52 Abs. 2 Nr. 4 AO erfahren diese Privilegierung nicht. Weiterhin wird der Vorteil des § 29 Abs. 1 Nr. 4 ErbStG nicht gewährt, wenn die Stiftung Leistungen i.S.d. § 58 Nr. 5 AO an den Erwerber oder seine nächsten Angehörigen zu erbringen hat oder soweit für die Zuwendung die Vergünstigung nach § 10b EStG, § 9 Abs. 1 Nr. 2 KStG oder § 9 Nr. 5 GewStG in Anspruch genommen wird, gemäß § 29 Abs. 1 Nr. 4 S. 2 ErbStG.

II. Rechtslage ab dem 1.1.2007

1. Steuervorteile des Zuwendungsgebers

21 Der Gesetzentwurf zur Stärkung des bürgerschaftlichen Engagements ist am 6.7.2007 im Bundestag verabschiedet worden.[48] Der Bundesrat hat dem Gesetz am 21.9.2007 zugestimmt. Nach Art. 9 trat das Gesetz – mit Ausnahme der Änderung des § 23a UStG die erst zum 1.1.2008 wirksam wurde – mit Wirkung zum 1.1.2007 in Kraft. Der Höchstbetrag für die Ausstattung von Stiftungen ist von 307.000 EUR auf 1.000.000 EUR angehoben worden.

Der Satz, mit dem pauschal für unrichtige Zuwendungsbestätigungen und fehlverwendete Zuwendungen zu haften ist, ist bei der Einkommen- und Körperschaftsteuer von 40 % auf 30 % der Zuwendungen gesenkt, § 10b Abs. 4 S. 3 EStG.

Die Hilfsgrenzen für den steuerlichen Abzug von Spenden sind einheitlich auf 20 % angehoben oder 4 ‰ der Summe der gesamten Umsätze und der im Kalenderjahr aufgewendeten Löhne und Gehälter können als Sonderausgaben abgezogen werden, § 10b Abs. 1 S. 1 EStG. Voraussetzung für den Abzug ist, dass diese Zuwendungen an eine juristische Person des öffentlichen Rechts oder an eine öffentliche Dienststelle, die in einem Mitgliedstaat der EU oder in einem Staat belegen ist, in dem das Abkommen über den europäischen Wirtschaftsraum (EWR-Abkommen) Anwendung findet, geleistet werden, gemäß § 10b Abs. 1 S. 2 Nr. 1 EStG. Diese Voraussetzung erfüllt auch eine Zuwendung an eine nach § 5 Abs. 1 Nr. 9 KStG steuerbefreite Personenvereinigung oder Vermögensmasse, gemäß § 10b Abs. 1 S. 2 Nr. 2 EStG oder an eine ähnliche Körperschaft, Personenvereinigung oder Vermögensmasse, die in einem Mitgliedstaat der EU oder in einem Staat belegen ist, auf den das EWR-Abkommen Anwendung findet und

---

47 Die in Nr. 4 des Abs. 1 angesprochenen Stiftungen können rechtsfähig i.S.d. Nr. 4 oder nicht rechtsfähig i.S.d. Nr. 5 des § 1 Abs. 1 KStG sein, solange sie nur die Steuerfreiheit wegen Gemeinnützigkeit i.S.d. § 5 Abs. 1 Nr. 9 KStG in Anspruch nehmen dürfen, *Troll/Gebel/Jülicher*, § 29 Rn 45 ff. (ab 42. E. Rn 106 ff.); für die Beschränkung allein auf rechtsfähige Stiftung dagegen *Meincke*, § 29 Anm. 13.

48 Instruktiv zum Regierungsentwurf *Fritz*, Regierungsentwurf eines Gesetzes zur weiteren Stärkung des bürgerschaftlichen Engagements, BB 2007, 690 ff.

die nach § 5 Abs. 1 Nr. 9 KStG i.V.m. § 5 Abs. 2 Nr. 2 2. Hs. KStG steuerbefreit wäre, wenn sie inländische Einkünfte erzielen würde, gemäß § 10b Abs. 1 S. 2 Nr. 3 EStG.

Die Besteuerungsgrenze für wirtschaftliche Betätigungen gemeinnütziger Körperschaften und die Zweckbetriebsgrenze bei sportlichen Veranstaltungen wird von jeweils 30.678 EUR auf 35.000 EUR Einnahmen im Jahr erhöht, § 64 Abs. 3 AO.[49]

Aufgrund des Verweises auf die steuerbegünstigten Zwecke im Sinne der §§ 52–54 AO wird grundsätzlich eine Übereinstimmung mit den Zwecken der direkten Steuerbegünstigungen (§ 5 Abs. 1 Nr. 9 KStG; § 3 Nr. 6 GewStG) und den anderen indirekten Steuerbegünstigungen (§ 13 Abs. 1 Nr. 16 und § 29 Abs. 1 Nr. 4 ErbStG) erreicht sowie die bisherige Unterscheidung spendenbegünstigter Zwecke (5 bzw. 10 %) aufgegeben.

Der zusätzliche **Spendenhöchstbetrag für laufende Zuwendungen an Stiftungen** i.H.v. 20.450 EUR (§ 10b Abs. 1 S. 3 EStG a.F.) entfällt.   22

Bedauerlicherweise ist keine Klarstellung erfolgt, dass der Spendenhöchstbetrag für die Ausstattung von Stiftungen i.H.v. 1.000.000 EUR bei zusammen veranlagten Ehegatten zu verdoppeln ist.[50] Die Finanzverwaltung hat sich nach dem Urteil des BFH vom 3.8.2005[51] der Auffassung angeschlossen, dass bei zusammen veranlagten Ehegatten jedem der Ehegatten dieser Spendenhöchstbetrag einzeln bzw. eigenständig zusteht. Hiernach ist der zusätzliche Spendenhöchstbetrag auch bei Zuwendung anzuerkennen, wenn diese von einem Ehegatten aus dem Vermögen des anderen Ehegatten geleistet werden.

Steuerbegünstigte und zuwendungsbegünstigte Zwecke werden vereinheitlicht auch im Bereich der Gemeinnützigkeit und Förderhöchstbeträge für den Spendenabzug werden ebenfalls vereinheitlicht und angehoben.

Damit wird privates Engagement gefördert. Es ist die größte Verbesserung des Stiftungssteuerrechts in der Geschichte unseres Landes.[52]

Spenden werden als Sonderausgaben vom Gesamtbetrag der Einkünfte abgezogen, § 2 Abs. 4 EStG. Die Änderungen der Spendenhöchstbeträge (§ 10b Abs. 1 und 1a EStG) sind auf Zuwendungen anzuwenden, die nach dem 31.12.2006 geleistet werden.[53] Für Zuwendungen, die im Veranlagungszeitraum 2007 gelei-

---

49 Ausführlich zum wirtschaftlichen Geschäftsbetrieb und zur Anwendung und inhaltlichen Abgrenzung von der so genannten Geprägetheorie, *Hüttemann*, Gemeinnützigkeits- und Spendenrecht, § 6 Rn 95 ff.
50 *Fritz*, BB 2007, 2546, 2547 m.w.N.
51 BFH v. 3.8.2005, BStBL II 2006 S. 121.
52 *Brickwedde*, Pressemitteilung des Bundesverbandes Deutscher Stiftungen v. 6.7.2007.
53 Zur Anwendung der Änderung in § 10b Abs. 1, S. 6 und 7 EStG, s. § 52 Abs. 24e S. 5–7 sowie S. 8 und 9 EStG.

stet werden, gilt auf Antrag des Steuerpflichtigen, § 10b Abs. 1 EStG, in der am 26.7.2000 geltenden Fassung, § 52 Abs. 24e S. 3 EStG.

Durch diese Übergangsregelung kann für den Veranlagungszeitraum 2007 ein letztes Mal der Spendenrücktrag und der zusätzliche Spendenhöchstbetrag für laufende Zuwendungen an Stiftungen i.H.v. 20.450 EUR (§ 10b Abs. 1 S. 3 EStG a.F.) in Anspruch genommen werden, i.R.d. bisherigen allgemeinen Spendenhöchstbeträge.[54]

23 **Exkurs: Abgeltungsteuer**

Aufgrund der Unternehmensteuerreform 2008 kann ein Spendenabzug bei Kapitaleinkünften nur dann eine Entlastungswirkung entfalten, wenn dadurch die Steuerbelastung unter den Abgeltungssatz von 25 % gesenkt wird.

24 **Beachte**

Spenden können demzufolge keine steuerentlastende Wirkung entfalten, wenn Kapitaleinkünfte nach dem allgemeinen Einkommensteuertarif auch nach Spendenabzug einer Einkommensteuer-Durchschnittsbelastung über 25 % unterliegen.[55]

2. Steuervorteile der Stiftung

25 Die bisher in § 52 Abs. 2 AO beispielhaft genannten Zwecke, die unter den Voraussetzungen des Abs. 1 der Vorschrift als gemeinnützig anzusehen sind, werden durch einen Katalog ersetzt. Dieser prinzipiell abschließende Katalog wird durch eine Öffnungsklausel ergänzt. Der Katalog ist wegen der Umgruppierung der bisher in Anlage 1 zu § 48 Abs. 2 EStDV aufgeführten Zwecke wesentlich umfangreicher als die bisherige Aufzählung.[56]

Die Möglichkeit, Zwecke auch dann als gemeinnützig anzuerkennen, wenn diese nicht eindeutig unter den Katalog des § 52 Abs. 2 S. 1 AO zu subsumieren sind, gibt den Finanzbehörden die Gelegenheit, auf sich ändernde gesellschaftliche Verhältnisse zu reagieren. Dies kommt auch den antragstellenden Körperschaften zu Gute, die nicht erst auf eine Gesetzesänderung warten müssen, bevor ihre Tätigkeit als gemeinnützig anerkannt werden kann.[57]

Für die Gemeinnützigkeit einer Körperschaft ist es als Ausnahme vom Grundsatz der Unmittelbarkeit unschädlich, wenn sie ihre Arbeitskräfte anderen Personen, Unternehmen, Einrichtungen oder einer juristischen Person des öffentlichen Rechts für steuerbegünstigte Zwecke zur Verfügung stellt, § 58 Nr. 3 AO. Weiterhin unschädlich für die Gemeinnützigkeit einer Körperschaft ist es, wenn sie ihr

54 *Fritz*, BB 2007, S. 2548.
55 *Fritz*, BB 2007, S. 2548.
56 *Fischer*, NWB Nr. 40 v. 1.10.2007, Fach 2, S. 9439, 9441.
57 Finanzausschuss, BT-Drucks 16/5985, S. 6.

gehörende Räume einer anderen ebenfalls steuerbegünstigten Körperschaft oder einer juristischen Person des öffentlichen Rechts zur Nutzung zu steuerbegünstigten Zwecken überlässt, § 58 Nr. 4 AO.

In den Kreis der Begünstigten dieser Zuwendungen werden nun auch Körperschaften des öffentlichen Rechts aufgenommen.[58]

3. Erbschaft- und Schenkungsteuer

Die bisher in § 52 Abs. 2 Nr. 4 AO enthaltene Regelung ist in den neuen § 52   26
Abs. 2 Nr. 23 AO übernommen worden, so dass der Verweis in § 29 Abs. 1 Nr. 4 ErbStG entsprechend redaktionell angepasst ist. Die Weitergabe erworbener Gegenstände an eine inländische Stiftung, die den in § 52 Abs. 2 Nr. 23 AO aufgeführten Zwecken dient, soll auch weiterhin nicht zum Erlöschen der Erbschaft- oder Schenkungsteuer führen.

Die in § 29 Abs. 1 Nr. 4 ErbStG angesprochenen Stiftungen können rechtsfähig oder nicht rechtsfähig i.S. der Nr. 5 des § 1 Abs. 1 KStG sein, solange sie nur die Steuerfreiheit wegen Gemeinnützigkeit i.S. des § 5 Abs. 1 Nr. 9 KStG in Anspruch nehmen dürfen.[59] Begünstigt ist auch die Zuwendung an einen Stiftungsträger mit der Auflage, eine gemeinnützige Stiftung zu errichten. Sofern nur die Stiftung, und zwar einschließlich ihrer Anerkennung, im maßgeblichen Zweijahreszeitraum nach dem Erwerb errichtet wird.[60] Zu beachten ist jedoch, dass es zu einer Erstattung bei der Weitergabe an eine Stiftung nur kommt, wenn nicht eine der beiden Ausschlusstatbestände des Satzes 2 eingreift.

G. Zusammenfassung

Die Stiftung kann zu Lebzeiten des Stifters oder von Todes wegen errichtet   27
werden. Zur Prüfung, ob eine Stiftung das geeignete Instrument für den Mandanten darstellt, ist vorab zu klären, welche Intention mit der Errichtung einer Stiftung im konkreten Fall verfolgt wird. Das Fehlen von Erben oder geeigneter Unternehmensnachfolger sowie die Vermeidung der Teilung des Nachlasses bei mehreren Erben können für die Errichtung einer Stiftung sprechen. Ist ein Unternehmen Bestandteil des Nachlasses, kann die Erhaltung des Unternehmens und Wahrung der Unternehmenskontinuität ein Argument für die Errichtung einer Stiftung sein.

---

58 *Fritz*, BB 2007, S. 690, 694; ab dem 1.1.2011 „juristische Personen" des öffentlichen Rechts; zur Anwendung für auch vor diesem Zeitraum beginnende Veranlagungszeiträume, s. Art. 97 § 1d Abs. 3 S. 2 EG AO.
59 *Troll/Gebel/Jülicher*, § 29 Rn 108.
60 *Troll/Gebel/Jülicher*, § 29 Rn 108.

Ebenfalls kann z.B. eine Familienstiftung errichtet werden, wenn Vorsorge für die Familienmitglieder getroffen werden soll, § 58 Nr. 5 AO. Ist eine Absicht des Stifters die Verwirklichung religiöser, gemeinnütziger, mildtätiger und/oder karitativer Ziele, kommt die Errichtung einer gemeinnützigen Stiftung in Betracht. Ebenfalls gehören zur Errichtung einer Stiftung, dass sie den Namen des Stifters trägt, die Verewigung seines Namens und damit eine sogenannte Denkmalserrichtung. Steuerliche Vorteile des Stifters, des Zuwendungsgebers und der Stiftung sind zu berücksichtigen. Die Stiftung unterliegt keinen Regeln der Mitbestimmung und läuft nicht Gefahr einer feindlichen Übernahme.

Die Stiftung kann bereits zu Lebzeiten des Stifters oder von Todes wegen errichtet werden.

28 Mit der Errichtung zu Lebzeiten kann der Stifter einen maßgeschneiderten „Wunscherben" kreieren.[61] Die lebzeitige Begleitung der Stiftung durch den Stifter selbst, eventuell auch als Organ der Stiftung, bietet die Möglichkeit für den Stifter, sich lebzeitig in der von ihm errichteten Stiftung zu engagieren und diese „gut auf den Weg zu bringen".

---

61 *Turner*, ZEV 1995, 211 m.w.N.

§ 14 Hoferbfolge

A. Einführung

Hof i.S.d. **Höfeordnung** (HöfeO) ist eine im Gebiet der Länder Hamburg, Niedersachsen, Nordrhein-Westfalen und Schleswig-Holstein belegene land- oder forstwirtschaftliche Besitzung mit einer zu ihrer Bewirtschaftung geeigneten Hofstelle, die im Alleineigentum einer natürlichen Person oder im gemeinschaftlichen Eigentum von Ehegatten (**Ehegattenhof**) steht oder zum Gesamtgut einer fortgesetzten **Gütergemeinschaft** gehört, sofern sie einen Wirtschaftswert von mindestens 10.000 EUR hat, § 1 Abs. 1 S. 1, 2 HöfeO i.V.m. § 46 BewG. 1

Die **Hoferbfolge** gilt nicht in allen Ländern der Bundesrepublik Deutschland, sondern nur in den Ländern der ehemaligen britischen Besatzungszone. Die Hoferbfolge beinhaltet den Vorteil, dass die Aufsplitterung eines Hofes im Erbfall in der Regel verhindert wird. Der Hof mit seinen Bestandteilen und seinem Zubehör fällt gem. § 4 der HöfeO kraft Gesetzes nur einem der Erben, dem Hoferben, zu. 2

B. Rechtliche Grundlagen

Nach Art. 64 Abs. 1 EGBGB bleiben die landesgesetzlichen Vorschriften über das **Anerbenrecht** in Ansehung landwirtschaftlicher und forstwirtschaftlicher Grundstücke nebst deren **Zubehör** unberührt. Durch das Reichserbhofgesetz vom 29.9.1933 und die dazu erlassenen Verordnungen wurden die Anerbenrechte der Länder außer Kraft gesetzt. Dieses Gesetz brachte zwangsweise für alle **Erbhöfe** im ganzen Reichsgebiet ein einheitliches Anerbenrecht, das die **Testierfreiheit** des Erblassers weitgehend beseitigte und die Rechte der **weichenden Erben** zugunsten des **Hoferben** stark einschränkte.[1] 3

Diese Erbhofgesetzgebung wurde durch das Kontrollratsgesetz Nr. 45 vom 20.2.1947 aufgehoben und die am 1.1.1933 geltenden Landesrechte wieder in Kraft gesetzt, soweit sie nicht gesetzlichen Vorschriften des Kontrollrats widersprachen. Die Zonenbefehlshaber wurden ermächtigt, Abänderungs- und Durchführungsbestimmungen zu erlassen. Hiervon wurde nur in der britischen Zone Gebrauch gemacht, indem durch Verordnung Nr. 84 vom 24.4.1947 der Britischen Militärregierung eine HöfeO eingeführt wurde.

Die HöfeO der britischen Zone gilt seit 1.7.1976 auf der Grundlage des Zweiten Gesetzes zur Höfeordnung (BGBl 1976 I 881) in den Ländern Hamburg, Nieder- 4

---

1 Palandt/*Weidlich*, Art. 64 EGBGB Rn 4.

sachsen, Schleswig-Holstein und Nordrhein-Westfalen. Diese Ausnahme vom Grundsatz der **Gesamtrechtsnachfolge** bildet eine sog. „**Sondererbfolge**". Höfe mit einem Wirtschaftswert von 10.000 EUR aufwärts unterliegen der Sondererbfolge der HöfeO. Eine landwirtschaftliche oder forstwirtschaftliche Besitzung mit einem geringeren Wert, jedoch mindestens 5.000 EUR Wirtschaftswert wird Hof durch Erklärung des Eigentümers und Eintragung des **Hofvermerks** im Grundbuch, § 1 Abs. 1 S. 3 HöfeO. Die Hofeigenschaft kann aufgegeben werden, indem der Hofeigentümer den Hofvermerk im Grundbuch löschen lässt, § 1 Abs. 4 HöfeO. Die Hofeigenschaft kann jedoch auch außerhalb des Grundbuchs entfallen.[2] Ob die Hofeigenschaft ohne Löschung des Hofvermerks weggefallen ist, weil keine landwirtschaftliche Besitzung mehr besteht, hat in erster Linie der Tatrichter unter Würdigung aller Umstände des Falles zu beurteilen.[3] Abweichend von der in § 1922 BGB angeordneten Gesamtrechtsnachfolge sieht § 4 HöfeO eine Sondererbfolge vor. Der Hof geht mit dem Erbfall kraft Gesetzes auf einen einzigen Erben, den Hoferben, über.

Gesetzliche Hoferben der ersten Ordnung sind die Kinder des Erblassers und deren Abkömmlinge, § 5 Nr. 1 HöfeO, und zwar seit dem 1.4.1998 auch die nichtehelichen Kinder und deren Abkömmlinge, die nach dem 1.7.1949 geboren sind, weil diese den ehelichen Kindern jetzt erbrechtlich gleich stehen.[4]

Hoferbe der zweiten Ordnung ist der Ehegatte. Die Eltern des Erblassers sind Hoferben der dritten Ordnung, sofern der Hof von ihnen und aus ihren Familien stammt oder mit ihren Mitteln erworben wurde.

Die Geschwister des Erblassers und deren Abkömmlinge sind Hoferben zweiter Ordnung gemäß § 5 Nr. 4 HöfeO.

5   Die Rangfolge innerhalb der Erbfolgeordnung soll sicherstellen, dass der Hof nur auf eine natürliche Person übergeht.[5] Weiterhin ist die Wirtschaftsfähigkeit des Hoferben zu beachten. Gemäß § 6 Abs. 7 HöfeO ist derjenige wirtschaftsfähig, der nach seinen körperlichen und geistigen Fähigkeiten, nach seinen Kenntnissen und seiner Persönlichkeit in der Lage ist, den Hof selbstständig ordnungsmäßig zu bewirtschaften. Für diejenigen, gem. § 1922 BGB berufenen Miterben, die nicht Hoferben geworden sind (bei Erbfällen seit 1.4.1998 auch die nichtehelichen Kinder), tritt gem. § 4 S. 2 HöfeO an die Stelle des Hofes der Hoferwert. Mangels anderer Bestimmung durch den Erblasser in der Verfügung von Todes wegen oder durch Rechtsgeschäft unter Lebenden erhalten diese Erben als Abfindung einen Geldanspruch gegen den Hoferben, der sich gem. § 12 HöfeO bestimmt. Für die Abfindung weichender Erben wird von dem 1,5-fachen des

---

2   Krug/Rudolf/Kroiß/Bittler/*Krug*, AnwF Erbrecht, § 19 Rn 253 m.w.N.
3   BGH ZEV 2000, 72.
4   Krug/Rudolf/Kroiß/Bittler/*Krug*, AnwF Erbrecht, § 19 Rn 254 (für nach dem 30.6.1949 geborene nichteheliche Kinder siehe in diesem Buch § 2 Rn 120 ff.).
5   Krug/Rudolf/Kroiß/Bittler/*Krug*, AnwF Erbrecht, § 19 Rn 256.

zuletzt festgestellten Einheitswertes (nach BewG) ausgegangen, wobei in Sonderfällen Zu- oder Abschläge nach billigem Ermessen gemacht werden können, § 12 Abs. 2 HöfeO.

Zur **Berechnung des Abfindungsbetrages** werden die Nachlassverbindlichkeiten vom so ermittelten Hofwert abgezogen, die im Verhältnis der Erben untereinander den Hof betreffen und die der Hoferbe deshalb allein zu tragen hat. Die weichenden Erben erhalten entsprechend ihrer Erbquote einen Anteil von dem verbleibenden Betrag, mindestens jedoch von einem Drittel des Hofwertes. Gehört der Hoferbe ebenfalls zu den Miterben des Erblassers, so ist er auch bei der Berechnung der Erbquote zu berücksichtigen, § 12 Abs. 3 HöfeO.

Es gibt landesrechtliche Sonderregelungen in weiterhin vier der übrigen Bundesländer, nämlich Bremen (Höfegesetz), Hessen (Hessische Landgüterordnung), Rheinland-Pfalz (Höfeordnung) und Baden-Württemberg.

Für Erbfälle in Baden-Württemberg ist eine Entscheidung des BGH zum Anerbenrecht zu beachten.[6] In Baden-Württemberg besteht ein Zustand der Rechtsvielfalt im Thema Hoferbfolge. Je nach Region, z.B. Baden, Nordwürttemberg oder Nordbaden gelten unterschiedliche Regelungen.[7]

Damit der Hof als Wirtschaftseinheit erhalten bleibt, ist es notwendig, ihn auf einen Erben zu übertragen. Eine Aufteilung ist zu vermeiden.

Die Hoferbfolge ist ein geeignetes Mittel zur Reduzierung der Pflichtteilsansprüche. Ist Teil des Nachlasses landwirtschaftlicher Besitz und hat dieser Hofeigenschaft, werden die **Pflichtteilsansprüche** nach der HöfeO berechnet. Für Erbfälle nach dem 1.7.1976 berechnen sich die Pflichtteilsansprüche bei landwirtschaftlichem Besitz nach dem eineinhalbfachen **Einheitswert** 1964, welcher nur einen Bruchteil des **Verkehrswerts** darstellt. Der Erbe, auf den der Hof übergeht, soll vor hohen Pflichtteilsansprüchen geschützt werden, die den wirtschaftlichen Bestand des Hofes gefährden könnten.

Liegt die Eigenschaft eines **Landguts** vor, also eine Hofstelle mit landwirtschaftlichen Nutzflächen, kann durch eine entsprechende Anordnung erreicht werden, dass der Pflichtteilsanspruch lediglich nach dem **Ertragswert** des Betriebes errechnet wird, nicht nach dem Verkehrswert, §§ 2312, 2049 BGB.

Die Rechtsprechung versteht als **Landgut** eine Besitzung, die eine zum selbstständigen und dauernden Betrieb der Landwirtschaft geeignete und bestimmte Wirtschaftseinheit darstellt und mit den nötigen Wohn- und Wirtschaftsgebäuden versehen ist.[8]

---

6 BGH ZEV 1994, 238 ff. m. Anm. *Sick*, ZEV 1994, 242.
7 Vgl. näher hierzu Krug/Rudolf/Kroiß/Bittler/*Krug*, Anwf Erbrecht, § 19 Rn 264 m.w.N.
8 BGHZ 98, 375.

Das Bestimmungsrecht obliegt insoweit dem Eigentümer im Rahmen der Verkehrsauffassung.[9]

Die Besitzung muss eine ausreichende Größe erreichen und für den Inhaber eine selbstständige Nahrungsquelle darstellen, ohne dass eine sog. „Ackernahrung" vorliegen muss. Die Besitzung kann verhältnismäßig klein sein.[10]

11 Zur **Landwirtschaft** zählen nicht nur Viehzucht und Ackerbau, sondern auch Forstwirtschaft und neuerdings auch Gartenbau.[11]

Der Bundesgerichtshof sieht in einem Beschl. v. 29.11.1996 auch den erwerbsgärtnerischen Anbau von Blumen und Zierpflanzen als Landwirtschaft i.S.d. HöfeO an, auch wenn er überwiegend in Gewächshäusern und in Behältern betrieben wird.[12]

Der BGH gibt in diesem Beschluss seine vorher vertretene Meinung auf, dass bei der Aufzucht von Zierpflanzen vorwiegend im Topf auf Tischen im Gewächshaus der Boden nicht mehr Produktionsmittel sei, sondern nur noch Produktionsstandort. Eine solche Unterscheidung vor dem Hintergrund geänderter Produktionsmethoden im Erwerbsgartenbau erscheint dem BGH nunmehr wenig sinnvoll, da sich in Mischbetrieben praktisch kaum noch zu lösende Abgrenzungsprobleme ergeben würden.[13]

12 Entscheidend für die Beurteilung einer Besitzung als **Landgut** ist der **Zeitpunkt des Erbfalls.**[14]

Ein schlechter baulicher Zustand der Hofstelle, das völlige Fehlen jeglichen Inventars und die über Jahrzehnte dauernde Stücklandverpachtung der Grundstücke sind bei einer Gesamtwürdigung wesentliche Indizien für das Fehlen einer landwirtschaftlichen Betriebseinheit.[15]

Die negative Hoferklärung wirkt auch dann für alle Rechtsnachfolger, wenn danach zeitweilig die sonstigen Voraussetzungen für eine Höferechtsfähigkeit nach § 1 HöfeO nicht erfüllt gewesen sind.[16]

Im Falle der Vor- und Nacherbschaft genügt es für einen Antrag auf Ersuchen um **Löschung des Hofvermerks** nach § 3 Abs. 1 Nr. 2 HöfeVfO,[17] wenn nur

---

9 BGHZ 98, 382.
10 BGH NJW-RR 92, 770.
11 OLG Oldenburg FamRZ 1992, 726.
12 BGH ZEV 1997, 126, 127.
13 BGH ZEV 1997, 126, 127.
14 BGH NJW 1995, 1352.
15 BGH ZEV 2000, 72, 73.
16 BGHZ 118, 356; BGH ZEV 1999, 358.
17 Verfahrensordnung für Höfesachen vom 29.3.1976 (BGBl I S. 881, 885).

bestimmte Personen als Nacherben in Betracht kommen und diese alle, wie auch der Vorerbe, die Hofaufgabeerklärung abgegeben haben.[18]

Der **Ertragswert** liegt in den alten Bundesländern bei ca. einem Viertel des **Verkehrswertes**. Mithin erreicht der Erblasser durch eine solche Anordnung ebenfalls eine erhebliche Verringerung der **Pflichtteilsansprüche**.   13

Bei einem **Hofübergabevertrag** gilt, dass zugunsten der anderen Abkömmlinge des Übergebers der Erbfall eingetreten ist, wenn der Hof einem hoferbenberechtigten Abkömmling übertragen wird, § 17 Abs. 2 HöfeO. Die anderen Abkömmlinge erlangen dann bereits zu Lebzeiten des Erblassers die durch vertragliche Vereinbarung zugesicherten Ansprüche, ansonsten die gesetzlichen Geldabfindungsansprüche, § 12 HöfeO. Die anderen Abkömmlinge erhalten jedoch mindestens die nach dem eineinhalbfachen Einheitswert des Hofes zu ermittelnden Pflichtteilsansprüche. Hierin liegt die sog. „Doppelnatur" des Hofübergabevertrages als Rechtsgeschäft unter Lebenden und als Verfügung von Todes wegen.   14

Gehören neben dem Hof auch Grundstücke zum Nachlass, die Baulandqualität aufweisen, so hängt ein Zuschlag zum Hofeswert gem. § 12 Abs. 2 S. 3 HöfeO bezüglich der Abfindung der Miterben nach dem Erbfall nicht davon ab, ob der Hofeigentümer den Wert der Baulandqualität schon realisiert hat oder dies konkret beabsichtigt. Die Zuschlagsregelung gilt vielmehr auch, wenn der Hofeigentümer die Grundstücke weiter nur landwirtschaftlich nutzen will.[19]

Der an einem Hofübergabevertrag nicht beteiligte weichende Erbe hat grundsätzlich kein **Beschwerderecht** nach § 20 FGG gegen die landwirtschaftsgerichtliche Genehmigung des Vertrages, und zwar weder unter dem Gesichtspunkt seiner eigenen Erbchance noch unter dem seiner gesetzlichen oder vertraglichen **Abfindungsansprüche** noch allein aus dem seiner formellen beteiligten Eigenschaft im Verfahren.[20]   15

Der Erbe, der nicht Hoferbe geworden ist, hat hinsichtlich der Grundlagen des Abfindungsanspruchs aus § 12 HöfeO grundsätzlich keinen Auskunftsanspruch gegen den Hoferben. Nach Treu und Glauben, § 242 BGB, ist der Hoferbe allerdings zur Auskunft verpflichtet, wenn und soweit der Miterbe im Ungewissen über den Umfang der ihm nach § 12 HöfeO zustehenden Abfindung ist und der Hoferbe die Auskunft unschwer erteilen kann.[21]

Bei einem **Ehegattenhof** fällt der Anteil des Erblassers dem überlebenden Ehegatten als Hoferben zu, § 8 Abs. 1 HöfeO.   16

---

18 BGH ZEV 2004, 335.
19 BGH ZEV 1996, 353 ff.; § 20 FGG aufgrund Gesetz über das Verfahren in Familiensachen und in den Angelegenheiten der freiwilligen Gerichtsbarkeit (FamFG) (zum 1.9.2009 in Kraft getreten), jetzt §§ 58 ff. und §§ 352 ff FamFG.
20 BGH ZEV 1996, 353 ff.
21 OLG Köln, ZEV 2004, 122.

17 Bei der Vererbung eines Ehegattenhofes an den längstlebenden Ehegatten ist ein **Erbschein** bzw. **Hoffolgezeugnis** nicht erforderlich. Die Nachfolge des Ehegatten ist gem. § 8 HöfeO zwingend, so dass ein formlos bestimmter anderer Hoferbe den Ehegatten nicht verdrängen kann. Der überlebende Ehegatte braucht nicht wirtschaftsfähig zu sein.[22]

18 Ein **Erbverzichtsvertrag**, § 2346 BGB, schließt auch Nachabfindungsansprüche nach § 13 HöfeO aus. Der dem Verzichtsvertrag zugrundeliegende **Abfindungsvertrag** kann nach den Grundsätzen über die Änderung und den Wegfall der Geschäftsgrundlage u.u. dann angepasst werden, wenn die Vertragsteile mit dem Vertrag den Zweck nicht erreichen können, den sie angestrebt haben, ohne ihn zum Vertragsinhalt zu machen.[23]

Die Hoferbfolge und insbesondere der Übergabevertrag entfalten eine Bedeutung für die sog. „Vorweggenommene Erbfolge", die in § 15 behandelt wird.

C. Muster: Hoffolgezeugnis

19 Das Hoffolgezeugnis ist ein Nachweis über die Erbfolge in den Hof. Damit ist es ein gegenständlich beschränkter Erbschein im weiteren Sinne. Für diesen Antrag, der regelmäßig den Grundsätzen über den Erbscheinsantrag unterliegt, gelten jedoch einige Besonderheiten, die im nachstehenden Muster enthalten sind.

„Verhandelt am ▮▮▮▮ in ▮▮▮▮

Vor mir, dem unterzeichnenden Notar ▮▮▮▮

Mein Vater Klaus Müller verstarb am 2.12.2009 ohne Hinterlassung einer Verfügung von Todes wegen. Er war deutscher Staatsangehöriger. Sein letzter Wohnsitz war Grünweg 3, Bielefeld. Er lebte mit seiner Ehefrau Gertrud Müller, geb. Mayer, im gesetzlichen Güterstand. Zum Zeitpunkt seines Todes war eine Ehesache nicht anhängig. Zum Nachlass gehört ein Hof im Sinne der Höfeordnung mit der Hofstelle in Brakel, eingetragen in den Grundbüchern von Brakel, Blatt 1000. Er stand im Alleineigentum meines Vaters. Die Bewirtschaftung des Hofes ist mir seit ca. 14 Jahren übertragen worden. Ich habe mit Erfolg die Landwirtschaftsschule absolviert und seit Beendigung meiner Schule ständig in dem Betrieb meines Vaters mitgearbeitet. Ich bin wirtschaftsfähig. Gemäß § 6 Abs. 1 Nr. 1 HöfeO bin ich mithin Hoferbe geworden.

Der hoffreie Nachlass ist kraft gesetzlicher Erbfolge zugefallen:
a) meiner Mutter zu $1/2$,
b) den Kindern des Erblassers: – mir, dem Erschienenen,
  – meiner Schwester Klara Müller, wohnhaft in ▮▮▮▮,
  – meinem Bruder Josef Müller, wohnhaft in ▮▮▮▮
zu je $1/6$.

---

22 OLG Oldenburg, ZEV 1997, 128 ff. (in Abgrenzung zu Senat, NdsRPfl 1996, 37 und Senat, NdsRPfl 1989, 95).

23 BGH ZEV 1997, 69 ff.

Andere Personen, durch die die vorgenannten Erben von der Hoferbfolge oder von der Erbfolge ausgeschlossen oder ihre Erbteile gemindert werden würden, sind und waren nicht vorhanden. Ich habe die Hoferbfolge, die Erben haben die Erbfolge angenommen.

Ein Rechtsstreit über die Erbfolgen ist nicht anhängig.

Über die Bedeutung einer eidesstattlichen Versicherung belehrt, versichere ich an Eides statt, dass mir nichts bekannt ist, was der Richtigkeit meiner vorstehenden Angaben entgegensteht.

Ich beantrage beim zuständigen Landwirtschaftsgericht die Erteilung eine Hoffolgezeugnisses sowie eines Erbscheins vorstehenden Inhalts und bitte um die Übersendung einer Ausfertigung an den Notar.

Der Hof hat einen Einheitswert von 80.000 EUR, der hoffreie Nachlass von 50.000 EUR.

Vorgelesen, genehmigt, unterschrieben"[24]

D. Checkliste: Hoferbfolge

- Ist ein Hof Nachlassbestandteil?   20
- In welchem Bundesland ist der Hof belegen?
- Findet die HöfeO Anwendung?
- Sind Pflichtteilsberechtigte neben dem Hoferben vorhanden?
- Muss ein Hoffolgezeugnis beantragt werden?
- Ist ein Abfindungsvertrag zu schließen?

E. Steuertipp

Grundsätzlich ist ein Hof nach dem Ertragswert zu besteuern. Hierbei wird ein   21
vergleichendes Verfahren angewandt, §§ 138–144 BewG.

Gemäß § 13b Abs. 1 Nr. 1 ErbStG ist als begünstigtes Vermögen zu qualifizieren: Inländisches land- und forstwirtschaftliches Vermögen i.S.d. § 168 Abs. 1 Nr. 1 BewG und selbstbewirtschaftete Grundstücke i.S.d. § 159 BewG beim Erwerb eines ganzen Betriebs der Land- und Forstwirtschaft, eines Teilbetriebs, eines Anteils an einem Betrieb der Land- und Forstwirtschaft oder eines Anteils daran unter der Voraussetzung, dass es ertragsteuerlich zum Betriebsvermögen eines Betriebs der Land- und Fortwirtschaft gehört. An Dritte zur Nutzung überlassene Flächen, die zum Betriebsteil gehören, Grundstücke, Grundstücksteile, grundstücksgleiche Rechte und Bauten gelten als Verwaltungsvermögen gemäß § 13b Abs. 2 Nr. 1 ErbStG. Ausgenommen von der Begünstigung des § 13b Abs. 1 ErbStG bleibt Vermögen im Sinne des Abs. 1, wenn das Land- und Forstwirt-

---

24 *Fassbender/Grauel/Kemp/Omen/Peter*, Rn 1084.

schaftliche Vermögen oder das Betriebsvermögen der Betriebe oder der Gesellschaften zu mehr als 50 Prozent aus Verwaltungsvermögen besteht, § 13b Abs. 2 S. 1 ErbStG.[25]

F. Zusammenfassung

22 Wer als Anwalt im ländlichen Bereich tätig ist, kann sich schnell einem Beratungsgespräch ausgesetzt sehen, das zumindest auch die Vererbung oder Übertragung eines Hofes bereits unter Lebenden beinhaltet. Dabei sind unbedingt die HöfeO und/oder die entsprechenden landesrechtlichen Vorschriften zu berücksichtigen.

Die Vererbung oder Übertragung von landwirtschaftlichen Besitzungen kann für den Erblasser bzw. dessen Erben die Ersparnis von größeren Abfindungsbeträgen bedeuten, da die Berechnung der Abfindung für die weichenden Miterben nach dem eineinhalbfachen Einheitswert vorgenommen wird, § 12 Abs. 2 HöfeO.

Bei diesen Testamenten oder Übertragungen entsteht häufig Streit darüber, ob auf dem Gebiet des Hofes befindliche Gebäude tatsächlich zum Hof gehören und damit nach dem reduzierten Einheitswert übertragen werden oder ob sie nach dem Verkehrswert übertragen werden, was für die weichenden Erben mit einem höheren Abfindungs- bzw. Pflichtteilsergänzungsanspruch verbunden ist.

---

25 Zu den Behaltensregelungen für land- und forstwirtschaftliches Vermögen siehe RE 13a.7 ErbStR.

§ 15 Vorweggenommene Erbfolge

A. Einführung

In dem Bereich der **vorweggenommenen Erbfolge** sind neben der Anwaltschaft   1
auch Notare, Steuerberater und Wirtschaftsprüfer tätig. Gerade hier kann der
Kautelarjurist seine Fähigkeit zeigen, bereits zu Lebzeiten des Übertragenden
eine Vertragsform zu finden, die dem Sicherheitsbedürfnis des Übertragenden
gerecht wird und ebenfalls dem Erwerbsinteresse des Empfängers Rechnung
trägt.

Unter der **vorweggenommenen Erbfolge** werden Übertragungen unter Leben-   2
den auf gesetzliche oder gewillkürte Erben im Vorgriff auf eine Vermögensübertragung von Todes wegen verstanden. Eine eindeutige Definition des Begriffes
der vorweggenommenen Erbfolge existiert nicht. § 593a BGB, Betriebsübergabe,
setzt deren Existenz voraus. Bei der Übertragung des Vermögens zu Lebzeiten
kann der Übertragende noch Einfluss nehmen auf die Entwicklung des übertragenen Vermögens. Dies kann beispielsweise durch Verfügungsbeschränkungen oder
vertraglich vereinbarte **Rücknahmerechte** geschehen, wenn der Übernehmer vor
dem Übergeber verstirbt oder in seiner Person Störfälle auftreten, wie z.B. eine
Ehescheidung.

Die Übertragung des Vermögens durch Verfügung von Todes wegen wird den
Vorzug erhalten, wenn in einer speziellen Situation die spezifisch erbrechtlichen
Gestaltungsmittel benötigt werden, die im Schenkungsrecht nicht zur Verfügung
stehen. Hierbei ist an die Anordnung der Nacherbfolge sowie der Testamentsvollstreckung zu denken.

Der Übergebende muss bei der Frage, ob er bereits zu Lebzeiten Vermögen
überträgt, nicht nur rechtliche, sondern auch menschliche Gesichtspunkte beachten. *Weinläder* beschäftigt sich in seinem Werk eingehend mit dem Menschen als
Ausgangspunkt und Mittelpunkt bei der Unternehmensnachfolge.[1]

B. Rechtliche Grundlagen

Bei der **vorweggenommenen Erbfolge** handelt es sich um Rechtsgeschäfte, mit   3
denen ein künftiger Erblasser schon zu seinen Lebzeiten sein Vermögen oder
einen wesentlichen Teil davon auf einen oder mehrere als künftige Erben in

---

1 *Weinläder*, Unternehmensnachfolge, 1998, 21 ff.

Aussicht genommene Empfänger überträgt. Die vorweggenommene Erbfolge unterliegt nicht dem Erbrecht.[2]

Bei der vorweggenommenen Erbfolge muss nicht nur der Erblasser geben, sondern er kann sich selbst auch von dem Erwerber z.b. eine Leibrente, ein Wohnrecht oder Pflege vertraglich zusichern lassen.[3]

4   Solche **Übergabeverträge** unter Lebenden sind nicht typisiert, sondern vielfältig gestaltbar entsprechend der Vielfalt der Motive, z.b. bei der landwirtschaftlichen Nachfolge, der gewerblichen oder sonstigen Unternehmensnachfolge, großen Vermögen, steuerlichen Gründen, komplizierten Familienverhältnissen etc.[4]

Der Anwalt, als individueller Berater des jeweiligen Mandanten, hat auch im Rahmen der vorsorgenden Rechtspflege Verträge im Wege der vorweggenommenen Erbfolge zu entwerfen, obwohl dies in seiner juristischen Ausbildung vernachlässigt wurde.[5]

Eine Übertragung von Vermögenswerten bereits zu Lebzeiten kann aus unterschiedlichen Gründen sinnvoll sein. Nachstehend sollen einige Gründe für eine Übertragung unter Lebenden erörtert werden.

C. Übertragungsgründe

I. Steuerliche Gründe

5   Insbesondere durch die Erhöhung der Steuerfreibeträge auch bei der Schenkungsteuer ist es ratsam, bei großen Vermögen, die bei einer vollständigen Übertragung des Vermögens im Ganzen die jeweiligen Freibeträge überschreiten, das Vermögen in mehreren Stufen zu übertragen. Nach Ablauf von 10 Jahren stehen die Freibeträge wieder in Gänze zur Verfügung, gem. § 14 ErbStG.

Weiterhin sind die Freibeträge der anderen Familienmitglieder neben dem Ehegatten und den leiblichen Abkömmlingen auszunutzen, z.B. der Enkel.

6   Als **Schenkungen unter Lebenden** gelten die nach § 7 Abs. 1 ErbStG aufgeführten Zuwendungen (vgl. § 12 Rn 10 ff.).

II. Zerstrittene Familie

7   Der Erblasser kann hier bereits zu Lebzeiten Vermögen zuwenden und damit versuchen sicherzustellen, dass es bei einer Erbengemeinschaft zu keinen Streitig-

---

2 BGHZ 113, 310.
3 *Becker/Horn*, NWB. F.19, 3513.
4 Palandt/*Weidlich*, Einleitung vor § 1922 BGB Rn 6.
5 *Langenfeld*, NJW 1996, 2601 ff.

keiten über einzelne Nachlassgegenstände kommt. Durch die Übertragung eines Nachlassgegenstandes direkt auf einen Erben und nicht auf die Erbengemeinschaft, kann häufig eine Streitigkeit vermieden werden.

III. Sozialhilferegress

Der eine oder andere künftige Erblasser versucht zu Lebzeiten Vermögen zu übertragen, um ggf. im Fall einer Heimeinweisung über weniger Vermögen zu verfügen und damit Vermögen dem Zugriff des Sozialhilfeträgers, der ggf. für die Heimkosten aufzukommen hat, zu entziehen. Im Rahmen der §§ 93, 94 SGB XII (früher: §§ 90 ff. BSHG) ist jedoch zu berücksichtigen, dass der Sozialhilfeträger solche Schenkungen, die noch nicht länger als zehn Jahre vor dem Bedürftigwerden des Betroffenen liegen, als **Überleitungsanspruch** gegen den Beschenkten geltend macht, gemäß § 529 Abs. 1 BGB.[6] Bei der vorweggenommenen Erbfolge kann die Sozialbehörde gem. § 93 SGB XII (früher: § 90 BSHG) den Rückforderungsanspruch des Übergebers wegen Verarmung nach § 528 BGB auf sich überleiten und dann im Rahmen ihrer Leistungen gegen den Übernehmer geltend machen. Dies führt in der Praxis bei Grundstückszuwendungen zu laufenden Wertersatzansprüchen zur Deckung der Heimkosten. Der Anspruch aus § 528 BGB bei Grundstücksüberlassungen richtet sich demnach auf laufende Zahlungen.[7] Dieser Anspruch ist begrenzt einerseits durch den Wert bzw. den Gegenstand der Zuwendung und andererseits durch den Unterhaltsbedarf des Schenkers.[8] Die Ersetzungsbefugnis des § 528 Abs. 1 S. 2 BGB läuft leer. Der Beschenkte schuldet von vornherein nur regelmäßig wiederkehrende Zahlungen in Höhe des zur Deckung des angemessenen Unterhalts erforderlichen Betrages, und diese nur so lange, bis der Wert der Schenkung erschöpft ist.[9]

8

IV. Pflegeverpflichtung

Eine in der Praxis beliebte Übertragung unter Lebenden ist die Übertragung des Familienheimes auf einen der Abkömmlinge. Meistens wird auf den Abkömmling übertragen, der im Hause wohnt und möglicherweise eine **Pflegeverpflichtung** im Vertrag eingeht. Diese Pflegeverpflichtung dient als Argument, um die Übertragung als entgeltliche zu bezeichnen. Es gibt jedoch häufig Streit über die Frage, ob die Pflegeverpflichtung tatsächlich als Gegenleistung für die ansonsten unentgeltliche Übertragung des Hausgrundstücks angesehen werden kann. Steht die Pflegeverpflichtung in eklatantem Missverhältnis zum Wert des Hausgrundstücks, wird teilweise von der Rechtsprechung von einer Schenkung des Hausgrundstücks ausgegangen. Dies wirkt sich aus auf die Berechnung der Pflichtteils-

9

---

6 *Littig/Mayer,* Sozialhilferegreß gegenüber Erben und Beschenkten, Rn 76 ff.
7 BGH NJW 1996, 987.
8 BGH NJW 1998, 537.
9 *Langenfeld/Günther,* a.a.O., S. 129, 130 m.w.N.

ansprüche der übrigen Abkömmlinge, die häufig mit geringen Geldleistungen abgefunden werden sollen.

Allein dem Hinweis in einem Übergabevertrag zwischen Eltern und ihrem Kind darauf, dass das Hausgrundstück in Vorwegnahme der Erbfolge übergeben werde, lässt sich noch nicht die Unentgeltlichkeit der Übergabe entnehmen.[10]

Für den Umfang der geschuldeten Leistungen wird zweckmäßigerweise auf die Pflegestufen nach dem Pflegeversicherungsgesetz Bezug genommen, die einen immerhin einigermaßen objektiven Maßstab darstellen.[11] In aller Regel kann die Übernahme von Pflegeleistungen, die über die Pflegestufe I hinausgehen, nicht empfohlen werden. Ist der Veräußerer in die Pflegestufe eingeordnet, deren Leistungen geschuldet sind und erhält er deshalb ein Pflegegeld, so sollte klargestellt werden, dass dieses Pflegegeld ihm als Anspruchsberechtigten (§ 37 Abs. 1 SGB XI) verbleibt.[12] Da häufig auch nicht in der Vereinbarung genannte Ehegatten oder Kinder des Erwerbers sowie auch Geschwister die Pflege mit- oder gar deren Hauptlast tragen, ermöglicht es die Verfügung über das Pflegegeld dem Veräußerer, die aus der Versicherung gezahlten Summen gezielt denjenigen zukommen zu lassen, deren Leistung er besonders entgelten möchte.[13]

10   **Formulierungsbeispiel**
Der Anspruch auf Wart und Pflege umfasst nur solche Leistungen, die vom Erwerber ohne besondere Ausbildung erbracht werden können und ist im Umfang auf diejenigen Leistungen beschränkt, die für eine Person erforderlich sind, die in die Pflegestufe I i.S.d. Pflegeversicherungsgesetzes eingeordnet ist. Ein etwa gezahltes Pflegegeld verbleibt dem Veräußerer, der es nach seinem Ermessen verwenden kann.

11   Allgemeine Zumutbarkeitsklauseln ohne Anknüpfung an objektive Kriterien sind demgegenüber wertlos.[14] Damit Meinungsverschiedenheiten über die inhaltliche Ausgestaltung vermieden werden, ist auch insoweit eine Beschreibung sinnvoll; soweit die Zubereitung der Mahlzeiten, nicht aber die Tragung der Kosten der Nahrungs- und Haushaltsmittel geschuldet ist, empfiehlt sich eine negative Abgrenzung.[15]

12   **Formulierungsbeispiel**
Der Anspruch umfasst Wart und Pflege bei Krankheit oder Gebrechlichkeit, Erledigung aller häuslichen Arbeiten, Reinigung der Wohnung, der Kleidung und des Schuhwerks, Besorgung der erforderlichen Gänge (insbesondere zum Einkauf, zu Arzt und Apotheke), Zubereitung der Mahlzeiten, Hilfe bei Auf-

---

10   BGH ZEV 1995, 265.
11   *Waldner*, Vorweggenommene Erbfolge, Rn 48.
12   *Waldner*, Vorweggenommene Erbfolge, Rn 48.
13   *Waldner*, Vorweggenommene Erbfolge, Rn 48.
14   BGH NJW 1995, 2780.
15   *Waldner*, Vorweggenommene Erbfolge, Rn 49.

stehen, Ankleiden, Einnahme der Mahlzeiten und Körperpflege, all dies aber jeweils nur insoweit, als der Veräußerer hierzu nicht mehr selbst in der Lage ist. Die Kosten für die Nahrungs- und Haushaltsmittel trägt der Veräußerer in jedem Fall selbst.

V. Pflichtteilsminderung

Die vorweggenommene Erbfolge kann dazu genutzt werden, Pflichtteilsansprü-   13
che anderer Personen als des Erwerbers hinsichtlich des Gegenstands der Übertragung auszuschließen oder zu mindern. Vor allem bei der Übertragung von Vermögen, das einen erheblichen Verkehrswert hat, aus dem aber nur schwer liquide Mittel zu gewinnen sind, steht dieses Ziel im Zentrum des Interesses der Beteiligten.[16]

VI. Umgehung von Testierverboten

Ist der Veräußerer durch Erbvertrag oder ein nach dem Tod des Erstversterben-   14
den bindend gewordenes gemeinschaftliches Testament gebunden und wählt er als Ausweg, das Vermögen, über das er von Todes wegen nicht mehr verfügen kann, im Wege der vorweggenommenen Erbfolge an eine andere Person als den erbrechtlich Bedachten zu übertragen,[17] kann der Erwerber Ansprüchen des Vertragserben oder Schlusserben[18] nach § 2287 BGB oder eines erbvertraglich oder testamentarisch gesicherten Vermächtnisnehmers nach § 2288 Abs. 2 S. 2 BGB ausgesetzt sein. Zur Bejahung des Anspruches ist jedoch eine objektive Beeinträchtigung des Bedachten sowie subjektiv die Absicht erforderlich, eine der genannten Personen zu beeinträchtigen, was nach der Rechtsprechung aber dann ausgeschlossen ist, wenn der Veräußerer an der Schenkung ein lebzeitiges Eigeninteresse hatte.[19] Regelmäßig liegt beim typischen Fall der vorweggenommen Erbfolge das Eigeninteresse vor, da der Veräußerer seine Altersvorsorgung verbessern möchte.

VII. Privilegierung im Zugewinnausgleich

Während beim entgeltlichen Erwerb Gegenstände, die noch im Endvermögen   15
vorhanden sind, mit ihrem vollen Wert in den Zugewinnausgleich einzustellen sind, ist im Erbgang oder im Wege der vorweggenommenen Erbfolge erworbenes Vermögen nach Abzug der Verbindlichkeiten dem Anfangsvermögen des Erwerbers zuzurechnen, § 1374 Abs. 2 BGB, und unterliegt damit nur mit seiner Wertsteigerung dem Zugewinnausgleich. Die Übernahme von Verbindlichkeiten,

---

16 *Waldner*, Vorweggenommene Erbfolge, Rn 23.
17 *Waldner*, Vorweggenommene Erbfolge, Rn 126.
18 MüKo-BGB/*Musielak*, § 2287, Rn 10.
19 BGH NJW 1992, 564, 566.

Wohnungsrecht, Pflegeverpflichtung, Beerdigungskosten nebst Grabpflege und Geschwisterabfindung werden als kennzeichnend für diese Art von Verträgen angesehen.[20]

VIII. Versorgung des bisherigen Vermögensinhabers

16 Die meisten Vermögensübertragungen im Wege der vorweggenommenen Erbfolge erfolgen im Hinblick auf Leistungen, die der Erwerber dem Veräußerer erbringen soll.

1. Wohnungsrecht

17 Eine häufige Gegenleistung bei einer Grundstücksübertragung im Wege der vorweggenommenen Erbfolge ist das Wohnungsrecht für den Veräußerer. Es ist in § 1093 BGB als eine besondere Form der beschränkten persönlichen Dienstbarkeit geregelt, deren Hauptzweck das Wohnen ist, die aber daneben auf Nebenzwecke, z.b. Benutzung einer Garage und des Gartens erstreckt werden kann.[21]

2. Wart und Pflege

18 Siehe Formulierungsbeispiele weiter oben (vgl. Rn 10).

3. Nießbrauch

19 Der Veräußerer, der sich gem. der §§ 1030 ff. BGB den Nießbrauch vorbehalten hat, kann wie bisher sämtliche Nutzungen des übertragenen Gegenstands ziehen; er kann den Gegenstand also ohne Beschränkung selbst nutzen oder anderen Personen entgeltlich oder unentgeltlich den Besitz daran überlassen.[22] Der Nießbrauch ist weder übertragbar noch vererblich, §§ 1059 S. 1, 1061 BGB. Die Ausübung des Nießbrauchs kann jedoch einem anderen überlassen werden, § 1059 S. 2 BGB. Er kann jedoch wegen der vielfältigen Ausgestaltungsmöglichkeiten sehr unterschiedlichen Zielen gerecht werden und sowohl an beweglichen Sachen wie an Immobilien (bebauten und unbebauten Grundstücken, aber auch Eigentumswohnungen) an Sachinbegriffen und auch an Rechten, § 1068 BGB bestellt werden. Als Sicherungsnießbrauch kommt er in Betracht, wenn er als Sicherungsmittel für andere Forderungen dienen soll, die auf diese Weise durch die Erträge eines Grundstücks abgesichert werden.[23]

---

20 OLG Karlsruhe, FamRZ 1990, 56.
21 BayObLG BNotZ 1986, 148.
22 BGH NJW 1990, 443.
23 *Waldner*, Vorweggenommene Erbfolge, Rn 65.

4. Laufende Geldleistungen

Diese können in Form von Leibrenten, § 759 BGB oder als dauernde Last verein- **20** bart werden.[24] Wird die Leibrente über einen längeren Zeitraum vereinbart, z.b. Lebenszeit des Veräußerers, sollte sie wertgesichert sein und an den Verbraucherpreisindex gekoppelt.[25] Auch die dauernde Last kann wertgesichert werden. Sie birgt jedoch Risiken, da die Höhe der Leistungspflicht sowohl von der Bedürftigkeit des Berechtigten als auch von der Leistungsfähigkeit des Verpflichteten abhängig bleibt.

Leibrente und dauernde Last können durch Eintragung einer Reallast, § 1105 BGB, im Grundbuch gesichert werden. Die automatische Anpassung (Wertsicherungsklausel) kann mit abgesichert werden, selbst wenn die Erhöhung von einem Gläubigerverlangen abhängig ist.[26]

5. Leibgeding

Wenn die dem Veräußerer vorbehaltenen Rechte als Leibgeding anzusehen sind, **21** hat dies besondere rechtliche Folgen, nämlich
– eine Beschränkung der Zwangsvollstreckung
– die Eintragung in das Grundbuch in dieser erleichterten Form
– die Geltung besonderer landesrechtlicher Vorschriften, Art. 96 EGBGB.[27]

Das Leibgeding wird auch Altenteil genannt und in verschiedenen Vorschriften vorausgesetzt, neben dem Art. 96 EGBGB auch in § 49 GBO, § 9 EGZVG, § 850b ZPO und § 23 Nr. 2g GVG.

Bei einem echten Leibgedingvertrag handelt es sich um einen so genannten sozial motivierten Versorgungsvertrag. Sind die von beiden Seiten vereinbarten Leistungen gleichwertig, liegt ein Altenteilsvertrag nicht vor.[28]

Ob die Leistungen in einem der vorweggenommenen Erbfolge dienenden Vertrag als Leibgeding anzusehen sind, ist nur durch wertende Betrachtung unter Würdigung der Umstände des Einzelfalls zu entscheiden.[29]

Exkurs: Steuertipp **22**

Durch das Jahressteuergesetz 2008 ändert sich nichts an der Beurteilung des Instituts der Vermögensübergabe gegen Versorgungsleistungen als unentgeltlicher Vorgang i.S.d. Ertragsteuerrechts. Es wird jedoch künftig die Unterscheidung zwischen dauernder Last und Leibrente aufgegeben, so dass wiederkehrende

---

24 Zur steuerlichen Unterscheidung siehe *Waldner*, Vorweggenommene Erbfolge, Rn 156 ff.
25 *Esch/Baumann/Schulze zur Wiesche*, Handbuch der Vermögensnachfolge, I Rn 952.
26 *Esch/Baumann/Schulze zur Wiesche*, Handbuch der Vermögensnachfolge, I Rn 953, 954.
27 *Waldner*, Vorweggenommene Erbfolge, Rn 60 ff.
28 Krug/Rudolf/Kroiß/Bittler/*Seiler*, AnwF Erbrecht, § 1 Rn 43.
29 *J. Mayer*, DNotZ 1996, 604, 622 ff.

Leistungen im Zusammenhang mit der Übertragung von Immobilien, Wertpapieren oder typischen stillen Beteiligungen immer in vollem Umfang als Sonderausgaben beim Unternehmer abzugsfähig sind, § 10 Abs. 1 Nr. 1a EStG n.F.[30] Der Übergeber muss im Gegensatz hierzu die wiederkehrenden Bezüge in jedem Fall in vollem Umfang als sonstige Einkünfte versteuern, § 22 Nr. 1a EStG.[31]

6. Übernahme von Verbindlichkeiten

23 Die Übernahme von Verbindlichkeiten erfolgt entweder im Wege der Erfüllungsübernahme oder im Wege der Schuldübernahme. Bei der Erfüllungsübernahme trägt der Veräußerer das Risiko des Vermögensverfalls des Erwerbers und damit wieder das Risiko der Inanspruchnahme durch die Gläubiger.

Dem gegenüber erfolgt bei der Schuldübernahme mit Genehmigung des Gläubigers, die Übernahme der Schuld mit dem Ergebnis, dass nur noch der Erwerber für diese Schuld haftet. Damit wird der Veräußerer gegenüber der Erfüllungsübernahme auch im Außenverhältnis von der Haftung für die vom Erwerber übernommenen Verbindlichkeiten freigestellt; das Risiko einer späteren Zahlungsunfähigkeit des Erwerbers trägt daher in diesem Fall der Gläubiger. Die Genehmigung des Gläubigers zur Schuldübernahme wird daher von den Einkommens- und Vermögensverhältnissen des Erwerbers abhängen.[32]

7. Erbrechtliche Gegenleistungen

24 Soweit außer dem Erwerber des im Wege der vorweggenommenen Erbfolge übertragenen Gegenstands weitere gesetzliche Erben des Veräußerers vorhanden sind, soll die Tatsache des Erwerbs oft im Hinblick auf die spätere Erbfolge berücksichtigt werden. Zu warnen ist vor laienhaften und technischen und dadurch ebenso auslegungsbedürftigen wie streitanfälligen Formulierungen wie z.B.: „Der Empfänger soll nach Annahme der Zuwendung nichts mehr bekommen." oder: „Der Erwerber ist durch Vorempfänger abgefunden." Empfehlenswert ist eine rechtlich klare Regelung, die von dem angestrebten Ziel abhängig ist.[33]

25 In Betracht kommen:
– Erbverzicht
– Pflichtteilsverzicht
– Pflichtteilsanrechnung
– Anordnung der Ausgleichung.

---

30 Zur Anwendung von § 10 Abs. 1 Nr. 1a EStG siehe § 52 Abs. 23 f EStG.
31 *Schmidt/Schwind*, Vermögensübergabe nach dem JStG 2008 NWB v. 17.12.2007, Fach 3, S. 14887, 14890.
32 *Waldner*, Vorweggenommene Erbfolge, Rn 77.
33 *Waldner*, Vorweggenommene Erbfolge, Rn 81.

D. Abgrenzung: Entgeltliche/unentgeltliche Übertragung

Sind die Gegenleistungen aus dem Vermögen des Übernehmers in der maßgebli- 26
chen subjektiven Wertung der Parteien äquivalent zu der Leistung des Übergebers, liegt keine **Schenkung** vor.[34]

Eine Vermutung für den Schenkungscharakter von Leistungen unter nahen Verwandten kennt das Gesetz ausschließlich in den engen Grenzen der §§ 685, 1620
BGB.[35]

Nach der Rechtsprechung des BGH ist demjenigen, der sich auf das Vorliegen 27
einer **gemischten Schenkung** beruft, eine Beweiserleichterung in Form einer
tatsächlichen Vermutung zuzubilligen, wenn zwischen Leistung und Gegenleistung ein objektives, über ein geringes Maß deutlich hinausgehendes Missverhältnis besteht.[36]

Die Einschränkung der privatautonomen Bewertung von Leistung und Gegen- 28
leistung durch eine derartige Vermutung ist nur gerechtfertigt, wo schutzwerte
Interessen Dritter berührt werden. Dies kann jedoch nicht nur bei der Anwendung von § 2325 BGB (**Pflichtteilsergänzungsanspruch**) der Fall sein, sondern
auch durch die Überleitung des Anspruchs aus § 528 BGB auf den Träger der
Sozialhilfe.[37]

Werden im Wege der vorweggenommenen Erbfolge Grundstücke übertragen, ist 29
zu prüfen, ob es sich steuerrechtlich bereits um einen gewerblichen **Grund-
stückshandel** handelt.[38]

E. Wann soll übertragen werden?

Da niemand unüberlegt und vorschnell sein Vermögen übertragen sollte, ist es 30
auch Aufgabe des Anwalts, bei Entwurf eines Übertragungsvertrages im Rahmen
der vorweggenommenen Erbfolge mit und für den künftigen Erblasser zu bedenken, ob etwaige Sicherheiten der **Rückübertragung** in dem Vertrag enthalten
sein sollten.[39]

---

34 BGHZ 59, 132, 135.
35 BGH NJW 1987, 890, 892.
36 BGHZ 82, 274, 281 ff.
37 BGH ZEV 1995, 265, 266.
38 *Wöffing*, NJW 1997, 302 ff.
39 Siehe näher hierzu *Jülicher*, ZEV 1998, 201 ff.

31   Dem Anspruch auf **Rückgewähr** nach § 528 Abs. 1 BGB wegen Verarmung des
      Schenkers kann grundsätzlich der Aufwand für freiwillige Pflege- oder Betreu-
      ungsleistungen gegenüber dem Schenker nicht entgegengehalten werden.[40]

32   Die Kriterien von Langenfeld für das Beratungsgespräch mit dem Mandanten im
      Rahmen der vorweggenommenen Erbfolge sind hilfreich. Bei der Entscheidung
      für eine **Übertragung unter Lebenden** ist zu erwägen, ob
      – die Übergabe den Kern des Privatvermögens oder gar das ganze Vermögen
        betrifft oder nicht
      – der Übergeber ein Alter erreicht hat, das ihm den Übergabeentschluss erleich-
        tert und das spätere Bereuen der Übergabe unwahrscheinlich macht
      – die Altersversorgung des Übergebers und insbesondere die Vorsorge für den
        Krankheits- und Pflegefall ohne die Rückgriffsmöglichkeit auf die Substanz
        des übergebenen Grundstücks gesichert ist
      – das Verhältnis zum Übernehmer, regelmäßig ein Kind, und vor allem auch
        zum Schwiegerkind, gut ist oder nicht.[41]

33   Als **Vertragstypen der Grundstücksüberlassung** kommen immer wieder vor:
      – Hausübergabe gegen Nießbrauch oder Rentenzahlung
      – Hausübergabe mit Pflegeverpflichtung
      – Hof- und Geschäftsübergabe
      – Hausübergabe mit auf den Tod aufgeschobener Erfüllung
      – Grundstücksschenkung
      – ehebedingte unbenannte Zuwendungen
      – Ausstattung.

F.   Erläuterungen und Muster zur Übertragung eines Hausgrundstücks im Wege der vorweggenommenen Erbfolge

I.   Allgemeines/Erläuterungen

34   Nachstehend wird ein Muster eines im Wege der vorweggenommenen Erbfolge
      übertragenen Hausgrundstücks dargestellt. Die in dem Muster II Nr. 3 (vgl.
      Rn 37) festgeschriebene Anordnung der Übertragenden, dass die Übertragung
      im Wege der vorweggenommenen Erbfolge nicht auf den künftigen Erbteil des
      Erwerbers angerechnet werden soll, beinhaltet Konfliktpotential nach dem Tode
      der Übertragenden. Bereits nach dem Tode des ersten der Übertragenden können,
      soweit vorhanden, andere Kinder als Pflichtteilsberechtigte den Wert des übertra-
      genen Hausgrundstücks in den Nachlass hineinrechnen, zur Feststellung des
      Pflichtteilsanspruches, soweit die Gegenleistung des Erwerbers in einem eklatan-
      ten Missverhältnis zu der übertragenen Immobilie steht und die Übertragung

---

40 BGH, ZEV 1998, 73 ff.
41 *Langenfeld*, ZEV 1995, 348, 350.

weniger als zehn Jahre zurückliegt, § 2325 Abs. 3 BGB. Durch die seit dem 1.1.2010 geltende Abschmelzklausel in § 2325 Abs. 3 S. 1 BGB reduziert sich der Pflichtteilsergänzungsanspruch mit jedem Jahr um 10 Prozent.

Die Übertragenden haben in II Nr. 3 des Musters (vgl. Rn 37) festgelegt, dass die Gleichstellung der Geschwister durch sie vorgenommen werden soll. Hierin könnte das Risiko liegen, dass die pflichtteilsberechtigten Abkömmlinge des verstorbenen Übertragenden einen **Pflichtteilsergänzungsanspruch** geltend machen, da die von dem Übertragenden geleistete **Gleichstellungszahlung** nicht dem tatsächlichen Wert der Immobilie entspricht. Häufig wird in einer Übertragungsurkunde der vorweggenommenen Erbfolge der Wert der Immobilie zu niedrig angesetzt, zum einen um Gebühren zu sparen, zum anderen um die Gleichstellungszahlung von den zu niedrig berechneten Werten leisten zu können.

Der beratende Anwalt sollte seiner Mandantschaft zu einem Wert raten, der nach Ableben des ersten Übertragenden nicht zu einem Streit zwischen den Erben führt. Die Ausrichtung eines Übertragungsvertrages lediglich auf den Erwerber, ohne Berücksichtigung der anderen pflichtteilsberechtigten Abkömmlinge, führt in der Regel nicht zu dem vom Erblasser gewünschten Ergebnis. Dieser wollte gerade dem Erwerber einen höheren Vorteil zuwenden als den anderen Abkömmlingen. Sieht sich der Erwerber jedoch nach dem Ableben der/des Übertragenden einem **Pflichtteilsergänzungsanspruch** der anderen Abkömmlinge gegenüber, wird ein Teil des Vermögens für diesen Streit verbraucht werden. Der Streit hätte durch Einräumung einer vernünftigen Gleichstellungszahlung vermieden werden können, wobei der Wert der Immobilie vorab gemeinsam mit allen Abkömmlingen ermittelt werden kann.

II. Muster: Übertragung eines Hausgrundstücks im Wege der vorweggenommenen Erbfolge

UR-Nr. 1288/2005

Verhandelt zu Trier am 1.7.2005 vor

Helmut Müller

Notar in Trier

erschienen:

a) als Übergeber:

Eheleute Justus Müller, Winzer, geboren am 18.10.1912, und Frau Wilhelmine, geb. Meckermann, geboren am 31.8.1923, beide wohnhaft in PLZ Enkirch, Würzgarten 30,

b) als Erwerber:

deren Sohn Edwin Müller, Maler, geboren am 12.5.1961, wohnhaft ebenda.

Die Erschienenen wiesen sich aus durch Vorlage ihrer Bundespersonalausweise.

Die Erschienenen ließen folgenden **Hausübergabevertrag** beurkunden und erklärten:

I. Die zu a) genannten Eheleute Müller übertragen hiermit im Wege der vorweggenommenen Erbfolge ihrem zu b) genannten, dies annehmenden Sohn Edwin Müller, das in Enkirch, Würzgarten 30 gelegene Hausanwesen bestehend aus den Grundstücken:

Gemarkung Enkirch Band ▓▓▓▓ Blatt ▓▓▓▓, Flur ▓▓▓▓, Nr. ▓▓▓▓, Adresse, 1685 qm Hof- und Gebäudefläche,

Flur ▓▓▓▓ Nr. ▓▓▓▓ Adresse, 288 qm Grünland,

mit allen aufstehenden Gebäuden und gesetzlichem Zubehör.

II. Der Erwerber Edwin Müller räumt hiermit seinen Eltern, den Eheleuten Justus und Wilhelmine Müller als Gesamtberechtigten nach § 428 BGB ein lebenslängliches, unentgeltliches Wohnungsrecht für deren Person und persönlichen Bedürfnisse an sämtlichen vorstehend übertragenen Grundstücken ein.

Zur Ausübung des Rechtes erhalten die Eltern die alleinige Nutzung sämtlicher Wohnräume im Erdgeschoß des Wohnhauses sowie die Mitbenutzung jeweils der Hälfte von Keller, Speicher, Garage, Hofraum und Garten.

1. Die Eintragung des vorstehenden Wohnungsrechtes in die Grundbücher der übertragenen Grundstücke zugunsten der Übergeber als Gesamtberechtigte wird hiermit bewilligt und beantragt mit der Maßgabe, dass zur Löschung des Rechts der Nachweis des Todes der Berechtigten genügt.

2. Der Erwerber übernimmt hiermit weiterhin die im Grundbuch in Abteilung III zugunsten der Sparkasse Trier in Trier eingetragenen Sicherungshypothek über 15.000 EUR.

Soweit es sich um eine Eigentümergrundschuld handelt oder den Übergebern sonstige Ansprüche gegen die Gläubigerin zustehen, werden diese hiermit an den Erwerber abgetreten.

Der Notar wird angewiesen, der Gläubigerin eine Ausfertigung dieser Urkunde zu übersenden mit der Bitte, die Genehmigung zur befreienden Schuldübernahme den Beteiligten unmittelbar zuzustellen.

3. Eine Abfindung an seine Geschwister hat der Erwerber nicht zu leisten; die Gleichstellung der Geschwister soll durch die Übergeber vorgenommen werden.

Die Übertragung im Wege der vorweggenommenen Erbfolge soll nicht auf den künftigen Erbteil des Erwerbers angerechnet werden.

Weiterhin wird folgendes vereinbart:

Das Grundeigentum wird übertragen in seinem derzeitigen Zustand, ohne Gewähr für Größe, Güte und Beschaffenheit, frei von nicht übernommenen Belastungen und Beschränkungen, rückständigen Steuern und Abgaben.

Auf den Erwerber gehen über:

Besitz, Nutzung, Lasten und Gefahr mit Unterzeichnung der heutigen Urkunde, wiederkehrende Abgaben ab 1.1.2006.

Die ab dem heutigen Tage angeforderten Erschließungs- und Ausbaubeiträge trägt der Erwerber.

Miet- und Pachtverhältnisse bestehen nicht.

Die mit dieser Urkunde und ihrem Vollzug verbundenen Kosten sowie die etwaige Grunderwerbsteuer tragen die Übergeber.

Die Beteiligten sind über den Eigentumsübergang einig und bewilligen dessen Eintragung im Grundbuch.

Die Beteiligten beantragen die Löschung aller Belastungen auf dem übertragenen Grundeigentum.

Der Notar hat auf die zu dieser Urkunde und ihrem Vollzug erforderlichen Genehmigungen und Bescheinigungen hingewiesen, insbesondere nach dem Grundstücksverkehrsgesetz, Baugesetzbuch und Grunderwerbsteuergesetz.

Alle Genehmigungen werden wirksam mit ihrem Eingang bei dem Notar. Dieser wird mit dem Vollzug der Urkunde beauftragt.

Wird eine behördliche Genehmigung versagt oder unter Auflage erteilt, so ist dies den Beteiligten unmittelbar, dem Notar in Abschrift mitzuteilen. Der hiervon Betroffene kann in diesen Fällen binnen eines Monats nach Kenntnis der Entscheidung vom Vertrag zurücktreten.

Das Eigentum geht mit der Umschreibung im Grundbuch über; bis dahin können die Rechte des Erwerbers beeinträchtigt werden. Zur Sicherung des Anspruches auf Eigentumserwerb wird die Eintragung einer Vormerkung bewilligt und beantragt.

Alle Eintragungen in das Grundbuch sollen nur nach den Anträgen des Notars erfolgen, der auch Anträge getrennt stellen und zurückziehen und die Rechte bezeichnen kann, die vorerst dinglich mitzuübertragen sind.

Die Vollzugsnachrichten werden erbeten an die Beteiligten und den Notar.

Das Grundbuch wurde am 18.6.2005 eingesehen.

Diese Niederschrift wurde in Gegenwart des Notars vorgelesen, von den Erschienenen genehmigt und von ihnen und dem Notar, wie nachstehend, eigenhändig unterschrieben:

Unterschriften Übergeber

Unterschrift Erwerber

Unterschrift Notar

G. Unternehmensnachfolge

Nach Angaben des Instituts für Mittelstandsforschung in Bonn wird die Nachfolgefrage im Zeitraum von 2010 bis 2014 für knapp 110.000 Familienunternehmen relevant sein.[42]

38

---

42 Institut für Mittelstandsforschung Bonn (IFM), Bereich Statistik.

Durch die Erbschaftsteuerreform und das Wachstumsbeschleunigungsgesetz wird für Betriebserben die Steuerschuld erlassen, wenn sie den Betrieb mindestens fünf Jahre fortführen. Weiterhin muss der Übernehmer bzw. Erbe während dieser fünf Jahre insgesamt eine Lohnsumme von mindestens 400 Prozent der Ausgangssumme erreichen. Die Lohnsummenregelung findet Anwendung für Betriebe mit mehr als zwanzig Beschäftigten. Außerdem darf das Verwaltungsvermögen höchstens 50 Prozent des Betriebsvermögens ausmachen. Rechtstechnisch erfolgt die Befreiung in der Weise, dass die Steuer festgesetzt und auf fünf Jahre zinslos gestundet wird. Die gestundete Steuer erlischt in voller Höhe, wenn der Betrieb über diesen Zeitraum fortgeführt wird. Wird er vorher veräußert oder aufgegeben, erlischt die Steuer für jedes Jahr der Fortführung prozentual. Die Stundung endet, wenn der Erwerber das begünstigte Vermögen ganz oder teilweise steuerschädlich verwendet.[43]

I. Ziele und Regelungsmechanismen

39 Gleichgültig ob der **Unternehmer** mehrere Abkömmlinge hat oder gar keine, empfiehlt es sich, zu Lebzeiten die Unternehmensnachfolge zu regeln. Wer sein Lebenswerk nicht durch Erbschaftsteuer und zerstrittene Erbengemeinschaften untergehen lassen möchte, muss zu Lebzeiten eine tragfähige Verfügung von Todes wegen treffen, die im Idealfall mit einer vorweggenommenen Erbfolge kombiniert ist. Bei der Unternehmensnachfolge stellt sich für den künftigen Erblasser immer die Frage, wer bereit und fähig ist, das von ihm geführte und auch häufig aufgebaute Unternehmen in seinem Sinne weiterzuführen, wenn er nicht mehr will oder kann.[44]

Dass die meisten Unternehmer diese Frage gerne weit von sich schieben und nicht überlegen wollen, wie es nach ihrem Tode weitergeht, ist menschlich verständlich.

Im Rahmen der Verfügungen unter Lebenden, also gerade auch bei der vorweggenommenen Erbfolge, hat der Erblasser die Chance, zu Lebzeiten aktiv die Verhältnisse nach seinem Tode zu regeln und teilweise auch zu überwachen, dass der gewünschte Erfolg eintritt.

40 Bei der vorweggenommenen Erbfolge spielen nicht nur **Schenkungen** eine große Rolle, sondern auch die sog. **Ausstattungen**.

41 Mit dem Begriff **Ausstattung** werden Zuwendungen der Eltern an ein Kind bezeichnet, die dem Kind mit Rücksicht auf seine Verheiratung oder zur Erlangung einer selbstständigen Lebensstellung, zur Begründung oder Erhaltung seiner wirtschaftlichen Existenz zugewendet werden, § 1624 BGB.

---

43 *Halaczinsky,* Die Erbschaft- und Schenkungsteuererklärung, § 3 Rn 205.
44 *Weinläder,* Unternehmensnachfolge, 1998, S. 93 ff.

Beachte   42
Ausstattungen, die Abkömmlinge, welche als gesetzliche Erben zur Erbfolge
gelangen, erhalten haben, sind unter den Abkömmlingen ausgleichspflichtig,
§ 2050 Abs. 1 BGB, soweit der Erblasser nichts anderes angeordnet hat.

Der Erblasser kann eine **Zuwendung** i.S.d. § 2050 Abs. 1 BGB nicht zum Nach-   43
teil eines Pflichtteilsberechtigten von der Berücksichtigung ausschließen, § 2316
Abs. 3 BGB.

Aufgrund der bindenden pflichtteilsrechtlichen Fernwirkungen der **Ausgleichs-**   44
anordnung durch § 2316 Abs. 3 BGB findet die Aufhebung oder Abänderung
von bereits entstandenen Ausgleichungspflichten dort ihre Grenze und vermag
die durch die ursprünglich getroffene Ausgleichungsanordung erhöhten Pflicht-
teile der anderen pflichtteilsberechtigten Abkömmlinge nicht mehr nachträglich
zu schmälern. Dies geschieht dadurch, dass den anderen pflichtteilsberechtigten
Abkömmlingen, die zugleich Miterben sind, ein entsprechender Pflichtteilsrestanspruch, § 2305 BGB, oder gegenüber entsprechenden Vermächtnisansprü-
chen ein nicht einschränkbares Kürzungsrecht nach § 2318 Abs. 3 BGB zusteht.[45]

Bei der **Unternehmensnachfolge** sind folgende **Zielsetzungen** zu berücksichti-   45
gen:
– Erhaltung des Unternehmensvermögens sowie Vermeidung einer Auszehrung
  des Unternehmens durch Erb- und Pflichtteilsansprüche weichender Ab-
  kömmlinge
– Sicherung der Unternehmensnachfolge durch den fachlich und menschlich
  geeignetsten Nachfolger
– Streitvermeidung unter mehreren gesetzlichen Erben
– Steuerersparnis
– Befriedigung der Versorgungsnotwendigkeiten.

Es ist für einen Unternehmer wie für eine Gesellschaft ein kaum zu verantworten-
des Risiko, die Entscheidung über die Unternehmernachfolge ausschließlich einer
letztwilligen Verfügung zu überlassen, die ihre Wirksamkeit erst zu einem zukünftigen, ungewissen Zeitpunkt entfaltet, deren Verwirklichung in fremden
Händen liegt.[46]

1. Güterstand

Da der jeweilige Güterstand Auswirkungen auf die gesetzliche Erbquote, damit   46
auf die Pflichtteilsquote und die jeweils anfallende Erbschaft- bzw. Schenkungsteuer hat, ist bei Regelung der Unternehmensnachfolge der richtige Güterstand
zu wählen. Zu empfehlen ist, der Abschluss eines Ehevertrags, in dem der Unternehmer die modifizierte Zugewinngemeinschaft mit seinem Ehepartner verein-

---

45 *Mayer*, ZEV 1996, 441, 443 m.w.N.
46 *Esch/Schulze zur Wiesche*, Handbuch der Vermögensnachfolge, I Rn 1009 ff.

bart. Hierbei lassen sich die Vorteile der Güterstände Gütertrennung und Zugewinngemeinschaft vereinen. So kann vereinbart werden, dass für den Fall der Ehescheidung der Zugewinnausgleich ausgeschlossen oder beschränkt wird. Diese Regelung kann den Unternehmensbestand sichern. Falls der Güterstand durch Tod eines Ehegatten beendet wird, bleibt es hingegen bei der Zugewinngemeinschaft mit ihren Steuervorteilen, gem. § 5 ErbStG.[47]

2. Teilungsanordnung

47 Der Erblasser kann durch letztwillige Verfügung Anordnungen für die Auseinandersetzung treffen, § 2048 S. 1 BGB. Die Auseinandersetzungsanordnung wirkt jedoch nur schuldrechtlich im Verhältnis der Miterben zueinander und hat nicht zur Folge, dass ein Miterbe einen größeren oder kleineren Anteil erhält. Insbesondere begründet eine Teilungsanordnung keine Sondererbfolge an einzelnen Nachlassgegenständen.[48] Bei unterschiedlichen Werten der zugewandten Gegenstände sollten wertausgleichende Regelungen unter den Erben getroffen werden. Daneben kann der Mehrerwerb eines Miterben ihm im Wege des Vorausvermächtnisses zugewandt werden.[49] Wird dies nicht berücksichtigt, kann es zu Ausgleichsverpflichtungen des durch die Teilungsanordnung Begünstigten kommen.[50] Damit gibt es nicht das Rechtsinstitut der wertverschiebenden Teilungsanordnung.

3. Sicherungen des Übergebers

48 Der Unternehmer, der bereits zu Lebzeiten aus Anlass einer vorweggenommenen Erbfolge Vermögenswerte überträgt, kann sich unter anderem durch Nießbrauchsrechte, Wohnrechte und dauernde Lasten Sicherungen vorbehalten.[51] § 25 ErbStG wurde aufgehoben zum 1.1.2009. Die Besteuerung bei Nutzungs- und Rentenlast kann auf Antrag gestundet werden.[52] Ordentliche Erlöschensgründe sind bei wiederkehrenden Leistungen und Nutzungen, deren Dauer von der Lebenszeit einer Person abhängt, (z.B. bei Leibrenten und lebenslänglichen Nutzungsrechten), der Tod dieser Partei und bei wiederkehrenden Leistungen und Nutzungen, die auf bestimmte Zeit beschränkt sind, das Ende der Laufzeit.

---

47 *Troll/Gebel/Jülicher*, § 5 Rn 22.
48 RGZ 110, 270, 274; RGZ 170,163,170; MüKo-BGB/*Dütz*, § 2048 Rn 9, Soergel/*Wolff*, § 2048 Rn 2.
49 *Eidenmüller*, JA 1991, 150; *Loritz*, NJW 1988, 2697.
50 BGH NJW 1985, 51.
51 Zu den Versorgungsinteressen des Übergebers vergleiche *Mayer*, Der Übergabevertrag, § 2 Rn 148 ff.
52 Zur Anwendung des § 25 Abs. 1 S. 3 und Abs. 2 ErbStG siehe § 37 Abs. 2 S. 2 ErbStG.

4. Gesellschaftsrecht

Bei einer kapitalgesellschaftsrechtlichen Beteiligung des Erblassers bleibt die Ge- 49
sellschaft durch den Erbfall unberührt und existiert weiter. Die Aktie sowie auch
der GmbH- Geschäftsanteil sind ohne weiteres vererblich.[53]

Ist der Erblasser an einer Personengesellschaft (OHG, KG) beteiligt gewesen,
wird die Gesellschaft nach den neu gefassten §§ 131 Abs. 3 Nr. 1, 177 HGB nicht
mehr durch den Tod eines Gesellschafters aufgelöst.

> **Beachte** 50
> **Handelsrechtsreformgesetz ab 1.7.1998**
> Die Änderungen zu §§ 131, 136–138, 177 HGB bestehen im Wesentlichen
> darin, dass ein Teil der bisherigen Auflösungsgründe, § 131 HGB, zu Aus-
> scheidungsgründen wird gem. § 131 Abs. 3 HGB:
> – der Tod eines Gesellschafters
> – die Insolvenz eines Gesellschafters
> – die Kündigung eines Gesellschafters oder
> – seines Privatgläubigers
> – der Eintritt weiterer im Gesellschaftsvertrag vorgesehener Fälle sowie
> – ein Gesellschafterbeschluss.

Die Änderung des § 131 HGB dient der Erhaltung von Gesellschaften in diesen 51
bisher meist durch Fortsetzungs- und Nachfolgeklauseln geregelten Fällen und
mag, wo es an solchen Klauseln fehlt, hilfreich sein.[54] Gleichwohl sind sog.
Fortsetzungsklauseln regelmäßig empfehlenswert.[55] Soll die Gesellschaft unter
den verbleibenden Gesellschaftern fortgesetzt werden, liegt eine echte Fortsetzungsklausel vor. Rücken Erben in die gesellschaftsrechtliche Position ein, handelt es sich um eine einfache Nachfolgeklausel. Wird diese Möglichkeit nur einem
der Miterben eingeräumt, handelt es sich um eine qualifizierte Nachfolgeklausel.
Diese Klauseln können mit Abfindungsschwierigkeiten versehen sein. Nach allgemeiner Meinung kann für den Todesfall eine Abfindung vollkommen ausgeschlossen werden.[56] Es ist darauf zu achten, dass die jeweilige gesellschaftsrechtliche Nachfolgeklausel und die entsprechende Verfügung von Todes wegen aufei-
nander abgestimmt werden und keine Widersprüche aufweisen.

Wird die im Gesellschaftsvertrag als Nachfolger bestimmte Person erbrechtlich
nicht bedacht, kommt ein erbrechtlicher Erwerb des Gesellschaftsanteils nicht in

---

53 Zu Übertragung von Gesellschaftsanteilen unter Vorbehalt von Versorgungsleistungen mit
mathematischen Berechnungen: *Lieber/Steffens*, ZEV 2000, 132.
54 Vgl. hierzu *K. Schmidt*, NJW 1998, 2161, 2166.
55 *Schmidt*, NJW 1998, 2166.
56 BGH WM 1971, 1338.

Betracht. Vielmehr ist die Benennung im Gesellschaftsvertrag als Eintrittsklausel zu verstehen.[57]

52 Bei einer qualifizierten Nachfolgeklausel geht der Gesellschaftsanteil nur auf bestimmte Miterben über, die gewisse Voraussetzungen erfüllen müssen. Der Übergang erfolgt im Wege der Sondererbfolge, bei der die personenbezogenen Mitgliedschaftsrechte unmittelbar auf den gesellschaftsvertraglich vorgesehenen Nachfolger übergehen, während die übertragbaren Vermögensrechte (z.B. Gewinnanspruch, Anspruch auf Auseinandersetzungsguthaben) in den Nachlass fallen.[58]

a) Muster: Qualifizierte Nachfolgeklausel

53 „Stirbt ein Gesellschafter, wird die Gesellschaft nur mit einem Erben oder einem Vermächtnisnehmer als Nachfolger fortgesetzt. Der Nachfolger ist durch den Gesellschafter zu Lebzeiten durch Erklärung gegenüber der Gesellschaft oder durch Verfügung von Todes wegen zu bestimmen. Übt der Gesellschafter sein Bestimmungsrecht nicht aus oder wird der als Nachfolger Vorgesehene nicht Erbe, sind die Erben des Verstorbenen verpflichtet, den Gesellschaftsanteil dem zu übertragen, den sie selbst bestimmen oder den der Testamentsvollstrecker oder die übrigen Gesellschafter einstimmig als Nachfolger aus der Zahl der Erben oder Vermächtnisnehmer auswählen. Den übrigen Erben oder Vermächtnisnehmern des verstorbenen Gesellschafters stehen gegen die Gesellschafter keinerlei Abfindungsansprüche zu."

b) Muster: Verfügung von Todes wegen

54 Eine durch einen Rechtsanwalt zu entwerfende **Verfügung von Todes wegen** sollte diese Nachfolgeklausel zitieren und könnte dann entsprechend lauten:

55 „Zu meinen Erben setze ich meine Kinder A, B und C zu je $^1/_3$-Erbteil ein. Meinen Sohn A bestimme ich aufgrund meines gesellschaftsvertraglichen Bestimmungsrechts zu meinem Nachfolger meiner Gesellschaftsbeteiligung und vermache ihm die Beteiligung im Wege des Vorausvermächtnisses. Er hat seine Geschwister B und C entsprechend ihren Erbquoten abzufinden. Die Abfindung erfolgt zu den Buchwerten des Unternehmens aufgrund der letzten Handelsbilanz vor meinem Tode mit einem Zuschlag von 20 Prozent, jedoch ohne Berücksichtigung der stillen Reserven, des Firmenwertes und der schwebenden Geschäfte. Die Auszahlung hat in fünf gleichen Jahresraten zu erfolgen. Das Abfindungsguthaben ist mit jeweils fünf Prozent über dem jeweiligen Diskontsatz der Deutschen Bundesbank zu verzinsen."[59]

56 Als mögliche Sicherungen für den Übergeber seien hier nur beispielsweise genannt das **Nießbrauchsrecht**, das **Wohnrecht** und das **Rentenrecht**. Damit die Sicherung des Übergebers bei dem Entwurf eines Übertragungsvertrages konse-

---

57 BGHZ 68, 225, 233.
58 BGHZ 91, 132; BGHZ 98, 48.
59 *Nieder/Kössinger*, Handbuch der Testamentsgestaltung, Anm. 1015.

quent beachtet wird, ist die Berücksichtigung des Übergabefragebogens von *Mayer* zu empfehlen.[60]

5. Stiftung

Gerade die Geltendmachung von Pflichtteilsansprüchen rückt Unternehmen   57
nicht selten an den Rand der Insolvenz. Mit der Gründung einer Stiftung sowie der geeigneten Satzung können Liquiditätsprobleme im Zusammenhang mit der Nachfolgeregelung für das Unternehmen ebenso ausgeschlossen werden wie die Gefahr der Anteilsveräußerung durch Familienmitglieder an externe Dritte. Der Stifter kann über eine unternehmensverbundene Stiftung, z.B. eine Stiftung & Co KG, die Fortführung seines Unternehmens in seinem Sinne festschreiben.

Immer wenn in den Medien veränderte Steuerfreibeträge oder veränderte gesetz-   58
liche Bestimmungen publik gemacht werden, bei denen sich künftige Erblasser angesprochen fühlen und meinen unbedingt eine lebzeitige Verfügung treffen zu müssen, kommt es zu einem hektischen Ansturm auf die Notariate. Vielfach bedenken die Übergeber nicht konsequent ihre Sicherungsnotwendigkeiten bei der Übergabe dessen, was im Laufe eines Lebens regelmäßig hart erarbeitet wurde.

Bei der Testamentsgestaltung für einen Unternehmer ist es aus steuerlicher Sicht   59
unabdingbar, dass Privat- und Betriebsvermögen getrennt erfasst und auch getrennt behandelt werden

> **Tipp**   60
> Wenn Sie gemeinsam mit dem Mandanten den nachstehenden Fragekatalog bearbeiten, wird Ihnen und vor allem dem Mandanten klarer sein, in welchen Bereichen es noch Schwierigkeiten bei einer Nachfolgeregelung gibt. Die so gefundenen Nachfolgeprobleme können dann gemeinsam mit dem Mandanten bearbeitet werden.

---

60 *Mayer*, Der Übergabevertrag, § 4 Anhang I. Übergabefragebogen.

II. Muster: Mögliche Ursachen für die Verzögerung einer Nachfolgeregelung

61

	Wichtigkeit	Aktivität notwendig?	Reihenfolge?
	0 5 10		
1. Materielle Angst (Angst vor wirtschaftlichen Nöten)	|——|——|	□	□
2. Daseinsangst (Angst vor der Sinnlosigkeit des Lebens)	|——|——|	□	□
3. Todesangst	|——|——|	□	□
4. Angst, „nicht mehr wichtig zu sein"	|——|——|	□	□
5. Angst vor Machtverlust	|——|——|	□	□
6. „Ich bin zu stolz"	|——|——|	□	□
7. „Ich bin kein Hellseher" – Was kommt danach? Resignation vor der ungewissen Zukunftsperspektive	|——|——|	□	□
8. Ich habe keine Zeit	|——|——|	□	□
9. Ich habe körperliche Beschwerden	|——|——|	□	□
10. Ich weiß nicht, welche Menschen sinnvollerweise mitwirken sollten	|——|——|	□	□
11. Ich habe (noch) nicht die notwendigen Kontakte und Verbindungen	|——|——|	□	□
12. Ich müßte mich geographisch verändern – und will es nicht	|——|——|	□	□
13. Mangelnde Kommunikation zwischen den Beteiligten	|——|——|	□	□

14. Ich flüchte gerne in das |——|——| ☐ ☐
    Tagesgeschäft

15. Die Kinder sind „noch nicht |——|——| ☐ ☐
    soweit"

16. Sehr schwierige Familien- |——|——| ☐ ☐
    verhältnisse

17. Aufarbeitung zwischenmensch- |——|——| ☐ ☐
    licher Probleme zu den
    nächsten Verwandten

18. Ich weiß nicht, wie ich |——|——| ☐ ☐
    vorgehen soll?

19. Das Unternehmen ist nicht |——|——| ☐ ☐
    nachfolgegeeignet (?)

20. Ich weiß nicht, was passiert, |——|——| ☐ ☐
    wenn das Unternehmen nicht
    weitergeführt wird

21. Ich weiß nicht, wie es in der |——|——| ☐ ☐
    Branche weitergeht

22. „Ich bin (momentan) uner- |——|——| ☐ ☐
    setzlich"

H. Checkliste: Vorweggenommene Erbfolge

Reichen die Steuerfreibeträge für die Übertragungsempfänger im Rahmen der   62
Schenkungsteuer aus?
– Welche Gegenleistungen werden im Übertragungsvertrag vereinbart?
– Wird entgeltlich oder schenkweise übertragen?
– Löst die lebzeitige Übertragung Pflichtteilsergänzungsansprüche aus?
– Ist die Übertragung im Rahmen der Überleitungsansprüche des Sozialhilfeträgers relevant?
– Sollen Rückübertragungsansprüche vereinbart werden?
– Welcher Vertragstyp soll vereinbart werden?
– Liegt auch eine Unternehmensnachfolge vor?
– Ist eine Ausgleichsanordnung erfolgt?
– Ist die Versorgung des Übertragenden gesichert?
– Sind Gleichstellungszahlungen geregelt?

I. Steuertipp

63 Der Begriff der vorweggenommenen Erbfolge ist steuerlich relevant bei
- Buchwertfortführung nach § 6 Abs. 3 EStG
- Anwendung des Erlasses zur ertragsteuerlichen Behandlung der vorweggenommenen Erbfolge vom 16.9.2004
- AfA – Befugnis des Rechtsnachfolgers nach § 11d EStDV
- Verschonungsregelungen beim Betriebsvermögen (§§ 13a ff. ErbStG).[61]

Die Bewertung einer lebenslänglichen Nutzung oder Leistung für Stichtage ab dem 1.1.2012 wird in dem BMF-Schreiben vom 26.9.2011 behandelt.[62] Hierin werden die Vervielfältiger zusammengestellt, mit denen der Kapitalwert lebenslänglicher Nutzungen und Leistungen nach § 14 Abs. 1 BewG für Stichtage ab 1.1.2012 berechnet wird.

J. Zusammenfassung

64 Im Rahmen der vorweggenommenen Erbfolge kann der Anwalt in Zusammenarbeit mit dem Mandanten Verträge entwerfen, mit denen der Übergebende sein Vermögen oder Teile des Vermögens bereits zu Lebzeiten auf mögliche spätere Erben überträgt. Dies kann aus steuerlichen Gründen, oder um Streit in der Familie zu verhindern, empfehlenswert sein.

Der Anwalt hat die Interessen seines Mandanten zu vertreten und zu wahren. Es liegt im Interesse des Übertragenden, dass der Erwerber die Sicherungsleistungen des Übergebenden aufbringen kann und zwischen den gesetzlichen Erben, die in der Übertragung nicht berücksichtigt werden, im Erbfall kein Streit entsteht.

Gerade bei der Unternehmensnachfolge ist an eine vorweggenommene Erbfolge zu denken.

---

61 Aufstellung und ausführlich zu den Verschonungsregelungen beim Betriebsvermögen bei Krug/Rudolf/Kroiß/Bittler/*Seiler*, AnwF Erbrecht, § 1 Rn 41 m.w.N.
62 BMF-Schreiben, 26.9.2011 – IV D 4 – S 3104/09/10001, ZEV 2011, 616.

§ 16 Vorsorgende Verfügungen

A. Einführung

Mit der Vorsorgevollmacht, der Patientenverfügung und der Betreuungsverfü-   1
gung sind in den letzten Jahren juristische Instrumente geschaffen worden, die
den Menschen für die Zeit schwerer Erkrankungen, bei Unfällen oder altersbedingter Hilflosigkeit die Möglichkeit in die Hand geben sollen, die Verwaltung
und die Sorge für ihr Vermögen einem Vertrauten zu übertragen (Vorsorgevollmacht, § 1896 Abs. 2 S. 2 BGB), die Art und den Umfang der ärztlichen Behandlung selbst zu bestimmen (Patientenverfügung) und die wünschenswerten Einzelheiten einer vielleicht erforderlichen Betreuung zu ordnen (Betreuungsverfügung,
§§ 1901a, 1897 Abs. 4, 1901c BGB). Die Zahl der Menschen, die ihre Angelegenheiten durch eine Vorsorgevollmacht und eine damit verbundene Patientenverfügung regeln wollen, nimmt ständig und erheblich zu. Eine vorsorgende Verfügung kann insbesondere Bedeutung entfalten für den Fall, dass der Verfügende
zu Lebzeiten in einen Zustand gerät, in dem er seinen Willen nicht mehr selbst
äußern kann. Als Beispiel hierfür wird immer wieder der Koma-Patient angeführt.

Die **Vorsorgevollmacht** zur Vermeidung der Betreuung und die Patientenverfü-   2
gung/**Patiententestament** zur Vermeidung sinnloser lebensverlängernder Maßnahmen treten immer mehr in den Blickpunkt des Interesses der Bevölkerung.
Staatliche Begehrlichkeiten im Vermögensbereich, die Einschränkungen von
Leistungen im Gesundheitsbereich und die Möglichkeiten der Apparatemedizin
wecken und verstärken den Willen zur Behauptung des privaten Bereichs gegen
Eingriffe unerwünschter Dritter.[1]

Langenfeld sieht in ihrem Aufsatz die Beteiligten nur einen Notar zur rechtlichen   3
Beratung und zwecks Entwurfes einer entsprechenden vorsorgenden Verfügung
aufsuchen. Der Bereich der vorsorgenden Verfügung ist jedoch auch für den im
Erbrecht tätigen Rechtsanwalt ein Gebiet, in dem er beratend und gestaltend
tätig sein kann. In der Regel benötigt eine Altersvorsorgevollmacht nicht das
Formerfordernis der **notariellen Beurkundung**, soweit die Vorschrift des § 311b
Abs. 1 BGB nichts anderes bestimmt.

Der Mandant kann hier nicht durch eine Verfügung von Todes wegen, sondern
nur durch eine Verfügung zu Lebzeiten dafür Sorge tragen, dass in einer Situation,
in der er sich selbst nicht helfen oder sich selbst nicht äußern kann, eine von ihm
vorher benannte Person Geschäfte für ihn wahrnimmt. Da die Verfügung von
Todes wegen regelmäßig erst mehrere Wochen nach dem Ableben eröffnet wird

---

1 *Langenfeld/Langenfeld*, ZEV 1996, 339 ff.

und die Gesamtrechtsnachfolge regelt, kann ein Testament nicht für diesen Zwischenzustand, dass die betreffende Person noch lebt, aber sich selbst nicht mehr äußern kann, Regelungen entfalten.

Das dritte Gesetz zur Änderung des Betreuungsrechts vom 29.7.2009 (Patientenverfügungsgesetz) wurde am 31.7.2009 veröffentlicht[2] und ist am 1.9.2009 in Kraft getreten.[3] Das Patientenverfügungsgesetz ist in den §§ 1901a, 1901b in die betreuungsrechtlichen Vorschriften des BGB eingefügt.

Der bisherige § 1901a wurde zu § 1901c. Die Patientenverfügung wird nun durch § 1901a Abs. 1 BGB als „Rechtsinstitut" in das BGB eingeführt und beendet damit den jahrzehntelangen Literaturstreit über ihre Rechtsnatur.[4]

4 Der Entwurf einer **Vorsorgevollmacht** kann für die Erben des Verfügenden bei der Abwicklung des Erbfalles hilfreich sein, da die Erteilung eines Erbscheines, die Eröffnung eines öffentlichen Testamentes und/oder die Bestellung eines Testamentsvollstreckers häufig mehrere Monate in Anspruch nehmen kann. Mit einer Vorsorgevollmacht können die Erben zügig Grundbücher umschreiben oder über Konten verfügen. Damit diese Verfügungsbefugnis des Bevollmächtigten, der hier auch Erbe ist, nicht zu Lasten des Verstorbenen ausgenutzt wird, sollte die Vorsorgevollmacht von einem Fachmann entworfen werden.

B. Rechtliche Grundlagen

I. Betreuungsverfügung

5 Schlägt der Volljährige eine Person vor, die zum **Betreuer** bestellt werden soll, so ist dem Vorschlag zu entsprechen, wenn es dem Wohl des Volljährigen nicht zuwiderläuft, § 1897 Abs. 4 S. 1 BGB. Mit der Betreuungsverfügung nimmt der Betroffene selbst Einfluss auf die Auswahl des Betreuers und die Führung der **Betreuung**. Er kann damit jedoch nicht eine **Betreuerbestellung** überflüssig machen. Durch die Betreuungsverfügung wird die Auswahl durch das **Familiengericht** nach § 1779 Abs. 2 BGB durch den ausgesprochenen Willen des Betroffenen ersetzt.

Wer ein Schriftstück besitzt, in dem jemand für den Fall seiner Betreuung Vorschläge zur Auswahl des Betreuers oder Wünsche zur Wahrnehmung der Betreuung äußert, hat dieses unverzüglich an das Familiengericht abzuliefern, nachdem er von der Einleitung eines Verfahrens über die Bestellung eines Betreuers Kenntnis erlangt hat, § 1901c S. 1 BGB.

---

2 BGBl I 2009, 2286.
3 Ausführlich hierzu: *Lange*, Das Patientenverfügungsgesetz, ZEV 2009, 537.
4 *Lange*, ZEV 2009, 538 m.w.N.

Entscheidend ist, wie bei allen Verfügungen, dass diese im gegebenen Fall auch gefunden werden. Damit der Betroffene nicht der Unwägbarkeit des Auffindens der Betreuungsverfügung unterliegt, sollte diese beim Familiengericht hinterlegt werden.

Die Betreuungsverfügung kann **direkt zur Niederschrift beim Familiengericht** erklärt werden und bietet in dieser Art den größten Schutz sowie die bestmögliche Sicherheit für den Verfügenden, dass im gegebenen Fall sein Wille tatsächlich umgesetzt wird.

Fall 46 (nach einer Entscheidung des OLG Frankfurt)   6
„Die 84 Jahre alte Betroffene, bei der ein ausgedehnter Hirninfarkt zu einer anhaltenden Bewusstlosigkeit (Koma) mit vollständigem Verlust der Bewegungs- und Kommunikationsfähigkeit geführt hatte, musste künstlich ernährt werden. Ein Sachverständiger führte aus, dass eine Besserung des Zustandes nicht zu erwarten sei. Die Ernährung erfolgte über eine Magensonde. Die Betroffene war zu einer freiwilligen Willensbestimmung nicht mehr in der Lage. Die Tochter der Betroffenen wurde durch das Amtsgericht zur Betreuerin bestellt (Aufgabenkreis: alle Angelegenheiten). Die Betreuerin beantragte die vormundschaftsgerichtliche Genehmigung nach § 1904 BGB zu einem Behandlungsabbruch durch Einstellung der Sondenernährung, da ihre Mutter früher geäußert habe, kein langes Sterben ertragen zu wollen. Ein ärztliches Gutachten sagte aus, dass bei Abstellen der Sondenernährung damit zu rechnen sei, dass die Betroffene im Verlaufe von Wochen bis Monaten sterbe."[5]

Das Amtsgericht lehnte die **Genehmigung der Einwilligung** in den Abbruch   7
der Sondenernährung ab. § 1904 BGB könne nicht analog auf eine gezielte Herbeiführung des Todes angewendet werden. Das Landgericht wies die Beschwerde der **Betreuerin** mit den Gründen des amtsgerichtlichen Beschlusses zurück. Die gegen diesen Beschluss gerichtete weitere Beschwerde führte durch das OLG Frankfurt a.M. zur Aufhebung und Zurückverweisung. Bei einem irreversibel hirngeschädigten Betroffenen sei der Abbruch der Ernährung durch eine PEG-Magensonde in entsprechender Anwendung des § 1904 BGB vormundschaftsgerichtlich zu genehmigen. Hierbei sei insbesondere eine mutmaßliche Einwilligung des Betroffenen zu berücksichtigen.

Bei der Frage, ob die Einwilligung des Betreuers bei **Einwilligungsunfähigkeit**   8
des Betroffenen der **vormundschaftsgerichtlichen Genehmigung**[6] bedarf, hat sich der BGH mit dem Satz, nach ihrem „Sinn und Zweck" müsste diese Vorschrift (§ 1904 BGB) jedenfalls dann – erst recht – entsprechend anzuwenden sein, wenn die ärztliche Maßnahme im Behandlungsabbruch bestehe und der

---

5 OLG Frankfurt a.M. NJW 1998, 2747, 2748.
6 Seit dem 1.9.2009: "betreuungsgerichtliche" Genehmigung.

Sterbevorgang noch nicht unmittelbar eingesetzt habe, für eine analoge Anwendung ausgesprochen.[7]

9   Nach der Entscheidung des OLG Frankfurt a.M. sollen Ärzte die rechtliche Möglichkeit haben, einem todkranken Patienten lebensverlängernde Maßnahmen zu ersparen, wenn dies dem zuvor geäußerten oder mutmaßlichen Willen des Patienten entspreche. Im Mittelpunkt der Beweisaufnahme standen der Wille und das **Selbstbestimmungsrecht** des Patienten. Hierbei waren erhöhte Anforderungen an die Beweise gestellt worden, um zu vermeiden, dass der Arzt oder Angehörige das Leben der Betroffenen nach eigenen Vorstellungen beenden.

10   Nach dieser Entscheidung kommt es insbesondere auf die Feststellung einer **mutmaßlichen Einwilligung** des Betroffenen an, an die strenge Anforderungen zu stellen sind. Bei nichtaufklärbarer mutmaßlicher Einwilligung sei dem Lebensschutz Vorrang einzuräumen.

Bei der Feststellung des mutmaßlichen Willens des Patienten kommt einer vorsorgenden Verfügung, hier einer Betreuungsverfügung, große Bedeutung zu. Idealerweise hat sich der Patient vor nicht zu fern liegender Zeit mit den seine Gesundheit betreffenden Fragen auseinandergesetzt und gibt damit dem behandelnden Arzt Aufklärung über seinen mutmaßlichen Willen, z.B. hinsichtlich eines Behandlungsabbruches oder lebensverlängernder Maßnahmen. Ist für einen Patienten ein Betreuer bestellt, so hat dieser dem Patientenwillen gegenüber Arzt und Pflegepersonal in eigener rechtlicher Verantwortung und nach Maßgabe des § 1901 BGB Ausdruck und Geltung zu verschaffen. Seine Einwilligung in eine ärztlicherseits gebotene lebenserhaltende oder – verlängernde Behandlung kann der Betreuer jedoch nur mit Zustimmung des Familiengerichts wirksam verweigern. Für eine Einwilligung des Betreuers und eine Zustimmung des Familiengerichts ist kein Raum, wenn ärztlicherseits eine solche Behandlung oder Weiterbehandlung nicht angeboten wird – sei es, dass sie von vornherein medizinisch nicht indiziert, nicht mehr sinnvoll oder aus sonstigen Gründen nicht mehr möglich ist. Die Entscheidungszuständigkeit des Familiengerichts ergibt sich nicht aus einer analogen Anwendung des § 1904 BGB, sondern aus einem unabweisbaren Bedürfnis des Betreuungsrechts.[8]

11   Das **Familiengericht** muss einen **Betreuer** bestellen, der psychisch in der Lage ist, auch in einen Abbruch der Behandlung einzuwilligen, wenn der mutmaßliche Wille der Betroffenen dahin festgestellt worden ist. Außerdem hat das Familiengericht angesichts seiner Aufsichtspflicht zu prüfen, ob es ein Gebot an den Betreuer zu erlassen hat, in den **Behandlungsabbruch** einzuwilligen, wenn Anhaltspunkte dafür vorliegen, dass der mutmaßliche Wille des Betroffenen übergangen werden soll. Eine Ersetzung der Einwilligung des Betreuers in den Behandlungsabbruch durch das Familiengericht ist allerdings nicht möglich, da in

---

7 BGH NJW 1995, 204.
8 BGH NJW 2003, 1588.

§ 1908i Abs. 1 BGB die Verweisung auf §§ 1837 Abs. 4, 1666 BGB nicht enthalten ist.[9]

Das zum 1.1.1999 in Kraft getretene **Betreuungsrechtsänderungsgesetz** will eine   12
weitere Stärkung der ehrenamtlichen Betreuung, eine Eingrenzung und leichtere Ermittlung der Berufsbetreuervergütung, die Förderung der Vorsorgevollmacht sowie vereinzelte Verfahrenserleichterungen erreichen. Vgl. näher zu den materiellen Änderungen sowie den verfahrensrechtlichen Änderungen durch das Betreuungsrechtsänderungsgesetz in dem Aufsatz von *Dodegge*.[10]

Das zweite Betreuungsrechtsänderungsgesetz ist am 1.7.2005 in Kraft getreten. Dieses war im Hinblick auf den Anstieg der Betreuungen von ca. 419.000 Fällen im Jahre 1992 auf über 1.100.000 Fälle im Zeitpunkt des Inkrafttretens erforderlich.[11] Für die Anwaltschaft bedeutet dies, dass nun nicht mehr nach dem tatsächlich geleisteten Zeitaufwand bzw. den tatsächlich angefallenen Auslagen, sondern pauschaliert vergütet wird.

Die Rolle des Berufsbetreuers ist damit unter Kostengesichtspunkten fraglich geworden.[12]

Das zweite Betreuungsrechtsänderungsgesetz wird jedoch auch zu einer Erhö-   13
hung der Vorsorgevollmachten beitragen. Die Betreuungsverfügung kann grundsätzlich formfrei errichtet werden. Es empfiehlt sich jedoch, die Wünsche aufzuschreiben und sie einem Vertrauten zu übergeben, der sie dem Betreuungsgericht (früher: Vormundschaftsgericht) im gegebenen Fall vorlegt. Die Betreuungsverfügung sollte von Zeit zu Zeit – etwa nach einem Jahr – darauf überprüft werden, ob sie noch aktuell ist. Wenn sich ergeben sollte, dass der vorgeschlagene Betreuer gar nicht mehr in der Lage ist, die Betreuung zu übernehmen, sollte unverzüglich eine Änderung der Betreuungsverfügung vorgenommen werden. Die Überprüfung sollte in einem Vermerk mit Datum festgehalten werden.[13]

Praxistipp   14
In der täglichen Praxis ist häufig die Aufgabe der eigenen Wohnung erforderlich, wenn die Unterbringung in einem Pflegeheim erfolgt. Der Betreuer kann die Kündigung der Mietwohnung oder die Aufgabe der Wohnung im eigenen Haus nur durchführen, wenn er zuvor die Genehmigung des Betreuungsgerichts nach §§ 1907, 1908i, 1821 Abs. 1 S. 1 BGB eingeholt hat. Dieses langwierige und kostenträchtige Verfahren ist vermeidbar, wenn anstelle der Betreuungsverfügung eine notariell beurkundete Vorsorgevollmacht erteilt würde, die es dem Bevollmächtigten gestattet, ohne die Mitwirkung des Betreuungs-

---

9 *Coeppicus*, NJW 1998, 3381, 3387.
10 *Dodegge*, NJW 1998, 3073 ff.
11 Krug/Rudolf/Kroiß/Bittler/*Bittler*, AnwF Erbrecht, § 2 Rn 3.
12 Wie vor, Rn 4.
13 *Birmanns*, NWB F.19, 3382.

gerichts eine Heimpflege zu vereinbaren, die Mietwohnung aufzulösen, den Mietvertrag zu kündigen oder das nicht mehr bewohnte Einfamilienhaus zu veräußern.[14]

II. Patientenverfügung (Patiententestament)

15 Für den Fall der **Einwilligungs- und Entscheidungsunfähigkeit**, z.b. während der Sterbephase oder eines Komazustandes kann der Betroffene vorher eine sog. „Patientenverfügung" treffen. In dieser wird Einfluss genommen auf die ärztliche Behandlung, indem beispielsweise eine Anweisung an die behandelnden Ärzte enthalten ist, bei unumkehrbaren Sterbeprozessen keine künstlichen, lebensverlängernden Maßnahmen anzuwenden. Auch Wünsche für besondere Behandlungsarten, wie naturheilkundliche Verfahren oder die Ablehnung der Schulmedizin, können hier angegeben werden.

Damit ein Behandlungsabbruch gerechtfertigt ist, müssen in der Patientenverfügung die Voraussetzungen der §§ 1901a, 1901b BGB beachtet werden. Diese Vorschriften enthalten verfahrensrechtliche Absicherungen, die bei der Bestimmung der Grenze einer möglichen Rechtfertigung Wirkung entfalten. Sie tragen dem von Verfassung wegen gebotenen Schutz des menschlichen Lebens Rechnung, indem sie die notwendigen, strengen Beweisanforderungen an die Feststellung eines behandlungsbezogenen Patientenwillens verfahrensrechtlich absichern.[15]

16 Die Patientenverfügung richtet sich an den Arzt und das ärztliche Hilfspersonal. Die entsprechenden Erklärungen des Patienten sind für die angesprochenen Ärzte und ihre Gehilfen verbindlich.[16] Der zulässige Inhalt einer Patientenverfügung richtet sich nach § 1901a Abs. 1 BGB. Hiernach ist die Patientenverfügung schriftlich abzufassen. Der Verfügende muss volljährig sein und einwilligungsfähig. Sie kann jederzeit formlos widerrufen werden.

17 Der zukünftige Patient kann z.B. in der Patientenverfügung verbieten,
– dass in der Sterbephase Wiederbelebungsversuche unternommen werden
– dass er künstlich ernährt wird, wenn er in einen Zustand nicht behebbarer Bewusstlosigkeit geraten sollte
– dass lebenserhaltende Maßnahmen eingestellt werden, wenn schwerste, nicht mehr zu lindernde, unerträgliche Schmerzzustände auftreten sollten, und
– dass die Behandlung mit Opiaten aus Rücksicht auf Nebenfolgen beschränkt wird.[17]

---

14 *Birmanns*, NWB F.19, 3382.
15 BGH NJW 2011, 161; NStZ 2011, 274.
16 *Birmanns*, NWB F.19, 3377.
17 *Birmanns*, NWB F.19, 3377, 3378.

Ist ein Patient einwilligungsunfähig und hat sein Grundleiden einen irreversiblen   18
tödlichen Verlauf angenommen, so müssen lebenserhaltende oder – verlängernde
Maßnahmen unterbleiben, wenn dies seinem zuvor – etwa in Form einer sog.
Patientenverfügung – geäußerten Willen entspricht. Dies folgt aus der Würde des
Menschen, dies es gebietet, sein in einwilligungsfähigem Zustand ausgeübtes
Selbstbestimmungsrecht auch dann noch zu respektieren, wenn er zu eigenver-
antwortlichem Entscheiden nicht mehr in der Lage ist. Nur wenn ein solcher
erklärter Wille des Patienten nicht festgestellt werden kann, beurteilt sich die
Zulässigkeit solcher Maßnahmen nach dem mutmaßlichen Willen des Patienten,
der dann individuell – also aus dessen Lebensentscheidungen, Wertvorstellungen
und Überzeugungen- zu ermitteln ist.[18]

Der mutmaßliche Wille ist aufgrund konkreter Anhaltspunkte zu ermitteln,
§ 1901a Abs. 2 S. 2 BGB. Hierbei sind zu berücksichtigen insbesondere frühere
mündliche oder schriftliche Äußerungen, ethische oder religiöse Überzeugungen
und sonstige persönliche Wertvorstellungen des Betreuten, § 1901a Abs. 2 S. 3
BGB. Dies gilt entsprechend für Bevollmächtigte, § 1901a Abs. 5 BGB.

Die Patientenverfügung kann für den Arzt bei der **Feststellung des mutmaßli-**   19
chen Willens des Patienten eine Hilfe sein. Die entscheidende Frage bei der
Behandlung ist: Wie hätte sich der Patient in dieser Situation geäußert, wenn er
es noch könnte? Die Patientenverfügung bietet hier einen Anhaltspunkt für den
mutmaßlichen Willen des Patienten.

Wenn der Arzt eine begründete Annahme hat, dass die ihm vorgelegte Patientenverfügung den mutmaßlichen Willen des Patienten widerspiegelt, muss er sich an
die darin enthaltenen Anweisungen halten. Auch nahe Angehörige, wie z.B.
Ehepartner und Kinder haben rechtlich keine Bestimmungsmacht aufgrund ihrer
Angehörigeneigenschaft. Der Arzt kann auch nahe Angehörige des Patienten
lediglich zur Feststellung seines mutmaßlichen Willens befragen. Bei der Ermittlung des mutmaßlichen Willens eines einwilligungsunfähig gewordenen Menschen kommt den Aussagen der Angehörigen über vom Patienten in besseren
Tagen geäußerte Wünsche, Wertvorstellungen und Grundeinstellungen unterstüt-
zende Bedeutung zu.

Zur Durchsetzung der Patientenverfügung empfiehlt sich: 20
- jährliche Erneuerung und Bekräftigung des Inhalts
- Aufbewahrungsort in der Brieftasche, bei dem Hausarzt und dem Zentralar-
  chiv des DRK Mainz
- Kombination mit einer Vollmacht.

---

18 BGH NJW 2003, 1588.

III. Vollmacht

1. Grundlagen

21 Die Betreuung ist nicht erforderlich, soweit die Angelegenheiten des Volljährigen durch einen **Bevollmächtigten**, der nicht zu den in § 1897 Abs. 3 BGB bezeichneten Personen gehört, oder durch andere Hilfen, bei denen kein gesetzlicher Vertreter bestellt wird, ebenso gut wie durch einen Betreuer besorgt werden können, § 1896 Abs. 2 S. 2 BGB.

22 Hierbei wird Vorsorge getroffen für den Fall von alters- oder krankheitsbedingter **Handlungs- und Entscheidungsunfähigkeit.** Im Gegensatz zur Patientenverfügung, die rein auf den medizinischen Bereich abstellt, können auch finanzielle Dinge in die **Vollmacht** mit aufgenommen werden. Im Grundverhältnis zwischen **Vollmachtgeber** und **Vollmachtnehmer** werden die Bedingungen und Einzelheiten der Vollmachtausübung geregelt, z.b. Anweisungen zu Fragen der ärztlichen Behandlung, zur Pflege, zu Geschenken, aber auch Regelungen über eine Vergütung und Auslagenersatz sowie Beendigung des Vertrages über die Vollmacht.

23 Durch die Vollmacht kann einer selbst ausgewählten Vertrauensperson für bestimmte Bereiche oder generell Vertretungsvollmacht erteilt werden. Voraussetzung für die Wirksamkeit der Vollmacht ist die **Geschäftsfähigkeit** von Vollmachtgeber und Vollmachtnehmer. Dies setzt also voraus, dass die Vollmacht rechtzeitig in „guten Tagen" erteilt wird, was oft schwer fällt, weil man sich gerade dann ungern mit schlechten Zeiten befasst. Bei der Vollmachterteilung sollten **Zeugen** zugegen sein, die bestätigen können, dass die Vollmacht in vollem Bewusstsein und bei geistiger Gesundheit erteilt wurde.

24 Wenn der Bevollmächtigte erst im Fall von Geschäfts- oder Handlungsunfähigkeit des Vollmachtgebers handeln darf, spricht man von einer **Altersvorsorgevollmacht.**

Es gibt verschiedene Möglichkeiten für den Vollmachtgeber, dafür zu sorgen, dass der Vollmachtnehmer nicht sofort, sondern erst im Fall seiner Geschäftsunfähigkeit von der Vollmacht Gebrauch macht.

Eine Vorsorgemöglichkeit ist die Bestätigung durch zwei Ärzte, dass der Gesundheitszustand des Vollmachtgebers den Gebrauch der Vollmacht erforderlich macht.

Eine weitere Schutzfunktion für den Vollmachtgeber ist, dass nur mehrere Bevollmächtigte einvernehmlich von der Vollmacht Gebrauch machen dürfen.

Die Auswahl des Vollmachtnehmers ist sorgfältig zu treffen, da die Betreuung nur dann nicht erforderlich ist, wenn die Angelegenheiten des Volljährigen durch einen Bevollmächtigten ebenso gut wie durch einen Betreuer besorgt werden können, § 1896 Abs. 2 S. 2 BGB. Erhebliche Bedenken an der Redlichkeit des

Bevollmächtigten lassen diesen als ungeeignet erscheinen, die Angelegenheiten des Vollmachtgebers zu besorgen.

Eine Vorsorgevollmacht steht der Anordnung der Betreuung auch dann nicht entgegen, wenn der Bevollmächtigte als zur Wahrnehmung der Interessen des Betroffenen nicht tauglich erscheint, namentlich erhebliche Zweifel an seiner Redlichkeit im Raum stehen. In diesem Fall genügt die Einsetzung eines Kontrollbetreuers gemäß § 1896 Abs. 3 BGB regelmäßig nicht.[19]

Die Vollmacht kann sich auf sämtliche **Vermögensangelegenheiten** beziehen.   25

Zu beachten sind jedoch nachstehende Punkte, die bei der Einräumung einer Vollmacht Schwierigkeiten bereiten können:
- die Unterbringung des Betreuten gem. § 1906 BGB durch einen Bevollmächtigten und die Einwilligung eines Bevollmächtigten in Maßnahmen nach Abs. 4 der Vorschrift setzt voraus, dass die Vollmacht schriftlich erteilt ist und die in den Absätzen 1 und 4 genannten Maßnahmen ausdrücklich umfasst
- die Einwilligung des Betreuers in eine gefährliche ärztliche Maßnahme, § 1904 Abs. 1 BGB, bedarf der Genehmigung des Betreuungsgerichts, § 1904 Abs. 1 und 2 BGB
- bei offensichtlichem Missbrauch der Vollmacht kann vom Betreuungsgericht ein Betreuer zur Kontrolle des Bevollmächtigten bestellt werden; der Missbrauch muss jedoch zunächst entdeckt und dem Gericht gemeldet werden, wobei der Entdecker auch um diese Möglichkeit wissen muss, § 1896 Abs. 3 BGB[20]
- die Formvorschriften der § 29 GBO, § 311b BGB bei Grundstücksgeschäften sind zu beachten
- gem. § 673 BGB analog haben die Erben des Vollmachtnehmers bei dessen Tod die Vollmacht bis zur Kündigung oder Bestellung eines neuen Vollmachtnehmers fortzuführen. Der Vollmachtgeber sollte auch einen Ersatzbevollmächtigten bestellen. Dies gilt insbesondere für gleichaltrige Ehepartner. Eine Bestellung eines Ersatzbevollmächtigten aus der nächsten Generation, wie z.B. ein Kind oder der Juniorpartner des beratenden Rechtsanwalts ist eine Empfehlung.[21]

Die Vollmacht kann **über den Tod** des Vollmachtgebers **hinaus erteilt werden.**   26
Die Befreiung von dem Verbot des Selbstkontrahierens, § 181 BGB sollte enthalten sein, da der Bevollmächtigte dann sinnvolle Geschäfte mit sich selbst abschließen kann. Beispielsweise ist hier zu nennen ein Geschenk aus dem Vermögen des langfristig erkrankten Vaters an das Kind, um die Freibeträge des Schenkungsteuerrechts sinnvoll auszuschöpfen.

---

19 BGH ZEV 2011, 433; NJW 2011, 2135.
20 *Walter*, ZEV 2000, 353.
21 *Birmanns*, NWB F.19, 3373, 3374.

27 Die Vorsorgevollmacht ist grundsätzlich **formfrei**, sollte jedoch mindestens schriftlich abgefasst sein. In den Fällen des § 311b BGB ist die notarielle Beurkundung der Vollmacht erforderlich.[22] In Ausnahmefällen ist ein Betreuer zu bestellen, obwohl eine Vorsorgevollmacht vorliegt. Gem. § 1896 Abs. 2 S. 2 BGB ist darauf abzustellen, ob der Vollmachtnehmer die Angelegenheiten des Volljährigen ebenso gut wie ein Betreuer besorgen kann. Dies ist nicht der Fall, wenn die Wahrnehmung der Interessen des Betroffenen durch den Bevollmächtigten eine konkrete Gefahr für das Wohl des Betroffenen begründet.[23] Dies ist der Fall, wenn der Bevollmächtigte ungeeignet ist, die Interessen des Betroffenen sachgerecht wahrzunehmen und er aus in seiner Person liegenden Gründen zzt. nicht in der Lage ist, professionelle Hilfsangebote bei der Betreuung wahrzunehmen. Die Nachrangigkeit der Betreuung darf sich nicht gegen den Betroffenen selbst wenden.[24] Weiterhin ist darauf hinzuweisen, dass bei Verantwortungsträgern, jedoch nicht nur auf der Management- sondern vor allem auch auf der Vermögensebene des Betriebs an Vorsorgende Verfügungen gedacht werden sollte. Die jeweilige Vorsorgevollmacht sollte auf den Unternehmensbereich zugeschnitten werden. Aufgerufen, die Erteilung einer Vorsorgevollmacht zu bedenken, sind vor allem Führungskräfte, von deren Entscheidungen und persönlichem Schicksal Existenz und Fortkommen einer bestimmten Unternehmenseinheit abhängen.[25] Hierbei hat im Rahmen einer Prokura oder Organvertretung die Vertrauensperson bereits wegen des gesetzlichen Umfangs ihrer Vertretungsmacht die Möglichkeit, dritten Personen Untervollmacht zu erteilen.[26]

Unter der Dienstaufsicht des Bundesjustizministeriums führt die Bundesnotarkammer ein sog. zentrales Vorsorgeregister.[27] Es enthält Angaben über Vorsorgevollmachten in Bezug auf den Vollmachtgeber, den Bevollmächtigten, die Vollmacht und deren Inhalt. Jedermann – also neben den Notaren auch Privatpersonen und Rechtsanwälte – kann die Vorsorgevollmachten bei der Bundesnotarkammer registrieren lassen.[28] Das Betreuungsgericht kann sich online[29] in jedem Betreuungsfall schnell Gewissheit verschaffen, ob der Betreuungsbedürftige eine Vorsorgevollmacht erteilt hat.

---

22 *Langenfeld*, ZEV 2003, 449, 450.
23 BayObLG FamRZ 2003, 704.
24 OLG Brandenburg NJW 2005, 1587, 1588.
25 *Reymann*, ZEV 2005, 457, 458.
26 *Reymann*, ZEV 2005, 514, 515.
27 Verordnung über das zentrale Vorsorgeregister, Verordnung vom 21.2.2005, BGBl 2005 I, S. 319.
28 *Birmanns*, NWB F.19, 3376.
29 Siehe www.vorsorgeregister.de.

Der Antrag auf Eintragung in das zentrale Vorsorgeregister erfolgt auf			28
– schriftlichen Antrag des Vollmachtgebers formlos oder auf dem von der Bundesnotarkammer ausgegebenen Formular persönlich oder durch den Beauftragten (Zentrales Vorsorgeregister – Postfach 080151, 10001 Berlin) oder
– dem Weg der Datenfernübertragung (www.zvt-online.de; allgemeine Informationen sind abrufbar unter: www.vorsorgeregister.de).

Die jeweiligen Eintragungsgebühren betragen mindestens 18,50 EUR und können je nach Sachlage geringe Einzelaufschläge erhalten.

Nachstehend wird ein Muster in Anlehnung an *Uhlenbruck* für eine Altersvor			29
sorgevollmacht mit Patientenverfügung vorgestellt.[30]

2. Muster: Altersvorsorgevollmacht mit Patientenverfügung

Altersvorsorgevollmacht									30

für ▮▮▮▮ (*Name, Geburtsdatum, Anschrift*)

Sollte ich aufgrund einer psychischen Krankheit oder einer körperlichen, geistigen oder seelischen Behinderung meine Angelegenheiten ganz oder teilweise nicht mehr selbst besorgen
können (fehlende Geschäftsfähigkeit) oder in meiner natürlichen Einsichtsfähigkeit derart
beeinträchtigt sein, dass ich nicht mehr im Stande bin, mein Selbstbestimmungsrecht in
Gesundheitsangelegenheiten wirksam auszuüben (mangelnde Einwilligungsfähigkeit), so bevollmächtige ich gem. §§ 1896 Abs. 2 S. 2, 185, 164 ff. BGB mit sofortiger Wirkung folgende
Person(en), mich in allen Vermögens- und persönlichen Angelegenheiten zu vertreten und
Entscheidungen für mich und an meiner Stelle ohne Einschaltung des Betreuungsgerichts zu
treffen und diese auszuführen bzw. zu vollziehen:

1. Frau/Herr ▮▮▮▮, geb. am ▮▮▮▮

wohnhaft ▮▮▮▮, Telefon ▮▮▮▮

2. Frau/Herr ▮▮▮▮, geb. am ▮▮▮▮

wohnhaft ▮▮▮▮, Telefon ▮▮▮▮

3. Frau/Herr ▮▮▮▮, geb. am ▮▮▮▮

wohnhaft ▮▮▮▮, Telefon ▮▮▮▮

Sollte eine der vorbezeichneten Personen an der Ausübung der Vollmacht verhindert sein oder
sich weigern, eine derartige Verantwortung zu übernehmen, so bestimme ich an deren Stelle
zum Ersatzbevollmächtigten:

Frau/Herr ▮▮▮▮, geb. am ▮▮▮▮

wohnhaft ▮▮▮▮, Telefon ▮▮▮▮

---

30 *Uhlenbruck*, NJW 1996, 1583 ff.

Diese Vollmacht, die dem bzw. den Bevollmächtigten weitgehende und umfassende Befugnisse einräumt, umfasst insbesondere folgende Maßnahmen:

– im Einvernehmen von jeweils mindestens zwei der Vollmachtnehmer –

I. Die Vollmacht gewährt im vermögensrechtlichen Bereich:

1. die Befugnis, von den auf meinen Namen lautenden Konten bei Banken und Sparkassen Geldbeträge abzuheben, um einen Krankenhausaufenthalt oder Aufenthalt in einem Pflegeheim einschließlich der Arztkosten zu bezahlen;

2. die Befugnis, für den Fall einer dauernden Unterbringung meine Wohnung aufzulösen, das Mietverhältnis zu kündigen und die Wohnungseinrichtung zu veräußern. Soweit testamentarisch bestimmte Gegenstände meinen Erben vermacht worden sind, sind diese Gegenstände zurückzubehalten und nach meinem Tode den Erben auszuhändigen;

3. die Ermächtigung, das in meinem Eigentum stehende Haus ░░░░░░ Straße ░░░░░░ Nr. ░░░░░░ an einen Dritten zum marktüblichen Preis zu veräußern;

4. jeder der von mir Bevollmächtigten ist berechtigt, Verträge oder sonstige Vereinbarungen mit Kliniken, Alten- oder Pflegeheimen abzuschließen;

5. die Befugnis, über den Betrag auf dem auf meinen Namen lautenden Sparkonto-Nr. ░░░░░ bei der ░░░░░░ frei zu verfügen. Diese Befugnis gilt als Vergütung für die Tätigkeit der/des Vollmachtnehmers/in.

6. ░░░░░░

II. Zum Wirkungsbereich der Vollmacht gehört im Bereich der gesundheitlichen Fürsorge und des Selbstbestimmungsrechts:

1. die Entscheidung über die Verabreichung von Medikamenten, wie z.B. Zytostatika, die erhebliche unerwünschte Nebenwirkungen und Folgen haben oder haben können;

2. die Zustimmung oder Ablehnung von ärztlichen Behandlungen oder Eingriffen, gleichgültig ob es sich um lebensgefährliche Maßnahmen handelt oder nicht;

3. die Entscheidung über einen Behandlungsabbruch oder die Einstellung lebenserhaltender oder lebensverlängernder Maßnahmen, wenn ich wegen irreversibler Bewusstlosigkeit, wahrscheinlich schwerer Dauerschädigung des Gehirns (Decerebration) oder wegen dauernden Ausfalls lebenswichtiger Funktionen meines Körpers oder wegen schwerster – nicht behebbarer – Schmerzzustände außerstande bin, ein menschenwürdiges, d.h. ein für mich erträgliches und weitgehend beschwerdefreies bewusstes und umweltbezogenes Leben mit eigener Persönlichkeitsgestaltung zu führen, oder wenn das Grundleiden mit infauster Prognose einen irreversiblen Verlauf genommen hat bzw. die traumatische Schädigung irreversibel ist;

4. die Aufenthaltsbestimmung, vor allem die Entscheidung über die Unterbringung in einem Pflegeheim, in einer geschlossenen Anstalt oder die Aufnahme in ein Krankenhaus;

5. die Entscheidung über freiheitsentziehende oder unterbringungsähnliche Maßnahmen, wie z.B. das Anbringen von Bettgittern, das Fixieren mit einem Gurt oder anderen mechanischen Vorrichtungen sowie die Verabreichung betäubender Medikamente;

6. die Entscheidung darüber, ob nach meinem Tode zu Transplantationszwecken Organe entnommen werden dürfen;

7. die Kontrolle darüber, ob die Klinik, die Ärzte und das Pflegepersonal mir trotz meiner Bewusstlosigkeit oder Entscheidungsunfähigkeit eine angemessene Betreuung zukommen lassen, die auch eine menschenwürdige Unterbringung umfasst. Das Krankenhaus, die Ärzte sowie das Pflegepersonal sind verpflichtet, bei Abbruch der Behandlung die ärztlichen und pflegerischen Maßnahmen auf die Leidhilfe zu beschränken. Vor allem sind sie verpflichtet, Schmerz, Atemnot, unstillbaren Brechreiz, Erstickungsangst oder vergleichbaren schweren Angstzuständen entgegenzuwirken, selbst wenn mit den palliativen Maßnahmen das Risiko einer Lebensverkürzung nicht ausgeschlossen werden kann.

III.

Diese Vollmacht berechtigt und verpflichtet die behandelnden Ärzte, den bzw. die Bevollmächtigte(n) über meine Erkrankung, meinen Zustand und die Prognose aufzuklären, um die Entscheidung über eine Behandlung, einen Eingriff oder einen Behandlungsabbruch zu ermöglichen. Ich entbinde insoweit die zuständigen Ärzte von ihrer ärztlichen Schweigepflicht.

IV.

Die Feststellung, dass ich wegen Krankheit oder aufgrund meiner körperlichen oder geistigen Verfassung außerstande bin, meine Angelegenheiten ganz oder teilweise zu besorgen, muss in jedem Fall von einem Arzt getroffen werden. Gleiches gilt für die Feststellung, ob eine Schädigung irreversibel ist oder ob eine Erkrankung zum Tode führen wird.

V.

Ich behalte mir ausdrücklich vor, diese Vollmacht jederzeit zu widerrufen.

VI.

Ich bin mir der Tragweite dieser Vollmacht bewusst und habe mich über die rechtlichen Folgen informiert. Diese Vollmacht habe ich freiwillig und unbeeinflusst im Vollbesitz meiner geistigen Kräfte verfasst.

Ort, Datum:

(Unterschrift der Verfasserin/des Verfassers)

VII.

Folgende Zeugen haben sich davon überzeugt, dass ich diese Altersvorsorgevollmacht im Vollbesitz meiner geistigen Kräfte verfasst habe:

Frau/Herr   , geb. am

wohnhaft   , Telefon

Frau/Herr   , geb. am

wohnhaft   , Telefon

IV. Checkliste: Vorsorgende Verfügungen

31 – Welche Art der vorsorgenden Verfügung soll errichtet werden?
– Ist eine Formvorschrift zu beachten, § 311b S. 1 BGB?
– Ist die Patientenverfügung oder Vorsorgevollmacht aktuell?
– Wo soll die vorsorgende Verfügung aufbewahrt werden?
– Sicherungsmöglichkeiten für den Vollmachtgeber?
– Ist der Vollmachtnehmer menschlich und fachlich geeignet, die Vollmacht i.S.d. Vollmachtgebers auszuüben?
– Tod des Vollmachtnehmers: Fortführung dringender Rechtsgeschäfte, vgl. § 673 BGB.

C. Zusammenfassung

32 Die drei vorstehend erläuterten Verfügungen bieten einem Menschen die Möglichkeit, in gesunden Tagen festzulegen, wer statt seiner für ihn Geschäfte wahrnimmt und sich für ihn im Krankheitsfalle äußert. Dies bietet die große Chance, im gegebenen Fall nicht eine Fremdbestimmung durch eine völlig fremde Person erleben zu müssen. Diese Verfügungen, insbesondere die Altersvorsorgevollmacht, sollten jedoch mit Sicherungsmöglichkeiten ausgestattet sein, damit der Vollmachtgeber nicht zum Spielball des Vollmachtnehmers werden kann.

33 Bei der Vorsorgevollmacht, die auch zum Verkauf einer Immobilie bevollmächtigen soll oder die andere, eine Immobilie betreffende Verfügungen gestattet, ist die Formvorschrift des § 311b S. 1 BGB, **notarielle Beurkundung**, zu beachten.

Gemäß §§ 167, 168 BGB kann die Vollmacht grundsätzlich formfrei erteilt werden. Dennoch ist im Interesse der Rechtssicherheit und insbesondere auch im Hinblick auf eine Akzeptanz im Rechtsverkehr eine schriftliche Vollmachtserteilung stets zu empfehlen.

34 Der BGH[31] und auch die h.M. gehen davon aus, dass der Arzt an den in der Patientenverfügung geäußerten Willen gebunden ist, wenn die anstehende Behandlungssituation derjenigen entspricht, die der Patient in der Verfügung beschrieben hat und keine konkreten Anhaltspunkte für eine nachträgliche Willensänderung erkennbar sind. Mit der Anerkennung der grundsätzlichen Verbindlichkeit von Patientenverfügungen wird die Patientenautonomie gewährleistet, denn auch antizipierte Willensbekundungen sind vollwertige Akte der Selbstverantwortung und Selbstbestimmung und stehen unter dem Schutz der Art. 1 Abs. 1, 2 GG.[32] Patientenverfügungen als antizipierte Willensbekundungen garantieren damit,

---

31 BGHZ 154, 205,217 = NJW 2003, 1588; MüKo-BGB/*Schwab*, § 1904 Rn 38 m.w.N.
32 MüKo-BGB/*Schwab*, § 1904 Rn 38 m.w.N.

dass der Verlust der Entscheidungsfähigkeit nicht zu einem Verlust des Selbstbestimmungsrechts führt.[33]

In einem neueren Beschluss stärkt der BGH die Vorsorgevollmacht und erklärt, dass allein durch den Umstand, dass sich die Kinder, die durch umfassende Vorsorgevollmacht zur Einzelvertretung befugt sind, nicht über die weitere Pflege und Versorgung des Betroffenen einigen können, die Notwendigkeit einer Kontrollbetreuung nicht begründet wird.[34]

---

33 Zur Patientenautonomie bei der Sterbebegleitung vergleiche *Otto*, NJW 2006, 2217, 2219.
34 BGH NJW 2011, 2137; ZEV 2011, 431.

§ 17 Internationales Erbrecht

A. Einführung

Erbfälle mit Auslandsbezug gewinnen auch in Deutschland zunehmend an Be- 1
deutung. Zum einen leben in Deutschland ca. 7,3 Millionen potentielle Erblasser
mit ausländischer Staatsangehörigkeit. Zum anderen besitzen immer mehr deutsche Staatsangehörige zu vererbendes Vermögen, vor allem Immobilienvermögen
im Ausland.[1] Bei der Abwicklung von Nachlässen im Ausland oder nach einem
ausländischen Erblasser ergeben sich häufig Probleme. Bereits die Ermittlung des
anwendbaren Rechts, aber auch die Frage, welches Gericht für die Erteilung
eines Erbscheins zuständig ist, und das Problem der Anerkennung ausländischer
Entscheidungen bereiten Schwierigkeiten.[2]

Bei einem Erbrechtsfall ist die Frage des anzuwendenden Erbrechts die so genannte Hauptfrage, die sich eventuell weiter ergebenden Fragen, z.B. ob eine Ehe
wirksam bestand und welches Güterrecht dafür galt, sind dann grundsätzlich
auch nach den Regelungen des deutschen IPR zu lösen und nicht nach dem
Recht, das für die Hauptfrage anzuwenden ist.[3]

B. Rechtliche Grundlagen

I. Maßgebliche Rechtsordnung

Bei dem Übergang von inländischem und/oder ausländischem Vermögen im 2
Wege der Erbfolge, durch Schenkung oder per Kauf auf eine andere Person, ist
zunächst zu klären, nach welchem nationalen Recht sich der Eigentumsübergang
regelt. Zuvorderst kommen hier Staatsverträge[4] in Betracht, wie sie z.B. zwischen
der Bundesrepublik Deutschland und der türkischen Republik auf dem Gebiet
des Erbrechts geschlossen wurden.[5] Weiterhin sind als Sonderregeln zu nennen
das deutsch-iranische Niederlassungsabkommen vom 17.2.1929[6] und der
deutsch-sowjetische Konsularvertrag vom 25.4.1958.[7]

---

1 Ca. 3,6 Millionen Haushalte in Deutschland zeigen Interesse an einer Wohnimmobilie im
   Ausland, Süddeutsche Zeitung Nr. 243/1998, S. 25.
2 *Kroiß*, ErbR 2006, 2.
3 *Eule*, IPR in der täglichen Erbrechtspraxis, ErbR 2011, 295.
4 Palandt/*Heldrich*, Art. 6 EGBGB Rn 6.
5 Deutsch-türkischer Konsularvertrag vom 28.5.1929.
6 NK-BGB/*Kroiß*, Art. 25 EGBGB Rn 2 (Band 1, 2. A. 2012).
7 NK-BGB/*Kroiß*, Art. 25 EGBGB Rn 11 (Band 1, 2. A. 2012).

3   Regelmäßig liegt keine staatsvertragliche Regelung vor, so dass für die Frage, welches Erbrecht zur Anwendung gelangt, Art. 25 EGBGB zur Anwendung kommt. Danach unterliegt die Rechtsnachfolge von Todes wegen dem Recht des Staates, dem der Erblasser im Zeitpunkt seines Todes angehörte. Das anwendbare materielle Recht richtet sich also nach der Staatsangehörigkeit des Erblassers. Insoweit erfolgt bei Ausländern eine Verweisung auf fremdes Recht. Bei der Verweisung handelt es sich um eine Gesamtverweisung. Gem. Art. 4 Abs. 1 S. 1 EGBGB ist zu prüfen, ob die Verweisung angenommen wird. Es muss also geprüft werden, ob das Recht des Staates, auf das verwiesen wird, die Verweisung annimmt, oder ob aufgrund einer anderweitigen Anknüpfung eine Rück- oder Weiterverweisung stattfindet.[8]

4   Im Falle einer **doppelten Staatsangehörigkeit** wird gem. Art. 5 Abs. 1 S. 1 EGBGB auf die effektive Staatsangehörigkeit abgestellt. Dabei ist zu beachten, dass deutsches Recht immer dann zur Anwendung gelangt, wenn die Person auch Deutscher ist, Art. 5 Abs. 1 S. 2 EGBGB.

5   Der Grundsatz der Gesamtverweisung wird teilweise durchbrochen, wenn sich unbewegliches Vermögen des Erblassers im Ausland befindet. Hier wird die Verweisung nach dem Staatsangehörigkeitsprinzip durch eine vorrangige Einzel-verweisung auf das Recht des Belegenheitsstaats überlagert. Rechtsfolge dieser Durchbrechung ist, dass im Ergebnis auf die einzelnen Nachlassgegenstände unterschiedliche (materielle) Erbrechte Anwendung finden. Es kommt dann zur sog. Nachlassspaltung.[9]

6   **Beispiel Frankreich**
Hat der deutsche Erblasser jeweils ein Grundstück in Deutschland und Frank-reich, findet nach den Grundsätzen der Gesamtverweisung zunächst das deut-sche Recht (Staatsangehörigkeitsprinzip) auf den Gesamtnachlass Anwen-dung. Da das französische Grundstück außerhalb Deutschlands liegt und nach dem französischen Code Civil unbewegliches französisches Vermögen besonderen Vorschriften, i.S.d. EGBGB unterliegt, ist für das französische Grundstück ausschließlich französisches Recht anzuwenden. Hinsichtlich der Erbfähigkeit, Erbfolge, Annahme, Ausschlagung, Anfechtung, Auskunftsan-sprüche, Auslegung letztwilliger Verfügungen, Zulässigkeit bestimmter Verfü-gungen, Behandlung noch nicht vollzogener Schenkung von Todes wegen, Haftung für Nachlassschulden als auch der Quoten und des Pflichtteilsrechts gilt – bezogen auf das zum Nachlass zählende unbewegliche französische Vermögen – allein französisches Recht.[10] Auch im französischen internationa-len Privatrecht gilt der Grundsatz, dass die güterrechtliche der erbrechtlichen

---

8 *Kroiß*, ErbR 2006, 2, 3.
9 *Goetz/Jorde*, NWB F. 10, 1533, 1534.
10 *Goetz/Jorde*, NWB F. 10, 1534.

Abwicklung im Todesfall vorgeht. Das Güterstatut bestimmt den Umfang des Nachlasses.[11]

II. Letztwillige Verfügungen

Durch eine letztwillige Verfügung kann Einfluss auf das anwendbare Recht ausgeübt werden. Der Erblasser kann für im Inland belegenes unbewegliches Vermögen deutsches Recht wählen, Art. 25 Abs. 2 EGBGB.   7

Die Frage, welche Formvorschriften für die Errichtung einer letztwilligen Verfügung maßgeblich sind, wird in Art. 26 EGBGB geregelt. Die Gültigkeit wird hier alternativ nach einer Reihe von Rechtsordnungen beurteilt, Art. 26, Abs. 1 Nr. 1–5 EGBGB. Durch diese Anknüpfungshäufung wird die Formgültigkeit der letztwilligen Verfügung begünstigt.[12]

Hierbei ist umstritten, ob Art. 26 EGBGB nicht vom Haager Übereinkommen über das auf die Form letztwilliger Verfügungen anzuwendende Recht vom 5.10.1961[13] (HTÜ) verdrängt wird. Die Rechtsprechung geht im Hinblick auf Art. 3 Abs. 2 EGBGB vom Vorrang des Staatsvertrages aus, so dass nur Art. 26 Abs. 4, 5 EGBGB unmittelbare Anwendung finden.[14]

Nicht unter das Haager-Testamentsformübereinkommen bzw. Art. 26 EGBGB fallen die Vorschriften über die Testierfähigkeit. Soweit es sich dabei um eine Frage der Geschäftsfähigkeit handelt, muss Art. 7 Abs. 1 EGBGB geprüft werden.[15] Soweit auf eine besondere, nur das Testieren betreffende, Fähigkeit abgestellt wird, gilt das Erbstatut.[16]

Die jeweilige letztwillige Verfügung muss, um Rechtswirksamkeit zu entfalten, durch den Staat des Belegenheitsortes eines Grundstücks für wirksam erachtet werden. Nach der Rechtsprechung des BGH, dürfte es dem in einem aus deutscher Sicht wirksamen Testament als Erben Bedachten schwer fallen, Verfügungsmacht über das ihm vererbte ausländische Grundstück zu erlangen, wenn das Statut des Belegenheitsortes das Testament für unwirksam hält und seine Erbenstellung daher verneint.[17]   8

---

11 Näher hierzu: *Döbereiner* in: *Süß*, Erbrecht in Europa, S. 619 Rn 18; vgl. DBA 2007 mit Frankreich, IStR 2007, 281.

12 *Kroiß*, ErbR 2006, 3.

13 Abgedruckt in NK-BGB/*Kroiß*, Art. 26 EGBGB vor und in Rn 1 und *Palandt* im Anhang zu Art. 26 EGBGB

14 BGH WM 1984, 2124.

15 Krug/Rudolf/Kroiß/Bittler/*Kroiß*, AnwF Erbrecht, § 24 Rn 89.

16 Wie vor.

17 Für den Fall eines zum Nachlass gehörenden Grundstücks in Florida siehe BGH ZEV 2004, 374.

Die **Probleme der Nachlassspaltung** resultieren regelmäßig daraus, dass sie vom Erblasser überhaupt nicht erkannt werden. Werden Sie erkannt, besteht der einfachste und sicherste Weg darin, die Formerfordernisse aller in Frage kommenden Rechtsordnungen bei der Errichtung des Testaments zu beachten.[18]

9   Bei Staaten, die nicht dem Haager Übereinkommen über das auf die Form letztwilliger Verfügungen anwendbare Recht beigetreten sind können sich weitere Anforderungen ergeben. Hierbei ist den Anforderungen aller beteiligten Rechtsordnungen Rechnung zu tragen, in dem z.B. das Testament nicht nur vor einem Notar errichtet sondern zugleich von zwei oder drei Zeugen unterschrieben wird.[19] Vorsicht ist bei gemeinschaftlichen Testamenten und Erbverträgen geboten, da ihnen viele romanische Rechtsordnungen ablehnend gegenüberstehen. Gleiches gilt für die Anordnung von Vor- und Nacherbschaft sowie der Testamentsvollstreckung, da auch diese Rechtsinstitute nicht überall bzw. nur eingeschränkt anerkannt werden.[20] Beispielsweise sehen im Gegensatz zum deutschen Recht Spanien, Frankreich und die Schweiz nur die kurze Abwicklungsvollstreckung zur Auseinandersetzung eines Nachlasses vor. Die längere Verwaltung des Nachlasses durch einen Testamentsvollstrecker ist dort unbekannt.[21] Eine Handlungsempfehlung geht dahin, dass dem Testamentsvollstrecker sowohl gesellschaftsrechtlich als auch testamentarisch weitreichende Vollmachten eingeräumt werden. Bei größeren Vermögen, die teilweise auch im Ausland liegen, ist anzuraten, diese in eine Gesellschaft einzubringen, die einheitlich dem deutschen Recht unterliegt. Dies erleichtert die spätere Verwaltung.[22]

III. Erbscheinsverfahren

10 Kommt materielles deutsches Erbrecht, entweder über Art. 25 EGBGB bei deutscher Staatsangehörigkeit des Erblassers oder Kraft Rückverweisung zur Anwendung, wird ein sog. Eigenrechtserbschein erteilt.[23] Hinsichtlich des Inhalts gelten die üblichen Voraussetzungen des § 2353 BGB. Lediglich die Rückverweisung wird ausdrücklich in den Erbschein mit aufgenommen.[24] Bei einer Nachlassspaltung im ausländischen IPR oder bei einer Fallkonstellation des Art. 4 Abs. 2 EGBGB kann ein gegenständlich beschränkter Eigenrechtserbschein notwendig sein. Deutsches Recht ist dann nur auf einen Teil des Nachlasses anzuwenden.[25]

---

18 *Steiner*, ZEV 2003, 145, 146.
19 *Leible/Sommer*, ZEV 2006, 93, 98.
20 *Leible/Sommer*, ZEV 2006, 98.
21 *Steiner*, ZEV 2003, 500, 501.
22 *Goetz/Jorde*, NWB F. 10, 1539.
23 *Kroiß*, ErbR 2006, 4.
24 Palandt/*Weidlich*, § 2353 Rn 17 ff.
25 *Kroiß*, ErbR 2006, 4 m.w.N.

In diesem Fall ist es möglich, jedoch nicht zwingend, in den Erbschein einen Vermerk über die gegenständliche Beschränkung mit aufzunehmen.[26]

Dieser Fremdrechtserbschein (gleich gegenständlich beschränkter Erbschein) hat folgenden Inhalt: 11
- die Bezeichnung des Erben
- die territoriale und gegenständliche Beschränkung, ohne dass aber die im Inland befindlichen Gegenstände einzeln aufzuzählen sind (ein diesbezüglicher Verstoß macht den Erbschein aber nicht ungültig)
- das Recht, nach dem sich die Erbfolge richtet.[27]

Bei Erbscheinen richtet sich die Frage der **Anerkennungsfähigkeit** neben staatsvertraglichen Regelungen nach §§ 343 Abs. 2, 105 FamFG. Hierbei ist zu beachten, dass der gegenständlich beschränkte Erbschein sowohl erteilt werden kann, wenn Erbstatut deutsches Recht ist, als auch, wenn die Erbfolge ausländischem Erbrecht unterliegt. Auch die Erben eines deutschen Erblassers sollen über den im Inland belegenen Nachlass verfügen können, ohne dass stets auch schon der Umfang oder die Ermittlung der Erbfolge in den ausländischen Nachlassteil geklärt sein muss. Besonders sinnvoll ist die Antragsbeschränkung, wenn der Erbschein nur im Inland benötigt wird oder wenn bei der Nachlassspaltung nur der inländische Nachlassteil deutschem Erbrecht unterliegt.[28]   12

C. Checkliste

- Wo hatte der Erblasser seinen regelmäßigen Wohnsitz?   13
- Sind Teile des Nachlasses außerhalb Deutschlands belegen?
- Gibt es eine Rückverweisung auf das deutsche Erbrecht?
- Liegt eine Nachlassspaltung vor?
- Wird ein Erbschein benötigt zur Durchführung der Rechtsnachfolge?
- Welches Steuerrecht ist einschlägig?

D. Steuertipp

In **Deutschland** werden der Erwerb von Todes wegen und die Schenkung steuerlich weitestgehend gleich behandelt. Dies ist in vielen Staaten anders.   14

Werden in Deutschland steuerpflichtige Erwerbe auch im Ausland einer Besteuerung unterworfen, räumt Deutschland die Möglichkeit der Anrechnung der aus-

---

26 Palandt/*Weidlich*, § 2369 Rn 3, 4.
27 *Kroiß*, ErbR 2006, 4, 5 mit Beispielen.
28 Palandt/*Weidlich*, § 2369 Rn 1.

ländischen Steuer ein.[29] Hierfür verlangt § 21 ErbStG die unbeschränkte Steuerpflicht sowie eine Entsprechung der ausländischen Steuer gegenüber der deutschen Erbschaftsteuer.

15 Liegt eine **unbeschränkte Steuerpflicht** vor, wird der gesamte weltweite Nachlass bzw. die Schenkung jedweden Vermögens weltweit besteuert (Weltvermögens-Prinzip).

Grundsätzlich knüpft die unbeschränkte Steuerpflicht an die **Gebietsansässigkeit** entweder des Erblassers (so z.b. USA, Großbritannien), des Erwerbers (z.b. Spanien) oder an eine von beiden alternativ (z.b. Deutschland, Österreich, Schweden) an. Der Begriff der Ansässigkeit wird unterschiedlich definiert. Nach deutschem Verständnis kommt es hier auf den Wohnsitz, § 8 AO, oder den gewöhnlichen Aufenthalt, § 9 AO, an, wobei letzterer bei einer Anwesenheit im Inland von mehr als sechs Monaten vermutet wird. Andere Länder knüpfen die unbeschränkte Steuerpflicht an die Beurteilung des Betroffenen als „Resident" oder „domifiled individual". Ferner kann der Schwerpunkt der wirtschaftlichen bzw. finanziellen Interessen, z.B. Frankreich ausschlaggebend für die Bejahung der unbeschränkten Steuerpflicht sein.[30] Die Bundesrepublik Deutschland hat mit nur wenigen Staaten Doppelbesteuerungsabkommen (DBA) auf dem Gebiet des Erbschaft- und Schenkungsteuerrechts abgeschlossen. Für die Erbschaftsteuer wurde ein solches Abkommen mit Österreich, der Schweiz und nur für den beweglichen Nachlass mit Griechenland geschlossen. Für die Erbschaft- und Schenkungsteuer wurde ein Doppelbesteuerungsabkommen abgeschlossen mit den Vereinigten Staaten, Schweden und Dänemark. Mit Österreich ist am 15.10.2003 zum DBA-Erbschaftsteuer ein Zusatzabkommen unterzeichnet worden, wonach die deutsche Erb-Ersatzsteuer für Stiftungen ab dem 1.1.2003 nicht unter den sachlichen Anwendungsbereich des DBA-Erbschaftsteuer fällt, um so bei deutschen Familienstiftungen mit österreichischem Grundbesitz eine Umgehung der Erbersatzsteuer durch Ausnutzung der Freistellungsmethode zu vermeiden.[31] Hinzugekommen ist das Doppelbesteuerungsabkommen für die Erbschaft- und Schenkungsteuer mit Frankreich im Jahre 2006. Die begonnenen Verhandlungen über den Abschluss eines DBA mit den Niederlanden und Großbritannien werden zzt. nicht weiter verfolgt.[32] Abschlüsse weiterer DBA auf dem Gebiet der Erbschaft- und Schenkungsteuern sind laut Bundesministerium der Finanzen in naher Zukunft nicht geplant, so dass das Problem der mangelnden internationalen Abstimmung weiterhin bestehen bleibt.[33] Die Doppelbesteuerung wird in der Regel dadurch vermieden, dass ein Staat nicht besteuert (sog. Freistel-

---

29 *Watrin/Kappenberg*, ZEV 2011, 105, 107.
30 *Goetz/Jorde*, NWB F. 10, 1540.
31 Stand der Doppelbesteuerungsabkommen und der Doppelbesteuerungsverhandlungen am 1.1.2006, BMF, Schreiben vom 11.1.2006, IV B 5-S1301–1/06.
32 *Watrin/Kappenberg*, ZEV 2011, 107.
33 BMF vom 12.1.2011, IV B 2 – S 1301/07/10017–02, BStBl I 2011, 69.

lungsmethode) oder aber die gezahlte ausländische Steuer anrechnet (sog. Anrechnungsmethode)[34] In den Fällen, in denen kein Doppelbesteuerungsabkommen vorliegt, ist § 21 ErbStG anwendbar. Hiernach ist die ausländische gezahlte
Steuer, wenn sie der deutschen Erbschaftsteuer vergleichbar ist im Inland anzurechnen. Dies erfolgt jedoch nur in dem Verhältnis, wie ausländisches Vermögen
in Relation zu inländischem Vermögen mit Steuern belastet ist. Zur Vermeidung
von Anrechnungsüberhängen ist die richtige Zuordnung des Auslandsvermögens
vorzunehmen.

Im gegebenen Fall sollten spezialisierte Berater vor Ort hinzugezogen werden.

E. Zusammenfassung

Da der Anteil der Bundesbürger mit Vermögen im Ausland und die Anzahl in   16
Deutschland lebender Ausländer stetig wächst, ist das internationale Erbrecht
auch immer häufiger Gegenstand der Beratung. Hierbei ist insbesondere darauf
zu achten, die richtige Rechtsordnung zu prüfen und bei gegebener Nachlassspaltung oder Kollision die entsprechenden Normen anzuwenden. Damit die Abwicklung der Rechtsnachfolge im Ausland störungsfrei gewährleistet wird, ist es
empfehlenswert, einen spezialisierten Berater vor Ort hinzuzuziehen.

Bei Prüfung der etwaigen anfallenden Erbschaft- bzw. Schenkungsteuer ist vorab
festzustellen, ob mit dem jeweiligen Land ein Doppelbesteuerungsabkommen
besteht. Ist dies nicht der Fall, kann nach der sog. Freistellungsmethode oder
der sog. Anrechnungsmethode die doppelte Steuerzahlung eingeschränkt bzw.
verhindert werden.[35]

---

34 *Goetz/Jorde*, NWB F. 10, 1542.
35 Zur Entwicklung und Form der Erbschaftsteuer in der EU eine Tabelle in *Watrin/Kappen-
berg*, ZEV 2011, 111.

§ 18 Lebensversicherung im Erbrecht

A. Einführung

Die Lebensversicherung wirft im Erbrecht zahlreiche Fragen auf. Dies hängt 1
schon damit zusammen, dass für die Auszahlung der Versicherungssumme regelmäßig zwei Fälligkeitstermine vorgesehen sind, nämlich im Erlebensfall der vertraglich vereinbarte Ablauftermin und im Todesfall der Tod der versicherten Person, wobei regelmäßig der Versicherungsnehmer selbst die versicherte Person ist, dessen Leben versichert wird.[1]

Derzeit findet in der rechtlichen Bewertung der Lebensversicherung ein Paradigmen-Wechsel statt, der auch in der höchstrichterlichen Rechtsprechung Ausdruck finden wird.[2]

B. Rechtliche Grundlagen

I. Lebensversicherung ohne Bezugsrecht eines Dritten

Der Versicherungsnehmer kann die Lebensversicherung als einen Vertrag zu 2
eigenen Gunsten abschließen. Dies ist der Fall, wenn er darauf verzichtet, einen Bezugsberechtigten zu bezeichnen, der bei Eintritt des Versicherungsfalls die Ansprüche aus dem Versicherungsvertrag erwerben soll, oder wenn er sich für ein bestimmtes Ereignis selbst als Bezugsberechtigten bezeichnet und das Ereignis später eintritt. In diesen Fällen gehört das Recht auf die Leistung des Versicherers zum Vermögen des Versicherungsnehmers.[3] Im Erbfall fällt die Versicherungsforderung in den Nachlass des Versicherungsnehmers und geht gem. § 1922 Abs. 1 BGB im Wege der Gesamtrechtsnachfolge auf die Erben über.[4]

II. Lebensversicherung mit Bezugsrecht eines Dritten

Der Versicherungsnehmer kann die Lebensversicherung auch als einen Vertrag 3
zugunsten Dritter i.S.v. § 328 Abs. 1 BGB abschließen, in dem er einer anderen Person ein Bezugsrecht auf die Leistung aus dem Versicherungsvertrag einräumt.[5]

Der widerruflich eingesetzte Bezugsberechtigte erwirbt das Recht auf die Leistung des Versicherers gem. § 159 Abs. 2 VVG erst mit dem Eintritt des Versiche-

---

1 *Kuhn/Rohlfing*, ErbR 2006, 11.
2 *Elfring*, ZEV 2004, 305; BGH ZEV 2010, 305 m.krit.Anm. *Wall*, 311.
3 BGHZ 32, 44, 46 ff.; 81, 95, 97.
4 BGHZ 32, 44, 46 ff.; 81, 95, 97.; BGH, VersR 1981, 371, 372.
5 *Elfring*, ZEV 2004, 305 m.w.N.

rungsfalls. Der Versicherungsnehmer hat jedoch auch die Möglichkeit, dem Dritten von vornherein ein unwiderrufliches Bezugsrecht einzuräumen oder ein ursprünglich widerrufliches nachträglich in ein unwiderrufliches Bezugsrecht umzuwandeln. Dies erfordert seine ausdrückliche Erklärung gegenüber dem Versicherer, dass der Bezugsberechtigte die Ansprüche aus dem Versicherungsvertrag unwiderruflich erwerben soll, § 13 Abs. 2 S. 1 ALB. Eine Erklärung des Versicherungsnehmers gegenüber dem Dritten allein ist nicht ausreichend.[6]

III. Pflichtteilsrecht

1. Anrechnung auf den Pflichtteil

4   Bei der Anrechnung von Zuwendungen auf den Pflichtteil ist danach zu unterscheiden, welchen Gegenstand sich der Pflichtteilsberechtigte gem. § 2315 Abs. 1 BGB auf den Pflichtteil anrechnen lassen muss und mit welchem Wert dieser Gegenstand nach § 2315 Abs. 2 BGB in Ansatz zu bringen ist.[7] Schenkungen i.S.v. § 516 Abs. 1 BGB sind anrechnungspflichtig nach § 2315 Abs. 1 BGB als freigebige Zuwendungen des Erblassers an den Pflichtteilsberechtigten unter Lebenden.[8] Die Schenkung kann auch im Rahmen eines Vertrages zugunsten Dritter i.S.v. § 328 Abs. 1 BGB erfolgen, sofern im Valuta-Verhältnis zwischen dem Erblasser und dem Begünstigten eine freigebige Zuwendung vorliegt.[9] Bei der Lebensversicherung herrscht Streit darüber, welchen Gegenstand der Bezugsberechtigte als Schenkung des Versicherungsnehmers i.S.v. § 516 Abs. 1 BGB erwirbt, sofern der Rechtserwerb des Bezugsberechtigten ohne Gegenleistung erfolgt.[10] Streitig ist hierbei die Frage, welche Leistung der Bezugsberechtigte aus dem Vermögen des Versicherungsnehmers erlangt. Nach der einen Auffassung stellt der Anspruch auf die Versicherungssumme den Gegenstand der Schenkung dar.[11]

Nach der anderen Auffassung, die sich u.a. der zwölfte Zivilsenat des BGH zu eigen gemacht hatte, sollen dagegen nur die vom Versicherungsnehmer gezahlten Prämien als Gegenstand der Schenkung zu berücksichtigen sein.[12] In der h.M. und aufgrund der Jahrhundert-Entscheidung[13] des BGH[14] hatte sich daraufhinder

---

6   *Elfring*, ZEV 2004, 306.
7   Zur kreditsichernden Lebensversicherung siehe *Kerscher/Riedel/Lenz*, Pflichtteilsrecht, § 9 Rn 16 ff.
8   Staudinger/*Haas*, § 2315 Rn 11.
9   Bamberger/Roth/*J. Mayer*, § 2315 Rn 1.
10 *Elfring*, ZEV 2004, 307.
11 RGZ 28, 182, 185; RGZ 128, 187, 190; BGH VersR 1975, 706, 707; BGHZ 91, 288, 291; *Elfring*, NJW 2004, 483, 485; BGH NJW 2004, 214.
12 BGHZ 130, 377, 380.
13 *Elfring*, NJW 2004, 485.
14 BGH NJW 2004, 214.

Anspruch auf die Versicherungssumme als anrechnungspflichtige Zuwendung herauskristallisiert.

Zum Thema Pflichtteilsergänzung bei der Lebensversicherung hat der Bundesgerichtshof in seinen beiden Entscheidungen im Jahre 2010 veränderte Auffassungen vertreten.[15] Näher hierzu siehe unter Punkt 2. Pflichtteilsergänzung Rn 8.

Ist der **Bezugsberechtigte widerruflich** eingesetzt, erwirbt er gem. § 159 Abs. 2   5
VVG erst mit dem Eintritt des Versicherungsfalls das Recht auf die Leistung.
Damit erfolgt die Zuwendung an den Dritten genau zur Zeit des Erbfalls. Der
Anspruch auf die Versicherungssumme ist demnach mit seinem vollen Betrag
anzusetzen.

Der **unwiderrufliche Bezugsberechtigte** erwirbt das Recht auf die Leistung des   6
Versicherers hingegen sofort. Hier ist für die Wertberechnung maßgebend der
tatsächliche wirtschaftliche Wert der Versicherungsforderung zum Stichtag. Das
ist der Wert, den die Versicherungsforderung gehabt hätte, wenn unmittelbar
nach der Einräumung des unwiderruflichen Bezugsrechts der Versicherungsfall
eingetreten wäre.[16]

2. Pflichtteilsergänzung

Nach § 2325 Abs. 1 BGB kann der Pflichtteilsberechtigte den Betrag als Ergän-   7
zung seines Pflichtteils verlangen, um den sich sein Pflichtteil erhöht, wenn der
verschenkte Gegenstand dem Nachlass hinzugerechnet wird. Zunächst muss also
eine Schenkung vorliegen. Liegt dem Valuta-Verhältnis tatsächlich eine Schenkung zu Grunde, so stellt sich die Frage, ob für die Pflichtteilsergänzung die
Summe der eingezahlten Prämien,[17] die Versicherungssumme[18] oder der Rückkaufswert maßgeblich ist.[19] Durch die Entscheidung des BGH zum Insolvenz-
recht[20] hat die Diskussion über diese Frage neuen Antrieb bekommen. In dieser
Entscheidung hat der BGH entschieden, dass die gesamte Versicherungssumme
der Insolvenzanfechtung unterliegt, nicht nur die gezahlten Prämien.

In seiner aktuellen Entscheidung aus dem Jahre 2010 nimmt der BGH Stellung   8
zur Berechnungsgrundlage für die Pflichtteilsergänzung bei Lebensversicherungen mit widerruflichem Bezugsrecht. Wendet der Erblasser die Todesfallleistung
aus einem Lebensversicherungsvertrag einem Dritten über ein widerrufliches

---

15 BGH vom 28.4.2010 – IV ZR 73/08 und IV ZR 230/08, ZEV 2010, 305.
16 *Elfring*, ZEV 2004, 305, 308.
17 RGZ 128, 187; BGHZ 7, 134, 143: Bamberger/Roth/*J. Mayer*§ 2325 Rn 9; MüKo-BGB/
    Lange, § 2325 Rn 22 m.w.N.
18 Palandt/Weidlich, § 2325 Rn 13; *Elfring*, NJW 2004, 483, 485; *Harder*, Anm. zu BGH
    FamRZ 1976, 616, 617, *J. Mayer*, DNot 2000, 905, 927.
19 OLG Colmar LZ 1913, 876, 878.
20 BGH NJW 2004, 214, 215.

Bezugsrecht schenkweise zu, so berechnet sich ein Pflichtteilsergänzungsanspruch gemäß § 2325 Abs. 1 BGB weder nach der Versicherungsleistung noch nach der Summe der vom Erblasser gezahlten Prämien.

Die Pflichtteilsergänzung richtet sich vielmehr allein nach dem Wert, den der Erblasser aus den Rechten seiner Lebensversicherung in der letzten – juristischen – Sekunde seines Lebens nach objektiven Kriterien für sein Vermögen hätte umsetzen können. In aller Regel ist dabei auf den Rückkaufswert abzustellen. Je nach Lage des Einzelfalls kann gegebenenfalls auch ein – objektiv belegter – höherer Veräußerungswert heranzuziehen sein.[21]

Wall hält diese Bestimmung des Entreicherungsgegenstands für unzutreffend.[22] *Papenmeier* hält aufgrund dieser Rechtsprechung künftig für die Bewertung einer Lebensversicherung ein Sachverständigengutachten für erforderlich. Nach welchen Maßstäben der Sachverständige zu bewerten habe, sei schwierig, da der BGH subjektive, individuelle Faktoren des Erblassers, wie Krankheit oder Kräfteverfall ausgeschlossen habe.[23]

Der Erwerb der Versicherungsforderung durch den Bezugsberechtigten ist als eine unentgeltliche Zuwendung des Versicherungsnehmers zu begreifen, die dieser aus seinem Vermögen vornimmt.[24]

9   **Praxistipp**
Im Beratungsgespräch sollte erfragt werden, ob der künftige Erblasser im Nachlass eine Lebensversicherung hält, die nach derzeitiger Rechtslage Einfluss auf etwaige Pflichtteilsrechte hat.

C. Checkliste

10   Ist eine Lebensversicherung Bestandteil des Nachlasses?
– Ist der Mandant Bezugsberechtigter/Pflichtteilsberechtigter?
– Kann der Rückkaufswert Nachlass erhöhend addiert werden?
– Kann das Bezugsrecht eines Dritten aus einer Lebensversicherung durch den Erben widerrufen werden?[25]
– Besteuerung der Lebensversicherung?

---

21 BGH ZEV 2010, 305.
22 BGH a.a.O. m. krit. Anm. *Wall*, S. 311.
23 *Papenmeier*, ZErb 2011, 154, 156.
24 *Elfring*, ZEV 2004, 310.
25 Hierzu OLG Hamm ZEV 2005, 126, 127.

D. Steuertipp

Die maßgeblichen Vorschriften für die Bestimmung der Erbschaftsteuerbarkeit   11
von Versicherungsverträgen sind hinsichtlich der Erwerbe von Todes wegen § 1
Abs. 1 Nr. 1 ErbStG i.V.m. § 3 Abs. 1 Nr. 1, 4 ErbStG und bezüglich der Schenkungen unter Lebenden § 1 Abs. 1 Nr. 2 ErbStG i.V.m. § 7 Abs. 1 Nr. 1 ErbStG.
Im Gegensatz zu der Vermögensteuer gibt es bei der Erbschaftsteuer keine besonderen Freibeträge für Versicherungsverträge. Daher bedeutet deren Erbschaftsteuerbarkeit – vorbehaltlich der allgemeinen Freibeträge, z.b. § 16 ErbStG –
zugleich ihre Steuerpflicht.[26]

Nach § 3 Abs. 1 Nr. 4 ErbStG ist die Auszahlung einer Versicherungssumme aus
einer Lebensversicherung oder einer Leibrente aus einer Leibrentenversicherung
steuerpflichtig, wenn sie nicht an den Versicherungsnehmer selbst, sondern an
einen bezugsberechtigten Dritten fällt. Erfolgt eine solche Auszahlung an einen
Bezugsberechtigten noch zu Lebzeiten des Versicherungsnehmers, ist sie nach §
7 Abs. 1 Nr. 1 ErbStG steuerpflichtig. Dies gilt auch bei Versicherungssummen
aus einer verbundenen Lebensversicherung, d.h. aus einer auf das Leben eines
zuerst versterbenden Mitversicherungsnehmers – zumeist Ehegatten – abgeschlossenen Lebensversicherung.[27]

Die Neuregelung des § 20 Abs. 1 Nr. 6 EStG zielt auf die generelle **steuerliche**   12
Erfassung von Kapitalleistungen auf Lebensversicherungen ab, da bei dieser
Versicherungsform der Charakter einer frei verfügbaren Kapitalanlage überwiegt.
Für die Besteuerung der Erträge, ist die frühere, meist günstigere Fassung des
§ 20 Abs. 1 Nr. 6 EStG, die die Erträge im Regelfall völlig steuerfrei stellt, auch
über das Jahr 2004 hinaus anzuwenden, wenn der Vertrag vor dem 1.1.2005
abgeschlossen wurde, § 52 Abs. 36 S. 5 EStG.[28]

Gemäß § 12 Abs. 1 ErbStG richtet sich die Bewertung des steuerpflichtigen Erwerbs nach dem ersten Teil des Bewertungsgesetzes. Bewertungsstichtag ist nach
der Regelung des § 11 ErbStG der Zeitpunkt der Entstehung der Steuer. Bei
den Erwerben von Todes wegen entsteht die Erbschaftsteuer mit dem Tod des
Erblassers, § 9 Abs. 1 Nr. 1 ErbStG, bei Schenkungen unter Lebenden mit dem
Zeitpunkt der Ausführung der Zuwendung, § 9 Abs. 1 Nr. 2 ErbStG. Die Bewertung von Versicherungsverträgen richtet sich nach den §§ 12–14 BewG. Noch
nicht fällige Ansprüche aus Lebens-, Kapital- oder Rentenversicherungen sind
nach § 12 Abs. 1 ErbStG i.V.m. § 12 Abs. 4 BewG zu bewerten. Hiervon wird
der Fall erfasst, dass der Versicherungsnehmer den Versicherungsvertrag als solchen zu Lebzeiten unentgeltlich auf den Begünstigten überträgt und dieser die

---

26 *Lehmann*, ZEV 2004, 398.
27 RE 3.6 Abs. 1 ErbStR 2011.
28 Näher hierzu: *Paus*, NWB F.3, 14047, 14048; ausführlich zur Besteuerung von Lebensver-
    sicherungen, *Redert*, NWB F.3, 13983.

Zahlung der Prämien übernimmt.[29] Nach § 12 Abs. 4 S. 1 BewG erfolgt die Bewertung nach dem Rückkaufswert. Rückkaufswert ist der Betrag, den das Versicherungsunternehmen dem Versicherungsnehmer im Falle der vorzeitigen Aufhebung des Vertragsverhältnisses zu erstatten hat, § 12 Abs. 4 S. 2 BewG. Der Rückkaufswert ist in § 169 Abs. 3 VVG definiert.

Im Allgemeinen ist ein Rückkaufswert erst dann vorhanden (vgl. §§ 173 ff. VVG), wenn Prämien für mindestens drei Jahre gezahlt worden sind. Heute soll allerdings auch während dieser drei Jahre ein gewisser Rückkaufswert gelten.[30]

Der Rückkaufswert einer Lebensversicherung entspricht nahezu dem Verkehrswert der noch nicht fälligen Kapitalforderung des Versicherungsnehmers gegen den Versicherer.[31]

E. Zusammenfassung

13   In der Beratung kommt es häufig vor, dass eine Lebensversicherung Bestandteil des Nachlasses ist, für den der Erblasser ein Testament errichten möchte oder ein Pflichtteilsberechtigter seine Ansprüche gegenüber den Erben geltend macht. Zu unterscheiden sind Lebensversicherungen mit Bezugsrecht eines Dritten und ohne Bezugsrecht eines Dritten. Nach neuerer Rechtsprechung des BGH ist regelmäßig der Rückkaufswert für die Berechnung von Pflichtteilsergänzungsansprüchen anzusetzen.[32] Die durch den BGH aufgestellten Entscheidungskriterien bei der Berechnung des Werts werden jedoch zum Teil heftig kritisiert.[33] Zahlungen aus einer Lebensversicherung unterliegen der Erbschaft- bzw. Schenkungsteuer im gegebenen Fall.[34]

---

29 *Lehmann*, ZEV 2004, 403 m.w.N.
30 *Rössler/Troll*, BewG-Kom., § 12 Rn 69 m.w.N.
31 *Lehmann*, ZEV 2004, 403 m.w.N.
32 BGH ZEV 2010, 305.
33 *Wall*, a.a.O. 311, 312; *Papenmeier*, ZErb 2011, 154.
34 *Elfring*, ZEV 2004, 305 m.w.N.; *Elfring*, NJW 2004, 483 m.w.N.

§ 19 Praktische Hinweise für den Erbfall

Der Mandant wird den Anwalt häufig auch um praktischen Rat im Erbfall ersu- 1
chen. Hier tauchen diverse Fragen auf, die nicht ohne weiteres beantwortet
werden können. Die nachstehende Checkliste soll bei den Problemen der **Abwicklung eines Erbfalles** eine Übersicht der zu ergreifenden Maßnahmen und
der jeweiligen Zuständigkeit geben.

Ermittlung der persönlichen Daten (Stammbaum zeichnen)
Bindung durch frühere Verfügung von Todes wegen ?

⇩

Gesetzliche Erbfolge entspricht dem   ⇨   Ja
Willen des Erblassers

⇩   Nein   ⇩

Letztwillige Verfügung (Art ?)   ⇩

⇩   ⇩

Testament, Erbvertrag oder Gemeinschaftliches Testament   ⇩

⇩   ⇩

Ausschluss von Pflichtteilsberechtigten   ⇨   Nein   ⇩

⇩   Ja   ⇩   ⇩

Erb-/Pflichtteilsverzicht gegen Leistung   ⇩   ⇩

⇩   ⇩   ⇩

Gestaltungsmöglichkeiten   ⇩   ⇩

⇩   ⇩   ⇩

Steuerliche Auswirkungen   ⇦   ⇦   ⇦   ⇦

⇩

Freibeträge ausreichend ?   ⇨   Ja = o.K.

⇩   Nein

Steuersparmöglichkeiten nennen

⇩

Zufriedenheit des Erblassers und ein langes Leben

§ 20 Ausklang

Erbrecht ist eines der lebendigsten Rechtsgebiete. Ein Mandant der bezüglich 1
seiner Verfügung von Todes wegen beraten wird, macht sich Gedanken über die
Zukunft nach seinem eigenen Ableben. Insbesondere die Gestaltung der Zeit
über die eigene Endlichkeit hinaus bezüglich des Geschaffenen ist eine sinnvolle
und auch häufig lukrative Betätigung. Die Durchsetzung von erbrechtlichen bzw.
pflichtteilsrechtlichen Ansprüchen ist Alltag des im Erbrecht tätigen Rechtsanwalts. Zur Vermeidung von späteren Rechtsstreitigkeiten ist jedoch auch das
Augenmerk auf die Vermögensnachfolge-Planung des Mandanten bereits zu Lebzeiten zu richten. Ein unter guter Beratung errichtetes Testament oder Erbvertrag
können Rechtsstreitigkeiten nach dem Ableben des Erblassers vermeiden und
damit dem Nachlass insgesamt Geld sparen.

Stichwortverzeichnis

Fette Zahlen = §§, magere Zahlen = Randnummern